PRINCIPLES OF MARKETING
AN ASIAN PERSPECTIVE
4th Edition

市场营销原理

（亚洲版·原书第4版）

[美] 菲利普·科特勒（Philip Kotler） [美] 加里·阿姆斯特朗（Gary Armstrong）
[新] 洪瑞云（Swee Hoon Ang） [新] 陈振忠（Chin Tiong Tan） 著
[中] 游汉明（Oliver Hon-Ming Yau） [新] 梁绍明（Siew Meng Leong）

赵占波 姚凯 等译

机械工业出版社
CHINA MACHINE PRESS

图书在版编目（CIP）数据

市场营销原理（亚洲版·原书第 4 版）/（美）菲利普·科特勒（Philip Kotler）等著；赵占波，姚凯等译 . —北京：机械工业出版社，2020.11（2024.5 重印）

（华章教材经典译丛）

书名原文：Principles of Marketing: An Asian Perspective

ISBN 978-7-111-66760-5

I. 市… II. ① 菲… ② 赵… ③ 姚… III. 市场营销学 – 教材 IV. F713.50

中国版本图书馆 CIP 数据核字（2020）第 225373 号

北京市版权局著作权合同登记　图字：01-2019-1178 号。

Philip Kotler, Gary Armstrong, Swee Hoon Ang, Chin Tiong Tan, Oliver Hon-Ming Yau, Siew Meng Leong. Principles of Marketing: An Asian Perspective, 4th Edition.

ISBN 978-1-292-08966-9

Copyright © 2017 by Pearson Education, Inc.

Simplified Chinese Edition Copyright © 2021 by China Machine Press.

Published by arrangement with the original publisher, Pearson Education, Inc. This edition is authorized for sale in the Chinese mainland (excluding Hong Kong SAR, Macao SAR and Taiwan).

All rights reserved.

本书中文简体字版由 Pearson Education（培生教育出版集团）授权机械工业出版社在中国大陆地区（不包括香港、澳门特别行政区及台湾地区）独家出版发行。未经出版者书面许可，不得以任何方式抄袭、复制或节录本书中的任何部分。

本书封底贴有 Pearson Education（培生教育出版集团）激光防伪标签，无标签者不得销售。

本书是市场营销大师科特勒等人专门针对亚洲市场营销专业的学生和教师编写的一本经典教材。本书强调市场营销是管理可盈利的顾客关系的一门极具创造性的科学与艺术，营销人员必须高度重视顾客关系。针对这一主题，全书展开了详细的讨论。同时，本书还强调，企业要建立有生命力的品牌和品牌资产；要重视企业社会责任营销；在互联网时代，要重视在线营销。本书有丰富的亚洲企业案例，特别是中国公司的营销实践与故事，分析视角独特、新颖。全书逻辑清晰、简单易懂，能够帮助读者全方位地理解市场营销。

本书可作为高等院校市场营销专业本科生及 MBA 的教材，也可作为市场研究人员和企业经营管理者的参考用书。

出版发行：机械工业出版社（北京市西城区百万庄大街 22 号　邮政编码：100037）

责任编辑：邵淑君　　　　　　　　　　　　责任校对：殷　虹

印　　刷：北京建宏印刷有限公司　　　　　版　　次：2024 年 5 月第 1 版第 5 次印刷

开　　本：214mm×275mm　1/16　　　　　印　　张：32.75

书　　号：ISBN 978-7-111-66760-5　　　　定　　价：89.00 元

客服电话：(010) 88361066　68326294

版权所有·侵权必究
封底无防伪标均为盗版

About the Authors 作者简介

菲利普·科特勒（Philip Kotler） 美国西北大学凯洛格管理学院庄臣公司杰出的国际营销学教授，曾获得芝加哥大学经济学硕士学位和麻省理工学院经济学博士学位。科特勒教授著有《营销管理》，现已出版至第15版，被全球各高等院校商学院广泛采用。他著作众多，并在主流期刊上发表了逾百篇论文。他是唯一三次获得令人梦寐以求的"阿尔法·卡帕·普西奖"的学者，该奖专门授予《市场营销杂志》（*Journal of Marketing*）优秀年度论文的作者。

科特勒教授曾获得由美国市场营销协会（AMA）颁发的年度杰出营销专家教育奖以及威廉·L.威尔基"为更好的世界而营销"奖，由医疗保健服务营销科学院（Academy for Health Care Services Marketing）颁发的医疗保健营销杰出人物奖，以及颁发给为营销理论和实践做出卓越贡献的学者的Sheth基金会奖章。科特勒教授是第一个包揽这四项大奖的人。科特勒教授获得的荣誉无数，其中包括欧洲营销咨询顾问和培训师协会颁发的营销杰出奖；美国市场营销协会授予的"保尔·D.康弗斯奖"，以表彰他对"营销科学做出的突出贡献"，以及奖励年度营销者的"斯图尔特·亨特森·布赖特奖"。他还获得过"查尔斯·库里奇·佩林奖"，该奖每年授予营销领域的一位杰出的领导者。在《福布斯》排行榜上，科特勒教授被评为全球最具影响力的十大商业思想家之一，在《金融时报》对全球1 000名高级管理人员进行的调查中，科特勒教授荣膺21世纪"最具影响力的商业作家/领袖"第四名。

科特勒教授曾担任管理科学学会营销学院院长、美国市场营销学会会长、营销科学学会理事。他在营销战略和规划、市场营销组织和国际营销领域为许多美国及国际大企业提供咨询。科特勒教授游历极广，访问过欧洲、亚洲和南美洲，为企业和政府机构提供全球营销实践和机遇方面的咨询。

加里·阿姆斯特朗（Gary Armstrong） 美国北卡罗来纳大学教堂山分校凯南－弗拉格勒商学院本科教育的杰出教授。他在底特律韦恩州立大学获得商学学士和硕士学位，并在西北大学获得市场营销博士学位。阿姆斯特朗教授曾在主流期刊上发表过许多文章。作为一名咨询顾问和研究者，他曾与多家企业在营销研究、销售管理和营销战略上有过合作。

阿姆斯特朗教授的至爱是教学，他所获得的"布莱克韦尔杰出教授"是授予在北卡罗来纳大学教堂山分校执教的杰出本科教师的唯一永久性荣誉教授席位。另外，他还积极参加凯南－弗拉格勒商学院的本科生教学和行政管理工作。他的行政职位包括市场营销系主任、商学院本科课程副主任和商业荣誉项目主任等。他和商学院学生团体密切合作，多次获得商学院和全校的教学奖励。他是唯一一位三次获得备受全校关注的大学优秀教师奖的教师。阿姆斯特朗教授因杰出的教学成果荣获由北卡罗来纳大学理事会颁发的卓越教学奖，这个奖项是由美国北卡罗来纳州16所高校联盟授予的最高级别的教学荣誉。

洪瑞云（Swee Hoon Ang） 新加坡国立大学商学院副教授，在英属哥伦比亚大学获得博士学位。她曾是加利福尼亚大学伯克利分校、阿尔托大学（原赫尔辛基经济与工商管理学院）、中欧国际工商学院的访问学者。她是一名优秀的教育工作者，连续三次获得所在院校的优秀教学奖。她在传道授业的过程中，参与了多个咨询项目和高管教育研讨会，其中包括服务质量评估、顾客分析和可行性研究。她的顾客包括卡特彼勒、花旗银行、葛兰素史克、强生、新加坡卫生部、新加坡艺术中心、新加坡博彩和Wipro-Unza。她也是《营销管理》（亚洲版）的合著者。她曾在《广告学刊》《跨文化心理学杂志》《市场营销快报》和 *Social Indicators* 等期刊上发表多篇文章。

陈振忠（Chin Tiong Tan） 新加坡管理大学市场营销学教授和高级顾问。他是新加坡管理大学创始教务长和新加坡理工大学创始院长。他在宾夕法尼亚州立大学获得博士学位，在斯坦福商学院做访问学者，多年来在全球多个项目中任教。他曾在《消费者研究》《国际商业研究杂志》《商业和工业营销杂志》《国际营销评论》《欧洲营销杂志》和其他国际期刊、会议上发表多篇文章。同时，他也是《营销管理》（亚洲版）、*New Asian Emperors：The Business Strategies of the Overseas Chinese*、*The Chinese Tao of Business：The Logic of Successful Business Strategy* 和 *Strategic Marketing Cases for 21st Century Asia* 的合著者。陈教授是花旗银行新加坡有限公司和其他一些新加坡上市公司的董事会成员。

游汉明（Oliver Hon-Ming Yau） 香港城市大学商学院市场营销系名誉教授和华人管理拓展中心主任。他在法国巴黎高等商学院获得国际教师证书，并在英国布拉德福德大学获得营销学博士学位。

游汉明曾在南美洲、大洋洲、欧洲、亚洲从事教学和研究工作，在加入香港城市大学前，他曾在香港中文大学、昆士兰大学和南昆士兰大学工作。他被中国大陆、中国台湾、澳大利亚及英国的十几所高校聘为访问教授和顾问。

他在《国际商业研究杂志》《国际营销学报》《商业伦理学杂志》《商业研究杂志》《欧洲市场营销杂志》等国际学术期刊和会议上发表论文200多篇。他还用汉英双语出版了60多本著作。作为一名享有盛誉的服务及营销领域咨询师，他曾协助世界各地的50多家企业开展调研并提供咨询及培训服务。

他现在是十余个国际期刊的编委会成员，曾任AIBSEAR东南亚地区主席及香港营销协会荣誉主席。现在，他是中国香港工业专业评审局及中国市场营销学会的顾问。

梁绍明（Siew Meng Leong，1956—2013） 曾是新加坡国立大学商学院教授，他在威斯康星大学麦迪逊分校获得工商管理硕士和博士学位。他是一名著作等身的研究人员，在《消费者研究杂志》《市场营销杂志》《市场营销研究杂志》《国际商业研究杂志》《市场营销快报》等国际期刊上发表过多篇文章。长期以来，梁教授都是一位兢兢业业的教育工作者。直至去世前两周，他仍一面与癌症抗争，一面一如既往地诲人不倦、传道授业。Pearson对梁教授的专业素养、温文尔雅、协作精神感到由衷的钦佩和感激。我们将永远怀念他。

继续为你创造更多的价值

每位营销人员的目标都是为顾客创造更多的价值。本书的目标是继续为你——我们的顾客创造更多的价值。具体来说,我们希望以一种兼具创新性、实践性和娱乐性的方式向市场营销领域的初学者介绍现代市场营销这个迷人的世界。我们仔细研究了每页内容、每张表格、每个数据、每个案例,致力于使本书成为学习和教授市场营销的最佳教材。本书阐述了市场营销的基本原理,并将其置于亚洲公司和当代跨国公司的背景之下。

市场营销不只是孤立的业务职能,还是一种指导整个组织的哲学。市场营销部门不能独自创造顾客价值和建立可盈利的顾客关系。市场营销是一项全企业范围内的业务,涉及企业希望谁成为其顾客,要满足哪些需求,要提供哪些产品和服务,要设定什么价格,要传播什么以及要发展哪些合作伙伴关系等广泛的决策。市场营销部门必须在整个价值传递系统中与其他企业部门和其他组织密切合作,通过创造卓越的顾客价值来使顾客满意。

市场营销:创造顾客价值并建立顾客关系

杰出企业的顶级营销人员有一个共同的目标:将顾客作为营销的核心。当今市场营销的本质就在于创造顾客价值并建立可盈利的顾客关系。营销始于了解顾客的需求,确定企业可以为之提供最佳服务的目标市场以及提出一个引人注目的价值主张。只有做好以上几点的企业才能吸引和培育有价值的顾客,并在市场份额、企业利润及顾客资产等方面获得成功。

五大市场营销主题

本书致力于构建一个创新的顾客价值和顾客关系的框架,而这正是当今市场营销的本质。本书建立在以下五大营销主题的基础之上。

为顾客创造价值并从顾客身上获取价值回报。 亚洲的营销人员必须善于创造顾客价值和管理顾客关系,以鲜明的价值主张吸引目标顾客。另外,他们必须通过传递更优的顾客价值以及有效地管理企业和顾客的接触面来留住并扩大顾客群。亚洲杰出的营销企业了解市场和顾客需求,设计能够创造价值的营销战略,制订能够传递顾客价值并使顾客满意的整合营销方案,建立牢固的顾客关系。它们以销售额、利润和顾客忠诚的形式从顾客身上获得价值回报。我们将在第1章使用一个五步营销过程模型来介绍这个创新性的顾客-价值框架,它详细阐释了营销如何创造顾客价值,同时获取价值回报。第1~2章详细阐述了该框架,为学生学习打下了坚实的基础。该框架将贯穿全书。

建立并管理雄厚的、能够创造价值的品牌。 定位准确、拥有强大的品牌资产的品牌提供了构建顾客价值和顾客关系的基础。亚洲的营销人员必须强有力地定位品牌并妥善管理品牌。

衡量及管理营销回报。 为了从顾客身上获取价值回报,亚洲的营销管理者必须善于衡量和管理营销投资回报，以确保其营销支出是合理的。过去，许多营销人员在大型和昂贵的营销项目上毫无顾忌地投入巨资，却不认真考虑巨大投入的财务回报和顾客反应。但是，这一切正在迅速发生变化，衡量和管理营销投资回报已经成为战略营销决策的重要组成部分。

利用新型营销技术。数字技术和其他高科技营销的发展正极大地改变着亚洲的营销人员与顾客之间的联系形式。亚洲的营销人员必须在这个数字时代学会如何综合利用新型的计算机、信息、传播和分销技术，来更有效地联结顾客和营销合作伙伴。本书介绍了新技术影响下的营销方式，具体如下：第1章、第15章及第17章分别介绍了数字营销及在线技术，第1章、第5章、第14章、第15章、第17章及其他相关章节分别介绍了在线社交网络的开发以及消费者自主营销。

全球范围内的可持续营销。随着技术的发展，世界变得越来越小，亚洲的营销人员必须善于在全球以更负社会责任的方式营销其品牌，不仅为单个顾客创造短期价值，还要为全社会创造长期价值。本书中新加入的内容强调了可持续营销的概念。

本书更新内容

本书反映了亚洲地区顾客价值和顾客关系的主要趋势及其对营销的影响。我们全面修订了先前版本的内容，本书以先前版本的创新性顾客–价值框架为基础，并进行了适当拓展。没有其他任何一本营销教材如此清晰和全面地展示了创造顾客价值的方法与步骤。下面列出的仅仅是本书的一部分更新内容。

- 基于消费者与企业及品牌之间顾客关系本质的迅速变化，本书对相关内容进行了修订。如今的营销人员努力培养更高的顾客参与度以及围绕品牌的社区意识，致力于将品牌打造成人们日常关注且对消费者生活有着重要意义的对象。如今新型的关系构建工具包括从网站、博客、现场活动、视频分享到在线社区和社交网络（如Facebook、YouTube、Twitter、企业自身的社交网站等）的一切。

- 本书针对顾客与品牌的双向交流这一持续趋势添加了新内容，内容涵盖顾客关系管理、众包及消费者自主营销等。在如今顾客与品牌的双向关系模式下，顾客提供的与其获得的一样多（第1章），他们更积极地提供顾客洞察（第4章），通过众包及塑造新产品的方式参与（第9章），开展消费者自主营销（第1章、第14章、第15章），推广并传递品牌信息（第1章、第15章），在消费者社区内互相沟通（第5章、第15章、第17章）等。

- 本书新添内容强调了可持续营销的重要性，关于这个问题的讨论从第1章一直延续至第20章。本书在可持续营销这一框架下对营销学理论进行了整合，并且不断地探讨，通过案例来说明：可持续营销需要符合顾客、企业及社会整体的短期和长期利益，企业要采取对社会及环境负责任的企业行动。

- 本书一如既往地关注衡量及管理营销回报的方法，在每章后面添加了营销练习，以帮助学生针对每章的相关概念培养分析思维。另外，本书加入了一个创新性地帮助学生理解所学内容的模块，具体见每章章末的营销数字部分。

- 整合营销传播及在线营销正迅速发展变革，本书针对这部分内容进行了更改、扩充。新增部分阐述了营销人员如何将数字营销及直接营销技术与传统媒体相结合以创造更多的定位准确、个性化及互动型的顾客关系。

- 本书在创新性学习设计方面做了持续提升，基于原有的内容加入了扩展模块，包括章前故事、学习目标以及章后的目标回顾、关键术语等。学习目标帮助学生预习章节内容，快速定位该章的核心概念。每章章末包括营销和经济、技术聚焦、道德聚焦、营销数字等内容，能够帮助学生总结该章的重点内容，把握该章主旨。总而言之，这些创新性的学习设计为学生学习本书内容提供了便利。
- 本书探讨了包括淘宝、腾讯等在中国大获成功的案例。其他案例还包括：中国香港利丰集团的供应链管理业务在美国的扩张，日本优衣库通过以消费者为中心的方式取得营销上的成功。另外，本书也对酷航、小米、Charles & Keith、大创、联想、Gmarket 等进行了讨论。

本书覆盖内容较广，还涉及顾客关系管理、品牌战略和定位、SWOT 分析、数据挖掘和数据网络、消费者研究、营销及多样性、口碑营销、服务营销、供应商满意和合作、环境可持续性、公益营销、社会责任营销、全球营销策略等内容。

本书增加了很多新案例。本书的所有表格、实例和参考资料均已更新。所有新添加的或者修订过的企业案例都有助于将现实世界直接带入课堂讨论。

强调实战营销的真实价值

本书列举了深入实际的案例和故事来说明营销概念及现代营销的戏剧性。相比先前版本，本书每章开篇的"预习基本概念"和文中的"实战营销"均已更新或替换。替换的案例如下。
- 小米在印度大获成功。
- Charles & Keith 的鞋子、手提包如何适应国外市场。
- 特百惠在印度尼西亚市场占据榜首。
- 酷航如何应对模仿其战略的竞争者。
- 宝洁了解中国妈妈的心理，说服她们放弃使用尿布转而使用一次性婴儿纸尿裤。
- 宜家调整其产品以适应中国市场。

这些案例和其他贯穿各章节的案例一起强调了关键的概念，将营销融入生活。

有价值的学习帮助

在每一章的开篇、中间和章末都有学习工具来帮助读者学习和应用主要概念。
- 预习基本概念：每一章的开篇部分简要预习了本章的概念，并把它们和前面章节的概念联系起来，说明本章的学习目标以及介绍开篇案例。
- 章首的营销故事：每章开篇都有一个深入讲解的营销故事来介绍章节内容并激发读者的兴趣。
- 学习目标：可以帮助读者概览本章内容。
- 实战营销：在每一章中，实战营销有助于读者深入了解各种类型的企业的实际营销情况。
- 目标回顾和关键术语：章末总结并回顾了本章的主要内容及目标。关键术语在正文中突出显示，最后在章末一并列出。
- 概念讨论和概念应用：每章都有涉及章节主要概念的讨论题和练习题。
- 营销和经济：讨论了经济形势对消费者和市场决策的影响。
- 技术聚焦：提供了针对这个数字时代重要的和新兴的营销技术的讨论。
- 道德聚焦：利用情景描述和问题强调营销道德的重要性。
- 营销数字：提供了与章节概念相关的财务分析算术题，并与附录 B 的营销数字相对应。
- 企业案例：每章章末提供可以用作课堂或作业讨论的企业案例，这对学生将营销理论应用到真实企业实践提出了挑战。
- 营销计划：附录 A 包含了帮助读者应用重要的营销计划概念的例子。
- 营销数字：极具创新性的附录 B 向读者全面介绍了营销财务分析如何引导、评估和支持营销决策。

本书将为你创造前所未有的价值，以兼顾效率和趣味性的方式向你介绍你所需掌握的全部营销知识。

致谢

没有一本书是由作者独立完成的。我们感谢在美国西北大学、北卡罗来纳大学教堂山分校、新加坡国立大学、新加坡理工大学、香港城市大学执教的同事，感谢他们的支持和鼓励。

我们还要特别感谢香港公开大学的 Adan Lau 和 Raymond Chow 博士、香港城市大学的 John Leung 博士，他们协助改编了第 13～16 章和第 19 章的案例。

感谢培生全球版的员工们，是他们使本书最终得以出版。我们也很感谢下列导师为本书提供的宝贵思想。

第 4 版贡献者

我们由衷感谢下列人员及其对本书补充材料做出的贡献：
- Geoffrey Da Silva，营销专业讲师，新加坡管理大学

第 4 版审阅者

- Allan Chia（新加坡新跃大学数控编程主管）
- 吕汉光（岭南大学市场营销和国际商务系）
- Mohd. Ismail bin Sayyed Ahmad（马来西亚国际伊斯兰大学市场营销系）
- Tan Boon In, Head（拉曼大学市场营销系）

我们还要感谢下列人士和他们的企业及其广告部为本书出版所提供的案例材料：

ABC Sauces	Modern Toilet Restaurant
Amelia Lee	NTUC Fair Price
Campbell Soup Asia Pte Limited	Pepsi
Cerebros Pacific Limited	Shiseido Company Limited
Dentsu Inc	Singapore Airlines
Essilor	SmoothE
Fisher Price	Staples Inc
ILOHAS	TechDirt
Malaysia Dairy Industry	Unza
Ministry of Social and Family Development (MSF)	Wipro

最后不容忽略的是，我们亏欠了我们的家人很多，正是他们不断地支持和鼓励我们。我们谨以此书向他们致敬！

菲利普·科特勒

加里·阿姆斯特朗

洪瑞云

陈振忠

游汉明

梁绍明

作者简介
前　言

第一部分　定义营销和营销过程

第1章　市场营销：管理可盈利的顾客关系　/ 2
1.1　什么是市场营销　/ 3
1.2　了解市场和顾客需要　/ 4
1.3　制定顾客导向的营销战略　/ 7
1.4　准备一项整合营销计划和项目　/ 10
1.5　建立顾客关系　/ 11
1.6　从顾客那里获取价值　/ 15
1.7　营销新图景　/ 17
1.8　什么是市场营销？把所有的整合起来　/ 20

目标回顾 / 关键术语 / 概念讨论 / 概念应用 / 技术聚焦 / 道德聚焦 / 营销和经济 / 营销数字 / 企业案例

第2章　企业和营销战略：合作建立顾客关系　/ 26
2.1　企业战略规划：定义营销的作用　/ 27
2.2　设计业务组合　/ 30
2.3　规划营销：合作建立顾客关系　/ 34
2.4　营销战略和营销组合　/ 35
2.5　管理营销活动　/ 38
2.6　衡量和管理营销投资回报率　/ 42

目标回顾 / 关键术语 / 概念讨论 / 概念应用 / 技术聚焦 / 道德聚焦 / 营销和经济 / 营销数字 / 企业案例

第二部分　理解市场和消费者

第3章　营销环境　/ 50
3.1　企业的微观环境　/ 51
3.2　企业的宏观环境　/ 54
3.3　对营销环境做出反应　/ 64

目标回顾 / 关键术语 / 概念讨论 / 概念应用 / 技术聚焦 / 道德聚焦 / 营销和经济 / 营销数字 / 企业案例

第4章　管理营销信息　/ 70
4.1　营销信息和消费者洞察　/ 72
4.2　评估营销信息需求　/ 73
4.3　开发营销信息　/ 74
4.4　营销调研　/ 76
4.5　营销信息分析　/ 86
4.6　营销信息传播和使用　/ 89
4.7　营销信息的其他问题　/ 90

目标回顾 / 关键术语 / 概念讨论 / 概念应用 / 技术聚焦 / 道德聚焦 / 营销和经济 / 营销数字 / 企业案例

第5章　消费者市场及消费者购买行为　/ 97
5.1　消费者行为模式　/ 99
5.2　影响消费者行为的特征　/ 99
5.3　购买决策行为类型　/ 109
5.4　购买决策过程　/ 111
5.5　新产品的购买决策过程　/ 115

目标回顾 / 关键术语 / 概念讨论 / 概念应用 / 技术聚焦 / 道德聚焦 / 营销和经济 / 营销数字 / 企业案例

第6章　商业市场和商业购买者行为　/122

6.1　商业市场　/124
6.2　商业购买者行为　/126
6.3　商业购买过程　/131
6.4　电子采购和网上采购　/133
6.5　公共机构和政府市场　/135

目标回顾 / 关键术语 / 概念讨论 / 概念应用 / 技术聚焦 / 道德聚焦 / 营销和经济 / 营销数字 / 企业案例

第三部分　设计顾客驱动营销战略和整合营销

第7章　顾客驱动营销战略：为目标顾客创造价值　/144

7.1　市场细分　/146
7.2　选择目标市场　/153
7.3　差异化与市场定位　/159

目标回顾 / 关键术语 / 概念讨论 / 概念应用 / 技术聚焦 / 道德聚焦 / 营销和经济 / 营销数字 / 企业案例

第8章　产品、服务和品牌战略　/170

8.1　什么是产品　/171
8.2　产品决策　/175
8.3　品牌战略：建立强大的品牌　/181
8.4　服务营销　/190

目标回顾 / 关键术语 / 概念讨论 / 概念应用 / 技术聚焦 / 道德聚焦 / 营销和经济 / 营销数字 / 企业案例

第9章　新产品开发和产品生命周期战略　/198

9.1　新产品开发战略　/200
9.2　新产品开发流程　/200
9.3　管理新产品开发　/207
9.4　产品生命周期战略　/209
9.5　产品和服务的额外考量　/215

目标回顾 / 关键术语 / 概念讨论 / 概念应用 / 技术聚焦 / 道德聚焦 / 营销和经济 / 营销数字 / 企业案例

第10章　产品定价：了解和获取顾客价值　/221

10.1　价格是什么　/223
10.2　主要的定价策略　/223
10.3　其他影响定价决策的内外部因素　/230

目标回顾 / 关键术语 / 概念讨论 / 概念应用 / 技术聚焦 / 道德聚焦 / 营销和经济 / 营销数字 / 企业案例

第11章　产品定价：定价战略　/239

11.1　新产品定价战略　/240
11.2　产品组合定价战略　/241
11.3　价格调整战略　/243
11.4　价格变动　/249
11.5　公共政策与定价　/252

目标回顾 / 关键术语 / 概念讨论 / 概念应用 / 技术聚焦 / 道德聚焦 / 营销和经济 / 营销数字 / 企业案例

第12章　营销渠道与供应链管理　/259

12.1　供应链与价值传递网络　/261
12.2　营销渠道的本质及重要性　/261
12.3　渠道行为与组织　/263
12.4　渠道设计决策　/267
12.5　渠道管理决策　/271
12.6　公共政策与分销决策　/272
12.7　营销物流和供应链管理　/273

目标回顾 / 关键术语 / 概念讨论 / 概念应用 / 技术聚焦 / 道德聚焦 / 营销和经济 / 营销数字 / 企业案例

第13章 零售与批发 /284

13.1　零售　/285
13.2　批发　/300

目标回顾／关键术语／概念讨论／概念应用／技术聚焦／道德聚焦／营销和经济／营销数字／企业案例

第14章 传播顾客价值：整合营销传播战略　/309

14.1　促销组合　/310
14.2　整合营销传播　/310
14.3　传播过程概述　/314
14.4　开发有效营销传播的步骤　/316
14.5　确定总促销预算和组合　/322
14.6　营销传播的社会责任　/326

目标回顾／关键术语／概念讨论／概念应用／技术聚焦／道德聚焦／营销和经济／营销数字／企业案例

第15章 广告和公共关系　/331

15.1　广告　/333
15.2　设定广告目标　/333
15.3　确定广告预算　/334
15.4　制定广告策略　/335
15.5　评价广告效果及广告投资回报率　/341
15.6　广告的其他考虑因素　/342
15.7　公共关系　/344
15.8　公共关系的地位和影响力　/344
15.9　主要的公共关系工具　/345

目标回顾／关键术语／概念讨论／概念应用／技术聚焦／道德聚焦／营销和经济／营销数字／企业案例

第16章 人员销售和销售促进　/350

16.1　人员销售　/351
16.2　管理销售队伍　/352
16.3　人员销售的过程　/361
16.4　销售促进　/364

目标回顾／关键术语／概念讨论／概念应用／技术聚焦／道德聚焦／营销和经济／营销数字／企业案例

第17章 直接营销、在线营销、社交媒体营销、移动营销　/373

17.1　直接营销和数字营销　/374
17.2　直接营销和数字营销的形式　/376
17.3　数字和社交媒体营销　/377
17.4　传统的直接营销形式　/385
17.5　直接营销和数字营销的公共政策问题　/386

目标回顾／关键术语／概念讨论／概念应用／技术聚焦／道德聚焦／营销和经济／营销数字／企业案例

第四部分　营销扩展

第18章 创造竞争优势　/394

18.1　竞争者分析　/396
18.2　竞争战略　/402
18.3　平衡顾客和竞争者导向　/409

目标回顾／关键术语／概念讨论／概念应用／技术聚焦／道德聚焦／营销和经济／营销数字／企业案例

第19章 全球市场　/414

19.1　今天的全球营销　/415
19.2　环视全球营销环境　/416
19.3　决定是否走向全球化　/421
19.4　决定进入哪些市场　/422
19.5　决定如何进入市场　/423

19.6 决定全球营销计划 / 425

19.7 决定全球营销组织 / 430

目标回顾 / 关键术语 / 概念讨论 / 概念应用 / 技术聚焦 / 道德聚焦 / 营销和经济 / 营销数字 / 企业案例

第20章 可持续营销：社会责任与道德 / 436

20.1 可持续营销 / 438

20.2 市场营销的社会批评 / 440

20.3 消费者行动促进可持续营销 / 444

20.4 可持续负责任营销的商业行为 / 449

20.5 营销道德 / 452

20.6 可持续发展的企业 / 453

目标回顾 / 关键术语 / 概念讨论 / 概念应用 / 技术聚焦 / 道德聚焦 / 营销和经济 / 营销数字 / 企业案例

附录A 营销计划 / 458

附录B 营销数字 / 467

术语表 / 484

参考文献 / 498

PART 1

第一部分

定义营销和营销过程

第 1 章
市场营销：管理可盈利的顾客关系

学习目标

1. 定义市场营销并列出市场营销的步骤。
2. 理解顾客和市场的重要性，识别5个核心市场概念。
3. 识别顾客导向的市场战略的关键，讨论市场运作的定位。
4. 讨论顾客关系管理，制定为顾客创造价值及从顾客那里得到回报的战略。
5. 描述新时期改变市场前景的主要趋势和力量。

预习基本概念

欢迎来到营销的精彩世界。在本章中，我们将介绍基本的市场营销概念，我们将从一个简单的问题切入：什么是市场营销？市场营销就是维系有价值的顾客关系。市场营销的目的是为顾客创造价值，并因此获取回报。本章围绕市场营销的5个步骤进行，从理解顾客需求到设计顾客驱动的市场战略和方案，再到建立顾客关系，传递企业价值。

我们以淘宝网的故事开始本章的内容，阿里巴巴成立的线上购物网站——淘宝在中国市场上击败了亚马逊和eBay。

淘宝网：建立可信赖的顾客关系

在美国，几乎所有的商品都能在eBay和亚马逊上购买，而在中国，阿里巴巴的零售平台——淘宝，主导着国内的电子市场，使得亚马逊逐渐边缘化。eBay因无法满足市场需求，在2006年停止了在中国的业务。

淘宝由阿里巴巴集团于2003年5月成立，是当今最大的电子零售终端平台之一，2014年占据中国C2C市场80%的份额。淘宝的意思是"寻宝"，在淘宝上，从化妆品、配饰到电子产品和生鲜，几乎什么产品都有贩售。与亚马逊和eBay一样，淘宝为个人消费者和卖家（包括零售商和批发商）之间的交易提供便利性。

淘宝的成功令人感到出乎意料。在它成立的前一年（2002年），eBay与中国电子商务企业——易趣网（EachNet）成立了合资企业进入中国市场，并有意引领中国市场。然而，为了应付未来的竞争，阿里巴巴推出了淘宝来与这个美国巨头企业展开竞争。eBay的市场份额在淘宝入市后迅速减少，2006年，随着淘宝的成功，eBay选择止损，退出了中国市场。

2004年，亚马逊通过收购中国在线书商和零售商卓越网进入中国市场。然而，卓越网辜负了亚马逊的厚望，到2014年，该网站在中国电子零售市场的占有率仍不到3%。

究竟是什么原因使淘宝在与

亚马逊和eBay等老牌线上零售商的竞争中占据主导地位呢？淘宝理解中国消费者对网络欺诈的恐惧，试图建立信任。国内消费者不习惯在没有检查商品实物的情况下购物。欺诈和对互联网的误解使得消费者对网上购物保持谨慎态度。为了缓解消费者对欺诈行为的担忧，淘宝推出了可选的第三方托管服务：买家将钱打给第三方在线支付平台支付宝（Alipay），支付宝会告知卖家买家已付款，然后卖家再将货物发给买家，只有当买家收到货物并检查确认后，支付宝才会允许卖家接收货款。支付宝的系统与PayPal不同，它不需要使用信用卡进行交易，可以从银行账户中直接扣款。

淘宝明白，在购买产品的过程中，中国消费者期待谈判和讨价还价，他们将这视为愉快购物体验的一部分。淘宝的聊天室"阿里旺旺"可以让消费者与卖家协商价格，消费者甚至可以直接与卖家互动，并询问他们有关产品的问题。

淘宝平台的设计赋予了它强大的本地特色。淘宝管理团队的每个成员都有一个取自著名武侠小说中的人物的昵称。这种不拘礼节给中国消费者一种感觉：欢迎成为中国这个大社区的一分子。淘宝采用的红色与橙色代表着节日和繁荣，每个中国人都熟悉并乐于接受这种寓意。除此之外，淘宝网信息丰富。与谷歌非常零散的设计不同，淘宝的官方网站有很多链接，看起来就像实体购物环境一样热闹、繁忙、多姿多彩。

淘宝已经成功地吸引了一些大企业进驻其在线零售门户网站。中国最大的书店——新华书店和日本领先休闲服装制造商优衣库在淘宝平台上开设了店铺，甚至中国东方航空也与淘宝和支付宝结成了联盟，建立了在线售票商店，服务的个人用户比以前更多。

此外，阿里巴巴在主要电视频道上投放了足够数量的广告，他将这作为淘宝的另一项战略举措。他指出，更多人喜欢通过电视频道浏览商品，而不是上网。淘宝还带来了网上销售的最新趋势。该企业成功的闪电促销活动之一，是将一个不起眼的学生节日变成了一个在线购物节日。11月11日，即"光棍节"，成为最大的电子商务销售日，2015年销售额达到143亿美元。这样的成功使得线下零售商在11月11日举行了类似的促销活动。

随着智能手机普及率的上升，淘宝想要做得更好。非一线城市的智能手机普及率增速最快，这些"偏远"地区的人们更倾向于在淘宝上购物，因为线下零售商向这些地区发货的能力有限。阿里巴巴希望通过天猫来满足中国消费者不断变化的口味和喜好，专注于服务质量；淘宝还利用购物搜索引擎—淘网（eTao）提供价格以外的信息，包括产品保证、评论和运输快递选项。[1]

1.1 什么是市场营销

市场营销比其他任何业务功能都更注重与顾客打交道。或许，市场营销最简单的定义是"管理可获利的顾客关系"。营销的双重目标是通过承诺卓越的价值来吸引新顾客，同时通过提供满意的服务来维持和发展现有的顾客。

举例来说，作为中国的在线购物网站，淘宝超越了亚马逊和eBay，因为它解决了中国消费者在网上购物时关注的信任问题。快乐蜂（Jollibee）是菲律宾人最喜欢的快餐连锁店之一，因为它深刻地了解菲律宾人对美食的喜好。

良好的市场营销对组织的成功而言至关重要。宝洁、谷歌、丰田和香格里拉酒店等大型营利组织都在使用营销手段，大学、医院、博物馆、交响乐团，甚至教堂等非营利组织也是如此。

你已经知道了很多关于市场营销的东西——它就在你身边。你可以在附近购物中心销售的商品中，也可以在电视屏幕、杂志、邮箱里看到营销的痕迹。近年来，市场营销人员已经汇集了许多新的营销途径，从富有想象力的网站、在线社交网络到手机，新的营销途径无处不在。这些新途径不仅向大众传播信息，而且会直接传达信息给营销人员。现在的营销人员正试图让自己的品牌成为消费者生活中不可或缺的一部分。

在家里、学校、工作的地方、玩乐的地方，你几乎可以在你做的每件事上看到营销。然而，市场营销远不止这些。在这一切的背后是一个庞大的人员和活动网络在相互竞争吸引消费者的注意力，促使其购买。本书将向你介绍当今市场营销的基本概念和实践。本章我们首先定义市场营销和营销过程。

1.1.1　市场营销的定义

什么是市场营销？市场营销的意义远远超过了销售和广告。它包括满足顾客的需要，营销人员需要了解顾客的需要，能够开发出提升顾客价值的产品和服务，并有效地对其进行定价、分销和促销。因此，**市场营销**（marketing）是企业为顾客创造价值并建立牢固的顾客关系，以从顾客那里获取价值的一个过程。[2]

1.1.2　市场营销的过程

图 1-1 展示了简单的市场营销过程的五步模型。在前四个步骤中，企业致力于了解顾客、创造顾客价值以及打造稳固的顾客关系。最后一步，企业通过创造卓越的顾客价值获得回报。通过为顾客创造价值，企业也相应地得到了顾客的回报价值，价值形式包括销售额、利润和长期的顾客资产。

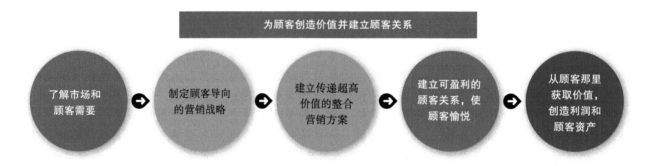

图 1-1　市场营销过程的简化模型

在本章和第 2 章中，我们将研究这个简单的市场营销模型的步骤。在本章中，我们将回顾每一个步骤，但更多地关注顾客关系步骤，即了解顾客、建立顾客关系和从顾客那里获取价值。在第 2 章中，我们将讨论第二步和第三步，即制定顾客导向的营销战略和建立传递超高价值的整合营销方案。

1.2　了解市场和顾客需要

营销人员需要了解顾客需要和欲望，以及他们经营的市场。下面，我们将讨论顾客和市场的五个核心概念。

- 顾客需要、欲望和需求；
- 市场供给：产品、服务和体验；
- 顾客价值和满意度；
- 交换和关系；
- 市场。

1.2.1 顾客需要、欲望和需求

营销最基本的概念是人类需要。人类**需要**（needs）是一种感觉缺失的状态。需要包括对食物、衣服、温暖和安全的基本生理需要，对归属和情感的社会需要，以及对知识和自我实现的个体需要。研究表明，随着中国人逐渐变得富裕，时间越来越少，他们需要在不损害健康的前提下得到最大的便利。[3]

欲望（wants）是文化和个性塑造的特定的人类需要的形式。一个美国人需要食物的时候，他的欲望是得到大汉堡、炸鸡和软饮料，一个日本人需要食物的时候，他的欲望是得到米饭、寿司和绿茶。欲望是由一个人所处的社会塑造的，并以满足需要的客观物体来描述。当有购买力作为支撑时，需要就变成了**需求**（demands）。在欲望和给定的资源限制下，人们需要的是能给予其最大价值和满意度的产品。

卓越的营销企业通过市场调研来了解顾客需要、欲望和需求。例如，哈雷戴维森的董事长经常和顾客一起驾驶哈雷机车，便于及时得到反馈和意见。

1.2.2 市场供给：产品、服务和体验

顾客的需要和欲望通过**市场供给**（market offering）来满足——提供给市场以满足顾客需要或欲望的产品、服务、信息或体验的结合体。市场供给不局限于实体产品，还包括服务、活动或者利益，它们用于促进销售，基本上不可触摸，也不能被人所拥有。例如，银行、航空公司、酒店、税务筹划和家庭维修服务。市场供给还包括其他内容，如人员、地点、组织、信息和创意。

很多销售者犯了错误，他们更关注具体的产品，而不是这些产品带给顾客的利益和体验。他们犯有**营销近视症**（marketing myopia）。由于太过关注自己的产品，这些人只关注已存在的需求，而忽略了潜在的顾客需求。[4]他们忘记了产品仅仅是解决顾客问题的一个工具。钻头的制造商可能认为顾客需要一个钻头，但顾客真正需要的是一个钻孔。当更好或以更低的成本满足顾客需求的产品出现时，这些厂家就会陷入困境。顾客可能有同样的需要，但他们想要新产品。图 1-2 概括了怎样避免营销近视症。

图 1-2　集中产品利益和顾客需要从而避免营销近视症

聪明的营销人员不会局限于其所售产品和服务的具体属性。通过协调一些产品和服务，营销人员为顾客创造了品牌体验。例如，迪士尼世界是一种体验，香格里拉饭店也是一种体验。你不能仅仅将 F1 看成一场赛事，你应该沉浸于 F1 带来的体验中。

1.2.3 顾客价值和满意度

顾客通常会面对能满足其需要的一系列产品和服务，如何从这些市场供给中做出选择？顾客对各种各样的市场供给传递的价值和满意度形成期望，并据此购买。满意的顾客会再次购买并告诉别人他们愉快的体验，不满意的顾客则会转向竞争者并向其他顾客抱怨该产品。

索尼影视在美国推广中国武侠片《卧虎藏龙》时将营销预算限制得很低，采用了口碑宣传的方式。最开始仅在为数不多的电影院上映该影片，但它引起了观众强烈的兴趣并产生了口口相传的效应。之后，尽管影片仅配以英文字幕，并没有英文配音，但95%以上的影评家表示他们喜欢这部影片，这导致越来越多的人想要观看影片。随着影片声誉渐起，索尼影视将放映场次从20场提高至75场，又调到了120场、160场，最高超过了2 000场。喜欢这部影片的人向身边的人推荐，电影变得一票难求，这更加强了人们对于这部影片的兴趣，也树立了更好的口碑。影片在美国持续数月位于票房排行榜前十名，而这一成就主要依赖于口碑效应。

1.2.4 交换和关系

当人们决定通过交换来满足需要和欲望时，市场营销就产生了。**交换**（exchange）是指通过提供某物作为回报，从别人那里获得所需之物的行为。广义上看，营销人员试图为市场供给创造一种响应，这种响应不仅是需要人们购买或者交换产品和服务。例如，一位政治候选人需要选票，一个网站需要访问量，一支交响乐队需要观众，一个社会组织需要其观念被人接受。

市场营销包括为与目标受众建立和保持良好的交换关系而采取的行动，这种交换关系涉及产品、服务、创意或其他东西。除了吸引新顾客和创造交易，目标还应包括维系顾客并发展他们与企业的业务关系。营销人员想要通过持续传递卓越的顾客价值来建立牢固的顾客关系。

1.2.5 市场

交换和关系的概念引出了市场的概念。**市场**（market）是产品现有的和潜在的购买者的集合。这些购买者特殊的需要或欲望能通过交换关系得以满足。

市场营销意味着管理市场，从而带来有利可图的顾客关系。销售者必须寻找购买者，并识别他们的需要，设计卓越的市场供给，为产品定价、促销、存储并运输。核心的营销活动包括产品开发、研究、沟通、配送、定价和服务。

虽然我们一般认为营销是由销售者来实施的，但实际上购买者也可以实施营销行为。顾客搜寻产品、与商家交流以获取商品信息并进行购买的行为，这些都是在实施营销。实际上，在如今的数字技术时代，互联网、在线社交网络以至移动电话，都赋予了消费者更多的权利，使得营销成了一项双向的互动活动。因此，如今的营销人员不仅要进行顾客关系管理，还要处理好顾客所管理的关系，营销人员不仅要问自己"如何找到我们的顾客"，还要问自己"如何让顾客找到我们"，以及"如何实现我们与顾客之间的相互沟通"。

图1-3展示了现代营销系统的主要因素。市场营销包括在竞争环境下服务于最终顾客。企业和竞争者将各自的产品和信息传递给消费者，这会受到人口、经济、技术、政治、法律和社会、文化等主要环境因素的影响。

图1-3 现代营销系统的主要因素

在这个系统中，每一部分都为下一部分增加价值。箭头代表必须发展和管理的关系。因此，企业在建立可盈利关系方面的进展不仅取决于自身的行动，还取决于整个系统满足最终顾客需要的程度。丰田之所以能向汽车购买者传递高质量的信息，是因为其零售商提供与众不同的销售和服务。

1.3 制定顾客导向的营销战略

了解了消费者和市场之后，营销管理者就可以制定顾客导向的营销战略了。我们认为**营销管理**（marketing management）是选择目标市场并与顾客建立有利可图的关系的艺术和科学。营销管理者的目标是通过创造、传递和传播更高的顾客价值来寻找、吸引、维持和发展目标顾客。

为了制定可盈利的营销战略，营销管理者必须回答两个重要的问题：

- 我们为什么样的顾客服务（我们的目标市场是什么）？
- 我们怎样最好地服务这些顾客（我们的价值主张是什么）？

1.3.1 选择服务的顾客

企业必须首先决定为谁服务，这是为了划分不同的顾客市场，然后选择要进入的市场（目标市场）。营销经理知道他们不能为所有的顾客服务，如果试图为所有的顾客服务，可能导致无法为任何一个顾客提供好的服务。相反，企业倾向于选择它能够服务好并且能带来盈利的顾客。例如，文华东方酒店瞄准有影响力的专业人士，而假日酒店定位于中等收入家庭。

最终，营销经理必须决定想要瞄准的目标顾客，了解他们的需求。简单地说，营销管理就是顾客管理及需求管理。

1.3.2 选择一个价值主张

企业还必须决定如何服务目标顾客，即如何在市场中定位并使其产品差异化。企业的价值主张是传递给顾客以满足其需要的利益和价值的集合（见图1-4）。例如，斯巴鲁提供的安全性能是："安全气囊挽救生命，全轮驱动减少了安全气囊使用率，这就是斯巴鲁之所以成为斯巴鲁的原因"。红牛能量饮料的价值主张是帮助消费者对抗精神和身体疲劳，它承诺给你活力，红牛因此获得了能量饮料市场70%的份额。

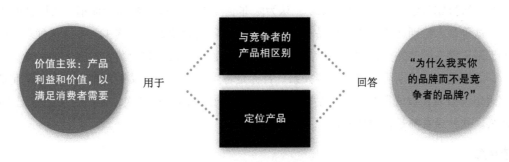

图1-4 什么是价值主张

这些价值主张使一种品牌区别于另一种，它们回答了顾客这样的问题："为什么我买你的品牌而不是竞争者的品牌？"企业必须设计强有力的价值主张，以便在目标市场上获得最大的优势。

例如，苹果公司将自己定位为一家移动设备企业，提供iPod、iPhone、iMac、iPad、Apple Watch和Apple Pay等产品。iPad的定位介于智能手机和笔记本电脑之间，能够完成一些对iPhone来说难以完成的任务；Apple Watch被定位为一种配件，可以方便地用于信用卡支付，这是iPhone没有的功能之一；Apple Pay提供了无卡、无现金支付的便利。

1.3.3 营销管理导向

营销管理部门希望设计出能够与目标消费者建立盈利关系的策略，但是应该用什么思维来指导这些营销策略？如何权衡企业利益、顾客利益和社会利益？

这里有五种不同的观念供组织设计和执行其营销策略：生产观念、产品观念、推销观念、营销观念和社会营销观念。

1. 生产观念

生产观念（production concept）认为消费者更偏爱易购、价格低廉的产品，因此，管理者应致力于提升生产效率和分销效率。在某些情况下，生产观念是很有用的。例如，计算机生产商联想利用低廉的人力成本、较高的生产效率和大范围的分销渠道占领了竞争激烈且对价格敏感的中国市场。尽管生产观念在某些情况下很有用，但它容易导致营销近视症。采用这种观念的企业面临的一个主要隐患是：企业只是狭隘地聚焦于生产运作，却忽视了其真正的目标——满足顾客需要并建立顾客关系。

2. 产品观念

产品观念（product concept）认为消费者更喜欢高品质、高性能的创新性产品。在产品观念下，营销活动应致力于持续不断地改进产品。产品质量和创新是营销活动最主要的组成部分，但是，如果只关注企业的产品同样会导致营销近视症。例如，一些生产者相信，如果他们能制造出更好的捕鼠器，那么需要灭鼠的消费者就会自动上门。但是，他们经常遭受到无情的打击，因为消费者需要的是更好的灭鼠方法，而不是更好的捕鼠器。更好的解决办法可能是提供灭鼠服务或者其他比捕鼠器更有效的东西。此外，即便是更好的捕鼠器也可能很难卖出去，除非设计、包装和定价很吸引人，具有便利的分销渠道，引起了人们的注意并能说服人们相信它是更好的产品。

3. 推销观念

许多企业奉行**推销观念**（selling concept），认为除非企业进行大规模推销和促销，否则消费者不会购买足量的商品。这种观念特别适用于非渴求品——消费者不会自然而然地想到购买。秉持这种观念的企业的营销人员要善于跟进潜在顾客并向他们销售产品。然而，这种激进的营销观念蕴含着很大的风险。它专注于创造买卖交易，而不是建立长期可盈利的顾客关系。目标是将生产出来的产品销售出去，而不是制造市场想要的产品。它假定消费者在被说服购买产品后会喜欢上产品，或者即使不喜欢，他们也可能忘记之前的失望，然后再次购买。这些通常都是错误的假设。

4. 营销观念

营销观念（marketing concept）认为，企业组织目标的实现取决于对目标市场的需要和欲望的了解，以及所提供产品或服务的满意度（相比竞争对手）。在营销观念下，顾客的关注度和价值是实现销售与利润的途径。营销观念不是以产品为中心的"制造和销售"哲学，而是以顾客为中心的"感知和反应"哲学，其作用不是为产品找到合适的顾客，而是为顾客找到合适的产品。以麦当劳为例，为适应中国顾客的口味，它定制了菜单，除了巨无霸和炸薯条外，顾客还可以选择豌豆饼、米饭汉堡和一种被称为"蓝色港湾"的薄荷口味的汽水。[5]

图 1-5 比较分析了推销观念和营销观念。推销观念以一种从内到外的视角，从工厂出发，以企业现有产品为中心，利用大量的销售和促销活动来获得利润。它致力于征服顾客——赢得短期销售，并不关心谁买或为什么买。

图 1-5 推销观念和营销观念的比较

执行营销观念并不是简单地响应顾客表达的渴望和明显的需要。顾客导向的企业通过对现有的顾客进行深入研究以了解他们的需求，收集新产品和服务创意并测试提出的产品改进方案。当清晰的需求存在并且顾客知道自己想要什么时，这种顾客导向的营销通常效果显著。

但是，在许多情况下，消费者并不知道自己想要什么，甚至不知道可能想要什么。比如，20 年前有多少消费者想过拥有手机、笔记本电脑、数码相机、24 小时网上购物、车载卫星导航系统？这种情况就需要顾客驱动的营销——比顾客本人更了解其需要，并且创造满足现有和未来需要的产品，无论现在还是将来。图 1-6 比较了顾客导向的营销和顾客驱动的营销。

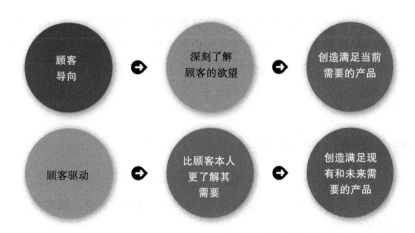

图 1-6 顾客导向的营销和顾客驱动的营销

5. 社会营销观念

社会营销观念（societal marketing concept）向营销观念提出了质疑，认为单纯的营销观念忽略了顾客短期需求与长期福利之间可能存在的矛盾。一家总能满足目标市场的短期需求的企业，是否在为消费者的长远利益做最好的事情？社会营销观念认为，营销策略应该以这样一种方式传递价值：不仅能保持或提高顾客利益，而且能保持或提高社会福利。这就需要持续性营销、对社会及环境负责的营销，这不仅满足了消费者和企业目前的需要，也保留和提高了后代未来满足其需要的能力。

印度联合利华（HUL）不断更新其产品组合，通过品牌创造社会效益，进而提高社会福利。企业董事长表示，品牌战略受到社会革新的驱动。HUL通过降低生产对环境的损害努力增加品牌的社会价值，生产出了价格低廉、制造先进的家用净水器——Pureit，这项产品可以在印度减少不安全饮用水问题。HUL相信，社会责任不仅体现在慈善事业上。它还成立了Fair & Lovely基金，通过教育、职业、企业方面的信息和资源，支持印度女性在经济领域的赋权。为了庆贺企业在印度成立75周年，HUL联合DHAN基金帮助75 000位贫穷的女性集资或帮助她们从银行获得资源，为土地开发、农场池塘建设、餐饮及手工业等活动提供资金。HUL还发起了Sankalp活动，倡导HUL的员工每天花一个小时的时间从事志愿者活动，1/3的HUL员工已参与其中，并累计完成了40 000小时的志愿者工作。[6]

如图1-7所示，企业在制定营销策略时应从三方面考虑：企业利润、消费者需求和社会利益。强生在这方面做得很好。强生将对社会利益的关注总结在一份叫作《我们的信条》的企业文件中。这份文件强调了诚实、正直和人重于利润的理念。在这种理念下，强生宁可承受巨额亏损，也不会出售一批坏产品。

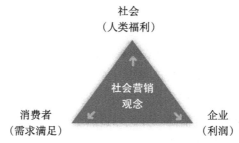

图1-7　社会营销观念下的三种考虑因素

我们来看一起关于有人因服用残留氰化物的泰诺胶囊而导致死亡的案件。泰诺胶囊是强生的品牌，尽管强生认为只是少数几家药店的药品变质了，但它还是很快就召回了产品并发布消息告知顾客，打消顾客的疑虑。从长远的角度看，强生快速召回泰诺胶囊的举动，加强了顾客的信心和忠诚。今天，泰诺依旧是止痛药的领先品牌。

1.4　准备一项整合营销计划和项目

企业的营销策略界定了企业服务的顾客以及如何为顾客创造价值。接下来，营销人员就要设计整合营销计划以向目标顾客传递预期价值。营销计划通过将营销策略转化为行动来建立顾客关系，包括企业的营销组合以及企业用来实施营销策略的工具。

企业主要的营销组合工具可分为四类（4P）：产品、价格、渠道和促销。为了传递价值，企业必须做到以下四点：

- 创造满足需求的市场供给（产品）；
- 决定供给品的收费（价格）；
- 决定如何使目标顾客获得供给品（渠道）；
- 与目标顾客沟通，并说服他们相信供给品的优点（促销）。

企业必须采用这些营销工具制订出一项全面的整合营销计划，与目标顾客交流并传递预期价值。

1.5 建立顾客关系

营销过程的前三步——了解市场和顾客需要、制定顾客导向的营销战略以及建立传递超高价值的整合营销方案，都引导至最重要的第四步：建立可盈利的顾客关系，使顾客愉悦。

1.5.1 顾客关系管理

顾客关系管理也许是现代市场营销中最重要的概念。除了管理个体消费者的具体信息和消费者的"感情点"，以最大化顾客忠诚度之外，**顾客关系管理**（customer relationship management，CRM）还包括通过创造卓越的顾客价值和顾客满意度来建立与维持有价值的顾客关系。它涉及获取顾客、维系顾客和发展顾客的各个方面。

1. 关系建立的基石：顾客价值和顾客满意度

建立长期顾客关系的关键是创造卓越的顾客价值和顾客满意度。满意的顾客更有可能成为忠诚的顾客，而忠诚的顾客可能给企业带来更大的市场份额。

（1）顾客价值。顾客常常在令人眼花缭乱的众多产品和服务中做出选择。顾客会从能给予他最高**顾客感知价值**（customer perceived value）的企业购买产品。顾客感知价值是相对于竞争者的供给，顾客对市场供给的总收益与总成本之差做出的评估。图1-8显示了顾客对价值的感知。

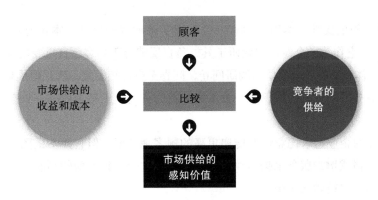

图1-8　顾客感知价值

例如，丰田普锐斯混合动力汽车的车主获得了一系列福利，最显著的就是高燃料效率。另外，购买一辆普锐斯，车主也可能获取一些地位和形象价值，而且驾驶普锐斯会使车主显得更有环保意识。当顾客决定是否购买普锐斯时，他们还会权衡拥有此车的其他可感知的价值，并与购买汽车付出的金钱、努力和心理成本相比较。他们会比较拥有普锐斯的价值与拥有其他品牌混合动力或非混合动力汽车的价值，然后他们将会选择给予他们最高感知价值的品牌。为了增加感知价值，丰田重新设计了混合动力汽车网站，新的网站可以让顾客像在社交网站上一样建立个人页面并与其他人共享。在个人页面，顾客可以说出他们驾驶混合动力车的原因，并提供一些与自己或车辆相关的数据。网站上还有一个互动地图，上面标注出了相对于一般的车辆，混合动力汽车超出的驾驶里程数及节省的汽油量统计数据。丰田发现，混合动力汽车的车主对于自己的汽车以及驾驶原因充满分享的热情，而丰田也通过这个社交网站上展示的图表及视频深入了解了顾客的兴奋点。[7]

2009年，丰田推出了第一个移动网站，顾客可以通过手机移动端的浏览器获取丰田汽车和经销商的相关信息，拥有iPhone及iPod Touch的顾客可以通过持有移动设备获取丰富的视频体验。[8]

顾客通常并不是精确或客观地判断产品价值和成本，而是依据感知价值判断。比如，普锐斯真的是最经济的选择吗？现实情况是，可能需要很多年才能节省下来足够的燃油成本去抵消汽车的高价格。但是，普锐斯车主认为他们得到了真正的实惠。一份针对69 000位新车购买者的调查显示，普锐斯在燃油经济性能上被评为是最"令人愉悦的"。另外，相对于其他混合动力车的车主，普锐斯车主感知到了更多的综合价值。[9]

（2）顾客满意度。**顾客满意度**（customer satisfaction）取决于产品的感知性能与购买者预期之间的比较。如果产品性能低于预期，顾客就会失望；如果产品性能符合预期，顾客就会满意；如果产品性能超过预期，顾客就会高度满意和愉悦。

例如，日本的一些连锁百货商店由于不能满足消费者的预期而失去了支持，原来的顾客转而光顾提供物美价廉商品的专卖店。以前，百货商店因供应奢侈品及提供精致的服务而闻名，当时这种百货商店是不可或缺的，人们出席特别场合时都会到这里挑选包装精美的礼品。后来日本经过了一段较长时间的经济萧条期，资金紧张迫使人们开始慎重考虑价格，尤其对于日本年轻人而言，专卖店相较于百货商店更能满足他们的需求。[10]

杰出的营销企业会费尽心思地满足重要顾客。大多数研究表明，更高的顾客满意度能创造更大的顾客忠诚度，反过来顾客忠诚度会带来更好的企业业绩。聪明的企业只会承诺其有能力提供的价值来取悦顾客，然后提供比承诺更多的价值。获得愉悦的顾客不仅会重复购买，还会变成"粉丝用户"，向人们宣扬使用该产品的美好体验。

为了证明了解顾客的重要性，本田专门有一位负责了解顾客的经理。本田有一个在线顾客关系管理平台，叫作"本田朋友"，它作为一个专门的调研工具，负责反馈对于顾客而言重要的关键事项。注册用户将针对他们使用本田产品的体验回答一个简单的调研问卷，问卷至少每年发放一次，但周期不会短于一个月。[11]

用卓越的产品和服务来取悦顾客不仅是一套策略和行为指南，更是企业的一种态度，是整个企业文化的重要组成部分。

尽管以顾客为中心的企业追求比竞争者传递更高的顾客满意度，但它并不试图使顾客满意度最大化。企业永远可以通过降低价格或增加服务来提高顾客满意度，但这会导致更低的利润，因此，营销的目标是有盈利地产生顾客价值。这需要精妙的平衡。

2. 顾客关系层次和工具

企业可以在多个层次上建立顾客关系。从一个极端的方面看，一家拥有低边际利润顾客的企业可能仅仅需要与顾客建立基本的关系。比如，宝洁通过品牌广告、促销和网站来建立关系。从另一个极端的方面看，在只有少数顾客的高边际利润市场上，企业力图与这些关键顾客建立全面的合作关系。比如，宝洁的顾客团队会与大型分销商紧密合作。在这两种极端情况之间，其他层次的顾客关系是适当的。

今天，许多领先的企业正在维系与建立顾客忠诚度。除了持续不断地提供高价值与满意之外，营销人员可以使用具体的营销工具来与顾客建立更紧密的联系。例如，许多企业提供优惠项目来奖励那些经常购买或大量购买产品的顾客。航空公司为常客提供更多项目选择，酒店会为常客升级客房。

有些企业会赞助俱乐部营销活动，这种活动为会员提供特殊的利益并创建会员社区。比如，哈雷戴维森赞助了哈雷车主会（H.O.G），为哈雷骑手提供一种有组织的途径来分享激情和展现自豪感。哈雷车主会给车主提供的福利包括两本杂志（《H.O.G 传说》和《激情者》）、车主会旅游手册、路旁支援计划、特别设计的保险项目、旅游中心和帮助会员在度假时租用哈雷的"飞骑"计划。这一世界性的俱乐部现有超过 1 500 个分会和 100 万名会员。[12]

为了建立顾客关系，企业除了增加金钱和社会福利，还可以增加结构性联系。营销人员可以为顾客提供特殊的设备或网络链接来帮助顾客管理订单、账单或存货。例如，药品批发商可以建立一个在线供应管理系统，以帮助药品零售商管理其存货、订单输入和货柜空间。

1.5.2 顾客关系的变化本质

如今的企业正在与精挑细选的顾客建立更直接、更持久的联系。下面有一些关于企业如何与顾客建立联系的重要方法。

1. 与精挑细选的顾客建立联系

大多数企业正在瞄准数量更少但更能获得盈利的顾客，这被称为选择性的关系管理，许多企业利用顾客盈利分析来剔除已流失的顾客、瞄准能带来盈利的顾客。企业为这些盈利顾客提供更吸引人的条件以赢得并维系他们的忠诚。

在印度，全球知名品牌诺帝卡（Nautica）曾要求 45 名品牌顾客参加"诺帝卡之旅"活动。在 3 天的时间里，诺帝卡带领这些精挑细选的顾客体验了 1 200 千米的汽车拉力赛、恒河上 35 千米的水上漂流、瑞诗凯诗（Rishikesh）的 10 米蹦极。这些精选的顾客与诺帝卡相互依存，这种奖励方式加深了诺蒂卡与顾客之间的联系。[13]

2. 更加深入互动的关系

除了设计策略来吸引新顾客并与他们交易，企业还可以运用顾客关系管理来维系现有的顾客并同他们建立长久的、盈利的关系。

当今顾客关系的深层本质源于快速变化的通信环境，它取代了以往单向的、仅向大众传播信息的模式，今天的新型营销人员结合了新的、更加互动的方式来帮助他们建立有针对性的、双向的顾客关系。

（1）双向的顾客关系。新技术已经深刻地改变了人们互相联系的方法，新的交流工具包括电子邮箱、网站、博客、手机、网络和视频分享社区及社交网络，如 MySpace、Facebook、YouTube 和 Twitter。

这种变化的交流环境会影响企业、产品和顾客之间的联系。新的交流方式使营销人员能够与消费者建立更紧密的联系，其目的是创造更深层次的消费者参与度，使品牌成为消费者生活的一部分。

例如，在百事的在线 CRM 项目 RefreshEverything.com 中，消费者列出了一些能够改善社区的项目，比如救济饥饿群体或阅读教育。之后消费者再通过网上投票决定百事 2 000 万美元的资助应该分给哪个项目，消费者可以提交个人邮箱地址以获取项目信息。[14]

然而，新技术在为市场营销人员创造营销机会的同时，也给建立人际关系带来了挑战。消费者不是被动的接受者，而是作为营销过程的一部分，从而导致品牌民主化。[15] 今天的消费者对品牌的了解比以往任何时候都多，他们有很多平台可以和其他消费者分享自己的品牌观点。同时，消费者可以参与品牌的话题讨论并更换自己想参与的话题品牌活动。

若想更好地管理消费者，与消费者建立关系，企业不能一味地依赖侵扰式营销。营销人员必须积极从事引导式营销——创建市场供给或信息来吸引消费者而不是打扰他们。因此，大多数营销人员现在通过丰富的直接营销方式与大众传播媒体营销，促进品牌和消费者的互动。

许多企业参与在线社交网络或创建了自己的在线社区。下面举一个例子。

一些企业组织开通了 Twitter 账户并进行推广。它们与注册 Twitter 的用户使用推文进行交流，解决顾客服务问题，研究顾客反应，并推动相关文章、网站、竞赛、视频及其他品牌活动的流量。

（2）消费者自主营销。**消费者自主营销**（consumer-generated marketing）作为一种新型的企业与顾客对话形式逐步兴起，这种方式使得顾客可以在塑造自己及他人的品牌体验的过程中起到更重要的作用。这种形式体现在顾客在博客、视频分享网站以及论坛中进行交流。近年来，企业越来越有意识地要求顾客在设计产品及品牌信息上担当更加主动的角色。比如，可口可乐、麦当劳、苹果公司从 YouTube 及其他流行的视频分享网站上截取与自己品牌相关的视频，并将它们转化为商业信息。

有些企业会向消费者征求新产品创意，比如，可口可乐旗下的维他命水品牌在 Facebook 上设立了一个应用程序来获取消费者对于新口味的建议，并承诺生产并销售最受欢迎的那一款。新口味 Connect（黑莓、酸橙以及维生素及咖啡因的混合）获得了成功，同时，维他命水在 Facebook 上的粉丝超过了 100 万。

另外一些企业邀请顾客在塑造广告上扮演一些重要角色。在日本，耐克发起了一项关于消费者自发商业创意的比赛，并在之后将这些商业创意融合应用。在北京奥林匹克运动会举办期间，麦当劳鼓励中国观众在线送出祝福，获得投票最高的标语将在奥运会推广中使用。

然而，举办消费者竞赛是一个很消耗时间和成本的过程。例如，亨氏企业在 YouTube 上邀请消费者为它的调味番茄酱提交自制广告，它最后筛选了 8 000 多个质量参差不齐的参赛作品。

消费者产生的创意，无论是否被营销人员采用，都已经成为一种重要的营销力量。凭借消费者制作的视频以及博客和网站的不断丰富，消费者在形成自身和其他消费者品牌体验的过程中扮演着日益重要的角色。除了创造品牌对话之外，消费者在产品设计、使用、包装、定价和分销等各个方面的话语权也在不断增强。

1.5.3 伙伴关系管理

营销人员必须与多种市场伙伴紧密合作，因此，营销人员除了要善于管理顾客关系，还必须善于**伙伴关系管理**（partner relationship management）。在如何与企业内外部伙伴合作以为顾客提供更多价值方面，重大变化正在上演。图 1-9 显示了营销人员的内外部合作伙伴。

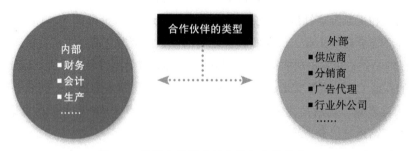

图 1-9 营销人员的内部和外部合作伙伴

1. 企业内部合作伙伴

传统意义上，营销人员的职责是了解顾客并向企业各部门阐述顾客需求。但是，在如今联系更加紧密的世界，营销不再只是某些人与顾客的互动。每个职能领域都可以与顾客交流，尤其以电子交流的方式。新的思路应是每一位员工都必须以顾客为中心。惠普的联合创始人戴维·帕卡德就明智地表示:"营销太重要了,不应该将它只交给营销部门。"[16]

现在,企业与其让各部门各自为战,不如联合所有部门来创造顾客价值。企业不再只委派销售和市场部门的员工与顾客打交道,而是逐步建立跨职能顾客团队。比如,宝洁向每位重要的零售商派出"顾客发展团队",团队成员包括销售和市场人员、运营专家、市场和财务分析师及其他人员,通过协调宝洁各部门的工作,帮助零售商获得更大的成功。

2. 企业外部合作伙伴

营销人员与供应商、渠道伙伴甚至竞争者联系的方式也在发生变化。今天,大多数企业已经处于网络系统中,极度依赖与其他企业的合作伙伴关系。

营销渠道包括分销商、零售商和其他联结企业与顾客的方式。供应链描述了一条更长的渠道,从原材料到零部件和运输给最终买家的最终产品。例如,个人计算机的供应链包括计算机芯片和其他零件的供应商、计算机制造商、分销商、零售商以及其他将计算机卖给商业用户或最终用户的人。

通过供应链管理,企业加强了与供应链上合作伙伴之间的联系。企业知道,能否成功地建立顾客关系,同样取决于其供应链与竞争者相比是否具有优势。这些企业不仅将供应商看作卖方,还将零售商看作顾客。在传递顾客价值方面,它们都将对方视为合作伙伴。比如,雷克萨斯一方面与精心挑选的供应商紧密合作以提高质量和生产效率;另一方面,它与特许经销商一起提供一流的销售和服务支持,这些支持会吸引顾客上门并使他们成为回头客。

除了管理供应链,企业还发现,如果想变得有效率,还需要战略上的合作伙伴。战略联盟在几乎所有的行业和服务领域蓬勃发展。例如,鉴于中国汽车销售的爆炸式增长,麦当劳与中石化签署了一项为期20年的关于得来速餐厅的协议,获得了在中石化30 000座加油站附近开设餐厅的优先权。[17]

1.6 从顾客那里获取价值

营销过程的前四步包括通过创造与传递卓越的顾客价值建立顾客关系。最后一步是指企业以现有或将来的销售、市场份额和利润的形式获取价值作为回报。通过创造卓越的顾客价值,企业创造了高满意度的顾客,这些顾客会保持忠诚并不断购买。这样,企业就能够获得更高的长期回报。这里,我们讨论创造顾客价值的结果:顾客忠诚度和留存率、市场份额和顾客份额以及顾客资产。

1.6.1 创造和维持顾客忠诚度与留存率

良好的顾客关系管理为顾客带来了愉悦,接着,愉悦的顾客会保持忠诚并向其他人夸奖企业及其产品。因此,顾客关系管理的目标不仅是创造顾客满意度,还有顾客愉悦度。[18]

企业意识到,失去一个顾客不仅意味着失去一笔交易,还意味着失去**顾客终身价值**(customer lifetime value)——顾客在一生中的消费价值。雷克萨斯估计,一个满意度和忠诚度高的顾客一生的消费价值为60万美元。因此,努力维持并增加顾客,能创造良好的经济价值。

事实上,企业可能在一笔特定的交易中亏损,但在长期的交易中仍然获利,这意味着企业必须在建立顾客关系方面志存高远。顾客愿意与产品和服务建立情感关系,而不仅仅是理性选择。

1.6.2 增加顾客份额

良好的顾客关系管理能够帮助市场营销人员增加**顾客份额**（share of customer）——顾客购买该企业产品的份额。例如，银行想增加"钱包份额"，超市和餐厅想增加"胃口份额"，航空公司想增加"旅程份额"。

为了增加顾客份额，企业可以为当前顾客提供更多种类的产品，也可以训练员工进行交叉销售和追加销售，以向消费者提供更多的产品和服务。例如，亚马逊擅长把握与3.04亿顾客的关系，以增加每一个顾客的购买份额。亚马逊起初只是一个网上售书商，现在它还为顾客提供音乐、录像、礼品、玩具、电子产品、办公用品、家具、园林产品、服装和配饰、珠宝以及网上拍卖等。此外，根据每个顾客的交易历史记录，企业会向顾客提供其可能感兴趣的产品。利用这种方法，亚马逊在消费者的消费预算中占有更大的份额。

1.6.3 建立顾客资产

1. 什么是顾客资产

顾客关系管理的最终目的是产生高顾客资产。[19] **顾客资产**（customer equity）是企业现有和潜在顾客的终身价值的总和。显然，企业的顾客越忠诚，顾客资产就越多。顾客资产能够比当前销售量和市场份额更好地评估企业业绩。销售量和市场份额代表过去，顾客资产预示着未来。

2. 和正确的顾客建立正确的关系

企业应该细心管理顾客资产，应将顾客视为需要经营和扩大的资产，但不是所有的顾客甚至所有忠诚的顾客都值得投资。奇怪的是，一些忠诚的顾客不能带来利润，而一些不忠诚的顾客却可以带来利润。

企业可以根据顾客潜在的盈利能力对顾客进行分类，并以此来管理企业与他们的关系。图1-10根据顾客潜在的盈利能力和忠诚度将其分为四组。[20] 各组需要不同的关系管理策略。

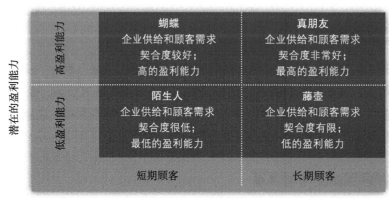

图1-10 顾客关系群体

- "陌生人"代表低盈利能力和低忠诚度的顾客。企业产品和顾客的需求契合度很低。对这组人来说，顾客关系管理战略很简单：不对其进行任何投资。
- "蝴蝶"代表高盈利能力、低忠诚度的顾客。企业产品和顾客的需求契合度较好。然而，像蝴蝶一样，它只会享受一会儿，很快就会飞走。比如股票市场的投资者，他们经常进行大笔交易，但是他们只追求做好交易而不与任何企业建立正式关系。试图将"蝴蝶"转变为忠诚的顾客很少成功。企业应该利用此刻的"蝴蝶"，利用宣传攻势吸引他们，与他们进行有利可图的交易，在下一轮停止对他们的投资。

- "真朋友"代表既有盈利能力又很忠诚的顾客。企业产品和顾客的需求契合度非常好。企业想进行持续的投资使这些顾客满意，并且培育、维持、扩大该顾客群。企业应试图将"真朋友"转变成信徒，他们是回头客，并且会向周围的人宣传该企业的好产品。
- "藤壶"代表忠诚度高但盈利能力差的顾客。企业产品和顾客的需求契合度有限。例如，银行的小客户经常到银行办理业务，但是他们不能带来足够的利润以弥补维持他们的成本。如同船体上的藤壶，他们制造阻力。"藤壶"是最难处理的顾客。企业应该通过向这类顾客销售更多、收取更高的费用或者减少服务来增强这类顾客的盈利能力。如果还是不能盈利，企业就应该放弃他们。

这里有个重要的观点：不同类型的顾客需要不同的顾客关系管理战略，企业的目标是和正确的顾客建立正确的关系。

1.7 营销新图景

本节我们将研究改变营销图景并且对营销战略提出挑战的主要趋势和力量。我们主要关注四种发展：数字时代、快速的全球化、可持续性营销和"非营利"营销的成长。

1.7.1 数字时代：网络、移动设备、社交媒体营销

新技术突飞猛进的发展为了解、追踪顾客和为顾客量身定做产品与提供服务开辟了新的途径。技术不仅使企业产品分销更有效率，而且使企业既可以与大量顾客同时交流，也可以进行一对一的交流。

通过视频会议，位于纽约的营销研究人员不用亲临现场就可以看到上海或孟买的情况。只要点几下鼠标，就可以获得在线数据服务来了解任何感兴趣的资讯，比如消费者开什么车，读什么书，喜欢哪种冰激凌。利用现今功能强大的计算机，营销人员可以制作详细的顾客数据库，为目标顾客提供量身定做的产品和服务以满足其特殊需求。

新技术还带来了交通工具和宣传工具的新浪潮——从移动电话、DVR、网站、互动电视到机场和商场的视频亭。营销人员可以利用这些工具来锁定特定的顾客，并提供精准的信息。通过网络，顾客可以获取信息、订购产品、支付费用。从利用虚拟现实检验新产品到在线虚拟商店出售产品，技术的发展影响着市场营销的每一个方面。

三星在印度发起了一项在线活动，以向IT精英推广X系列笔记本电脑，这项活动是三星联合主流网站及邮件服务商雅虎、MSN及Rediff发起的一项病毒式营销。MSN的信息栏、所有的雅虎邮件及Rediff邮件签名都会携带三星笔记本的标识，让用户通过动画演示和比赛进行互动。另外，还有200万封邮件会发送给雅虎及Rediff的订阅用户，主流网站也会内置广告的弹出框。这项活动接触到了500万消费者，并且超过40%的浏览者再次访问了该网站。[21]

数字和移动技术成为营销人员吸引顾客的沃土。**数字和社交媒体营销**（digital and social media marketing）包括使用数字营销工具，如网站、社交媒体、移动广告和应用程序、在线视频及其他数字平台，通过电脑、智能手机、平板电脑、联网电视和其他数字设备，随时随地吸引消费者。大多数传统的"实体"（brick-and-mortar）企业已经转型成了"实体整合虚拟"（click-and-mortar）企业。它们在网上探索，以吸引新顾客，并与现有顾客建立更牢固的关系。互联网催生了一种全新的"只点击"（click-only）的企业，即所谓的"网络企业"（dot-coms）。如今，网络消费正以健康的速度增长，B2B电子商务也在蓬勃发展。似乎所

有的企业都在网上开店，索尼、通用电气、微软、戴尔、利丰以及其他许多巨头企业都在迅速行动，利用互联网的 B2B 力量。

1.7.2 快速的全球化

在一个越来越小的世界里，市场营销与顾客和合作伙伴的联系越来越紧密。几乎每家企业都在一定程度上受到国际竞争的影响。美国的企业在本土受到欧洲和亚洲技术强大的跨国企业的威胁，丰田、索尼、三星、西门子和雀巢等企业在美国市场上的表现往往优于美国本土的竞争对手。同样，各行各业的美国企业在全球运营，在世界各地生产和销售产品。可口可乐在 200 多个国家有 400 多个不同的品牌。

如今，企业不仅试图在国际市场上出售更多的本土产品，而且也更多地购买国外的产品和零部件。亚洲市场在外包大潮中收益颇多，中国是著名的世界工厂，印度因提供 IT 服务而闻名。

因此，管理者越来越多地以全球化的视角而非本地视角来看待行业、竞争者和市场机会。他们在思考：全球化市场营销是什么？它与国内营销有何区别？国际竞争者和国际力量如何影响企业的商业活动？营销计划应该达到何种程度？实战营销 1-1 提供了在进入印度市场时如何应对挑战的见解。

| 实战营销1-1 |

印度：征服混乱

拉维·文卡特桑（Ravi Venkatesan）可以不参考任何笔记站在听众面前讲 30 多分钟关于他在印度遇到的挑战与事迹。他对市场的热情和深入了解，让许多听众认为他对印度的前景相当乐观。但文卡特桑否定了这种看法，他称自己更像是一个现实主义者。"我区分了在那里做生意和生活的现实，这是相当困难的。"他曾在新加坡国立大学商学院接受采访时表示，"作为一名印度人，我满怀希望，但我不认为自己对印度的未来持乐观态度。"文卡特桑负责设计的产品提供了 70%～80% 的价值和性能，但定价只有实际成本的 30%。

拉维·文卡特桑

目前担任 Infosys® 独立董事的拉维·文卡特桑 2004～2011 年担任微软（印度）公司的董事长，在此之前他负责美国重型设备工程企业康明斯印度子公司，因此他知道在印度运营一家跨国企业需要付出什么代价。基于这些经验，再加上对其他在印度获得成功的跨国企业的研究，文卡特桑写了一本书——《征服混乱：赢在印度，赢在全球》（Conquering the Chaos: Win in India, Win Everywhere）。他说："我用'混乱'这个词来概括腐败、官僚主义、政策的不确定性和波动性以及糟糕的基础设施等诸如此类的东西。"

文卡特桑认为，在上述这些问题得到改善之前，那些一直远离印度的企业都是在损害自己的利益。相反，那些在印度站稳脚跟、安然度过艰难岁月的跨国企业，将发现自己处于有利地位，并能够在好时机到来时加以利用。

他在新加坡国立大学商学院告诉听众："在过去的二三十年里，每十年就有一次经济突飞猛进，每过十年，经济就会有六七年的时间处于增长相对缓慢的状态。"

长远眼光

"如果你愿意从长远的角度看问题，在我们现在所经历的困难时期坚持下去，在经济显示出复苏迹象的时候疯狂冲刺，其实你会做得很好。"

文卡特桑最喜欢的例子之一是麦当劳。这家全球最大的汉堡连锁店不得不根据目标顾客的口味和喜好（其中很大一部分人是素食主义者）重新设计菜单。麦当劳开发了一种商业模式，每份菜收取大约 50 美分。

他说，在麦当劳菜单中加入印度特有的食品，比如一种夹着薯泥和豌豆肉饼的汉堡（MCAloo Tikki Bruger）、鸡肉汉堡（Chicken Maharaja Mac）和酥脆的素食派（Veggie Pops），这个过程至少需要 7 年时间，需要投资逾 1 亿美元。文卡特桑列出了跨国企业征服混乱所能采取的其他措施，其中之一是适应印度市场，而不是等待市场适应企业的流程和战略。例如，由于印度分销系统效率低、零售商店缺乏、民众收入水平低，因此苹果公司选择了退出。而三星决定不等待，它吞食了苹果公司的市场份额。

企业还可以借鉴印度企业在有限的预算下如何运营的例子，尤其是日益流行的节俭创新理念。

腐败的挑战

即使有最好的商业实践，在印度的跨国企业仍然需要克服的最大障碍之一是腐败。利用透明国际组织（Transparency International）针对腐败问题的"热度指数"（Heat Index），文卡特桑指出，印度不是唯一受这一问题困扰的国家。他说："很多新兴市场都存在严重的腐败问题。"文卡特桑指出，这让 CEO 有两种选择：你可以说，嘿，我们要远离这些国家，等它们的腐败程度降低，我们再回来；或者你可以说，我们必须弄清楚如何在高度腐败的环境中建立成功的企业，同时又不牺牲我们的价值观。征服印度混乱的回报在这本书的副标题中阐明——"赢在印度，赢在全球"。文卡特桑说，所有的新兴市场都存在困难、挑战、混乱，在印度这样一个规模庞大、可能会带来回报的市场中学到的经验教训，也可以应用于俄罗斯和尼日利亚等市场。

"极度成功的企业就有这样的远见，如果我们不在印度和其他这样的地方发展，我们怎么可能是放眼全球呢？如果我们的企业无法在这个拥有 12 亿人口的国家成为领导者，我们怎么能成为整个行业的领导者呢？"

毫无疑问，这段旅程崎岖无比，但是文卡特桑说这是跨国企业必须接受的："这需要时间，可能比他们想象的还要久，但他们明白这是值得的。"

资料来源：Katie Sargent, "India: Conquering the Chaos," Think Business, 10 September 2013. Partially reproduced with permission of Think Business, NUS Business School, National University of Singapore (http://thinkbusiness.nus.edu). Copyright NUS Business School.

1.7.3 可持续性营销：对环境和社会责任更多的呼吁

营销人员正在重新审视他们与社会价值、责任以及维系我们生存的地球之间的关系。随着消费主义和环保主义活动逐渐成熟，如今的营销人员要为其行动对社会和环境造成的影响承担更大的责任。没有企业可以忽略不断翻新的、要求严格的环保运动。

将来，社会责任和环保会对企业提出更高的要求。有些企业抵制这类运动，只有在法律强制或消费者组织抗议时才会让步。然而，目光长远的企业乐于接受这份责任，它们将社会责任视为通过做善事来提升自己的机会，通过为顾客和社会提供长期利益来获取利润。

1.7.4 "非营利"营销的成长

过去，市场营销大多数应用于营利性企业。而近年来，市场营销也成为许多非营利组织战略的重要组成部分，如学校、医院、博物馆、公园、交响乐团甚至教堂。类似地，私立大学利用营销来争夺学生和资金。许多表演艺术团面临巨大的运营赤字，必须依靠更加积极有效的捐赠营销。另外，许多长期存在的非营利组织——基督教青年会和救世军，失去了一些成员，它们现在正设法使其使命和"产品"更加现代化，以吸引更多的成员和捐赠。

政府机构也对市场营销表现出越来越浓厚的兴趣。例如，新加坡政府设计社会营销活动，以鼓励家庭的成长、关心环境或劝阻吸烟、酗酒、吸毒。

1.8 什么是市场营销？把所有的整合起来

在本章开始，图 1-1 展示了营销过程的一个简化模型。现在讨论这一过程中的所有步骤，图 1-11 展示了一个扩展模型以将这些步骤整合起来。什么是市场营销？简单地说，市场营销是为顾客创造价值并建立可盈利的顾客关系，同时获取价值作为回报的过程。

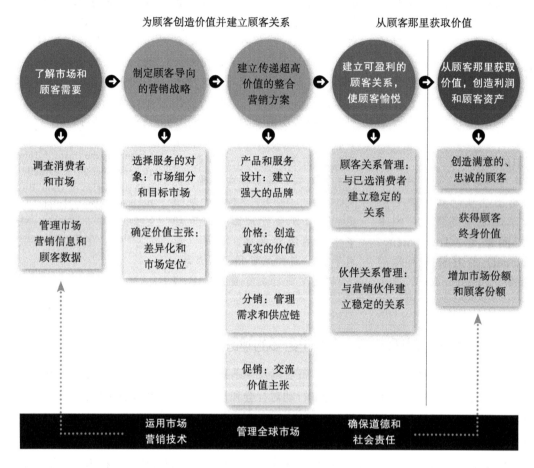

图 1-11　营销过程的扩展模型

营销过程前四个步骤的重点在于为顾客创造价值。企业首先通过研究顾客需求，管理市场信息，对市场有全面的了解，然后根据以下两个简单问题制定以顾客为导向的营销战略。第一个问题是为什么样的顾客提供服务（市场细分和目标市场）。好的企业知道不可能为每一个顾客提供服务，应该关注可以为之提供最好的服务并且盈利最多的顾客。第二个问题是如何为目标顾客提供最好的服务（差异化营销和市场定位）。在这里，营销人员概述了一个价值主张，阐明了企业为了赢得目标顾客需要提供什么价值。

营销战略确定后，企业要形成一个整体营销计划——四个营销因素的整合（4P），使营销战略转换成对顾客来说真正的价值。首先，企业为他们开发产品，提供和创造强大的品牌形象。其次，企业进行定价，以创造真正的顾客价值，并将这些报价传达给目标顾客。最后，企业制订促销计划，与目标群体沟通其价值主张，劝说目标群体接受其产品和服务。

也许营销过程中最重要的步骤是与目标顾客建立有价值的、可盈利的关系。在这个过程中，营销人员实践顾客关系管理，给顾客带来愉悦感和满足感。在创造顾客价值和建立顾客关系方面，无论在企业内部还是在市场体系中，企业都必须与营销伙伴紧密合作。因此，除了实施良好的顾客关系管理，企业还必须实施良好的合作伙伴关系管理。

市场营销的前四个步骤为顾客创造了价值。最后一步，企业通过从顾客身上获得价值的方式从稳定的顾客关系中获取回报。传递卓越的顾客价值能够给顾客带来更高的满意度，于是他们会比以前购买得更多并且会重复购买。这将帮助企业获取顾客终身价值和更大的顾客份额，结果为企业增加了长期的顾客资产。

面对当今不断变化的市场状况，企业必须考虑三个额外因素：在建立顾客和合作伙伴关系时，企业必须利用市场营销技术、全球机会，并且确保其行为符合道德和社会责任。

图1-11为本书接下来的章节提供了思路。第1章和第2章介绍了市场营销的过程，关注建立可盈利的顾客关系和从顾客身上获取价值。第3~6章阐述了了解市场营销环境、管理市场营销信息以及理解消费者和企业购买者的行为。第7章将更深入地讨论两个主要的市场营销战略决策：选择服务什么样的顾客（市场细分和目标市场）和决定价值主张（差异化和定位）。第8~17章将讨论市场混合多元化。第18章总结了顾客导向的市场营销战略和创造市场份额的优势地位。第19~20章介绍了特殊的营销问题：全球市场营销及市场营销的道德和社会责任。

目标回顾

今天成功的企业，无论其规模大小、营利性或非营利性、本国的或外国的，都非常关注顾客并且注重营销承诺。市场营销的目的是建立并管理可盈利的顾客关系。市场营销追求的是既利用优质的价值承诺来吸引新顾客，又通过传递顾客满意度来保持和发展现有顾客。市场营销是在全球动态环境下运行的，昨天制胜的战略可能很快被淘汰。要想成功，企业必须以市场为中心。

1. 定义市场营销并列出市场营销的步骤

市场营销是企业为顾客创造价值并建立牢固的顾客关系，以及从顾客那里获得价值回报的过程。

市场营销策略包括五个步骤。前四个步骤都是为顾客创造价值。第一步，营销人员需要了解市场和顾客需要。第二步，营销人员制定顾客导向的营销战略，目标是获得、保持和增加目标顾客。第三步，营销人员建立传递超高价值的整合营销方案。这些步骤形成了第四步的基础，即建立可盈利的顾客关系并增加顾客的愉悦度。第五步，企业从稳固的顾客关系中得到回报——从顾客那里获取价值。

2. 理解顾客和市场的重要性，识别五个核心市场概念

杰出的营销企业会不厌其烦地学习和了解顾客的需要、欲望和需求。这种了解帮助它们设计满足顾客需求的市场供给并建立有价值的顾客关系，通过这种关系，企业可以获得顾客终身价值和更大的顾客份额，结果为企业增加了长期的顾客资产。

核心市场概念包括：需要、欲望和需求，市场供给（产品、服务和体验），顾客价值和满意度，交换和关系，市场。欲望是人类需要的形式，受文化和个人特质影响。当受到购买力的支配时，欲望就成了需求。企业通过提供价值主张和向顾客承诺的利益来满足这种需要。这种价值主张通过传递顾客价值和满意度的市场供给来实现，最终与顾客形成长期的交易关系。

3. 识别顾客导向的市场战略的关键，讨论市场运作的定位

设计一个成功的市场营销战略，企业必须首先决定服务的对象是谁。企业需要将市场划分为几个不同的部分（市场细分），并选择想要培育的部分（目标市场）。接下来，企业必须决定将怎样为这些目标顾客服务（企业在市场中如何实现差异化和定位）。

营销管理可以采取五种市场竞争定位中的一种。生产观念秉持这样的观点，即管理的任务就是要提高生产效率和降低成本。产品观念认为消费者偏好在质量、性能和创新等方面表现最出色的产品，所以，企业在促销方面几乎不需要下功夫。推销观念认为消费者不会购买足量的产品，除非企业采取大规模销售和促销。营销观念认为实现组织目标取决于企业确定目标市场的需要和欲望，并比竞争者更有效地传递价值。社会营销观念认为，培育顾客满意度和长期的社会福利对实现企业目标与履行企业责任而言都至关重要。

4. 讨论顾客关系管理，制定为顾客创造价值及从顾客那里得到回报的战略

从广义上来讲，顾客关系管理是通过创造卓越的顾客价值和满意度来建立与维持可盈利的顾客关系的过程。顾客关系管理的目标是产生较高的顾客资产，即所有与企业有关的顾客的终身价值。建立持续的顾客关系的关键是创造卓越的顾客价值和满意。

企业不仅希望拥有可盈利的顾客，还希望与他们建立关系，从而保留住他们并增加顾客份额。不同类型的顾客需要不同的顾客关系管理战略。营销人员的目标是与正确的顾客建立正确的伙伴关系。作为为目标顾客创造价值的回报，企业以利润和顾客资产的形式从顾客那里获得价值。

在建立顾客关系时，优秀的营销人员意识到他们不能单独行动，而必须和企业内外营销合作伙伴紧密合作。除了擅长顾客关系管理外，营销人员还必须擅长合作伙伴关系管理。

5. 描述新时期改变市场前景的主要趋势和力量

随着世界的发展，营销领域正发生着戏剧性的变化。计算机、通信、信息、运输和其他技术增加了企业认识和追踪顾客的新方法，并且使企业可以根据每个顾客的需要提供定制化产品和服务。

在这个联系日渐紧密的世界，很多营销人员已经在全球范围内与顾客和合作伙伴建立了联系。今天，几乎每家企业，无论规模大小，都受到了全球化竞争的影响。今天的营销人员会重新审视其道德和社会责任。营销人员被要求承担更大的责任，因为他们的行为对社会和环境造成了影响。过去，市场营销更广泛地应用于以营利为目的商业部门，而在最近几年，营销成为很多非营利组织（比如大学、医院甚至教堂）战略的主要组成部分。

将这些归纳起来，市场营销主要的新发展可以概括为一个词：关系。今天，所有的营销人员都在利用新的机会与他们的顾客、营销合作伙伴和周围的世界建立关系。

关键术语

marketing　市场营销
needs　需要
wants　欲望
demands　需求
market offering　市场供给
marketing myopia　营销近视症
exchange　交换
market　市场
marketing management　营销管理
production concept　生产观念
product concept　产品观念
selling concept　推销观念

marketing concept　营销观念
societal marketing concept　社会营销观念
customer relationship management　顾客关系管理
customer perceived value　顾客感知价值
customer satisfaction　顾客满意度
consumer-generated marketing　消费者自主营销
partner relationship management　伙伴关系管理
customer lifetime value　顾客终身价值
share of customer　顾客份额
customer equity　顾客资产
internet　互联网

概念讨论

1. 什么是市场营销，其主要目标是什么？
2. 需要、欲望和需求之间的区别是什么？针对iPad、任天堂Wii、Qoo（酷儿），描述消费者的需要和欲望。
3. 一家企业如何制定顾客导向的营销策略？
4. 营销管理有何新的方向？你认为你的大学在营销自己的时候采取了哪些方式？
5. 解释顾客份额及顾客资产之间的区别，并解释为什么它们是市场营销的核心概念。
6. 互联网是怎样改变顾客的？它又是如何改变营销人员的？

概念应用

1. 询问来自五个不同行业（例如，食品行业、零售业、制造业、工业、教育行业等）的业内人士对市场营销的定义。评价他们的定义，并探讨他们的定义是否与创造顾客价值及管理可盈利的顾客关系相一致。
2. 在一个小组中，为你所在的学校或学院制订一项营销计划。计划中包含以下问题：目标市场是什么？如何为顾客提供更高的价值？
3. 定义企业与顾客之间可以建立的不同等级的关系，选择一家当地企业并描述你与这家企业之间的关系。

技术聚焦

在短短的几年里，顾客自主营销快速发展起来，它们也可以被看作顾客生成的媒介和内容。1亿多个网站中都包含顾客自主营销的内容。如果你曾经在微博上发布消息、在亚马逊网站上浏览产品、在YouTube上上传视频或用手机向CNN.com或FoxNews.com等新闻网站发送视频，那么你就是自主营销的贡献者。这一趋势自然不会被营销人员忽视。尼尔森研究发现，消费者信赖其他顾客发布的信息。因此，精明的营销人员欢迎顾客自己创造产品信息。例如，可口可乐在Facebook上有超过350万的粉丝，妈妈们可以在www.pampers.com上交流关于帮宝适纸尿裤的信息，苹果公司甚至鼓励用户开发顾客端软件。然而，顾客自主营销方式也有缺点，当你在搜索引擎中输入"我讨厌（输入企业名称）"时，就会发现其弊端。

1. 讨论本章中未提及的两家企业，其消费者自主营销信息是被企业内部市场营销人员所鼓励的。再举另外两个企业的例子，其消费者自主营销信息是非正式的。提供以上四家企业的网址，并讨论这些信息如何影响你对企业的态度。
2. 讨论消费者自主营销的优缺点。

道德聚焦

60年前，45%的美国人有吸烟的习惯，如今吸烟率已降至20%以下。吸烟率下降的原因是人们对于吸烟危害身体健康的认识加强了，以及政府对于营销烟草产品的限制。虽然发达国家的吸烟率在下降，但一些发展中国家有越来越多的人染上了吸烟的习惯。中国的吸烟人口占世界吸烟人口的1/3，中国约36%的人吸烟，其中男性占70%，肺癌已经超过交通事故成为导致死亡的第一原因，在一些城镇，吸烟率甚至达到40%。在亚洲的发达国家，如日本和韩国，吸烟率分别高达23.9%和23.3%。发展中国家消费了全球超过70%的烟草，烟草营销助长了这一趋势。这些发展中国家大多没有像发达国家一样颁布烟草广告禁令，强制在烟草包装上印上警告语以及限制烟草的销售渠道。据预测，21世纪将有10亿人死于吸烟导致的疾病。

1. 在已知吸烟会给消费者带来健康风险的情况下，即便烟草销售是合法的，而且也有消费者需要烟草产品，营销人员是否该停止销售烟草呢？烟草营销人员是否应该在还未颁布烟草营销禁令的国家使用被其他国家禁止使用的营销策略呢？
2. 对美国烟草营销的历史做一个简单调查。你所在的国家是否也颁布了相似的营销禁令？你所在的国家在烟草营销政策上与美国有什么异同？

营销和经济

好时巧克力

在不确定的经济时期，仍然有一些东西是消费者不愿意放弃的，比如巧克力。随着人们外出用餐及服饰消费的增长，巧克力购买量大幅下降，但这一状况对世界知名巧克力生产商——好时的影响并不大。过去，在巧克力销售的黄金时期，高档巧克力品牌的销售增长超越了低成本的巧克力。好时当时并没有赶上潮流，输给了玛氏及德芙。但在经济大萧条时期，消费者节俭趋势盛行，高档巧克力品牌销售下滑。此时，好时争取到了许多原来的高档巧克力消费者，抓住了这次机会，通过新广告强调其品牌价值，并通过削减雪吻巧克力等产品线以降低成本。当超市减少高档巧克力的销售柜配额时，好时巧克力以物美价廉的形象获得了消费者的认可。总之，在有限的预算下，人们偶尔还是会消费的。

1. 好时巧克力的复兴是否基于消费者的需求或欲望？
2. 基于顾客感知价值及成本，评价巧克力销售的转变。
3. 是否还有其他产品在消费者节俭趋势下受益或受害？

营销数字

营销的成本很高，在2010年美国"超级碗"期间，一条30秒的广告成本为300万美元，这还不包括超过50万美元的广告制造费用。安海斯–布希每年都要买上多条广告。类似地，在纳斯卡赛车竞赛期间，一辆赛车的赞助成本是50万美元，斯普林特杯的赞助商斯普林特支付的费用更高，而且赞助商往往在多个赛季赞助多辆赛车。如果希望消费者通过电话订购产品，那么通常的成本为每单8～13美元。如果希望销售代表主动访问顾客，那么一次访问的成本为100美元，这还不包括往返的飞机票费用和住宿费用。对于那些拥有数以千计的销售代表和数以千计的受访顾客的企业来说，这是一项很大的成本。Tropicana橙汁企业在《星期日快报》上附上1美元的优惠券，而其付出的成本远远超过1美元。以上这些例子列举的仅仅是营销元素之一——促销的费用。另外，营销成本还包括研发费用、分销费用以及营销人员的薪资等。

1. 挑选一家上市企业，研究该企业最近一年的可用数据，该企业在营销活动上花了多少钱，这项开销占销售额的比例为多少，在过去五年里，这项开销是增加还是减少了，写一份简短的报告。
2. 在网上搜索营销人员的薪资信息。选择五个不同的市场营销职位，分析这些职位的全国平均工资水平是多少，工资标准在全国不同地区之间有何不同，写一份简短的报告。

企业案例

麦当劳在菲律宾：被"蜂"蜇了

麦当劳于1981年在菲律宾开设了第一家餐厅，当时毕业于沃顿商学院的乔治·杨（George T. Yang）与美国麦当劳企业合资推出了快餐。

菲律宾拥有40年被美国殖民的历史，菲律宾人是美国文化的超级粉丝。几家美国餐厅在这里很受欢迎，乔治·杨相信，麦当劳也会做得很好。将巨无霸汉堡的体验引入菲律宾被视为当地餐饮行业的一场革命，它让消费者品尝到了麦当劳的汉堡（Quarter Pounder™）、世界著名的薯条（Fries™）和可口可乐（Coke McFloat®）。除了快餐之外，麦当劳还提供快速的服务、清洁的环境，还有年轻、乐观的员工。2005年，该企业成为菲律宾的一家独资企业。

然而，麦当劳的旅程并非一帆风顺。菲律宾当地一家名为快乐蜂的企业将其冰激凌店改造成了汉堡店。自麦当劳开业以来，这家企业就一直在打击麦当劳。快乐蜂是由菲律宾的企业家陈觉中（Tony Tan Caktiong）于1978年创立的，人们将快乐蜂视为亚洲企业对麦当劳做出的回应。

麦当劳在100多个国家拥有超过31 000家门店，其中3 000家在亚洲，其丰富的经验让人以为麦当劳能够轻易超越本地品牌。然而，快乐蜂已经成为其最大的竞争对手。在听说麦当劳要来菲律宾之后，陈觉中为了更好地了解快乐蜂的竞争对手，去了一趟美国。就在麦当劳推出之前，快乐蜂向消费者提供了一份类似于麦当劳的菜单，但它对菜单进行了调整，以适应菲律宾人的口味，并将价格定得更低。与美国人不同，菲律宾人不喜欢纯牛肉馅饼，因为他们认为它淡而无味。快乐蜂为了迎合当地人的口味和喜好，确保馅饼有更重的味道，通常会加入很多大蒜、洋葱和芹菜。它最受欢迎的菜品之一是Chickenjoy——有炸鸡、米饭和大量辣椒粉。它的薯条内部是干的，尝起来就像炸过好几遍一样，而这正是大部分消费者喜欢的口味。菜单上的其他菜品还包括快乐意大利面（Jolly Spaghetti）和油炸杧果派（Deep Fried Mango），前者是意大利面加甜肉酱和热狗切片，后者是招牌油炸杧果派，它比麦当劳的苹果派更有优势。就连它的吉祥物——快乐蜜蜂（Jolly Bee），也体现了菲律宾人轻松愉快、天天开心的精神，比麦当劳叔叔更受菲律宾人的喜爱。

与快乐蜂不同，麦当劳在很大程度上仍忠于其核心菜单。据乔治·杨说，最初的销售额令人震惊。很明显，本土化是麦当劳赢得菲律宾人并击败竞争对手的必要条件。乔治·杨为了将当地风味融入菜单而进行了游说。1986年，麦当劳在菲律宾推出了意大利面McSpaghetti，这是对菲律宾独特的意大利面的模仿。接下来的几年里，麦当劳的菜单上出现了一些新菜品，包括1993年的Chicken McDo和Burger McDo。

这种本地化取得了一些成功。在菲律宾，麦当劳被亲切地称为McDo。麦当劳广告中有几个流行语已经进入了当地的词典，如Kita-Kits sa McDo中的Kita-Kits，它被当地人用作"不见不散"（see you there）的缩写。

为了吸引会用智能手机的菲律宾人，麦当劳推出了几款应用程序。McDo PH App以其"永不错过渴望"的口号，旨在让McDelivery更容易获得。2014年，麦当劳与可口可乐合作推出了BFF Timeout App，这是一款要求玩家与好友进行"数字暂停"的游戏应用。玩家在不受手机等电子设备干扰的情况下生活的时间越长，就会得到越多的分数和徽章。好朋友甚至可以通过这款应用赢得免费的旅游大奖。创新也帮助麦当劳提高了销售额。

尽管有这些适应、创新、投资和品牌传承，麦当劳仍然落后于快乐蜂。麦当劳在菲律宾拥有750多家门店，而麦当劳只有400家，快乐蜂的市场份额是麦当劳的两倍左右。其他快餐连锁店，如温迪快餐和汉堡王，共拥有门店250家左右。据《福布斯》亚洲版报道，快乐蜂在马尼拉的市场占有率约为18%，超过了麦当劳的10%。据报道，在礼貌和服务方面，快乐蜂的排名也高于麦当劳。

鉴于这种情况，企业总裁兼首席执行官肯尼斯·杨（Kenneth S. Yang）正在考虑如何补救。

讨论题

1. 对核心菜单的忠诚如何危及麦当劳在菲律宾的成功？
2. 适应当地文化总是很重要吗？你认为快餐行业的情况为什么会这样？
3. 麦当劳如何才能赢得顾客？
4. 为了应对麦当劳的挑战，快乐蜂能做什么？

资料来源：Cathy Rose A. Garcia (2013), " How Jollibee Beat McDonald's in the Philippines," www.ABS-CBNnews.com, 2 November 2013; Marge C. Enriquez (2012), " George Yang: 'I'm Known as the McDonald's Guy' ," www.business.inquirer.net, 10 November 2012; Tara Sering (2011), " The Journey of George Yang," www.philstar.com, 4 December 2011; " Jollibee Stings McDonald's in the Philippines," *The New York Times*, 20 May 2005; Materials from www.jollibee.com.ph, accessed on 8 April 2015; Materials from www.mcdonalds.com.ph, accessed on 8 April 2015.

第2章
企业和营销战略：合作建立顾客关系

┊学习目标┊

1. 解释企业战略计划及其4个步骤。
2. 讨论如何设计企业的业务组合以及增长战略。
3. 解释营销在企业制订战略计划时起到的作用以及营销人员如何与合作者共同创造和传递顾客价值。
4. 描述顾客驱动的营销战略及其组合要素以及产生的影响。
5. 列举营销管理的功能，包括营销计划的要素，讨论测量和管理营销投资回报率的重要性。

┊预习基本概念┊

在第1章中，我们探讨了企业为顾客创造价值以取得回报的市场营销过程。在本章中，我们研究设计顾客驱动的营销战略以及制订市场计划。首先，我们分析组织运作的总体战略计划。其次，我们讨论该战略计划指导的营销人员如何与企业内外部的其他人一起紧密合作，为顾客创造价值。再次，我们研究营销战略和计划——营销人员如何选择目标市场、定位产品、发展营销组合，并管理他们的营销计划。最后，我们将着眼于评估和获取市场投资回报。

首先我们来了解快美发屋。快美发屋用快速、便宜的理发取代了原本美发业中高价的美发沙龙。随后，竞争对手纷纷加入，快美发屋不得不继续寻找新的方式为顾客带来价值。

快美发屋：打破惯例

快美发屋是由日本的一名医药销售人员——小西国吉创立的，并取得了巨大的成功。1997年，快美发屋最初只有4家门店，共服务57名顾客。到2014年，快美发屋在日本的顾客超过14 500名，拥有480家门店。2005年，该企业进军其他国家和地区，在新加坡、中国香港和中国台湾都有分店。截至2014年，快美发屋在日本境外拥有85家门店，为近2 500名顾客提供服务。

这一切始于小西国吉对剪头发耗时较长感到沮丧。当他去当地的一家美发沙龙时，不得不在咨询、肩颈按摩和发型设计上花费一个小时。整套服务将花费5 000日元，而这些钱大部分都花在了发型师的衣着打扮上。

于是，小西国吉决定改变这一规则，在一个便宜、高效又干净的理发沙龙里提供快速理发服务。为此，他进行了一项调查，结果显示，近36%的日本人赞同这一理念。

小西国吉决定推出快美发屋，他的目标顾客是之前没有体验过这种服务的人——上班族、有孩子和日程安排的夫妻、不想花钱做精致发型的人以及老年人。

这个新创意的重点是"10分钟快剪"服务。为了实现这一承诺，快美发屋忽略了传统的理发店设计规则，而是以马自达子公司的设计为基础。这是为了减少理发师工作时在店内走动所花费的时间。这种设计确保所有东西都触手可及。例如，理发师椅子对面的橱柜有一个衣架和足够的空间放公文包或手提包。布局都是标准化的，这样每个理发师可以在快美发屋不同的门店内轻松走动，因此能够随时准备工作。

快美发屋门店内没有电话，这是为了减少理发师在为顾客服务时分心。快美发屋的另一个创新点是不收取现金，唯一提供的服务就是理发，而且价格一律为1 000日元。这个过程很简单，顾客到店后，就会把一张1 000日元的钞票塞进自动售票机换取理发券，接着坐在椅子上，然后把理发券交给理发师。快美发屋没有接待员，没有收银机，也没有找零服务。

作为其战略的一部分，快美发屋不包含预订系统。每个门店外面都有一个信号灯：绿灯表示顾客可以立即获得服务，黄灯表示顾客需要等5分钟，红灯表示顾客必须等15分钟。

为了降低成本，快美发屋也没有厕所，"10分钟快剪"的规则是不允许被这个原因给打破的。快美发屋里没有阅读材料、电视和饮用水，也没有剃须或洗发服务。每次理发后，顾客都会得到比清洗、消毒后重复使用的梳子要便宜的一次性梳子。

清理和处理剪掉的头发的方法是在理发师的椅子下面安装一个小隔间，每次理发后直接把头发扫进隔间里。吸尘器用来清除散落在顾客肩膀、脖子和衣服上的头发。

快美发屋收集顾客反馈数据，以记录每个门店的市场概况。每位顾客的性别和年龄由工作人员输入快美发屋的数据库，并附上当天的天气情况，然后将所有数据传输到数据中心。供应与顾客直接相关。收集到的数据能显示有多少库存商品被使用了，快美发屋的供应商在快美发屋的库存下降到一定水平需要补货时，会通过数据链自动提示。快美发屋还成立了自己的培训学校，由拥有国际经验的发型师管理。

很明显，快美发屋的"10分钟快剪"服务让理发从一个传统行业转变为一个实用性行业。该企业将自己视为"时间产业"的先驱，在这个产业中，它为顾客节省了时间，使其可以享受私人生活。

快美发屋扩展了另外两个品牌——Ikka（在日语中是"家庭"的意思）和FaSS（意为"慢生活的快速沙龙"）。Ikka为那些有孩子的家庭服务，这样他们可以在私人房间里理发，父母可以轻松地陪在孩子身边。FaSS的目标人群是那些喜欢家庭氛围的20～40岁的男性和女性。顾客可选择定制服务，如只剪刘海或改变发型。[1]

更广泛的组织整体战略规划指导营销战略和计划，要理解市场营销的作用，我们必须首先了解组织的总体战略规划过程。所有企业都必须向前看，并在其所在的行业中制定长期战略，以适应行业环境的变化，确保长期生存。

2.1 企业战略规划：定义营销的作用

在特定的情境、机会、目标和资源下，为了获得长期生存和发展，每家企业都必须制定出最有价值的战略，这是**战略规划**（strategic planning）的核心问题。战略规划是在组织目标、能力和各种变化的营销机会之间建立与保持一种战略协调性的管理过程。

在企业层面，制定企业战略规划的第一步是定义企业的整体目标和使命（见图2-1），并把这个目标分解为具体的支柱型目标，来引导企业的发展。接着，企业总部决定哪项业务和产品组合对于企业来说是最好的，以及需要给予每项业务和产品多少支持，然后为每项业务和产品制订具体的营销计划来支持整个企业的计划。因此，企业每个业务单元、产品和市场层次都有营销计划，并且针对具体的营销机会制订具体的计划，以支持企业的整体战略规划。[2]

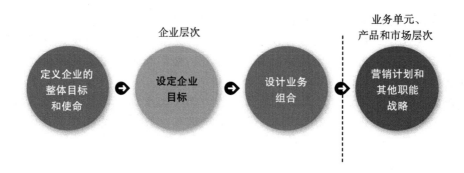

图 2-1 战略规划的步骤

2.1.1 定义市场导向的使命

使命陈述（mission statement）是关于组织目标的陈述——组织在宏观营销环境中需要完成什么任务。清晰的使命陈述在引导员工时起着"看不见的手"的作用。正式的使命陈述必须回答以下问题：我们的业务是什么？顾客是谁？顾客重视什么？我们的业务应该如何发展？

一些企业以产品或技术来定义其使命（如"我们生产和销售家具"或者"我们是一家化学加工企业"），然而使命陈述应该是以市场为导向并能满足顾客需求的定义（见图 2-2）。产品和技术最终都会过时，但是基本的市场需求会永远存在。

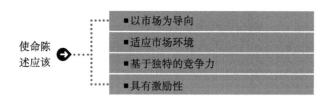

图 2-2 好的使命陈述的特征

一个以市场为导向的使命陈述，是以其满足的顾客需要来定义企业业务的。例如，耐克不仅是一家衣服和鞋类生产商，还要"为世界上每一位运动员带来运动的灵感和创新"，只要还有一口气，人人都是运动员。同样，淘宝的使命不仅仅是举办在线拍卖和交易，它的口号是"没有找不到的宝藏"，消费者几乎可以在淘宝上买到任何东西。淘宝希望成为一个独特的网络社区，人们可以在这里购物、玩乐、了解彼此。表 2-1 提供了其他几家以产品为导向和以市场为导向的企业的使命陈述。[3]

使命应该适应市场环境。随着数字化影响力的不断扩大，索尼将计算机和娱乐产品整合起来，在这类产品中提供人性化的触觉。组织应该将自己的使命建立在差异化竞争力上。最后，使命陈述应该具有激励性，一家企业的使命不应该被定义为获得更多的销售额或利润——利润仅仅是开展有价值的活动得到的报酬。企业的员工要感觉到自己的工作是有意义的，要为人们的生活做出贡献。三星的使命陈述融入了帮助社会进步的理念："我们将通过员工和技术来创造卓越的产品与服务，更好地为社会做出贡献。"

日本的服装零售商优衣库并没有将使命定为"世界上最便宜的服装店"，而是要成为"最受消费者喜爱的、物有所值的购物商店"。如果优衣库可以达成这项使命，那么企业的利润也将随之而来（见实战营销 2-1）。

表 2-1 市场导向的业务定义

企业	以产品为导向	以市场为导向
亚马逊	我们销售图书、视频、CD、玩具、电子产品、五金、家居用品和其他产品	我们使网络购物更快、更简便、更令人愉悦，从我们这里你可以找到任何你想在线购买的东西
百度	我们提供中国最棒的在线搜索引擎	我们组织全球信息并使得这些信息触手可及，为中国人所用
eBay	我们进行在线拍卖	我们提供了一个全球市场，在这里任何人可以交易任何东西。这是一个独特的网络社区，人们可以在这里货比三家，玩得开心，相互了解
资生堂	我们生产化妆品	我们销售生活方式和自我表达：成功、地位、记忆、希望和梦想
香格里拉酒店	我们出租房屋	我们创造的香格里拉体验，可以激活你的感官，灌输幸福，甚至满足顾客未表达的愿望和需求
沃尔玛	我们经营折扣店	我们天天低价，为普通老百姓提供和富人买同样东西的机会，"省钱的好生活"

实战营销 2-1

优衣库：时尚的节约之道

日本的消费者以全世界"最苛求的顾客"而闻名，他们对于高品质、奢华的商品有着强烈的追求。但随着经济发展形势低迷，很多顾客开始担心自己的经济状况，逐渐开始崇尚节省的时尚。20世纪八九十年代日本消费者对于高档进口品牌的追逐之心已经一去不复返了。

2009年早期，服装零售商优衣库因一款990日元（合10.7美元）的牛仔裤而轰动一时，当时崇尚节俭的日本消费者蜂拥购买这款廉价、时尚的商品。这种节俭之风并不是一时流行起来的，日本消费者已显示出购买物美价廉的产品的倾向，优衣库的出现充分说明朴素的风气已在日本成为主流。

优衣库品牌因贩售低成本的毛衣、T恤等服装而知名，其前身为位于日本山口市的Ogori Shoji企业，该企业成立于1949年。Ogori Shoji企业最初只销售男装。直到1984年，它在广岛市开设了一家男女皆宜的休闲时装店，并将这家店命名为优衣库，自此优衣库便诞生了，企业的名字取自"unique clothing"的缩写。到1994年，优衣库已在日本开设了100多家分店。

优衣库选择在原宿开设第一家位于城市里的店，这个尝试非常成功，其他店也在日本的主要城市陆续开设。2001年，优衣库已在日本开设了500家零售店，并扩张到海外，在英国伦敦开设了第一家尾货店，之后又在上海开店。越来越多的分店在美国及中国香港开设，直到2010年，优衣库发展到了马来西亚的吉隆坡和中国台北地区。在全球市场上，优衣库受到越来越多的务实消费者的喜爱。如今，优衣库已发展为在全世界有860家专卖店以及拥有众多粉丝的服装零售商。

作为一个被日本年轻消费者认可的便宜、时髦的流行服装品牌，优衣库现在正努力在日本以外的地区引领时尚潮流。它在世界时尚之都巴黎开设了一家旗舰店，并与时尚品牌（如Esprit、Zara、Mango）竞争，哪个品牌更能够刺激消费者消费呢？

节俭时代的到来意味着这些品牌必须传递它们品牌的价值定位，这样消费者才会甘愿把自己辛苦赚的钱贡献给卖家。某时装品牌品牌定位在于使消费者在经济萧条时期仍能够购买时尚品牌，而优衣库计划在马来西亚等南亚国家扩张时也遵照这一准则。

另外，Esprit自称为在全球代表年轻生活方式的品牌，为顾客提供漂亮但顾客支付得起的奢侈服饰。

至今，优衣库的价值主张依旧反响很好，不仅在衣服价格上给出折扣，而且因坚持提供高质量的服装在顾客中获得了很好的声誉。

优衣库的所有者柳井正自豪地说，他的企业为顾客提供的是物美价廉的服装，他的梦想是把优衣库打造成最大的服装制造商并成为世界时尚的零售商。他相信优衣库可以使消费者通过服装穿搭来表达个性。事实上，优衣库大受欢迎，特别是在日本，不仅受到消费节俭风气的推动，而且新一代的时尚达人也乐于推动，他们乐于创造性地混合搭配，而不依赖奢侈品来实现自我满足感。优衣库与时尚设计师吉尔·桑达合作，设计了一系列服装，命名为"+J"并在优衣库各大品牌店销售，在大多数国家上市第一周就销售一空。这一系列服装的推出，带来了全新的顾客群，因为他们希望以优衣库产品的价格购买吉尔·桑达设计的产品。

在经济危机时期，有些消费者及时地分清了自身需求与欲望，消费回归理性，另外一些消费者还在探索如何缓解生活开支下降所带来的恐慌。企业和品牌通过向消费者表明它们的产品与购买者的需求是完全相关的并且它们的产品物有所值来刺激购买。

尽管如今整体消费情绪仍然低迷，而且顾客仍倾向于购买低价服装，但对优衣库而言，预期良好，其对亚洲市场抱有乐观的态度，计划截至2020年在亚洲开设4 000家专卖店并争取获得5万亿日元（合540亿美元）的年销售额。

优衣库已于2002年进入中国，计划在中国主要城市开设更多门店。优衣库也径直深入新加坡市场，在新店开业时需要做好交通疏导工作。2016年9月，优衣库在新加坡乌节中心开设了东南亚旗舰店。

2016年，优衣库在全球运营超过3 000家门店，其中日本超过830家，中国472家，亚洲其他地区约400家。

当消费者狂热地寻找优衣库专卖店时，他们可以确信，该品牌提供的商品质量良好、物有所值。在新环境下，当廉价和时尚也意味着好看与感觉不错时，优衣库无疑找到了最合适的生存模式。

资料来源：Based on information from Chauncey Zalkin, " Made in Japan: The Culture Behind the Brand, " accessed at www.brandchannel.com; Andrea Graelis, " Japan Clothes Giant UNIQLO Takes on World's Fashion Capital, " Agence France Presse, 30 September 2009, accessed at www.factiva.com; Kana Inagaki, "UNIQLO Aims 7-Fold Rise in Group Sales to 5 Trillion Yen by 2020," 2 September 2009, *Kyodo News*, accessed at www.factiva.com; Kim Yoon-mi, " Asian Market is UNIQLO's No. 1 Priority," *The Korea Herald*, 24 September 2009, accessed at www.factiva.com; Michiyo Nakamoto, " Japanese Shoppers Break with Tradition," *Financial Times* (FT.com), 9 September 2009, accessed at www.factiva.com; www.uniqlo.com, accessed June 2016; www.esprit.com, accessed November 2009; www.hm.com, accessed November 2009; and Ankita Verma, "Building UNIQLO's Global Empire," *The Straits Times*, 8 September 2016, D4-D5.

2.1.2 设定企业目标

企业的使命必须分解为各个管理层面上具体的支柱型目标，每个管理者都必须设定目标并为目标而努力。例如，中国在线搜索引擎百度的目标是组织信息，使中国人能够访问和使用这些信息。

企业必须制定营销战略和计划来支持这些营销目标。为了增加在美国的市场份额，某农业企业可能会增加其产品的可用性和开展促销。为了进入海外市场，该企业产品可能会降价，并将目标对准海外的大型农场。这些是企业广泛的营销战略，可以更详细地定义。例如，增加产品的促销可能需要更多的销售人员和更多的广告。如果是这样，那么这些要求都需要详细说明。这样，企业的使命就转化成了当前阶段的一系列目标。

2.2 设计业务组合

在企业使命陈述和目标的指导下，管理层必须规划**业务组合**（business portfolio）——构成企业业务和产品的集合。最好的业务组合应该使企业优势和劣势与环境中的机会相适应。业务组合规划包括两个步骤：

- 分析现有的业务组合，决定哪个业务组合应该得到更多的或更少的投资，抑或零投资。
- 为企业发展和精简制定战略，形成未来的业务组合。

分析现有的业务组合

战略规划中最主要的活动是**业务组合分析**（portfolio analysis），即管理部门评估企业的各种业务和产品。企业希望把最好的资源投入到盈利最多的业务中，减少对弱势业务的投资。

管理部门的第一步是识别企业的关键业务，即战略业务单元。战略业务单元指拥有独立的使命和目标，可以不受企业其他业务的影响，独立制订计划的业务单元。一个战略业务单元可以是一个企业部门、部门内的产品线，也可以是单个产品或品牌。

业务组合分析的下一步是要求管理部门评估各种战略业务单元的吸引力，并决定每个战略业务单元应该得到多少支持。大多数企业最好集中投资于与企业的核心理念和能力紧密相关的产品和业务。

战略规划的目的是找到方法，使企业能更好地利用其优势，在环境中发挥自身的吸引力。大多数业务组合分析方法在两个重要维度上评估战略业务单元：①战略业务单元的市场或行业吸引力；②战略业务单元在该市场或行业中的定位。最著名的业务组合分析方法是波士顿咨询公司开发的。[4]

1. 波士顿咨询企业模型

根据波士顿咨询企业模型，企业可以根据图 2-3 中的**增长–份额矩阵**（growth-share matrix）来划分所有的战略业务单元：纵坐标的市场增长率衡量的是市场吸引力，横坐标的相对市场份额衡量的是企业在市场上的优势。增长–份额矩阵定义了四种类型的战略业务单元。

图 2-3 波士顿增长–份额矩阵

- **明星类**：指市场增长率高且相对市场份额也高的业务或产品，通常需要投入大量的资金来维持高速的市场增长率，最终其增长率会降低，成为金牛类业务或产品。
- **金牛类**：指市场增长率低但相对市场份额高的业务或产品，这些扎实且成功的战略业务单元只需要较少的投资来维持市场份额，因此会给企业带来现金收入，以支持其他需要投资的战略业务单元。
- **问题类**：指市场增长率高但相对市场份额低的业务单元，需要投入很多的资金才能维持市场份额，但是不能保证一定会提高市场份额。因此，企业必须认真考虑哪个问题类产品可以被培养成明星类产品，哪个应该被淘汰。
- **瘦狗类**：指市场增长率低且相对市场份额也低的业务和产品，它们有可能会产生足够的资金来支持自身发展，但是不能保证带来更多的现金流。

增长–份额矩阵中的圆圈代表企业当前的战略业务单元。图 2-3 中的 10 个圆圈代表某企业的 10 个战略业务单元，目前该企业有两个明星类、两个金牛类、三个问题类和三个瘦狗类产品，圆圈的大小与战略业务单元的销售额成正比。从增长－份额矩阵可以看出，该企业的状况虽然并不是很好，但还可以。企业想在更有前途的问题类产品上投资，使之成为明星类产品；保持明星类产品，当市场成熟时使之成为金牛类产品。幸运的是，该企业有两个大型金牛类产品，来自金牛类产品的收入可以帮助企业投资于问题类、明星类和瘦狗类产品。对于瘦狗类和问题类产品，企业应该果断采取一些行动。如果该企业没有明星类产品，或者有更多的瘦狗类产品，或者仅有一个很弱的金牛类产品，那么该企业的情形会更糟糕。

一旦企业对战略业务单元进行分类，就应该决定每个业务单元在将来应起到什么样的作用。任何一个业务单元都可以采取四种战略（发展、维持、收获和放弃）之一，企业可以投资更多来发展业务单元的市场份额，也可以投入刚好合适的资金来维持业务单元的现有份额；企业可以收获战略业务单元，获得短期的现金流，而不考虑长期影响；企业还可以通过出售或者停止经营来放弃战略业务单元，将这些资源用于其他地方。

随着时间的推移，战略业务单元在增长－份额矩阵中的位置会发生变化，每个战略业务单元都有生命周期。从问题类开始，如果成功的话可以转向明星类，并随着市场增长率的下降变成金牛类，最终成为瘦狗类，走向生命周期的终点。企业需要不断地增加新的产品和战略业务单元，来保证其中一些成为明星类，进而成为金牛类，以便为企业提供投资于其他战略业务单元的资金。

2. 矩阵方法的局限性

波士顿矩阵和其他一些正式的模型彻底变革了战略规划，然而这些模型也有局限性。它们实施起来很难，而且耗时，成本很高。企业难以划分这些战略业务单元，也难以衡量市场份额和增长率。另外，这些模型集中于对现有的业务进行分类，并没有为将来的规划提供建议。

正式的规划模型过度地强调市场份额的增长，或者通过进入具有吸引力的新市场而带来增长。通过采用这些模型，很多企业投入到不相关但是增长率高的业务中，却不知道如何管理。同时，这些企业通常很快就放弃、出售或收获健康发展的成熟业务。因此，过去很多过度多元化的企业，现在都集中注意力回到自己最了解的一个或几个行业中。

由于这些局限性，许多企业放弃了正式的矩阵分析方法，而采用更加针对顾客的方法，后者更好地适应了企业具体的处境。此外，早先的战略规划都是由企业总部的高级经理制定的，现在制定战略规划的权力已经下放，企业越来越多地把制定战略规划的责任交给部门经理，因为他们更接近市场。

迪士尼就是一个例子，大多数人认为迪士尼是一个适合全家游玩的主题公园。但是在20世纪80年代中期，迪士尼制定了一个集中且高效的战略规划来指导企业的发展方向。在接下来的20年里，这个战略规划使迪士尼发展了大量的多样化媒体和娱乐业务。但这种新转型的企业难以管理且市场表现不稳定。最近，迪士尼的首席执行官分解了原本集中的战略规划单元，将制定战略规划的权力下放给了部门经理。

3. 为企业发展和精简制定战略

除了评估现有的业务，设计业务组合还包括找到企业将来可能考虑的业务和产品。如果企业想更有效地竞争、满足股东的要求并吸引顶尖人才，就必须实现盈利增长。

市场营销的主要职责是使企业实现盈利性发展。营销人员应该识别、评估和选择市场机会，制定战略来抓住机会。一个有效的识别发展机会的工具是**产品－市场扩展方格图**（product-market expansion grid），如图2-4所示。[5]我们把它应用于对星巴克的分析中。

图 2-4　产品 – 市场扩展方格图

30 多年前，霍华德·舒尔茨萌生了将欧式风格的咖啡屋引入美国的想法，他认为人们需要把步调放慢，闻闻咖啡的香味，更好地享受生活，于是成立了星巴克。这个咖啡屋不仅售卖咖啡，还售卖星巴克体验。"这里是星巴克的环境氛围，"一位分析人士说，"音乐、舒适柔软的椅子、香味、咝咝声的蒸气声。"星巴克总裁舒尔茨说："我们不是做咖啡生意，而是为顾客提供服务。我们做的是人的生意，提供咖啡。"现在全世界的人都涌向星巴克，它成了强有力的优质品牌。现在每周有 3 500 万名顾客进入 22 500 多家分店。星巴克为顾客提供了远离家、远离工作的第三个空间。

星巴克的成功吸引了一大批的模仿者，从咖啡豆和茶叶等直接竞争者到麦当劳的麦咖啡等快餐商家。为了在日益增长的咖啡市场中维持稳定的增长，星巴克必须制定一项雄心勃勃、多管齐下的增长战略。

第一，星巴克的管理层可以考虑企业能否达到更深层次的**市场渗透**（market penetration）战略——在不改变产品的基础上，在现有的细分市场上提升现有产品销量的增长战略。它可能在现有的市场上增加商店数量，使顾客光顾商店更便利。企业还可以改进广告、价格、服务、菜单选择和店面设计，使顾客光顾的次数增多或每次购买的数量增加。例如，美国星巴克的许多店面有落地窗；星巴克推出了一款预付卡，顾客可以预订咖啡或点心，或者把星巴克礼物送给亲戚朋友；为了让顾客停留得更久，星巴克在大多数分店提供无线网络。

第二，星巴克管理层可以考虑**市场开发**（market development）战略——一种为目前的产品开发新的市场的战略。例如，企业管理者可以评估新的人口统计细分市场，一些新的群体，如年纪大的消费者或者不同民族的消费者群体可能会被鼓励尝试光顾星巴克或者从星巴克购买得更多。管理者还可以评估新的地理细分市场，以使星巴克在全新的全球市场上快速扩张。星巴克在日本开了第一家北美地区以外的店，1996 年，星巴克在北美以外的国家和地区只有 11 家咖啡店，现在则拥有 22 500 多家。

第三，企业管理层可以考虑**产品开发**（product development）战略——一种通过向现有的目标市场提供改进产品或新产品的增长战略。例如，星巴克提供了一种降低卡路里的新选择——星冰乐轻混合饮料，2006～2007 年这款产品被推向中国和韩国市场，星巴克甚至专门针对亚洲市场开发了一款抹茶星冰乐。2010 年，双倍浓缩咖啡进入中国香港市场。为了抓住在家喝咖啡的消费者，星巴克进军美国超市领域，与卡夫达成了一项品牌合作协议，根据该协议，星巴克烘焙并包装咖啡，卡夫则负责营销和分销。在 2010 年金融危机期间，星巴克推出了一款新型速溶咖啡。企业正在进入新的消费者领域，例如，星巴克推出了一系列咖啡利口酒。

第四，星巴克可以考虑**多元化**（diversification）战略——在现有的产品和市场之外建立或收购企业。例如，星巴克收购了 Hear Music 唱片公司，这笔交易非常成功，以至于激起了星巴克在娱乐方向的业务创新。Hear Music 一开始只销售和播放兼容 CD，而现在已经拥有了自己的 XM 卫星信号站。同时，它在星巴克店里还设立了媒体吧，方便顾客在品尝咖啡时下载歌曲以及播放他们自己的 CD。下一步，星巴克将投资 Hear Music 零售店，它首先是音乐店，其次才是咖啡店。

星巴克的多元化经营不止于此，它还与狮门影业公司合作制作电影，然后在星巴克的咖啡屋中推广。星巴克为了支持合作伙伴的第一部电影《阿基拉和拼字比赛》(Akeelah and the Bee)，在店里分发相关卡片，把电影标识印在咖啡杯上，在商店的黑板上写下与拼写比赛有关的单词。很多分析人士质疑星巴克这种冒险的做法是否把多元化经营的范围定得太宽了，以致失去了市场焦点。分析人士不禁要问："电影与星巴克的咖啡有什么关系？"[6]

企业不仅可以通过开发战略来发展业务组合，还可以通过开发战略来**精简**（downsizing）业务。有很多原因会导致企业放弃产品或市场：可能是市场环境发生了改变，使得企业某些产品或市场的盈利下降；可能是企业成长得太快，进入了某些缺乏经验的领域；可能是企业在没有进行充分调研的情况下进入太多的国外市场；或者企业推出了一些不能传递良好顾客价值的新产品；也可能是一些产品或业务单元正在走向衰退。企业一旦发现旗下品牌或业务不盈利或不符合企业整体战略，就必须谨慎地选择收割或放弃。不良的业务通常会耗费管理层更多的精力，管理层应该关注有希望的业务，而不是花费精力去拯救正在衰败的那些业务。

2.3 规划营销：合作建立顾客关系

企业的战略规划确定了企业从事的业务和每个业务的目标，每个业务单元会有更具体的规划。每个业务单元的重要职能部门——营销、财务、会计、采购、运营、信息系统、人力资源和其他部门必须相互协作，共同实现战略目标。

营销在企业的战略规划中起着关键的作用，主要表现在三个方面。第一，营销提供了一个指导性的理念——营销观念，这意味着企业的战略应该以与重要顾客建立可盈利的顾客关系为中心。第二，营销通过帮助企业识别有吸引力的市场机会和评估企业利用这些机会的潜力，为战略规划的制定者提供有用的信息。第三，对于单个业务单元来说，营销为实现这些业务的目标制定战略，一旦目标被设定就要付诸行动，达到盈利的目的。

营销人员要想成功，顾客价值和顾客满意度是重要的部分。然而，正如本章所提及的，营销人员本身不能创造卓越的顾客价值。尽管营销起到关键的作用，但是它在吸引、维持和发展顾客时也只是协作者之一。除了顾客关系管理之外，营销还肩负着伙伴关系管理的重任。营销人员必须与企业的其他部门紧密合作，形成有效的价值链，为顾客服务。而且，他们必须与营销体系中的其他企业有效合作，形成有竞争力的超级价值传递网络。下面，我们来看企业的价值链和价值传递网络的概念。

2.3.1 与企业的其他部门合作

企业的每个部门都是**价值链**（value chain）中的环节之一。[7] 也就是说，每个部门都参与价值创造活动，设计、生产、营销、传递和支持企业的产品。企业的成功不仅取决于每个部门都能良好地运行，还取决于企业不同部门之间的协调活动。

例如，沃尔玛通过为顾客提供尽可能低价的商品来创造顾客价值和顾客满意度，沃尔玛的营销人员至关重要。他们要了解顾客所需，并以不可超越的低价将顾客所需的商品摆上货架。他们还要策划广告活动和招商项目，并为顾客提供服务。通过这些活动，沃尔玛的营销人员将价值传递给了顾客。

然而，营销部门还需要其他部门的帮助。沃尔玛能否以低价向顾客提供合适的产品，取决于采购部门能否找到供应商并以低价从供应商处购买产品；信息技术部门能否快速而又精确地提供每家商店正在出售什么产品的信息；运营部门能否有效、低成本地处理商品。

企业价值链的强弱程度取决于其最弱的环节，成功与否取决于每个部门能否增加顾客的价值以及不同部门之间能否很好地相互协调。以沃尔玛为例，如果采购部门不能想办法在供应商那里取得最低的价格，或者运营部门不能以最低的价格来分配商品，那么营销部门就不能传递它承诺的最低价格。营销经理需要与其他部门的经理一起密切配合，不同部门之间合作，共同达到企业整体的战略目标。

2.3.2 与营销体系中的其他人合作

为了创造顾客价值，企业必须把目光放长远，不仅要看到自己的价值，更应该看到供应商、分销商和最主要的顾客价值链。麦当劳在全球100个国家有36 000家餐厅，每天为超过6 900万人提供服务。人们蜂拥而至，不仅因为他们喜欢麦当劳的汉堡。事实上，消费者通常把麦当劳排在汉堡王和Wendy's之后，消费者涌向麦当劳不仅仅是因为它们提供快餐，他们更喜欢麦当劳的体系。纵观全球，麦当劳建立了QSCV（质量、服务、清洁和价值）高标准。麦当劳的高效就是因为它成功地与分销商、供应商等其他为顾客传递高价值的相关者建立了合作关系。

今天，越来越多的企业与供应链中的其他成员合作，来改进顾客**价值传递网络**（value delivery network）。例如，化妆品制造商欧莱雅就深知与供应商建立紧密关系的重要性，供应商提供给欧莱雅生产所需的一切配件，从聚合物和油脂到喷雾罐及包装，甚至包括办公室设备。

从美宝莲到兰蔻等25个知名化妆品品牌中，欧莱雅的规模最大。欧莱雅取得这样的成功，很重要的一点要归功于其供应链。欧莱雅充分尊重自己的供应商，一方面，它希望能够从供应商处获得关于产品设计创新、质量以及社会信用等信息。因此，企业会认真地审核新的供应商，并定期检查原有的供应商。另一方面，企业与供应商保持紧密沟通以使供应达到标准。有些企业压榨供应商以获取短期利益，而欧莱雅着眼于长期利益，与供应商共同获益和发展。根据供应商网站，欧莱雅对待供应商的业务、文化及员工都报以尊重的态度，每一种关系都建立在共同努力的基础上，旨在共同获利，提高供应商的企业竞争力及创新力。因此，与欧莱雅合作的供应商中，超过75%的供应商都与其维持10年以上的伙伴关系，其中主要的几家供应商几十年来都持续地为欧莱雅供应生产配料。欧莱雅的购物主管曾说："我们的CEO希望欧莱雅能够成为全球最受尊敬的企业之一，而我们也希望能得到供应商的尊重。"[8]

在今天的市场中，竞争已不再是单个竞争者的事情，而是由这些竞争者所创造的价值传递网络之间的竞争。

2.4 营销战略和营销组合

战略规划描述了企业的使命和目标，营销的作用和活动如图2-5所示。图2-5总结了主要的营销活动，包括管理顾客导向的营销战略和营销组合。

顾客处于中心地位，企业的目标是建立强大、可盈利的顾客关系。第一步是**营销战略**（marketing strategy），即企业希望通过怎样的营销逻辑创造顾客价值并达成可盈利的关系。通过市场细分、目标市场选择和市场定位，企业决定为哪些消费者提供服务（市场细分与定位），以及如何提供服务（差异化和渠道）。它识别整个市场，然后将其分为小的细分市场，并服务于选出的最有前景的细分市场，来满足顾客的需求。

在营销战略的指导下，企业设计可控制的营销组合，包含产品、价格、渠道和促销（4P）4个因素。为了确定营销战略和营销组合，企业要进行营销分析、营销计划、营销执行和营销控制。通过这些活动，企业观察和适应这些营销环境中的因素。现在我们简短地看一下营销过程中的每个因素。

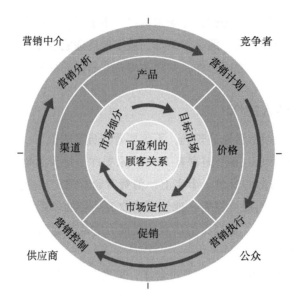

图 2-5　管理营销战略和营销组合

2.4.1　顾客驱动的营销战略

本章强调，企业必须以顾客为中心。企业必须从竞争者的手中争夺顾客，然后通过传递更好的价值来维持和发展顾客。但是在迎合顾客之前，企业必须首先了解顾客的需求和欲望，可靠的营销需要谨慎的顾客分析。

企业不可能在特定的市场中为所有消费者提供有价值的服务，至少不能以相同的方式为所有消费者提供服务。市场上有太多不同类型的消费者以及不同的需求，大多数企业可以更好地服务于某些细分市场。因此，每个企业都必须划分整个市场，然后选择最好的细分市场，制定战略以获得利润。这个过程包括三个步骤：市场细分、目标市场选择、市场差异化和市场定位。

1. 市场细分

市场包括很多类型的消费者、产品和需求，营销人员要决定哪个细分市场可以为企业实现目标提供最好的机会。营销人员可以基于地理因素、人口统计因素、心理因素或者行为因素等不同的方式对消费者进行划分。**市场细分**（market segmentation）是指把一个市场分为不同的购买者群体，这些群体有不同的需求、特征、行为，他们可能需要单个的产品或是市场营销组合。

每个市场都有市场细分，但是并非所有细分市场的方式都同样有效。例如，Panadol 企业如果按照买止痛药的消费者的收入水平来细分市场，而且这些消费者对营销的反馈都一样，那么该企业就不能从中获利。一个**细分市场**（market segment）包含对营销努力做出相似反应的消费者群体。例如，在汽车市场中，不考虑价格，只选择最大、最舒服的汽车的消费者构成一个细分市场，而主要关心价格和性价比的消费者构成另一个细分市场。同一款车型很难满足两个细分市场的需求。

2. 目标市场选择

企业在定义了细分市场之后，可以进入一个或多个细分市场，**目标市场选择**（market targeting）是指企业评估每个细分市场，然后选择进入一个或多个细分市场。企业应该瞄准那些能够产生最大的顾客价值并能长期维持盈利的细分市场。

有些企业可能仅仅选择进入一个或几个特别的市场或者"利基市场",这些市场被主要的竞争对手忽略了。例如,法拉利每年在美国只销售1 500辆高性能的汽车,但是价格高昂,其售价为287 020美元,这已经令人大开眼界了;然而它的FXX系列超级跑车(只能在赛车跑道上行驶)的售价为200万美元,更是令人震惊。罗技公司只瞄准微软这个巨头企业的部分业务,依靠其在一个细分领域纯熟的技术,在PC机鼠标市场独占鳌头,在这个市场上,微软位居第二。

另外,企业也可能选择几个相关的细分市场——在这些细分市场中,消费者的类型可能不同,但是基本需求相同。养乐多是日本的健康饮品,其产品——常规养乐多、低糖养乐多以健康的生活方式为主题,目标顾客为儿童、青少年和成人。大企业还可能决定提供各种不同的产品,为所有的细分市场服务。很多企业在进入新的市场时,只选择为一个细分市场服务,但当企业获得成功时,会进入更多的细分市场。大企业最终都想全面覆盖市场来匹配"个人、金钱、个性化",它们通常设计不同的产品来满足每个市场上的特殊需求。

3. 市场差异化和市场定位

当企业决定进入哪些细分市场之后,必须进行产品定位。产品定位是指相对于竞争者的产品而言,某企业产品在消费者心目中占据的位置。营销人员希望为自己的产品制定独特的市场定位战略,如果一个产品在市场上被认为与其他产品完全一样,那么消费者将不会购买。

市场定位(positioning)是指企业通过产品设计,使其相对于竞争者的产品而言,在目标消费者心目中占据一个清楚、差异化和满意的位置。正如一位市场定位专家所说:"市场定位是'你如何使自己的企业和产品脱颖而出,消费者为什么愿意为你的品牌支付更多'"。[9]因此,营销人员需要规划市场定位,使其产品从竞争者的品牌中脱颖而出,在目标市场中拥有最大的优势。

宝马生产的是"终极驾驶机器",起亚则承诺"带来令人惊喜的力量"。这种看似简单的陈述构成了产品营销战略的支柱。

在定位产品时,企业首先要识别定位基于的可能的竞争优势,为了获得竞争优势,企业必须向目标消费者传递更高的价值,这可以通过比竞争者收取更低的价格或者提供更多的利益来实现。如果企业将产品定位为提供更高的价值,它就必须传递更高的价值。因此,有效的定位实际上从企业的产品或服务的**差异化**(differentiation)开始,才能给顾客带来更多的价值。一旦企业确定了定位,就必须采取有力的步骤向目标消费者传达定位,企业的所有营销活动都应该支持这个定位战略。

2.4.2 设计营销组合

一旦企业确定了整体竞争性营销战略,就应该确定具体的营销组合——现代营销的主要理念之一。**营销组合**(marketing mix)是指一套可控制的战术性营销工具,包括产品、价格、渠道(地点)、促销,企业用这些营销工具组合来得到其想要的目标市场反馈。营销组合包括企业所做的影响产品需求的一切行为,这些行为被概括为四组变量:产品、价格、渠道和促销(4P)。图2-6显示了每个变量下的具体营销工具。

产品是指企业为目标市场提供的产品和服务组合。韩国现代的索纳塔汽车包括螺丝和螺母、火花塞、活塞、前灯和数千种零部件。索纳塔汽车有几种款式和很多的型号选择,并且提供保修服务。

价格是消费者为获得产品而支付的现金数额。现代汽车会为经销商计算每一款索纳塔汽车的建议零售价,现代的经销商会与每位顾客协商价格、提供折扣、贸易津贴和信贷条件。

渠道包括企业为使目标顾客接触和得到产品而开展的各种活动。现代汽车与很多独立的经销商合作,销售很多不同款式的汽车,谨慎地选择经销商,并大力支持它们。经销商保留现代汽车的库存,向潜在的顾客展示汽车性能，协商价格，最后达成交易和提供售后服务。

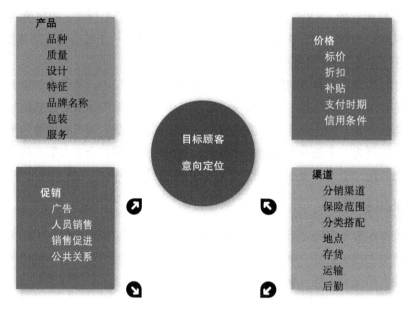

图 2-6　营销组合的 4P

促销包括企业为传播其产品的优点并说服目标顾客购买而开展的各种活动。现代汽车公司每年花费 20 亿美元做广告，向消费者传递企业和产品的信息，经销商的销售人员协助说服潜在购买者：现代汽车是他们最好的选择。

一个有效的营销方案应协调营销组合的所有因素，通过向消费者传递价值来实现企业的营销目标，营销组合构成了企业在目标市场上进行市场定位的战略组合。

然而，一个值得注意的问题是，4P 理念是从卖方而不是买方的角度来考虑问题的。从买方的角度来讲，在以顾客关系为中心的时代，4P 最好转化为 4C。[10]

4P 及 4C 对比

4P	4C
产品（product）	顾客解决方案（customer solution）
价格（price）	顾客的成本（customer cost）
渠道（place）	便利（convenience）
促销（promotion）	沟通（communication）

营销人员考虑的是产品销售，而顾客考虑的是购买价值或问题的解决方案。顾客感兴趣的不仅是价格，还有获得、利用和处理产品的总成本，顾客希望尽可能便利地获得产品和服务，最后，他们还希望有双向交流沟通。营销人员如果能首先考虑 4C，然后在此基础上建立 4P，将会取得更大的成功。

2.5　管理营销活动

企业除了要善于营销外，还要注意管理问题。管理营销过程要求 4 种营销管理功能：营销分析、营销计划、营销执行和营销控制，如图 2-7 所示。

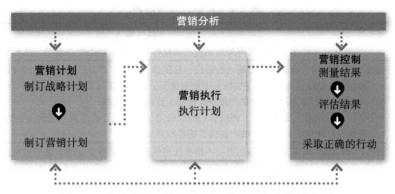

图 2-7　营销分析、营销计划、营销执行和营销控制

2.5.1 营销分析

管理营销活动首先要彻底分析企业所处的环境，企业必须进行 **SWOT 分析**（SWOT analysis），即分析自身的优势、劣势、机会和威胁（见图 2-8）。优势包括企业内部能力、资源和能够帮助企业服务顾客以达到目标的各种有利因素；劣势包括企业内部的局限性和干扰企业运营的各种不利因素；机会指外部环境中有可能使企业发挥自身优势的各种有利因素或趋势；威胁是给指企业的运营带来挑战的各种外部不利因素。

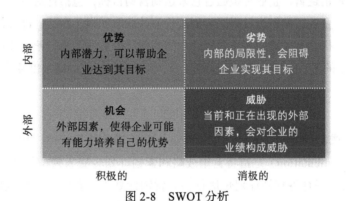

图 2-8　SWOT 分析

企业必须分析市场和营销环境，找出有吸引力的营销机会并识别环境中存在的威胁。企业必须分析优势、劣势和现有的以及可能的营销活动，并判断能够利用哪些机会。目标是将企业的优势与市场机会结合起来，同时克服或消除劣势，并使威胁最小化。营销分析可以为其他营销管理职能提供有用的信息，我们将在第 3 章对营销分析进行更充分的讨论。

2.5.2 营销计划

通过战略规划，企业针对每个业务单元的具体做法做出决策。营销计划包括帮助企业达到整体战略目标的营销战略。每个业务单元、产品和品牌都需要具体的营销计划。营销计划是怎样的呢？下面我们来讨论产品或品牌的营销计划。

表 2-2 概述了一个典型的产品或品牌计划的主要部分。营销计划首先是执行概述，简要地回顾主要的目标和建议。营销计划的主要部分是对潜在的威胁、机会以及现有的营销状况进行详细分析，接着阐述品牌的主要目标和确定具体的实现目标的营销战略方案。

表 2-2 营销计划的内容

部 分	目 的
执行概述	为使高级管理层迅速了解计划的要点而对主要目标和建议做出的简短总结,执行概述后面应该有一个目录
当前的营销状况	描述目标市场和企业在目标市场上的定位,包括市场信息、产品性能、竞争和分销情况。这部分包括: ■市场状况:描述整体市场和主要细分市场的情况,评价顾客需求和营销环境中可能影响顾客购买行为的因素 ■产品状况:列出产品线中主要产品的销售额、价格和毛利润 ■竞争状况:识别主要竞争者,评价它们的市场定位及其在产品质量、定价、分销和促销方面的战略 ■分销状况:评价主要分销渠道中的销售趋势和其他进展
威胁和机会分析	评估产品可能面对的主要威胁和机会,帮助管理层预期可能对企业或战略产生正面或负面影响的因素
目标和问题	阐述企业在计划期限内想要实现的营销目标,讨论影响目标实现的主要问题。例如,如果目标是达到15%的市场份额,这部分将讨论如何实现这一目标
营销战略	概述业务部门希望实现营销目标的大体营销逻辑,以及目标市场、定位、营销支出的具体方案;概述营销组合的每个因素的具体策略,解释每个因素如何应对计划中提到的威胁、机会和关键问题
行动方案	明确说明营销战略如何转化为具体的行动方案,回答以下问题:应该做什么?什么时候去做?谁负责去做?需要花费多少钱
预算	具体列出计划预期的利润表的营销预算,它显示出预期的收益(预期的销售数量和平均净价)和预期的成本(生产、分销和营销成本)。收益和成本之差就是预期利润。一旦得到上级管理层的审批,预算就成为材料购买、生产计划、人事安排和营销运营的基础
控制	概述监控进程中的控制活动,上级管理层可以通过控制来评估执行结果和发现不符合目标的缺陷产品,它是营销投资回报的衡量标准

营销战略是指企业的营销逻辑,企业希望通过它来达到营销目标,包括针对目标市场、定位、营销组合和营销费用的具体战略,列示企业想如何为目标顾客创造价值并获取回报。在这一部分,制定者解释每个战略如何应对营销计划中的威胁、机会和关键问题。营销计划的其他部分展示了执行营销战略的行动方案,以及支持营销预算的细节。营销计划的最后一部分概述了监控进程、衡量营销投资的回报以及采用纠正措施的控制活动。

2.5.3 营销执行

好的战略规划仅仅是成功的营销的开始,如果企业不能正确地执行战略,那么再明智的战略也没有用。**营销执行**(marketing implementation)是指将营销战略和营销计划转变为营销行动进而实现营销战略目标的过程,营销执行需要每天、每月将营销计划付诸行动。营销计划提出营销活动要做什么、为什么要这样做;而营销执行解决谁去做、在哪里做、什么时候做和如何做的问题。

很多管理者认为"正确地做事"(执行)与"做正确的事"(战略)同样重要,甚至前者要比后者更重要。这两者对成功来说都很关键。企业能够通过有效的执行获得竞争优势,即使一家企业的战略大体上与其他企业相同,也可以通过更快或更有力的执行来赢得市场。但是,执行是困难的——构想出一个好的营销战略比执行该战略相对容易。

成功的营销执行取决于企业如何很好地把人员、组织结构、决策与薪酬体系、企业文化整合成协调的支持战略的行动方案。在各个方面,企业都需要有技巧、有动力和有个性的员工。企业的决策与薪酬体系和正式的组织结构一样,在实施营销战略中占有重要地位。例如,如果一家企业的薪酬体系看重短期利润,就没有动力追求长期市场目标。

最后,为了能够在营销执行上取得成功,企业的营销战略必须与企业文化、组织中员工的价值和信念体系相适应。对亚洲企业的调研发现,中国和印度企业的企业文化能更好地帮助企业在全球获得竞争优势,相反,日本的商业文化可能会阻碍其将来的发展。中国香港地区的企业文化是亚洲和欧洲文化历史的独特结合体。[11]

2.5.4 营销部门组织

企业必须有一个能够执行营销战略和计划的营销组织。如果企业很小，那么一个人就可以做所有的研究、销售、广告、顾客服务和其他营销工作。随着企业的扩张，需要营销部门来筹划和执行营销活动。在大企业，这个部门里有许多专家。例如，宝洁和联合利华等企业都有产品和市场经理、销售经理和销售人员、市场研究人员、广告专家和许多其他专家。为了领导这样庞大的营销组织，许多企业都设立了首席营销官（CMO）的职位。近年来，营销组织已成为一个越来越重要的问题。由于重点从产品、品牌和地域转向顾客，因此企业正从品牌管理转向顾客管理。管理者更加重视顾客组合的管理，而不是品牌组合的管理。

现代营销部门有几种组织形式。营销组织最常见的形式是职能性组织。在这种组织形式下，不同的营销活动由一个职能型的专家领导，如销售经理、广告经理、营销研究经理、顾客服务经理或新产品经理。在全国或全球范围内销售产品的企业通常采用地域性组织形式，其销售和营销人员被分配到特定的国家、地区和地域。地域性组织将销售人员安置在一个区域内，方便他们了解顾客，节省了许多出差的时间和成本。

产品或品牌差异性很大的企业通常采用产品管理部门。使用这种方式，产品经理为特定的产品或品牌开发和实施一个完整的战略及营销方案。许多企业，特别是消费品企业，都建立了产品管理组织。

有些企业将一种产品销售到不同的市场，市场不同，顾客需求和偏好差异也很大，对于这些企业来说，市场或顾客管理组织可能更适合。市场管理组织与产品管理组织相似，市场经理负责开发针对特定市场或顾客的营销战略和计划，这个体系的优势在于企业以特定的顾客群为中心来组织活动。

对于那些在不同地域市场或顾客市场上销售不同产品的大企业而言，通常采取职能、地域、产品和营销组织的结合体，以保证管理层能够关注每个职能、产品和市场，然而这种方式会增加管理成本和降低组织的灵活性。但是，这种方式的优势通常掩盖了缺陷。

当今的营销环境需要企业将关注的重心部分由产品、品牌和地域转移至顾客关系。越来越多的企业要求它们的产品经理关注顾客管理——从单纯的产品及品牌收益管理转变为收益及顾客权益管理。营销经理们会认为，他们管理的不再是一个品牌组合，而是顾客组合。

2.5.5 营销控制

由于企业在营销执行过程中会发生很多意外，因此营销部门必须实施持续的营销控制。**营销控制**（marketing control）是指度量和评价市场营销战略、计划的结果，采取纠正措施来保证目标的达成。营销控制包括4个步骤：管理层首先设计具体的营销目标，其次衡量市场业绩，再次评价实际业绩和预期业绩不同的原因，最后采取纠正措施来消除实际业绩与目标的差异，这可能需要改变行动方案甚至改变目标。

运营控制指根据年度计划来检查进行中的业绩表现，必要时采取纠正措施，保证企业实现年度计划中设定的销售额、利润和其他目标；运营控制还包括确定不同产品、地区、市场和渠道的盈利性。

战略控制可以检查企业的基本战略是否与市场上的机会相匹配。营销战略和方案可能会很快过时，企业应定期重新评估其市场整体战略。战略控制的一个主要工具是**营销审计**（marketing audit），即对企业环境、目标、战略和活动进行综合、系统、独立和定期的检查，发现问题和机会。营销审计为制订行动方案、提高企业市场营销绩效提供了有用的信息。[12]

营销审计涵盖了企业所有的主要营销领域，而不仅仅是几个问题点。它评估营销环境、营销战略、营销组织、营销体系、营销组合以及营销生产效率和盈利性。审计通常由客观、有经验的第三方来执行，在评估的基础上，管理层决定哪个行动方案最有意义，应该如何执行以及何时执行。

2.6 衡量和管理营销投资回报率

营销经理必须保证营销支出被合理地使用，由此产生了衡量营销投资回报的方法。**营销投资回报率**（return on marketing investment，marketing ROI）是用营销投资的净收益除以营销投资的成本，它用来衡量营销活动中投资所产生的利润。

营销投资回报率比较难衡量。在衡量财务上的 ROI 时，R 和 I 都用货币统一衡量。但是到目前为止，营销投资回报率并没有统一的定义。企业可以根据品牌认知度、销售额或者市场份额等营销业绩的衡量标准来评价营销回报。金宝汤公司使用销售额和市场份额的数据来评估特定的广告活动。例如，有分析指出，它的"有汤在手"广告展示了一位顾客饮用可携带的浓汤的真实生活场景。该广告投放一年后，产品的初次购买率和重复购买率都翻倍了。[13] 在全球金融危机之后，分析员在看待营销问题时更关注营销投资回报率。伴随着数字时代的到来，由于数字广告显示出更高的回报率，因此像百事可乐这样的企业增加了数字广告的投放预算，减少了电视商业广告的数量。[14]

许多企业将这些衡量标准组合成一个"营销仪表盘"，即把内容丰富的一系列营销业绩衡量标准放在一起，用以监测营销战略的业绩。就像汽车的仪表盘向驾驶员显示汽车行驶的各项细节一样，"营销仪表盘"向营销人员显示用来评价和调整营销战略的各种具体衡量标准。[15]

如今，营销人员越来越多地使用以顾客为中心的营销业绩衡量标准，比如顾客购买率、顾客使用率以及顾客终身价值。图 2-9 反映了营销投资支出产生了更有利可图的顾客关系作为回报。[16] 营销投资提高了顾客价值和满意度，这反过来增加了顾客吸引力和保持率，从而提高了顾客终身价值和企业总体的顾客资产。增加的顾客资产与营销投资的成本相关，决定了营销投资的回报。

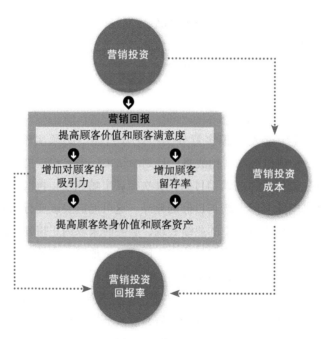

图 2-9 营销回报

资料来源：Adapted from Roland T. Rust, Katherine N. Lemon, and Valarie A. Zeithaml, "Return on Marketing: Using Consumer Equity to Focus Marketing Strategy", *Journal of Marketing*, January 2004, p. 112.

无论如何定义或衡量，营销投资回报率的概念不会变。AT&T 的市场总监说："营销投资回报率是每一项业务的核心。我们在营销组合中又增加了一个'P',即利润、亏损或业绩。我们必须量化营销对业务的影响,因为无法衡量的东西是无法改进的。"[17]

目标回顾

在本章中,我们定义了市场营销,并概述了营销过程的步骤;研究了企业的战略规划和营销在组织中的作用;研究了营销战略和营销组合,并回顾了主要的营销管理功能。在后面的章节中,我们将详细介绍这些基础知识。

1. 解释企业战略规划及其4个步骤

战略规划为企业计划的其他部分奠定了基础。市场营销有助于战略规划,而总体规划定义了市场营销在企业中扮演的角色。虽然正式的战略规划能够为企业带来各种各样的好处,但并不是所有的企业都能制定战略规划或很好地执行它。

战略规划包括为企业的长期生存和发展制定战略,包括4个步骤:定义企业的整体目标和使命、设定企业目标、设计业务组合以及营销计划和其他职能性战略。定义清晰的企业使命首先要起草一份正式的使命陈述,使命陈述应该以市场为导向、适应市场环境、基于独特的竞争力、具有激励性。然后使命被转化为具体的支柱型目标,指导企业的发展。在这些目标的基础上,企业总部设计业务组合,决定哪个业务或产品应该得到更多或更少的资源。接着,每个业务和产品单元制订与企业计划相符的具体的营销计划,综合、可靠的营销计划需要详细描述,来支持企业的战略规划。

2. 讨论如何设计企业的业务组合以及增长战略

根据企业的使命陈述和目标,管理层设计其业务组合——构成企业业务和产品的集合。企业希望拥有最适合其优势和劣势的业务组合,以适应环境中的机会。要做到这一点,企业必须分析和调整目前的业务组合,并制定增长和缩小规模战略,以调整未来的业务组合。企业可能会使用正式的组合规划方法,但现在许多企业都采用定制化的投资组合规划方法,以更好地迎合独特的市场环境。产品-市场扩展方格图建议了4种可能的增长路径:市场渗透战略、市场开发战略、产品开发战略和多元化战略。

3. 解释营销在企业制订战略规划时起到的作用以及营销人员如何与合作者共同创造和传递顾客价值

根据战略规划,主要职能部门——营销、财务、会计、采购、运营、信息系统、人力资源和其他部门必须共同努力以实现战略目标。市场营销在企业的战略规划中扮演着关键的角色。在单个业务单位内,市场营销为实现业务单位的目标设计战略,并帮助其实现这些目标。

仅靠营销人员无法为顾客创造卓越的价值。企业的成功与否取决于每个部门如何开展其顾客增值活动,以及各部门如何合作为顾客服务。因此,营销人员必须注重伙伴关系管理。他们必须与企业其他部门的伙伴紧密合作,形成有效的价值链,为顾客服务。他们必须与营销体系中的其他企业有效地合作,以形成一个具有竞争力的卓越的价值传递网络。

4. 描述顾客驱动的营销战略及其组合要素以及产生的影响

顾客价值和关系是营销战略及计划的核心。通过市场细分、目标市场选择和市场定位,企业将总体市场分为更小的细分市场,并选择能最好地为之服务的细分市场,决定如何向目标顾客传递价值,然后设计营销组合,在目标市场获得企业期望的反应。营销组合包括产品、价格、渠道和促销。

5. 列举营销管理的功能,包括营销计划的要素,讨论衡量和管理营销投资回报率的重要性

为了找到最佳的战略和业务组合,并付诸实施,企业要进行营销分析、营销计划、营销执行和营销控制。营销计划的主要组成部分是执行概述、当前的营销状况、威胁和机会分析、目标和问题、营销战略、行动方案、预算和控制。制定好战略往往比实施好战略容易。企业要想成功,还必须有效地将营销战略转化为营销行动。

营销执行的大部分责任落在了企业的市场部身上。现代营销部门的组织结构可以通过一种或多种方式进行:职能营销组织、地域性营销组织、产品管理组织或顾客管理组织。在这个以顾客关系为核心的时代,越来越多的企业将它们的组织重心从产品或区域管理转向顾客关系管理。营销组织实施营销控制,其中包括运营控制和战略控制。企业通过营销审计来确定营销机会和问题,并提出短期和长期的营销方案,以提高整体营销业绩。

营销经理必须确保营销资金得到有效的运用。如今，营销人员面临着越来越大的压力，他们需要证明自己是在按照成本增加价值。为此，营销人员要制定更好的营销投资回报衡量指标。营销人员越来越多地使用以顾客为中心的营销业绩标准作为战略决策的关键因素。

关键术语

strategic planning　战略规划
mission statement　使命陈述
business portfolio　业务组合
portfolio analysis　业务组合分析
growth-share matrix　增长–份额矩阵
product-market expansion grid　产品–市场扩展方格图
market penetration　市场渗透
market development　市场开发
product development　产品开发
diversification　多元化
downsizing　精简
value chain　价值链
value delivery network　价值传递网络

marketing strategy　营销战略
market segmentation　市场细分
market segment　细分市场
market targeting　目标市场选择
positioning　市场定位
differentiation　差异化
marketing mix　营销组合
SWOT analysis　SWOT分析
marketing implementation　营销执行
marketing control　营销控制
marketing audit　营销审计
return on marketing investment (or marketing ROI)　营销投资回报率

概念讨论

1. 定义战略规划并简述其4个主要步骤，讨论市场营销在这个过程中起到的作用。
2. 描述如何运用波士顿咨询企业的增长–份额矩阵模型进行组合分析，讨论为什么管理层难以处理问题类业务。
3. 讨论4种产品/市场扩展战略。苹果在2010年将iPad引入其原有的iPod、iPhone及iMac生产线，它使用了哪种增长战略？
4. 讨论市场细分、目标市场选择、差异化及市场定位的区别，它们解决了哪两个问题？
5. 为4P中的每一个"P"下定义，你认为4P营销组合框架在描述营销人员准备和管理营销项目的责任时是否充分？为什么？你在这个框架中是否看到了任何与服务产品相关的问题？
6. 什么是营销投资回报率？它为什么难以衡量？

概念应用

1. 解释SWOT分析法，在你所在的城市选择一家旅游企业，对其进行SWOT分析。
2. 在小组中讨论耐克的使命陈述是否满足一个好的企业的使命标准："为全世界每个运动员带来灵感和创新。（只要还有一口气，人人都是运动员。）"
3. 运用产品/市场扩展方格图，讨论日本休闲时尚品牌优衣库的战略。

技术聚焦

2011年，惠普CEO李艾科做出了退出个人电脑业务的战略决定，但他被解雇了，即将上任的CEO梅格·惠特曼改变了这一决定。然而，自从后PC设备（平板电脑、电子阅读器和智能手机）推出以来，个人电脑的销量直线下降。2013年，个人电脑总出货量下降了10%，其中降幅最大的是领先的个人电脑制造商惠普。为了夺回市场份额，PC制造商降低了笔记本电脑的价格——有些电脑降价幅度超过了50%，有些则提供触摸屏来与平板电脑和移动设备竞争。惠普前CEO希望将战略重点更多地转向为商业市场提供软件。或许他正确地解读了未来，并走上了正确的战略道路。随着平板电脑、移动技术和社交媒体的引入，游戏规则改变了，未来已经不是过去的样子了。移动技术的发展就在那里，惠普只是"错过了机会"。

1. 请解释PC制造商为应对后PC移动设备的威胁而采取的产品/市场扩展战略。这是一个明智的战略吗？
2. 讨论惠普与其他PC制造商如何适应和利用新的在线、移动或社交媒体技术。

道德聚焦

在美国，有64%的女性体重超标或肥胖，她们之中有不到半数的人日常会锻炼。在亚洲，快速现代化的中国和其他一些国家也鸣起了肥胖的警钟，而且糖尿病患者比例上升。随着经济的增长，原来自给自足的亚洲农业国家开始进口高脂肪、高卡路里的食物，这给它们的传统饮食习惯带来了冲击。

运动鞋营销商看到了机遇——塑身鞋。这些营销商称这种鞋是革命性的，穿上塑身鞋可以增加肌肉、减轻体重以及改善体形姿态。这个声明基于鞋赞助商的研究，美国足部医学协会也认为穿这种鞋有利于健康。据称这种鞋通过改变人走路的步态使腿部肌肉更加用力，达到锻炼的目的。消费者尤其是女性正在购买这类鞋。斯凯奇仅在这一类鞋子上的销售额就增长了69%，它的鞋底看起来像一把摇椅。锐步预期该企业塑身鞋的销售量将增长。2009年，20%的女性都拥有塑身鞋，鞋的价格从80美元到200美元不等。

然而，塑身鞋也存在着弊端，指责它的人拿出了一份说明书和教学型的DVD来解释适当的穿法。一些医生指出塑身鞋很危险，可能会导致跟腱损伤，有一个人就因为穿着这样的鞋损伤了跟腱。美国运动委员会的一次研究表明，在正常的行走和锻炼中，穿这类鞋并没有好处。耐克没有参与其中，它认为这是个炒作，并坚持传统的高性能运动鞋。而生产这类鞋的企业正不断失去其拥有的市场份额。

1. 那些鞋商能够利用消费者不锻炼就想减肥的心理来实现目的吗？你认为基于企业赞助的研究发出的声明是道德的吗？请解释。
2. 耐克是否应该加入到这次产品战略中而不是放弃市场份额？请解释。

营销和经济

西南航空

随着越来越多的消费者削减开支，也许受打击最严重的就是航空业。即使西南航空这种持续37年盈利的企业也感受到了经济形势带来的冲击。虽然相对于其他航空企业西南航空遭受的损失较少，但顾客出行频率下降使企业在过去两年里利润下滑，同时也影响到了企业股价。那么，西南航空是如何应对这种情况的呢？首先，在已开通航线的70座城市之外扩张，并在比较拥堵的机场增设航班，还尝试通过在飞机上供应酒类饮料、咖啡、提供Wi-Fi来为顾客提供更为舒适的旅行体验。然而，最重要的一点是西南航空坚持不增加费用。有些航空公司通过对检查包裹、提供枕头等基础服务收费来提高利润，但西南航空相信这些费用不利于企业的发展。另外，西南航空还发起了广告计划来吸引顾客在经济萧条期采取航空出行方式，并设定全企业统一票价，有的甚至低至49美元。该企业希望通过这些努力让顾客回流，并抑制收入下滑。

1. 请思考西南航空为了遏制利润下滑所采取的每一项应对措施，分别评价其对达成目标的影响。
2. 西南航空的努力是否足够？西南航空是否有可能扭转产业下滑所带来的负面影响？

营销数字

附录 B 讨论了除本章描述的营销投资回报率之外的其他营销利润率指标。下面是两家企业的损益表。回顾附录 B 并回答下列问题。

1. 根据附录 B 的描述，计算两家企业的销售回报和营销投资回报率。
2. 哪家企业在市场营销方面做得更好？请解释。

A 公司		（单位：美元）
净销售额		800 000 000
销货成本		375 000 000
毛利		425 000 000
营销费用		
销售费用	70 000 000	
推广费用	30 000 000	
		100 000 000
一般管理费用		
营销人员工资及费用	10 000 000	
间接费用	80 000 000	
税前净利润		90 000 000
		235 000 000

B 公司		（单位：美元）
净销售额		900 000 000
销货成本		400 000 000
毛利		500 000 000
营销费用		
销售费用	90 000 000	
推广费用	50 000 000	
		140 000 000
一般管理费用		
营销人员工资及费用	20 000 000	
间接费用	100 000 000	
税前净利润		120 000 000
		240 000 000

企业案例

戴森：用从未想过的方式解决顾客的问题

从正面看，它有一个光滑的、令人惊叹的不锈钢设计。"机翼"从中心向下以 15 度的角度展开，看起来已经准备好起飞了，这是波音最新的航空设计吗？不，这是几十年来市场上最具创新性的水龙头。以真空吸尘器、烘干机和风扇闻名于世的戴森即将对传统的水龙头业进行一场革命。Airblade 水龙头是一款完全免触摸操作、可清洗和能够烘干双手的水龙头，是戴森系列革命性产品中最新的一款产品。事实上，戴森是建立在一些非常简单的原则之上的。首先，戴森的每款产品必须为消费者提供真正的利益，使其生活更简便。其次，每款产品必须采取一种独特的方法来完成常见的日常任务。最后，戴森的每一款产品都必须给那些平淡无奇的产品注入令人兴奋的元素，这是大多数人从来都没有想过的。

詹姆斯·戴森在英国出生并长大。在皇家艺术学院（Royal College of Art）学习设计后，他最初想设计和建造用于商业地产的测地线结构。但由于没有钱创业，他找到了一份给熟人打工的工作。这位熟人给了他一个喷灯，并要求他为一艘两栖登陆艇制作一个模型。没有焊接经验，但他自己想出了办法。不久，企业就以他的设计为基础，每年卖出 200 艘船。戴森很自然地采用了这种经过反复试验和验证的方法，并运用这种方法创造了戴森的第一款产品。

1979 年，他购买了据称是市场上最强大的真空吸尘器。然而他发现那根本不是，它似乎只是在房间里移动灰尘。这让戴森感到奇怪，为什么还没有人发明出像样的真空吸尘器。在那一刻，他想起了他在一架工业锯木机上看到的东西——一种清除空气中的灰尘的旋风分离器。为什么这种方法不能很好地应用于真空吸尘器？戴森说："我认为没有人会费心在真空吸尘器上使用技术。"事实上，当时真空电机的核心技术已经有 150 多年的历史了。"我看到了一个很好的提升机会。"戴森做了一件很少有人有耐心和远见去做的事情。他花了 15 年的时间，制作了 5 127 个真空原型机——所有原型机都是基于一个无袋的旋风分离器，之后才将其推向市场。他说："我失败了 5 126 次，但我从每一个原型机上都学到了东西。这就是我想出的解决办法。"

戴森的全新真空吸尘器远远不止是科技小玩意儿。戴森发明了一种全新的发动机，转速为每分钟 11 万转，是市场上其他真空吸尘器转速的 3 倍。它提供了其他品牌吸尘器无法比拟的巨大吸引力。这种无袋设计在清除空气中的灰尘和颗粒方面非常有效，而且这种机器比需要更换袋子的真空吸尘器更容易清理，也更容易操作，可以到达其他真空吸尘器不能到达的地方。戴森的吸尘器确实有效。戴森手里拿着一件成品，把它推销给了所有的家电制造商，然而没有人想要。

于是戴森借了 90 万美元，开始自己制造真空吸尘器。然后，他说服了一个邮购目录，用戴森取代胡佛或伊莱克斯，因为戴森告诉他们："你们的目录太没有新意。"戴森真空吸尘器很快就被其他邮购目录、小型电器连锁店和大型百货公司收购。到 20 世纪 90 年代末，戴森的全套真空吸尘器已经在全球多个市场销售。当时，迅速以吸尘器闻名的戴森企业已经开始着手下一件大事。

在戴森真空吸尘器的发展过程中，一种发展模式开始形成：以日常产品为例，关注它们的缺点，改进它们，使之达到再造的程度。戴森在接受《财富》杂志采访时表示："我喜欢购买那些不起眼的产品，并让它们充满使用的乐趣。"通过这条路，企业找到了解决问题的方法。

同时，戴森有时会找到其他解决问题的方案。例如，戴森发明的真空电机能以前所未有的强度吸入空气。而真空抽吸的另一面是排气。为什么这样的电机不能快速地向潮湿的手喷气，以便以类似"刮刀"的方式风干手，而不是像商用烘手机采用的缓慢的蒸发方式？凭借这一认识，戴森创造并推出了 Airblade，它是一种烘手机，以每小时 420 英里⊖的速度将空气从 0.2 毫米的缝隙中吹出。它能在 12 秒内烘干手，而其他烘手机普遍需要 40 秒。与现有商用烘手机清一色的暖空气干燥方法大不相同，这种烘手机也使用冷空气。这不仅减少了 75% 的能源消耗——这对需要支付电费的企业来说就像一个福利——而且顾客更有可能使用快速工作、效果好的产品。

凭借非常明显的优势，Airblade 迅速被商业顾客采用。今天的 Airblade 在戴森以顾客为中心的方法来开发产品的指导下得到了发展。第一台高功率的 Airblade 机器很嘈杂。所以戴森用了 7 年时间耗资 4 200 万美元开发了 V4 电机，这是目前市场上最小、最安静的商用电机之一。新款 Airblade 更安静，重量比原装轻了近 6 磅⊜。但更先进的是戴森的新款 Blade V，这款时尚的设计比 Airblade 薄 60%，挂在墙上厚度只有 4 英寸。

虽然戴森认为自己是一家技术驱动型企业，但它在开发产品时时刻考虑终端用户的需求。戴森采用不同于传统的市场的研究方法。戴森集团营销总监亚当·罗斯特罗姆说："戴森避免使用那些完全平均化的焦点小组技术。大多数企业都是从消费者开始，'嘿 X 先生或 X 小姐，你明天想从牙刷上得到什么，明天你想从洗发水中得到什么？'令人沮丧的现实是，你经常得不到很多鼓舞人心的答案。"相反，戴森使用一种被称为"询问产品"的方法来开发新产品，为顾客提供真正的问题解决方案。在发现日常产品最明显的缺点后，它会找到改正缺点的方法。戴森的理念是专注于解决顾客的问题，他甚至设立了詹姆斯·戴森奖——年度竞赛中的最高奖项，旨在鼓励大学生设计出能够解决问题的东西。一旦以问题为中心的设计到位，企业就会根据严格的保密协议，用真正的消费者来测试原型。通过这种方式，戴森可以在现实生活中观察使用产品的消费者的反应。这种方法使戴森能够开发出革命性的产品，如 Air Multiplier，这是一种没有扇叶但可以引起室内空气流动的风扇。事实上，Air Multiplier 看起来并不像风扇。通过使用与涡轮增压器和喷气式发动机相似的技术，Air Multiplier 吸入空气，将其放大 18 倍，然后以不间断的气流将空气喷出，消除了传统风扇的抖动和直接气压。参考评估顾客需求的标准方法，罗斯特罗姆解释说："如果你明天问他们想要什么，他们不会说'摆脱扇叶'。我们的方法是关于产品突破，而不是只运行焦点小组并测试概念。"

在戴森公司里，创新永无止境。詹姆斯·戴森每天都会与企业的设计师和工程师团队合作完成一些绝密项目，其中许多项目距离完工还有 5 ~ 10 年的时间。戴森创新周期持续的另一个例子是最新的真空吸尘器——DC59 Animal，它是无绳的，重量不到 5 磅，设计成手持式的，并且吸力是市场上其他手持式真空吸尘器吸力的 3 倍。该企业不仅证明它能够一次又一次地推出获奖产品，而且它正在迅速扩展到全世界。戴森产品在全球 50 多个市场中销售，在新兴经济体以及发达国家很畅销。戴森在经济繁荣时期和经济衰退期都表现良好。在不到 20 年的时间里，从一台真空吸尘器发展到今天的戴森，这是一个相当大的进步。

⊖ 1 英里≈1.61 千米。

⊜ 1 磅≈0.45 千克。

讨论题

1. 请为戴森撰写面向市场的使命陈述。
2. 戴森的目标和目的是什么?
3. 戴森有业务组合吗?请解释。
4. 讨论戴森的营销组合技术,以及它们如何配合其业务和营销战略。
5. 戴森是一家以顾客为中心的企业吗?请解释。

资料来源:Mary O'Neill, "James Dyson Revolutionizes Vacuum Cleaner Industry," 5 February 2014, www.news.investors.com; Darrell Etherington, "Dyson DC59 Review," *Techcrunch*, 7 February 2014; Jonathan Bacon, "Cleaning Up All Over the World," *Marketing Week*, 22 November 2012, www.marketingweek.co.uk; Matthew Creamer, "Mr. Dyson: 'I Don't Believe in Brand'," *Advertising Age*, 2 May 2012, www.adage.com/print/234494; Kelsey Campbell-Dollaghan, "Dyson's Latest Coup: A $1,500 Sink Faucet that Dries Hands, Too," 5 February 2013, www.fastcodesign.com/1671788/dyson-s-latest-coup-a-1500-sink-faucet-that-drieshands-too; and Alicia Kirby, "A Day in the Life of James Dyson," *Wall Street Journal*, www.online.wsj.com, June 2014.

PART 2

第二部分
理解市场和消费者

第 3 章
营销环境

学习目标

1. 描述影响企业服务顾客能力的环境因素。
2. 解释人口和经济环境的变化如何影响营销决策。
3. 明确企业自然环境和技术环境的主要变化趋势。
4. 解释政治环境和文化环境方面的主要变化。
5. 讨论企业如何适应营销环境的变化。

预习基本概念

在第一部分（第1章和第2章），我们已经介绍了市场营销的基本概念及与目标顾客建立可盈利的关系的过程。在第二部分，我们将深入研究营销过程的第一步——了解市场和顾客需要。在本章中，你会发现市场营销是在复杂多变的环境中运作的。环境中的其他参与者（供应商、中间商、顾客、竞争对手、公众等）可能与企业合作，也可能与企业竞争。主要的环境因素（人口统计学特征、经济、自然、技术、政治和文化环境）带来营销机会、产生威胁，并影响企业服务顾客和发展长期顾客关系的能力。为了更好地理解营销，制定有效的营销战略，必须要先了解营销运作的环境。

首先，我们来看看印度男士护肤品市场。不断变化的营销环境给护肤品品牌在男性消费市场带来了机遇。

印度联合利华（HUL）：男士护肤品

多年来，印度消费者常看到的广告情节为：一位受欢迎的电影明星代言了某种护肤霜，声称该护肤霜可以在一两周内明显改善肤色。现在唯一不同的是，你可能会看到一个英俊的男演员在强调某产品对该国年轻男性的积极作用。

对许多消费者而言，皮肤护理是一个敏感话题。一段时间以来，广告商多关注消费者的不安全感。美白类面霜更多地关注女性消费者。因为在印度，广告经常把皮肤黝黑的人描绘为自尊心低且朋友较少的人，其中多数是女性，并且广告声称，肤色白皙的人更有可能找到意中人。由于广泛的市场营销和人们对白皙皮肤的渴望，美白类护肤品占据了印度全国护肤品市场高达80%的份额。

随着亚洲成为男性护肤品需求增速最快的市场之一，人们的注意力逐渐转向男性和整体美容。尼尔森估计，男性护肤品在印度市场将以22%的复合年均增长率（CAGR）持续增长至2020年（2016年的复合年均增长率为11%），印度男性护肤品市场规模将达到7.5亿美元。这种增长主要是由消费者对产品和品牌的认识所驱动的。随着印度欧莱雅、印度联合利华和Emami等领先护肤品企业的促销活动与广告不断增加，加上快速的城市化，人们增加了对更好的美容产品和更优的皮肤护理方式的需求。尽管消费者的意识可能仅限于印度城市地区，但随着印度整体护肤品市场的增长，这种意识将发生变化。

印度大众市场的产品领导者是印度联合利华旗下的 Fair & Lovely。该品牌于1975年被推出，在白皙肤色很受欢迎的非洲、中东和亚洲等地有市场。2014年，HUL 以48%的市场份额继续增长。企业的领跑者包括 Fair & Lovely、旁氏和 Lakmé 等品牌，它们已经赢得了顾客的信任、有质量保证，并且顾客对价格满意，因此在印度家喻户晓。

截至2014年年初，印度联合利华的市场仅包含男士凡士林、Fair & Lovely Max、斧头牌除臭剂等品牌。2005年，印度联合利华面临着来自 Emami 的激烈竞争。Emami 聘请宝莱坞明星沙鲁克·汗担任 Fair & Handsome 面霜的品牌形象大使，帮助其在印度男性护肤霜市场获得了70%的份额。男性可能出于个人卫生、社会地位、职业发展等方面的考虑，对护肤愈发重视。印度联合利华通过填补产品范围的空白和定制适合不同肤质、气候的产品来应对市场变化。它将运动员和电影明星选作品牌形象大使，宝莱坞演员瓦伦·达万是旁氏男士护肤品的代言人，赛尔夫·阿里·汗则代言了 Fair & Lovely 的洗面奶。印度联合利华甚至利用板球超级明星沙奇·德鲁夫的第200场，也是他最后一场比赛作为广告宣传。作为 Fair & Lovely 男士护肤产品推广策略的一部分，该品牌于比赛期间在板球体育赛场展示。这一策划背后的原理是，在板球比赛中使用室内品牌而非电视广告来吸引观众。

印度联合利华通过观察消费者了解企业产品的容易程度以及如何有效地与消费者进行接触来提升顾客服务。这一目标推动了它的创新研究和营销举措，并增加了其与印度偏远地区消费者的接触。企业对移动平台的探索为个人护理品牌"Be Beautiful"带来了数字化举措，这是印度联合利华利用社交媒体建立强大的品牌和满足消费者需求的一个例子。此平台可能是印度最大的美容咨询平台之一，通过媒体创新将印度不同人群聚集在一起。该平台每年有350万访问量，Facebook 上有700万活跃用户，YouTube 上有4 000多万观看次数。

随着卡尼尔和妮维雅等品牌以洗面奶、防晒霜与控油保湿霜进入市场，并在不断增长的男性护肤品市场争夺公平的份额，印度联合利华将重点放在产品组合创新上，尤其是个人产品、洗涤剂和口腔护理领域。该企业将继续投资于印度市场，为更多的印度人服务。同时，企业已认识到，印度本质上需要一个品牌组合，该组合将覆盖印度更广泛的地区，并可在金融集团之间使用。为了实现这些目标，印度联合利华正在构建其内部资源，包括跨运营价值链的领导者和技能，以满足不断增长的专业化需求。[1]

企业的**营销环境**（marketing environment）由所有影响市场营销管理者与目标顾客建立并维持牢固关系的能力的外部行为者和力量构成。成功的企业了解观察和适应不断变化的环境的重要性。

营销人员必须成为抓住机遇的环境趋势追踪者，他们有专业的方法来收集有关营销环境的信息，比如通过营销研究和营销情报。他们在研究顾客和竞争对手方面花费更多的时间。通过仔细研究环境，营销人员可以调整他们的策略，以应对新的市场挑战和机遇。

营销环境包括微观环境和宏观环境。**微观环境**（microenvironment）包括与企业关系密切、能够影响企业服务顾客能力的参与者，包括企业本身、供应商、营销中介、顾客、竞争者和公众。**宏观环境**（macroenvironment）包括影响微观环境的更大的社会力量，包括人口、经济、自然、技术、政治和文化力量。我们首先来看企业的微观环境。

3.1 企业的微观环境

图3-1给出了微观环境中的主要参与者。

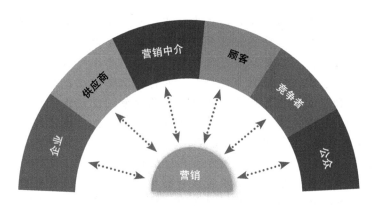

图 3-1　微观环境中的主要参与者

3.1.1　企业

在制订营销计划时，营销管理人员需要考虑企业中的其他群体，例如高层管理人员、财务部门、研发部门、采购部门、生产部门和会计部门。这些相互关联的群体构成了企业的内部环境。高层管理人员设定组织使命、目标、主要战略和决策。营销经理在高层管理人员制定的战略和计划的范围内做出决定。正如第 2 章讨论的，营销经理必须和企业其他部门协调一致地工作，以提供卓越的顾客价值和顾客满意度。

3.1.2　供应商

供应商是企业整体顾客价值传递系统的重要环节，它们为企业提供生产商品和提供服务所必需的资源。如果供应商出现问题，会对营销造成严重的影响。营销经理必须监控供应的可获取性，因为供应短缺或延迟、罢工以及其他事件可能在短期内影响销售成本，长期会影响顾客满意度。营销经理还必须监控关键生产要素的价格趋势。供应成本上升会导致产品价格上升，从而影响企业产品的销售量。

3.1.3　营销中介

营销中介（marketing intermediaries）是指协助企业促销、销售和配销其产品给最终购买者的企业或个人，包括经销商、实体分销商、营销服务机构和金融中介机构。

- 经销商是分销渠道中的企业，帮助企业找到顾客或向消费者销售产品。经销商包括批发商和零售商，它们购买和转售商品。有些经销商规模很小，有些则很大，如沃尔玛、家乐福和 Giant。这些组织有足够强大的能力制定规则，甚至可以将小型制造商赶出大市场。
- 实体分销商帮助企业储存商品以及将商品从所在地运输到目的地。
- 营销服务机构包括营销调研公司、广告公司、媒体公司和营销咨询公司，它们帮助企业锁定正确的目标市场并将产品推广到正确的市场。
- 金融中介机构包括银行、信贷公司、保险公司和其他帮助企业进行财务交易或为企业买卖商品的风险提供保险的机构。

营销人员意识到了将经销商视为合作伙伴而非销售渠道的重要性。例如，当可口可乐成为麦当劳或赛百味等快餐连锁店的独家饮料供应商时，它提供的不仅仅是软饮料，还承诺提供强大的营销支持。可口可乐设立了跨职能团队，致力于了解每个零售合作伙伴的业务细节。可口可乐对饮料消费者进行了大量研究，并与合作伙伴分享了这些见解，而且分析了每个地区的人口统计数据，帮助合作伙伴确定在其所在地区顾客更偏爱哪种可乐品牌。可口可乐甚至还研究了得来速的菜单设计，以了解哪种版面设计、字体、字号、颜色和视觉感受会诱导消费者点更多的食物与饮料。这样强有力的合作伙伴关系使可口可乐成为美国软饮市场的领导者。[2]

3.1.4 顾客

企业需要对五类顾客市场进行仔细的研究。

- 消费者市场包括个人和家庭，他们购买商品和服务用于个人消费。
- 企业市场购买商品和服务用于进一步加工或自身的生产活动。
- 经销商市场购买商品和服务用于再次销售以获取利润。
- 政府市场由政府代理机构组成，它们购买商品和服务用于提供公共服务或给有需要的人。
- 国际市场由其他国家的购买者组成，包括消费者、生产者、经销商和政府。每一类市场都有各自的特征，企业需要仔细研究。

3.1.5 竞争者

营销的观念是，若要取得成功，企业必须比竞争对手提供更高的顾客价值和满意度。因此，营销人员需要做的不只是简单地满足目标顾客的需求，还必须让自己的产品在消费者的头脑中建立起强有力的、与竞争者不同的定位，从而获得战略优势。

没有一种营销竞争战略适合所有企业，每个企业都需要考虑自身的规模及市场地位。在行业中占主导地位的大企业能够制定某些小企业无法承担的战略，小企业能够制定出比大企业回报率更高的战略。

3.1.6 公众

企业的营销微观环境还包括各类公众。**公众**（public）是指任何对组织实现其目标的能力产生影响的群体，不管这种影响是现实存在的还是潜在的。我们可以识别出 7 种类型的公众。

- 财务公众，这些公众影响企业获得资金的能力，银行、投资公司和股东是主要的财务公众。
- 媒体公众，包括报纸、杂志、广播和电视台，它们传播新闻、特刊和社论。
- 政府公众，营销管理必须把政府考虑进来，营销人员必须经常向企业的律师咨询有关产品安全、广告真实性和其他方面的事情。
- 公民行动公众，如消费者组织、环境组织、少数民族团体和其他团体可能会质疑企业的营销决策。企业的公共关系部门可以帮助企业与消费者团体和公民团体保持良好的关系。
- 当地公众，包括邻近居民和社区组织。大企业通常会任命一位社区关系高级职员负责与社区打交道、参加会议、回答问题，并为有价值的事业做出贡献。
- 一般公众，企业需要关注一般公众对企业产品和活动的态度，因为公众对企业的印象会影响他们的购买行为。
- 内部公众，包括员工、管理人员、志愿者和董事会。大企业采用实时通信和其他方法来告知及激励内部公众。当员工对企业感觉良好时，这种积极的态度会感染给外部公众。

3.2 企业的宏观环境

企业和其他所有参与者都在宏观环境中活动。宏观环境中的力量既为企业带来了机会,也带来了威胁。图 3-2 指出了企业宏观环境中的 6 种主要力量。

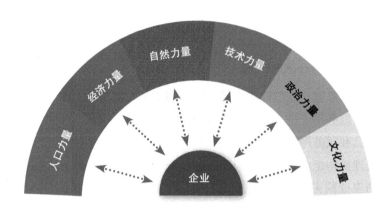

图 3-2 宏观环境中的主要力量

3.2.1 人口环境

人口统计学(demography)研究人口规模、密度、地理位置、年龄、性别、种族、职业和其他统计变量。人口环境因素是营销人员关注的重点,因为它包括人和由人组成的市场。世界人口呈爆炸性增长趋势,现在世界人口总量已经超过了 68 亿,预计 2030 年将会突破 81 亿。[3] 大规模且高度多样化的人口为企业的发展带来了机遇和挑战。图 3-3 展示了影响企业的人口环境因素。

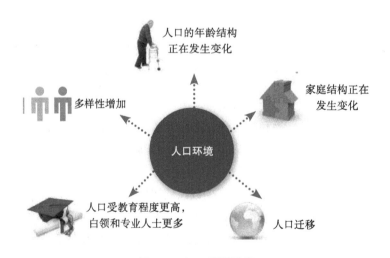

图 3-3 人口环境因素

世界人口环境的变化对企业有重大影响。在中国,1980 年以后出生的中国年轻人被称为"80 后"或"唯我的一代",他们中有些人喜欢用吸引其他人的注意力和使用奢侈品的方式来彰显个性。[4]

"唯我的一代"中国人,年龄介于 0～30 岁,正在影响着从婴幼儿产品到金融服务、手机服务和奢侈品等各种市场。例如,星巴克的目标顾客正是这一代人,其定位为"非正式且放松的聚会场所"。[5]

中国的新一代年轻人，父母和祖父母对他们十分疼爱，并且他们本身也喜欢购买奢侈品。这些年轻人拥有许多个性特质，他们并不完全遵守传统的生活方式。星巴克大中华区的总裁说："这一代人对世界的看法是不同的，基于这一事实，星巴克为他们提供了个性化的饮料、服务和原创音乐专辑。"一位分析师表示："在美国，星巴克的大部分业务都是外卖。而在中国，这恰恰相反。年轻人喜欢去星巴克，并在那里度过几个小时。他们喜欢时尚和国际化。"

因此，营销人员应密切关注国内外市场的人口趋势及其发展，同时还应关注家庭结构、地理人口、教育背景和人口密度的变化。

1. 人口的年龄结构变化

总的来说，规模最大的三个年龄群体是婴儿潮一代、X一代和千禧一代。

（1）**婴儿潮一代**（baby boomers）。这些人出生于第二次世界大战后的1946～1964年。婴儿潮一代涉足各行各业，营销人员通常把大部分注意力放在婴儿潮一代中人数较少的上层，他们是接受过良好教育、流动性强和富裕的一群人。当收入和支出达到最大时，婴儿潮一代构成了一个利润丰厚的市场，包括新住宅和房屋改建、金融服务、旅游、娱乐、外出就餐、健康和健身产品等。婴儿潮一代很可能推迟退休，他们认为自己进入了一个新的生活阶段而非已经落伍。也许没有人比金融服务业更热衷于瞄准婴儿潮一代。日益老龄化的婴儿潮一代正在转移其退休资金和其他存款以进行新的投资，并需要资金管理建议。

日本的婴儿潮一代带来了规模达180亿美元的殡仪业。日本人口老龄化的速度快于其他任何国家。因此企业通过低价服务等方式设法从原有的家庭经营殡仪馆手中抢夺市场。日本永旺集团作为国内第二大零售商，试图进军这一行业。由于丧葬企业控制着人在医院过世到葬礼的整个过程，永旺看到了丧葬过程中用品及礼品这一市场。[6]

然而，并不是所有婴儿潮一代的消费量都很大。他们可能有很多钱，但是他们会谨慎花费。在中国，60岁以上的人大都经历过困难时期，他们的购买欲很低，也不喜欢自我放纵。因此，许多保险企业吸引他们的方法之一是提供财产安全服务。[7]

（2）**X一代**（generation X）。这些人出生于1965～1976年，被称为X一代。

X一代不仅是根据其年龄来定义的，还根据其共同的成长经历。母亲的高就业率使他们成为第一代"带钥匙的孩子"。他们关心环境，对有责任感的企业充满好感。他们虽然追求成功，但很少停留在物质层面；他们重视经验，而非获得。他们是谨慎的浪漫主义者，想拥有更高品质的生活，对工作的满足感更有兴趣，不会牺牲个人的幸福和成长。对很多已为人父母的X一代而言，家庭第一、事业第二。[8]

X一代是一个更具有怀疑精神的团体。一位营销人员说："对X一代营销是困难的，因为他们倾向于口碑营销。你不能告诉他们你的产品是好的，他们对这种说法没有丝毫兴趣，他们会自行过滤很多东西。"另一位营销人员表示赞同："这群人中有63%会在购买产品前对该产品进行调研，他们成立了大型论坛来交换信息。即使这些人连手都没有握过，但是他们相信这样的信息交换，这比任何一种市场营销都有效。"[9]

（3）**千禧一代或Y一代**（generation Y/millennials）。他们出生于1977～2000年，是婴儿潮一代的孩子。这次人口回潮创造了巨大的儿童和青少年市场。

千禧一代的显著特征之一是他们对计算机、数字和互联网技术的娴熟。亚洲的千禧一代是科技通。在新加坡，75%的13～18岁的青少年平均每周上网次数大于1次，其中44%的人每天上网。在印度，44%的网民是 19~24 岁的青年。在日本，98% 的东京青少年通过 keitai 或手机使用互联网。年轻人可以通过互联网查找信息、发送电子邮件、社交、玩游戏、寻找旅行指南、购物和存储积分等。[10]

千禧一代对营销人员来说代表着一个有吸引力的目标市场。但是，要有效地渗透这个细分市场，需要有创造力的营销手段。例如，千禧一代喜欢极限运动，这一喜好为服装、视频游戏、电影和饮料等产品提供了创造性的营销机会。

（4）按代营销。营销人员是否需要为每一代人创建独立的产品和营销计划？一些专家认为，营销人员在为每一代设计产品或信息的过程中，都必须小心谨慎，不要让针对某一代的产品或信息对另一代人产生抵触就像打开了一个市场的同时，却关闭了另一个市场。而另一些专家提醒说，每一代都跨越了数十年的时间和各个社会阶层。例如，营销人员经常把婴儿潮一代划分为三个更小的群体，即领导者、核心群体和追随者，每个小群体都有自己的信念和行为。类似地，他们把千禧一代划分为成年人、青年人和儿童。因此，营销人员需要在每个群体中划分更精确的特定年龄的细分市场。更重要的是，按出生日期对群体进行界定可能不如按生活方式或生命阶段进行细分有效。

2. 人口迁移

世界上住在城镇的人口比住在农村的人口多。在亚洲，虽然大部分的人口迁移是迁移到大城市的边缘地区或中等城镇而不是主要城市，但是，趋势仍然是从农村迁移到城市。[11] 在中国，劳动力迁移和收入水平的提高致使城镇居民的人口数量增加。这种迁移的主要趋势是单身家庭数量的增加，因为很多家庭为了利用家乡以外的机会而分开，并且年轻人也更早地离开了家庭。[12]

3. 人口受教育程度更高，白领和专业人士更多

世界人口的受教育水平越来越高。受教育人口数量的上升会带来对高质量产品、书、杂志、旅游、个人电脑和网络服务需求的增长。劳动力中白领的比例也在上升。在日本，99% 的人有读写能力，而在亚洲的一些欠发达国家和农村地区，这一比例要低得多。

4. 多样性增加

各个国家的种族和民族构成不同。日本是一个极端的例子，这里几乎所有的人都是大和民族；另一个极端案例是美国，这里的人来自世界各地。营销人员正面临日益多元化的市场，无论在本国还是在国外，营销手段日益国际化。例如，在亚洲，一些银行已经引入了伊斯兰银行，以迎合穆斯林的需求。在穆斯林中，利息的观念与他们的信仰不符。

除了种族的多样化，同性恋市场也值得关注，越来越多的亚洲国家开始重视"Pink Dollar"。在新加坡，吸引了很多主流时尚品牌，如英国航空、Levi Strauss 和 Calvin Klein 等的 *Manazine* 杂志 65% 的读者为同性恋。新加坡高档公寓 Arris 开发商的宣传广告中有一座矗立在游泳池旁的精心雕刻的裸体雕像，标语为"城市生活从未如此诱人"，反映出企业的微妙定位。在同性恋网站 Fridae 的 10 万名地区会员中，超过一半的人年收入超过 26 500 美元，Fridae 每年在新加坡组织一次同性恋聚会，每次会吸引 5 000 个同性恋者。Fridae 的首席执行官曾说，同性恋顾客有很高的忠诚度，并且有时尚敏感度，他们更敢于尝试前卫的产品、品牌及服务。[13]

3.2.2 经济环境

市场不仅需要人，还需要购买力。**经济环境**（economic environment）由那些影响消费者购买力和消费

方式的因素构成（见图3-4）。营销人员必须重视本地市场及国际市场中的主要趋势及消费者的消费方式（见实战营销3-1）。

图 3-4　经济环境

实战营销3-1

将腾讯变成数十亿

在不到15年的时间里，马化腾将腾讯（Tencent）打造成了一家市值500亿美元的企业。2012年，据《福布斯》（Forbes）杂志估计，他40岁时的个人财富约47亿美元。马化腾是中国的比尔·盖茨、马克·扎克伯格和谢尔盖·布林的合体。如果你不住在中国，或者不会说中文，你很可能从未听说过他或者他的企业。他创办的门户网站腾讯是中国最大的互联网企业，也是全球十大最受欢迎的网站之一。在接受新加坡国立大学商学院的独家专访时，马化腾表示，他仍然专注于将腾讯及其可爱的企鹅标识带到中国以外的全球舞台上。他表示："当我们将在中国取得成功的产品推向全球市场时，我们遇到了许多文化差异。即使我们聘请当地的团队来管理，它仍然难以进入市场。"

机会

互联网进入中国相对较晚，马化腾20多岁时，他是最早发现中国市场潜在机遇的人之一。20世纪90年代末，他作为一名年轻的工程专业毕业生，在中国一家电信公司工作，并被派往美国接受培训。在那里，他迅速掌握了当时新兴的通信技术，尤其是即时通信的概念。回到中国南方的深圳市，他和几个朋友创办了一家小型初创公司，旨在为中国市场复制即时通信的概念。

腾讯研发出了即时通信工具QQ，它迅速增加了在线约会、游戏和其他社交功能。QQ迅速流行起来，拥有超过7.11亿的活跃用户。腾讯在中国各地雇用了逾2万名员工，是2005年员工数量的7倍。腾讯一半以上的收入来自受欢迎的网络游戏，比如《穿越火线》（Cross Fire）、《QQ炫舞》（QQ Dancer）、《QQ飞车》（QQ Speed）、《地下城与勇士》（Dungeon and Fighter）和《英雄联盟》（League of Legends）。马化腾将这一成功归因于腾讯对"高度复杂"的中国市场有着深刻的理解。同时他表示，这一因素常常被希望进入中国网络市场的跨国企业所忽略。

灵活性

马化腾表示，许多海外企业试图将在其他地方取得成功的产品和商业模式应用到中国，但没有给予中国团队改变产品以适应当地市场的权力或灵活性。中国为社交媒体和网络娱乐的发展带来了巨大的希望。2012年5月，马化腾宣布对腾讯进行重组，旨在改善为智能手机和社交网络用户提供的服务。如果外国企业想利用这一点,它们最大的希望在于与了解中国特性及中国文化的当地合作伙伴合作。"单打独斗是无用的。"

"你可以看到,在过去10年左右的时间里,如果本土企业要实现增长,它们需要具备对市场做出快速反应的能力,因为互联网在6个月内变化的程度就如同传统行业10年的变化程度"。新功能、新技术和新趋势不断涌现,其中许多都具有强烈的中国文化特性,企业需要快速应对。

优势

马化腾表示:"在中国这样一个快速增长的市场中,一支高度本土化、授权化和响应迅速的团队至关重要。跨国企业的应对机制根本无法应对。"腾讯自身的快速增长并非没有批评者的参与,一些人指责该企业滥用其主导地位,并从规模较小的初创企业复制创意,导致小企业破产。在中国媒体和活跃的博客圈里,这家企业无疑受到了一些负面的媒体报道,但马化腾将这归咎于他所说的"毫无根据的谣言"。他表示,腾讯只是几家协同发展的中国网络行业的企业之一,其中还包括百度、阿里巴巴、新浪、搜狐、网易等。"我们都在一起成长。我认为我们的任务是扩大市场,然后分享它。"马化腾承认腾讯最近开始改变了商业策略。"过去,我们有一个严格而封闭的开发模式。这招致了很多批评。但腾讯已经开启了一个新时代,即向供应链行业的合作伙伴开放我们的所有资源。"

开放平台

开放平台其中一个步骤是向较小的企业开放供应链,类似于苹果的 App Store 和 Facebook 的模式。"一年过去了,事实证明它非常成功。我们的平台为许多中小企业的发展提供了良好的环境。"与此同时,马化腾重新调整了腾讯的全球增长策略,将重点放在对小型外国企业的投资上。例如,2011年,腾讯以4亿美元的价格收购了总部位于洛杉矶的在线游戏开发商拳头游戏公司。2012年,它获得了对一家新加坡游戏开发商的控股权。对此,马化腾表示:"我认为,投资本地团队是一个合理的策略,因为他们熟悉当地的文化。创始人持有企业的股份,这给了他们长期的动力,让他们能够进一步发展企业。我认为这是一个首选方向,是一种双赢的途径。"

资料来源:Case by Joe Havely, "Turning Tencent into Billions," Think Business, 25 June 2012. Partially reproduced with permission of Think Business, NUS Business School, National University of Singapore (http://thinkbusiness.nus.edu). Copyright NUS Business School.

各国在收入水平和分配上差别很大。某些国家的工业化经济构成了有许多不同商品的丰富市场。相比之下,其他国家则是自给自足经济,它们消耗大部分农业和工业产出,市场机会也很少。介于两者之间的是发展中经济体,它们需要合适的产品种类。

以拥有11亿人口的印度为例。过去,只有印度的精英才买得起汽车。但近几年来,印度经济发生了翻天覆地的变化,中产阶层的人数不断上升,人民的收入不断增加。外国汽车制造商现在正在向印度市场推出性价比高的汽车。印度塔塔汽车公司(Tata Motors)以10万卢比(约合2 500美元)的价格推出了"人民的汽车"Nano。它能容纳4个乘客,每升汽油能行驶21公里,最高时速为96公里。[14]

1. 收入变化

营销人员在关注平均收入的同时,也应该关注收入分配。最上层是高薪阶层,他们的消费不会被现在的经济事件所影响,是奢侈品的主要购买者。稳定的中产阶层很关心支出,但有时仍会购买昂贵的产品。工薪阶层必须时刻关注基本的衣食住行,并且努力节省。最后,底层的人们(依靠福利的人和许多退休者)在购买基本生活品的时候必须精打细算。

这种收入分布创造了一个呈阶梯状的市场。许多企业(例如,高岛屋百货)定位于富裕阶层。其他如1.99美元店,目标顾客多是中等收入者。还有一些企业将目标市场扩展得很大,从富裕到不富裕的人群。例如,李维斯有不同的牛仔裤系列,有低价的 Signature 系列,有中等价位的 Red Tab 系列,有属于精品线的 Levi's（Capital E）和 Warhol Factory X Levi's。[15]

2. 消费者支出模式变化

食物、住房和交通费用占家庭收入的很大比重。不同收入水平的消费者有不同的支出模式。随着家庭收入的增长，食物占支出的比例下降，住房支出保持不变（天然气、电力和公共服务等公用事业除外），其他方面的支出和居民存款都在增加。

收入、住房费用、利率、存贷方式等主要经济变量的变化对市场有很大的影响。企业运用经济预测来观察这些变量，这样它们就不会必然被经济衰退或繁荣所影响。做好充足的准备，就能很好地利用经济环境的变化。

在全球经济衰退的影响下，许多过去购买100美元的西瓜和1 000美元的手袋的日本消费者现在都成了沃尔玛的顾客。尽管沃尔玛子公司西友百货的销售额有所增长，但长期以来深受日本人喜爱的路易威登的销售额大幅下降。日本消费者开始抢购西友百货6美元一瓶的葡萄酒、86美元一套的西装和87美元一辆的自行车。[16] 西友百货的快餐（一盒米饭和烤三文鱼）也开始流行起来。[17]

然而，资生堂、花王及高丝等高端品牌并未受很大的影响。这些品牌的消费者为40岁以上的女性，她们在经济泡沫时期对美容产生了兴趣，现在仍然愿意在化妆品上花钱。花王的中低端品牌索菲娜表现不佳，而花王的高端线佳丽宝表现良好。另外，日本的高档化妆品牌在中国市场也有一定的市场份额。[18]

3.2.3 自然环境

自然环境（natural environment）是指营销人员需要的或受营销活动影响的物质环境和自然资源。环境问题日益严重。世界许多城市的空气污染和水污染已经达到了危险水平，世界对全球变暖的关注持续上升。

营销人员应该了解自然环境中的几个趋势（见图3-5）。第一个趋势是原材料短缺。空气污染使世界上很多大城市的居民呼吸困难，水短缺也已经成为世界部分地区面临的大问题。可再生资源，如森林和食物，也必须得到合理的利用。石油、煤炭和各种矿物等不可再生资源的消耗也是一个严重的问题。即使原材料仍然可用，使用稀缺资源生产产品的企业也面临着巨大的成本增加的压力。

图3-5 自然环境

第二个趋势是污染严重。工业总会损害自然环境的质量。想想化学废料和核废料的处理、土壤和食品供应中化学污染物的数量、环境中不可降解的塑料瓶和其他包装材料乱扔的场景。

第三个趋势是政府干预加强。不同国家的政府对促进环境清洁的关注程度和努力不同。一些国家和政府执着地追求高水平的环境质量。另外一些国家和政府，尤其是比较贫困的国家，在污染防治方面基本不作为。很大一部分原因是它们没有足够的资金和政治意愿。

对自然环境的关注催生了所谓的"绿色运动"。现在，受到启迪的企业制定了**环境可持续性**（environmental sustainability）战略，并坚持不懈地实践。它们生产更加环保的产品来满足消费者的需求。

其他企业正在开发可回收和可生物降解的包装袋、可循环的物料和部件，以及采取更好的污染控制和节能措施。例如，作为世界自然基金会气候保护计划的一部分，耐克承诺降低生产过程中二氧化碳的排放量。麦当劳称其餐厅为"绿色实验实验室"，因为该企业在全球不同的地方市场推出了不同的环保举措。麦当劳衡量并管理餐厅的电能使用情况，并分享各分店的最佳做法。[19] 在美国，丰田推出了一款名为"植树者"的 Facebook 应用程序，在该应用程序中，任何将其添加到个人资料中的用户，都可以在曾遭遇火灾的森林种植一棵树。在新加坡樟宜机场，很多地方设立了回收点，以鼓励废物回收。

这些表明企业已经逐渐意识到健康的生态系统和经济之间的关系，意识到环保行动也是一个好的商机。顾客评估企业的新标准之一是企业对环境可持续做出的承诺。本质上，企业对资源和环境有保护义务。

3.2.4　技术环境

技术环境（technological environment）可能是塑造人类命运的最具戏剧性的力量。技术带来了大量的奇迹，如抗生素、机器人手术、微型电子产品、笔记本电脑和互联网。技术也制造出许多有时使人感到恐怖的事物，如核导弹、化学武器和突击步枪。技术还带来了让人喜忧参半的发明，如汽车、电视机和信用卡。

我们对待技术的态度取决于我们更看重其优势还是劣势。例如，你对"将微小的传感器放入购买的产品中，以便追踪产品从使用到废弃的过程"这件事有什么看法？一方面，它能给购买者和销售者带来很多好处；另一方面，这可能很可怕。这些微型射频识别（RFID）发射器，或称为"智能芯片"，可以嵌入你购买的产品中。除了给消费者带来好处之外，RFID 芯片还为生产商和零售商提供了一种自动追踪产品的新方式，这种方式不受时间、地点的约束。宝洁应沃尔玛的要求，为其产品贴上了 RFID 芯片，以提高产品交付的准确性，特别是在促销活动期间。这种标记有助于简化流程。与条形码不同，这种芯片不能被重复扫描，所以不会发生误取和误计算等状况。[20]

图 3-6 强调了可能影响营销的技术环境趋势。新技术创造新的市场和机会，并取代了旧的技术。跟不上发展步伐的企业很快会发现其产品已经过时了，也失去了发布新产品以把握市场的机会。因此，营销人员应该密切关注市场的变化。

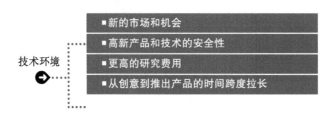

图 3-6　技术环境

随着产品和技术变得越来越复杂，公众需要知道这些产品或技术是否安全。因此，政府部门需要调查并禁止潜在的危险产品。这样的规定导致了更高的研究成本，从产品创意产生到新产品上市的时间周期变得更长。营销人员在应用新技术和开发新产品时，应了解这些规定。

3.2.5 政治环境

营销决策受**政治环境**（political environment）发展的强烈影响。政治环境由社会中的制约各种组织和个人的法律、政府机构及压力群体构成（见图3-7）。

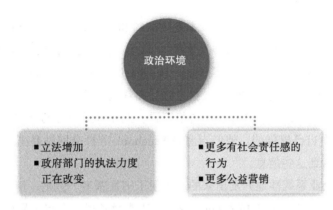

图 3-7 政治环境

1. 商业立法管制

政府管制有三个主要目的：保护企业远离不公平竞争，保护消费者免受不正当商业行为的侵害，保护社会利益免遭不受控制的商业行为的侵害。

在企业保护方面，禁止假冒伪劣的法规对亚洲企业来说尤为重要。亚洲出口商面临更严格的欧盟海关审查。常见的假冒品牌包括迪奥、路易威登、Timberland和劳力士。虽然生产和销售假冒伪劣产品是违法的，但禁止购买仿冒品的相关规定十分模糊。虽然购买仿冒品是违法的，但如果买家不知道或声称不知道这些仿冒品是假的，或者购买仿冒品并未用于贸易或商业交易，就不算犯罪。

商店的名字也未能幸免。印度有一家名为Hard Rock Café的食品商店，出售印度和中国快餐，而中国香港有一家Giormani商店，据说很吸引千禧一代。

此外，还有在线模仿者。YouTube和谷歌的模仿网站已经在中国出现。Goojje看起来像是谷歌和中国领先搜索引擎百度的结合体。这个名字也十分戏剧化："谷歌"的第二个音节听起来像"哥哥"，而"Goojje"的第二个音节听起来像"姐姐"。[21]

政府管制的第二个目的是保护消费者免受不正当商业行为的侵害。若放任自流，一些企业会制造假冒伪劣产品，侵犯消费者隐私，打虚假广告，通过包装和定价欺骗消费者等。泰国要求销售全国性品牌的食品加工商同时要有低价产品。这样，低收入的消费者可以买到经济实惠的产品。在马来西亚，有过几起涉及刮刮乐比赛的骗局。在刮卡后，消费者被要求支付卡上礼品的手续费。这导致政府出台了对此类比赛的禁令。但是，禁令只是行政性的，并没有产生实际效果。[22]

政府管制的第三个目的是保护社会利益免遭不受控制的商业行为的侵害。盈利的商业活动并不总是能创造更好的生活质量。法规是为了确保企业为其生产的产品的社会成本承担责任。

2. 强调道德和对社会负责的行为

书面规定不能覆盖所有可能出现的不正当营销行为，而且现有的法律执行起来通常很困难。在书面的法律和规定之外，商业还受社会规范和职业道德的约束。

3. 有社会责任感的行为

明智的企业鼓励管理者跳出监管体系所允许的范围，去做正确的事。这些有社会责任感的企业积极寻找保护消费者和长期对环境有利的方法。

比如，人们对环境的担忧加剧（尤其是在日本发生海啸和核灾难之后），这让人们对伦理和社会责任问题产生了新的兴趣。几乎营销的每个方面都涉及这样的问题。不幸的是，由于这些问题通常涉及利益冲突，善意的人在特定情况下可能对正确的行动方案产生分歧。因此，许多产业和专业贸易协会提出了道德准则。越来越多的企业制定针对社会责任问题的政策、指导方针和其他对策。

互联网市场的繁荣激起了一系列新的社会和道德问题。批评者最担心的是网络隐私问题。个人数字、数据的数量激增，有些是用户自己提供的。他们自愿在Facebook等社交网站暴露高度私密的信息。只要有电脑，任何人都能轻松地搜索到这些信息。

然而，许多信息是由企业系统性地开发出来的，以便了解其顾客。但是，消费者往往意识不到自己已被监控。有些企业在消费者的个人电脑上植入cookies，并从消费者每一次点击鼠标中收集、分析和共享数字信息。批评人士担心，企业现在可能知道得太多，一些企业可能利用数据对消费者不利。尽管大多数企业完全公开了它们的互联网隐私政策，而且大多数企业确实是在利用数据为顾客谋利，但滥用隐私的行为还是时有发生。因此，消费者维权人士和政策制定者正在采取行动保护消费者隐私。

4. 公益营销

为了增强社会责任感以及树立更加正面的形象，许多企业与慈善事业联系起来。

在日本海啸和核灾难期间，麦当劳、可口可乐等企业以及许多日本企业承诺向受影响的人提供救援。市场营销已经成为企业捐赠的主要形式。它通过将购买企业产品或服务与为有价值的事业或慈善组织筹款联系起来，让企业"通过做好事来做得更好"。向非洲提供医疗援助是三星的事业之一。在撒哈拉沙漠以南的非洲地区，超过60%的人生活在农村，而且缺乏到外地医治的时间和金钱。为此，三星部署了移动医疗车，充当诊所的角色。这些车由太阳能供电，并由训练有素的医疗专业人员驾驶。

公益营销引发了一些争议。批评者担心，公益营销更像是一种销售策略，而非给予策略，即公益营销实际上是"公益剥削"营销。因此，利用公益营销的企业可能会发现自己很难平衡增加销售和改善企业形象之间的关系。

3.2.6 文化环境

文化环境（cultural environment）是指影响社会基本的价值观、认知、偏好和行为的制度和其他力量（见图3-8）。人们在特定的社会中成长，社会塑造了他们的基本信仰和价值观，他们从中吸收了如何界定人际关系的价值观，以下几个文化特征会影响营销决策的制定。

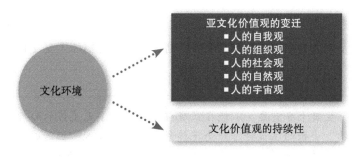

图 3-8 文化环境

1. 文化价值观的持续性

特定社会中的人拥有很多信仰和价值观,其核心信仰和价值观有着高度的持续性。例如,大多数人认为工作、结婚、慈善活动和诚实是有意义的事情,这些信念塑造了其在日常生活中更具体的态度和行为。核心信仰和价值观由父母传递给孩子,并在学校、教会、企业里不断得到加强。比如,当星巴克在北京故宫开设咖啡店时,掀起了一阵风暴。抗议者表示,星巴克和中国的传统毫无关联,在故宫开茶馆更合适。因此,星巴克关闭了这家店。

亚文化价值观更易于改变。比如,认为人应该结婚是核心信仰,认为人应该早结婚则是亚信仰。营销人员有机会改变亚文化价值观,但几乎不可能改变核心价值观。

2. 亚文化价值观的变迁

虽然核心价值观具有高度持续性,但文化变迁确实会发生。想想流行乐队、电影角色、名人对年轻人发型和着装的影响。营销人员希望通过预测文化变迁以发现新的机会或威胁。例如,尽管圣诞节不是公共假日,但越来越多的中国人,尤其是年轻人,喜欢过圣诞节。对此,零售商和购物中心已做出回应。北京很受欢迎的华宇购物中心,在主入口处竖起了一棵 20 米高的圣诞树来吸引购物者。它还带来了一个歌舞剧团,在平安夜和圣诞节向购物者分发礼物。在上海,百联世茂国际广场购物中心用啤酒瓶打造了一棵四层楼高的圣诞树。[23]

社会的主要价值观表现为人们对自己和他人的看法以及对组织、社会、自然和宇宙的看法。

3. 人的自我观

人们在对自身进行评判时的侧重点不同。有些人追求快乐的自我,他们渴望快乐和变化。还有一些人通过宗教、娱乐和职业或者对其他生活目标的追求来寻求自我解放。人们使用产品、品牌和服务作为自我表现的一种方式,他们购买产品和服务来与自己的观点进行匹配。营销人员就将他们的产品和服务定位于这些自我观点。来看李维斯在日本的例子。

李维斯发现,日本的青少年对广告持怀疑态度,他们认为李维斯的牛仔裤只是一条牛仔裤而已。因此,李维斯推出了以一位日本流行明星为主角的工装牛仔裤,随后发起了一项让日本青少年表达他们的创造力、个性和原创性的活动。这个活动使用了一台足以容纳一个人的复印机。流行明星和李维斯的顾客被邀请在复印机上蹦跳,创作他们自己的原创海报广告。每一张打印出来的图片都会成为销售网点的海报,传达了消费者与李维斯自己对原创和独特的看法。这次活动取得了成功,李维斯品牌形象的知名度在活动期间从 29% 上升到了 44%。

4. 人的他人观

人们怎样看待他人以及别人怎样看待你都影响着消费。作为一种集体主义文化，亚洲消费者对这些外部的影响特别敏感。

在首尔，小孩的第一个生日十分重要，不能在家庆祝，要在一个五星级的餐厅举办派对，每个客人都能得到一个很昂贵的进门礼物。小孩的生日会可能会花掉家长半年的收入，但这并没有阻止韩国人，这说明了韩国人喜欢打扮自己、展示自己良好的一面，并给人一种富有的印象。还有一种观念是"爱面子"。商家利用这种观念，开了一些卖二手奢侈品和出租昂贵衣服、奢侈品包的商店。对于那些可能因为社交场合出席人数少而烦恼的人来说，有一些公司可以出租"朋友"，这些"朋友"就和大家坐在一起。在一个婚礼晚宴上，新郎的父亲雇了20名"宾客"来缓解出席率低带来的尴尬。[24]

---

5. 人的组织观

人们对待企业、政府机构、贸易组织、大学和其他组织的态度很不同。一般来说，人们愿意为大企业工作并期望它们履行社会义务。今天，许多人不再将工作视为获得满足感的来源，而是一种赚钱的手段，用来享受非工作时间。这个趋势意味着组织需要想出新办法来获得消费者和员工的信心。

6. 人的社会观

人们对待社会的态度存在很大差异：爱国者会维护它，改革者想改变它，不满者想离开它。人们对社会的定位影响着其消费模式和对待市场的态度。

例如，中国人为自己的国家感到自豪，希望向全世界展示他们在各方面的现代化。在重要的行业领域，中国企业家希望自己的企业成为世界上最大、最成功的企业之一。这种国家自豪感使中国人对国家发展持积极态度，并且对中国的未来有很强的自信。[25]

7. 人的自然观

人们对自然世界的态度各不相同。一些人感觉自己被自然所支配，一些人感觉和自然相处得很和谐，还有一些人试图征服自然。其中有一个长期趋势是人们通过技术对自然的掌控程度不断提高，并且认为自然资源是取之不尽的。但现在，人们开始意识到自然资源是有限且脆弱的，它会受到人类生活的破坏和损害。企业通过提供更多的产品和服务来迎合这些趋势。例如，食品生产商发现了天然和有机食品快速增长的市场。

8. 人的宇宙观

最后，人们对宇宙起源及其在宇宙中的位置的看法各不相同。虽然很多亚洲人都有宗教信仰，但宗教信仰和行为随着时间逐渐消减。同时，人们再次燃起了对精神主义的兴趣，这可能是进行内心探索的一种行为。人们已经从物质主义和好胜心转变为寻求更永久的价值，即家庭、社区、地球、信仰和对是非更确切的把握上。

3.3 对营销环境做出反应

有人曾经提出："有三种类型的企业，使事情发生的企业、观察事情发生的企业和猜测发生了什么事情的企业。"[26] 许多企业将营销环境视为不可控因素，企业只能去适应它。这些企业只是消极地接受营销环境，而不去尝试改变它。它们分析环境力量，制定有助于企业避免环境威胁以及利用环境机会的战略。

另外一些企业主动适应营销环境的变化。与简单的观察和反应不同，这些企业通过更加积极的行为去影响营销环境中的公众和力量因素。这些企业雇用说客来影响行业立法，安排媒体活动以获得良好的新闻报道，刊登社论式广告（表达社论观点的广告）来制造公共舆论。它们向政府部门抱怨或诉诸法律，使竞争者遵守规范并签订协议，以更好地控制分销渠道。

通常，企业可以找到积极的办法来克服那些看起来无法控制的环境约束。然而，营销管理并不总能控制环境力量，在许多情况下，它只能简单地观察环境并做出反应。例如，一个企业不太可能成功地影响人口的地理迁移、经济环境或主要的文化价值观，但只要有可能，聪明的营销经理就会主动适应环境而非被动做出反应。

目标回顾

在本章和第4~5章中，我们将研究营销环境以及企业如何分析这些环境以更好地了解市场和消费者。企业必须不断观察和适应营销环境，寻求机会并规避威胁。营销环境包括所有影响企业能否有效地与目标市场进行交易的成员和力量。

1. 描述影响企业服务顾客能力的环境因素

企业的微观环境由与企业紧密相连、构成企业价值传递网络或影响企业服务顾客能力的参与者组成，包括企业的内部环境，即管理层及各部门，内部环境影响着营销决策的制定；营销渠道，即供应商和营销中介，其中营销中介包括经销商、实体分销商、营销服务机构和金融中介机构，它们与企业合作创造顾客价值。五类顾客市场包括消费者市场、企业市场、经销商市场、政府市场和国际市场。企业通过向顾客提供更好的服务展开竞争。最后，不同的公众群体对企业达到目标的能力有着实际或潜在的影响。

宏观环境包括影响整个微观环境的更大的社会力量。构成企业宏观环境的六种社会力量包括人口力量、经济力量、自然力量、技术力量、政治力量和文化力量。这些力量造就了机会，也产生了威胁。

2. 解释人口和经济环境的变化如何影响营销决策

人口统计学是有关人口特征的研究。当今的人口因素显示出多种变化，比如年龄结构的变化、家庭结构的变化、人口地理分布的变化等，受过良好教育的人和白领增加，并且更多元化。影响购买力和消费模式的因素构成了经济环境。当前经济环境的特征表现为顾客更关注价值和顾客消费模式的转变。如今，消费者在购买时寻求更高的价值，他们力图买到高性价比的产品或服务。收入分配方式也在发生变化，富人更富，中产阶层人口数量减少，穷人依然很穷，这使市场变得两极分化。现在，许多企业将其营销服务定位于两个不同的市场，即富裕和不富裕人群。

3. 明确企业自然环境和技术环境的主要变化趋势

自然环境表现出3种趋势：原材料短缺、污染严重和政府干预加强。有洞察力的企业会察觉到环境带来的营销机会。技术环境的变化同样给企业带来了机遇和挑战，那些无法赶上技术变革步伐的企业将会丧失市场机会。

4. 解释政治环境和文化环境方面的主要变化

政治环境由法律、政府机构及所有影响和限制营销行为的机构共同组成。政治环境经历了三次影响全球营销的变化：商业立法管制加强、政府机构执行力加强及道德和社会责任更受重视。文化环境由能够影响社会价值观、认知、偏好和行为的制度和力量构成。环境显示出向"保护措施"转变的趋势，对制度的信任减少、爱国精神增加、对自然的保护增加、新精神主义出现以及人们寻求更有价值和更长久的价值。

5. 讨论企业如何适应营销环境

企业可以把营销环境当作一个无法控制只能去适应的因素来消极地接受，避免威胁，并在机会来临时抓住机会；也可以从环境管理的角度出发，积极地改变环境而不只是被动地适应环境。在任何时候，企业都应尽力主动而不是消极对待。

关键术语

marketing environment　营销环境
microenvironment　微观环境
macroenvironment　宏观环境
marketing intermediaries　营销中介
public　公众
demography　人口统计学
baby boomers　婴儿潮一代
generation X　X一代

millennials（or generation Y）　千禧一代（Y一代）
economic environment　经济环境
natural environment　自然环境
environmental sustainability　环境可持续性
technological environment　技术环境
political environment　政治环境
cultural environment　文化环境

概念讨论

1. 列举并描述企业微观环境的要素，举例说明每个要素的重要性。
2. 列举你所在国家的人口变化趋势，分析这些趋势会为营销带来机遇还是威胁。
3. 讨论营销人员必须意识到的经济环境趋势，并针对各种趋势提供企业案例。
4. 恐怖主义在世界范围内不断增加。发生在印度和印度尼西亚的袭击事件已经影响到外国（尤其是美国）游客和机构（如酒店）。营销人员应该如何处理这一情况？
5. 比较和对比核心信念/价值观和次要信念/价值观，对于这两种信念/价值观，分别举例并说明它们对营销人员的影响。
6. 营销人员应该如何应对环境变化？

概念应用

1. 2010年，中国台湾宣布其愿意成为世界首个致力于限制肥胖的地区，当地准备颁布禁令以限制在电视上播放垃圾食品广告。大约30%的中国台湾儿童超重，当地政府希望起草全球首个"非健康食品（含糖饮料、糖果、蛋糕、快餐及酒精等）征税规定"。如果你是麦当劳的员工，你将如何应对这个挑战？
2. 面对不可再生资源枯竭的情况，丰益等亚洲农业企业已经开始用棕榈油等原料生产生物能源来代替石油。然而，一些企业被指责在筹备种植区时采用对环境有害的刀耕火种的方式。讨论自然环境将如何塑造这类企业，并且这类企业应如何应对质疑。
3. 欧美文化，尤其是英语，影响了亚太地区。中国香港、印度、巴基斯坦、新加坡、马来西亚、澳大利亚和新西兰等地都深受影响。英语作为商务语言，对这些国家或地区的国际业务是有利还是有害呢？

技术聚焦

自2006年以来，人们一直在使用社交平台Twitter。该平台可发布140个字符以内的短消息，目前平均每天有5亿条推文。所有的推文都被视为"消防水管"（fire hose）。分析人员分析平台数据，并将信息共享给其他企业。Twitter收购了Gnip。Gnip是世界上最大的社交数据提供商，也是少数几个能获得fire hose的企业之一。Gnip还从Facebook、谷歌+、Tumblr和其他社交媒体平台挖掘数据。因为企业愿意付费来了解消费者对它们的看法，所以分析社交数据已经成了一项大生意。Twitter在2015年的收入为22.2亿美元，高于2014年的14亿美元。Twitter和其他社交媒体平台以及数据分析企业确实做得很好。

1. 讨论社交数据对于营销人员的价值。
2. "黑暗社交渠道"指的是私人渠道或难以与其他数字渠道相匹配的渠道。黑暗社交渠道的一个例子是电子邮件。然而，谷歌会挖掘大约5亿Gmail用户的电子邮件。研究谷歌如何扫描电子邮件数据及这一行动的后果。

道德聚焦

你可能听说过一些心脏手术,比如通常在成人身上进行的血管成形术和支架手术。但是这些手术、设备及相关药物并不适用于婴幼儿和儿童。美国每年有近4万名新生儿患有先天性心脏疾病急需治疗,但对许多年幼患者来说生死攸关的情况只能用成年人的设备来进行治疗。例如,医生将成人肾小球用于婴儿心脏治疗,因为它的大小适合婴儿的主动脉瓣。然而,这种装置并不能圆满完成心脏手术,这只是一种替代方法。为什么面向10亿美元心脏血管疾病市场的设备和药物不设计一些为儿童使用呢?此问题用经济思维很好解释,即这部分患者太少了。一位权威的心脏病专家将这种矛盾归因于婴幼儿市场和可以带来更多利润的成年人心脏病治疗市场之间的"盈利差距"。虽然这种情况能使企业获得更大的收益,但对于婴幼儿的父母而言十分糟心。

1. 讨论设备制造商与制药企业不愿为婴幼儿制作商品和设备的环境影响因素。企业不注重婴幼儿市场的需求是不是错误的?
2. 提出针对此问题的解决方案。

营销和经济

Netflix

尽管近几年经济下滑对零售行业带来了负面影响,但Netflix(一家在线影片租赁提供商)丝毫没有受到影响。企业业绩维持得很好,在短时间内,企业注册人数再创新高。2009年年初,Netflix的用户超过了1 000万。18个月后,这个数字增长了50%,达到1 500万。显然,这些新顾客都对企业的财务状况有利。顾客注册的理由和以前一样,即不用离开家就能看到电影。Netflix有超过10万部影片可供选择,并且月租费很低。Netflix的好运气可能是消费者寻找成本更低的娱乐方式的结果,甚至可能是消费者摆脱经济损失和经济危机阴影的结果。但无论如何,Netflix拥有可以适应各种经济环境的产品。

1. 浏览www.netflix.com网站,通过浏览网页熟悉企业提供的产品,评价宏观经济趋势如何推动了企业获得成功。
2. 在之后的经济周期中,你认为哪种趋势能够使企业维持现有的发展?

营销数字

许多营销决策是基于数字做出的。一个重要的问题是:特定细分市场的销售潜力到底有多大?如果一个市场的销售潜力不大,那么企业就不会在这个市场提供产品和服务,即使市场中存在消费者需求。分析道德聚焦中讨论的婴幼儿细分市场,尽管存在挽救儿童生命的医疗需求,但是很多企业并不会涉足这一市场。

1. 运用附录B中的连锁比率法预测婴幼儿细分市场中心脏导管的需求潜力。假设每年有4万名婴幼儿患心脏病,60%的婴幼儿患者会因这种医疗设备痊愈,50%的家庭可以负担此项费用,此设备的均价为1 000美元。

2. 对医疗设备市场进行调研,比较各种设备的市场潜力。企业不提供面向婴幼儿市场的产品,是否有依据?

企业案例

索尼:应对营销环境的"完美风暴"

如今,因为苹果、谷歌、亚马逊和三星等企业的大力宣传,人们不再记得索尼等企业也曾占据大量市场份额。事实上,就在不久前,索尼还是一个高科技摇滚明星,一个真正的酷商人。它是世界上最大的消费电子企业，其曾经推出的创新产品已经彻底改变了整个行业，比如特丽珑电视、随身听、便携式音乐播放器、便携式摄像机和PlayStation游戏机。索尼的创新推动了流行文化的发展，赢得了大众的崇拜，赚得盆满钵满。索尼代表了创新、时尚和高品质。

然而，如今索尼更像是一个老古董，迷失在雄心勃勃者的阴影之中。尽管索尼仍是一家规模庞大、有广泛全球影响力的企业，但十几年前，三星超越了这家前市场领导者，成为全球最大的消费电子企业，从那以后一直遥遥领先。同样，苹果也用一个又一个的新产品击败了索尼。一位分析师总结道："当我年轻的时候，我必须要有索尼的产品。但对于现在的年轻人来说，他们更想拥有苹果的产品。"所有这些都让索尼的标语"Make. Believe"更像是"make-believe"了。

索尼的财务状况也能反映出其在消费者中的受欢迎程度有所下降。最近几年，三星和苹果的收入都超过了1 700亿美元，是索尼收入的两倍有余。三星的利润大幅增长，索尼却有灾难性的亏损。竞争对手的股价和品牌价值飙升，而索尼的股价和品牌价值跌至新低。雪上加霜的是，穆迪最近将索尼的信用评级下调至"垃圾"。

索尼怎么会跌得这么快？答案很复杂。索尼从未失去使其变得伟大的能力。事实上，在过去的10年里，索尼已经准备好开拓MP3播放器、智能手机、在线数字商店市场，并进军其他企业已占有一定市场份额的热门市场。但索尼被环境因素制约，从而影响了其获得增长和成功。一些因素超出了索尼的控制范围。但最重要的是，索尼没有紧跟市场变化。它没有根据市场变化调整企业战略，从而失去了未来。

全面打击

首先，索尼在技术上落后了。索尼曾凭借其电子产品（电视、CD播放器和视频游戏机）的创新和设计，建立了强大的帝国。然而，随着互联网和数字技术的飞速发展，现在的世界更加互联和移动，独立的硬件迅速被新的连接技术、媒体和内容所取代。当消费者的娱乐多为通过个人电脑、iPod、智能手机、平板电脑及互联网电视获取的数字下载和共享内容时，索尼并未及时跟进。

傲慢自大的索尼表现得好像它的市场领导地位永远不会受到挑战，它坚持已经成功的旧技术，而不是拥抱新技术。例如，在2001年苹果推出第一款iPod之前，索尼曾销售过可供下载和播放数字音乐文件的设备，销售时间长达三年。索尼拥有创造iPod/iTunes所需要的一切，包括它自己的唱片公司。但它放弃了这一想法，转而继续强攻已极为成功的CD业务。索尼前首席执行官霍华德·斯金格爵士表示："苹果的史蒂夫·乔布斯搞清楚了，我们也搞清楚了，但我们没有行动。音乐工作者不想看到CD消失。"

类似地，索尼作为世界上最大的电视制造商，坚持使用其珍视的特丽珑阴极射线管技术。与此同时，三星、LG和其他竞争对手已转向平板显示器，并获得了迅速发展。索尼最终反应了过来。但如今，三星和LG的电视机销量都超过了索尼。曾经是索尼核心利润来源的电视业务在过去10年里亏损了近80亿美元。最近，为了重新站稳脚跟，索尼将其电视部门拆分为独立的部门。但在一个与索尼全盛时期截然不同的竞争格局中，索尼面临着一场艰巨的战斗。索尼的市场份额不仅被三星和LG夺走，海尔、海信和TCL等中国电视制造商也在生产具有成本优势的平板电视，这些都大大削弱了索尼的市场份额。

索尼的PlayStation游戏机也经历了类似的情况。PlayStation曾经一度是无可争议的市场领导者，占索尼利润的1/3。当任天堂推出创新性的、具有动作感应功能的Wii游戏机时，索尼并没在意，认为它仅仅是一款"小众游戏设备"。同时，索尼的工程师在PS3上应用了昂贵的技术，每售出一台PS3便损失300美元。Wii成了畅销游戏机，而PS3让索尼损失了数十亿美元，市场份额从第一跌至第三。

即便是赔本的生意，但PlayStation系统以其硬件和软件的优雅结合，使索尼拥有成为数字娱乐分销和社交网络新世界领导者的潜力。索尼高管甚至认为PlayStation平台是"融合的缩影"，具有创造"电脑与娱乐的融合"的潜力。换言之，索尼本可以对苹果的iTunes做出强有力的竞争回应，但这一愿景从未实现，索尼在将人们与数字娱乐联系起来的业务上已经落后了。

还有很多其他例子表明，尽管索尼有类似的产品，但它未能紧跟市场趋势。想想索尼MYLO（或者"我的在线生活"）吧，这是一款在首部iPhone问世一年以前就发布的设备，它具备最终被定义为智能机的一切要素，即触摸屏、Skype、内置摄像头，甚至应用程序。还有索尼阅读器。第一款索尼阅读器是在亚马逊推出首款 Kindle 之前的一年发布的，而后者在发布时便席卷全球。

转机

当索尼意识到收入下降、利润骤降的现实时，该企业便为扭转局面做出了努力。2005 年，当时的首席执行官斯金格带领索尼重回正轨。值得称赞的是，斯金格为重振索尼做出了极大的努力，他制订了一项扭转计划，旨在改变索尼的思维方式，并将企业带入互联网和移动数字时代。由于遭到了索尼硬件崇拜文化的抵制，所以斯金格的计划迟迟未能看到成果。他说："每当我提到改革内容，人们就会翻白眼，因为'这是一家电子企业，内容是次要的'。"尽管索尼的刚性结构和僵化的文化对其不利，但它的实力仍使其在市场中占据一席之地。事实上，就在斯金格任职几年之后，这个曾经的消费电子巨头开始复苏。随着收入的增加，索尼的利润增长了 200%，达 33 亿美元。

但如果索尼没有遇到足够多的挑战，这种增长会在大衰退袭来之际出现。一年后，索尼又回到了亏损 10 亿美元的起点。斯金格迅速指出，如果不是全球金融危机和日元汇率接近战后高点，索尼本可以轻松获利。

在经历了数年的亏损之后，2011 年，索尼迎来了复兴之年。该企业十多年来最好的一批新产品即将上市，其中包括一款便携式 PlayStation 播放器、一款 2 400 万像素的袖珍摄像头、市场上最先进的智能手机之一、一款个人三维视频查看器和该企业的首批平板电脑。最重要的是，该企业已经准备好推出类似 iTunes 的索尼娱乐网络，该网络将把索尼在电影、音乐和视频游戏方面的优势整合到电视、个人电脑、手机和平板电脑上。分析师预测，该企业将盈利 20 亿美元。

但 2011 年 3 月 11 日凌晨 4：30，斯金格刚到纽约不久，他得知日本东部被地震和海啸摧毁。所幸索尼公司无人受伤。事实上，索尼的员工投入了救援工作，用泡沫塑料集装箱制作救援船只，帮助救援受害者和运送救援物资。但灾难过后，索尼关闭了 10 家工厂，打乱了蓝光光盘、电池和其他索尼产品原有的流通渠道。

在严重的自然灾害之后，索尼的灾难才刚刚开始。一个月后，黑客攻击入侵了该企业的互联网娱乐服务。索尼被迫关闭 PlayStation 网络，这被认为是美国历史上第二大网络数据泄露事件。短短 4 个月后，伦敦暴徒放火烧毁了索尼的一间仓库，估计有 2 500 万张 CD 和 DVD 被损坏，并影响了 150 家独立唱片公司的库存。此外，泰国的洪灾还导致零部件工厂关闭，索尼相机的生产和分销受到影响。

索尼在 2011 年的强势回归证明了一切，结果并不好。预计 20 亿美元的利润最终以 31 亿美元的亏损结束，索尼已连续三年亏损。当斯金格准备退休时，索尼即将继任的首席执行官平井一夫开始公开谈论索尼的"危机感"。事实上，索尼在第二年以超过 60 亿美元的历史最高净亏损被载入史册。

评估损失

那么到底是什么导致了索尼的衰落？是对硬件的依赖、缺乏竞争力的成本结构、全球金融危机、自然灾害、黑客攻击还是骚乱？回想起来，所有这些营销环境因素结合在一起，造成了一次又一次的打击。索尼遭遇了一场环境力量的巨大风暴，展示了这种力量可能造成的各种破坏，包括不可预见的自然和经济事件以及可预见的技术变革。

在过去十几年里，索尼经历了动荡，但仍有一些事情是清楚的。索尼是一家历史悠久且不甘放弃的企业。即便是现在，平井一夫和索尼的其他人仍坚定地拯救索尼。他们以工程和设计为核心，仍然具备成为娱乐提供商的潜力。索尼是一家游戏机制造商、电视制造商、移动公司、家庭设备公司、电影制片厂和一家大型唱片公司。削减成本和打破部门壁垒等新措施的实施、索尼最新产品组合的推出及索尼娱乐网络的出现都让人们看到了希望。

讨论题

1. 自 2000 年以来，哪些微观环境因素影响了索尼的业绩？
2. 哪些宏观环境因素影响了索尼在此期间的业绩？
3. 是什么阻碍了索尼的成功？
4. 鉴于索尼目前的情况，你对索尼的未来有什么建议？

资料来源：James McQuivey, "Sony Should Have Been a Digital Contender," *Forbes*, 6 February 2014, www.forbes.com; Kana Inagaki, " Sony Slashes Forecast to $1.1 Billion Annual Loss," *Wall Street Journal*, 6 February 2014, www.online.wsj.com; Daisuke Wakabayashi, " Sony Posts Loss, Curbing Stock's Rally," 7 February 2013, http://online.wsj.com; Cliff Edwards and Mariko Yasu, " Sony's Search for Cool. The Old-Fashioned Way," *Bloomberg Businessweek*, 24 February 2013, pp. 20–21; Kana Inagaki, " Moody's Cuts Sony Bond Rating to ' Junk' ," *Wall Street Journal*, 27 January 2014, www.online.wsj.com; Al Lewis, " It's a Sony!' So What?" *Wall Street Journal*, 9 February 2014, www.online.wsj.com; and information from www.sony.net/SonyInfo/IR/, accessed June 2014.

第4章

管理营销信息

学习目标

1. 解释信息在了解市场和顾客方面的重要性。
2. 定义营销信息系统并讨论其组成部分。
3. 概述营销调研过程的步骤。
4. 解释企业如何分析和使用营销信息。
5. 讨论营销调研人员面临的特殊问题,包括公共政策和道德问题。

预习基本概念

在本章中,我们将讨论营销人员如何了解市场和消费者,也会关注企业如何开发和管理环境中重要因素的信息,包括顾客、竞争对手、产品和营销计划。要在当今的市场中取得成功,企业必须知道如何有效管理海量的营销信息。

我们先来看看宝洁对市场的调研和对顾客的洞察情况。宝洁是全球最大亦是最受尊敬的营销企业之一。宝洁创立和销售了许多消费类品牌,包括帮宝适、佳洁士、汰渍、吉列、象牙、纺必适、Olay、Cover Girl、潘婷、金霸王等。要想与消费者建立有效的关系,企业必须首先要了解消费者,并知道他们是如何与企业的品牌产生联系的。这就是营销的开始。

宝洁:有意义的顾客关系来源于对顾客的深度洞察

宝洁是汰渍、佳洁士、潘婷、SKⅡ和吉列等领先品牌的制造商,这不禁令人感到好奇,它是如何保持行业领先地位的?宝洁了解消费者及市场,它基于消费者的洞察力和反馈去制定营销政策和企业原则。同时,宝洁致力于通过与消费者建立紧密的、相互促进的关系,以加强其对消费者和消费者需求的理解。为了获得最好的产品和市场相关信息,宝洁每年与来自100个国家的500多万消费者进行互动,每年进行超过2万项研究,在消费者洞察方面投资约4亿美元。

宝洁设立了市场研究部门,其职能是将对消费者的洞察与各个层次的决策结合起来,并将其运用于宝洁的各个方面。通过与直线业务的合作,市场研究部门制定研究方法,将其核心研究能力进行专业性应用和跨业务线学习,并分享他们的服务和基础设施。企业采用品牌追踪等传统研究方法。品牌追踪是指企业进入市场,招募具有代表性的消费者样本,以此衡量品牌当前的实力。与此同时,宝洁致力于开发领先的研究方法——体验式消费者接触、专用的建模方法、情景规划或知识综合事件。这类研究的结果不仅影响宝洁日常的运营选择,比如要推出什么样的产品配方,还会影响长期计划,比如企业要进行哪些收购,才能形成完整的产品组合。此外,这种研究强调市场洞察的重要性。

除了这些工具以外，宝洁还进行了定性研究，以帮助企业培育新的产品创意，制订新的市场计划。通过对企业提供的各种产品的不同特性进行详细的讨论和调研，参与的顾客彼此之间产生了个人联系。企业使用焦点小组进行内部访问和店内访问，并整合定量工具（在线概念测试和调查）以获得顾客反馈，这不仅帮助宝洁节省了时间和金钱，而且还提高了产品和品牌的知名度。

以下是宝洁的研究如何影响其在中国和印度的营销决策的一个例子。

当宝洁首次在中国推出帮宝适时，它面临的挑战不是让父母相信，帮宝适优于另一种一次性纸尿裤品牌。它面临的挑战是如何说服父母：他们需要纸尿裤。因为当时的文化是给婴儿用尿布。在中国，如厕训练最早从婴儿六个月大的时候开始。儿童穿开裆裤，方便他们蹲着小便。

最初，宝洁并不了解中国市场。该企业错误地认为，只要纸尿裤足够便宜，父母就会购买。因此，它推出了一款低质量的纸尿裤产品。该纸尿裤不仅不舒服，而且摸起来像塑料，一点都不柔软。过了一段时间，宝洁才意识到，不管在发展中国家还是发达国家，柔软性对于所有人都是重要的。随后，企业对纸尿裤进行了改良，提升了柔软度，降低了塑料感，并提高了吸收率。每片纸尿裤售价10美分，不到美国帮宝适纸尿裤价格的一半。

尽管如此，宝洁还是必须克服中国的婴儿用尿布的文化障碍。该企业在北京儿童医院睡眠研究中心进行了两项详尽的实验，涉及对中国8个城市的1 000多名婴儿进行的6 800次家访。研究结果显示，与未使用帮宝适一次性纸尿裤的婴儿相比，使用帮宝适一次性纸尿裤的婴儿入睡速度快30%，即每晚多睡30分钟。此时，宝洁知道中国父母对子女学业的重视程度，并利用这一特性，将充足的睡眠与提高认知联系起来。

研究结果被用来推动宝洁的"黄金睡眠"活动，包括大型嘉年华和在中国地区的店内活动。帮宝适中国官网发起了一场病毒式宣传活动，希望家长上传孩子熟睡时的照片，以强化"好好睡觉"的理念。该活动收到约20万张照片。宝洁在上海的一家零售店制作了660平方米的照片墙，以展示这些照片。该活动还以"科学发现"为特色，如"婴儿睡眠中断率降低50%""婴儿入睡速度提高30%"等。人们称赞这场活动，因为它没有表现出家长式作风。帮宝适的科学支持和能给孩子带来优势的理念使其从竞争对手中脱颖而出。

根据印度纸尿裤市场的展望，该国城市地区纸尿裤市场在2014年将以19.99%的复合年增长率增长。在印度，宝洁凭借其营销洞察力成功地吸引了很多母亲。根据美国全球信息和测量公司尼尔森收集和分享的数据，它调查并确定了帮助婴儿发展的因素，宝洁开始开发满足特定需求的产品。

这一产品开发也是宝洁对印度市场研究的结果，该研究表明，印度是婴儿数量最多的国家之一，这为宝洁提供了巨大的市场潜力。宝洁在印度进行了持续的研究和创新，以了解处于不同发育阶段的婴儿及其母亲的需求。根据研究，在和婴儿数量最多的地区的消费者和零售商交流后发现，帮宝适Active Baby被印度妈妈认为是最好用的纸尿裤之一。这种特殊的纸尿裤根据印度的气候进行了改进，以保证完全干燥和婴儿12小时持续性的睡眠周期。为了方便妈妈们经常检查，帮宝适还推出了一种便于重复密封的紧固系统，其磨损速度比胶带慢。

2015年，宝洁印度公司的首席执行官Al Rajwani说，作为自上而下战略的一部分，企业在印度的创新包括吉列Flexball（一种可旋转的剃须刀）和Pamper Premium，该产品于2015年10月推出。至于产品策略，Rajwani说："降价是为了扩大这个类别的销售额，我们正在通过顾客反馈以降低购买障碍。"Rajwani表示，他们的消费者洞察表明这是一个正确的策略，因为它鼓励消费者购买大瓶装，而这最终会带来更好的产品体验和使用感。宝洁将继续审视和分析这一价值等式，以便消费者从中受益，而且企业只需要为产品支付少量溢价，就可制定更高的价格。为了了解南亚的消费市场和业务，宝洁还计划在印度建立一个战略规划中心，该中心将雇用大约50名资深员工，并持续扩招至100名。[1]

宝洁帮宝适的例子表明，优质的产品、合理的营销计划都始于高质量的顾客信息。企业还需要充分了解竞争对手、经销商、其他活动者的信息，以及市场上的其他信息。

4.1 营销信息和消费者洞察

为了给顾客创造价值并与之建立良好的顾客关系,营销人员首先必须及时并深入了解顾客的需求和需要。企业可以利用这些消费者洞察信息来发展竞争优势。一位营销专家指出:"在今天这个充满竞争的世界,竞争优势的竞争实际上是企业对顾客和市场洞察的竞争。"良好的营销信息是获取这种洞察的来源。[2]

想想苹果公司在娱乐和生活方式上取得惊人的成功的生态系统吧。iPod 并不是第一个数字音乐播放器,但苹果公司是第一个把它做好的。苹果公司的研究揭示了人们想如何消费数字音乐——他们想随身携带所有的音乐,并希望个人音乐播放器设计简约。这个结果得出了两个关键的设计目标:把播放器设计得如扑克牌般大小,能容纳 1 000 首歌曲。苹果公司的产品在设计上增加了视觉冲击效果和实用性,这是其取得巨大成功的秘诀之一。之后,苹果公司生产了 iPhone、iPad 等其他热销产品。苹果公司还推出了 iCloud 服务,该服务允许用户存储音乐文件等数据,并在 iPhone、iPod、iPad 和个人电脑等设备终端上自动同步。Apple Watch 和 Apple Pay 使苹果公司已经成功建立的生态系统更加完整。

尽管顾客和市场洞察对创造顾客价值及建立顾客关系非常重要,但是这些信息很难获取。通常,顾客的需求和购买动机并不明显——消费者通常不能准确地表明他们需要什么以及为什么购买这些产品。营销人员必须从大量的资源中有效地管理营销信息,从而获得更好的消费者洞察。

今天的营销人员能够轻而易举地获得大量营销信息。同时,由于信息技术的爆炸式发展,企业现在可以产生大量的信息。此外,消费者自己也会产生大量"自下而上"的营销信息。

顾客可以通过信件、客服电话、电子邮件、短信、即时通信等直接方式以及博客、Facebook、Twitter 等间接方式与企业进行沟通。这些都是顾客自发向企业或其他人提供的信息。能够收集和利用这些信息的企业可以以更低的成本获得更丰富、更及时的消费者洞察。[3]

营销信息和"大数据"

随着信息技术的飞速发展,企业可以产生和发现大量的营销信息。消费者可以通过多种途径主动向企业或其他人提供"自下而上"的信息,比如通过电子邮件、短信、博客和社交媒体。

大多数营销经理非但不缺乏信息,反而常常拥有过量的信息。这可以归因于**大数据**(big data)。大数据是指当今复杂的信息生成、收集、存储和技术分析所产生的庞大而复杂的数据集。每天,世界都会产生 $(2.5 \times 10^6)^3$ 字节的新数据——大约每年产生 1 万亿 GB 的信息。从长远来看,这些数据足以填满 2.47 万亿张光盘,堆起来的高度是地球至月球距离的 8 倍。

大数据给营销人员带来了巨大的机遇和挑战。能够有效利用大数据的企业可以获得大量、及时的消费者洞察。然而,访问和筛选这些数据是一项艰巨的任务。例如,当百事等企业通过 Twitter、博客、帖子和其他来源搜索关键词以监控关于其品牌的在线讨论信息时,服务器每天可以接收 600 万次公开对话,每年超过 20 亿次。[4] 这种信息量是任何一个经理人都难以应付的。

因此,营销人员不需要更多的信息,他们需要更好的信息,他们需要更好地利用已有的信息。

营销调研和营销信息的真正价值在于它是如何被利用的,即它所提供的**消费者洞察**(customer insights)。基于这样的想法,许多企业正在重组它们的营销调研和信息功能。它们正在创建"消费者洞察团队",团队由一位消费者洞察副总裁和各职能部门代表组成。例如,可口可乐的营销战略和消费者洞察副总裁领导一个由 25 名策略师组成的团队,他们根据营销信息制定战略。

消费者洞察团队从海量的来源中收集消费者和市场信息——从传统的市场调研到与消费者的接触和观察，再到监控消费者关于企业及其产品的网上评论。然后，他们利用营销信息来开发重要的消费者洞察，从而为顾客创造更多的价值。

因此，企业必须设计有效的营销信息系统，在正确的时间以正确的形式向管理者提供合适的信息，帮助他们使用这些信息创造顾客价值及牢固的顾客关系。

营销信息系统（marketing information system，MIS）包括人员、设备和整个搜集、分类、分析、评估及分配需求的过程，最终将即时且准确的信息传递给营销决策制定者。图4-1展现了MIS中开始和结束时都会应用系统的信息使用者——营销经理、内部和外部的合作者及其他需要营销信息的人。

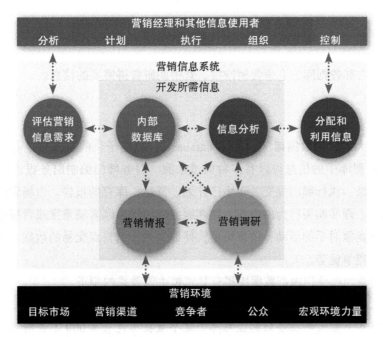

图4-1　营销信息系统

- MIS与信息使用者互动，从而评估其需要什么信息。
- MIS从企业的内部数据库、营销情报活动和营销调研中获取信息。
- MIS可以帮助使用者分析信息，以正确的形式帮助制定营销决策和管理顾客关系。
- MIS分配营销信息并帮助管理者制定决策。

4.2　评估营销信息需求

营销信息系统主要服务于企业的营销人员和其他管理人员。另外，它也可以向外部合作伙伴提供信息，如供应商、经销商或营销服务机构。

一个好的营销信息系统能够在信息使用者想要的、实际需要的信息及企业有能力提供的信息之间找到一种平衡。于是，开始时应该对企业管理者进行采访，从而了解他们所需要的信息。在开发MIS时，我们还需要考虑以下几个问题。

- 信息量。过多或过少的信息都可能有害。管理者可能会忽略一些其应该知道的信息，或者不知道本该知道的信息。因此，MIS 必须可以检测营销环境，从而为决策制定者提供关于决策制定的关键信息。
- 信息的有效性。有时企业无法提供所需信息，要么因为它不可获得，要么因为 MIS 的局限性。比如，一个品牌经理可能想要知道竞争对手在下一年将如何改变其广告预算，以及这些变化将给行业内的市场份额造成怎样的影响。有关竞争对手预算计划的信息是不可能获得的。即使可以获得，企业的 MIS 系统也不可能先进到可以预测市场份额的变化。
- 信息的成本。获得、加工、储存、传递信息的成本会迅速累积。营销人员不可以做这样的假定：额外的信息总是值得获取的。相反，他们应该仔细权衡获得额外信息的成本和由此可能带来的收益之间的关系。

4.3 开发营销信息

营销人员可以通过内部数据库、竞争营销情报、营销调研获得需要的信息。

4.3.1 内部数据库

许多企业建立了庞大的**内部数据库**（internal database），以电子化的形式从企业数据库资源中搜集关于顾客和市场的信息。数据库中的信息可以有多种渠道来源。财务部门编制财务报表并且保存具体的有关销售、成本、现金流的记录。执行部门提交关于生产计划、货运、库存的报告。市场营销部门研究关于顾客交易、消费者统计数据、心理和购买行为的内容。顾客服务部门保留顾客满意度或者服务问题的记录。销售部门报告经销商的反应和竞争对手的活动，销售渠道伙伴提供关于销售点交易的数据。通过整合以上信息，可以为企业提供强有力的竞争优势。

以下是一个关于企业如何使用内部数据库提升其营销决策效果的例子。

必胜客称其拥有世界上最大的快餐顾客数据库。这个数据库包含 4 000 万美国家庭详细的顾客信息。这些信息来自该企业在全美 7 500 多家餐厅的电话订单、在线订单和销售点交易。该企业可以根据"你最喜欢的配料"、最近的订单，以及"你是否购买了奶酪沙拉和意大利香肠比萨"来分析数据。它还经常对人们正在看什么广告以及他们的反应进行实时追踪，然后使用所有数据来增强顾客关系。例如，它可以根据顾客过去的购买行为和偏好，为家庭提供特定的优惠券。[5]

内部数据库资源比其他的信息资源更加快速且成本更低，但是它也存在许多问题。原本搜集这些内部信息是为了其他目的，但信息可能并不完备或者可能给营销决策带来负面影响。比如，财务部门对编制财务报表的销售和成本数据必须进行调整，以评估特定消费细分群体的价值、销售部门和渠道绩效。数据更新比较快，想要使数据库保持最新的状态，需要付出大量的努力。除此之外，一家大企业会产生海量的信息，这些信息必须被很好地整合，可以通过易于使用的接口便捷地获得，进而使管理者能够更快地找到信息并加以有效应用。

4.3.2 竞争营销情报

竞争营销情报（competitive marketing intelligence）是对市场营销环境中的竞争对手和变化的公开信息进行系统的收集与分析。竞争营销情报的目的是改进战略决策制定、评估和跟踪竞争对手的行动，从而尽早提供关于机会和风险的预警。

营销情报的收集工作发展迅速，很多企业都开展了对消费者及竞争对手的情报收集。搜集营销情报的手段包括关注网络话题或直接观察消费者、观察企业的员工、分析竞争对手的产品、研究网络信息、关注行业展览会，甚至还可以从竞争对手的垃圾箱中发现有用的信息。

好的营销情报可以帮助营销人员深入了解消费者对品牌的看法，并与他们建立联系。许多企业派出资深的观察人员，在顾客使用和谈论企业产品时与他们进行交流。另一些企业则定期利用监测工具，以监控消费者的网络聊天信息。

万事达拥有一个名为"对话套件"（conversation suite）的数字情报指挥中心，它可以实时监控、分析和回应来自世界各地数以百万计的在线对话。它监控全球43个市场中涉及26种语言的与品牌相关的线上对话，追踪的范围包括社交网络、博客、在线移动视频及传统媒体。数字情报指挥中心的员工、万事达信用卡各部门和业务部门经理在一个12米长的LED大屏幕前，屏幕上显示关于全球品牌实时对话的摘要，每4分钟刷新一次。一个由营销人员和顾客服务人员组成的轮岗小组每天在指挥中心工作2~3个小时。万事达信用卡营销主管表示："这是一个实时焦点小组。我们追踪所有提到万事达信用卡、万事达任何产品及竞争对手的信息。"万事达使用在"对话套件"中看到、听到和学到的东西来改进产品及营销，跟踪品牌表现，激发有意义的顾客对话，提高顾客参与度。万事达甚至还培训"社交大使"和"社交礼宾"，让他们能够参与在线对话，直接与顾客和品牌影响者接触。另一位经理表示："如今，我们（在整个企业里）做的几乎所有事情都根植于我们从'对话套件'中收集到的信息，它正在改变我们做生意的方式。"[6]

企业还需要积极监控竞争对手的活动。企业可以通过竞争营销情报来获取竞争对手的各种信息，包括竞争对手的行动、战略、新产品的发布、全新的或不断变化的市场、关于潜在的竞争优劣势的早期预警等。许多竞争对手的情报可以从企业内部员工——高管、工程师、科学家、采购部门和销售团队那里收集到。企业还可以从供应商、经销商和关键顾客那里获得重要的情报信息。除此之外，企业还可以通过观察和监控竞争对手发布的公开信息来获得情报。

三星利用对竞争对手苹果在推出iPhone 5系列前后的社交媒体活动进行实时监控所获得的情报，实现了其标志性产品——Galaxy S智能手机创纪录的销量。当苹果首席执行官蒂姆·库克在台上发布新款iPhone 5时，三星营销与广告部门的高管围坐在电脑和电视屏幕前，观看发布会及大众对新iPhone的反应。三星的策略师不仅了解了iPhone 5的每一项新功能，还仔细查看了博客和社交媒体渠道中关于iPhone 5的大量在线评论。就在实时消费者数量和竞争对手的产品销量激增之际，三星团队开始做出回应。当库克结束其演讲时，三星团队已经拟好了一系列电视版、印刷版及社交媒体版的广告。接下来的一周，就在iPhone 5上市的时候，三星播放了一则时长90秒的电视广告，嘲笑iPhone 5的粉丝在苹果专卖店外排队，结果被路人和他们的三星Galaxy智能手机抢了风头。广告中的台词基于数千条推文和其他社交媒体，这些互动消息或取笑或抱怨iPhone 5的某一项功能。这则基于实时洞察的广告成了当时的科技热点，吸引了超过7 000万的在线点击量。这使三星重新唤起了人们在iPhone 5首次亮相时的兴奋之情，从而使Galaxy S获得了创纪录的销量。

竞争对手经常通过年报、商业出版物、商业展览、新闻稿、广告和网页披露情报信息。网络已经成为竞争情报的宝贵来源。通过使用网络搜索引擎，营销人员可以搜索到特定竞争对手的名称、活动或发展趋势，还可以了解发生了什么。此外，大多数企业会在其网站上放置信息，并提供细节，以吸引顾客、合作伙伴、供应商、投资者或特许经营者，这些都给竞争对手提供了关于其战略、市场、新产品、设施和其他活动等方面的有用信息。

譬如竞争对手的招聘广告这样十分简单的事情都可能泄露竞争情报。例如，比尔·盖茨在浏览谷歌的网站时，无意中看到了一个招聘页面，该页面对谷歌所有正在招聘的职位进行了描述。令他惊讶的是，谷歌正在招聘的工程师，其背景与网络搜索业务无关，而与微软的核心软件业务有关。这个事件对微软发出了预警，谷歌可能不仅仅想成为一家搜索引擎公司。盖茨给微软的一些高管发了电子邮件，邮件中指出："我们必须关注谷歌的动态，它很可能开展一些与我们形成竞争关系的业务。"[7]

情报博弈是双向的。面对竞争对手无孔不入地搜集情报，大多数企业会采取措施保护自己的信息。例如，联合利华进行了广泛的竞争情报培训。员工不仅要学习如何收集情报信息，还要学习如何保护企业信息不被竞争对手窃取。他们甚至会对内部安全进行随机检查。联合利华一位前员工表示："在一次（内部营销）会议上，当企业雇用了一名'演员'来对我们小组进行检查时，我们中了圈套。这样做的目的是看谁会跟他说话，又会告诉他多少信息，以及花了多长时间才意识到其实并没有人认识他。结果这个人在那里待了很长一段时间。"[8]

4.4 营销调研

有时，营销人员需要对特定的情况进行具体的研究。例如，三星想知道有多少人会购买某种机型。在这种情况下，管理者需要进行营销调研。

营销调研（marketing research）是指系统地设计、搜集、分析和提交关于组织面临的具体营销情况的相关数据。企业在很多情况下都需要营销调研。营销调研可以帮助营销人员理解顾客满意度及购买行为，评估市场潜力和市场份额，衡量定价、产品、分销和促销行为的效果。

营销调研分为4步：界定问题和调研目标，为收集信息开发调研计划，实施调研计划，收集和分析调研数据，以及解释和报告结果（见图4-2）。

图 4-2　营销调研过程

4.4.1　界定问题和调研目标

营销经理和调研人员必须密切合作，以确定问题并商定研究目标。在谨慎定义问题后，营销经理和调研人员需要设定研究目标。总之，问题和调研目标引导着整个调研过程。

营销调研可能有以下三种类型。
- **探索性调研**（exploratory research）的目标是收集有助于确定问题和提出假设的初步信息。
- **描述性调研**（descriptive research）的目标是更好地描述市场营销问题，例如产品的市场潜力或消费者人口特征或产品购买者的态度。
- **因果调研**（causal research）的目标是检验关于因果关系的假定。比如，私立大学学费下调10%会导致入学人数增加，从而抵消学费的减少吗？

营销经理经常从探索性调研开始，后期转变为描述性调研或者因果调研。

4.4.2 开发调研计划

接下来，调研人员必须做以下工作：
- 决定他们需要的确切信息；
- 提出营销调研计划，以便有效地搜集信息；
- 将营销调研计划陈述给管理者。

调研计划概述了现有数据的来源，详述了具体的研究方法、沟通方法、抽样计划和调研人员搜集新数据的手段。

调研目标必须转化为具体的信息需求。如今，红牛主导着全球能量饮料市场。假设红牛企业欲进行一项研究，想知道消费者对于红牛销售的几种不同口味的新型维生素增强饮料有什么看法。为了拓展能量饮料市场，企业推出了红牛可乐（企业表示："为什么不这样做呢？"就像最初的红牛能量饮料一样，它强调健康与自然）。这一新型功能饮料（类似于Glacéau的维他命水）可能会帮助红牛巩固其品牌地位。此项研究可能需要下列具体信息。

- 红牛饮料现有顾客群体的人口特征、经济状况和生活方式特征：当前顾客是否购买了这类功能型饮料产品？这些产品是否符合他们的生活方式？企业需要寻求新的目标顾客群体吗？
- 扩大功能型饮料饮用者的人口特征和使用模式：他们需要从这些产品中得到什么？他们期望从这些产品中得到什么？他们在哪里购买？他们何时以及如何使用这些产品？哪些现有品牌最受欢迎？产品在什么价位销量最多？（红牛的新产品需要在竞争激烈的功能型饮料市场中有一个强势且与品牌关联性大的定位。）
- 零售商对新产品线的反应是：它们会购买并支持新产品吗？它们会把该产品陈列在商店的货架上吗？（如果得不到零售商的支持，这种新饮料的销量就会受到影响。）
- 新红牛产品和现有红牛产品的销售预测：新型功能型饮料会产生新的销售量，或者只是简单地从现有产品中争夺一部分市场份额？新产品会增加红牛的整体利润吗？
- 红牛的营销人员需要将这些信息和许多其他类型的信息结合起来，从而决定是否及如何推出新产品。

调研计划应以书面形式提出。当一项调研计划规模庞大、复杂或者需要外部企业执行的时候，书面建议显得尤其重要。书面建议应包括已经提到的管理问题、调研目标、将获得的信息及可以帮助管理者制定决策的方式和结果。另外，书面建议还应包括调研成本。

为了满足管理者的信息需求，调研计划要收集二手数据、原始数据或两者兼顾。**二手数据**（secondary data）是出于其他目的收集的、已经存在的数据。**原始数据**（primary data）是出于当前特定目的收集的第一手资料。

4.4.3 搜集二手数据

调研人员经常从搜集二手数据开始。企业内部**在线数据库**（online database）提供了一个好的起点。另外，企业也能找到很多外部信息资源，包括行业数据和政府数据（见表4-1）。

企业可以从外部供应商那里购买二手数据报告。例如，尼尔森提供从24个国家收集的125 000个家庭消费者样本组的数据信息，包括试用和重复购买、品牌忠诚度以及购买者的人口统计特征。[9]

表 4-1　可选择的外部信息资源

行业数据：
- 尼尔森提供有关销售、市场份额、零售价格、家庭购买以及电视观众的数据
- 华通明略是一家专门从事广告、营销沟通、媒体和品牌资产研究的全球调研机构
- 邓白氏的全球数据库包含 5 000 多万家企业的信息
- comScore 提供消费者行为信息和全球性互联网及数字媒体用户的人口统计分析
- 律商联讯提供来自行业、消费者和营销出版物的文章,以及对企业、行业、发展趋势和促销技巧的追踪
- Factiva 专注于对上市公司和私人公司的财务、历史和运作信息进行深入的研究
- 胡佛提供世界各地主要企业的业务描述、财务概况和新闻

政府数据：
- 联合国,亚洲及太平洋统计指标和其他出版物
- 数据手册,包含许多国家和城市
- 制造商的年度统计调查;人口普查;零售贸易普查(不同国家的名称不同)

网络数据：
- ClickZ 汇集了大量关于互联网及其用户的信息,从消费者到电子商务
- 美国互动广告局提供有关互联网广告的统计资料
- Forrester.com 监测网络流量,并对最受欢迎的网站进行排名

二手数据的优势：
- 与原始数据相比,二手数据获取速度更快,获取成本更低。
- 二手数据有时可以提供企业无法自行收集的数据,这些数据要么无法直接获取,要么获取成本过高。例如,对日清方便面来说,要对零售店进行持续的审计,了解关于市场份额、价格、竞争对手品牌陈列的信息成本很高,但企业可以从尼尔森购买这些数据。

二手数据的劣势：
- 企业需要的信息可能不存在。例如,日清公司在没有投放产品的市场是不可能获得消费者对新包装的反馈信息的。
- 即使可以获得数据,数据也可能无法使用。调研人员必须仔细评估二手信息,以确定它们是相关的(满足调研目标需求)、准确的(可靠地收集和报告)、及时的(对当前决策而言,信息是最新的)和公正的(客观地收集和报告)。

4.4.4　原始数据搜集

在大多数情况下,企业必须收集原始数据。企业需要确保原始数据具有相关性、准确性、及时性和公正性。表 4-2 展示了进行原始数据搜集的一系列研究方法、联系方法、抽样方法和研究工具方面的信息。

表 4-2　原始数据搜集计划

研究方法	联系方法	抽样方法	研究工具
观察法	邮件调查	样本单位	调查问卷
调查法	电话访问	样本量	机械仪器
实验法	面谈访问	取样过程	
	在线营销调研		

1. 研究方法

搜集原始数据的研究方法包括观察法、调查法和实验法。接下来，我们将依次对每种方法进行讨论。

（1）观察法。**观察法**（observational research）是通过观察相关人员、行为、状况来搜集原始数据。例如，银行可以通过交通模式、社区条件和竞争对手分行选址情况来评估可能的新分行地址。

调研人员通过观察消费者的行为收集信息，这些信息是无法通过对消费者进行简单的提问就能获得的。例如，费雪公司建立了一个实验室，以观察小孩对新玩具的反应。费雪玩具实验室（Fisher-Price Play Lab）阳光充足，到处都是玩具。在这里，幸运的孩子可以玩企业新开发的玩具原型机。与此同时，设计师可以了解孩子对玩具的需求。

观察法可以提供人们不愿或无法提供的信息。在某些情况下，观察可能是人们获得所需信息的唯一途径。相反，有些事情根本无法观察，比如情感、态度、动机或者个人行为。长期或罕见的行为也很难被观察到。由于这些限制因素，调研人员经常将观察法和其他数据搜集方法一起使用。

一些企业利用**人种学研究**（ethnographic research）。人种学研究包括派遣资深的观察员观察消费者在自然情形下的消费活动。

人种学研究经常能够提出一些具体的细节问题，这些问题在传统的调查问卷或焦点小组中是不会出现的。与传统研究方法相比，这种方法能够让研究者对消费者有更深入的了解。尽管企业仍在使用焦点小组、调研法和人口统计数据来分析消费者心理，但密切观察可使企业深入了解顾客未阐明的心愿。[10]

然而，文化差异可能会影响人种学研究的开展，比如在中国。[11]

- 中国译者可能会误解这些信息。
- 中国的社会结构把"内群体"（家庭和朋友）和"外群体"（陌生人）区分开来。
- 人种学研究者会出于好奇，以多种方式反复问相似的问题，这可能会让中国人觉得被冒犯，因为他们热衷于维持和谐的关系。
- 需要在情感上保持距离的采访者可能会给中国人一种不真诚、不信任的感觉。
- 数据解释应该站在中国人的角度进行。

（2）调查法。**调查法**（survey research）是搜集原始数据最普遍的方法，也是最适合收集描述性信息的方法。如果企业想了解人们的认知、态度、偏好或购买行为，可以通过直接询问来获得。

调查法的主要优点是灵活性，它可以在不同的场合获取各种各样的信息。然而，调查法也存在一些问题。有时，人们无法回答被询问的问题，因为他们不记得或从来没有想过自己做了什么以及为什么这么做。人们可能不愿意跟陌生人进行交流，或对隐私问题做出回应。为了看起来比较聪明或更有见识，受访者可以在不知道答案的情况下回答调查问题，或者可能给出令采访者满意的答案来帮助他们。最后，人在繁忙时可能抽不出时间，或者可能对采访者侵犯其隐私感到不满。

（3）实验法。观察法最适合探索性调研，调查法最适合描述性调研，而**实验法**（experimental research）最适合搜集因果调研信息。实验法通过选定几组匹配的对象，给予不同的条件，控制相关因素，然后观查对象反应的差别。实验法试图解释因果关系。

2. 联系方法

信息可以通过邮件调查、电话访问、面谈访问或在线营销调研等方式进行搜集。表4-3列举了这些联系方法的优缺点。

表 4-3 联系方式的优缺点

	邮件调查	电话访问	面谈访问	在线营销调研
灵活性	不好	好	很好	好
可收集的数据量	好	一般	很好	好
采访者效应控制	很好	一般	不好	一般
样本控制	一般	很好	好	很好
数据搜集速度	慢	很快	快	很快
反馈率	一般	好	好	好
成本	低	一般	高	很低

资料来源：Adapted with permission of the authors, Donald S. Tull and Del I. Hawkins, *Marketing Research: Measurement and Method*, 7th ed. (New York: Macmillan Publishing Company, 1993).

（1）邮件调查、电话访问和面谈访问。邮件调查可以以较低的成本收集大量的信息。相对于面对一个陌生的采访者或通过电话访问，在邮件调查中，受访者可能会对更多的私人问题给出诚实的回答，并且采访者也不会影响受访者的回答。

然而，邮件调查不够灵活，因为所有的受访者都以固定的顺序回答相同的问题。邮件调查通常需要更长的时间才能完成，而且反馈率（完成调研问卷并给予反馈的人数）通常很低。最后，调研人员很难控制邮件问卷样本。即使有一个靠谱的邮件地址列表，也很难控制到底哪个地址的人会填写调查问卷。

电话访问是快速收集信息的最佳方法之一，它比邮件调查有更大的灵活性。根据得到的答案，采访者可以解释比较难的问题，也可以跳过一些问题或者深究其他问题。其反馈率比邮件调查高，采访者可以要求与典型性格的人甚至某个特定的受访者直接对话。

然而，电话访问的人均反馈成本比邮件调查高。此外，人们可能不想和采访者讨论私人问题。这种方法涉及对调研人员的偏见——他们的说话方式、提问方式，以及其他可能影响受访者回答问题的因素。最后，不同调研人员的理解力可能不同，或者对反馈的记录也不尽相同。在时间紧迫的情况下，甚至可能出现没有提问就直接记录答案的欺骗性行为。

面谈访问有两种形式：个别访谈和小组访谈。个别访谈包括在家里、办公室、街道上或商场中与人交谈。这种形式的采访比较灵活。资深的采访者能够引导受访者，为他们解答难题，并根据情况探索问题。他们可以向受访者展示实体产品、广告或包装，以观察他们的反应和行为。但是，个别访谈的成本可能是电话访问的 3～4 倍。

小组访谈是以 6～10 人为一个小组，在受过训练的主持人的引领下，对产品、服务或组织进行讨论。参与者通常会获得小金额的参与费。主持人鼓励自由、轻松的讨论，希望小组的互动可以带来真实的感觉和想法。与此同时，主持人负责关注讨论的主题，因此得名**焦点小组访谈**（focus group interviewing）。

调研人员和营销人员观察焦点小组访谈，评论以书面或视频的形式记录下来，以供日后研究。如今，焦点小组访谈可以通过视频会议和网络技术连接距离很远的营销人员，以进行实时的焦点小组活动。通过使用摄像头和双向声讯系统，在远程会议室的管理者相互可以看见和听见，使用遥控器可以任意拉近或摇动镜头。

焦点小组访谈已经成为了解消费者想法和感受的主要营销调研工具之一。然而，焦点小组访谈也存在挑战。它通常使用少量样本以控制时间和成本，因此可能很难从结果中得出结论。此外，焦点小组中的顾客在他人面前并不总是坦诚的，来自小组中同伴的压力也会影响他们表达真实的想法。[12]

因此，尽管焦点小组访谈仍然被广泛使用，但许多研究人员都在对焦点小组的设计进行改进。例如，雅虎的"浸入式小组"是指产品设计者与四五个人进行非正式的交谈，但与焦点小组不同的是，"浸入式小组"没有主持人。这种方式可以使雅虎的员工直接与其选定的顾客交流，从而设计出新产品或新程序。[13]

其他研究人员正在试图改变焦点小组的工作环境。为了帮助消费者放松，得到更真实的反应，研究人员使用了更为舒适且与被研究产品相关的布景。例如，他们可能会在厨房进行烹饪产品的小组访谈，或者在客厅进行家具的小组访谈。

（2）在线营销调研。通信技术的进步促进了许多高科技联系方式的产生，给营销调研造成冲击的最新技术是互联网。越来越多的调研人员通过在线营销调研搜集原始数据，**在线营销调研**（online marketing research）包括网络调查、在线专家小组、实验、在线焦点小组访谈等形式。

在线营销调研可以采取多种形式。企业可以利用网络作为调查媒介：企业可以将调查问卷放在网站上，并通过某种奖励措施鼓励人们完成问卷；也可以使用电子邮件、网页链接或网页弹出的窗口来邀请人们回答问题并给予其奖励。它可以创建在线小组并提供定期反馈、进行现场讨论或实施在线焦点小组访谈。除了调查，调研人员还进行网络实验。他们可以在不同的网站或不同的时间尝试制定不同的价格、标题或提供不同的产品，以帮助企业了解不同组合的效果。他们还可以建立虚拟的购物环境，以测试新产品和营销方案的有效性。此外，企业可以通过跟踪在线顾客的点击流来了解他们的行为，这种点击流是当顾客访问网站或转移到其他网站时引起的。

互联网特别适合于定量研究——进行市场调查和数据收集。在线营销调研在某些方面优于传统的邮件、电话和面谈访问，最明显的优点是速度快、成本低。调研人员可以快速、便捷地通过电子邮件或在选定的网站上同时向数千名受访者分发调查问卷。调查反馈十分及时，而且由于受访者自己输入了信息，调研人员可以在他们提交信息时便将研究数据制成表格，以便进行回顾和共享。

在线营销调研的成本通常低于邮件、电话或面谈访问。在线营销调研省去了其他方法需要的邮费、电话费、人工费及数据处理费。因此，在线营销调研的成本通常比邮件调查低15%~20%，比电话访问低30%。此外，样本量对其成本影响不大。一旦调查问卷设计好，10名受访者和1万名受访者在成本上几乎没有差别。

因此，企业无论大小，几乎都可以进行在线营销调研。事实上，在互联网中，曾经属于研究专家的领域现在几乎对任何想要成为研究人员的人开放了。任何调研人员都可以使用在线调研服务，例如人们在Zoomerang或SurveyMonkey上花费短短几分钟，便可以创建、发布和传播自己的产品调查。

与传统的电话或邮件调研相比，基于互联网的营销调研不仅速度快、成本低，而且互动性和吸引力更强，更加容易完成，还不会侵犯个人隐私。因此，这种调研方法的反馈率更高。要想与那些难以了解的复杂群体进行沟通，比如难以捉摸的青少年、单身人士、富人和受过高等教育的受众，互联网是一个很好的选择，而且，调研人员还可以与在职妈妈和那些生活繁忙的群体进行细致的沟通。这样的人在网上很有代表性，可以自己选择时间、地点进行反馈。

和营销调研人员利用互联网进行定量调查和数据收集一样，他们现在也采用基于互联网的定性调研方法，比如在线深度访谈、焦点小组、博客和社交网络。网络为获取定性的消费者洞察提供了一种快速、成本低的方法。

一种原始的基于互联网的定性调研方法是**在线焦点小组**（online focus group）。在线焦点小组在很多方面都优于传统焦点小组。参与者只需要一台笔记本电脑，就可以连接网络，可以在任何地方登录。互联网将世界各地的人聚集在一起。此外，调研人员可以在任何地方组织和监控在线焦点小组，降低出差、住宿和基础设施带来的成本。最后，尽管在线焦点小组需要提前制定日程安排，但结果几乎是即时得到的。

在线焦点小组有多种实施形式。大多数都是以在线聊天室讨论的形式实时进行，即参与者和主持人围坐在一张虚拟的桌子旁交换意见。或者，调研人员建立一个在线留言板，在几天或几周内与受访者进行互动。参与者也可以每天登录论坛并评论焦点小组中的话题。

虽然在线营销调研的使用在迅速增长，但定量和定性的网络研究仍存在一些问题。其中最主要的问题是无法控制网络样本。因为没有见过受访者，所以很难知道他们到底是谁。为了解决样本及背景方面的问题，许多在线调研企业开始采用进入社区和对受访者分组的方式进行网络调研。例如，Zoomerang 有一个在线消费者和商业面板，对 500 多种属性进行了分析。[14] 另外，许多企业正在开发自己的顾客社交网络，并利用它们来获得顾客的意见和见解。下面是阿迪达斯的例子仅供参考。

阿迪达斯在 Facebook 开设粉丝页面后，迅速吸引了 200 万用户，Twitter 和 YouTube 主页也是如此。但通过这些页面的公开信息来监控市场反应是不现实的，因此这家体育用品巨头创建了自己的私人在线社区。该社区只邀请其公共页面上最活跃的用户。通过与这些用户对话，企业营销人员可以迅速收集消费者关于品牌认知、产品创意和营销活动的实时反馈。这些用户十分愿意，甚至急切地希望加入社区。阿迪达斯数字媒体主管表示："能够与如我们一般热爱这个品牌的消费者交谈是一件有益且开心的事情。"

与内部人员一起检测战略及概念的合理性，为阿迪达斯的市场营销团队提供了高效的消费者信息。阿迪达斯营销主管表示："我们可以从用户身上得到关于产品色彩、材料的反馈，这可以帮助我们有效地制定市场策略。我们曾经尝试邀请顾客制作视频，效果好到超出预期，以至于让我们改变了创意策略。"[15]

因此，近年来，互联网已成为调研和调查消费者洞察的重要工具。如今的市场营销人员通过网络实现的已远超传统在线调查、焦点小组和在线交流等，他们越来越多地通过主动挖掘未经请求的、非结构化的、"自下而上"的顾客信息来了解和观察消费者。这可能很简单，只需浏览顾客在该企业品牌网站或亚马逊等购物网站上的评论即可。这也可能很复杂，它需要使用网络分析工具，深入分析博客或社交网站（如 Facebook 或 Twitter）上堆积如山的消费者评论和信息。在网上了解和观察消费者，可以为品牌提供更有价值的消费者评论和感受。实战营销 4-1 对使用网络来了解消费者进行了论述。

| 实战营销 4-1 |

通过市场调查深入了解顾客：宝洁的调研之路

消费者能否与他们的洗衣粉建立有意义的联系？宝洁相信他们能做到。然而，这需要深入了解每个顾客。为了达到这个目的，宝洁开展了一项消费者调研项目——发掘并记录消费者与其产品之间的深层联系。宝洁的营销经理对此十分积极主动，在顾客工作、购物和跑腿的时候陪伴他们，还参与顾客的讨论会，在会上，顾客会说出对他们而言最重要的东西。

2010 年，这种浸入式研究产生了非同凡响的结果。营销人员了解到，尽管宝洁的强势品牌汰渍和洗衣服本身并不是顾客生活中最重要的事情，但女性对自己的衣服很看重。她们喜欢悉心打理自己的衣服，因为这些东西充满了情感、故事、感觉和回忆。她们通过选择面料来表达个性、态度和扮演的不同角色。

这项研究影响了宝洁今后的发展。营销人员认为，汰渍能做更多的事情，它不仅仅是洗衣粉。它可以改变女性真正关心的东西，即那些触及她们生活的面料。在美国的一则电视广告中，一名孕妇把冰激凌滴在了最后一件得体的衬衫上。但汰渍漂白剂拯救了这件衣服，并打出标语："衣服的持久耐用度能超出你的想象。"

在菲律宾，汰渍调研小组回访了消费者，问他们觉得洗衣粉中最重要的东西是什么。基于反馈，宝洁开发出了一套新的方案，在合理的价格内满足了当地消费者的需求。新汰渍并没有以菲律宾消费者不感兴趣的方式被过度设计。如今，汰渍已被人们广泛使用。

事实上，在许多亚洲国家，物有所值仍然是消费者首要考虑的问题。在中国，当汰渍面临本土品牌雕牌的竞争时，汰渍派员工前往农村地区观察中国消费者是如何使用洗衣粉的。他们的调研表明，与美国消费者不同的是，许多中国消费者只要求洗衣粉有基本的清洁功能，而不在意衣物护理和软化等辅助功能。

口碑营销也是影响农村消费模式的重要信息来源。相应地，宝洁以具有竞争力的价格重新推出了汰渍洁白洗衣粉，新包装采用了小袋包装和大袋经济型包装。广告通过与其他洗衣粉的对比来突显汰渍，并强调了汰渍的价值和目标消费者的生活方式。

回到原问题：消费者能否与他们的洗衣粉建立有意义的联系？宝洁的消费者调研表明，这种联系不仅是可能的，而且是无法避免的。关键是要真正理解这种联系的本质，并通过为顾客创造真正的价值来塑造它。这种理解不仅来自对企业产品和营销方案的研究，也来自对核心顾客需求和品牌体验的调研。

资料来源：Christine Saunders and Liza Martindale, "Tide Celebrates the Diverse, Individual Style of Americans in New Advertising Campaign," P&G Press Release, 20 January 2010, www.multivu.prnewswire.com/mnr/tide/42056; Elaine Wong, "Marketer of the Year: Team Tide," *Adweek*, 14 September 2009, p. 20; "Case Study: Tide Knows Fabrics Best," *The Advertising Research Foundation*, www.thearf.org; Stuart Elliot, "A Campaign Linking Clean Clothes with Stylish Living," *The New York Times*, 8 January 2010; "Procter & Gamble's Tide in China," http://www.pearsonapac.com/, 29 April 2011; Jeffrey O. Valisno, "P&G Bullish on Detergents, Personal Care," www.abs-cbnnews.com, 22 March 2010.

也许在线调研人员面临的最棘手的问题是消费者隐私。一些人担心，缺乏职业道德的调研人员会在完成调研后，使用调研搜集的个人信息来销售产品，还担心他们使用网络病毒（如木马）在未经受访者同意的情况下收集个人信息。如果不能解决这些隐私问题，可能会导致消费者愤怒、不合作且政府加大干预力度。尽管存在以上问题，但大部分业内人士预计在线营销调研仍然会朝着健康的方向发展。[16]

3. 抽样方法

营销调研人员通常通过研究总消费群体中的一小部分来得出总体结论。**样本**（sample）是营销调研所选择的人口的一部分，用来代表全部人口。在理想情况下，样本应该具有代表性，这样调研人员才能准确估计总体样本的想法和行为。

设计样本需要做出三个决策（见图4-3）。第一，采访对象是谁（抽样单位选取什么）？例如，为了研究家庭购买汽车的决策过程，调研人员应该采访丈夫、妻子、其他家庭成员、销售人员或是他们所有人？调研人员必须确定哪些信息是必需的，以及谁最有可能拥有这些信息。

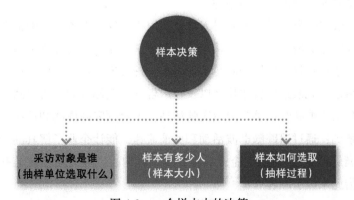

图4-3 一个样本中的决策

第二，样本有多少人（样本大小）？大样本比小样本更可靠。然而，大样本通常成本较高，因此对整个目标市场或大部分市场进行抽样是不必要的。如果样本选择得当，不到总体1%的样本就可以具备较好的可信度。

第三，样本如何选取（抽样过程）？表4-4描述了不同类型的抽样。使用概率抽样，每个成员被选中的机会是已知的，调研人员可以对样本的误差进行置信区间预测。但是，当概率抽样成本太高或花费的时间太长时，营销人员会采用非概率抽样，即使这种抽样的误差无法测量。这些不同的抽样方法有不同的成本和时间限制，精确率和统计性也有差异。究竟哪种方法最好，取决于调研项目的需要。

表4-4 抽样的类型

	概率抽样
简单随机样本	总体中的每一个成员都有一个已知的平等的被选择的机会
分层随机抽样	总体被划分为相互排斥的群体（如年龄组），并从每个群体中随机抽取样本
集群（地区）抽样	总体被划分为相互排斥的群体（如街区），调研人员从这些群体中抽取样本进行采访
	非概率抽样
方便抽样	调研人员从最容易获取信息的成员那里进行抽样
判断抽样	调研人员根据自己的判断来选取最容易提供准确信息的成员作为样本
定额抽样	在某几个类别中，调研人员找到并采访特定数量的成员作为样本

4. 研究工具

在搜集原始数据时，主要有两种研究工具供调研人员选择：调查问卷和机械仪器。不管是面谈、电话沟通还是在线调研，调查问卷都是目前最普遍的研究工具。

调查问卷是非常灵活的，有多种提问题的方式。封闭式调查问卷包含所有可能的答案，受访者只需从中选择即可。比如，可能包括多选题和量表题。

开放式调查问卷允许受访者根据他们的语言习惯来回答。在航空公司的调查问卷中，可能国泰航空只问一个问题："您认为国泰航空公司怎么样？"或者它可能要求人们完成一个句子："当我选择航空公司的时候，最主要的考虑是……"这些以及其他类似的开放式问题通常能得到比封闭式问题更多的答案，因为受访者不局限于给定的答案。当调研人员想知道人们是怎么想的，而不是仅仅测量有多少人以这种方式来想的时候，开放式问题在探索性调研中十分有用。但是，封闭式问题提供了更容易解释和更容易绘制成表格的答案。

调研人员在设计问题时要十分注意用词和顺序。他们应该使用简单直接、没有歧义的语言。问题应该以一种逻辑顺序编排，如果可能的话，第一个问题应该能够引起人们的兴趣，不容易回答的问题或者私人问题应该放在最后，这样受访者才不会产生抗拒心理。

尽管调查问卷是最普遍的研究工具，但调研人员也使用机械仪器设备来检测消费者的行为。尼尔森媒体研究公司将收视记录仪与特定家庭的电视机连接起来，记录这个家庭在看什么节目；零售商通过条形码阅读器来记录顾客的交易。其他机械仪器可用于测量消费者的生理反应。比如，广告商使用眼部摄像机来研究观众在观看广告时的眼部活动，观众最先关注什么以及在广告各组成部分的停留时间。

还有一些研究人员利用"神经营销学"测量大脑活动，了解顾客的情绪和反应。营销科学家运用核磁共振扫描和脑电图设备了解到：通过追踪脑电波活动和血液流速，能让企业了解其品牌和营销中的哪些方面吸引了消费者。一位神经营销学家建议说："企业总是瞄准顾客的心，但大脑应该是更好的目标。神经营销学能够捕获大脑的反应，借此来吸引顾客。"[17]

从现代、百事到谷歌、微软等企业，现在都在雇用神经营销学调研公司来帮助它们探索人们究竟在想什么。

15名男性和15名女性正在研究新一代现代汽车的一款运动型银色测试车型。这30个人被要求盯着汽车的特定部分，包括保险杠、挡风玻璃和轮胎。在他们观察汽车的这一个小时里，他们头上的电极帽会捕捉他们大脑中的电流活动。每个人佩戴的腰带上面有个硬盘，用来记录脑电波信息。现代汽车相信，他们的大脑活动将显示出可能导致其购买决策的偏好。现代汽车美国品牌战略经理表示："在我们开始汽车量产，我们想知道消费者对这款汽车的看法。"他预计，汽车制造商将根据追踪大脑各部位活动的脑电图报告来调整汽车外形。[18]

同样，百事旗下的菲多利利用神经营销学来测试广告、产品设计和包装。脑电图测试显示，与印有薯片图案、闪亮的包装袋相比，印有土豆及其他健康成分的哑光米色包装袋能减少大脑中产生负罪感的区域活动。因此，菲多利迅速换掉了闪亮的包装袋。另外，脑波研究显示，快捷比安全更能吸引顾客，于是eBay旗下的PayPal将其在线支付服务定位为快捷服务。

尽管神经营销技术可以一秒一秒地衡量消费者的参与程度和情绪反应，但这种大脑反应很难解释。因此，神经营销学通常与其他研究方法结合起来使用，以便更全面地了解消费者大脑中的想法。

4.4.5 实施调研计划

调研人员下一步是将营销调研计划转变为行动，包括搜集、处理、分析信息。数据搜集工作可以由企业的市场营销人员或者外包公司完成。在营销调研过程中，数据搜集阶段一般是花费最多、最容易出差错的阶段。调研人员应该密切关注，以确保计划能够正确实施。调研人员必须与受访者（包括那些拒绝合作或者持有偏见的受访者，以及那些出错或者想走捷径的采访者）交流以防止出现问题（见图4-4）。

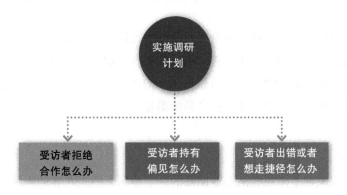

图4-4　实施调研计划应考虑的问题

调研人员必须处理、分析搜集到的数据，从而找出重要的信息，还需要检查数据的准确性、完整性，并进行编码以备分析。然后，调研人员将结果制成表格并计算出相关的统计信息。

4.4.6 解释和报告结果

调研人员必须解释结果、得出结论并将其呈报给管理者。调研人员应该汇报那些对管理者制定决策有帮助的重要发现。

然而，解释方面的问题不能只留给调研人员。调研人员通常是调研设计和统计分析方面的专家，但是市场营销经理更加熟悉问题会出现在哪里以及应该制定什么样的决策。如果市场营销经理盲目地接受调研人员错误的解释而不加考虑的话，那么即便是最好的营销调研，也没有什么意义。类似地，营销经理可能带有个人偏见，他们可能更倾向于接受自己期望的调研结果，拒绝接受其不希望的结果。很多时候，调研结果可以用不同的方法来解释，调研人员和营销经理之间的争论可以帮助他们找到最合适的解释方法。所以，当需要解释调研结果的时候，市场营销经理和调研人员必须密切配合，共同为调研过程和决策制定承担责任。

4.5 营销信息分析

通过内部数据库、营销情报系统以及营销调研收集到的数据往往需要进一步分析，营销经理也需要将这些信息应用到具体的营销决策中，这就需要通过复杂的统计分析来了解更多的数据之间的关系。这些分析可以使管理者回答关于市场、营销活动和营销结果方面的问题。

百事一直将自己定位为现代化的、年轻的可乐饮品，其思想和精神都很年轻。它的口号是：喝了百事，活力无限！（Come Alive! You're the Pepsi Generation!）当百事可乐的销售额和市场份额开始下滑的时候，为了找出原因，百事发起了一项全球消费者调查，以重新发现百事可乐与可口可乐的不同之处。调查发现，百事已经忘记了它所代表的意义，以及它在顾客的生活中所扮演的角色，它不再有明确的定位以定义品牌的本质和刺激消费者参与。调查还发现，可口可乐是"永恒"的，百事可乐是"暂时"的；喝可口可乐的人追求幸福，喝百事可乐的人追求兴奋；可口可乐保留文化，百事可乐创造文化；可口可乐意味着归属感，百事可乐则拥抱个性。研究还显示，世界各地的百事可乐消费者非常相似。"活在当下"活动是基于研究结果发起的。百事可乐在印度消费者调查中发现，印度年轻人是世界上最乐观的人群之一，但他们对未来缺乏耐心。因此，百事在印度的电视广告中请了一些品牌代言人，如板球队长 M. S. Dhoni、女演员兼歌手朴雅卡·乔普拉、宝莱坞明星兰比尔·卡普尔，他们均克服了急功近利的心态。广告中间还穿插了一些年轻人做着兴奋刺激的事情的画面。"活在当下"活动告诉年轻的印度消费者，想做就做，年轻无错。

信息分析还涉及一系列分析模型，这些模型有助于营销人员更好地做出决策。每一种模型都代表着一些真实的系统、过程和产出，这些模型有助于回答什么决策符合当前情况，以及哪一个决策是最好的。营销研究工作者开发了大量的模型来帮助营销管理人员做出更好的营销组合决策，确定销售区域和制订电话销售计划，为零售店选择最佳的营销组合决策，预测新产品的销量。

顾客关系管理（CRM）

如何更好地分析和使用顾客个体数据是企业面临的一个难题。关于顾客的大量信息几乎要将所有的企业淹没了。事实上，明智的企业从每一个可能的顾客接触点获得信息，顾客接触点包括顾客购买过程、与销售人员接触、顾客服务电话、企业网站浏览、顾客满意度调查、顾客信用情况以及偿付过程、市场调研——顾客与企业接触的每一次机会。

问题在于这些信息往往广泛地分散在整个组织中，信息隐藏在相互独立的数据库和企业不同部门的记录中。为了解决这些问题，现在许多企业利用**顾客关系管理**（customer relationship management，CRM）来管理详细的顾客个体信息，并且认真管理顾客接触点，以使顾客忠诚度最大化。

CRM 由一些复杂的软件和分析工具组成，用来整合各种来源的顾客信息，对信息进行深入分析，并利用分析结果来建立更稳定的顾客关系。CRM 整合了企业的各种信息，包括企业销售、服务和营销团队提供的关于顾客的所有信息，以获得关于顾客关系的全方位视角。

CRM 分析师通过建立数据仓库和使用复杂的数据挖掘技术来发现顾客数据背后的价值。数据仓库是指可以在全企业范围内详细记录顾客信息的电子数据库，以便对这些信息进一步筛选。建立数据仓库不仅是为了收集信息，更是为了将它置于中心、易获取的位置。当数据仓库将所有信息都集中起来后，企业就可以使用功能强大的数据挖掘技术，对成堆的数据进行筛选，并挖掘出企业所关心的顾客价值。

有效利用大数据可以给企业带来营销机会。实战营销 4-2 将探讨如何利用大数据提升顾客体验。

实战营销4-2

使用大数据来提升顾客体验

近年来，智能手机和平板电脑的大量涌现改变了零售格局，促使权力的天平持续向消费者倾斜。消费者通过配备一个相对便宜的移动设备，就可以获取即时信息、意见、评论，比较任何他们可能有兴趣购买的商品的价格——不管是当地的街角商店，还是在世界另一边的巨大仓库里经营的在线零售商。移动设备和数据计划的有效结合为顾客提供了"大数据许可证"，为顾客提供了获取丰富的产品和零售信息的便捷途径。

例如，美国的一项调查发现，59% 的消费者表示，他们在零售店购物时经常使用智能手机比较相同或类似产品的价格。当然，影响其购买选择的不仅仅是价格。拥有"大数据许可证"还可以让顾客得到大量的其他信息，包括：

- 社交媒体对相关产品的看法；
- 即将推出新版本的传言；
- 朋友对产品的看法；
- 近期名人代言情况；
- 商店销售人员如何对待顾客；
- 竞争对手或替代产品的优缺点。

有了这些深入的信息，现在顾客比商店里的销售人员更了解某一种产品。

卖得更好

早些时候的一项调查发现，在年龄为 18~49 岁的消费者中，有近一半的人认为，与向店员求助相比，他们能更轻易、更可靠地通过移动设备找到产品信息。

一个显然的问题是，顾客拥有如此多的数据驱动权利，对销售人员来说意味着什么？他们是否有正确的信息来更好地向顾客销售他们的产品？如果没有，他们将如何获得信息？考虑到大数据提供给顾客信息的数量和价值，销售人员在顾客进门时应该了解顾客的所有细节信息。

不必通过顾客的外表来判断，销售人员可以知道：

- 顾客的价值和购买力是什么？
- 他们是我们店的回头客，还是其他店的回头客？如果是我们店的回头客，他们通常喜欢什么？
- 顾客的朋友是谁？他们的朋友对什么产品感兴趣？他们以前买过什么？
- 顾客在来商店购物之前、购物期间或购物后在 Twitter、Facebook 或 Instagram 上发了什么信息？
- 顾客经常在竞争对手那里购物吗？这是一个可能的转换机会吗？
- 顾客来自哪个国家？他们最喜欢的语言是什么？

接下来举几个例子。这些例子对零售商很重要，通过这些例子，它们会清楚自己与顾客的联系。

一端是传统的业主经营零售商，比如在亚洲常见的、长期经营的菜市场摊位。以陈氏家族拥有的新鲜鸡肉铺为例，这家店已经为顾客服务了 50 多年。它已经与顾客建立了一种舒适的熟悉关系，并且能够根据特定的顾客调整销售。

另一端是如亚马逊或新加坡的 Qoo10.sg 之类的大型在线零售商，它们会非常仔细地监控和利用消费者数据，在消费者重新登录页面时向他们提出建议，或者发送有针对性的、个性化的电子邮件，让消费者返回网站并购买更多商品。

在这两个示例中，定制都提高了销售和服务水平。连锁经营面临的挑战是每个商店的销售人员都不一样。这就引发了一个问题：顾客信息是否可以或应该被共享，以提供个性化的服务？

给我更好的，但不要干涉我的私生活

当然，拥有顾客数据的零售商需要在建立良好的形象与提供个性化的服务之间取得平衡，同时还要避免被视为"侵犯隐私"的风险。

有时候我们愿意花一些额外的时间去自己信任的化妆师那里，花额外的钱去某家特定的餐厅或者在回家的路上多走一英里去某家不错的咖啡店。但有时，我们最喜欢的化妆师不在，或我们熟悉的咖啡师正好休息。那么我们就像失去了所有拥有的权益，失去了热情的欢迎，最重要的是，失去了作为一个老顾客的关系和地位。

如果这种"个性化的顾客接触"可以应用到一家连锁店的所有零售店，甚至全世界的零售店呢？当我们认识服务人员，甚至和他们是朋友的时候，我们就能很舒服地进行个人接触。但如果是一个我们从未见过面的人呢？想象一下，当你走进城市另一边的一家星巴克。即使你从来没有踏进过这家店，店员也会微笑着热情地欢迎你回来，并叫出你的名字，甚至在你给他们看你的会员卡或信用卡或告诉他们你的订单之前，店员会问你是否要喝你通常喝的咖啡。你感觉如何？是因为被视为特殊的客人，像和这家店有着特殊的关系而印象深刻？还是因为一个完全陌生的人知道你的习惯而感到被侵犯？

在定制化服务和过于熟悉之间有一个微妙的界限，这个界限因人而异，且个体差异巨大。是否以及如何能在其他零售店认出一位老顾客以增进顾客关系，这取决于零售商。

入门指南

到目前为止，还没有提到需要复杂算法的地方。零售商可以从基本的拦截和处理开始。销售团队拥有处理大数据的设备，这个设备可以帮助销售团队快速、直观地了解面前的顾客，还需要有一个全新的销售参与过程，以根据现实情况来提高顾客体验。

考虑设定目标来捕捉真实的、观察到的事实，并将这些事实以简单易懂的语言记录下来。制定规则，在不冒犯顾客的情况下与顾客接触。那么，需要什么来展现结果呢？

- 一个想要了解和服务顾客的愿景
- 一个需要关注的战略商业问题
- 专注
- 快速可视化工具，如Qlikview将大数据转化为可操作的智能平台；如数据库，比如SAP HANA，可以存储结果
- 智能手机或智能平板电脑，快速获取信息
- 一个经过培训的销售团队可以根据智能软件采取行动，提升顾客体验
- 安全审查，以确保顾客隐私得到保护
- 密切关注员工与顾客之间的接触，并仔细考虑界限在哪里

作为顾客，如果我们看到了利用大数据和智能设备做出现场决策与扩大自身经验的益处，那么我们为什么不像商业领袖那样做呢？

资料来源：Adapted from Keith Carter, "Using Big Data to Amplify your Customer Experience," *Think Business*, 2 September 2013. Partially reproduced with permission of Think Business @ NUS Business School, National University of Singapore (http://thinkbusiness.nus.edu) Copyright NUS Business School.

企业通过使用CRM可以更好地了解顾客，可以提供更高水平的顾客服务，并发展更深入的顾客关系。企业利用大数据和CRM来识别高价值的顾客，将其作为目标做出更有效的努力，交叉销售企业产品，并根据顾客的具体需求量身定制产品。

CRM在具备很多好处的同时，也存在着消耗和风险，这不仅来源于原始顾客数据的收集，也来源于数据的维护和挖掘过程（见图4-5）。最常见的对CRM的误解是将其仅仅当作一种技术或软件解决方案。但是，只有技术并不能建立可盈利的顾客关系。事实上，CRM只是有效的全面顾客关系管理战略的一部分。一位CRM专家建议："聚焦于'R'。记住，关系是CRM的一切。"[19]

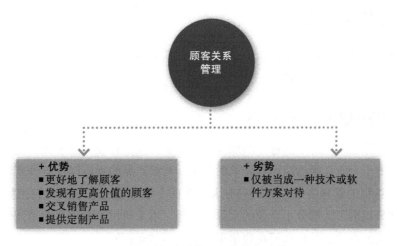

图 4-5　顾客关系管理的优势与劣势

4.6　营销信息传播和使用

营销信息只有在被用来改进营销决策的时候才具有价值。因此，营销信息系统必须使信息到达营销经理或其他做出营销决策的人，以及那些每天与顾客打交道的人。在某些情况下，这就意味着需要向经理进行日常绩效报告、情报更新或者调研结果报告。

但是，营销经理在一些特殊情况下和需要做出现场决策时，可能还需要一些非例行性的信息。例如，销售经理在处理大顾客订单时遇到麻烦，可能就需要参考该账户上一年的销售额和盈利的总结报告。又如，零售店经理在畅销产品卖完之后，就想要知道其他连锁店的存货情况。因此，信息传播涉及将信息输入数据库，并使其能够及时和易于被使用。

许多企业利用内网来实现这一过程。对于研究信息、存货报告、共享的工作文件、顾客和股东及其他信息，内网提供了一个迅速且便利的途径。例如，一些企业可以将顾客的订购电话与每日更新的顾客背景资料和顾客过去的购买信息结合起来。当服务代表与顾客通话的时候，通过从内网获得的信息，他们可以全方位地了解每一个顾客。

另外，企业逐渐开始允许关键顾客和价值网络成员通过外网获得账户信息、产品信息以及其他关于需求的信息。供应商、顾客、中间商以及其他网络成员可以访问企业的外网来更新其账户，安排采购，并通过存货水平检查订购情况。

香港联业制衣有限公司（TAL）已经建立了与彭尼百货商店（JCP）等主要大顾客进行联系的综合电子系统。企业可以直接从 JCP 的各个商店接收订单，并且通过自动系统汇集货物以满足订单要求。当库存清单中没有订单所要求的产品时，系统会自动将这些产品设置为优先生产。然后企业会为 JCP 的每一家商店单独包装货物并发货，并且告知其关于包装和运输的信息。TAL 与 JCP 都可以进入对方的信息系统以协调需求计划。TAL 还通过分析 JAP 各个销售点的数据来管理 JCP 的库存。[20]

如今，营销经理无论何时何地都可以很快地直接接入企业的信息系统，而且无论在家庭办公室、酒店客房或者在当地的星巴克，都可以通过无线网络进入该系统。营销经理可以从系统中直接且快速地获取所需信息，进而满足需求。

4.7 营销信息的其他问题

本节在两个具体情境下讨论营销信息：小企业和非营利组织的营销调研以及国际营销调研。最后，我们关注营销调研中的公共政策和道德问题。

4.7.1 小企业和非营利组织的营销调研

小企业和大企业一样都需要营销信息。刚成立的企业需要关于行业、竞争者、潜在顾客及市场对新产品的反应信息。而现存的小企业必须追踪顾客需求的变化、对新产品的反应以及竞争环境的变化。

小企业和非营利组织的管理者总以为，只有大企业的专家才能在巨额的研究预算下进行营销调研。确实，大规模的营销调研超出了大部分小企业的预算。然而，本章所讨论的许多营销调研工具也可以被小企业所采用，以一种非正式的方式，并且调研花费很少，甚至不需要预算。

小企业和非营利组织的管理者可以仅仅通过观察周围的事物来获得很好的营销信息。比如，零售商可以通过观察车辆和行人流量来评估其新店址，也可以通过搜集当地媒体的广告来监测竞争者的广告行为。它们可以记录在不同时间内购买产品的顾客数量和购物品种来估计顾客组合。另外，许多小企业的经理还经常拜访竞争对手，并与其交流信息。

管理者可以通过容量小且易于获得的样本进行非正式的调查。艺术博物馆的馆长可以通过非正式的焦点小组来了解赞助商对新展览的看法，可以邀请一小部分人共进午餐或者对感兴趣的话题进行讨论。零售商店的销售员可以与光顾本店的顾客聊天，医院的管理者可以与患者进行交流。餐厅经理可以在闲暇时对消费者进行随机电话访问，问问他们都去哪里外出就餐及其对本地区各餐馆的态度。

管理者还可以自己进行简单的实验。例如，通过改变常规募捐邮件的主题，然后观察结果，通过这种方式，非营利组织的管理者可以找出哪种营销战略更有效。通过变换不同的报纸广告，商店经理可以了解到不同广告尺寸和版面位置、不同价位优惠、不同媒体所带来的营销效果的区别。

小型组织也可以掌握对大型企业可用的大部分二手信息。地方图书馆的商业区是一个很好的信息来源。地方报纸也能提供关于当地的购买者及其购买方式的信息。最后，小企业只花费很少的成本就可以在网上获得大量的信息，可以浏览竞争者和顾客的网站，并且利用搜索引擎对某一家企业或就某一具体问题进行研究。

4.7.2 国际营销调研

国际营销调研与国内营销调研步骤相同，从界定调研问题到制订调研计划，再到报告结果。然而，国际营销调研往往面临着更多不同的问题。国内营销调研处理的是在一个国家内几乎同质的市场中的问题，而国际营销调研处理的是许多国家许多不同市场中的问题。这些市场通常因经济发展水平、文化、顾客和购买方式的不同而不同。

在许多国外市场，国际营销调研也许很难找到优质的二手资料。在美国，企业可以通过众多调研服务机构获得可靠的二手资料，而许多其他国家几乎没有调研服务机构。比如，在某些经济欠发达的亚洲国家，二手资料是不存在、不可靠的，或者说搜集成本非常高。许多亚洲国家通过地方政府机构对人口的估计来做出对总人口的估算，这样得到的数字纯粹是猜测或根据过去数字做出的判断。

由于缺乏优质的二手资料，国际营销调研人员不得不自己搜集原始资料。然而，原始资料的搜集也存在问题。比如，在亚洲新兴市场中，很难找到合适的样本。虽然发达国家的调研人员可以通过电话簿、普查资料或任何一种社会经济资料来源进行抽样，但是这些信息在欠发达国家是缺乏的。调查法也存在缺乏样本清单、没有受访者或者受访者资历不足的问题。

语言是最大的挑战。比如，有时，首先以某种语言设计调查问卷，然后再翻译成当地的语言，之后再将调研反馈翻译成调查设计的语言，以便分析和解释。这就增加了调研成本和出错的概率，而且将调查问卷由一种语言翻译成另一种语言也并不容易，许多习语、字句和陈述在不同文化中有着不同的意思。

不同国家的消费者对于营销调研的态度也不尽相同。某些国家的人也许非常愿意做出回应，而在另外一些国家，不愿意做出回应的人占大多数。某些国家的风俗也许是禁止人们同陌生人讲话。而在某些特定的文化中，调查问卷被视为过多地涉及私人生活。

即使受访者很乐意做出回应，但他们可能没有读写能力，无法做出回应。发展中国家的中产阶层经常做出虚假的陈述以展现其富有。比如，在印度一项对茶叶消费的研究中，超过70%的中等收入的受访者声称他们购买的是几大国际品牌之一。然而，调研人员有充分的理由对这个结论表示怀疑，因为在印度销售的茶叶中，有超过60%的茶叶是不知名的普通茶叶。

此外，在欠发达的亚洲市场中，调研信息到达受访者手中也非常不容易。由于人口的文化水平较低和缺乏高效的邮寄服务，调研人员不能依赖邮件调查；当电话普及率低和电话服务较差时，电话访问也不可行。这意味着调研人员只能主要依靠人员采访、焦点小组访谈以及观察法来了解市场。然而，当调研人员通过这些方法得到了关于市场的许多看法后，他们并不知道这些看法有多大的代表性。

亚洲不同国家和地区的调研能力也有很大差异。中国、印度、日本、菲律宾以及新加坡的市场调研行业相对先进；而印度及印度尼西亚，调研水平虽然有所发展，但是仍有很大的局限性。许多大型国际研究机构在多个国家或地区开展服务。比如，尼尔森在超过100个国家设有业务机构。

尽管存在上述问题，但国际营销的发展仍促使国际营销调研的应用快速增加。跨国公司除了进行全球调研外别无选择。虽然国际营销调研在成本和其他方面依然存在很多问题，但与错失机会和出错相比，不这样做的代价可能更高。一旦有了清晰的认识，国际营销调研存在的大部分问题都可以被克服或避免。

4.7.3 营销调研中的公共政策和道德问题

大多数营销调研都能使企业及顾客双方受益。然而，如果营销调研使用不当，会伤害和骚扰消费者。公共政策和道德问题是对消费者个人隐私的侵犯以及调研结果的滥用。

1. 对消费者个人隐私的侵犯

一些消费者担心，调研人员可能使用复杂的技术来获取其内心最深处的想法和感觉，然后再利用这些认知来操纵其购买行为。另外，他们还担心营销人员建立充斥着顾客个人信息的大型数据库。[21]

很难在进行市场调研时能够完全解决隐私问题。例如，营销人员可以追踪和分析消费者网站的点击率，并基于顾客浏览行为的信息对消费者个人投放相关的广告，这或许是件好事，也可能是件坏事。许多企业为了获得更多的反馈信息，往往对消费者在Youtube、Facebook、Twitter或其他公共社交网站上发表的言论进行实时监控。我们应该支持还是反对这些企业的做法？有一些消费者认为，这种行为是对他们隐私的侵犯。

还有一些消费者以前可能经历过所谓的"营销调研"，后来却发现"调研"只是试图销售产品给他们。而有的消费者将正当的营销调研当成电话推销，在调研人员开始前就予以拒绝。然而，更多的消费者只是反感被侵犯。他们不喜欢冗长的、涉及隐私的以及在不方便的时间打扰他们的邮件、电话或网络调查。

最后，如果调研人员在获取信息的同时能够提供一些有价值的东西，消费者将会欣然提供个人信息。比如，亚马逊在建立顾客购买产品记录数据库后，为顾客后续购买提供建议，这样消费者不会介意企业对个人信息的搜集，因为这样既可以节省时间又可以提供顾客价值。对于调研人员而言，最好的方法就是只询问自己需要的信息，负责任地通过这些信息来为顾客提供价值，并且在未经顾客同意的情况下避免与他人分享信息。

2. 调研结果的滥用

许多调研只不过是帮助企业推销产品的载体。在某些情况下，调研明显是被策划过的，只为了达到预期效果。大多数企业不会公开操纵研究计划，或是厚颜无耻地捏造调研结果，大多数调研结果的滥用只是隐蔽而微妙的"延伸"。考虑下面的例子。

克莱斯勒发起的一项调研声称，在试驾之后，美国人一定会选择克莱斯勒而非本田。然而，该项调研总共包括两项测试，每项测试只包括 100 个人。更关键的是，参加测试的人都没有一部非美国车，所以他们似乎更加偏爱美国车。[22]

因此，对调研的样本或对选项及问题的操纵，可以极大地影响最终结论。企业必须对其产品负责，及时公布调研结果，以便保护消费者及其自身的利益。

目标回顾

为了给顾客创造价值，并与之建立良好的顾客关系，营销人员首先要从他们的需要和需求中获取最新且深入的消费者洞察，而这些洞察来源于有效的营销信息。随着营销工具的不断发展，企业可以轻易地获取大量信息，有时甚至是过量的信息。企业面临的最大挑战是如何将海量的顾客信息转化为动态的顾客和市场洞察。

1. 解读信息在了解市场和顾客方面的重要性

营销过程始于对市场和消费者需要与需求的全面了解。因此，企业需要充分的信息，从而为顾客创造价值，令他们满意。企业还需要关于竞争者、分销商以及其他市场主体和力量的信息。逐渐地，营销人员不仅将信息看作制定更好的决策的一种资源，还将其看作一种重要的战略资产和营销工具。

2. 定义营销信息系统并讨论其组成部分

营销信息系统（MIS）是由人、设备和程序所组成的，为营销决策制定者收集、整理、分析、评价和传播其所需的及时的、正确的信息。一个设计良好的信息系统的出发点和归宿点都是顾客。

MIS 首先要评估信息需求。营销信息主要服务于营销部门和其他部门的管理者，也同样需要提供给外部的合作伙伴。其次，MIS 要通过内部数据库、竞争营销情报以及营销调研获取信息。内部数据库提供关于企业自身和部门的运营信息。这些数据往往很快并且以很低的成本就能获得，但经常需要改变以适应营销决策。竞争营销情报活动提供关于外部营销环境发展的信息。营销调研是企业对其面临的具体营销问题的相关信息的收集。最后，MIS 要将通过以上渠道收集的信息在适当的时间、以适当的形式传播给适当的管理者。

3. 概述营销调研过程的步骤

营销调研的第一步是界定问题和调研目标，即确定是探索性调研、描述性调研还是因果调研。第二步是开发调研计划，如何通过二手资料和原始资料收集数据。第三步是实施调研计划，包括收集、加工和分析信息。第四步是解释和报告结果，对信息进行进一步分析以帮助管理者更好地应用这些信息，并提供复杂的统计过程和模型，进而得出更严谨的结果。

相对于原始资料来源，内部和外部的二手资料来源往往能够以更低的成本更快速地提供信息，而且还能获得一些靠企业自身无法搜集到的信息。然而，企业真正需要的信息不一定都已经存在于二手资料中。调研人员必须对二手资料进行评估，以确保其相关性、准确性、及时性和公正性。原始资料的调研同样需要对这些属性进行评估。每一种原始数据研究方法——观察法、调查法和实验法，都有其优点和缺点。同样，每一种联系方法——邮件调查、电话访问、面谈访问和在线营销调研，也都有其优点和缺点。类似地，每种抽样方法都有其优点和缺点。

4. 解释企业如何分析和使用营销信息

通过内部数据库、竞争营销情报和营销调研获得的信息往往需要进一步分析，也许包括复杂的统计分析或是应用那些使营销人员做出更好决策的分析模型。为了更好地分析顾客个体数据，许多企业开发了具体的软件和分析技术，即顾客关系管理（CRM），用于整合、分析和应用数据库中大量的顾客个体信息。

营销信息只有在被用来改进营销决策时才具有价值，因此，营销信息系统必须使信息到达营销经理和其他制定营销决策的人及与顾客打交道的人。在某些情况下，这意味着要提供例行的报告和每日更新信息。另外，这还意味着在一些特殊情景下和需要做出现场决策时，应向营销经理提供非例行性的信息。许多企业利用内网和外网来实现这一过程。得益于现代先进的技术，今天的营销经理在几乎任何时间、任何地点都可以直接进入营销信息系统。

5. 讨论营销调研人员面临的特殊问题，包括公共政策和道德问题

一些营销人员面临着特殊的调研情景，如在小企业和非营利组织及在国际背景下进行的营销调研。小企业和非营利组织也可以用有限的预算来进行有效的营销调研。国际营销调研人员可以采用与国内情况相同的调研步骤，但会面临许多特殊的问题。任何组织都应该在营销调研中承担公共政策和道德问题方面的责任，包括对消费者个人隐私的侵犯和调研结果的滥用问题。

关键术语

big data 大数据
customer insights 消费者洞察
marketing information system（MIS） 营销信息系统（MIS）
internal database 内部数据库
competitive marketing intelligence 竞争营销情报
marketing research 营销调研
exploratory research 探索性调研
descriptive research 描述性调研
causal research 因果调研
secondary data 二手数据
primary data 原始数据
online database 在线数据库
observational research 观察法
ethnographic research 人种学研究
survey research 调查法
experimental research 实验法
focus group interviewing 焦点小组访谈
online marketing research 在线营销调研
online focus group 在线焦点小组
sample 样本
customer relationship management（CRM） 顾客关系管理

概念讨论

1. 讨论营销调研和营销信息的价值，分析这些价值是怎样获得的。
2. 什么信息对于营销人员更有价值，是内部数据库、竞争营销情报还是营销调研？这些信息来源有什么区别？
3. 解释原始数据和二手数据，分别说明它们适用的时机和它们的收集方法。
4. 基于网络的调查研究相对于传统的调查研究有什么优势？
5. 顾客关系管理如何帮助企业挖掘顾客价值？
6. 在国内和国外开展的营销研究，异同点在哪里？

概念应用

1. 访问 www.zoomerang.com 或者其他免费调研网站。使用这些网站上的工具，设计一个针对你们大学书店的调查问卷，该调查问卷需包含6个问题，并将这个调查问卷发送给你的10个朋友，然后统计结果。你对这种网上调查问卷有什么看法？
2. 假设你有兴趣为8～12岁的孩子开设一个教学中心，但你不确定这是否能盈利。讨论你在做决定前所需要的信息。进一步讲，假设你计划做一次调研以更好地评估需求，你将如何收集数据。
3. 竞争营销情报的一个来源是企业的网站，访问苹果公司的网站（www.apple.com），寻找可能对其竞争者有用的信息，并写一份简短的调查报告。

技术聚焦

你的头上有电线或可以看到你大脑内部的一个磁管。你猜测这一定在做体检吧？再想想——这是营销调研！市场营销研究越来越像科幻小说，现在出现了一个叫作神经营销学的新领域。神经营销学利用磁共振成像（MRI）等技术来观察消费者的大脑，试图理解消费者对营销刺激的认知和情感反应。一家名为Thinkingcraft的企业采用了一种名为"神经图学"的方法，帮助营销人员找出符合顾客思维方式的信息。广告公司奥姆尼康（Omnicon）利用"神经计划"为顾客确定合适的媒体组合。一项研究发现，在盲品测试中，消费者更喜欢百事可乐，而不是可口可乐，但当他们能看到品牌名称时，他们更喜欢可口可乐。得知品牌信息与不知道品牌信息相比，大脑被激活的区域是不一样的。这表明，营销人员让我们相信的东西比我们自己的味蕾告诉我们的信息更有说服力。

1. 了解"神经营销学"并讨论它的其他应用。
2. 批判人士对这类营销调研的实用性和道德性提出了担忧。讨论这种营销调研类型的优缺点。

道德聚焦

营销信息有助于企业深入了解顾客的需求，收集的竞争情报（competitive intelligence，CI）数据提供了部分信息。CI已经发展成一个成熟的行业，大多数大企业都建立了CI部门。但并非所有的情报收集都合乎道德或法律，即使是宝洁。1943年，宝洁的一名员工贿赂了利华兄弟（现在的联合利华）的一名员工，期望获得当时正在研发中的天鹅香皂的信息，以改善其象牙品牌。宝洁后来支付给联合利华600万美元（相当于今天的大约6 000万美元）的专利侵权费，解决了这个纠纷。考虑到象牙品牌获得的成功，这是一个很小的代价。而在2001年，宝洁再次向联合利华支付了1 000万美元的和解金，原因是一名承包商在联合利华办公室外的垃圾桶里翻找垃圾。实际上，宝洁自己举报了这一违规行为。最近，美国司法部长办公室终止了喜达屋酒店集团和希尔顿酒店集团之间的一起商业间谍诉讼案，因为它已经对希尔顿及其从喜达屋聘请的两名高管提起了刑事诉讼。美国特勤局估计，75%的知识产权盗窃都是雇员干的。威胁不仅存在于内部。美国联邦调查局正在追踪大约20个国家对美国企业的监控行为。

1. 再找一个商业间谍的例子，写一篇简短的报告。有罪的一方是支付赔偿还是服刑？讨论在企业间谍案件中应该采取何种惩罚措施。
2. 企业如何保护自己免受企业间谍活动的侵害？

营销和经济

美国哈拉斯娱乐公司（Harrah's Entertainment）

过去10年里，哈拉斯娱乐公司依靠独特的顾客关系管理（CRM）技能，成为赌博行业规模最大、利润最高的企业。该企业成功的基础是"全面奖励"（Total Rewards），这是一个顾客忠诚度计划。它收集顾客信息并进行挖掘，以识别重要顾客，通过定制化服务满足他们的特定需求。自2008~2010年全球经济衰退以来，哈拉斯的顾客数量已逐渐减少。不仅顾客光顾的次数减少了，而且曾经愿意花50美元的顾客现在也只愿意花25美元了。因此，哈拉斯的收入在过去两年出现下滑。不仅哈拉斯出现了这种情况，随着越来越多的人存钱或把钱花在必需品而不是娱乐上，这个行业的其他企业也在遭受损失。哈拉斯的顾客关系管理工作一直专注于取悦每一位顾客。该企业声称，顾客的消费额会随着感受到快乐而增加24%。但即使哈拉斯能够预测哪些顾客会受到演出门票、房间升级或免费芯片的激励，也无法使其免受经济衰退的痛苦。

1. 鉴于目前的经济形势，哈拉斯的业务下滑是否不可避免？或者哈拉斯能找到与顾客联系的新方法吗？你有什么建议吗？

2. 在经济困难时期，哈拉斯是否应该让人们在赌博上花更多的钱？

营销数字

你有没有因为某电视台因"低收视率"取消了你最喜欢的电视节目而感到失望？电视台没有征求你的意见，是吗？它可能也没有问你的任何朋友。对电视观众规模的估计是基于尼尔森所做的研究，尼尔森从美国超过1.13亿家庭中抽取了9 000个样本，来确定电视节目的全国收视率。从统计上看，这是远远不够的。

1. 访问 https://www.surveysystem.com/sscalc.htm，以确定1.13亿家庭的适当样本量。考虑显著性水平为0.05，样本需要多大才能保证95%的置信水平，需要多大才能保证99%的置信水平？简要解释什么是置信区间和置信水平。

2. 在人口规模分别为10亿、1万和100，显著性水平为0.05和置信区间为95%的情况下，样本需要多大？解释总体人口规模对样本量的影响。

企业案例

汇丰银行：了解顾客

企业领先于竞争对手的两个要素是了解顾客和提供更好的服务，这有助于提高顾客满意度和忠诚度。这些特点也能够使企业保持竞争优势。香港及上海汇丰银行有限公司（以下简称"汇丰"）是全球领先的金融服务机构，在亚太地区、欧洲、中东、非洲和美洲等71个国家及地区设有分支机构。

作为一家跨国公司，汇丰不仅与当地银行竞争，也与外国银行竞争。虽然本土银行对市场有更深入的了解，拥有本土优势，但外资银行往往拥有强大的资本基础和国际声誉。许多亚洲国家也开放了银行业，竞争变得更加激烈。

首先，汇丰定期进行各种本地调研，以更好地了解消费者模式。企业使用问卷调查，有些是线下的，有些是线上的。在亚太地区，至少有两项消费者在线调研可供选择。第一个是顾客服务热线满意度调查，它向消费者询问一些问题，比如他们打电话给银行的原因、对银行工作人员回答问题的满意度以及他们是否能够完成他们想要完成的事情等。

其次，汇丰有"快速银行渠道顾客满意度调查问卷"，要求消费者对银行提供的服务进行评分。银行提出的问题包括消费者如何描述他们对银行顾客服务代表的看法。在这个问题之后是银行顾客服务的不同方面，比如接听电话的时间、服务代表的沟通技巧以及这是不是一种积极的方式。每个问题消费者必须从三分制等级中选择一个——"1"表示顾客不满意，"2"表示顾客满意，"3"表示顾客非常满意。这项调研涵盖三个广泛的领域，包括电话银行、网上银行和ATM。它还解决了消费者的银行偏好问题。

讨论题

1. 访问以下资料来源部分所示的网站，分析汇丰银行的调查问卷。每个调查问卷试图收集哪些信息？调研目标是什么？

2. 关于汇丰使用这些调查问卷收集市场数据的

方法，你有何建议？

3. 在两份问卷中，哪一份设计得更好？为什么？你会如何改进它们？

4. 除了在线调研之外，汇丰银行还可以用什么方法来收集消费者的反馈？

资料来源："Customer Service Hotline Customer Satisfaction Survey," HSBC Bank (Vietnam) Ltd., 2016, https://www.apps.asiapacific.hsbc.com/1/2/vnm2/lead/general/customer_service_hotline_survey? WABFormEntryCommand=cmd_init; and "HSBC Express Banking Channels Customer Satisfaction Questionnaire," HSBC bank, https://bireysel.hsbc.com.tr/ENG/transactions/SURVCH_01.asp.

第 5 章
消费者市场及消费者购买行为

┊学习目标┊

1. 定义消费者市场,并构建一个关于消费者购买行为的简单模型。

2. 指出影响消费者购买行为的四个主要因素。

3. 列出并定义购买决策行为的主要类型以及购买决策过程的各个阶段。

4. 描述新产品的采用和推广过程。

┊预习基本概念┊

在第 4 章中,我们研究了营销人员如何通过获取、分析和使用信息来了解市场并评估社会营销活动。在本章及第 6 章中,我们将继续深入研究市场中最重要的元素——顾客。营销的目的是在某种程度上影响消费者对组织及营销供给的看法和反应。在本章中,我们将研究哪些因素和过程会影响最终消费者的购买行为。

你会发现,理解消费者购买行为是一项必不可少但又非常困难的任务。

为了更好地了解消费者行为的重要性,我们先来看看日本三丽鸥公司(Sanrio)推出的风靡全球的卡通人物——Hello Kitty。谁会购买 Hello Kitty 的商品?是什么打动了他们?

Hello Kitty:吸引消费者

Hello Kitty 于 1974 年 11 月 1 日诞生于英国剑桥郊区。她是一只没有嘴巴、聪明善良的小猫,现在和她的双胞胎妹妹 Mimmy 一起住在伦敦。Kitty 的体重仅相当于三个苹果,她擅长烘烤饼干,会为朋友制作煎饼,并与朋友一起购物、折纸和打网球。她的爱好很多,包括旅行、听音乐、阅读、交新朋友以及冒险。她的朋友有兔子、绵羊、浣熊和老鼠。另一个对 Kitty 来说很重要的人是亲爱的丹尼尔(Dear Daniel)。

Hello Kitty 是日本三丽鸥公司推出的众多虚拟人物中最有名的一个。Kitty 的创造者,也是三丽鸥公司的创始人兼总裁——辻信太郎(Shintaro Tsuji),通过对自己上小学的儿子的朋友的研究,来确定小朋友最喜欢哪种动物。结果显示,狗是首选,猫紧随其后。但狗的市场已被史努比所占据,因此他打造了一只猫,还设计了一个简单的问候语:Hello Kitty,并以此作为名字。

1974 年,Kitty 第一次出现在一个小钱包里。最初 Hello Kitty 针对的是日本处于青春期之前的女生,但现在它已经创造出了一个价值 18 亿美元的全球级营销现象,无论小孩、青少年还是成年女性,只要是喜欢甜美、可爱、女性化形象的人,都会被它所吸引。据估计,三丽鸥公司授权的产品达到 12 000 ~ 15 000 种。一个人可以真正生活在 Hello Kitty

的世界：在 Hello Kitty 的卧室里醒来，用 Hello Kitty 的设备做早餐，在 Hello Kitty 桌上使用 Hello Kitty 电脑工作，看着 Hello Kitty 电视放松，骑着 Hello Kitty 摩托车来到海滩，穿着 Hello Kitty 潜水服，然后踩着 Hello Kitty 冲浪板冲浪。有很多商店只销售 Hello Kitty 的产品。这只小猫已经被印在万事达卡的借记卡上，教年轻女孩如何使用借记卡购物。另外还有两个 Hello Kitty 的主题公园，即彩虹乐园与和谐乐园。

此外，企业将 Hello Kitty 的形象使用权授权给了其他行业，以进行促销活动。值得一提的是，麦当劳于 2000 年在几个亚洲国家推出了一系列 Kitty 收藏品。例如，新加坡顾客可以在购买超值套餐的同时购买娃娃。结果，需求量前所未有，大约有 25 万人为这些娃娃排起了长队。其间还发生了打架事件，最终导致警察介入以维持秩序、控制人群。据报道，成千上万的汉堡被丢弃，因为消费者只想得到这些玩偶。

1983 年和 1984 年，Hello Kitty 分别当选为美国和日本的联合国儿童基金会的儿童大使，自此 Hello Kitty 的吸引力得到全球的肯定。为何其吸引力如此之大？有些人认为，这是因为 Hello Kitty 生活在西方，而它来自日本。最初在日本推出时，企业将 Hello Kitty 定位为一种外国产品，一只生活在伦敦的猫。Kitty 的设计师山口由子说："Kitty 诞生时期，日本出过国的人很少，因此人们希望拥有西方国家的产品。于是我们便产生了这样的想法，如果 Kitty 说英语，一定会更加受欢迎。"

日本经济的长期衰退也为 Hello Kitty 的发展提供了动力。专题小组的一位研究成员称："当经济衰退时，你会追忆年轻时的时光。与其说去考虑严峻的经济形势，不如去买一台 Hello Kitty 冰箱。"三丽鸥公司认为 Kitty 之所以受到高中女生、年轻女性上班族及家庭主妇的欢迎，是因为 Kitty 满足了她们身处一个迷惘时代的怀旧需求。再加上 Kitty 柔软、圆滚滚、没有尖锐的牙齿与爪子以及安静的特性也激发了女性的某种保护欲和感情。

随着日本市场日渐变得成熟，Hello Kitty 也逐步向西方市场扩展，在此情景下，企业有必要进行一些战略调整。例如，美国人和日本人对可爱的认同观念不同。山口回忆："在美国，紫色和粉红色是非常强烈的颜色，而蓝色、黄色和红色是禁忌色，这就意味着需要设计两个 Kitty。不仅如此，有些图案也是禁忌，有一幅图描述的是当下大暴雨时，Kitty 拿着一把伞和一朵花，她旁边有一只蜗牛。在美国，这是不被接受的，因为该图案代表的是要消灭蜗牛。"

Hello Kitty 的魅力也可能源于日本的流行趋势。纽约麦肯广告的亚太顾客洞察总监大卫·麦考恩（David McCaughan）指出，东京是世界上最时尚的地方之一。作为城市旅行者（Urban Outfitters）的顾客莎拉·霍华德说："日式风格的独特性、装饰性和趣味性，已然成了一种时尚宣言。从书到手机等所有东西，女孩们都会选择用最可爱的 Hello Kitty 作为装饰。"

时尚达人菲丝·珀普康恩解释说，Hello Kitty 对企业女性的吸引力是它体现了"不妥协"的精神："这就像说女性是不能被控制的。我们可以穿着单色的阿玛尼套装，并立刻掏出 Hello Kitty 记事本。"从本质上讲，她代表着女孩的力量。热门电视剧《实习医生格蕾》就证明了这一点。在某一集中，当 Izzy 穿着 Hello Kitty 的内裤出现时，同为外科实习生的莫雷迪便称呼她为"Hello Kitty"。

该角色如此受欢迎，也有美国名流的功劳。玛丽亚·凯莉、卡梅隆·迪亚兹、海蒂·克拉姆、史蒂芬·泰勒、克里斯蒂娜·阿奎莱拉、卡门·伊莱克特拉以及帕丽斯·希尔顿和妮基·希尔顿都非常喜欢 Hello Kitty 的商品。歌手丽莎·勒布是 Hello Kitty 的粉丝，她曾推出粉色的 Hello Kitty 吉他，并专门为 Hello Kitty 制作了一张名为 *Hello Lisa* 的专辑。Hello Kitty 还同日本著名歌手滨崎步一道，与日本珠宝和饰品设计商 Ash & Diamonds 以及松下合作生产产品。例如，松下生产了一款印有 Hello Kitty 形象和滨崎步头像的 Lumix 相机，该相机只提供给滨崎步歌迷俱乐部的成员。

尽管 Hello Kitty 已经取得了一定的成功，但未来三丽鸥公司依然面临着挑战，在一些地区，假冒产品已经构成了威胁，而且随着市场的逐渐成熟，Hello Kitty 可能会过度曝光。亚美文化杂志 *Giant Robert* 曾经形容三丽鸥公司的授权行为太过积极。与此同时，Hello Kitty 面临着来自神奇宝贝、宠物蛋、维尼熊以及其他迪士尼角色的竞争。在三丽鸥公司内部员工之间流传着这样一个笑话："我们的 Kitty 是一只猫，而米老鼠只是一只老鼠，孰胜孰负，显而易见。"[1]

Hello Kitty 的例子表明，存在诸多因素会影响购买者的行为。消费者行为很复杂，研究它是营销管理必须要做的工作。**消费者购买行为**（consumer buyer behavior）指的是最终消费者的购买行为，即个人或家庭为满足自身消费而购买产品或服务。这些最终消费者组成了**消费者市场**（consumer market）。2015 年，全球消费者市场人数超过 72.6 亿，美国国内生产总值约为 113.7 万亿美元。[2] 仅亚洲，中国、印度、印度尼西亚、日本、韩国等国家就有 44.3 亿人，占世界人口的 60% 以上。亚洲已然成为全球最具吸引力的消费者市场。

消费者在年龄、收入、教育水平和品位等各个方面存在着巨大的差异。他们会购买完全不同的产品和服务。如何将这些多样化的消费者联系起来，以及如何将他们与选择产品、服务、企业的影响因素联系起来？在这里，我们将讨论诸多影响消费者购买行为的因素。

5.1　消费者行为模式

消费者每天都会做出大量的消费决策。营销人员可以通过研究消费者的购买情况，了解他们购买商品的种类、地点和价格。但想了解消费者购买行为的原因并不容易，因为这通常根植于消费者自己的心中。

营销人员所面临的挑战在于，他们需要通过了解消费者的心态来回答如下问题：消费者对于企业可能采取的各种营销手段会做何反应？研究的起点是如图 5-1 所示的刺激–反应模式。该模式表明，营销刺激和其他刺激因素共同进入消费者的"黑箱"，然后产生了某些反应。营销人员必须弄清楚"黑箱"里面的内容。

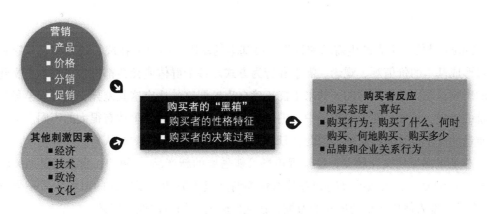

图 5-1　购买者行为模型

营销刺激因素包括 4P：产品、价格、分销和促销。其他刺激因素包括消费者所处环境中的主要外部力量和事件：经济、技术、政治和文化。所有这些因素都会进入消费者的"黑箱"，然后转换成一系列可以观察到的消费者反应：产品选择、品牌选择、经销商选择、购买时间和购买数量。

黑箱由两部分组成：第一，购买者的性格特征，这会影响消费者对刺激因素的感知和反应；第二，购买者的决策过程，决策过程本身也会影响购买行为。营销人员想要了解这些因素如何转换成消费者行为，首先要关注消费者的特征，然后再讨论消费者的决策过程。

5.2　影响消费者行为的特征

消费者的购买行为会受到文化、社会、个人和心理的强烈影响，如图 5-2 所示。在大多数情况下，营销人员无法控制这些因素，但他们必须要考虑这些因素。

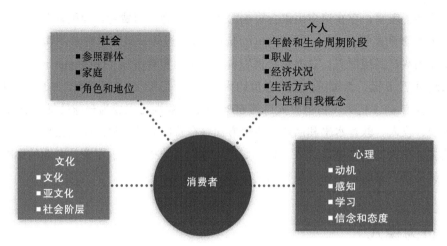

图 5-2　消费者行为影响因素

5.2.1　文化因素

文化因素对消费者的购买行为有着广泛而深远的影响。营销人员需要了解文化、亚文化和社会阶层对消费者的购买行为所起的作用。

1. 文化

文化（culture）是使一个人产生需求和行为的最基本的动因。一个人在成长过程中，从家庭和其他重要的机构中学习形成基本的价值观、观念、需求和行为方式。每个群体或社会都有自己的本土文化，因此文化对购买行为的影响也是因国家而异的，如果不能正确合理地调整并适应这些差异，很可能会导致营销无效和发生令人尴尬的错误。例如，在亚洲市场中，消费者对于产品包装的理念就有很大的不同。日本消费者将包装视为产品质量的一个很重要的象征，因此在日本文化中，产品包装通常被认为是一种艺术。

营销人员总是试图抓住文化转变，以发现市场可能需要的新产品。例如，当人们更加关注健康和健身时，运动器材、运动服装、天然的食物和各种饮料等商品或服务便有了巨大的市场。另一个很好的例子是Wipro，它改变了印度人使用传统的尿布的习惯，让他们转而使用一次性纸尿裤。

在印度，一次性纸尿裤被妈妈们视为虽然令人头疼但又必需的商品。妈妈们最大的担忧是宝宝穿着纸尿裤时会有不适感，这就使得很多祖母有提前给宝宝准备尿布的习惯。由于许多妈妈仍与祖父母一起生活，因此祖母对她们的影响很大。为了打破这一文化壁垒，Wipro 推出了"具有布般质感"（Cloth-Feel）的 Baby Soft 纸尿裤。这就减少了妈妈们的担忧心理，也改善了市场对 Wipro Baby Soft 品牌的接受度。这一品牌的纸尿裤提供了更好的舒适度和透气性，并且改善了吸收能力，让印度的妈妈们十分放心。

2. 亚文化

每种文化都包含较小的**亚文化**（subculture），或基于共同的生活经历和情境而具有共同价值体系的人群。亚文化包括民族、宗教、种族群体和地理区域。许多亚文化构成了重要的细分市场，营销人员经常根据这些市场的需求设计产品及制订营销计划。

虽然通常来说日本的文化是同质的，但也存在着来自主流文化的亚文化。例如，一种热衷于cosplay的亚文化，即装扮成他们认为最能鼓舞人心的角色。爱好者穿着哥特式洛丽塔、皮夹克猫王或他们最喜欢的动漫角色的衣服。

3. 社会阶层

社会阶层（social classes）相对比较稳定且有序，其成员具有相似的价值观、兴趣和行为。社会阶层不是由单一因素决定的，例如收入，而是受职业、收入、教育、财富和其他变量的组合的影响。在一些传统的社会制度中，例如印度的种姓制度，不同阶层的成员被指定担任某种角色，这使社会流动性变得困难。

营销人员对社会阶层很感兴趣，因为特定社会阶层的人往往表现出类似的购买行为。不同的社会阶层在服装、家居装饰、休闲活动和汽车购买等领域展示出独特的产品与品牌偏好。例如，印度的消费者随着社会阶层的提高，其生活方式也产生了变化。比如，人们现在认为空调等产品是实用品而非奢侈品。繁忙的生活方式也促进了真空吸尘器和微波炉等便利产品的销售。鉴于中产阶层的崛起，三星和LG等企业已将其产品从电视扩展到其他耐用品，如MP3播放器、DVD播放器和手机。[3]

5.2.2 社会因素

消费者的行为也受到社会因素的影响，例如消费者的小群体、家庭、社会角色和地位。

1. 群体和社交网络

一个人的行为受到许多**群体**（group）的影响。对群体成员有直接影响的群体被称为成员群体。相反，对照群体在一个人的行为和态度方面起着直接（面对面）或间接的比较与参考作用。人们通常也会受到他们并不属于的群体的影响。比如，崇拜性群体，它是指一个人渴望加入的群体，如一个年轻的学习跳舞的男孩希望有朝一日可以像周杰伦或一个受欢迎的K-pop组合一样，成为一位著名的歌手和舞者。

营销人员试图确定其目标市场的参照群体。参照群体可以使一个人接触到新的行为和生活方式，影响人的态度和自我认知，可能会影响个人对产品和品牌的选择。参照群体的重要性因产品和品牌的不同而不同。当购买者所关心的那些人能看到产品的时候，造成的影响力最大。

（1）口碑影响与蜂鸣营销。口碑影响可以对消费者的购买行为产生强大的影响。信任的朋友、同事和其他消费者的个人言论与建议往往比广告、销售人员等的推荐更可信。大多数口碑影响自然发生：消费者开始聊他们使用的品牌或者对使用某种商品的深切感受。通常情况下，营销人员可以帮助创建有关其品牌的积极对话，而不是置之不理。

受群体影响更大的品牌的营销人员必须设法吸引**意见领袖**（opinion leader），即那些身处参照群体，由于其特殊技能、知识、个性或其他特征而能对他人施加社会影响的人。一些专家称这些人是影响者或主要使用者，消费者会仔细倾听这些人的建议。营销人员应该为他们的产品确定意见领袖，并对他们进行直接营销。

蜂鸣营销（buzz marketing）涉及招募甚至创建意见领袖，作为宣传企业产品的"品牌大使"。现在许多企业都在创建品牌大使计划，试图将有影响力的日常顾客转变为品牌传播者。

（2）在线社交网络。**在线社交网络**（online social networks）是人们社交、交流信息和意见的在线社区，包括社交网站（Facebook和Twitter）、博客、留言板等。

日本的人均写博客数量远超世界平均水平。尽管说英语的人数是日本人口数的五倍，但以日语发布的博客（37%）比用英语发布的博客（36%）还要多一点。多达40%的日语博客是用手机发布的。与美国人相比，谦让、拘礼的文化传统让日本人倾向于发较多简短的匿名博客。日本的博主很少讨论政治话题，也很少夸耀自己的专业能力，而且基本上不发表批评言论。他们博客的主要内容就是描写花、草、猫、狗，记录自行车和早餐，议论一些小玩意和电视明星。[4]

营销人员正在利用这些社交网络和其他"网络文字"机会来推销他们的产品，与消费者建立更进一步的关系。例如，本田在美国推出了一个名为"每个人都认识一个喜欢本田的人"的 Facebook 页面，它鼓励浏览者发布他们自己或他们的朋友与本田的故事。它首先得到了一些在线广告的支持，之后本田增加了电视广告，最终增加了120多万名粉丝，之后添加了另一个名为 Love.Honda.com 的网站，并将该网站链接到 Facebook 的页面。[5]

营销人员希望通过互联网和社交网络与消费者互动，但是，在使用在线社交网络时必须小心谨慎，因为结果往往难以度量和控制（见实战营销5-1）。用户可能会控制互动内容，导致社交网络营销尝试适得其反。

实战营销5-1

网络言论：利用在线社交的影响力

人们喜爱谈论那些令人愉快的事情，包括他们喜爱的产品和品牌，如果你买了一台索尼新款 GPS 相机，并且你很喜欢它，那你很难独享这份快乐。过去，你只能与家人和朋友聊这些品牌，但是今天，由于有了网络技术，任何人都可以跟上千甚至上百万消费者分享他们的产品体验。

鉴于在线社交活动的爆发，营销团队现在正在积极地利用新发现的技术，让人们通过互联网与他们的品牌进行交流和互动。无论引入在线品牌大使，利用现有的在线影响力和社交网络，还是开发能够产生蜂鸣营销和激发对话的活动及视频，网络上都充斥着营销尝试，意图创建品牌对话和在线互动。

企业可以通过创建自己的在线品牌作为传播的渠道，比如2007年，索尼通过选取普通人作为在线品牌大使发布了 GPS 相机，这是一款可以记录每张照片的准确位置信息并可以在谷歌地图上在线定位的高科技设备。索尼选择了25名热爱旅行、喜欢摄影并且爱写博客的消费者，送给他们这样一款相机，教他们如何使用。索尼鼓励大使们向他们的朋友、关注者和其他想了解相机的人展示这款产品。企业还要求他们每周在专用的索尼微网站和其他社交网站上发布折扣优惠券及博客，宣传他们的旅行和拍照经历。

与西方相比，中国的消费者更有可能从品牌中寻求娱乐内容。因此，专注于户外用品的美国零售企业 The North Face 找到了一位关键意见领袖，创建了一个有效的活动来推广其羽绒服系列。这个人发布了几个自己将羽绒服装入许多家居用品的视频。

营销人员通过在线和离线调查以及"朋友加朋友"的方式来招募倡导者。参与者被要求完成撰写和发布产品评论等任务。最具吸引力的消费者会被识别出来，他们会得到产品套件，以便在活动期间（线上和线下）传播品牌信息。在南京举办的好奇"Growing Up"纸尿裤活动中，由于有品牌大使，销售额增长了160%。

制作一个让人们畅谈的好广告，可能是吸引受众注意力并通过网络影响市场的最有效和最简单的方式之一。几乎每家企业都在制作新颖的品牌赞助视频，并将其发布到网上，希望能够获得大量点评并产生病毒式传播现象。企业可以从丰田的社交媒体战略中吸取经验，该战略包括三个步骤。第一，创建品牌短视频。在坦途汽车的推广活动中，丰田在 Instagram 上拍摄了几个15秒的视频，并通过 Facebook 的付费广告分享给消费者。这些视频在覆盖主要消费群体的同时有助于降低广告成本。第二，跟踪和分析 Facebook 与 Twitter 上的帖子及讨论。这使得丰田能够识别出那些将丰田汽车与竞争对手的汽车进行比较的潜在买家，让丰田感知消费者情绪。第三，Pinterest 是一个基于兴趣和想法的社交网站，丰田通过在 Pinterest 上发布赛车手的时尚照片，以提高品牌吸引力。这也有助于使品牌变得人性化并与消费者建立情感联系，从而使丰田成为一个更加平易近人、对消费者更友好的品牌。

在线社交影响力也可以作为市场研究的来源。三星与苹果的竞争说明了这一点。三星战略性地使用社交数据攻击苹果，它搜索来自 Tumblr、Twitter 和 YouTube 等社交网站的帖子与推文，确定了顾客针对苹果产品的具体投诉，以此来证明自己的产品优于苹果的产品。它的搜索结果显示，苹果的消费者对 iPhone 相对较差的电池寿命非常失望，质疑 Apple Maps 的准确性、完整性及其脆弱的构建框架。如果使用得当，这些信息和社交媒体的影响力不仅可以塑造一个更强大的品牌，还会为未来的产品开发计划和战略创造机会。

资料来源：Elisabeth A. Sullivan, "Blog Savvy," *Marketing News*, 15 November 2009, p. 8; "Why Local Digital Advertising Agencies have Upper Hand in China," www.advertisingage.com, 29 April 2013; Jess Owens, "How Samsung Outflanked Apple using Social Media Research," www.researchaccess.com, 1 July 2014; Ray Wang, "What Small Businesses Can Learn from Toyota's Social Media Marketing Strategy," www.smallbusinessbc.ca, 12 February 2015.

另外，即便是社交网站，它们也要对自身进行营销。比如 MySpace 努力宣传，提升品牌在印度的知名度。考虑到印度人对电影的喜好，当用户播放电影时，MySpace 为用户提供独有的黑色背景屏幕，令人称赞。与此同时，MySpace 与电影发行商合作，在电影正式公映前为其用户提供预告片。当 MySpace 用户观看放映时，他们还可以见到其他用户，这样的线下活动更加强了在线社交网络的黏性。[6]

2. 家庭

家庭成员会极大地影响购买行为。家庭是社会中最重要的消费者购买组织，业内对于这一群体已经做了广泛的研究。营销人员关心的是家庭中丈夫、妻子、孩子在购买不同产品和服务时所扮演的角色。

丈夫或妻子对购买的主导程度依据产品种类和购买过程中的阶段不同而不同。购买角色也随着消费者生活方式的演变而变化。通常，妻子是家庭在食品、日用品和服装方面的主要购买者。然而，随着越来越多的女性在外工作以及丈夫愿意承担更多的家庭购买任务，购买角色和生活方式也已发生了变化。

这些变化表明，那些只销售男性或者女性用品的营销人员，现在正在积极地讨好异性的消费者。例如，如今女性在科技产品的购买者中占据了很高的比例，因此消费电子公司需要针对女性消费者设计更加简单、易用的产品，以加强产品的吸引力。

以往，消费电子产品的工程师和设计师都根据男性的品位、习惯和需求来决定产品的设计，但现在他们更"女性化"、更"温柔"，设计出的产品不再是充满阳刚气息、棱角分明。很多新的设计也很微妙，比如索尼新款笔记本电脑上更宽的按键距离，适应了女性纤长的手指。LG 电子最新发布的手机也根据女性胳膊的长度校正了照相机的自动对焦功能。因为它通过调查发现，女性更喜欢与朋友自拍合影，而男士通常很少这样做。尼康和奥林巴斯也发布了为女性设计的更轻、更简洁的产品——易用的单反数码相机，因为在家庭中，女性往往是回忆的收集者。

孩子也会对家庭购买决策产生很大的影响。一项研究表明，孩子对家庭度假地点以及汽车和手机的购买决策有很大的影响。[7] 因为在亚洲文化中，孩子深受重视，很多家长宁愿牺牲自己的舒适感来换取孩子幸福感。因此，许多亚洲家庭在与孩子相关的儿童福利、教育和发展方面的消费支出会比较高。

例如，在中国，父母大约一半的收入都花在了孩子身上。孩子的费用支出还包括艺术、语言、阅读、绘画和钢琴课程。[8]

3. 角色和地位

一个人在社会中会属于多个群体——家庭、俱乐部和各类组织。我们可以根据角色和地位来定义每个人在每个群体中的位置。角色由周围的人期望此人履行的所有职责构成。每个角色都表示着一种地位，反映出社会给予此人的尊重程度。

人们通常会选择适合其角色和地位的产品。考虑一位有工作的母亲所承担的几种角色：在企业里，她是品牌经理；在家庭中，她是妻子和母亲；在她最喜欢的体育赛事中，她是狂热的粉丝。作为经理，她会购买能反映她在企业中的角色和地位的衣服。

5.2.3 个人因素

购买者决策也受到个人特征的影响，例如年龄和生命周期阶段、职业、经济状况、生活方式、个性和自我概念。

1. 年龄和生命周期阶段

人在其一生中的不同阶段会购买不同的产品和服务，对食物、服装、家具和娱乐的品位都随年龄而变化。购买行为也受家庭生命周期阶段的影响——随着时间的流逝，家庭可能会经历的阶段。营销人员通常以生命周期阶段来定义其目标顾客市场，并为每个阶段的顾客开发适合的产品和营销计划。

传统的家庭生命周期阶段包括年轻单身人士和已婚有子女的家庭。然而，现在营销人员正在瞄准其他一些非传统的家庭生命周期阶段，如单身未婚人士、无子女的夫妻、单亲家庭、扩展的家庭（包含有与家长同住的年轻成年孩子的家庭）等。

加拿大皇家银行（RBC Royal Bank）将人的整个生命周期分成 5 个阶段。人生的年轻阶段包括低于 18 岁的年轻消费者。人生的起步阶段包括年龄为 18～35 岁的消费者，他们正在尝试人生的第一次体验，比如毕业、第一张信用卡、第一辆车、第一笔贷款、婚姻以及第一个小孩。人生的塑造阶段包括年龄处于 35～50 岁的消费者，他们正处于收入的最高峰时期。因为他们要建立事业和家庭，所以会更多地借款而不是投资。人生的积淀阶段包括年龄处于 50～60 岁的消费者，他们关心如何做好储蓄以及如何进行明智的投资。最后一个阶段，即人生的修养阶段包括超过 60 岁的消费者，他们希望能够最大化其退休收入，以维持他们想要的生活方式。加拿大皇家银行为不同阶段的消费者提供不同的服务。例如，对于塑造阶段的人，即那些面临许多支出的人，银行着重推出贷款和债务管理服务。[9]

2. 职业

一个人的职业会影响其所购买的商品和服务。蓝领倾向于购买更结实耐用的工作服，而高管更多地购买商务套装。营销人员试图找到那些对他们的产品和服务有较高兴趣的职业群体。

3. 经济状况

一个人的经济状况会影响其对产品的选择。收入敏感型商品的营销人员需要观察个人收入、储蓄和利率的趋势。如果经济指标显示经济衰退，营销人员紧接着就可以采取措施对商品进行重新设计、重新定位及重新定价。一些营销人员将那些拥有很多资金和资源的人定位为目标顾客，并且制定相应的价格。例如，劳力士将奢侈手表定位为"对优雅的致敬、激情的源泉、永恒的象征"。而其他营销人员利用更为温和的手段定位目标顾客，如天美时为消费者提供价格更实惠的手表。

中国经济存在发展不平衡现象。一部分是只能买得起当地制作的衣服的城镇居民，另一部分是不但购买爱马仕和巴宝莉等西方奢侈品牌，而且热衷于本土具有中国概念的品牌，如麒麟珠宝、源（Blanc de Chine）和东北虎。中国的奢侈品消费者一直在寻找能强调中国文化的商品，而不仅仅是体现西方传统和奢华的商品。因此，上海滩发布了专注于中国市场的 Shang Xia 品牌来满足这一变化的需求。[10]

4. 生活方式

来自相同亚文化、社会阶层和有着相同职业的人可能有完全不同的生活方式。**生活方式**（lifestyle）是一个人的生活模式，可以通过其心理特征表现出来。心理特征衡量了消费者主要的 AIO 维度——活动（工作、爱好、购物、运动和社交）、兴趣（食物、时尚、家庭和娱乐）以及观点（自我、社会实践、商业和产品）。生活方式可以反映除了人的社会地位和个性以外更多的内容，它描绘了一个人在这个世界上活动和交流的全貌。

Retail China，一家总部位于中国香港的零售商，发现中国 40 岁以下的专业人士通常具有现代国际视野，并且旅行经历丰富。他们当中很多人是首次置业，在寻找适合他们新居的家具和设计风格。Retail China 面向他们推出了 La Vie En Rose，一个高于大众市场的泳装和内衣品牌。它雇用的销售人员不仅在推销这一品牌，更是在培养顾客：为什么舒适合身的泳装更好，或者如何搭配不同风格的衣服，这就使得该企业能够向愿意购买产品的目标顾客收取溢价。[11]

一些研究企业对人们的生活方式进行了分类。使用最广泛的是 SRI 咨询公司提出的价值和生活方式（VALS）分类（见图 5-3）。VALS 根据心理特征以及与购买行为（包括如何花费时间和金钱）相关的四个人

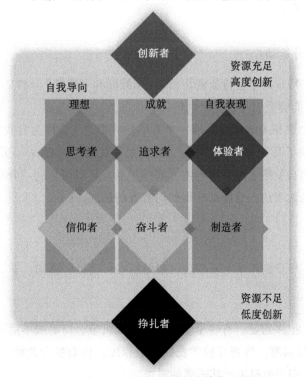

图 5-3　VALS 生活方式分类

口统计数据对人进行分类。它基于两个主要维度——自我导向和资源将消费者分为八种。**自我导向**（primary motivation）包括理想、成就和自我表现。根据 SRI-BI，那些主要通过理想激励的消费者受到知识和原则的引导，那些主要受成就激励的消费者会寻找能够向同行证明其成功的产品和服务，而那些主要受自我表现激励的消费者渴望社交或者运动、变化和风险。

每个导向的消费者又进一步分为资源充足和资源不足型消费者，这具体取决于他们的收入水平、教育背景、健康情况、自信程度、精力和其他因素。具有非常高或非常低资源水平的极端消费者可以直接分类，无须考虑他们的个人导向（创新者、挣扎者）。创新者是拥有很多资源的人，他们在不同程度上展示了上述三种导向。相比之下，挣扎者是资源非常少的人，他们没有表现出强烈的导向，必须专注于满足需求而不是满足欲望。

5. 个性和自我概念

每个人独特的个性都会影响其购买行为。**个性**（personality）是指一个人独特的心理特征，这些特征能使一个人对他所处的环境产生相对稳定和持久的反应。个性通常以性格特征的形式反映出来，例如自信、主导性、交际能力、自我约束能力、自我保护能力、适应能力和进取心。个性对分析消费者对某些产品或品牌的选择行为是非常有用的。比如，咖啡经销商就发现，爱喝咖啡的人通常都比较善于交际。因此，为了吸引顾客，星巴克和其他咖啡店就为顾客营造了一种能够一边喝着热气腾腾的咖啡，一边轻松社交的氛围。

品牌也是具有个性的，并且消费者总是倾向于选择那些与其个性相匹配的品牌。**品牌个性**（brand personality）是指某个可以赋予特定品牌以人类性格特征的组合。关于中国年轻人的一项研究表明，耐克被认为是拥有"最酷"的个性的品牌（30%），随后是索尼和阿迪达斯。[12]

一位研究人员总结了品牌的五种个性特征：[13]

- 真诚（实际、诚实、安全、乐观）；
- 刺激（勇敢、充满活力、想象力丰富、时尚）；
- 能干（可靠、聪明、成功）；
- 精致（高档、迷人）；
- 粗犷（结实、适合户外运动）。

一些知名品牌都与某些特定的个性特征密切相关：李维斯和"粗犷"、MTV 和"刺激"、CNN 和"能干"、多芬和"真诚"。这些品牌能够吸引与这些个性特征相似的人。

许多营销人员使用与个性相关的概念，即一个人的自我概念（也称为自我形象）。自我概念的基本假设是人们所拥有的塑造并反映了其身份，也就是说"我们就是我们所拥有的"。因此，要理解消费者行为，营销人员必须先理解消费者的自我概念与其所有物之间的关系。可口可乐的"分享可口可乐"活动，在可乐罐上加上了个性化名称和本地化表达，这有助于得到消费者的认同。

5.2.4 心理因素

一个人的购买选择进一步受到四个主要心理因素的影响：动机、感知、学习、信念和态度。

1. 动机

一个人在任何时间都有很多需要。有些是生理需要，如饥饿、口渴或不适等。有些是心理需要，因为人们渴望得到认同、尊重或归属感。当需要被激发到一定程度，就会变为激励。**动机**（motive），也称**驱动力**（drive），是一种能够促使人们去追寻满足其需要的需求。

隐形眼镜因 Lady Gaga 迷人的大眼睛而风靡,并在亚洲大获流行。在日本、新加坡、韩国,从十几岁的女孩到年轻女性,都努力地使自己的眼睛看起来更大、更亮,于是她们纷纷戴上了美瞳。这些眼镜混合了各种色彩,有紫色也有粉色,使配戴者展现出孩童般天真无邪的目光。它不仅像正常眼镜一样覆盖住虹膜,还覆盖了一部分眼白,因此使眼睛看起来更大。网络上常常可以看见韩国的女孩们佩戴着美瞳拍摄的大头贴。[14]

心理学家已经推动了人类动机理论的发展,在众多理论中,我们重点讨论两个:弗洛伊德的理论和马斯洛的需求理论。弗洛伊德假定,人们在大部分情况下对实际影响他们行为的心理力量是无意识的。人在逐渐长大的过程中不断地压抑许多欲望,这些欲望从来就没有消失或受到很好的控制。它们在睡梦中出现,在不经意的时候被说出,在人们神经质的行为中表现出来,或者最后在精神病患者身上体现出来。弗洛伊德的理论表明,一个人的购买决策受到潜意识动机的影响,也许购买者本身并不了解这些潜在动机。因此,一个婴儿潮时期出生的人购买了一辆奥迪 R8 运动型跑车,这车在热门电影《钢铁侠》中出现过,这可能会被简单地解释成他只是喜欢风吹过头发的感觉。从更深入的层次来考虑,他可能希望给他人留下成功人士的印象。如果再深入,他购买这辆车可能是希望自己可以再次感受到年轻和独立。

动机研究旨在探究消费者隐藏的潜意识动机,并将其定性。消费者通常不知道或不能描述他们为何如此行事。因此,动机研究人员使用各种探测技术来揭示消费者对品牌和购买情境的潜在情绪及态度,通过句子填空、词语分类、墨迹和卡通解释测试。

另一个动机理论是马斯洛提出的。他试图解释为什么人们会在特定的时间被特定的需求所驱使。为什么有些人在追求个人安全上花费大量的时间和精力,而有的人却花在了如何获得别人的尊重上。马斯洛的答案是,人的需求按照层次排列,如图 5-4 所示,从最底层最迫切的需求到最顶层相对不那么迫切的需求,分别为生理需求、安全需求、社交需求、被尊重的需求和自我实现的需求。[15]

图 5-4 马斯洛需求层次

一个人首先会试图满足其最迫切的需求。当该需求得到满足时,它不再是一个激励因素,此人将尝试满足下一种需求。例如,饥饿的人(生理需求)不会对艺术界的新闻感兴趣(自我实现需求),亦不会在乎他人如何看待自己或被尊重与否(社交或被尊重的需求),甚至他们呼吸的空气是否清新也都无关紧要(安全需求)。但当一种重要需求被满足后,下一种重要需求便随之产生。

2. 感知

一个目的明确的人会随时准备行动。其所处环境如何影响他对事物的感知呢？我们都是通过五种感官来获得信息的：视觉、听觉、嗅觉、触觉和味觉。然而，我们每个人都用各自不同的方式来接收、整理和理解这些感官信息。**感知**（perception）是人们为了对世界形成一个有意义的图像而选择、整理和理解信息的过程。

人对相同的刺激可以形成不同的感知，这是由于人们经历了三种感知过程：选择性注意、选择性扭曲和选择性记忆。人们每天都暴露在大量刺激之下，一位分析师估计，人们每天会接触到 3 000 ~ 5 000 个广告。[16] 人们对所有的这些刺激都关注显然是不可能的。选择性注意，即人们倾向于屏蔽他们接触到的大部分信息，这意味着营销人员必须极其努力地吸引消费者的注意力。

日本女性每周能看到 1 000 多个广告。在这样一个广告铺天盖地、技术也在挑战广告有效性的时代，联合利华为推广旗下的力士洗发水，在中国和日本播放了一条 7 分钟的好莱坞风格的微电影——《炼金术师》。这个电影讲述了在一个高度机密的实验室内的一场摩托车追逐战，这里生产的力士洗发水能够使人永葆青春。之后在一个舞会上，演员凯瑟琳·泽塔琼斯耀眼的秀发和她的车手同伴占据了舞台的中央。为了克服选择性注意，联合利华在中国中央电视台和福克斯电视台购买了 5 分钟的整段时间来播放这段微电影。联合利华认为，与其在广告中请明星出镜，不如让明星进入电影的世界更能让消费者贴近品牌。[17]

即使是那些被注意到的刺激，也不总是能达到预期。每个人都用一种固定的思维方式来处理接收到的信息。选择性扭曲是指人们总是倾向于以一种能够支持自己已有观点的方式对信息进行理解。比如，如果你不信任一家企业，那你可能对这家企业真实的广告都会产生怀疑。选择性扭曲意味着营销人员必须试着了解消费者固定的思维模式，并了解这将如何影响消费者对广告和促销信息的理解。

人们经常忘记他们学习过的内容。他们倾向于记住那些支持他们态度和信念的信息。因为选择性记忆的存在，顾客常常喜欢记住他们喜爱的品牌的优点，而忘记竞争品牌的优点。因为选择性的过程、曲解和记忆，营销人员必须努力让他们的信息留在消费者心中。这也就解释了为什么营销人员要用戏剧化、重复化的方式来向市场传递信息。

3. 学习

人们的活动往往伴随着学习。**学习**（learning）是指由经验引起的个人行为的改变。学习理论学家认为，人类的大多数行为都是通过学习得来的。一个人的学习是通过驱动力、刺激、暗示、反应和强化的交互影响而产生的。

驱动力是一种要求行动的强烈的内在刺激。当驱动力指向一个特定的刺激源时，驱动力就会变成动机。例如，一个人自我实现的驱动力可能会促使他考虑购买一台数码相机。消费者购买相机的想法是源于周围环境对他的暗示。暗示是那些微小的刺激源，决定了一个人在某时、某地以及如何做出反应。例如，该消费者可能在商店橱窗中看中了几种相机品牌，或是听到一个特别的促销价格，也可能是和一位朋友讨论过相机。这些都可能会影响消费者购买产品的兴趣。

假设消费者购买了佳能数码相机。如果这次购买的体验很棒，消费者很可能越来越多地使用它，并且这种对佳能品牌产品的感受将被强化。当再次购买相机、镜头或其他类似产品时，他将大概率继续选择佳能的产品。学习理论对营销人员的实际意义在于，他们可以将产品与消费者强大的驱动力相结合，使用激励暗示并提供积极的强化来增加消费者对产品的需求。

4. 信念和态度

通过实践和学习，人们有了信念和态度。反过来，信念和态度又会影响人们的购买行为。**信念**（belief）是一个人对某些事物所持的描绘性的想法。这些信念可能基于实践经验、观点和信仰，也可能包括情感因素。营销人员对人们关于特定产品和服务形成的信念很感兴趣，因为这些信念组成了产品和品牌形象的一部分，并且影响着消费者的购买行为。如果某些信念不太妥当并且会阻碍消费者的购买行为，营销人员就会发起活动来进行更正。

人们对宗教、政治、服装、音乐、食物等几乎所有东西都持有态度。**态度**（attitude）是人们对某个事物或观念所持的一致的评价、感受和倾向。态度使人们喜欢或厌恶、亲近或疏远某一事物。数码相机的购买者可能持有某些态度，例如"购买最好的产品""日本人生产世界上最优质的产品"和"创造力和自我表达是人生中最重要的两件事情"。如果是这样的话，尼康相机将很好地适应消费者现有的态度。

态度是很难改变的。一个人所持有的态度会形成一种模式，要改变一种态度可能需要对很多其他态度做出调整。因此，企业通常应该尝试使其产品符合现有消费者的态度，而不是试图改变消费者的态度。

Reac JAPAN 是一家生产打包盒的企业，其发展遇到了阻力。日本仅能够生产本国所需粮食的 40%，但在 2007 年，大约 305 万吨的食物被餐厅当作垃圾扔掉。因此餐厅为顾客提供了打包盒，使顾客将剩菜剩饭带回去，以减少浪费，这看起来很有必要。于是该企业开发了一种奇特的打包盒，这种盒子由薄塑料制成，在不使用时可以折叠平整，清洗之后也能重复利用。这种盒子一组两件，售价 819 日元，在连锁店 Tokyu Hands 有售，该连锁店的商品经常引领日本时尚潮流。然而，市场反应并不好。在调查的 90 家餐厅中，只有 30 家愿意提供打包服务，因为它们普遍认为顾客将剩饭打包带回去食用，餐厅会有风险，尤其是大型连锁餐饮企业会担心食品卫生和食物中毒的问题。它们只会在一小部分顾客要求打包时提供打包服务，而不是在饭后随时提供这种打包盒。因此，打包剩饭的态度在日本并不普遍。[18]

5.3 购买决策行为类型

消费者在购买一支牙膏、一个 iPod、一项金融服务和一辆新汽车时，其购买行为会有很大的不同。越复杂的决策，往往涉及越多的购买参与者和购买者思考。图 5-5 显示了基于消费者介入程度和品牌间差异程度的消费者购买行为类型。

	高介入度	低介入度
品牌间存在较大差异	复杂的购买行为	寻求多样性的购买行为
品牌间存在较小差异	减少失调的购买行为	习惯性购买行为

图 5-5 四种购买行为

5.3.1 复杂的购买行为

当消费者的介入程度很高，并感知到不同的品牌间存在较大差异时，他们的行为就是**复杂的购买行为**（complex buying behavior）。消费者一般在购买那些较昂贵、购买较少、风险较高以及彰显个性的产品时会非常谨慎，通常情况下消费者需要学习大量的产品知识。例如，电脑购买者可能不知道该考量电脑哪些方面的属性。具体而言，许多产品功能也许没有任何实际意义，比如说"3.2GHz 的英特尔酷睿 i7 处理器""WUXGA 主动矩阵式显示屏"，或者"8GB 双通道 DDR2 SDRAM 内存"。

该购买者会经历一个学习的过程：首先产生对产品的观念，接着形成态度，然后做出慎重的购买选择。高介入度产品的营销人员必须了解高介入度的消费者的信息收集和评价行为。他们需要帮助购买者了解有关产品的属性和各个属性的重要性。此外，营销人员还需要区别其品牌的特征，可以通过大篇幅的传单彩页来介绍品牌的优势，同时，还必须动员商店销售人员和购买者的朋友来影响消费者最终的品牌选择。

5.3.2 减少失调的购买行为

当消费者高度介入一个昂贵、购买较少或高风险的产品购买行为中，但又感知到品牌之间的差异很小时，**减少失调的购买行为**（dissonance-reducing buying behavior）就产生了。比如，消费者在购买相机时就面临一个高度介入的决定，因为相机的价格昂贵而且可以展现个性。但是，购买者又会认为在一定价格范围内所有的相机差别不大。在这种情况下，由于感知的品牌差异不大，购买者可能货比三家，了解市场上有哪些种类的相机，可能会相对较快地做出购买决定。他们可能更倾向于价格实惠或购买方便的产品。

在购买之后，当消费者发现其所购买相机品牌的缺点或是听到一些关于其他没有购买的相机品牌的优点时，就可能产生**购买后失调**（post-purchase dissonance）。为了应对这种失调，营销人员在售后应该提供证明和支持，帮助购买者对其选择的品牌保持良好的感觉。

5.3.3 习惯性购买行为

习惯性购买行为（habitual buying behavior）出现在消费者介入度低且品牌间差异较小的情况下（见图 5-6）。以购买食盐为例，消费者在这种产品类别中的介入度很低，他们只是走进商店，然后挑一个商店里有的牌子。如果持续地购买某一个品牌，那只是出于习惯，而不是出于品牌忠诚。消费者对大多数价格低廉、经常购买的产品的介入度都很低。

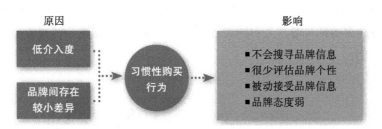

图 5-6　习惯性购买行为的原因和影响

在这种情况下，消费者行为不会按照通常的信念 – 态度 – 行为的顺序进行。他们不会广泛搜索有关品牌的信息，评估品牌特征，并对要购买的品牌做出重大决策。相反，他们只是在看电视或阅读杂志时被动地接收信息。重复的广告会使消费者产生品牌熟悉度而非品牌信念。由于消费者对这类产品的介入度不高，即使在购买后可能也不会评价其购买选择。因此，这种购买过程通过让消费者被动学习形成品牌信念，然后做出购买行为，随后有可能产生或不产生购买评价。

由于购买者不忠诚于任何品牌，那些品牌间差异较小且介入度低的产品的营销人员通常会利用低价和促销来吸引顾客试用。低介入度的产品广告，必须只强调几个关键点：视觉标志和整体形象很重要，因为这些很容易被消费者记住并与品牌联系起来。同时，广告信息应该简短且多次重复。电视广告通常比印刷品广告更有效，因为电视是一种介入度低、适合被动学习的媒体。广告策划可以建立在经典条件反射理论的基础上，即购买者通过产品上的标志或图案来识别这种产品。下面是一个在中国市场中的典型案例。

肯德基比麦当劳早5年进入中国，当时肯德基比麦当劳拥有更多的店铺和更高的人均消费。麦当劳的一位高级经理决定亲自去了解原因。他站在肯德基门口向每个进来的顾客问了一个简单的问题："为什么你不去麦当劳？"令他吃惊的是，许多人回答说："因为麦当劳不卖鸡肉类产品。"意识到顾客对鸡肉比对牛肉的偏好更大，麦当劳在中国开始减少宣传牛肉汉堡，然后在菜单中突出鸡肉类产品。

5.3.4 寻求多样性的购买行为

在介入度很低但品牌之间存在较大差异的情况下，消费者的行为是**寻求多样性的购买行为**（variety-seeking buying behavior）。在这种情况下，消费者会经常转换品牌。比如，在购买汽水时，消费者可能会想选择一种没有太多评价的汽水饮料，然后在消费期间评价该品牌，但是在下次购买时又转换成了其他品牌。转换的原因是厌倦了原口味或想试试新口味，是为了寻求产品的多样性，不一定是对原品牌有不满之处。

在寻求多样性的购买行为中，市场领导者和挑战者采取的营销策略是不同的。市场领导者意图通过占有货架、避免脱销和宣传广告来鼓励消费者形成习惯性购买行为。而挑战者则以较低的价格、折扣、赠券、免费赠送样品和强调试用新产品的广告来鼓励消费者改变习惯性购买行为。

日本人对多样性的痴迷促使各厂商不断推出限量版奇异口味的食品和饮料。雀巢"奇巧"推出了"限定"巧克力，包括哈密瓜、红豆抹茶等口味。百事推出了冰黄瓜口味的汽水，几天之内这种浅绿色的饮料就出现在便利店的货架上，YouTube上也出现了人们拿着该饮料的视频，博主们纷纷发表对饮料口味的评测，讨论它是否比黄瓜口味的汽水更好喝。几周之后，480万瓶饮料销售一空。然而，之后百事没有继续生产，而是停产了。百事的战略是快速推出短期内的时尚，一旦饮料售空，就下架该产品。百事认为，由于数字化市场和不断变化的消费者品牌忠诚度，时尚营销将更受欢迎。与百事相反，可口可乐每年在日本推出约100种新产品，并以成功的产品为基础继续售卖，而不是像百事那样将其从市场上移除。[19]

5.4 购买决策过程

如图 5-7 所示，消费者的购买决策过程包含五个阶段：需求识别、信息搜集、可供选择方案评估、购买决策和购后行为。显然，购买过程早在实际的购买行为之前就开始了，并且在购买之后会持续很久。营销人员需要注意整个购买过程，而不仅仅是购买决策。[20]

图 5-7 购买决策过程

图 5-7 说明消费者在每次购买过程中都会经历这五个阶段。但是，在一些更经常的购买中，消费者通常会跳过或颠倒其中的某些阶段。比如，经常购买某品牌牙膏的女性会首先识别需求，然后跳过信息搜集和评估阶段，直接做出购买决策。然而，我们仍然采用图 5-7 所示的模型，因为它显示了当消费者面临新的复杂

购买情况时所有的考虑因素。

5.4.1 需求识别

购买过程始于**需求识别**（need recognition）——购买者认识到一个问题或一种需要，这种需要由内部刺激引起，如当一个人的基本需求（饥饿、干渴）上升到一定程度变成了一种驱动力时，内部刺激便会触发需求。需求也可以由外部刺激引发，例如，一则广告或者与朋友的一次讨论可能会让你考虑购买一辆新车。在这个阶段，营销人员必须对消费者进行研究以发现其有什么需求或问题，这些需求和问题是因为什么产生的，以及这些需求或问题如何驱使消费者购买特定的产品。

在亚洲，由中国和印度引领的过渡时期的经济体中，在城市中的居民区和商业区有很多购物街。商家采用最激进、最吸引人的销售点促销陈列来唤起顾客的消费需求。在这些商业区，大型的广告牌、音乐、灯光及来自餐厅和皮革商店的气味，伴随着扬声器中传来的促销和商品展示，是每天晚饭后典型的零售场景。这些小个体商贩使尽浑身解数来吸引顾客购买产品。

5.4.2 信息搜集

有购买兴趣的消费者可能会也可能不会搜集很多信息。**信息搜集**（information search）的数量取决于动机的强度、开始时拥有的信息数量、获得更多信息的难易程度、获取额外信息的价值以及从信息搜集中获得的满意度。

消费者可以从多种渠道（见表5-1）获取信息，包括个人来源（家庭、朋友、邻居和熟人）、商业来源（广告、销售人员、网站、零售商、包装或展销）、公共来源（大众媒体、消费者组织、网络搜索）、亲身经历来源（个人处理、检查或使用商品）。这些信息来源的相对影响会随着产品和购买者的变化而变化。总的来说，消费者从商业来源（由营销商控制）获得的产品信息最多。然而，最有效的信息来源是个人来源，商业信息来源通常只能告知购买者，而个人信息来源可以帮助购买者评价商品。

表 5-1 信息来源

	个人来源	商业来源	公共来源	亲身经历来源
信息来源	家庭 朋友 邻居 熟人	广告 销售人员 网站 零售商 包装 展销	大众媒体 消费者组织 网络搜索	个人处理、检查或使用商品
信息的角色	合法化评价	告知	告知	评价

5.4.3 可供选择方案评估

消费者如何在各种备选品牌之间进行选择呢？营销人员必须了解**可供选择方案评估**（alternative evaluation），即在购买者决策过程中，购买者如何利用信息来做出品牌选择。遗憾的是，在所有购买情境中，消费者并不是采用一种简单、单一的评价过程，而是同时使用几个评价过程。

在一些情况下，消费者会仔细地计算并进行逻辑思考，而在另一些情况下，他们只做很少的计算甚至不做计算，可能会冲动购买或依靠直觉。有时，消费者自己做出购买决定；有时，他们向朋友、导购或者销售人员咨询。

假设购买者已经将汽车选择范围缩小到三个品牌，并且主要对汽车的四个特性感兴趣：款式、油耗、保养和价格。此时，购买者已经对每个品牌在每种特性上的表现形成了自己的看法。很明显，如果某个品牌在这四个方面都最好，购买者将会选择它。然而，这些品牌各有千秋，购买者也可能只以一种特性为基础来做出选择，这样的选择就很容易预测。如果购买者看重款式，他就会购买他认为款式最好的汽车。但是绝大多数的汽车购买者会考虑多个特性，并且每个特性有着不同的权重。如果我们知道四个特性具体的分配权重，我们就可以更可靠地预测购买者最终的选择。

亚洲消费者既喜欢在现代化的购物中心购物，也喜欢在狭窄拥挤的小街购物。他们在购物时，会下意识地使用一些标准来评估产品质量。西方发达国家的顾客比较喜欢在休闲、不拥挤的地方购物。亚洲顾客认为，拥挤是因为产品质量好，更重要的是性价比高。拥挤的环境也使潜在的顾客变得兴奋，并促使他们缩短评估过程直接进入购买决策阶段。

5.4.4 购买决策

在评估阶段，消费者对品牌进行排名并逐渐形成购买意图。一般来说，消费者的**购买决策**（purchase decision）是购买自己最喜欢的品牌，但是消费者在从购买意向转向购买决策的过程中，会受到两个因素的影响。第一个因素是他人的态度。如果很重要的人认为购买者应该购买价格最低的汽车，那么购买者购买更昂贵的汽车的可能性就会降低。

第二个因素是未预期的情境因素。消费者可能会以预期收入、预期价格和预期产品利益为基础形成购买意向。然而，未预期的事件可能会改变其购买意向。例如，经济可能会衰退，或者一个强势的竞争者可能会降低产品价格。因此，偏好甚至购买意向不一定会形成实际的购买决策。

5.4.5 购后行为

产品销售完成后，营销人员的工作并没有结束。**购后行为**（post-purchase behavior）是指消费者依据其购买后对产品的满意或不满意程度而采取的进一步行为。什么因素决定了消费者对一次购买活动满意与否？答案在于消费者的期望和产品为其带来的体验之间的关系：

- 如果产品未达到预期，消费者就会失望；
- 如果与预期相符，消费者就会满意；
- 如果超过预期，消费者就会非常愉悦。

预期和产品性能之间的差距越大，消费者就越不满，这就要求营销人员必须在产品实际性能的基础上进行诚实的宣传，这样消费者才会满意。

几乎所有大型购买都会导致**认知失调**（cognitive dissonance），即由售后的冲突所引起的购买者不满意。在购买后，消费者会对其所选择的品牌的优点感到满意，同时对避开了未选品牌的缺点而感到高兴。但是，每次的购买行为都包含着妥协。消费者会对其所购买品牌的缺点和失去了没有选择的品牌的优点而感到不安。因此，消费者在每次购买后至少会感到一些认知失调。[21]

为什么顾客满意如此重要？因为令顾客满意是企业与顾客建立长久关系的关键所在，可以让企业保持和增加顾客、获取顾客终身价值。图5-8显示了顾客满意度的重要性。满意的顾客会再次购买产品，与别人谈论对产品有利的话题，很少注意竞争者的品牌和广告，并且会购买企业的其他衍生产品。许多营销人员的目标不仅仅是单纯地满足顾客期望，他们的目标是超出顾客期望（见实战营销5-2）。

图 5-8　顾客满意的重要性

实战营销5-2

雷克萨斯：优良的售后服务吸引回头客

闭上眼睛一分钟，想象一下典型的汽车经销商，没有令你印象深刻的吗？和雷克萨斯的车主朋友交谈，毫无疑问，你会得到截然不同的回答。典型的雷克萨斯经销商是很好，但平平无奇。而有一些雷克萨斯经销商竭尽所能来满足顾客并使他们成为回头客。

雷克萨斯知道良好的营销不是以销售完成而告终。售后让顾客满意是建立持久关系的关键。雷克萨斯经销商有一个共同的目标：让顾客高兴，并让他们再次购买。雷克萨斯认为，如果你能让顾客满意，并继续为顾客带来愉悦，那么你将拥有顾客终身价值。雷克萨斯了解顾客的价值，据估计，雷克萨斯顾客的平均终身价值为600 000 美元。

尽管如此，但雷克萨斯的顾客很少花时间在经销商处闲逛。雷克萨斯知道一笔好的买卖并不是刻意争取来的。因此，它开始生产需要较少维修的高品质汽车，以此让顾客满意。在"雷克萨斯公约"中，企业宣称将制造"有史以来最好的汽车"。行业调查表明，雷克萨斯汽车的质量水平名列前茅。

当汽车需要维修时，雷克萨斯会直接赶到现场，让顾客感觉简单、轻松。大多数经销商甚至会直接将车运回，然后维修完成后将其送还给顾客，并进行免费清洁，让汽车变得一尘不染。你甚至可能会惊讶地发现，他们将车门上的轻度凹痕都尽力地进行了修复，汽车就像刚出厂时那样，焕然一新。"除了雷克萨斯之外，我的妻子永远不会买其他品牌的汽车，"一位雷克萨斯的车主说道，"他们来到我们家，取走汽车并换好机油，然后把车送回来。我的妻子已经成了雷克萨斯的终身顾客了。"当顾客自己来维修车时，雷克萨斯会在第一时间修好。经销商知道他们的顾客有钱，但他们没时间。

雷克萨斯的官方网站显示，企业从一开始就着手"通过承诺生产最优质的产品，彻底改变消费者购买和驾驶汽车的体验，由经销商提供支持，创造世界上最令人满意的所有权体验。立志要将每位顾客视为VIP。第一次就把事做好，而且总是要超出预期"。

无论如何，雷克萨斯已经实现了雄心勃勃的顾客满意承诺，它似乎创造了世界上最满意的车主。雷克萨斯无论在行业质量评级方面，还是在全球顾客满意度评级方面，都处于领先地位。顾客满意度会转化为销售额和顾客忠诚度，雷克萨斯通过零售商服务体验获得了最高的顾客满意度，在某些国家，雷克萨斯是最畅销的高档汽车。

资料来源：Adapted examples, quotes, and other information from "Lexus and Prius Star for Toyota," *Birmingham Mail*, 19 June 2009, p. 44; Mac Gordon, "He Runs the Largest Lexus Store," *Ward's Dealer Business*, February 2008, p. 64; Neil E. Boudette, "Luxury Car Sellers Put on the Ritz," *Wall Street Journal*, 18 December 2007, p. B1; Julia Chang, "At Your Service," *Sales & Marketing Management*, June 2006, pp. 42–43; Steve Finlay, "At Least She Put Fuel in It," *Ward's Dealer Business*, 1 August 2003, http://wardsdealer.com/ar/auto_least_she_put/; Michael Harley, "Lexus Leads, Hyundai Improves, While Infinity Drops in J.D. Power 2009 Initial Quality Study," 22 June 2009, accessed at www.autoblog.com; "Automobiles & Light Vehicles," *American Customer Satisfaction Index*, www.theacsi.org, accessed March 2010; "Lexus Covenant," www.lexus.com/about/corporate/covenant.html, accessed December 2010.

顾客不满意时的反应则完全不同。消极的评价往往比积极的口碑传播得更远、更快,并且可以迅速地破坏顾客对企业和产品的态度。企业不能简单地希望不满意的顾客自动提出投诉,因为大多数不满意的顾客并不会这样做。因此,企业应该经常测试消费者的满意度,建立鼓励消费者抱怨的系统,这样才能了解产品该如何改进。

通过研究整个购买者决策过程,营销人员或许可以找到引导消费者购买的方法。例如,如果消费者不打算购买一个新产品,因为他们对这种产品没有需求,营销人员就可以通过广告来引发这种需求,并展示这种新产品是如何解决消费者面临的问题的。如果消费者了解这一产品却不打算购买,原因是他们对该产品持消极的态度,那么营销人员就必须找出改变产品或者改变消费者观念的方法。

5.5 新产品的购买决策过程

现在我们来看看购买者如何购买新产品。**新产品**(new product),即一种商品、服务或者创意被潜在消费者认为是新的。它可能已经存在一段时间了,但我们关心的是消费者是如何首次了解到这些产品并决定是否购买它们的。我们将**采用过程**(adoption process)定义为"个体从第一次听到这种创新产品到最终采用的心理过程",而采用则是消费者成为这种产品的经常使用者的决定。[22]

5.5.1 采用过程的阶段

消费者在采用新产品的过程中经历了五个阶段(见图 5-9)。

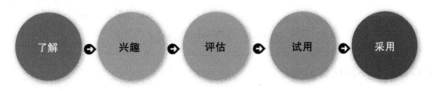

图 5-9 采用过程的不同阶段

- 了解:消费者认识到一种新产品的存在,但缺乏关于它的信息。
- 兴趣:消费者寻求关于这种新产品的信息。
- 评估:消费者考虑尝试这种新产品是否有意义。
- 试用:消费者少量地试用这种新产品,以完善其对产品价值的评估。
- 采用:消费者决定全面、经常性地使用这种新产品。

这个模型建议新产品的营销人员应当思考如何帮助消费者经历这些阶段。例如,在全球经济衰退期间,现代汽车开发了一种独特的方式来帮助顾客通过评估对新车做出积极的购买决策。

现代汽车发现很多潜在的消费者对购买新车很有兴趣,但是难以逾越购买过程的评估阶段。消费者担心,如果他们在买车之后丢了工作,会对他们的新车和良好的信用评级产生影响。为了打消购车者的顾虑,厂商提供了现代汽车保障计划,向购车者提供低息贷款,允许他们在一年之内通过更轻松的贷款购买或者租赁现代汽车,而且这对他们的信用评级毫无影响,更不会让他们的工作或者收入受到影响。这一保障计划包含 10 年动力系统保修和 5 年的 24 小时路边援助服务,这些都没有额外收费。这使得那些关注经济发展走向的消费者更加容易做出购车决定。随着这一保障计划的启动,现代旗下索纳塔的销售量一个月激增 85%,并且该品牌的市场份额在接下来的一年里以行业领先的速度增长。现代汽车将继续推行这一计划,其他厂商也纷纷推出自己的保障方案。[23]

5.5.2 革新性的个体差异

人们在是否敢于尝试新产品方面存在较大差异。在每一产品领域，都存在"消费先锋"和早期采用者，其他人则要更晚一些才采用新产品。消费者可以被划分为不同的采用者类别，如图 5-10 所示。在一个缓慢的开始之后，越来越多的人开始采用新产品。当采用者的数量到达顶峰后，随着非采用者的数量越来越少，采用者人数开始下降。革新者被定义为前 2.5% 采用一种新创意的购买者（超过平均采用时间两个标准差的人）；接下来的 13.5% 是早期采用者（超过平均采用时间一个标准差至两个标准差之间），依此类推。

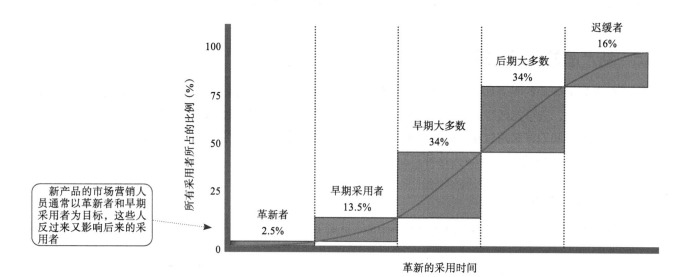

图 5-10　革新的采用时间

这五个采用者群体具有不同的价值观：

- 革新者通常具有一点冒险精神——他们愿意为尝试新的创意而冒一些风险；
- 早期采用者则受到尊重感的引导——他们是社区的思想领袖，会很早采用新观念且很小心；
- 早期大多数是经过深思熟虑的——虽然他们很少是领袖，但比一般人更早地采用新观念；
- 后期大多数则是怀疑论者——当大多数人都尝试过之后他们才会采用一项革新；
- 迟缓者是被传统束缚的人——他们对变化存有疑虑，并且只有当它已经成为传统的一部分时才会采用这项革新。

这种对采用者的划分表明：一家革新型企业应该研究如何征服革新者和早期采用者，并针对他们开展营销。研究显示，亚洲的"创新采用曲线"十分陡峭，这意味着亚洲人相对来说更不愿冒着社会风险去尝试新产品。然而，一旦有人尝试过新产品，他们不愿落伍的心理就会刺激他们去购买新产品。因此，革新者、早期采用者和迟缓者所占的比例相对较小，早期大多数和后期大多数采用者的比例大大提高。在面对亚洲市场采用新产品时，企业应该注意到这点，并且最大限度地发挥口碑营销的效应。[24]

5.5.3 产品特征对采用率的影响

新产品的特征会影响其采用率。一些产品（iPod、iPhone、iPad）几乎一夜之间就流行了起来，而另一些产品则需要很长时间才能获得认可。在影响创新采用率方面，有五个特征尤为重要。例如，我们来看高清电视与采用率相关的特征。

- **相对优势**：创新优于现有产品的程度。消费者越能感受到高清电视的相对优势，比如画面质量和舒适的外观，高清电视就越快被采用。
- **兼容性**：创新在多大程度上符合潜在消费者的价值观和经验。例如，高清电视与中上阶层家庭的生活方式高度兼容。但是，它和消费者目前可用的节目和广播系统还不能完全兼容。
- **复杂性**：创新产品难以被理解或使用的程度。高清电视并不是非常复杂，因此，一旦有更多节目可供选择并且价格下降，高清电视就会比其他复杂的创新更迅速地进入家庭。
- **可分割性**：该项创新可以被有限使用的程度。高清电视仍然很昂贵，这将降低其采用率。
- **可传播性**：使用该项创新的结果能够被观察到或向其他人描述的程度。因为高清电视本身就是对自己的展示和描述，所以其使用效果会在消费者之间快速传播。

其他特性也会影响采用率，例如最初和后续的成本、风险和不确定因素以及社会认可度。新产品的营销人员在研发新产品以及制订营销计划时，必须对所有这些因素进行研究。

目标回顾

全球消费市场由近70亿人组成。不同地区的消费者在年龄、收入、教育水平和品位方面差异很大。了解这些差异如何影响消费者的购买行为是营销人员面临的最大的挑战之一。

1. 定义消费者市场，并构建一个关于消费者购买行为的简单模型

消费者市场包含所有购买商品或服务的个人及家庭。最简单的消费者购买行为模型是刺激–反应模型。根据这一模型，市场营销刺激（4P）和其他的主要因素（经济、技术、政治、文化）进入到消费者的"黑箱"之中，并产生相应的反应。一旦进入到"黑箱"中，这些投入就会产生可观察到的消费者反应，如产品选择、品牌选择、购买时间以及购买数量。

2. 指出影响消费者购买行为的四个主要因素

消费者的购买行为受到四个关键的因素的影响：文化、社会、个人和心理。虽然大部分因素无法被营销人员所左右，但它们在确定谁是感兴趣的购买者、塑造产品和诉求来更好地满足消费者的需求方面是十分奏效的。文化是一个人的思想和行为最基本的决定因素，包含一个人从家庭以及其他重要的机构中所学到的基本的价值观、感知、偏好和行为。亚文化是"文化中的文化"，具有独特的价值观和生活方式，可以基于从年龄到种族的任何事物。拥有不同文化和亚文化特征的人具有不同的产品与品牌偏好。因此，营销人员可能希望将营销计划集中于某些群体的特殊需求上。

社会因素也会影响购买者的行为。一个人的参照群体（家庭、朋友、社会组织、职业协会）强烈地影响他对产品和品牌的选择。购买者的年龄、人生阶段、职业、经济状况、生活方式、个性和其他个人特征都会影响其购买决策。消费者的生活方式（在世界上活动和互动的模式）在购买决策中也是一个重要的影响因素。最后，消费者的购买行为受到四个主要的心理因素的影响——动机、感知、学习、信念和态度。每一个因素都为理解消费者"黑箱"的运作提供了不同的视角。

3. 列出并定义购买决策行为的主要类型以及购买决策过程的各个阶段

针对不同类型的产品和购买决策，消费者的购买行为可能会存在很大的差异。当消费者的介入程度很高，并且感知到品牌间存在较大差异时，他们就会采取复杂的购买行为。当消费者高度介入但几乎感知不到品牌间有什么差异时，减少失调的购买行为就发生了。习惯性购买行为出现在消费者低度介入并且品牌之间差异较小的情况之下。当消费者低度介入但品牌之间存在较大差异时，消费者就会采取寻求多样性的购买行为。

当完成一项购买决策时，购买者要经历一个由需求识别、信息搜集、可供选择方案评估、购买决策和购后行为组成的决策过程。营销人员的工作就是理解每个阶段购买者的行为以及对其决策起作用的影响因素。在需求识别阶段，消费者意识到一个问题或者一种需要，这一问题或需要也许能被市场上的产品或服务所解决或满足。一旦需要被识别出来，消费者就会去寻找更多的相关信息，从而进入信息搜集阶段。掌握了信息，消费者就可以进行可选评估，在此期间，信息用于评估选择集中的品牌，消费者从中做出购买决策，并购买产品。在购买决策过程的最后阶段——购后行为阶段，消费者根据满意或不满意来采取行动。

4. 描述新产品的采用和推广过程

产品采用过程包括 5 个阶段：了解、兴趣、评估、试用和采用。起初，消费者必须了解新产品。了解引起兴趣，消费者便寻求有关新产品的信息。一旦掌握了信息，消费者就进入评估阶段并考虑购买新产品。接着，在试用阶段，消费者小规模地试用该产品，以便完善对该产品价值的评估。如果消费者对该产品满意，就进入采用阶段，并决定全面、经常性地使用该产品。

关于新产品的推广，消费者的反应速度不尽相同，这取决于消费者的个性以及产品特征。消费者可能是革新者、早期采用者、早期大多数、后期大多数或者迟缓者。革新者具有冒险精神，喜欢尝试一些新创意；早期采用者（通常是社区的思想领袖）接受观念很早，但是很谨慎；早期大多数（很少是领袖）需要经过深思熟虑才会尝试新创意，但比一般人要早；后期大多数只有在大多数人都采用这项新产品后才会采用；迟缓者只有当创新成为传统产品时，才会采用。生产商应尽力吸引潜在的早期采用者的注意力，特别是那些意见领袖。

关键术语

consumer buyer behavior　消费者购买行为
consumer market　消费者市场
culture　文化
subculture　亚文化
social class　社会阶层
group　群体
opinion leader　意见领袖
online social networks　在线社交网络
lifestyle　生活方式
variety-seeking buying behavior　寻求多样性的购买行为
need recognition　需求识别
information search　信息搜集
alternative evaluation　可供选择方案评估
purchase decision　购买决策

post-purchase behavior　购后行为
cognitive dissonance　认知失调
complex buying behavior　复杂的购买行为
dissonance-reducing buying behavior　减少失调的购买行为
habitual buying behavior　习惯性购买行为
new product　新产品
adoption process　采用过程
personality　个性
brand personality　品牌个性
motive (or drive)　动机（或驱动力）
perception　感知
learning　学习
belief　信念
attitude　态度

概念讨论

1. 面对企业多种多样的营销行为，消费者应做何反应？列举影响购买者行为的购买者特点，并讨论当你打算购买手机时，哪些特点最能影响你？
2. 解释"生活方式"的含义。在亚洲，家庭和生活方式的特点对于购买决策有何影响？
3. 列举消费者购买行为的类型并进行描述，说说在下列两种场景中你会做出哪种购买行为。
   （1）你在毕业之后选择去哪里度假旅行。
   （2）你会选择哪一家餐厅吃晚餐。
4. 解释消费者购买决策过程的各个阶段，以你或你的家人最近的一次购买为例，说明你们是如何经历这一过程的？
5. 什么是新产品？消费者如何决定是否购买新产品？
6. 有哪些产品特性会影响消费者的采用率？讨论影响电子书采用率的产品特性。

概念应用

1. 营销人员常常在一个触发事件（触发事件指的是能对一个人的生活产生影响、触发改变的事情）之前、之中或之后向消费者发起营销活动。例如在有了孩子之后，父母购买婴儿家具、衣物、尿布、安全座椅和其他婴儿相关产品的需求会增加。之前从未注意过这些产品的营销活动的消费者，由于生活的改变不得不面对这些。请分小组讨论还有哪些触发事件可以在合适的时机向合适的消费者进行营销。

2. 假如你是一家小型软件公司的营销经理，你们企业开发了新型垃圾邮件拦截软件。你负责选择该产品发布的目标市场。讨论如图5-10所示的采用者群体，你如何利用该框架来帮助你制定决策？

3. 假设你正准备购买一台iPad，解释：
   （1）可能影响你购买的动机。
   （2）在你购买之后可能会出现的学习活动。

4. 假设歌手Lady Gaga想要了解为什么一些人喜欢她的歌，而另一些人不喜欢。你作为她的经纪人，请基于感知的相关概念，向她解释这些原因。

技术聚焦

你是否注意到你的Facebook上的一些好友喜欢某些广告？营销人员知道Facebook的用户喜欢什么，并且以此来影响用户的朋友。"社会化内容广告"以收集Facebook上用户的喜好及其朋友信息的数据为基础。

当你点击一个广告时，说明你喜欢它，你也允许Facebook将你的喜好分享给所有好友。营销人员会评估这些信息，因为这代表你对这些品牌的正面肯定。在世界杯之前，耐克购买了20多个国家和地区的用户主页来进行营销，福特汽车通过其Facebook主页来推销新车"探险者"。尽管Facebook上的大部分广告对营销人员来说每次点击成本只有1美元，然而整个社会化营销活动的成本高达10万美元。

1. 营销人员在Facebook上通过哪些因素来影响消费者？如果你看到你的朋友喜欢这个广告，你会点开它吗？

2. 你如何看待Facebook在这些类型的广告中使用你的名字？

道德聚焦

维他命水——听起来很健康，对吧？尽管维他命水含有多种维生素，但它也含两汤匙约33克糖，并不比苏打水好多少。可口可乐公司出品的维他命水一直受到公共利益科学中心（CSPI）的抨击，该中心是一个消费者权益保护组织，致力于争取更安全、更有营养的食品。CSPI对可口可乐提起集体诉讼，声称"能量桃芒果"和"焦点猕猴桃草莓"等维他命水口味的名称具有误导性，原因有两个：①饮料中含有0%～1%的果汁；②能量、焦点、防御、救援等词语意味着有益健康。可口可乐公司的辩护理由是，理性的消费者不会误以为维他命水对他们来说是健康的。

1. 讨论可口可乐是否故意误导消费者维他命水是一种健康的苏打水替代品。哪种心理因素受产品名称和广告宣传的影响最大，可能会影响消费者购买此产品？

2. 找到另外两个品牌的例子，它们使用名称、文字、颜色、包装形状或其他元素向消费者传达可能具有欺骗性的含义。

营销和经济

汽车地带

所有人都知道底特律的经济下滑严重。2009年，底特律新车的销售量同比减少了21%，这是近30年来最糟糕的表现，但可以说正是底特律的失败带来了"汽车地带"（AutoZone）的发展。与那些整车零售相比，这种DIY汽车零部件零售的发展迅猛得多。其中一个原因就是"汽车地带"的顾客——年收入10万美元以上的传统消费者已经能够解决复杂的汽车DIY维修工作。人们从未对修车如此感兴趣。

在这个更加节俭的年代，各种类型的驾驶者为了省钱都在想方设法地自己维护和修理爱车。人们用车的时间越久，这种花费就越多。"汽车地带"预见到了这一天的到来，于是从很久之前就开始改变以往维修部件脏乱差的条件，取而代之的是为顾客定制的彩色套件、宽敞明亮的大厅、亲切友善的销售员。喜爱足球比赛的妈妈们现在正逐渐成为美国全国运动汽车竞赛协会（NASCAR）的粉丝。相信即使到经济复苏的时候，美国人的挥霍习惯已成为过去，这就是汽车地带计划的方式。

1. 探讨汽车零部件购买者的购买决策过程，它如何影响汽车地带的顾客，经济如何影响这一趋势？
2. 基于你的观察，你会对"汽车地带"提出哪些建议或评价？

营销数字

消费者评估备选方案的一种方法是挑选重要属性并用这些属性来评估备选方案。考虑一台笔记本电脑购买者的购买决策过程。每个属性（例如内存）都有权重，以反映其对该消费者的重要程度。然后，消费者评估每个备选方案的每个属性。例如，内存（权重为0.5）是消费者认为最重要的属性，该消费者认为C品牌的电脑在内存方面性能最好，给它打了7分（分数越高代表性能越好）。而另外的B品牌的电脑在这方面最差（仅有3分）。尺寸和价格是消费者接下来要考量的因素，保修这一项最不重要。由此可以计算出消费者对品牌的偏好。例如，品牌得分 = (0.2×4) + (0.5×6) + (0.1×5) + (0.2×4) = 0.8 + 3.0 + 0.5 + 0.8 = 5.1。

消费者会选择得分最高的品牌。

1. 计算B品牌和C品牌的分数，看看消费者更喜欢哪一个品牌？
2. 消费者最不愿购买哪一个品牌？讨论这一品牌的营销人员加强消费者购买意愿的两种方式。

企业案例

Abercrombie & Fitch：亚洲障碍赛

美国领先的专业服饰零售商Abercrombie&Fitch（A&F）专注于为年轻人提供休闲、时尚的服装，但它充满争议，企业于2009年在东京的银座开设了12层高的旗舰店，这里曾经是奢侈品的中心地带，但如今已由日本连锁店优衣库、西班牙的Zara和瑞典的H&M等相对廉价的快时尚品牌所主导。A&F的目标消费群体是青少年。许多人认为A&F是一个独特且令人振奋的品牌，反映了青少年对"酷"的定义。

企业对外承诺，在其所有的旗舰店里都会让消费者感受到类似于在纽约、洛杉矶、伦敦和米兰的其他旗舰店的"全美"体验，日本的购物者热切地期待着亚洲分店的开张。由于这种期望，旗舰店开业的第一天就有大约700名日本人排队，首日销售总额约为55万美元（约5 000万日元）。

虽然大多数跨国服装企业在日本市场都取得了巨大的成功，但A&F的繁荣并没有持续很长时间。A&F在市场上遇到一些挑战（即使他们在美国表现不错），其中之一就是它目前的品牌定位与年轻人不太相关。A&F还没有遇到像H&M这样的快时尚竞争对手的挑战，在亚洲市场也可能如此。近年来，该企业因严格的着装规范和"性别化"的营销策略而受到抨击。除此之外，在长期经济衰退期间，当大多数低价时尚品牌销量大涨时，A&F却决定在日本的售价定为美国的两倍。根据对A&F首日购物者的调查，61.7%的人认为价格"有点高"，而18.3%的人认为价格"过高"，不到20%的消费者认为价格"合理"。

虽然大多数外国零售商通过与熟悉市场和消费者的当地员工合作来适应日本的文化期望，但A&F保留了其"全美"的定位。A&F的大多数零售人员不会说日语，并且也不了解日本公认的文化规范，A&F还在日本采用了和美国类似的策略，该策略虽然在美国取得了成功，但未能成功地吸引日本消费者。

A&F还采用了在美国采取的性感销售策略，但日本的工作人员穿着暴露的衣服并不适合当地市场。在狭窄的空间中加入嘈杂的音乐，A&F的营销策略并不正确。在其他地区，A&F 也未能成功，虽然日本消费者喜欢 A&F 衣服上的气味和品牌，但据报道，A&F 在商店里使用了大量的标志性香水，而且其衣服上的标识也太大了。

A&F 在向新加坡扩展时也遇到了类似的问题。在该企业的超大广告牌中，一位上身赤裸、穿着低腰牛仔裤的男子被认为有伤风化，违反了当地的广告规范。因为与当地消费者的习惯不一致，现在广告已被撤除。

该企业在上海获得了成功。2014 年，A&F 在中国开设了第一家店，当时中国是全球第二大服装市场。新店开业引起了 5 亿社交媒体流量和 3 万名新微博"粉丝"的互动。

在中国，A&F 直接面向消费者的业务也在快速增长。但是，A&F 能否在竞争激烈的中国市场取得一席之地？

A&F 应该认识到亚洲消费者行为本身就是多样化的。不同年龄和地区的消费者，偏好差异很大，因此零售商很难只针对特定年龄的消费者群体制定营销策略。A&F 可能会面临一些挑战，因为和世界其他地方的消费者一样，中国的年轻人随着年龄的增长，其风格和偏好也在改变，而他们的偏好改变就会使其购买的品牌发生改变。除此之外，A&F 意识到，自 2014 年以来消费者支出的回落也是一个持续性的挑战。

讨论题

1. 根据消费者的购买者行为，你认为 A&F 在中国扩张时应制订什么样的计划？
2. 研究并分析美国和日本市场中消费者的不同偏好。你认为 A&F 如何在不影响品牌文化的前提下吸引日本消费者。
3. A&F 在进入新的亚洲市场时应考虑哪些生活方式和个性特征？

资料来源："In Tokyo, Abercrombie Misses Its Mark," www.businessoffasion.com, 4 February 2010; "Abercrombie & Fitch Opens Ginza Flagship," www.japantimes.co.jp, 16 December 2009; "Abercrombie & Fitch is Too Sexy for Singapore," www.travel.cnn.com, 29 September 2011; "Will Abercrombie & Fitch's Good Run in China Continue?" www.onforb.es/1iqu2E8, 6 December 2014.

第 6 章
商业市场和商业购买者行为

学习目标

1. 定义商业市场,并阐述商业市场与消费者市场的区别。
2. 确定影响商业购买者行为的主要因素。
3. 列举并定义商业购买决策过程的步骤。
4. 比较公共机构市场和政府市场,并分别阐释公共机构购买者和政府购买者如何做出购买决定。

预习基本概念

在第 5 章中,我们已经学习了终端消费者的购买行为及其影响因素。在本章中,我们将对商业购买者,即那些购买产品和服务用以自己生产产品和服务或转售给其他企业客户执行相同操作。

首先,我们来关注波音公司。它专注于 B2B 市场营销,其年收入的 600 亿美元来自商业航空公司、航空货运公司、政府以及军方等大型机构买家。将飞机销售给那些大型机构买家与将汽车或者相机卖给终端消费者是完全不同的。

波音:将产品销售给企业——风险高得多

在大多数情况下,购买新车是一个复杂且耗时的过程。在花费 15 000 美元或更多之前,你花了很多时间在互联网上搜索信息,观看汽车广告,与朋友或销售人员交谈以获取他们的建议,以及访问经销商进行实地查看并试驾。新车价格昂贵,而且你希望能开得久一些,所以你需要做出明智的选择。

现在假设你是日本第二大航空公司全日空(ANA)的飞机采购团队成员,企业将购买 50 架新飞机,总费用超过 50 亿美元,你的团队需要为此提出建议。相比之下,你的新车购买决策看起来很简单。当然,不同之处在于新飞机没有在经销商的展厅展示。你无法在商店里检查飞机轮胎或试飞一架新飞机。另外,费用相差也很大。

在这种情况下,在为每架飞机支付超过 1.5 亿美元之前,全日空的高级采购团队对自身需求以及飞机的可靠报价做出了详细的评估。你可以试想一下在做出这样一个几十亿美元的购买决定过程中所经历的研究、评估以及讨论。全日空最终宣布将购买 50 架波音 787 梦幻客机。最近,这家企业又宣布将购买 5 架波音 777 飞机及 5 架波音 767 飞机,总价约 20 亿美元。

不论在何种标准下,50 亿美元及 20 亿美元都是令人兴奋的数据,但这样的生意对于波音公司来说显得很平常。"'大'这个字并不足以形容波音。"一个分析师这样说道。作为世界商业航空的领导者,波音公司的 12 000 架飞机统治着蓝天。波音公司旗下的体积小却十分流行的 737 是许多航空公司的购买目标，两层的巨型747曾是世界上第一架大型喷气式客机。波音公司的军用飞机包括大型运输机、空中加油机、"支奴干"以及其他类型的直升机，还有F-22战斗机。波音公司甚至运营着航天飞机和国际空间站，现在，它正在研制新一代的航天器以取代美国国家航空航天局（NASA）的航天飞机。

一般而言，将商用飞机销售给大型企业顾客就像将汽车销售给最终消费者，这一过程需要对顾客需求进行深层次理解，还需要能够传递顾客价值的顾客驱动型营销战略。但是区别也就在于此。波音公司在世界范围内只将数量相对较少的飞机卖给超大型买家。目前，它面临着三个主要的商业航空公司竞争对手：空中客车、洛克希德·马丁公司、诺斯鲁普·格鲁曼公司。购买一批喷气式客机涉及来自购买机构的几十名甚至上百名不同层次的决策者。此外，当汽车购买者选择竞争品牌的产品时，可能只会让企业感到有些失望，而损失一单大商业顾客的订单，会让波音公司付出数十亿美元的代价。

销售昂贵的高科技飞机需要的不仅仅是高效的交谈和温暖的微笑。在每次销售之前，波音公司的专家团队（包括销售、设计工程师、财务分析师、规划师和其他人）都致力于成为航空公司顾客的专家。他们了解航空公司希望改进的地方，何时更换飞机及其财务状况。他们通过详尽的分析比较波音和竞争者的飞机，模拟航空公司的航线，计算每个座位的成本和其他因素，以显示波音公司的飞机更加适合和高效。销售过程非常缓慢，可能需要2~3年的时间。

每次销售也是买卖双方互动的过程。波音公司真正面临的挑战是在销售前后建立起基于优质产品和密切合作的日复一日、年复一年的顾客合作伙伴关系，以此来赢得买家的订单。当顾客购买飞机时，其也建立起未来与波音公司再合作的关系。"当你买飞机时，就像结婚一样，"波音公司一位高管说，"这是一种长期的关系。"

全日空公司购买波音公司产品的决定一部分是因为其即将生产的787梦幻客机的品质，同样重要的原因还包括两家企业之间已经建立起来的稳固并且长久的合作关系。当全日空下达巨额订单的时候，梦幻客机还处于设计阶段，没有任何一架飞机被生产出来，测试阶段更是没有完成。全日空这样的决策显然是出于对波音公司的信任。

梦幻客机最终于2011年9月交付全日空使用。实际上，不管是对于买家还是卖家而言，围绕波音787发展而发生的事情都映衬出B2B销售的规模和复杂性。波音公司于2004年宣布了将制造全新的中型、宽机身商用飞机的计划。波音787 50%的机身含有超轻的碳素纤维，与传统设计相比，这使得飞机能够减少使用40 000~50 000个独立扣件以及1 500片铝箔。这足以使得波音787能够与隐形轰炸机相媲美。在采用革命性的喷气式发动机和其他减重的新型科技之后，波音787将成为市场上最轻、最省油的喷气式客机。787的内部设计也让许多乘客动心：这样的交通工具较上一代飞机安静了60%，并且可以提供更多的腿部空间、更加清洁的空气、更高的座舱压力和湿度，将有助于减少乘客在长途旅行中的疲劳。

听起来还不错是吗？全世界的商用航空公司也这样认为。全日空于2004年4月率先订购50架飞机，其他55家企业也迅速跟进，使得波音787的订单激增至895架，这也让波音787成为史上销售得最快的新型商用客机。波音公司承诺首批共109架787将于2008年年中交付使用。为了达成这一目标，波音公司开发出了一套革新却十分复杂的制造系统。

然而，新制造系统一开始就有问题，导致了两年的延误。直到2009年年底，第一架787才完成它的三小时试飞首秀，波音公司将首批交付给全日空的787梦幻客机的交货时间推迟到2010年年底甚至更晚。

漫长的延误给波音公司和顾客造成了实质的问题，长期建立起来的顾客关系面临严峻的考验。一些航空公司取消了它们的订单，波音公司因让步和罚金共支付了约25亿美元。但是大多数顾客依然在坚持，这是对波音公司和梦幻客机认可的一种信念，全日空依旧是一个耐心的伙伴，甚至在原先订单的基础上加订了5架飞机。与此同时，全日空要求波音公司提供一份详细的计划，以避免徒生变故，并实际可行地预测飞机的交货时间。

波音公司从延迟交货的过程中获得了许多关于顾客关系管理的经验。在B2B的顾客关系中，就像在其他任何伙伴关系中一样，信任每天都必须得到提高。波音公司的一位总裁说道："我们确实让许多顾客失望了……过去3年对于我们和我们的伙伴来说都很艰难，但我们就像一起攀爬高山那样团结得更加紧密。"最后，修正过的日程表并将飞机交付给顾客是修复紧张关系的必备事项。波音公司的一位观察员说："好的顾客关系和声誉是建立在出色的表现上，而非延迟承诺。"[1]

就像波音公司一样，很多企业都把产品销售给其他组织。松下、三星、卡特彼勒和其他数不尽的企业都将其绝大部分产品销售给其他企业，甚至那些生产终端顾客使用的产品的消费类企业，也必须首先将产品卖给其他企业。例如，雀巢创造了很多消费者熟悉的品牌——牛奶（Nespray、Neslac）、饮料（Nescafe、Milo）、水（Perrier）、糖果（KitKat、Smarties、Crunch）、冰激凌（Mavenpick）以及其他品牌。但是要将这些产品销售给消费者，雀巢必须首先将其销售给批发商和零售商顾客，接着，后者再服务于终端消费者市场。

商业购买者行为（business buyer behavior）是指购买产品和服务用于生产其他产品和服务的组织购买行为，这些生产出来的产品和服务被出售、租用或提供给其他人。商业购买者行为还包括零售商和批发商的行为，它们获取商品的目的是转售或者出租给其他人并盈利。在**商业购买过程**（business buying process）中，商业购买者首先决定组织需要购买哪些产品和服务，然后在备选的供应商和品牌中寻找、评估并做出选择。B2B营销人员必须尽最大努力了解商业市场和商业购买者行为。然后，像销售给终端购买者一样，他们必须通过创造卓越的顾客价值与商业顾客建立利益关系。

6.1 商业市场

商业市场是巨大的。事实上，商业市场涉及的资金和项目远远超过消费者市场。商业市场和消费者市场在某种程度上存在着相似性，两者都涉及为满足需要而承担购买角色并做出购买决策的人。然而，商业市场和消费者市场还存在很多不同，表6-1显示的主要差异在于市场结构和需求、购买单位的性质、决策类型和决策过程。

表 6-1 商业市场特征

市场结构和需求	商业市场购买者数量更少、规模更大 商业购买者的需求从终端消费者的需求中衍生出来 很多商业市场的需求缺乏弹性——在短期内受价格变化的影响不大 商业市场的需求更频繁地出现波动且波动更快
购买单位的性质	商业购买涉及更多的购买者 商业购买需要更专业的采购
决策类型和决策过程	商业购买者往往面临更复杂的购买决策 商业购买行为更加模式化 在商业购买中，供需双方密切合作，建立更长久的关系

6.1.1 市场结构和需求

与消费者市场相比，商业市场的营销人员通常要与数量少得多、规模大得多的购买者打交道，甚至在大型商业市场中，常常是少数购买者占据大部分的购买量。例如，当固特异将轮胎卖给终端消费者时，其潜在市场包括全球数百万汽车拥有者。但是，固特异在商业市场的命运取决于能否从屈指可数的一些大型汽车制造商那里拿到订单。商业市场在地理区域分布上也更加集中。商业顾客也更趋向于更集中的地理位置。

商业市场的需求是**衍生需求**（derived demand），它最终来源于对消费品的需求。惠普、联想、三星、索尼和东芝购买英特尔微处理器芯片是因为消费者购买个人电脑、平板电脑和智能手机。如果消费者对这些设备的需求下降，那么对处理器芯片的需求也会下降。

因此，B2B营销人员有时直接向终端消费者促销其产品，以提高商业市场的需求。例如，英特尔通过大量的广告活动将英特尔处理器的优点传递给电脑的购买者。消费者对英特尔芯片的需求推动了对含有这种芯片的个人电脑的需求，也使英特尔及其商业伙伴获得了成功。

很多商业市场的需求缺乏弹性，也就是说，价格变化对商业产品总需求的影响不大，尤其在短期内更是如此。皮革价格下降并不能使皮鞋制造商购买更多的皮革，除非皮鞋的价格也由此下降，从而使消费者对皮鞋的需求增加。

最后，商业市场具有更大的需求波动。对许多商业产品和服务的需求往往比对消费产品与服务的需求变化更频繁，而且变化更快。消费者需求小幅增长，就可能导致商业需求大幅增加。

6.1.2 购买单位的性质

与消费者购买相比，商业采购往往涉及较多的决策参与者和更专业的购买行为。通常，商业采购由经过专业训练的采购代理商完成。当购买比较复杂时，多人会参与到决策制定过程中。

很多企业正在将其采购部门调整为"供应管理"或者"供应商发展"部门。由于B2B营销人员面临新型的更高层次、受过更好训练的供应管理者，因此必须对销售人员进行训练，从而应对这样的购买者。

6.1.3 决策类型和决策过程

商业购买者往往比消费者购买者面临更加复杂的购买决策。采购通常涉及大量的资金、复杂的技术和经济方面的问题，并且需要与购买者多个层级上的人打交道。商业购买过程比消费者购买过程更模式化。大型的商业采购往往要求详细的产品说明书、书面的采购订单、认真的供应商搜寻以及正式批准。

最后，在商业购买中，买卖双方通常更加依赖对方。B2B营销人员可能在购买过程的各个阶段都与其顾客紧密合作——从帮助顾客找出问题到寻找解决方案，再到提供售后支持。他们还经常根据每个顾客的需求提供定制的产品和服务。从短期来看，销售将流向那些能够满足购买者对产品和服务的即时需求的供应商。从长期来看，B2B营销人员通过满足消费者的需求，与他们合作并帮助他们解决问题来保持对顾客的销售。

联合利华进入越南的时候，为了获得进一步的发展，与当地5个关键供应商建立了稳固的合作关系。最初，供应商缺少资金、技术、质量控制、安全和环境标准，无法满足联合利华的标准。联合利华向供应商提供资金支持对设备进行升级，并且提供广泛的安全和环境标准培训。技术转让不仅包含机器和程序，还有质量担保和分析方法。结果，联合利华的生产线以很低的成本、简单的方式快速建成，产品推出也非常迅速。由于生产地点靠近顾客，物流的复杂性和运输成本降低了。通过与供应商合作，联合利华不仅扩大了销量，而且与更了解市场的当地商人建立了关系，这些对于联合利华在越南的发展业务至关重要。[2]

多年来，顾客和供应商的关系已经从对抗转变成紧密合作。事实上，很多顾客企业实施了**供应商发展**（supplier development）计划，系统地建立了供应商伙伴网络，以确保他们在制造自己的产品或转售给他人时所使用的产品和材料得到适当和可靠的供应和材料用来自己制造产品或者转售给其他人。例如，卡特彼勒不再称呼采购人员为"采购代理商"，而是称其为"采购和供应商发展经理"。

宜家作为全球最大的家具零售商,是一个知名的全球性品牌。从北京到莫斯科再到旧金山消费者纷纷涌入在38个国家拥有300余家零售商的大型商店。所有人都被宜家时尚、简洁、实用、低价的家具打造的生活方式所吸引。对于宜家而言,发展最大的障碍并不在于开新店和吸引顾客,而是寻找足够多的合适的供应商来帮助其设计和生产产品。宜家目前由来自55个国家的约1 220家供应商提供商品。公司系统地开发了一个强大的供应商合作伙伴网络,可靠地提供超过9 500种库存产品。宜家的设计师从基本的顾客价值主张出发,与核心供应商紧密合作将这种主张推向市场。以宜家的转椅为例,根据顾客反馈,设计师着手设计坚固耐用并且适合任何一种装饰的厨房椅。初步设计完成并得到批准之后,宜家的贸易办公室就基于设计和成本开始在全球搜寻供应商,最后目标锁定为一家中国供应商。设计师和这家中国供应商共同改进了设计,从而提升了椅子的性能并降低了成本。例如,供应商调整了椅子后腿的角度,以避免椅子很轻易地翻倒。这样做可以在不损害椅子强度的情况下减少椅子的厚度,降低成本和运输重量。宜家同时说服中国供应商运用金属螺栓代替传统的细木工方法来将椅背固定在椅子上,以此减少运输成本。这样,宜家不仅仅是从供应商处采购,它还让他们参与设计、提供时尚但实惠的产品,以确保有回头客。[3]

北欧家具零售商宜家不仅从供应商处购买,它还让它们参与设计,提供时尚但实惠的产品,以确保有回头客。

6.2 商业购买者行为

在基本层次上,营销人员希望知道商业购买者如何对各种营销刺激做出反应。图6-1是商业购买者行为模型。在这个模型中,市场营销刺激和其他刺激因素影响购买组织并产生一定的购买者反应。和消费者购买一样,对商业购买者的市场营销刺激包括4P:产品、价格、渠道和促销。其他刺激包括主要的环境力量:经济、技术、政治、文化和竞争。这些刺激进入组织中并转化为购买者反应:产品或服务选择、供应商选择、订购量、交付、服务和支付手段。为了设计好的市场营销组合策略,营销人员必须了解在将刺激转换为购买反应时,组织内部发生了什么。[4]

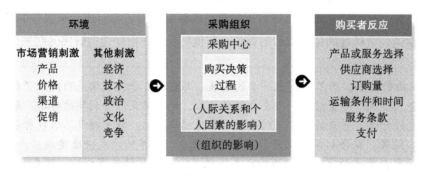

图6-1 商业购买者行为类型

在采购组织内部,购买活动包括两个主要部分:采购中心(由参与购买决策的所有人组成)和购买决策过程。该模型表明,采购中心和购买决策过程受到内部组织、人际关系和个人因素以及外部环境因素的影响。

图6-1中的模型提出了有关商业购买者行为的四个问题。

- 商业购买者做出了哪些购买决定?

- 谁参与了购买过程？
- 谁影响了商业购买者？
- 商业购买者如何做出购买决定？

6.2.1 购买情况的主要类型

购买情况有三种主要类型。[5]

（1）**直接重购**（straight rebuy）。在这种购买情况中，购买者不做任何修正地重复购买某些商品，通常由采购部门根据常规做法处理。"名单内"的供应商努力保持产品和服务的质量，它们经常使用自动重购系统，以便节省采购代理商的重购时间。"名单外"的供应商试图提供新产品，或利用采购的不满意情况使购买者将其列入考虑范围。

（2）**修正重购**（modified rebuy）。在这种情况下，购买者希望修改产品规格、价格、条款或供应商。修正重购往往比直接重购涉及更多的决策参与者。"名单内"的供应商会感觉到紧张和压力，它们会尽全力保住订单。"名单外"的供应商会将修正重购视为提供更好的产品和获得新业务的机会。

（3）**新任务情形**（new-task situation）。当企业首次购买某种产品和服务时，面临的是新任务。在这种情况下，成本或风险越大，参与决策的人就越多，搜集信息时也会付出更多的努力。新任务情形是营销人员面临的最大的机会和挑战。营销人员不仅试图影响关键购买因素，还要提供帮助和信息。

在直接重购中，购买者做出的决策最少，而在新任务情形中做出的决策最多。在新任务情形下，购买者必须决定产品规格、供应商、价格限度、支付条件、交付时间以及服务条款。在不同的情况下，这些决策的顺序不同，而且每一种选择会受不同决策参与者的影响。

许多商业购买者更喜欢从同一个供应商那里购买问题的成套解决方案。能够向顾客提供最完整的系统以满足顾客需求的企业，往往能够获得订单。购买者通常会要求供应商提供所有零件并将其组装成系统，而不是分别购买再将所有部分组合在一起。**系统销售**（system selling）又称**解决方案式销售**（solutions selling），通常是一种常见的赢得和维持订单的关键商业市场营销战略。

例如，运输和物流公司 UPS 运用一套完善的服务系统来支持尼康的顾客产品供应链，这一系统将仓储、运输、运费、海关经纪业务打包在一个运行流畅的系统里。

当尼康进入数码相机市场时，它需要一种全新的分销策略。因此，它要求全球最大的包裹递送和供应链管理解决方案提供商——联合包裹服务公司（UPS）设计一套完整的系统，将其整个电子产品生产线从亚洲工厂转移到美国、拉丁美洲和加勒比地区的零售店。现在，产品通过 UPS 离开尼康的亚洲制造中心，并在短短两天内到达美国零售商的货架，而且 UPS 可以处理。UPS 首先管理空运和海运以及相关的顾客经纪业务，将来自韩国、日本和印度尼西亚的尼康产品带到肯塔基州的运营部门。在那里，UPS 可以将产品与电池和充电器等配件"配套"，或者重新包装以进行店内展示。最后，UPS 将产品分销到美国各地的数千家零售商或将其出口到拉丁美洲或加勒比地区的零售店和分销商。在此过程中，UPS 跟踪货物并为尼康提供整个供应链的"快照"，让尼康随时向零售商通报交货时间，并根据需要进行调整。[6]

尼康与运输企业 UPS 合作，确保其产品离开亚洲制造中心后在短短两天内出现在美国零售商的货架上。

6.2.2 商业购买过程中的参与者

购买组织的决策制定单位称为**采购中心**（buying center），即所有参与商业购买决策制定过程的个人和单位，包括产品或服务的实际使用者、购买决策影响者、实际购买者、购买决策者以及信息流向控制者。

采购中心包括在购买决策过程中扮演以下 5 种角色之一的任何组织成员。[7]

- **使用者**（users）是使用产品或服务的组织成员。在许多情况下，使用者给出购买提议并帮助定义产品规格。
- **影响者**（influencers）通常帮助定义规范，并提供评估备选方案信息。技术人员是特别重要的影响者。
- **购买者**（buyers）有选择供应商并安排购买条款的正式权力。购买者可能会帮助制定产品规格，但他们的主要作用是选择供应商并进行谈判。在更复杂的购买中，购买者可能包括参与谈判的高级官员。
- **决策者**（deciders）有正式或非正式的权力来选择或批准最终供应商。在常规购买中，购买者通常是决策者，或者至少是批准者。
- **信息流向控制者**（gatekeepers）是在组织购买决策中控制信息流向的人。例如，采购代理往往有权阻止销售人员见使用者或决策者。其他信息传递者包括技术人员，甚至是私人秘书。

采购中心的概念给营销提出了重大的挑战。商业市场营销人员必须知道谁参与了决策，每个参与者的相对影响力，以及每个决策参与者使用的评估标准。

6.2.3 商业购买者的主要影响因素

商业购买者在做出购买决定时会受到很多影响。一些营销人员认为，主要影响因素是经济因素，他们认为购买者会青睐提供最低价格或最佳产品或最多服务的供应商。然而，实际上经济和个人因素都对商业购买者有影响。

如今，大多数 B2B 营销人员都认识到，情绪在商业购买决策中起着重要作用。例如，你可能期望向企业购买者推广大型卡车的广告会强调客观的技术、性能和经济因素。然而，沃尔沃重型卡车的一则广告展示了两名司机正在掰手腕的场景，并且宣称："它解决了你所有的问题，除了谁开车。"事实证明，面对全行业司机短缺的情况，车队提供的卡车类型可以帮助它吸引合格的司机。沃尔沃的广告强调了卡车的原始美感及其舒适性和宽敞性，这些特点使其对驾驶者更具吸引力。该广告的结论是，沃尔沃卡车"旨在使车队更有利可图，使驾驶员更富有"。[8]

当供应商提供的产品非常相似时，商业购买者几乎没有进行严格的理性选择的根据。由于选择任何供应商都可以满足组织的目标，所以个人因素会在他们的决策中起到更大的作用。但是，当竞争产品有很大区别时，商业购买者会对其选择更加负责，并且会更加关注经济因素。图 6-2 列出了影响商业购买者的各种因素——环境因素、组织因素、人际关系因素和个人因素。[9]

1. 环境因素

商业购买者受当前和预期的经济环境的影响很大，如基本需求水平、经济前景和资金成本。另一个环境因素是关键材料的供应。现在很多企业更愿意购买和持有更多的稀缺材料，以保证供应充足。商业购买者还会受到技术、政治以及竞争发展因素的影响。最后，文化和习俗会强烈影响商业购买者对营销人员行为和战略的反应，尤其是在国际营销环境中（见实战营销 6-1）。商业营销人员必须关注这些因素，判断它们如何影响购买者，并将这些挑战转化成机遇。

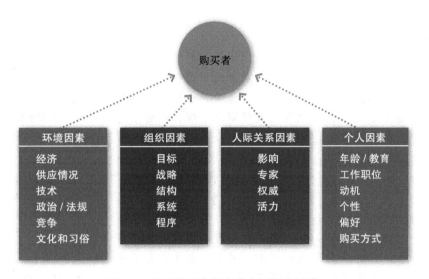

图6-2 商业购买者行为的主要影响因素

实战营销6-1

国际营销方式：入乡随俗

Blur King 公司认为，是时候让世界上的其他人享用亚洲消费者已使用多年的高质量产品了。因此，该企业派营销副总裁哈里去中东、欧洲和美国。哈里首先到达沙特阿拉伯，在那里他向一位潜在的顾客介绍了一项价值数百万美元的提议，是关于上等的猪皮革包扎工具的。

在米兰，当会见一位意大利包装设计厂商时，他穿着舒适的灯芯绒运动外套、卡其裤和平底便鞋。每个人都知道意大利人是幽默和闲散的。在德国，哈里精力充沛，他用活动挂图和视听设备对营销策略做了丰富精彩的陈述，证明自己知道如何挣钱。

在巴黎，他也使用了同样的方法。在银塔咖啡屋订了位子之后，他迎接他的客人（一位工业工程主管）并说："你好（Jacques，法语中用于熟人之间的问好），叫我哈里吧。"下一站是伦敦，在那里他与一些银行家通过电话谈生意。

哈里的最后一站是纽约，他迟到了一个小时。他带着他拿手的哈莱姆口音，问候一位潜在顾客，该顾客近期已经从中西部迁到纽约了，他热烈地说："兄弟，最近怎么样？"

一次愉快的旅行，肯定能带来一大堆订单，对吗？错。6个月后，Blur King 拿不出任何表明这次旅行成果的东西，除了一大堆账单。潜在的国际顾客对哈里并不感兴趣。

这个假设的例子，为了突出重点而夸张了。专家称，国际业务的成功在很大程度上与对当地风土人情的了解程度密切相关。可怜的哈里虽然努力了，但全错了。对沙特阿拉伯人来说，猪皮革包扎工具会被认为是可耻的。哈里还错误地假定意大利人像好莱坞电影里描述的那样刻板。几个世纪以来，设计和时尚方面的才能造就的独特文化体现在米兰和罗马的商人身上。他们打扮得体，敬重有才之士，但是他们会因为其他人穿着俗气和不适当而感到不舒服。

哈里华而不实的陈述对德国人而言是失败的，因为德国人不喜欢大话和夸耀。一位德国专家表示，称呼秘书的名字被认为是粗鲁的："你可以以姓称呼。在称呼他人名字之前，最好询问并获得同意。"德国人彼此正式以及正确的称呼方式为：有两个博士学位的人（这并不罕见）一定会被称为"博士先生"。

一个真正的法国人既不喜欢很快变得亲密，聊关于家庭、宗教或者母校的问题，也不喜欢告诉陌生人他们的名字。一位专家解释法国的交易惯例："这被认为是一种不好的体验。即使交易处理完几个月以后，我都要等待他发出邀请……在欧洲，你说'先生'总是对的。"

英国人通常不通过电话谈生意。并不是所有来自中西部的美国人都会偏爱非洲裔美国人的欢迎仪式，尽管每个人都有不同的时间安排，但是大多数人还是希望会议能准时开始。

回到总部后，哈里被要求向美国同行介绍亚洲的商务礼仪。和许多亚洲国家一样，日本也有一种"不接触文化"。在这种文化中，甚至握手也是一种奇怪的方式。哈利表示，拍对方的背会被认为是一种不尊重和傲慢的行为。此外，发名片也有礼节。日本人把名片看作自我的延伸，也是等级的象征。因此，他们不会直接递出名片，而是用双手把它展示出来。

因此，为了在国际市场上成功竞争，或者想有效地与国内市场的潜在合作伙伴合作，企业必须帮助其管理者了解国际商业购买者的需要、习俗和文化。"当在外国和外国文化中处理商务时……什么事情都不要假设，"一位跨国企业专家建议，"不要保证任何事情，要多思考、多提问、多关注细节。因为文化确实是不同的，并且这些不同会带来巨大的影响。"所以，这个看似传统的建议是一个好建议：入乡随俗。

资料来源：Portions adapted from Susan Harte, "When in Rome, You Should Learn to Do What the Romans Do," *The Atlanta Journal-Constitution*, 22 January 1990, pp. D1, D6. Additional examples can be found in David A. Ricks, *Blunders in International Business Around the World* (Malden, MA: Blackwell Publishing, 2000); Terri Morrison, Wayne A. Conway, and Joseph J. Douress, *Dun & Bradstreet's Guide to Doing Business* (Upper Saddle River, NJ: Prentice Hall, 2000); Jame K. Sebenius, "The Hidden Challenge of Cross-Border Negotiatons," *Harvard Business Review*, March 2002, pp. 76–85; Ross Thompson, "Lost in Translation," *Medical Marketing and Media*, March 2005, p. 82; information accessed at www.executiveplanet.com, December 2006. Susan Adams, "Business Etiquette Tips for International Travel," *Forbes*, 6 June 2012, www.forbes.com; Janette S. Martin and Lilian H. Cheney, *Global Business Etiquette* (Sanata Barbara, CA: Praeger Publishers, 2013); "Learn Tips to Do Business in China," *The News-Sentinel*, 9 February 2012, www.news-sentinel.com; and www.cyborlink.com accessed September 2014.

2. 组织因素

每个购买组织都有其特定的目标、政策、程序、组织结构和系统，商业营销人员必须对这些因素有很好的了解。接着出现的问题是：有多少人参与购买决策？他们是谁？他们的评价标准是什么？企业对购买者的政策和限制是什么？

3. 人际关系因素

采购中心往往由很多相互影响的成员组成，因此人际关系因素也会影响商业购买过程。评估这些人际关系因素以及小组的动态常常是很困难的。采购中心的成员不会贴上标签写明"关键决策者"或者"不重要的人"。同样，采购中心成员中地位最高的人并不总是影响力最大的人。参与者影响购买决策也许是因为他们掌控奖惩机制，拥有特殊的专业技术，又或是与其他重要的参与者有特殊关系。人际关系因素往往是非常微妙的。

4. 个人因素

商业购买决策过程中的每个成员都会带有各自的动机、感知和偏好。这些因素受到个人特征的影响，比如年龄、收入、教育程度、职业、个性以及对待风险的态度，而且，购买者具有不同的购买风格。有些是技术类型的，他们在选择供应商之前会深入分析各种竞争提议；有些可能是直觉谈判者，他们擅长使卖家相互竞争，自己坐享渔翁之利。

6.3 商业购买过程

图6-3列出了商业购买过程的8个阶段。[10] 面临新任务情形的购买者，往往会经历购买过程的所有阶段。修正重购或直接重购的购买者会跳过其中某几个阶段。下面从典型的新任务情形购买情况来研究这些步骤。

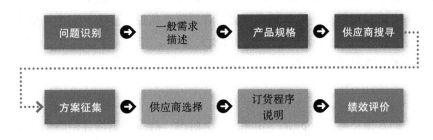

图6-3 商业购买过程的阶段

1. 问题识别

当企业中有人意识到某个问题或需求可以通过获得一种特定的产品或服务得到满足时，购买过程就开始了。**问题识别**（problem recognition）可以由内部或外部刺激所引起。

- 内部刺激：企业可能决定推出一种新产品，需要新的生产设备和材料；或者一台机器可能无法运转，需要新的零部件；或者采购经理对当前供应商的产品质量、服务或价格不满意。
- 外部刺激：购买者可能会因为参加一个展销会、看见一则广告或接到一个可以提供更好的产品或更低价格产品的销售人员的电话而产生新的想法。事实上，商业市场营销人员在广告中往往就潜在的问题向顾客敲响警钟，然后展示他们的产品是如何解决问题的。例如，Makino Engineering Services（行业领先的先进机器工具制造商）的获奖广告突出了一个使顾客感到气馁的问题：难以加工的零件。广告用极具震撼力的画面展现了一个看起来像可怕怪兽的加工零件，这个怪兽全身长满利齿。广告的标题提供了解决办法——"我们的应用工程师喜欢这样可怕的零件"。广告接下来向顾客保证，Makino Engineering Services 能够帮助他们处理最棘手的机器零件——"不要怕这样的零件"。

2. 一般需求描述

认识到某种需求后，购买者接下来需要准备**一般需求描述**（general need description），说明所需项目的特性和数量。对标准项目而言，这个过程几乎不存在问题。但是，对复杂项目来说，购买者需要与其他人（工程师、用户、咨询人员）合作来对该项目做出定义。采购团队可能希望衡量可靠性、耐久性、价格以及其他属性的重要程度。在这个阶段，机敏的商业市场营销人员可以帮助购买者定义需求，并且提供各种产品特性价值的信息。

3. 产品规格

购买组织接下来要确定**产品规格**（product specification），这往往在价值分析工程小组的协助下进行。**价值分析**（value analysis）是一种降低成本的方法，在价值分析中，通过仔细研究组件来判断它们能否被重新设计、标准化或是否存在成本更低的生产方法。产品价值分析小组确定最好的产品特性，并据此进行详细说明。同样，供应商也可以将价值分析作为一个赢得新顾客的工具。通过向购买者展示更好的生产某产品的方法，外部的销售人员可以将直接重购转变为新任务情形，从而为其提供一个获得新业务的机会。

4. 供应商搜寻

购买者为了找到最好的供应商而进行**供应商搜寻**（supplier search）。购买者可以通过查询交易目录、利用计算机搜索或致电其他企业寻求推荐来制作一个简单的合格供应商的名单。如今，更多的企业转向互联网来寻找供应商。互联网为较小的供应商提供了许多与较大的竞争者同样的优势。

越是新的购买任务、项目越复杂、成本越高，购买者越愿意花费更多的时间搜寻供应商。供应商的任务是跻身于名单中，并且在市场上建立良好的声誉。营销人员应该密切关注那些处于供应商搜寻过程中的企业，并确保自己的企业能够在其考虑之列。

5. 方案征集

在商业购买过程中的**方案征集**（proposal solicitation）阶段，购买者邀请合格的供应商提交供应方案。作为回应，一些供应商仅发送一份目录或派一位销售人员。但是，如果项目比较复杂或成本较高，购买者往往需要每个潜在的供应商提供详细的书面供应方案或正式的报告。

为了回应购买者对供应方案的征集，商业市场营销人员必须精于调查研究、写作并展示方案。供应方案应该是营销文件，而不仅仅是技术文件。陈述报告应该能激起购买者的信任，并能使企业从竞争中脱颖而出。

6. 供应商选择

采购中心的成员重新审核供应方案并从中选出一个或一组供应商。在**供应商选择**（supplier selection）过程中，采购中心往往会列出其所需的供应商属性及其相对重要性。在调查中，采购主管会列出如下对供应商和顾客关系而言最重要的属性：产品质量和服务、准时送货、企业的道德行为、诚实的沟通以及有竞争力的价格。其他重要因素包括维修和服务能力、技术支持和建议、地理位置、绩效历史以及声誉。

购买者也许会在做出最后的选择之前试图与首选供应商进行磋商，以获得更优惠的价格和条款。购买者通常更喜欢选择多个供应商，这样可以避免完全依赖一个供应商，并且在一段时间内还可以比较不同供应商的价格和绩效。供应商发展经理希望可以建立一个能够帮助企业为顾客带来更多价值的完整的供应商合作伙伴网络。

7. 订货程序说明

购买者需要准备一个**订货程序说明**（order-routine specification），包括购买者与其选择的供应商之间最后的订单和列举的条款，例如技术规范、数量需求、期望的交货时间、退货政策和担保。对于维护、维修和操作条款，购买者可能更青睐一揽子合同而不是周期性的购买订单。一揽子合同创造了一种长期关系，在这种关系下，供应商承诺在特定的时期内根据协议价格向购买者重复供应其所需物品。

一些大型购买者会实行**供应商管理库存**（vendor-managed inventory），将订单和库存责任转交给了供应商。在这种系统下，购买者与重要的供应商分享销售和库存信息。供应商监督库存并在需要的时候自动补充存货。

8. 绩效评价

在这个阶段，购买者对供应商的绩效进行评价。购买者可能与使用者联系，并请他们评估满意等级。**绩效评价**（performance review）可能导致购买者继续、变更或者放弃其原先的安排。

6.4 电子采购和网上购物

信息技术的进步改变了 B2B 营销过程的面貌。在线购物通常被称为**电子采购**（e-procurement），发展迅速。电子采购使购买者能够接触新供应商，降低采购成本，并加快订单处理和交付速度。反过来，商业营销人员可以在线与顾客联系、分享营销信息、销售产品和服务、为客户提供支持服务并保持持续的客户关系。

企业可以通过多种方式进行电子采购。他们可以建立自己的企业交易网站。例如，GE 经营一家企业交易网站，在该网站上发布其购买需求并邀请投标，协商条款和下订单。或者企业可以与主要供应商建立外联网链接。例如，它们可以与戴尔等供应商建立直接采购账户，企业买家可以通过该账户购买设备、材料和供应品。B2B 营销人员可以通过创建设计良好、易于使用的网站来帮助希望在线购物的客户。

阿里巴巴是一家位于中国的 B2B 网站，拥有 800 多万中小企业客户。该网站有两个版本：一个是英文版，另一个是中文版。英文版网站使用谷歌完善的关键词模式，而中文版在很大程度上依赖订阅模式，会员需要为特殊服务支付额外的费用。每年支付 2 900 美元成为"黄金供应商"的企业可以在线发布无限数量的产品，为潜在购买者提供虚拟体验，并接受信用报告机构的审查。阿里巴巴在日本、韩国和印度推出了本地版本的 B2B 服务。在线支付系统支付宝还拥有一个软件 Shopkeeper™，免费为中小型用户提供会计、库存管理和客户资源管理服务。[11]

今天的 B2B 营销人员使用各种数字和社交营销方法，从网站、博客和智能手机应用程序到主流社交媒体，如 Facebook、领英、YouTube 和 Twitter，以接触商业客户和管理客户关系。数字和社交媒体营销已成为吸引商业客户的新空间（见实战营销 6-2）。

实战营销6-2

B2B 社会营销：吸引商业客户的空间

Makino Machine Tools 的 YouTube 频道有一个热门的视频，它展示了 Makino 的 D500 五轴立式加工中心。视频中有机械铣削新的工业零件，金属切屑随之飞扬。听起来很不错？对一般顾客来说，可能并非如此。但对于合适的工业顾客来说，视频从头到尾引人入胜。"哇，"一位观众说，"这是一个新的概念，可以让你沿着 Y 轴而非 X 轴铣削。这是一种刚性增强吗？"总的来说，视频的观看量已超过 33 000 次，观看者主要是当前或潜在的 Makino 顾客。对于 Makino B2B 营销人员来说，这是一次很好的曝光。

当你想到数字营销和社交媒体时，你很可能会联想到直接向最终消费者进行营销。今天，像 Makino 这样的企业的 B2B 营销人员也加强了对这些新方法的使用，以吸引和扩展商业顾客。在商业营销中，数字和社交媒体渠道的使用不仅在增长，而且呈爆炸式增长。尽管大多数 B2B 营销人员都在削减传统媒体和活动营销，但他们正在加大对网站、博客、移动应用、电子通信和专有在线网络以及 Facebook、领英、Google+、YouTube、SlideShare 和 Twitter 等主流社交媒体的使用。

数字媒体和社交媒体已成为吸引 B2B 顾客及加强顾客关系的媒介。再次考虑这家在金属切削和加工技术方面领先的制造商 Makino。

Makino 使用各种社交媒体，主动为顾客提供信息并改善顾客关系。例如，它举办了一系列行业特定的网络研讨会，将企业定位为行业思想领袖。Makino 每月举办三次网络研讨会，提供了 100 多个主题，从优化机床性能到发现新的金属切削工艺。网络研讨会的内容针对特定行业（如航空航天或医疗行业）量身定制，并通过精心制作的横幅广告和电子邮件进行宣传。网络研讨会有助于建立 Makino 的顾客数据库，带来潜在顾客，建立顾客关系，并通过提供相关信息和在线教育顾客为营销人员做好准备。

Makino甚至使用Twitter、Facebook和YouTube向顾客和潜在顾客介绍最新的Makino创新与活动，并生动地展示企业的机器运行情况。结果很令人满意。"我们已经将营销活动大大地转移到数字领域，"Makino的营销经理说，"它缩短了销售周期，提高了效率——对企业和顾客来说都是如此。结果非常出色。"

与传统媒体和销售方法相比，数字媒体和社交媒体可以产生更多的顾客参与及互动。B2B营销人员知道，他们并非真正针对企业，而是针对那些影响购买决策的企业中的个人。"我们实际上是B2C。"一位B2B营销人员指出。今天的商业购买者总是联系在一起。它们拥有自己的数字设备，无论是个人电脑、平板电脑还是智能手机，都与他们的大脑紧密相连。正如一位B2B营销人员所说："工作场所不是唯一的，我们随时随地都可以工作。"

数字媒体和社交媒体在保持商业双方的持久联系中发挥着重要作用，这是个人销售所无法企及的。新的数字方法不是销售代表在工作中拜访商业顾客或者在贸易展览会上与顾客见面的旧模式，而是促进了销售和顾客人员之间即时的联系。它使得卖家和买家能对重要信息有更多的控制与访问。B2B营销一直是社交网络营销，而今天的数字环境提供了一系列令人兴奋的新网络工具和应用程序。

没有哪家企业能够比历史悠久的IBM更好地抓住新的数字和社交媒体机会。IBM拥有超过100年的历史，在170个国家或地区雇用了超过434 000名员工，当涉及社交媒体时，IBM也走在前列。它在社交媒体上使用分散处理的方式。"我们以一如既往的方式在网上展示我们的品牌，"IBM社交媒体高管表示，"我们的品牌在很大程度上取决于IBM员工与顾客的互动。"

从这个角度来看，IBM鼓励员工在社交媒体上公开谈论——公开交谈，也与顾客交谈，并且在没有干预或监督的情况下进行。这样做使得成千上万的IBM员工成了企业的代言人。有100 000名IBM员工使用17 000个内部博客，53 000名员工使用类似Facebook的内部网络。"在线搜索'IBM博客'，你会发现无数的IBM员工公开发布关于自己的内容，从面向服务的架构到给父母买的东西等，"一位分析师说，"如果你想在IBM发表博客，你只需要点击鼠标即可。"成千上万甚至数十万的IBM员工还积极参与Twitter、领英、Facebook、YouTube和许多其他公共社交媒体。

所有这些IBM主导的社交网络在IBM员工、顾客和供应商之间产生了大量的互动。例如，IBM"创新即兴大讨论"包括企业内外多达500 000人的多元化群体。这种在线互动推动了IBM的主要活动——智慧地球（Smarter Planet）的产生，该活动将集体思维和工具集中于IBM及企业外部，以解决高峰时段分流、自然灾害响应等问题。

无论是IBM对数字和社交媒体的分散式处理方法，还是Makino更专注、更有针对性的方式，B2B营销人员都在探索这些新的网络渠道在吸引和与商业顾客互动方面有何效果。数字和社交营销并没有取代B2B模式，它们标志着一种新的经营方式。B2B营销人员通过电话或在营销活动中推出其产品和服务的日子已经一去不复返了。营销人员需要以有意义和相关的方式吸引顾客，并且无论何时何地，只要顾客需要，每周7天、每天24小时都可以。正如一位B2B社交媒体总监所说："顾客的期望已发生变化。顾客希望根据自己的需求来决定与企业互动的方式。"另一位社交媒体专家说："社交媒体是当前及下一代B2B顾客选择的用来了解新问题的解决方案并关注各种品牌的工具。"

资料来源：Sara Roncero-Menedez, "Marketers Are Putting Their Money and Confidence in Social Media," *Mashable*, 1 November 2013, http://mashable.com; Elizabeth Sullivan, "One to One," *Marketing News*, 15 May 2009, pp. 10-13; Sean Callahan, "Is B2B Marketing Really Obsolete?" *btobonline.com*, 17 January 2011; Casey Hibbard, "How IBM Uses Social Media to Spur Employee Innovation," *Socialmediaexaminer.com*, 2 February 2010; "Analytics, Content, and Apps Are Hot Topics at 'BtoB's SF NetMarketing Breakfast," *BtoB*, 17 February, 2012, www.btobonline.com; David Kiron, "How IBM Builds Vibrant Social Communities," *MIT Sloan Management Review*, June 2012; Louis Columbus, "B2B Marketers Need to Get Real about Social Media and Customer Engagement," *Forbes*, 17 January 2013, www.forbes.com; and www.collaborationjam.com, and www.youtube.com/user/MakinoMachineTools, September 2014.

B2B 电子采购有许多好处。

（1）电子采购减低了交易成本，从而为购买者和供应商带来了更有效的采购。网络的采购程序可以省去传统的申请和订购手续所需的文书工作。

（2）电子采购缩短了从订购到交付的时间。节省时间对有很多海外供应商的企业来说显得尤为重要。Adaptec 公司是领先的计算机存储器供应商，它用一个外部网将所有位于中国台湾地区的芯片供应商联结在一起，就像一个虚拟家庭。现在，信息瞬间就能从 Adaptec 公司的总部传送到亚洲的合作伙伴那里，而且缩短了芯片从订货到交付的时间，从以往的 16 周缩减到仅 55 天——这一周期与那些自己生产芯片的企业的供货周期一致。

（3）电子采购使采购人员获得了解放，从而能够更加关注于战略性的问题。对许多专业采购人员来说，在线工作意味着减少了繁重的文书工作，他们有了更多的时间管理存货并且能更有创造性地与供应商合作。

但是，随着电子采购应用的迅速发展，一些问题随之而来。例如，网络使供应商和顾客分享商业数据甚至合作设计产品成为可能，同时，也会损害数十年形成的顾客-供应商关系。很多企业正在使用网络来寻找更好的供应商。日本航空公司已经使用互联网发布机舱内产品的需求订单，例如塑料杯。在其网站上，该公司贴出了图片和规格说明书，从而可以吸引任何访问过网站的供应商，而不仅仅是日本的供应商。

电子采购还可能存在安全隐患。尽管电子邮件和国内银行交易可以通过基本的加密措施予以保护，但仍然缺乏进行保密交易所需的可信赖的安全环境。企业花费数百万美元来研究防御策略，以防止黑客的入侵。例如，思科详细规定了其合作伙伴必须使用的路由器的类型、防火墙以及安全程序，以保证外联网的安全。它甚至派自己的安全工程师去检查每个合作伙伴的防御系统，并且要求合作伙伴对任何来自其计算机的安全侵入负责。

6.5 公共机构和政府市场

到目前为止，我们对组织购买的讨论大部分集中于商业购买者的购买行为。这些讨论在很大程度上也适用于公共机构和政府组织的购买实践。但是，这两类非商业市场有其他的特征和需要。本节我们将讨论公共机构和政府市场的特征。

6.5.1 公共机构市场

公共机构市场（institutional market）包括学校、医院、养老院、监狱以及其他向人们提供产品和服务的机构。由于赞助者和目标不同，公共机构必然存在差异。同样，每个机构也有各自不同的购买需求和资源。

许多公共机构市场的特征为低预算和受到赞助者一定的控制。例如，医院的患者只能吃医院提供的食物，几乎没有选择的余地。医院的采购员必须决定买给患者的食物质量。由于食物是作为整体服务的一部分提供的，因此购买的目的不是利润，也不是严格意义上的成本最小化——食用质量差的食物的患者会向其他人抱怨，从而损害医院的声誉。因此，医院的采购员必须寻找到这样的食品供应商：质量达到或超过最低标准，并且价格低廉。

很多市场营销人员成立了单独的部门来满足公共机构购买者的特征和需求。例如，亨氏对番茄酱和其他调料、罐头汤、冷冻甜点、咸菜及其他产品采用不同的生产、包装与定价，从而更好地满足医院、学校和其他公共机构市场的需求。[12]

6.5.2 政府市场

政府市场（government market）为很多企业提供了大量的机会，既包括大企业，也包括小企业。在大多数国家，政府机构是商品和服务的主要购买者。政府机构通常会要求供应商投标，正常情况下会将合同给予出价最低的竞标者。在某些情况下，政府机构要考虑供应商卓越的品质和按时履行合同的信誉。政府机构还会在协议合同的基础上进行采购，这主要发生在涉及巨大的研发成本和风险的复杂项目中，以及缺乏有效竞争的情况下。

非经济指标在政府采购中扮演着越来越重要的角色。政府机构更倾向于国内而不是国外的供应商。

在促进国内企业发展的过程中，中国政府可能会偏爱联想这样的本土企业，而不是国外的竞争对手。例如，联想得益于中国政府的经济刺激政策，中国政府提供的补贴能让中国老百姓更容易购买电脑和电子产品。

与消费者和商业购买者一样，政府购买者受到环境、组织、人际关系和个人因素的影响。政府采购的透明度因国家不同而不同。政府采购受到外界公众的密切关注，政府的决定受到公众的监督，因此政府机构要求供应商完成大量的文书工作。所以，供应商会经常抱怨超额的文书工作、官僚主义、规章制度、决策延误以及采购人员的频繁调动。在某些国家，与监督采购的政府官员保持紧密的关系对于赢得合同是至关重要的。

很多向政府出售产品的企业出于诸多原因不以营销为导向。政府总开支不是由开发这个市场的任何营销活动决定的，政府采购强调价格，促使供应商在技术上投入精力以降低成本。当产品的特性被严格规定后，产品差异就不再是一个营销因素。同样，在公开竞标中，广告或人员销售也与赢得合同关系不大。

然而，一些企业设立了独立的政府销售部门，这些部门专注于政府的需求和项目，参与产品的规格制定，收集竞争情报，谨慎筹备投标，加强对公司声誉的宣传。戴尔等其他企业已经为政府购买者制订了专门的营销方案。

一些政府已经开始进行网上采购的尝试。比如新加坡政府提供了一个叫作GEBiz的网站，通过它，供应商和政府购买者可以发布、搜寻、监控和检索政府代理机构（这一机构为政府充当采购中介的角色）征求的采购机会。

目标回顾

商业市场和消费者市场在一些关键方面是相似的，例如两者都包括做出购买决策以满足购买者的需求。但是，商业市场在很多方面与消费者市场有所不同，其中之一便是商业市场规模巨大，远大于消费者市场。

1. 定义商业市场，并阐述商业市场与消费者市场的区别

商业购买者行为是指购买产品与服务用于生产其他产品和服务的组织购买行为，这些生产出来的产品和服务被出售、出租或提供给其他人。商业购买者行为还包括零售商和批发商的行为，它们获取产品的目的是通过转售或出租给其他人来盈利。

与消费者市场相比，商业市场通常拥有数量更少但购买量更大的购买者，并且这些购买者在地域上更加集中。商业需求是衍生的，大部分缺乏弹性，而且波动性很大。商业购买决策涉及多人，商业购买者接受过更好的训练且更专业。一般而言，商业购买决策更复杂，购买过程比消费者购买更加规范。

2. 确定影响商业购买者行为的主要因素

商业购买者根据三种购买情况做出不同的决策，分别是直接重购、修正重购和新任务情形。采购中心是购买组织的决策制定单位，由在购买决策中扮演众多不同角色的人组成。商业营销人员需要了解以下内容：谁是主要的采购中心参与者？他们在决策中有影响力，程度如何？每个决策参与者使用什么评估标准？商业营销人员同样需要了解购买过程中的主要环境因素、组织因素、人际关系因素和个

人因素的影响。

3. 列出并定义商业购买决策过程的步骤

商业购买决策过程本身可以非常复杂，有八个基本阶段：问题识别、一般需求描述、产品规格、供应商搜寻、方案征集、供应商选择、订货程序说明和绩效评价。面临新任务情形的购买者通常会经历购买过程的所有阶段。修正重购或直接重购的购买者可能会跳过某些阶段。企业必须管理整体顾客关系，通常包括在购买决策过程的各个阶段的许多不同的购买决策。

信息技术的进步催生了电子采购，商业购买者通过这种方式在线购买各种产品和服务。互联网使商业购买者能够接触新供应商、降低采购成本，并加快订单处理和交付速度。但是，电子采购也会破坏顾客 – 供应商关系并产生潜在的安全问题。尽管如此，商业营销人员越来越多地与在线顾客建立联系，以分享营销信息，方便销售产品和服务，提供顾客支持服务以及维护持续的顾客关系。

4. 比较公共机构市场和政府市场，并分别阐释公共机构购买者和政府购买者如何做出购买决定

公共机构市场包括学校、医院、监狱以及其他向人们提供产品和服务的机构。这些市场的特点是预算低和会受到赞助者的控制。政府市场庞大，包括购买或租赁产品和服务以履行政府主要职能的各级政府机构。

政府购买者购买产品和服务用于国防、教育、公共福利和其他公共需求。政府购买行为高度专业化且目标明确，公开招标或谈判合同是大多数该类购买者的特征。供应商需要了解那些可能影响政府采购的环境、组织、人际关系和个人因素。

关键术语

business buyer behavior　商业购买者行为
business buying process　商业购买过程
derived demand　衍生需求
supplier development　供应商发展
straight rebuy　直接重购
modified rebuy　修正重购
new-task situation　新任务情形
system selling　系统销售
buying center　采购中心
users　使用者
influencers　影响者
buyers　购买者
deciders　决策者
gatekeeper　信息流向控制者
problem recognition　问题识别
general need description　一般需求描述
product specification　产品规格
value analysis　价值分析
supplier search　供应商搜寻
proposal solicitation　方案征集
supplier selection　供应商选择
order-routine specification　订货程序说明
performance review　绩效评价
e-procurement　电子采购
institutional market　公共机构市场
government market　政府市场

概念讨论

1. 比较商业市场和消费者市场。
2. 列举影响商业购买者的主要因素。为什么对于B2B购买者来说，理解这些主要因素很重要？
3. 简要描述商业购买过程的几个阶段。
4. 公共机构市场和政府市场是怎样与商业市场区别开来的？

概念应用

1. 商业购买行为遍及全球，因此营销人员需要了解影响商业顾客的文化因素。以小组为单位，选择一个国家，进行有关商务礼仪的多媒体演示，包括恰当的衣着、行为和沟通。用地图展示该国家的位置，并描述国家的人口、文化和经济历史。
2. 采访一个做生意的人，了解他是如何进行商业采购的。要求他描述最近的直接重购、修正重购以及新任务情形购买情况（如有必要，请为他解释

这些术语）。不同类型的产品或购买情况，购买流程是否有所不同？要求他在最近的购买中解释他的角色，并讨论影响其决策的因素。写一份简要报告，应用在本章中学到的有关商业购买者行为的概念。

技术聚焦

你将如何向每年在承包商身上花费数十亿美元的顾客销售产品？在这种情况下，你需要学习如何打开政府市场。政府采购的物品从卫生纸到航空母舰，采购的服务从清洁用品到高科技 IT 服务。企业该如何发现市场机会？方法之一是在政府网站上搜索。如今，政府的大量采购是在网上进行的。

1. 访问美国联邦商业机会网站并观看供应商概述演示视频。看完视频后，利用你在视频中学到的技巧进行搜索。在你所处的区域内，是否有很多机会？写一份简短的报告，描述这个网站对那些想向政府出售产品的商家的作用。
2. 访问其他含有政府采购来源的网站，了解更多信息。写一份简短的报告，阐述小企业应如何利用这些资源。

道德聚焦

制药企业会给医生钱和其他福利以推销自己的产品，一些医生能收到几十万美元。强生、辉瑞、葛兰素史克和其他药品制造商正在向医生、医疗中心和学术机构披露付款情况。2009 年下半年，辉瑞向 4 500 名医生和学术医疗中心支付了 3 500 万美元，而葛兰素史克在 2009 年第二季度支付了 1 460 万美元。总而言之，制药行业每年花费约 200 亿美元向医疗行业的专业人员进行营销。营销的付款形式包括礼物、食物、旅行、演讲费、药物样品和教育项目。现在，这些企业自愿提供这些信息。从 2013 年开始，法律要求，只要制药企业向医疗服务提供者每年支付累计 100 美元及以上的款项，便应依法公开。

1. 对药品和医疗器械产品存在什么类型的需求？讨论医生在企业购买医院医疗设备的商业购买过程中所扮演的角色，以及为什么企业会对他们大举推销。
2. 是否应该允许医生与药品及医疗器械公司间有利益关系？讨论这种做法的利弊。利益关系的公开是否会影响你对医生的选择？

营销和经济

卡特彼勒

卡特彼勒作为全球最大、覆盖范围最广的重型设备制造商，它曾被认为可以安全度过经济低迷期。尽管卡特彼勒在 2008 年全年表现良好，但随着经济衰退在全球蔓延，各地机构纷纷停止生产，卡特彼勒也受到了打击。对于卡特彼勒来说，2009 年的年收入下降了 37%（从 510 亿美元下降到 320 亿美元），而利润则螺旋式地下降 75%。卡特彼勒以大幅削减成本的方式来应对。它还推出了与汽车制造商类似的促销措施，以刺激销售。到 2015 年，随着一些重要的经济领域开始复苏，卡特彼勒的销售和利润也开始反弹。2015 年，它的收入增长到 552 亿美元。

1. 鉴于市场对卡特彼勒产品的需求，在经济低迷时期，它能采取什么措施来维持或增加收入呢？
2. 作为一家在一定程度上能促进经济发展的企业，卡特彼勒能为全球经济复苏做些什么吗？

营销数字

B2B 营销在很大程度上依赖于销售人员。销售人员所做的不仅仅是销售产品和服务，他们维持顾客关系，为顾客及企业创造价值。因此，对于许多企业而言，销售人员每年都会数次拜访顾客，通常每次为几个小时。销售经理必须确保企业有足够的销售人员为顾客提供充分的价值。

1. 参考附录B确定企业需要的销售人员数量。如果一家企业有3 000名顾客，每年需要人均拜访10次，请参阅附录B，确定企业所需的销售人员的数量。每次拜访大约持续2.5小时，每个销售代表每年大约有1 250小时用于经营顾客。

2. 如果每个销售代表年薪为60 000美元，企业的贡献率为40%，那么销售人员的成本需要达到多少才能收支平衡？每增加一名销售人员，对销售有何影响？

企业案例

思科系统：通过协作解决商业问题

也许你曾经听说过思科公司。这家企业以引人入胜的"联天下，启未来"广告而闻名。虽然你可能看过其广告和其他促销活动，但思科并不面向普通消费者。事实上，经过十年的努力，思科正在消费产品领域开展业务，该企业出售了Linksys及其家庭网络业务，关闭了Flip视频业务，并以其他方式解除了面向普通消费者的产品线。在此过程中，思科已经明确地将自己定义为自20世纪80年代开始销售网络产品且久经考验的B2B企业。事实上，它赢得了广告时代2013年度"B2B最佳营销人"的荣誉。思科的核心业务包括路由器、交换机和先进的网络技术，这些技术使数据在网络空间全天候运行。然而，自互联网泡沫破裂以来，思科一直在开创新一代网络工具，从网络安全到视频会议再到云系统。

该企业不仅是一个技术巨头，帮助设备公司开展其互联网和内部网活动，更是一家具有前瞻性的企业，从硬件公司转变为领导力咨询公司。在此过程中，有一个概念似乎是思科与其他组织业务的主要推动力，即顾客协作。思科致力于与顾客进行协作，以帮助它们更好地与员工进行内部协作，同时与供应商、合作伙伴及其顾客进行协作。

里应外合

约翰·钱伯斯于1995年成为思科的首席执行官，当时思科的年营业收入仅12亿美元。他成功地促进了思科在硬件供应商领域的发展。但是在21世纪初互联网泡沫破灭之后，他知道世界已经变得截然不同。因此，他设计了一个庞大、激进、风险较大的企业重组计划。这使得钱伯斯彻底改变了思科，创造了75 000名员工在合作中蓬勃发展的企业文化。因此，思科是开发、使用新产品然后将产品出售给外部顾客的完美实验室。思科不仅制造那些能够使所有共享活动成为可能的硬件和软件，它还是指导使用这些产品的专家。所有这些合作都帮助思科的业务呈爆炸式增长，思科的年营业收入达到了480亿美元。

也许思科的广告活动"联天下，启未来"最能说明企业的理念。它突出了万物互联（IoE）的思想（思科通过网络将人员、流程、数据和设备连接在一起）以及更有效地利用人际网络时所带来的好处。正如广告指出的那样，下一件大事就是"很多东西都在醒来……树木将与网络和科学家讨论气候变化问题；汽车将与道路传感器交谈，将与红绿灯探讨交通效率；救护车将与病历对话，与医生讨论如何挽救生命"。

思科称，该活动可帮助顾客了解思科的IoE技术如何增加利润，加快开发和提升战略洞察力，保持竞争优势，并加强各方面的安全性。此活动帮助思科成为全球第13大最有价值的品牌，同时传达了其他企业需要思科的产品和服务的原因。

钱伯斯讲述了思科如何从硬件向服务转型的故事。钱伯斯说："我们的顾客真的促使我们积极地提供咨询服务。"几年前，金融服务公司USAA的首席执行官要求钱伯斯帮助该企业弄清楚如何发展互联网业务。钱伯斯回答，思科没有涉及互联网的咨询业务，但是当USAA承诺如果思科能够接受这项工作，它会将其所有的网络业务交给思科之后，钱伯斯便宣布："我们从事这项业务！"现在，思科拥有的产品和知识可以帮助其他企业在互联网上取得成功。钱伯斯进一步了解思科对顾客影响的转折点是中国汶川大地震。

在思科工作了19年的资深人士Tae Yoo负责监督企业的社会责任工作，并担任中国战略委员会和新兴国家委员会的成员。"我一直都秉持合作精神，"她说，在地震发生后，"我们当地的团队立即动员起来，与员工、顾客、非政府组织合作伙伴进行沟通。在视频会议上，理事会通过电话对地震情况进行了全面评估。我们通过网络将华西医院连接到马里兰州的一个专门的创伤中心。"来自世界另一端的高级医疗中心能够远程诊断。思科员工在当地帮助农村地区重建家园和学校。Yoo继续说道:"在14天内,我做了一个完整的计划带向中国董事会,并以4 500万美元作为启动基金。"这个数字最终增长到1亿多美元。钱伯斯表示:"我们在中国的业务同比增长了30%。"思科已承诺投资160亿美元用于在中国建立公私合作伙伴关系。钱伯斯补充:"没有人有像我们这样的影响力和信任。没人能提供我们所能提供的帮助。"

协作优势

思科管理层知道,大多数CEO的首要任务是打破企业与顾客、供应商和合作伙伴之间的沟通障碍。钱伯斯的长期产品演示搭档吉姆·格鲁布(Jim Grubb)说:"如果我们能够提高那些正在研究下一代太阳能技术的科学家的生产效率,我们就为世界做了一件好事。"

虽然路由器和交换机占据思科大部分业务,但它最让人感兴趣的东西还是集中于尖端领域。试想思科首创的被称作"智慧+互联社区"的技术。也许智能+互联社会最好的诠释样本就是位于韩国的松岛新城,这座城市建立在黄海中的一座人工岛上。思科被聘为这个项目的合作伙伴,与那些建筑师和建筑公司(例如3M和联合技术公司)一起组成团队。

思科所做的事情并不仅仅是安装路由器、交换机和城域Wi-Fi。这个网络巨头利用电子突触使城市的每一寸土地都布满无线网络。通过埋在街底的中继线,网线将会通过每堵墙延伸,就像神经系统那样。思科渴望通过在松岛新城扮演大脑中枢角色的控制室,以使这座城市在信息的基础上运营。

思科并不满足于销售硬件,它还在硬件基础之上运营服务。试想一下,城市的每个房间和办公室都被连接到思科的Tele Presence视频会议屏幕上。工程师将倾听、学习并发布思科的新服务。思科打算将城市基础设施(供水、供电、交通、通信和娱乐)打包成一个单独的可以连接到网络的多功能系统。这个思科系统将能够使松岛新城在环境可持续性和效率上达到一个新的高度。由于这些效率,当地居民在此类服务上的花费将会更低。

智慧城市使思科的另一项业务变得更加有意义,研究显示,远程工作可以为企业、社会和员工带来巨额利润,例如,远程工作者具有更高的工作满意度,由此,他们将会变得更加有效率,节约出来的60%的通勤时间将会为企业工作。甚至有证据表明,即使工资降低,人们也倾向于选择在家办公。大部分的远程工作者都能够按时、按质地完成工作,他们与同事交流的能力和在办公室时一样好,甚至大多数时候优于在办公室工作。拥有思科虚拟办公室这类软件以及思科专业的运营经验,太阳微系统公司节约了6 800万美元,还减少了29 000吨的碳排放。

思科推出了基于网络的通信产品,这些产品可以加强组织之间的合作。思科认为这可以使业务更加以人为中心而非以文件为中心。思科基于云的WebEx套件承诺让顾客可以"在任何地方、任何时间与任何人连接"。除了WebEx邮件之外,WebEx会议还提供"从始至终更好的会议",其中包含演示、文件共享以及应用程序的同时使用,所有这些都来自计算机或者移动设备。同时在进行的就是思科WebEx Social,这是一种介于企业目录和Facebook的交叉应用,它允许信息的自由流动在现有产品的基础上呈指数级增长,因为它们存在于组织的防火墙之后,没有过滤器、律师或安全问题的阻碍。其他WebEx产品提供培训、顾客服务和IT支持,以及大型在线活动和网络研讨会。

光明的未来

"联天下,启未来"不只是一个标语,它是一个行动号召。正如思科的广告活动指出的那样,下一件重要的事情"不会那么遥远"。思科近年来经受住了艰难的经济时期,获得了更强大、更灵活、更好的适应新市场的增长。2000~2010年10年间,思科收购了48家风险投资公司,在过去的4年中又收购了32家企业,使其拥有了数十种新的协作技术。凭借这些资源,再加上它储备的500亿美元现金,思科现在正向30个不同的市场扩张,每个市场有可能每年产生10亿美元的收入。展望未来,该企业承诺每年增加20%的新市场业务,而且,由于思科只有在有信心获得40%的市场份额时才会进入新市场,因此其成功的可能性极大。

据估计,合作市场规模为350亿美元,这个数字将在未来几年大幅增长。由于思科是这一新兴产业的领头羊,分析师毫无疑问地接受了钱伯斯的长期目标,即每年收入增长12%~17%。思科已经证明,它拥有实现这一目标所必需的产品组合和领导结构。有一件事是肯定的:思科不再是一个仅仅提供互联网普及所需的小工具的企业,它是一个合作领导者，它拥有成为未来中坚力量的能力。

讨论题

1. 讨论市场结构的性质和对思科产品的需求。
2. 基于思科所在的竞争领域，这对主要类型的购买情形有什么启示？
3. 案例中提到的思科产品将可能给顾客带来哪些具体的利益？
4. 针对思科的一项产品，讨论顾客购买过程以及销售过程。这些过程与购买和销售家用宽带路由器的过程有何区别？
5. 思科自身的协作文化与其销售的服务和产品之间的关系能否应用于所有企业？以宝洁这样的消费品公司为例讨论这一问题。

资料来源：Ellen McGirt, "How Cisco's CEO John Chambers Is Turning the Tech Giant Socialist," *Fast Company*, 25 November 2008, accessed at www.fastcompany.com; Anya Kamenetz, "Cisco Systems," *Fast Company*, March 2010, p. 72; Greg Lindsay, "Cisco's Big Bet on New Songdo: Creating Cities from Scratch," *Fast Company*, 1 February 2010, accessed at www.fastcompany.com; Ariel Schwartz, "Cisco Says Telecommuting Saves Money, and the World," *Fast Company*, 26 June 2009, accessed at www.fastcompany.com; "Susan Bostrom, Exec VP-CMO, Cisco Systems," *BtoB*, 26 October 2009, accessed online at www.btobonline.com; "Google, IBM, Apple Top List of Most Valuable Brands," www.informationweek.com, 28 April 2010.

PART 3

第三部分

设计顾客驱动营销战略和整合营销

第 7 章
顾客驱动营销战略：为目标顾客创造价值

┊学习目标┊

1. 定义顾客驱动营销战略的四个主要步骤：市场细分、选择目标市场、差异化和市场定位。
2. 列出并讨论消费者市场和商业市场的细分因素。
3. 解释企业如何确定细分市场的吸引力并选择目标市场的营销战略。
4. 讨论企业为了使竞争优势最大化，应如何对其产品进行差异化和市场定位。

┊预习基本概念┊

目前，你已经了解了何为营销，以及理解顾客和营销环境的重要性。本章将深入研究顾客驱动营销战略决策，讨论几个关键的营销战略决策——如何把市场划分为有意义的顾客群（市场细分），选择目标顾客群（选择目标市场），向目标顾客提供最能满足其需求的产品（差异化），在顾客内心形成产品定位（市场定位）。后面的章节将深入讨论市场营销工具4P，有了这些工具，营销人员才能把战略转化为行动。

作为市场细分、确定目标市场、差异化和市场定位的一个引入案例，我们来看看Charles & Keith——一家在亚洲和中东快速发展的鞋和配饰品企业。

Charles & Keith：如果鞋子合适

Charles & Keith 改变了亚洲和其他国家女性鞋类及配饰品的面貌，它以独特的销售定位为基础——提供永恒、精致、独一无二的产品，服务于需要平价时尚的特定细分市场。

Charles Wong 的父母在宏茂桥开设了一家鞋店，Charles Wong 和弟弟 Keith 通过在店里给父母帮忙来学习如何经营鞋业。Charles Wong 家经营的鞋店和竞争对手从同一批发商处进货，鞋子的生产厂家也和竞争对手一样。根据顾客的反馈，Charles 观察到，仅仅销售从批发商那里买来的鞋子并没有给顾客太多的选择，也没有满足他们的需要。行业缺乏产品差异化和定位，而这些可以帮助他们扩大市场。30岁出头，Charles 和 Keith 决定要比竞争者更有优势，于是接管了企业并重新开始。到1997年年底，兄弟俩开始根据消费者的需求设计鞋子。Charles Wong 说："那是我们与顾客互动、听取顾客反馈的时候，同时学习经营企业的基础。"

他们的主要目标群体是25~35岁的女性，今天，由70名成员组成的强大的设计团队以惊人的速度推出新设计——每年大约750件新鞋以及300件新包和配饰品，以满足来自不同市场的顾客的不同需求。每个星期都有20种新产品，每个月都有80个新设计供老客户选择。

为了跟上顾客驱动的市场，3%的企业收入用于培训设计师——主要是新加坡、马来西亚和中国人，他们必须定期去欧洲和美国参加时装秀和进行市场调查。

他们知道在中东地区，大多数女性穿罩袍、盖头或戴面纱。在这样的地理位置和文化背景下，她们对鞋子与包或鞋子与皮带和太阳镜等搭配品的需求更大，Charles & Keith 企业则提供这种搭配品。企业内部设计的吸引力从产品目录中可以明显看出，该目录上印有穿着时髦的鞋、拿着包和戴着太阳镜的欧洲模特的照片。这也被转化成它的在线销售商店，以帮助 Charles & Keith 触及没有零售业务的市场。

自 1998 年在印度尼西亚开设第一家海外店铺以来，目前该企业在中国有 60 多家店铺，全球约有 350 家店铺，包括东京、首尔和迪拜。2006 年，它推出了一个新的商店 Pedro，提供奢华的皮鞋，不像 Charles & Keith 迎合人们寻找当代时尚的风格。2010 年，奢侈品集团 LVMH 亚洲分公司以 2 400 万美元的价格买下了该企业 20% 的股份。通过这次注资，Charles & Keith 将目光投向了美国、中国、印度和西欧。[1]

今天，各企业都已经意识到，它们不可能吸引其所在市场的全部消费者，至少不能使用同一种方法来吸引全部消费者。顾客实在太多、太分散了，他们的需求和购买行为也多种多样。不仅如此，各企业满足不同细分市场的能力差异很大。企业应当像 Charles & Keith 一样，找到最适合自己且利润率最高的细分市场，制定相应的顾客驱动营销战略，并与适当的顾客建立正确的关系。

北京郊外一个杂货店的老板说："以前，我们只是提供给顾客一种商品，他们也只是接受。而现在，当顾客进入店内时，他们已经有了品牌的概念。"

因此，大多数企业都已经放弃了大众营销，转而对市场进行细分并确定目标市场。通过市场细分，选择其中一个或多个作为目标市场，开发相应的产品，并展开相应的营销计划。它们的营销力量不再像霰弹枪那样分散，而是像步枪那样瞄准对自己创造的价值有更大兴趣的购买者。

图 7-1 展示了制定顾客驱动营销战略的四个主要步骤。前两个步骤涉及企业选择所要服务的目标顾客。第一步是**市场细分**（marketing segmentation）：根据消费者的不同需求、特征或行为方式把整个市场划分为更小的群体，每个群体都追求特定的产品或营销组合。企业采用不同的方法来进行市场细分并对细分结果进行组合。第二步是**选择目标市场**（marketing targeting）：对每个细分市场的吸引力进行评估，确定一个或几个想要进入的细分市场。

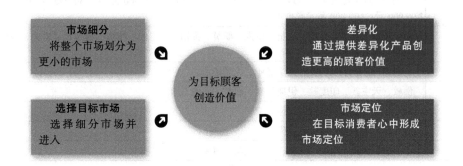

图 7-1　制定顾客驱动营销战略的步骤

在后两步中，企业确定自己的价值主张，也就是明确如何为目标顾客创造价值。第三步是**差异化**（differentiation）：通过向市场提供不同的产品来创造更高的顾客价值。第四步是**市场定位**（positioning）：相对于竞争产品，企业的产品要在目标消费者心中占据一个清晰、鲜明和理想的定位。下面我们逐一讨论这些步骤。

7.1 市场细分

市场由各种各样的购买者构成,其购买需求、资源、地理位置、购买态度和购买习惯各不相同。通过市场细分,企业可以把大型异构市场分解为小型的细分市场,从而使产品或服务更快捷、更有效地满足顾客独特的需求。本节讨论4个重要的细分主题:消费者市场细分、商业市场细分、国际市场细分、细分市场的有效性要求。

7.1.1 消费者市场细分

市场细分的方法有很多种。营销人员应当尝试单独或组合使用多种变量来进行市场细分,以寻找揭示市场结构的最佳办法。表7-1列出了对消费市场进行细分时可能使用的主要变量。我们来讨论地理因素、人口统计因素、心理因素和行为因素这几个主要变量。

表 7-1 消费者市场的主要细分变量

地理因素	
地区或国家	北美、西欧、中东、环太平洋、中国、印度、加拿大、墨西哥
国家地区	北部、南部、东部、西部、中部
城市规模	小于5 000人、5 000~20 000人、20 000~50 000人、50 000~100 000人、100 000~250 000人、250 000~500 000人、500 000~1 000 000人、1 000 000~4 000 000人、4 000 000人或以上
人口密度	城市、郊区、乡村
气候	北方、南方
人口统计因素	
年龄	6岁以下、6~11岁、12~19岁、20~34岁、35~49岁、50~64岁、65岁以上
性别	男、女
家庭人口	1~2人、3~4人、5人以上
家庭生命周期	年轻,单身;年轻,已婚,无子女;年轻,已婚,有子女;年长,有子女;年长,已婚,无子女;18岁以下;年长,单身;其他
收入	少于10 000美元、10 000~200 00美元、20 000~30 000美元、30 000~50 000美元、50 000~1 00 000元、100 000美元或更多
职业	专业技术人员、管理者、官员、商人、职员、推销员、工匠、领班、操作员、农夫、退休人员、学生、家庭主妇、失业人员
教育	小学或以下、中学毕业、大学肄业、大学毕业
宗教	佛教、天主教、印度教、伊斯兰教、新教、其他
种族	华裔、印度裔、马来裔、其他
年代	婴儿潮一代、X一代、Y一代
国籍	中国、菲律宾、印度尼西亚、日本、马来西亚
心理因素	
社会等级	下下层、上下层、工薪阶层、中产阶层、下上层、中上层、上上层
生活方式	成功人士、努力奋斗者、勉强糊口者
个性	强制、孝顺、善于交际、独裁、野心勃勃
行为因素	
使用时机	常规时机、特殊时机
利益偏好	质量、服务、经济、方便、速度
使用状况	从未使用、曾经使用、潜在用户、首次使用、经常使用

（续）

行为因素	
使用率	使用较少、使用较多、大量使用
忠诚度	无、一般、强烈、绝对
准备程度	不知道、知道、清楚知道、有兴趣、想得到、准备购买
对产品的态度	热情、积极、不关心、消极、敌视

1. 地理细分

地理细分（geographic segmentation）要求把市场划分为不同的地理单元，如国家、州、地区、县、镇以及居民区。企业可以在一个或几个地理区域开展业务，也可以在某些具有特殊需求或偏好的全部地理区域开展业务。

很多企业都针对某一地区、城市甚至居民区，推出本地化的产品、广告、促销及销售策略，以满足顾客的特定需求。

可口可乐根据日本不同地理区域开发了4种不同的即饮罐装咖啡。同时，它还发现，日本的青少年总是行色匆匆，在打电话时不喜欢可乐瓶口敞开着。因此，企业为日本市场设计了带有旋转盖的可乐罐。为了满足不同消费者的口味，宝洁在英国和新加坡市场分别推出了咖喱味与烧烤味的品客薯片。[2] 联合利华也推出了特别针对中国市场的品牌——清扬。在最初的广告宣传中，清扬最初由中国台湾地区的明星徐熙娣（小S）和韩国偶像明星Rain代言。广告宣传让中国消费者对清扬去除头皮屑的显著效果印象深刻。[3] 其他亚洲名人随后也录制了广告。

地理细分对于同一国家内的消费者同样适用。宝洁针对中国大陆城市消费者推出的佳洁士牙膏采用的是来自异域的冰泉山和清晨荷花香口味，而对于乡村消费者则推出了盐白牙膏，因为他们认为盐可以美白牙齿。[4]

2. 人口统计细分

人口统计细分（demographic segmentation）是指用人口统计变量，如年龄、性别、家庭人口、家庭生命周期、收入、职业、教育、宗教、种族、年代及国籍，将市场划分为不同的群体。人口统计变量是细分客户群最常用的基础。一个原因是，消费者的需求、偏好、使用率虽有不同，但与人口统计变量密切相关。另一个原因是，人口统计变量比其他各种变量都更便于计量。即使市场是通过其他变量细分的，例如消费者获取的利益或消费行为，企业也必须了解该细分市场的人口统计特征，以评估目标市场容量，并充分传达营销意图。

3. 年龄和生命周期细分

随着年龄的增长，消费者的需求和偏好会发生变化。一些企业使用**年龄和生命周期细分**（age and life-cycle segmentation）法，为不同年龄和生命周期的消费者提供不同的产品或使用不同的营销方法。

艾诗（Enchanteur）有一系列法国风味的香水和化妆品，专为年轻、浪漫的现代女性而设计。它有Enchanteur Paris和Enchanteur Love子品牌。每个系列的香水都经过精心设计，以适应生命各个阶段的特定时刻和爱情之旅。企业的总经理说："没有人能保证永恒的爱情，但我们可以通过采取行动让爱情更持久。每天都是积极的。维持永恒的爱的关键之一是保持浪漫。使用香水是点燃浪漫火花的众多方式中最好的方式之一。其原因在于，香味可以强有力地触发美好的回忆，让我们重温迷人的经历，影响我们的情感、情绪和行为。"[5]

营销人员在根据年龄和生命周期细分市场的时候，要避免生搬硬套。举例来说，尽管有些40多岁的夫妻在供子女上大学，但还有些同龄人才刚刚开始组建新的家庭。因此，年龄可能不是用来判断生命周期阶段、健康状况、工作或家庭状况、需求以及购买力的可靠指标。为了向成熟的消费群体营销，企业要营造一种正面、积极的形象以产生吸引力。例如，鉴于日本的老龄人口正在迅速增加，日本的婴儿食品制造商将老年消费者也作为目标顾客。但由于日本的老龄人口通常不愿意透露其真实年龄，要让他们感兴趣必须相当谨慎。和光堂将老年人食品称为"快乐食品"，而食品袋上的标签上面写的是"适合0～100岁"。

4. 性别细分

性别细分（gender segmentation）很早就应用于服装、化妆品、洗漱用品、杂志行业。近年来，许多女性化妆品制造商开始推出男士化妆品，有些品牌是专门为男性设计的。

亚洲男士产品消费上升趋势归功于亚洲男士对皮肤问题更为关注。中国、韩国和日本人特别关注皮肤护理。在马来西亚，Wipro-Unza为当代无忧无虑、自信的男士提供Dashing品牌，让兄弟们一起享受生活。巴黎欧莱雅为男士提供专业护肤品和美容系列产品。广告宣称："现在巴黎欧莱雅为男士带来了美容技术和专业知识……因为你也值得拥有。"碧欧泉产品针对年龄为25～39岁的男性白领用户。[6]

最近，耐克加快了其占领女性运动品市场的步伐。耐克已经对女士服装生产线进行了全面的革新。企业将这种革新称为Nikewomen，其目的就是能够为女性提供更加舒适、鲜艳、时尚的运动服。随着运动趋势的兴起，改进后的Nikewomen网站主要以特色服装为主。[7]

运输企业甚至也运用了性别细分。在日本，铁路和公交公司推出了"女性专用"的汽车与公交车。由于有关女性在夜间乘坐巴士受到骚扰的报道引起了人们对其安全性的担忧，Heisei集团在东京—神户路线上运行女士专用公交车。这项服务尤其受到二三十岁的女性的欢迎。在印度，只允许女性乘坐的列车被称为女性专用列车，它能够很好地避免日常乘坐公交时遇到的拥挤、推搡和骚扰。[8]

5. 收入细分

汽车、服装、化妆品、理财服务和旅游业的营销人员很久以前就开始进行**收入细分**（income segmentation）。很多企业都把目光放在那些喜欢奢侈品和便捷服务的顾客身上。例如，信用卡企业提供超值信用卡，如VISA的签名卡、万事达的世界卡和美国运通的超级精英百夫长卡。

还有其他一些收入细分的例子。现代汽车首次进入美国市场时，推出了售价4 995美元的小型汽车Excel。不久，现代又瞄准了更高收入群体市场，推出了升级版索纳塔轿车和图森，价格与丰田和本田相当。[9]

不过，并非所有的企业都把注意力放在那些富人身上。许多零售商成功地瞄准了具有预算意识的群体作为企业的目标顾客。在中国香港，为了满足来自菲律宾和印尼家政人员的需求，当地开设了许多面向这些群体的打折服装店、食品店和水果店。

6. 心理因素细分

心理因素细分（psychographic segmentation）是指根据社会阶层、生活方式或个性等特征，将消费者划分为不同的群体。那些人口统计因素相同的消费者，在心理因素构成方面可能完全不同。

我们在第5章讨论过消费者的购买行为如何反映其生活方式。营销人员通常按照消费者的生活方式来细分市场并制定相应的营销战略。例如，来自新加坡的Charles & Keith不仅将自身包装为一个时尚专家，同时还称它将提供一种全新的生活方式。它已经创造了一种富有且知名的形象。

营销人员还可以使用个性特征这一变量来细分市场。例如，本田摩托车的营销目标似乎是那些22岁左右的时尚名流，然而其真正的目标顾客是更为宽泛的个性群体。以一则广告为例，一个快乐的儿童在床上蹦蹦跳跳，此时背景音响起："你一辈子都在想过这样的生活。"这则广告唤起了听众一种欣快的感觉，这种感觉产生于冲破权威的束缚或做了父母曾经不允许做的事情。本田试图通过这则广告与顾客曾经叛逆、独立的个性产生共鸣。[10]

7. 行为细分

行为细分（behavioral segmentation）是指根据消费者的知识、态度、产品使用率或对产品的反应来划分细分市场。很多营销人员都认为，行为细分是进行有效市场细分的最佳选择。

市场研究公司尼尔森对马来西亚城市居民的互联网应用及网上购物态度进行了调查，基于对家用电脑、手机、PDA以及卫星电视的拥有量，该企业找出了四个范围更小的细分市场。电子精英类（eSavvy）主要是华人、年轻人，往往来自高收入家庭。移动通信类（mobiles）在二三十岁的华人和马来西亚人中占的比例差不多，来自中等收入家庭。家庭类（home bodies）也是来自中等收入家庭，多数人年龄为15～20岁，少部分人是40多岁。无兴趣类（not interested）年龄都在50岁以上，并且基本是马来西亚人。[11]

（1）使用时机。根据消费者产生购买意图的时机、实际购买的时机和使用产品的时机，可以把消费者划分为不同的群体。**时机细分**（occasion segmentation）可以帮助企业增加产品销售。像父亲节、母亲节这样的节日，就是商家促销糖果、鲜花、贺卡和小礼品的好机会。为情人节、农历新年、圣诞节这样的节日准备特价商品和促销广告的商家就更多了。

作为产量最大的方便面供应商，Indofood通过时机细分，创造了一个"渴望方便面"的消费者群体，取得了很好的业绩。该企业曾推出情人节特别版方便面，方便面装在粉红色的包装盒里，上面还有卡通的心形图案。此外，该企业还有限量版中国春节方便面，用漂亮的红色或金色盒子包装，还有生日方便面、新书发行方便面。不仅如此，该企业还利用婚礼、生日、毕业纪念日这样的时机来进行营销。[12]

（2）利益偏好。按消费者从产品中追求的不同利益，可将其划分为不同的群体，这是一种很有效的市场细分方法。**利益细分**（benefit segmentation）要求企业找出消费者购买商品时所追求的几种主要利益，发现追求每种利益的人群的特点，以及能够提供每种利益的主要品牌。马来西亚传统中药品牌余仁生将自己定位为提供天然健康解决方案（见实战营销7-1）。

| 实战营销 7-1 |

引领家族企业的发展：来自余仁生的启示

在商场中生存了百年后，余仁生（Eu Yan Sang）在第四代家族领袖Richard Eu的领导下继续成长。

余仁生起初是马来西亚北部的一家供应店，为Richard Eu曾祖父的锡矿厂里的工人提供中草药代替鸦片，如今已成长为一个备受尊敬的中药国际品牌。自2000年公开上市以来，余仁生已经实现了两位数的增长。在新加坡、马来西亚和中国香港地区的核心市场，企业在其行业中占有最大的市场份额。

和许多企业一样，增长主要来自中国内地，今天它的业务正从中药发展到更广泛的关注全面健康的领域。

当做出商业决策时，企业的业务必须放在第一位，并且决策应该基于对企业最有利的角度。作为企业的主要股东，家族成员必须在董事会之前保持一致，这样才能防止家族分歧使他们偏离正轨。

在余仁生，董事会的家族成员代表了家族的不同部分，通过每年的决策会议，他们会达成一份协议提交给董事会。这一过程在经过几代人的家族所有权变迁之后，当所有权分散在大量家族成员身上时尤为重要。

余仁生长期以来的立场是，它不仅仅是一家中药企业。他们的愿景是将中医知识运用到更广阔的自然健康领域。出于这一愿景，他们购买了一家澳大利亚连锁健康食品公司。这次收购提供了一个机会，将他们的中医知识带入一个更西方的市场，并作为一个进入其他西方国家的试验案例。通过在现成的市场中收购，他们能够加快学习过程。

这一长期观点有助于余仁生避免和许多非家族企业一样受经济增长周期的困扰。

了解和适应当地的口味与喜好是余仁生成功的关键。虽然它对当地市场需求的理解非常细致，但它也旨在为顾客创造差异化的购买体验。店员受过训练，通过分享他们的产品知识来满足顾客的需要，同时他们也被鼓励不要太"急躁"。通过明确什么是核心，企业可以在需要的地方促进一致性，在更合适的地方促进差异化。

尽管Richard Eu有投资银行家的背景，但他在推动收购性增长方面一直行动缓慢，他很快强调了让收购性增长发挥作用的挑战。他承认，在跨国并购中，管理文化差异的难度更大。

在这个例子中，余仁生全资收购了一家名为"健康生活"的澳大利亚零售连锁店，对余仁生来说，这也意味着学习把握如何向非中国消费者销售产品的机会。显然，另一个长期战略是培养未来增长所需的关键能力。

通常，领导者在国内市场以外的市场开展业务可能会被视为傲慢。他们假定他们已经在短时间内了解了有关国外市场的所有信息，并且很快让其他人知道这一点。

Richard Eu身上体现了成长型领导者自信和谦逊的平衡。一方面，他是长期增长的自信领导者。当家族成员将企业出售给公共投资者时，他收回了控制权。他通过新渠道和新产品将余仁生推向新市场，并通过参股和控股的方式并购企业。

但是，当他说话时，他又很谦虚。他谈到了要耐心以及充分了解当地情况的重要性。领导者必须有耐心，不要期待一蹴而就。正如他所说："你必须从谦卑的立场开始，但与此同时，你必须对自己的能力充满信心。"这对所有成长型领导者来说都是一个好建议。

资料来源：Adapted from Alison Eyring, "Leading Growth in a Family Business: Learning from Eu Yan Sang," *Think Business*, 19 March 2013. Partially reproduced with permission from Think Business, NUS Business School, National University of Singapore (http://thinkbusiness.nus.edu). Copyright NUS Business School.

印度尼西亚的牙膏市场也是利益细分的典范。作为市场领先者，联合利华推出的培梭丹特牙膏含有氟化物，可以使牙齿变得干净、健康。其他品牌的牙膏，如Close-Up、Ciptadent和Formula可以保持口气清新，治疗口腔溃疡并使口腔不干燥。和光堂为儿童准备了水果味道的牙膏。Miswak Utama推出的Siwak牌牙膏含有salvadore persica，一种被认为有助于去除牙垢的成分。Siwak的目标群体是穆斯林，他们必须在一天五次的祈祷仪式前清洁口腔。每个细分市场都追求不同的利益组合。[13]

企业应当选择其中一个或多个市场作为目标市场，并向市场提供最好且最具有吸引力的产品来满足不同细分市场的利益偏好。

（3）使用状况。用户可以划分为从未使用、曾经使用、潜在用户、首次使用、经常使用几种。例如，联合利华在中国首次引入体香剂时，它不得不跟那些从未使用过这类产品的人解释为什么他们要买这些产品，必须教育那些潜在用户并将其转换成新用户。[14]不同的顾客群体拥有不同的市场需求。比如，血库不应只依靠那些常规献血者，还应该使用不同的营销方法，鼓励新的献血者加入并提醒那些曾经的献血者重

利益细分——印度尼西亚人购买培梭丹特牙膏是为了保持牙齿清洁和健康，购买其他品牌的牙膏有其他好处，如治疗口腔溃疡和保持口气清新。

新加入。

企业还可以将那些正处于人生角色转变中的消费者（如新婚夫妇、新父母）视为潜在用户，这类消费者很可能成为产品的重度使用者。例如，宝洁获取准父母的姓名信息，向他们展示大量样品以及帮宝适和其他婴儿产品的广告，促使准父母们未来购买这些产品。企业邀请他们访问和加入 Pamper.com 与 My Pamper.com，使他们可以获得专业的育婴知识，并且 Parent Page 会向他们发送电子邮件，包括实时资讯、优惠券和特别优惠。

（4）使用率。市场也可以按照用户使用产品的程度将市场细分为轻度使用者、中度使用者和重度使用者几个群体。重度使用者的人数相对来说比较少，但占商品消费总量的比重很大。

（5）忠诚度。市场也可以根据消费者的忠诚度来细分。消费者可能忠于某品牌（三星）、某些商店（伊势丹），或者某些企业（丰田）。可以按照品牌忠诚度将消费者划分为不同的群体。有些消费者绝对忠诚，会一直使用同一个品牌。

有些消费者是中度忠诚，对于特定的产品，他们选择两三个品牌，或者喜欢一个品牌但偶尔也会选择别的品牌。也有一些用户对任何品牌都没有什么忠诚度，要么每次都选择不同的品牌，要么什么品牌促销就买什么（见图 7-2）。

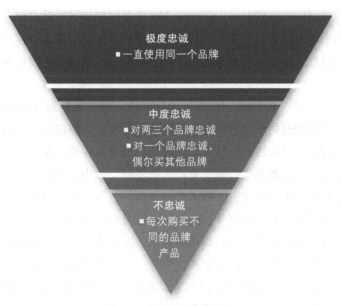

图 7-2　顾客忠诚度类别

企业可以从分析消费者忠诚度模型中了解很多东西。首先是研究哪些消费者忠于自己的产品。企业应该首先从自己的忠诚顾客开始研究，弄清是什么吸引了他们。然后通过对忠诚度不高的消费者进行研究，企业可以知道到底哪些品牌是自己真正的对手；通过研究那些放弃了自己产品的消费者，企业可以找到营销工作的薄弱环节。

8. 应用多种细分基础

为了辨认出范围更小、更准确的目标群体，越来越多的营销人员开始应用多种细分基础。银行可能不仅细分出一个已退休的富裕群体，还会根据该群体的资产、储蓄、风险偏好、住房情况和生活方式来做进一步细分。

这种方法为营销人员在细分市场时提供了一种有力的工具，能帮助企业确定和更好地理解关键顾客、细分市场，有效地选择目标市场，并根据顾客的不同需求来向市场提供产品和信息。

7.1.2 商业市场细分

很多用来细分消费市场的变量，同样可以用来细分商业市场。可以用地理因素、人口统计因素（如行业、企业规模）、追求的利益、用户状态、使用率以及忠诚度来对企业购买者进行细分。不过，对商业市场进行细分时还有更多的变量，如经营因素、采购方式、情境因素、个性特征。企业对整个市场做进一步的细分，并向其所服务的细分市场传递适当的价值定位，从而获得更多的价值回报。

几乎每个企业都选择为多个商业市场提供服务。例如，美国运通公司把三个市场作为目标市场——零售商、大企业和小企业，并根据不同细分市场的特征制订不同的营销方案。

在一定的目标行业和顾客规模中，企业应该通过购买方式和标准来进行细分。与消费者市场类似，很多营销人员认为购买行为和利益是细分商业市场的最佳基础。

7.1.3 国际市场细分

尽管有些大企业，例如可口可乐或索尼，在全球200多个国家销售产品，但是大多数国际企业还是集中在小部分市场。在很多国家同时经营会带来新的挑战。不同的国家，即使地理位置相邻，在经济、文化和政治结构上也会迥然不同。因此，正如在国内市场上一样，国际企业需要将国际市场按照不同的消费者购买需要和行为进行细分。

企业可以根据一个或者几个变量的组合来细分国际市场，例如根据地理位置来细分，按照地域分为西欧、北亚、东亚和中东。地理细分的前提假设是相邻国家会有很多相似的特征和行为。尽管这种假设通常正确，但是也有很多例外。例如，马来西亚虽然和新加坡的共同点有很多，但是与邻国泰国在文化和经济上有很多不同。即使所处地区相同，消费者也可能会有很大的不同。以中国为例，北京的消费者不同于上海或香港的消费者，而日本的消费者与中国台湾地区的消费者在购买行为上也不相同。

国际市场也可以根据经济因素来进行细分。例如，国家可以根据人口收入水平或整体的经济发展程度来进行分类。一个国家的经济结构决定了其产品和服务需求，进而决定了它所提供的市场机会。国家也可以通过政治或者法律因素来进行细分，如政府的类型和稳定性、对国外企业的接受程度、货币管制政策和官僚程度。这些因素在企业选择进入哪个国家和如何进入方面起着关键的作用。也可以根据文化因素来细分市场，比如语言、宗教、价值观和态度、风俗习惯以及行为类型。

以地理、经济、政治、文化和其他因素为基础来细分国际市场的前提假定是这些细分市场都包含国家集群。然而，很多企业采用不同的细分方式——**市场间细分**（intermarket segmentation）。采用这种方式，将属于不同国家但是有着相似需求和购买行为的消费者划分为同一个细分市场。

例如，青少年在全球范围内的表现有相似之处。索尼、阿迪达斯、耐克等众多企业积极瞄准全球青少年。例如，阿迪达斯的"没有什么不可能"主题吸引了全世界的青少年。[15]

7.1.4 细分市场的有效性要求

显然，细分市场的方式有很多，但并不是所有的细分都是有效的。为了保证细分市场的有效性，企业必须做到以下几点。

（1）可衡量性。细分市场的规模、购买力和分布必须可以衡量，有些细分变量是很难衡量的。比如，世界上有许多左撇子，然而很少有企业把左撇子这一细分市场作为目标市场。主要问题是很难对这一市场进行衡量，而且也没有左撇子的人口统计数据。

（2）可接近性。细分市场能够得到有效的延伸和服务。假如一家香水公司发现其重度消费者是那些晚归或社交活动很多的单身男女，除非这个群体在固定的地方生活或购物、并接触到某些媒体，否则很难联系到这些消费者。

（3）足量性。市场细分足够大或者有利可图。一个细分市场应该是值得为之设计一套营销规划方案的尽可能大的同质市场。例如，专门为身高超过1.9米的人生产汽车，对于汽车制造商来说是不合算的。

（4）差异性。细分市场在概念上是可区分的，并且对于不同的营销组合和方案的反应不一样。如果已婚和未婚女性对香水营销的反应基本相同，那么该市场就不应该被细分。

（5）行动可能性。它是指为吸引和服务细分市场而系统地提出有效的计划。例如，尽管一家小型航空公司能够划分出7个细分市场，但是员工太少，不能为每个细分市场设计不同的营销方案。

7.2 选择目标市场

市场细分反映了企业的市场机会，下一步企业必须评估每个不同的细分市场，并且决定要为哪些细分市场服务。下面我们来看看企业是怎样评估和选择目标市场的。

7.2.1 评估细分市场

在评估不同的细分市场时，企业必须考虑三个因素。

（1）细分市场的规模和成长性。企业要收集和分析这些细分市场的现有销售量、成长率和预期收益率。例如，日本的连锁便利店罗森的目标群体为城市女性，然而随着出生率的下降和社会老龄化，罗森现在已经将目标群体转向过去很少光顾便利店的老年人了。它改变了原来的商品种类以满足更广泛的顾客需求。店面不是采用霓虹灯，而是采用柔和的衬线字体以方便识别，门框也是原木材料而非合成材料。柜台都会装饰标志着健康生活方式的小物品，在有些店内，甚至有吧台供顾客休息，一些店员也被培训来宣传一些养生信息。[16]

类似地，对于正在成长的女性群体市场，佳能通过一系列广告力推DSLR相机。DSLR相机大约25%的使用者为女性，这是一个新的增长市场。因此，"Be Empowered"广告的目标顾客首先是指女性，其次是年轻人。在新加坡，推广活动包括专门为女性召开的摄影研讨会，活动由著名的专业女性摄影师主持。

（2）细分市场的结构吸引力。企业还需要考虑影响细分市场长期吸引力的主要结构因素。[17]首先，如果一个细分市场上已有很多较强且好胜的竞争者，那么该细分市场的吸引力就会下降。其次，很多现有的或潜在的替代产品也会使该细分市场上产品的价格和利润下降。再次，相对购买力也会影响细分市场的吸引力。那些相对于卖方而言具有较强议价能力的买方会试图降低价格，要求更多的服务。这些活动都以牺牲卖方的利益为代价。最后，如果一个细分市场上存在这样的供应商，它们能控制价格或降低订购产品或服务的质量，那么该细分市场的吸引力也会下降。

（3）企业的目标和资源。即使一个细分市场有合适的规模和成长性，结构上也具有吸引力，企业也必须考虑自己的目标和资源。一些有吸引力的细分市场可能很快被舍弃，因为它们与企业的长期目标不符。又或许企业缺乏在具有吸引力的领域取得成功所需的技能和资源。企业应该只进入那些其能够提供卓越的价值并比竞争对手更有优势的行业。

7.2.2 选择目标细分市场

对不同的细分市场进行评估后，企业必须对为哪些细分市场服务做出决策。**目标市场**（target market）是指企业决定为之服务的、具有相同需求或特征的购买者群体。从图 7-3 可以看出，企业可以把目标定得很广泛（无差异营销）或者很狭窄（微观营销），或者在两者之间（差异化营销或集中性营销）。

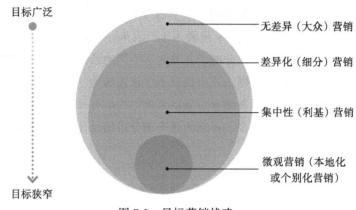

图 7-3　目标营销战略

1. 无差异营销

采用**无差异营销**（undifferentiated marketing）或**大众营销**（mass-marketing）战略的企业不考虑细分市场间的区别，仅推出一种产品来服务整个市场。大众营销战略集中于消费者需求的相同之处，而非不同之处。企业设计一种产品和一个营销方案来迎合大多数购买者。

很多现代的营销人员都强烈怀疑这种战略，因为通过设计一种产品或品牌来迎合所有消费者变得越来越困难，而且，采取大众营销的营销人员在与目标更具体的企业竞争时困难重重，因为后者能够更好地满足特定细分市场或者利基市场的需求。

2. 差异化营销

采用**差异化（细分）营销**（differentiated (or segmented) marketing）战略的企业同时为几个细分市场服务，并为每个市场设计不同的产品。例如，丰田为不同的细分市场设计了不同类型的汽车，如雅力士和威驰是为新购车者设计的汽车品牌，中档轿车卡罗拉是为家庭用户准备的，而中高档轿车凯美瑞的目标群体是高级官员和企业高管等，雷克萨斯代表丰田的高端品牌。

通过向细分市场提供不同的产品和营销方案，企业希望能提高销售额并在每一个细分市场上占有更高的地位。在多个细分市场上地位加强，可以比无差异营销创造更高的总销售额。例如，组合品牌策略使雅诗兰黛获得了单品牌策略无法比拟的市场份额。同样，宝洁通过在超市货架上相互竞争的 6 个洗衣粉品牌来提高市场占有率。

但是差异化营销会增加经营成本。针对不同的细分市场制订不同的营销计划需要额外的市场调研、预测、销售分析、促销计划和渠道管理。试图采用不同的广告宣传来占领不同的细分市场会增加促销成本。因此，在决定是否采用差异化营销战略时，企业必须对增加的销售额和增加的成本进行权衡。

3. 集中性营销

第三种市场覆盖战略是**集中性（利基）营销**（concentrated (or niche) marketing），这一营销战略在企业资源有限的时候尤其具有吸引力。集中性营销通常不是追求一个大市场中的小份额，而是追求一个或少数几个稍小的细分市场或利基市场中的大份额。

通过集中性营销，企业对利基市场上的消费者需求能够有更多的了解，会获得特别的声望，从而获得很高的市场地位。企业通过合适地包装产品、制定价格和制订宣传方案来满足目标市场需求，营销会更加有效。同样，对于服务效果最好和最具盈利性的消费者，设计产品或服务、优化渠道和宣传方案的方式加强服务，也会使营销更加有效率。

细分市场非常大，通常会吸引很多竞争者，而利基市场相当小，只吸引一个或少数几个竞争者。利基营销能够使小企业将有限的资源集中服务于利基市场来进行竞争，这些利基市场可能对大型竞争者而言不重要，或者被它们忽视了。

许多企业从利基市场起家站稳脚跟，以此来抵御更加有资源优势的大企业，然后加入更激烈的竞争当中。比如，亚洲航空起初只在马来西亚国内提供基本的航空往返服务，但通过不断的拓展以及在泰国、印度尼西亚、中国澳门、中国内地、越南和柬埔寨等周边地区的深耕细作，现在已经威胁到之前的垄断巨头马来西亚航空。

如今，在网上开店成本很低，这使得为极小的利基市场服务更加有利可图。特别是小企业，它们在利基市场上经营，可以积累很多的财富。

集中性营销的盈利很高，但同时也有很高的风险。如果仅仅依靠一个或几个细分市场，一旦细分市场情况恶化，或者拥有更多资源的强势竞争者决定进军该细分市场，企业就会损失很大。出于这些原因，很多企业喜欢在多个细分市场上实行多元化经营。

4. 微观营销

差异化营销和集中性营销量身定制产品和营销方案，以迎合不同细分市场和利基市场上的消费者需求，然而它们不需要针对每个消费者定制不同的产品。**微观营销**（micromarketing）是指定制产品和营销方案，满足每个个体和地区的需要。微观营销关注的是每个消费者的个性化需求，而不是每个个体消费者。它包括本地化营销和个别化营销。

（1）本地化营销。**本地化营销**（local marketing）包括量身定制品牌和促销活动，使之符合本地顾客群的需求。零售商，如日本的一家连锁书店纪伊国屋，它实施了本地化营销战略。在新加坡，它的白沙浮广场分店集中为大量喜欢在旅游和出差时带上漫画书的年轻顾客服务。相反，它的义安城旗舰店则提供高级的生活方式体验，比如茶道表演，这反映了纪伊国屋注重不同语言环境下的不同文化。

本地化营销也存在一定的缺陷：它降低了规模经济，从而增加了生产和营销成本；它会引起物流方面的问题，企业需要满足不同地域和本地市场的各种要求；另外，如果不同地区的产品和信息差异太大，品牌的整体形象可能会被削弱。

即使这样，当企业面临更加细分的市场，并且当新的支持性技术不断发展时，本地化营销的优势通常大于劣势。当企业面临在人口和生活方式上有明显的地域差异的市场时，本地化营销可以帮助企业更加有效地进行营销。它还可以满足企业的一线顾客——零售商的需求，零售商更希望为社区提供更合适的产品类别。

（2）个别化营销。**个别化营销**（individual marketing）是微观营销的一种极端，即根据每位顾客的需要和偏好来定制产品与营销方案。个别化营销也被称为"一对一营销""定制营销"和"个体营销"（见图7-4）。

图 7-4 大众产品与个别化营销

大众营销的广泛应用掩盖了几个世纪以来消费者作为个人被服务的事实：裁缝为个人量身定制服装，鞋匠为个人定制鞋子，木匠根据订单来做家具。今天，新技术允许很多企业重新回到定制营销上。功能强大的计算机、详细的数据库、机器生产和柔性制造、及时互动的沟通媒介（如电子邮件、传真和互联网），这些都促进了"大众定制"的发展。大众定制是指企业和很多顾客进行一对一的沟通，通过设计产品和服务来满足个别顾客的独特需要，以创造独特的顾客价值的过程。[18] 戴尔为个体顾客配送的电脑装有特别定制的硬件和软件。访客可以在耐克网站上从几百种颜色中选择以及在鞋舌处绣上几个词或短语，从而实现运动鞋的个性化。企业可以通过定制产品来满足顾客的个性化需求。下面来看看日本一个有趣的现象。

一些日本的罐装饮料自动贩卖机会根据消费者的年龄和性别来推荐饮品。利用面部识别技术，这些贩卖机可以识别顾客的特征：如果是男士，机器会推荐一罐咖啡饮品，而如果是年轻的女性消费者，它就会推荐绿茶或是一些微甜的饮品。这种推荐还会根据温度和时间的不同而改变。统计表明，这种具有定制推荐功能的贩卖机饮品的销售量是普通贩卖机的三倍。

B2B的营销人员也可以找到新的方法来向顾客提供个性化的产品或服务。例如，播种设备制造商约翰·迪尔根据顾客个性化的需求设计出的设备样式高达200万种。另外，企业还可以在一条简单的生产线上，以任意的顺序同时生产多个播种设备。

大众定制为企业从竞争中脱颖而出提供了一种方式。但大众定制忽视了人们之间互动的这层需求，而一对一营销使得生产者和消费者之间的关系比以往更加重要。就像大众产品是20世纪的营销法则，21世纪的营销法则成了互动营销。

5. 选择目标营销战略

在选择目标营销战略的时候，企业需要考虑很多方面的因素（见表7-2）。

表 7-2 影响营销战略的因素

		集中性营销	无差异营销	差异化营销
企业资源	有限	√	√	
	广阔			√
产品的多样性	有限		√	
	较大	√		√
产品的生命周期阶段	导入期	√	√	
	成熟期			√
市场的可变性	低		√	
	高			√
竞争者的营销战略	无差异	√		√
	差异化		√	√

- 企业资源：当企业的资源有限时，集中性营销是最好的选择。
- 产品的多样性：无差异营销适合于同质产品，如葡萄柚或者钢铁；而在设计上变化很大的产品，如相机或汽车，适合采用差异化营销或集中性营销。
- 产品的生命周期阶段：当企业推出新产品的时候，只投放一种产品比较实际，这时无差异营销或者集中性营销最有效。然而，在产品生命周期的成熟阶段，差异化营销更加有意义。
- 市场的可变性：如果大多数购买者的品位相同、购买数量相同、对营销努力的反应相同，那么无差异营销很合适。
- 竞争者的营销战略：当竞争者采用差异化营销或者集中性营销时，企业采用无差异营销无疑是自取灭亡；相反，当竞争者采用无差异营销时，企业采取差异化营销或者集中性营销则可以获得竞争优势。

7.2.3 社会责任目标营销

明确的目标市场选择可以帮助企业更有效率地集中于能为之提供最好的服务与盈利水平最高的细分市场。目标市场的选择也可以使消费者受益——通过精心设计并量身定制产品来满足不同消费者的需要。然而，有时目标营销会引起争议和关注，最大的问题是在一些弱势消费者市场（如孩子、老人和受教育程度比较低的人）销售有争议或者有潜在危害性的产品。

网络和其他直接媒体的快速发展，引发了人们对潜在的危害性的新的担忧。网络为受众提供了越来越精细化的服务，反过来，也提供了更精确的目标定位，这可能会导致有问题的产品制造商或欺骗性广告商更容易伤害最脆弱的受众。现在，肆无忌惮的营销人员可以直接向数百万毫无戒心的消费者发送欺骗性信息。

营销人员正在使用复杂的分析技术来跟踪消费者的数字动向，并建立包含高度个人化信息的详细的顾客档案。然后，这些信息可以被用来为个人消费者提供个性化的品牌信息和优惠。精准营销可以使营销人员和消费者双方都受益。然而，如果过度使用或使用不当，精准定位会伤害消费者而不是使他们受益。营销人员必须负责任地使用这些新的定位工具（见实战营销 7-2）。

| 实战营销7-2 |

"精准定位"：在服务和跟踪顾客之间游走

你的智能手机对你了解吗？你的笔记本电脑会讲些什么故事呢？事实上，你的电子设备对你的了解可能比你对自己的了解还要多。智能手机和其他数字设备已经成为我们生活的基本延伸。无论你在工作、玩耍、社交还是购物，你的手机、平板电脑、笔记本电脑或台式机几乎都是你行动中的一部分。这些设备跟着你去任何地方，它不仅可以为你提供娱乐、联系朋友、带你浏览和购物，还能为你提供新闻及信息，甚至能监听你私人语音、短信和电子邮件的对话及内容。它们知道你住在哪里、和谁交往、搜索什么、买什么、玩什么。越来越多的设备正在与营销人员分享你的个人信息，而营销人员反过来会利用这些信息，专门为你设计个性化的品牌信息和促销活动。

在过去（实际上是几年前），市场营销人员通过 cookie（由网站或第三方发送并存储在用户的 Web 浏览器中的数据）收集消费者的数字行为信息，但 cookie 不适用于移动设备和应用程序。因此，随着移动设备和应用程序使用率的飙升，以及 cookie 拦截技术的进步，营销人员已经寻求新的方法来跟踪消费者在数字化方面的变化。

企业现在已经开发出复杂的新方法，以提取有关消费者的私人信息。例如，一系列高科技移动广告服务初创企业——它们的名字引人入胜，比如 Drawbridge、Flurry、Velti 和

SessionM——正在开发一种技术，可以将智能手机用户的详细信息组合在一起，包括他们是谁、他们去哪里、他们做什么、他们认识谁、他们喜欢什么、不喜欢什么。对于品牌和营销人员来说，这些信息含金量特别高。

这些移动广告企业使用不同的方法来跟踪消费者。Drawbridge会与在线出版商和广告交易所建立合作关系，以跟踪用户的在线活动，每次用户访问网站或使用移动应用程序时，合作伙伴都会给Drawbridge发送通知。相比之下，Flurry则与发行商合作，将其软件直接嵌入它们的应用程序中：到目前为止，在超过12亿台设备上的35万个应用程序中都可以找到它的软件。这些企业应用统计建模来分析它们收集的海量数据，为单个用户分配标识符，并找出用户特征和行为模式。

真正的神奇之处在于：通过跟踪单项数字活动，这些服务企业可以将几个不同的设备（智能手机、家用电脑、办公电脑和平板电脑）连接到同一个人身上，即使这些设备本身没有连接。每个人的数据资料都是独一无二的，有点像指纹。因此，Drawbridge、Flurry和其他服务企业可以使用这些配置文件来识别用户，不管他们使用的是什么设备。

例如，假设你每天早上躺在床上用智能手机查看Snapchat的帖子。然后，当你在餐桌上吃早餐时，你用你的笔记本电脑浏览TMZ上最新的娱乐新闻，并查看一些社交媒体网站。在上午课间，你用手机给朋友发短信，用平板电脑上网。在下午的工作休息期间，你使用企业的电脑来浏览你喜爱的网站并在Amazon.com上进行购买。晚上在家里，你观看你最喜欢的电视节目，与朋友交换信息，并为课堂项目做一些在线研究，在手机、平板电脑和笔记本电脑之间来回跳转。

在整个过程中，信息经纪人很可能一直在你身后监视着你。根据你独特的浏览和娱乐模式，其中一种数据服务可能已经识别了你独特的数字指纹。毫不奇怪，当你登录谷歌、Facebook或Amazon.com时，这些企业可以跨设备跟踪你在其他网站上的活动。像Drawbridge这样的企业，一旦它找到了一个模式，就可以在所有设备上跟踪你的活动，即使你没有登录。

这种通过设备跟踪独特用户的不可思议的能力允许移动广告服务企业（如Drawbridge和Flurry）帮助营销人员制作移动广告和策划促销活动，在恰当的时刻以精确的信息覆盖精心定位的用户。因此，如果你使用办公电脑查看假期回家的机票，那么当晚你可能会在手机上看到Expedia的广告，该广告提供了相同路线和日期的低价机票。Drawbridge可以精确地定义用户配置文件，通常可以使用相同的设备区分不同的家庭成员，然后相应地定位广告。这种精准定位吸引了众多蓝筹股品牌，包括艾派迪、福特、富达投资、奎兹诺斯和Groupon等。

市场营销人员认为，所有这些私密的个人信息以及超级定位，能帮助他们更好地为顾客和企业服务。顾客可以从真正感兴趣的品牌那里获得量身定制的相关信息和优惠。然而，许多消费者隐私权倡导者担心，肆无忌惮的营销人员可能将信息泄露给其他方，相比于好处，这类私密信息可能会给消费者带来更多的伤害。即使是负责任的营销人员也担心顾客不会认为这是为了"更好地了解我，以便更好地为我服务"，而是将其视为"跟踪"和"剖析"。像Drawbridge这样的企业在如何定位服务时会非常谨慎。它不称之为跟踪。"跟踪是一个肮脏的词。"Drawbridge的一位高管说道。相反，他说，Drawbridge是"观察你的行为并将你的个人资料连接到移动设备"。

有些信息似乎太过敏感，无法用于超目标定位。例如，基于健康、财务或个人活动信息的定位可能会给消费者带来尴尬、不适或损害。考虑某些处方药、财务计划、债务咨询或私人休闲活动带来的启示。例如，想象一下，当你的老板在你身后看着你的时候，或者当你在给同事做演示的时候，一个禁忌广告突然出现在你的工作电脑上。或者，根据你的旅行计划定制广告的人可能知道你家什么时候无人照看，而且，谁来保护儿童和其他弱势群体的隐私，保护他们不受过分的营销人员的伤害？虽然大多数消费者愿意分享一些个人信息，如果这意味着获得更好的服务或交易的话，但许多消费者担心营销人员可能做得太过火。

因此，凭借当今超级复杂的行为定位工具，大多数营销人员希望通过超级定位来做正确的事情——专注于正确的顾客，提供满足其严格需求的个性化服务。他们希望通过忠实地为顾客服务，而不是通过伤害顾客的方式与顾客建立可信赖的关系。因此，市场营销人员应该在服务消费者和跟踪消费者之间保持一定的界限，在超定位下积极保护顾客的权利和敏感性，如果不小心跨越界限，可能会招致拥护者、立法者和消费者的愤怒。

资料来源：Kate Kay, "Three Big Privacy Changes to Plan for in 2014," *Advertising Age*, 3 January 2014, http://adage.com/print/290885; Claire Cain Miller and Somini Sengupta, "Selling Secrets of Phone Users to Advertisers," *New York Times*, 6 October 2013, p. A1; George Fox, "When Online Marketers Target Mobile Device Users, Nothing's Out of Bounds," *ECN Magazine*, 28 October 2013, www.ecnmag.com/blogs/2013/10/when-online-marketerstarget-mobile-device-users-nothing's-out-bounds; and Katy Bachman, "FTC's Ad Regulator Plans to Focus Heavily on Native and Mobile," *Adweek*, 5 January 2014, www.adweek.com/print/154693.

因此，在目标市场选择上，问题不在于向谁推销，而在于怎么样以及为何而推销。当营销人员企图牺牲目标消费者的利益来获利时，当他们不公平地向弱势消费群体推销问题产品或采取不当手段时，争议就产生了。

7.3 差异化与市场定位

企业必须明确自己的价值主张，即如何为目标市场创造差异化价值以及如何在这些市场上定位。**产品定位**（product position）是指消费者在一些重要属性上对某一特定产品的定义，这些重要属性正是特定产品相对于竞争产品在消费者心中的地位。定位方面的专家说："产品是在工厂生产的，而品牌是在心里生成的。"[19]

以汽车市场为例，本田飞度定位于经济，奔驰定位于豪华，宝马定位于性能卓越，沃尔沃定位于极高的安全性，而丰田旗下的普锐斯油电混合动力车是针对能源短缺的一款高科技产品。

在体育用品市场上，耐克和阿迪达斯的市场定位是吸引城市中的有钱人。在中国一些繁华的城市和购物区，这两个品牌随处可见。中低价位的李宁，以其创始人——一位顶级的国家体操运动员的名字命名，对于喜欢买本土品牌的消费者来说，这是一个提供"品牌民族主义"的独特定位。

在寻求如何对品牌进行定位时，营销人员应当知道消费者经常被过度地灌输产品和服务信息，他们不可能在每次做购买决策时都重新评估产品。为了简化购买过程，消费者把产品、服务和企业在心目中进行分类与定位。产品定位是相对于竞争产品而言消费者对该产品的复杂的感知、印象和感觉。

2016年6月，上海迪士尼乐园开业。与其他主题公园不同，上海的主题公园非常适合中国游客。上海迪士尼乐园约有80%的设计是独一无二的，可以让从未听说过迪士尼的中国游客了解这个娱乐标志。当其他的迪士尼乐园通常是在入口处对着大街开放时，上海的游客会走进米奇大街，在那里他们会看到经典的迪士尼人物，这些迪士尼人物向他们展示迪士尼的传统。再往下走，是一个充满想象力的花园，里面的小花园满足了中国典型的三代同堂家庭成员的不同需求。在迷人的童话城堡有牡丹。石像鬼是十二生肖中的12种动物。特色餐厅"漫月食府"有专门设计的房间，代表中国的不同地区。这里没有冒险乐园，因为这对中国人来说是一个陌生的概念。在制作《加勒比海盗之旅》时，迪士尼发现中国人对原版电影并不熟悉，而是把它和电影联系在了一起，特别是杰克·斯派洛船长。因此，与其他加勒比海盗的游乐项目不同，上海的水上乐园是由杰克·斯派洛主演的，它沿用了电影而不是最初的游乐项目。最后，《狮子王》的表演是用普通话。这些角色不仅会说普通话，而且带有明显的北方口音。再一次，针对中国观众，中国流行歌曲包含了不同的方言。另外，根据中国传说中的孙悟空改编而成的猴王首次出现在演员阵容中，这是第一次有新的角色出现。他在几个动作场景中帮助了《狮子王》主角辛巴。这是迪士尼为使主题公园本土化所做的努力，将其定位为一个针对中国文化和需求的主题公园。[20]

无论有无营销人员的努力，消费者都会对产品做出定位。但是营销人员并不想让运气来决定其产品定位，因此他们必须筹划定位，使产品在目标市场上赢得最大的优势，并且通过设计营销组合来打造定位。

7.3.1 定位图

在制定差异化与定位战略时，营销人员经常准备感知定位图，以展示本品牌与竞争对手品牌在重要购买维度方面的对比。图7-5展示了美国市场上大型豪华运动多用途车的定位图。[21] 图中的定位圈表明了有关两个维度的品牌感知定位：价格与适应性，或豪华性与性能。定位圈的大小表明了品牌相应的市场份额。

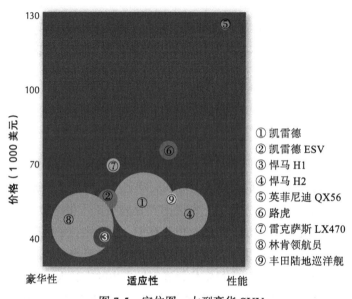

图7-5 定位图：大型豪华SUV

因此，消费者认为凯迪拉克的凯雷德作为市场领导者，是一款价位适中的大型豪华SUV，并且做到了豪华性与性能的平衡。凯雷德定位于城市豪华型，性能意味着动力和安全，而没有提到越野冒险。相比之下，路虎揽胜和陆地巡洋舰定位于具有越野性能的豪华车型。例如，丰田陆地巡洋舰是为复杂的地形和恶劣的气候而设计的。

7.3.2 选择差异化和定位策略

一些企业觉得选择差异化和定位策略很容易。例如，如果在新的细分市场上有足够多关心质量的顾客，那么一个以质量著称的企业会在这个新的细分市场上选择相同的定位。但是在很多情况下，会有两个或更多的企业选择同样的定位，所以必须通过一些方式把彼此区分开。每个企业都可以通过提供独特的利益组合来使产品差异化，而且该利益组合必须能在细分市场上吸引足够多的消费者。

差异化和定位包括三个步骤：
- 辨认所有可能的顾客价值差异点并确定这些差异点能为企业带来具有竞争优势的定位；
- 选择合适的竞争优势和整体定位策略；
- 有效地向市场传播和确立企业定位。

1. 辨认所有可能的顾客价值差异点和竞争优势

为了与目标顾客建立利益关系，企业营销人员必须比竞争者更好地了解顾客的需求，并向他们提供更多的价值。如果企业能够把自己定位于可以提供超额价值，那么企业就赢得了**竞争优势**（competitive advantage）。

然而，稳定的定位不能只靠口头承诺。如果企业将自己的产品定位于能够提供最好的质量和服务，那么它就必须向顾客提供承诺的质量和服务。企业必须用实际行动来证明自己的定位，而不是简单地通过广告语来进行宣传。要把广告口号付诸实践。例如，新加坡航空公司长期以来把"飞越万里，超越一切"作为企业的目标。因此，企业员工必须在每条航线上向顾客传递这一承诺，并为顾客提供其所期望的优质服务。

为了找到差异点，营销人员应当设身处地考虑顾客与企业产品或服务接触的整个过程。一家精明的企业在与顾客接触的每一点上都可以做到差异化。企业以什么样的方式来使产品不同于竞争产品呢？可以在产品线、服务、渠道、人员或形象上进行差异化。

（1）产品差异化是一个持续的过程。其中一个极端是很难差异化的实物产品，如鸡肉、钢铁和阿司匹林。但即使是这些产品，也可以实现有效的差异化。例如，有些品牌鸡蛋声称其鸡蛋中的胆固醇含量比其他品牌的鸡蛋低。而另一个极端是存在很大差异的产品，如汽车、衣服和家具。这些产品在特征、性能、款式和设计上都可以进行差异化。例如，当三星推出 Galaxy 这款全触摸屏手机时，借助 Facebook、Twitter 或 Myspace 等社交网络，手机可以帮助用户迅速联结社会媒体，机身用色大胆，设计前卫，符合年轻人的文化需求。

（2）企业可以通过快速、便利和细心的送货上门来实现服务差异化。印度的泰姬陵酒店通过其提供的服务来实现差异化。有些泰姬陵酒店设有"网络管家"，方便入住的客人在酒店的任何角落都可以连接互联网。

（3）企业还可以通过设计渠道的覆盖范围、专业程度和业务来实现渠道差异化，如亚马逊、戴尔通过高质量的直销渠道将自己和竞争对手区别开来。在建筑设备行业中，卡特彼勒的成功基于其优越的销售渠道，而其全球经销商以一流的服务著称。

（4）企业还可以通过比竞争对手雇用和培训更多人员的方式来实现人员差异化。迪士尼的员工以友善、乐观的态度而闻名，航空服务人员的优雅服务为新加坡航空公司赢得了很好的声誉。人员差异化要求企业谨慎地选择与顾客接触的员工，并强化对他们的培训。例如，迪士尼通过强化对主题乐园的员工（包括办理入住手续的经理、单轨火车司机、设施管理员、清洁工）的培训，使他们变得能干、礼貌和友好。受过培训的员工能更好地了解顾客并"让他们感到开心"。

（5）即使竞争性产品看起来是一样的，但基于不同企业和品牌的形象差异化，购买者也会有不同的感知。企业或品牌形象应当能够清楚地向消费者传递产品的独特利益和定位。建立一个鲜明而独特的形象需要企业不断创新和付出不懈的努力，企业不可能一夜之间通过几个广告就将品牌形象根植于人们心中。香格里拉酒店代表着最高品质，因此企业的所作所为必须支持这一形象。

符号（像麦当劳的金色拱门、耐克的对钩标志）提供了鲜明的企业或品牌标志和形象差异化。企业也可以通过某位名人来建立品牌形象，例如耐克推出了"飞人"乔丹篮球鞋。有些企业甚至与颜色联系在了一起，如 IBM（蓝色）或可口可乐（红色）。这些符号、字母和其他形象因素必须通过广告向消费者传递企业或品牌的个性。

2. 选择合适的竞争优势

假定一家企业很幸运地挖掘出多个潜在的竞争优势，那么它必须决定选择哪些优势来建立定位策略，并选择以多少或哪些差异点来进行促销。

（1）选择多少个差异点进行促销？许多营销人员认为，企业应该只向目标市场强调一个利益点。例如，广告巨人罗瑟·瑞夫斯曾说过，一家企业应该针对每一个品牌发展一点独特的销售主张并一直坚持下去，每一个品牌应该选择一个属性并宣传它在这个属性上是"第一"。尤其在信息被过度宣传的今天更应如此，因为购买者往往只会记得排名"第一"的品牌或企业。因此，沃尔沃持之以恒地宣传其卓越的安全性能，而沃尔玛总是进行低价促销。

其他营销人员则认为企业可以在多个差异点上进行定位，特别是当两个或更多的企业在相同的属性上都声称自己是"第一"时，这一点就显得尤为必要了。今天大众市场被分解成多个很小的细分市场，企业也试图通过拓宽定位策略来吸引更多的细分市场。例如，在印度，宝洁把碧浪洗涤剂定位为具备超级除污能力和拥有馥郁的香味。对洗衣市场的调查显示，对于每天都要洗衣服的人来说，洗涤剂含有的芳香味是能让他们心情愉悦的重要因素。碧浪除了超强的去污能力，还加入了茉莉花香和当地小茶花的香味。显然，许多购买者都想同时拥有这三种功能。然而，利益点的不断增多会为企业带来不信任和定位模糊的风险。

（2）对哪些差异点进行促销？并非所有的品牌差异点都是有意义或者有价值的，并非每个不同点都可以变成好的差异点。每个差异点在创造顾客利益的同时，也会潜在地增加企业的成本。因此，企业必须谨慎地选择差异点，使之与竞争对手相区别。从某种程度上讲，一个有价值的差异点必须满足下列标准。

- 重要性：可以给目标购买者带来很高的价值；
- 区别性：该差异点是其他竞争者所没有的，或者企业可以在这一点上更加与众不同；
- 优越性：该差异点明显优于顾客为获得相同利益而采取的其他方式；
- 可沟通性：对于购买者而言，它是可传递的和可见的；
- 领先性：竞争者很难模仿该差异点；
- 可支付性：购买者可以支付购买该差异点；
- 盈利性：企业可以通过该差异点获利。

一些企业曾经推出过不符合上述一个或多个标准的差异点。例如，新加坡的威斯汀·斯坦福德酒店宣传自己是世界上最高的酒店，然而对于游客而言，这一差异点并不是很重要。事实上，正是由于酒店的这一定位导致许多顾客绕道而行。因此，在定位产品或服务时，选择适当的竞争优势异常困难，而这一选择很可能是企业成功与否的关键。下面是一个成效明显的合理利用差异点的例子。

Safi 是马来西亚清真个人护理的领导品牌，目标群体是超过 30 岁的马来西亚女性。她们希望找到一种抗皱护理产品，同时又不违背伊斯兰教的价值观念。所有产品都源自天然纯净的原材料，绝无动物或酒精成分，Safi 借此在其目标群体中成功地塑造了自己重要而独特的品质。在推出 Safi Rania Gold 这款产品时，之所以选取金色是因为它是马来西亚人十分熟悉的元素。在马来西亚的传统中，黄金是 susuk（马来西亚的一种传统美容手段）的原材料之一。这种早于马来西亚伊斯兰化的行为被当代的伊斯兰学者所禁止。Safi 敏锐地觉察到了这一机会，推出了强调黄金和清真的皮肤护理概念，以此吸引那些相信黄金对于皮肤护理是一种有效的护肤成分的消费者。纳米大小的 24K 黄金足以穿透皮肤的第二层，使皮肤变得紧致。同时，由于只有纳米大小，黄金不会在皮肤中积聚。Safi 花费了大量工夫来解释该款产品的作用机理，并获得了 Malaysian Islamic Body of Halal Certification 的认证。Safi Rania Gold 针对那些不想违背伊斯兰价值观的马来西亚女性，定位为使用黄金作为有效皮肤护理成分的护肤产品。这个定位的确起了作用。

3. 选择总体定位策略

品牌的**价值主张**（value proposition）是指一个品牌的完全定位——基于差异化和定位的利益矩阵，它回答了"为什么顾客要购买你的品牌"这一问题。沃尔沃的价值主张强调安全性，但同时也包括可靠性、舒适性和时尚性,即使价格比平均定价高,在利益矩阵中也是合理的。

图 7-6 显示了所有可能的价值主张,这是企业进行产品定位的基础。图中最深色的 5 个方格代表优胜的价值主张,即能给企业带来竞争优势的差异化和定位;次深色的方格表示失败的价值主张,而中间浅色方格充其量只能表示边际主张。下面我们将讨论 5 种优胜价值主张,企业会基于这些价值主张来定位产品:高质量高价格、高质量中档价格、中档质量低价格、低质量低价格以及高质量低价格。

		价格		
		高	中	低
质量	高	高质量 高价格	高质量 中档价格	高质量 低价格
	中			中档质量 低价格
	低			低质量 低价格

图 7-6 可能的价值主张

(1)高质量高价格。这一定位包括提供最高档的产品或服务,并收取最高的价格以弥补高成本。企业不仅提供了更高的质量,也给买家带来了信誉。丽思-卡尔顿酒店、万宝龙书写工具和奔驰汽车——每一家都宣称自己产品的品质、工艺、耐用性、性能或风格都是上乘的,而且价格要与产品相匹配。当苹果首次推出 iPhone 时,它提供了比传统手机质量更高的功能,价格与之相当。

Hearts on Fire 的营销人员创造了一个"世界上切割最完美的钻石"的利基市场。Hearts on Fire 有一个独特的"心与箭"设计。当从底部放大观察时,一个完美的由八颗心组成的环在顶部出现了完美的火焰状的光。企业表示,Hearts on Fire 的心形图案并不适合所有人。该企业钻石的价格比同类竞争钻石高出 15%~20%。

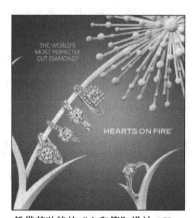

凭借其独特的"心和箭"设计,Hearts on Fire 钻石收取高于竞争对手的溢价,运用了更多的利基策略。

(2)高质量中档价格。企业可能会通过推出高质量但是价格较低的品牌来攻击竞争者的高质量高价格策略。例如,与奔驰和宝马相比,丰田以"高质量中档价格"的价值主张引进了雷克萨斯产品线,它的宣传横幅上写着:"这可能是有史以来第一次以 36 000 美元的价格购买的价值 72 000 美元的车。"丰田通过汽车杂志进行评论,广泛分发对雷克萨斯和奔驰做比较的录像带。调查研究表明,雷克萨斯经销商比奔驰经销商向顾客提供了更好的销售服务,丰田向消费者传递了新雷克萨斯质量好的信息。许多奔驰的拥有者都转向了雷克萨斯,雷克萨斯的重复购买率(60%)是行业平均水平的 2 倍。

(3)中档质量低价格。中档质量低价格策略是一个很强大的价值主张,因为每个人都喜欢低价格。例如,沃尔玛等折扣店采取了这一价值主张,它们提供与百货商店或专卖店相同的品牌,但是强大的购买力和低成本运作使得它们能以很低的价格出售产品。很多企业企图通过建立模仿性强且低价的品牌,从市场领导者手中抢夺市场。例如，华为出售与思科产品类似的可靠的、低成本的转换器和路由器等。

（4）低质量低价格。低质量低价格产品也有市场，很少有人需要、想要或者买得起他们想购买的一切"最好的"东西。例如，很多旅游者在住宿时，都不愿意支付那些在他们看来不必要的东西，如游泳池、附属餐厅或者枕头上的薄荷香味。像华美达这样的高级连锁酒店由于不再向顾客提供这些便利设施而降低了收费标准。

低质量低价格的定位意味着以更低的价格来满足消费者更低的性能和质量要求。例如，日本大创所有产品均以最低价 1.6 美元销售。飞鸟航空、欣丰虎航等也尝试了这种低质量低价格的定位策略。

（5）高质量低价格。当然，优胜的价值定位还要数"高质量低价格"策略，很多企业都声称能够做到这一点。短期而言，一些企业可以达到这样的定位，但是时间一长，企业就会觉得维持这种定位非常困难。提供更多价值通常会带来更高的成本，很难做到"低价"的承诺。试图做到这两者的企业通常会输给定位集中的竞争对手。

正如前面所言，每个品牌应该采取一种定位战略，来迎合目标市场的需求和欲望，"高质量高价格"会吸引一个目标市场，"低质量低价格"会吸引另外一个目标市场，等等。因此，在任何一个市场，都有许多不同企业的立足空间，每类企业都能占据一席之地。最重要的是，每个企业都能制定出自己的优胜定位策略，从而让目标消费者明确它的独特之处。

4. 发展定位陈述

企业和品牌定位统称**定位陈述**（positioning statement）。定位陈述应该遵循以下形式：对于（目标市场或需求）而言，我们（品牌）是（定位概念），即（独特之处）。[22] 例如，"对于时刻处于忙碌状态的决策层的专业人士来说，iPad 是一个多点触控无线连接网络的设备，只需动动手指头就可以轻松实现上网、发邮件、浏览照片和视频。"

我们注意到，产品定位首先表明自己的产品类别（iPad 是一款无线连接网络设备），然后再展示出自己不同于同类别中其他商品的独特之处（上网、发邮件、浏览照片和视频）。将一个品牌置于一个特定的品种之中，可以和同品种的其他产品共享相似性，但是想超然不群还是要建立在自己的不同之处上。

7.3.3　传播企业所选择的定位

一旦企业明确了自己的定位，就必须坚定地向目标市场传播这一定位，同时企业所有的营销努力也必须支撑定位策略。

定位需要确定具体的行动方案，不能只说不做。如果企业选择定位于更好的质量和服务，必须首先传播这一定位。设计营销组合——产品、价格、渠道和促销——需要制定出定位策略的具体措施（见图 7-7）。因此，一个采取"高质量高价格"定位的企业必须生产优质产品，收取高价，通过优秀的经销商进行分销，在高质量的媒体上投放广告，雇用和培训更多的服务人员，与服务声誉很好的零售商合作，通过销售和广告信息来传播优秀的质量，只有这样才能建立一致和可信的"高质量高价格"定位形象。

企业通常觉得制定一个好的定位策略比实施容易，形成或改变一个定位通常需要很长的时间。相反，花很长时间建立起来的定位可能很容易就被摧毁。一旦企业建立了预期的定位，就必须通过持续的表现和宣传才能维持这一定位。企业必须紧密监控定位情况并随机应变，从而使企业的定位与消费者的需求和竞争者的策略相协调。然而，企业应该避免可能让消费者感到困惑的突然的变化。一个产品的定位应该在不断变化的市场环境中逐步发展。

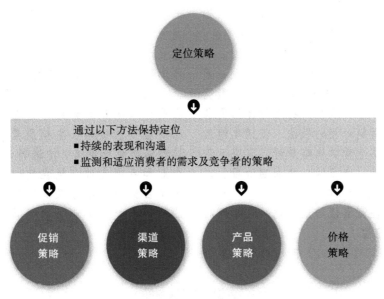

图 7-7　企业的营销组合必须支持其定位策略

目标回顾

本章主要介绍了顾客驱动营销战略的主要因素：市场细分、目标市场、差异化和定位。营销人员知道不可能在市场上吸引所有的购买者，或者至少不能以同样的方式吸引所有的购买者，因为购买者太多、太分散，并且他们的购买需要和行为很不相同。因此今天的企业开始实践目标营销，即确定市场细分区域，选择其中一个或多个细分市场，开发产品和制定营销组合来满足每个所选的细分市场。

1. 定义顾客驱动营销战略的四个主要步骤：市场细分、选择目标市场、差异化和市场定位

顾客驱动营销战略以选择企业所服务的顾客并确定能够向目标顾客提供最好服务的价值主张为起点，包括以下四个步骤。

市场细分是指把一个市场分为不同的购买群体，这些群体有不同的需求、特征和行为，并可能需要不同的产品营销组合；企业在确定各个细分市场并对其吸引力进行评估后，选择一个或多个市场作为目标市场，目标市场还包括制定与目标顾客建立适当关系的战略；差异化涉及企业能够创造出为顾客创造卓越价值的差异化的产品；定位是指确定企业产品在目标消费者心目中的地位。

2. 列出并讨论消费者市场和商业市场的细分因素

细分市场的方式并不唯一，营销人员可以通过不同的变量来细分，看看哪个变量可以带来更好的营销机会。对于消费者市场而言，主要的细分变量有地理因素、人口统计因素、心理因素和行为因素。地理细分要求把市场分为不同的地理单元，如国家、地区、州、县、城镇或者街道；人口统计细分是按人口统计学变量，如年龄、性别、家庭人口、家庭生命周期、收入、职业、教育、宗教、种族、年代和国籍为基础，将市场分为不同的群体；在心理因素细分中，根据社会阶层、生活方式和个性特征的不同，把市场划分为不同的群体；在行为细分中，根据消费者的知识、态度、产品使用率和对产品的反应，将市场分为不同的群体。许多用来细分消费者市场的变量，同样可以用来细分商业市场。商业市场可以通过企业购买者的人口统计因素（如行业、企业规模）、经营因素、采购方式、情境因素和个性特征来细分。细分市场分析的有效性取决于细分市场的可衡量性、可接近性、足量性、差异性和行动可能性。

3. 解释企业如何确定细分市场的吸引力并选择目标市场的营销战略

为了辨认出最好的细分市场，企业首先要评估每个细分市场的规模、成长特征、结构吸引力以及与企业目标和资源的相容性。企业可以从四个目标营销战略中选择一个——从目标定得非常广泛到非常狭窄。营销人员可以忽视细分市场的不同，将目

标市场定得很广泛，即无差异营销，这时需要以相同的方式大规模地生产、分销和促销相同的产品。或者营销人员可以采取差异化营销，为每个细分市场开发不同的产品和营销战略。集中性营销（利基营销）要求仅集中于一个或几个细分市场。最后，微观营销是指针对某一细分个体或某一特定群体的需求和需要而定制产品或营销计划的做法，包括本地化营销和个别化营销。哪个营销战略最好，取决于企业资源、产品的多变性、产品的生命周期阶段、市场的可变性和竞争者的营销战略。

4. 讨论企业为了使竞争优势最大化，应如何对其产品进行差异化和定位

一旦企业决定进入哪些细分市场之后，就必须决定企业的差异化和营销定位策略。差异化和定位包括三个步骤：辨认所有可能的顾客价值差异点和竞争优势；选择合适的竞争优势；选择总体定位策略。一个品牌的完全定位被称为品牌的价值主张，即在定位基础上的利益矩阵。总而言之，企业可以从五个优胜的价值主张（高质量高价格、高质量中档价格、中档质量低价格、低质量低价格和高质量低价格）中进行选择，来定位其产品。企业和品牌定位归纳在定位陈述中，定位陈述阐明了目标市场细分及其需要、定位理念和差异点的独特之处。企业必须将其所选择的定位有效地传播给市场。

关键术语

market segmentation　市场细分
market targeting（or targeting）　选择目标市场
differentiation　差异化
positioning　市场定位
geographic segmentation　地理细分
demographic segmentation　人口统计细分
age and life-cycle segmentation　年龄和生命周期细分
gender segmentation　性别细分
income segmentation　收入细分
psychographic segmentation　心理因素细分
behavioral segmentation　行为细分
occasion segmentation　时机细分
benefit segmentation　利益细分
intermarket segmentation　市场间细分

target market　目标市场
undifferentiated (or mass) marketing　无差异（大众）营销
differentiated (or segmented) marketing　差异化（细分）营销
concentrated (or niche) marketing　集中性（利基）营销
micromarketing　微观营销
local marketing　本地化营销
individual marketing　个别化营销
product position　产品定位
competitive advantage　竞争优势
value proposition　价值主张
positioning statement　定位陈述

概念讨论

1. 简要描述设计顾客驱动型营销战略的四个主要步骤。
2. 描述细分消费者市场的四种主要变量，你认为哪种变量是 iPad 正在采用的？
3. 阐述营销人员如何细分国际市场。
4. 比较无差异营销战略、差异化营销战略、集中性营销战略和微观营销战略，你认为诺基亚、牙医诊所和家族式高端珠宝店适合哪种策略。
5. 何谓产品定位？营销人员应如何进行产品定位？
6. 定义本章描述的五个价值定位，哪个价值定位描述了你所在国家的航空企业？说明理由。

概念应用

1. 假设你正在向市场推荐一款新产品——一款能暂时将直发变成卷发的发胶，它可以保持造型至下次洗发时。你会如何进行市场细分？你会以何种标准来判断你所选择的目标市场值得进入？

2. 本章讨论了五种有效细分市场的要求，假设你是品客薯片的产品经理，正在听取一个关于新榴梿口味薯片的报告（榴梿——一种风靡于马来西亚、泰国和新加坡的水果），现在轮到你提问题了。面对提出这一想法的报告人，你会问哪五个问题？这五个问题应当对应细分市场的五点要求。
3. 假设你是虎牌啤酒的营销经理。过去，虎牌采取了大众化营销战略。在你看来，虎牌采取差异化战略是否会更好？为什么？如果你同意，请列出虎牌可能进入的细分市场，并指出对每一类细分市场应推销哪种类型的啤酒。
4. 假设你在当地电视台工作。电视台正在制作一档新的真人秀节目。为这一电视节目制定合适的定位陈述。该节目与已有节目相比，有何竞争优势？你会运用多少以及哪些差异点？

技术聚焦

大多数企业都希望消费者能够成为其产品和服务的重度用户，然而，说到互联网和无线宽带服务，就另当别论了。例如互联网接入商康卡斯特会采取封锁或减慢网速的方式对待那些重度用户，因为这些用户往往在 YouTube 网站上观看很久的视频，占据大量带宽。2009 年，联邦通信委员会（FCC）禁止康卡斯特封锁视频文件分享，直到 2010 年，法庭做出 FCC 无权执行"网络中立性"的规则，这一禁令才取消。谷歌作为曾经无处不在的自由主义互联网霸主，现在也改变了论调，因为它比其他竞争对手更会取悦消费者，借此在增长迅猛的无线宽带市场获取利益。谷歌和威瑞森结成同盟，共同游说立法，允许它们优先使用某些网络服务。

1. 研究网络中立性的概念，并写一篇报告，以提供互联网和移动宽带服务的商业观点，陈述这一原则的利弊。
2. 当某些消费者大量使用宽带服务时，会产生哪些影响？营销人员应如何应对重度用户的影响？

道德聚焦

发达国家的儿童肥胖率呈逐年上升的趋势。谁该对此负责？一份研究报告表明，76% 的美国父母认为食品广告是儿童肥胖的罪魁祸首，但同时该报告称，超过 80% 的人认为儿童肥胖应该怪父母，而不是营销人员。无论如何，美国政府在引导营销人员。之前的大多数法规仅限制对 12 岁及以下的少年儿童进行服务营销，但最近的法规限制向 17 岁以下的青少年进行食品营销。每年有 16 亿美元花在以青少年为目标市场的食品营销和促销上，其中 7.45 亿美元投放在电视上，针对这一细分市场的营销限制带来的影响，不仅涉及营销人员。

1. 营销人员应该为儿童肥胖率的增加负责吗？政府应该颁布禁止向 17 岁以下的青少年进行食品广告营销的禁令吗？讨论推行这一禁令可能带来的影响。
2. 面对禁止向儿童营销的禁令，食品营销人员会采取什么措施尽量减少禁令的影响？

营销和经济

Vanilla 自行车

位于波特兰的 Vanilla 自行车生产和销售手工制造的自行车，售价从 4 000 美元到 12 000 美元不等。但是去年，在仅仅营业 9 年之后，企业所有人萨沙·怀特停止接受订单——不是因为销量不好，而是因为他已经积攒了未来五年的订单。怀特和他的三位员工每年只能制造 40～50 辆自行车。车身框架由稀有金属制成，与银合金进行焊接，重约 30 盎司㊀。每一辆 Vanilla 自行车都独一无二。每一辆自行车都是根据顾客的特性和喜好定制的，配之以复杂的雕刻和艺术化的喷漆。更令人惊讶的是，这些高质量自行车最终都销售给中产阶层的顾客。但订单并未因此而减少。事实上，Vanilla 可以在经济不

㊀ 1 盎司 ≈ 0.028 千克。

景气时提高产量，卖出他们制造的所有产品。然而，怀特声明提高产量会向独特的品质妥协，也会使顾客对产品的艺术性有所顾虑。Vanilla自行车是如此与众不同，以至于波特兰的自行车邮差在描述什么东西很酷时常常会说："它是如此的Vanilla。"

1. 基于本章讨论的几种细分变量，简要描述Vanilla自行车可能的目标市场。
2. 考虑到大多数奢侈品在经济衰退时都会受挫，为何Vanilla仍旧如此成功？

营销数字

当你想到混合动力汽车或电动汽车时，你或许不会与跑车联系起来，但是菲斯克·卡玛正在推出这款概念车。这款"千呼万唤始出来"的车常常与奔驰的跑车相媲美。在越来越拥挤的新一代电动汽车市场，菲斯克汽车希望能开拓出一片利基市场——有着优异性能但类型多样的环保汽车。菲斯克·卡玛从0加速到100公里/小时只需6秒，最高时速为200公里/小时，可以凭借电力行驶80公里，以油电混合动力行驶480公里。当然这款车并不便宜，每辆车的售价为8.79万～10.6万美元。在菲斯克推出该车之前，企业需要明确它的细分市场并且估算市场的潜在规模。

1. 为菲斯克·卡玛识别合适的细分市场。讨论企业在估算高性能运动跑车菲斯克·卡玛的潜在购买者的数量时需要考虑的变量和问题。
2. 运用连锁比率法（见附录B），估算菲斯克·卡玛运动跑车潜在的市场规模。从网络搜索可靠的数据来支撑你对这一问题的描述。假设这辆车的平均售价是10万美元，每一个购买者只会购买一辆。

企业案例

百思买：在中国不是百思买

美国最大的电子产品零售商百思买2006年进入中国，收购了中国电子连锁企业五星电器（Five Star）的多数股权，并在上海一个昂贵的商业区开设了6 000平方米的旗舰店。这预示着百思买和当地电子产品零售行业都将迎来一场巨变。对于百思买来说，进入中国这个第二大经济体，使其得以将零售服务专业知识转移到中国。对于国美和苏宁等中国电子零售商而言，百思买进入中国意味着它们必须加大投入，并证明自己有能力和外国企业竞争。

百思买的策略是将美国成功的商业模式移植到中国。与中国其他竞争对手瞄准预算有限的目标群体不同，百思买瞄准的是中高端消费者。它引入了增值服务，如延长保修，来吸引消费者。与大多数中国电子产品零售商允许来自不同电子品牌的销售人员在店里推销自己的产品不同，百思买雇用了自己的店内人员，为顾客提供无偏见的服务。

百思买认为，会有一些中国消费者愿意为了服务而忽略价格。从各方面考虑，百思买将在服务方面脱颖而出。百思买国际首席执行官鲍勃·威利特（Bob Willett）表示："我们已经成为北美的一家服务企业，这也是我们在中国正在做的事情。但总的来说，在中国没有多少本土人才知道怎么做，所以我们必须自己创造它。"

所以百思买开始了服务培训过程。当旗舰店开业时，服务标准非常出色，因为百思买对员工已经培训了一年多。然而，随着规模的扩大，最初的人才被稀释了。培训资源与旗舰店雇用的员工所用的资源不相匹配。此外，中国大城市的许多人才对于在百思买工作并不感兴趣。

此外，假设有足够数量的中国人愿意支付更高的价格，这种假设是有缺陷的。中国电子市场竞争激烈，而且消费者对价格非常敏感。事实证明，中国消费者并不担心服务，价格仍然是购买的核心问题。新兴中产阶层的可支配收入有限。因此，他们想要从花费中寻求最大的价值。虽然美国顾客可能会购买延长保修或支付更高的服务价格，但中国消费者通常不会。

在中国，还有大量廉价的替代品。百思买旗舰店位于国美和苏宁两个街区内，这两个地方的产品价格比百思买低很多。因此，对注重成本的中国人来说，从百思买购买东西是不合理的。而且，百思买允许购物者试用其产品，这无意中导致上海消费者去商店体验产品，然后迅速过马路到另一家中国零售商那里以更低的价格购买。在美国，消费者熟悉服务的概念，百思买没有主要的竞争对手并且地理位置分散。与美国不同的是，百思买在中国的门店位于顾客走几步路就能"货比三家"的城市。

正如一位分析师所言："百思买的溢价在这个以价格为中心的市场为时过早，因为有无数熟练的低技能劳动力在竞争工作。"虽然百思买品牌在美国可能很强大，在中国却相对不为人知。因此，百思买无法获得品牌声望，以使一些西方零售商能够差异化其产品、获得更高的利润率。

在中国运营两年之后，百思买似乎感觉到了压力。2008年，百思买宣布将缩减大约50%的开支，并减少新开张的门店数量。虽然百思买没有透露裁员的细节，但它似乎陷入了相互矛盾之中。因为就在百思买宣布这一消息的两个月前，它又在上海和北京开设了5家门店（4家在上海，1家在北京）。到2010年，很明显百思买的业绩不佳。

2011年年初，百思买关闭了在中国的所有同名品牌门店，将业务重点放在五星电器上，希望借助一个消费者更熟悉的中国品牌扩大洗衣机和手机的销量。然而，到2014年年底，百思买出售了其所持的五星电器股份，完全退出了中国的消费电子业务。竞争激烈的中国本土市场对百思买造成了冲击。

其他国外消费电子产品零售商也发现，它们在中国的日子不好过。2013年，欧洲的麦德龙（Metro AG）宣布将退出中国的消费电子业务。总部位于美国的家得宝在2012年关闭了自己在中国的门店，称自己的自助店不符合"为我而做"的中国文化。

考虑到中国的大环境，百思买的管理层在思考怎么会走错了路。如果要重新开始，他们应该如何在中国定位百思买？

讨论题

1. 百思买在中国与其他企业的相似点和差异点是什么？
2. 它的差异化对中国消费者有意义吗？为什么？
3. 你会如何在中国定位百思买？

资料来源：" Best Buy to Open First China Store," www.china.org.cn, 13 March 2006; " Best Buy Slowing Expansion in China," www.chinadaily.com, December 2008; " Best Buy Brand Exits China," www.labbrand.com.sg, 13 March 2011; Nick Kellingley, " Best Buy in China–Lessons Learned," www.ezinearticles.com, accessed on 17 June 2011; " Bye-Bye, Best Buy (China): You Had It Coming," www.shanghaiscrap.com, 23 February 2011; and Laurie Burkitt, " Best Buy to Exit China," www.wsj.com, 4 December 2014.

第8章
产品、服务和品牌战略

┊学习目标┊

1. 定义产品以及产品和服务的主要分类。
2. 描述企业针对单个产品、产品线和产品组合所做的决策。
3. 讨论品牌战略——企业在建立和管理品牌时所做的决策。
4. 确定影响服务营销的四个特征以及服务所需的其他营销考虑因素。

┊预习基本概念┊

在研究了顾客驱动营销战略之后，我们现在更深入地研究营销组合，即营销人员实施战略的策略工具。

在本章和第9章，我们将研究企业如何开发和管理产品与品牌。然后，在接下来的章节中，我们将研究定价、分销和营销传播工具。

产品通常是企业第一个也是最基本的营销考虑因素。首先，什么是产品？以 GoPro 为例，一个规模小但发展快速的生产微型可穿戴高清摄像机的企业。

GoPro：成为英雄

越来越多的 GoPro 的顾客——其中许多是极限运动爱好者，现在正把小型的 GoPro 相机绑在身上，或者把它们安装在任何东西上，从赛车的前保险杠到跳伞靴的后跟，以便捕捉他们生活中的极限时刻和记录生活方式。然后他们会迫不及待地和朋友分享那些激动人心的 GoPro 时刻。事实上，你可以在 YouTube、Facebook 甚至电视上看到很多用 GoPro 拍摄的视频。

你可能看过一位滑雪者在瑞士的阿尔卑斯山引发雪崩，然后从悬崖上跳伞逃生的那段视频。这段视频9个月内在 YouTube 上获得了260万的浏览量。你还可能看过一只海鸥叼走了旅游者的相机飞走了，从空中俯瞰法国戛纳的一座城堡的视频（7个月内有300万浏览量）。在短短3个月内，由粉丝拍摄 GoPro 一段5分钟的宣传最新款相机视频就吸引了超过1 600万的 YouTube 浏览量。

GoPro 的忠实顾客已经成为这个品牌的"福音传道者"。平均来说，他们每分钟上传3个新视频到 YouTube 上。这些视频激发了新的 GoPro 顾客分享了更多的视频。这家年轻企业在2013年售出了380万台相机，总收入达9.86亿美元，几乎是2012年销售额的2倍。截至2015年年底，它的收入增长到16.2亿美元，中国是其十大市场之一。根据谷歌的数据，2015年，标题中带有 GoPro 的传至 YouTube 的视频，总时长超过了4.6年，比2014年增长了22%。

是什么让 GoPro 如此成功？部分原因是相机本身：GoPro 相机是现代技术的奇迹，特别是它便宜的起价：只有200～400美元。GoPro高清摄像机大约2英寸宽，2.21盎司重，看起来像一个灰色的小盒子。但轻巧、可穿戴或可安装的GoPro使用场所广泛，而且它可以以惊人的水平记录高清视频。一个可拆卸的外壳使GoPro相机防水深度达到180英尺，而且一位跳伞运动员称GoPro相机可以从3 000英尺高处坠落而不损坏。

但GoPro知道驱动消费者行为的不只是具有创新特征的高质量产品。企业的口号很好地概括了消费者更深层次的动机：GoPro——成为英雄。

到目前为止，GoPro主要聚焦于捕捉顾客整个使用过程中每一步的体验上。GoPro称自己为"世界上最多功能的相机，戴上它、开启它、爱上它"。但创始人尼古拉斯·伍德曼（Nicholas D. Woodman）知道，为了保持增长，GoPro必须扩大服务范围，以满足顾客的所有需求和动机——不仅仅是拍摄，还包括创作、传播和获得认可。

GoPro对让顾客满意的深刻理解正在为这家年轻的公司提供良好的服务。它热情的顾客是所有品牌中最忠诚和最投入的。例如，GoPro的Facebook粉丝超过660万名并且增长迅速。从这个角度来看，佳能（美国）只有120万名Facebook粉丝，松下只有25.3万名粉丝。除了每年上传近50万部视频外，GoPro粉丝还在众多社交媒体上进行了广泛的互动。伍德曼声称："我认为我们在世界上所有的品牌中拥有最具社交参与性的在线观众。"

顾客的参与和热情使GoPro成为世界上发展最快的相机公司。今天，GoPro相机在100多个国家或地区的35 000多家商店都有售，从小型体育爱好者商店到REI、百思买和亚马逊网站。GoPro出色的小型相机也在业余爱好者之外传播开来。它们已经成为许多专业电影摄制者的标准设备——无论是探索频道，还是新闻节目组拍摄救援、野生动物和风暴，又或是电视节目，比如《致命捕捞》中拍摄水下蟹笼或大海中船舷的画面。当特技演员菲利克斯·鲍姆加特纳完成从128 000英尺高空那激动人心的一跃时，他戴着五个GoPro相机。专业人士使用GoPro设备增加了可靠性，从而刺激了更大的消费者需求。

GoPro的故事表明，成功始于了解顾客的需求和动机。这家企业知道它不仅仅是制造相机，它能让顾客分享重要的时刻和情感。该企业这样总结："梦想吧，去做吧，用你的GoPro拍摄它，拍摄并分享你的世界。"[1]

就像GoPro的例子那样，市场营销人员必须通过铸造产品和品牌来连接消费者。本章从一个看似简单的问题开始：什么是产品？回答了这个问题之后，我们将介绍产品在消费者市场和商业市场的分类方法；然后，我们会讨论营销人员针对单个产品、产品线以及产品组合制定的重要决策；接下来，我们会研究一个非常重要的问题，即营销人员如何建立和管理品牌；最后，我们会考察一种特殊形式的产品——服务的特点及其在营销方面的独特要求。

8.1 什么是产品

我们将**产品**（product）定义为向市场提供的能够被关注、获得、使用或消费，并可以满足消费者的需要或欲望的东西。产品比有形商品包含更多的内容。广义而言，产品包括物品、服务、事件、人物、地点、组织、创意等。在这里，我们使用产品这个词来囊括这些对象中的任何一项或全部。因此，一台iPad、一辆丰田凯美瑞汽车、一杯星巴克抹茶星冰乐咖啡是产品，百度搜索、汇丰在线投资服务和家庭医生的建议也是产品。

考虑到服务在世界经济中的重要地位，我们将给予它特别的关注。**服务**（service）是这样一种形式的产品，它包括本质上是无形的且不会带来任何所有权转移的可供出售的活动、利益或满意度。举例来说，有银行、宾馆、航空公司、零售、税收筹划和家居维修服务。

8.1.1 产品、服务和体验

产品是市场供给（market offering）的一个关键因素。一家企业的市场供给往往同时包含有形的产品和无形的服务。一个极端是供给可能由纯粹的有形产品组成，比如香皂、牙膏或者食盐，没有伴随产品的服务。另一个极端则是纯粹的服务，其供给主要由服务构成，例如医生的检查和在线服务。在这两个极端之间，存在着多种可能的产品和服务组合。

随着产品和服务越来越商品化，许多企业通过创造并管理顾客体验来实现供给的差异化。有市场经验的企业意识到，消费者真正购买的不仅是单纯的产品和服务，他们购买的是供给能够给他们带来的好处，即他们在购买和消费这些产品与服务时所收获的体验。一个营销专员说："比起具体的产品，品牌和服务对人们来说意义更大，而和品牌相连接的人又赋予了品牌新的意义和价值。"另一个营销专员则补充道："成功地维护好顾客的体验是营销的终极目标。"[2]

8.1.2 产品和服务的层次

产品规划者需要在三个层次上考虑产品和服务（见图8-1），每个层次都增加了更多的顾客价值。

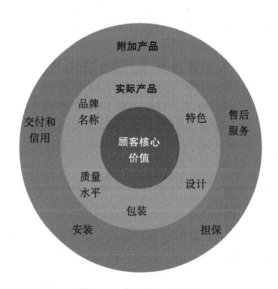

图 8-1　产品的三个层次

（1）顾客核心价值。最基础的层次是**顾客核心价值**（core customer value），它解决了购买者究竟购买的是什么的问题。当设计产品时，营销人员必须首先定义这个核心，即顾客寻求的利益或服务。一位购买口红的女士不仅仅是购买唇膏的色彩。露华浓的创始人查尔斯·郎佛迅（Charles Revson）早早地看到了这一点："在工厂，我们制造化妆品；在商店，我们出售希望。"购买iPhone的人不仅仅是购买无线移动电话、电子邮件、网页浏览器或记事本，他们购买的是自由，以及与人和资源的连接。

（2）实际产品。在第二个层次，产品规划者必须将核心利益转变为**实际产品**（actual product）。他们需要开发产品或服务特色、款式设计、质量水平、品牌名称和包装。例如，iPhone就是一个实际产品。它的名称、零部件、款式、功能、包装和其他属性都被精心地组合在一起来传递核心利益——保持联系。

（3）附加产品。最后一个层次，产品规划者必须通过提供附加的顾客价值和利益，围绕核心利益和实际产品建立一个**附加产品**（augmented product）。iPhone不只是一个通信设备，它还为消费者的移动连接问题提供了一个完整的解决方案。因此，当消费者购买一部iPhone时，企业及经销商必须对零部件和工艺做出担保、提供如何使用的详细说明书、在顾客需要时提供快捷的维修服务、提供在遇到困难时顾客可以免费拨打的电话号码和可查询的网站。

8.1.3 产品和服务分类

根据使用产品和服务的消费者类型，产品和服务被分为两大类：消费品和工业品。广义而言，产品还包括其他可供出售的对象，如体验、组织、人物、地点和创意。

1. 消费品

消费品（consumer product）是最终消费者购买用于个人消费的产品和服务。营销人员通常根据消费者如何购买这类产品和服务来对消费品进一步分类。消费品包括便利产品、选购型产品、特制型产品和非渴求产品。消费者购买这些产品的方式不同，因而产品销售方式也不同（见表8-1）。

表8-1 消费品的营销考虑事项

营销事项	消费品类型			
	便利产品	选购型产品	特制型产品	非渴求产品
消费者购买行为	购买频率高，很少计划，很少做比较或为购物花费精力，低消费者参与度	购买频率较低，大量的计划并为购物花费较多的精力，比较不同品牌的价格、质量和式样	强烈的品牌偏好和高度忠诚，为购买付出特别的努力，很少比较品牌，低价格敏感度	很少的产品知晓度和知识（或者即使知晓，也没有什么兴趣或唯恐避之不及）
价格	低价	较高的价格	高价	不确定
渠道	大范围的分销、便利的地点	在较少的店里面有选择的分销	在较少的店里面有选择的分销	在较少的店里面有选择的分销
促销	制造商大规模促销	制造商和分销商的广告与人员销售	制造商和分销商更加谨慎的有目标的促销	制造商和分销商激进的广告和人员销售
例子	牙膏、杂志、清洁剂	大家电、电视、家具、服装	奢侈品，如劳力士手表或高档钻石饰品	人寿保险、红十字献血

便利产品（convenience product）是消费者经常、即时购买的消费性产品和服务，而且在购买时几乎不做什么比较，也不花费什么精力，例如香皂、糖果、报纸以及快餐。便利产品通常定价较低，而且营销人员将它们放在很多销售点出售，这样顾客一旦有需要就能立刻购买。

选购型产品（shopping product）是购买频率较低的产品和服务，消费者仔细地比较适用性、质量、价格和样式。当购买选购型产品和服务时，例如家具、时装、二手车、大家电以及宾馆和航班服务，消费者花费大量的时间和精力收集信息并进行比较。营销人员往往通过较少的渠道分销选购型产品，但是会提供更深入的销售支持以帮助消费者进行产品比较。

特制型产品（specialty product）是具有独特的个性或品牌识别的产品和服务，有相当一部分购买者愿意为购买这种特殊的产品而花费特别的精力，例如特定品牌和款式的汽车、昂贵的摄影器材、设计师量身定做的服装以及医学或法律专家的服务。比如一辆兰博基尼汽车，就是一件特制型产品，因为购买者通常为了买到一辆兰博基尼而不惜路途遥远。通常购买者不对特制型产品做比较，他们只把时间花费在寻找经营他们想要的商品的经销商。

非渴求产品（unsought product）是指消费者不知道或者知道但是不曾想过购买的产品和服务。大多数新发明在消费者通过广告了解它们之前都是非渴求的。非渴求产品的经典例子包括人寿保险和红十字会的献血活动。非渴求产品的特定本性，决定了它需要大量的广告、人员销售和其他营销努力。

2. 工业品

工业品（industrial product）是用于进一步加工或用于商业运营的产品。因此，消费品和工业品的区别就在于购买产品的目的。如果一个消费者购买相机是为了个人使用，那么这个相机就是消费品；如果该消费者购买相同的相机是在摄影业务中使用，那么它就是工业品。

工业品和服务有三组类型：材料和部件、资本项目以及供应品和服务（见图8-2）。**材料和部件**（materials and parts）包括原材料以及制成品和部件。原材料包括农副产品（小麦、牲畜、水果）以及天然产品（鱼、木材、原油）。制成品和部件包括构成材料（纱、水泥、电线）和构成部件（小发动机、轮胎、铸件）。大多数制成品和部件直接卖给工业使用者。价格和服务是主要的营销因素，品牌和广告没有那么重要。

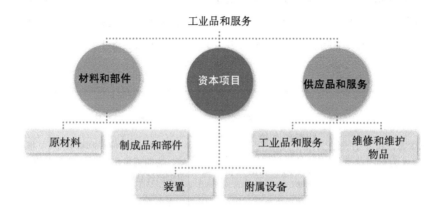

图8-2 工业品和服务

资本项目（capital items）是指在购买者的生产和运作过程中起辅助作用的工业品，包括装置和附属设备。装置包括大宗采购，例如建筑物（厂房、办公室）和固定设备（发电机、电梯）。附属设备包括轻型制造工具和设备（手动工具、起重卡车）以及办公设备（计算机、办公桌）。它们比装置的使用寿命短，在生产过程中仅仅起辅助作用。

最后一组工业品是**供应品和服务**（supplies and services）。供应品包括操作供应品（润滑油、纸、铅笔）以及维修和维护物品（油漆、图钉、扫帚）。供应品是工业领域的便利产品，因为采购它们通常很少花费精力或进行比较。服务包括维护和维修服务（清洗窗户、计算机维修）以及业务咨询服务（法律、管理咨询、广告），这些服务通常根据协议提供。

3. 组织、人员、地点和创意

除了有形的产品和无形的服务之外，营销人员扩大了产品的概念，将其他市场供给（如组织、人物、地点和创意）也包含在内。

组织常常举办活动来"营销"自己。**组织营销**（organization marketing）包括一系列旨在创造、维持或改变目标顾客对组织的态度和行为的活动。营利性组织和非营利性组织都在进行组织营销。商业企业通过赞助公共关系或企业的广告活动来改善自身的形象。企业形象广告是企业经常使用的向不同公众营销自己的主要工具。例如，日本松下公司的广告标语"松下营造创意生活"，海尔希望能"越来越高"，现代汽车的"永远为您服务"。类似地，非营利性组织，如教堂、大学、慈善团体、博物馆以及表演艺术团，都在营销自己以筹集资金或吸引会员和赞助人。

人员也可以被看成产品。**人员营销**（person marketing）包括一系列旨在引发、维持或改变对特定人员的态度和行为的活动。从总统、艺人到体育人物以及专业人员（例如医生、律师、厨师和建筑师等），都通过营销自己来建立良好的声誉。企业组织、慈善团体以及其他组织都在使用人员营销，培养名人或与名人合作往往可以使这些组织更好地达到它们的目标。比如，耐克、青岛啤酒、豪雅手表和美国运通都邀请名人代言其产品，姚明曾为中国联通、索伦特、苹果、Visa 和耐克的产品代言，而科比·布莱恩特（1978—2020）与迈克尔·菲尔普斯曾分别为青岛啤酒和速比涛代言。

地点营销（place marketing）包括一系列旨在创造、维持或改变对特定地点的态度和行为的活动。城市、地区之间相互竞争以吸引游客、新居民、会议的举办、企业的办公楼迁址和工厂兴建。以香港和上海作为中国最重要的商业中心的竞争为例。它们正在学习那些成功地将自己建设成令人神往的居住地以吸引大批创意人群（如作家、音乐家和建筑师）的城市。比如，以伦敦作为参照点，香港和上海发现，伦敦的长期规划带来了房地产价格、跨国投资、旅游收入的激增，以及艺术的百花齐放。如今，香港与上海的竞争已经从商业领域延伸到艺术、体育、生活方式、娱乐、旅游和商务会议，每个城市都在采取措施改变城市形象，尤其是城市创新力。³

创意（ideas）也可以营销。不过在这里，我们把注意力集中在社会观念的营销上。这个领域被美国社会营销协会（Social Marketing Institution）定义为**社会营销**（social marketing），是指将商业营销理念和工具应用于旨在影响个人行为从而提高个人与社会福利的活动。⁴

社会营销项目包括各类公共健康活动，为了减少吸烟、酗酒、吸毒和过度饮食。其他的社会营销活动包括保护野生动物、清洁空气、节约能源的环保运动。新加坡政府以其社会营销活动而著称，例如"保持新加坡清洁、绿色和没有蚊虫""如果负担得起，就养育三个或更多（孩子）""推广普通话""反吸烟"以及"新加坡 OK"计划。

8.2 产品决策

营销人员在三个层次上做出产品决策：单个产品决策、产品线决策和产品组合决策。下面逐一加以讨论。

8.2.1 单个产品决策

图 8-3 显示了在开发和营销单个产品时应该做出的重要决策。我们将重点关注产品属性、品牌、包装、标签和产品支持服务。

图 8-3 单个产品决策

1. 产品属性

开发一个产品需要定义要提供什么利益。这些利益通过产品的属性，如产品质量、功能、风格和设计传达出来。

（1）产品质量。**产品质量**（product quality）是营销人员的主要定位工具。质量对产品和服务的表现有直接影响，它与顾客价值和满意度紧密相连。美国质量管理协会将质量定义为与满足现实或潜在顾客需要的能力相关的产品和服务的特征。与此类似，西门子这样定义质量："质量就是，我们的顾客会再回来，而我们的产品不会再回来。"[5]

全面质量管理（total quality management，TQM）是一种使所有员工致力于持续改进产品、服务和业务流程质量的方法。大多数顶级企业以顾客为导向来保证质量，这已经成为一种经营方式。今天，企业正在采用一种"质量回报"的方法，将质量视为一种投资，并要求质量工作对最终结果负责。[6]

产品质量有两个维度：质量水平和质量一致性。在开发产品的过程中，营销人员必须首先选择一个**质量水平**（quality level），以支持产品在目标市场上的定位。在这里，产品质量意味着其**性能质量**（performance quality），即产品实现功能的能力。例如，一辆劳斯莱斯能够比尼桑提供更高的性能质量，它可以平稳地行驶，并且提供更多的"物质享受"。企业很少追求提供最高的性能质量水平，因为鲜有消费者需要或者支付得起像劳斯莱斯或百达翡丽手表这类高质量水平的产品。相反，企业往往会选择一个能够与目标市场的需求和竞争水平相匹配的质量水平。

除了质量水平外，高质量还意味着高水平的**质量一致性**（quality consistency）。这里，产品质量意味着一致性质量——没有瑕疵，而且始终一致地提供目标性能水平。所有的企业都必须尽力保持高水平的一致性质量。就这个意义而言，一辆尼桑汽车可以像劳斯莱斯一样好。尽管尼桑的性能不及劳斯莱斯，但它能够持续传递给消费者为之支付和期望的质量。

（2）产品功能。一件产品可以带着不同的功能，起点是一个不带任何附加物的原型，企业可以通过增加更多的功能来创造更高水平的产品。产品功能是一个企业的产品区别于其他竞争对手产品的有力的竞争工具。成为首家推出有价值的产品功能的企业，是最有效的竞争方法之一。在日本，可口可乐推出了绿茶口味的可乐和无糖五谷茶Gokoku，以迎合人们对健康饮品的需求。日产在Twitter上发起了一个零排放运动，借此来推出其电动车聆风，这一广告宣传鼓励全球的网友关注零排放。

企业如何识别新的功能以及决定向其产品添加哪些功能呢？企业应该定期调查已经使用该产品的顾客，并向他们询问以下问题：你喜欢该产品吗？该产品的哪些功能是你最喜欢的？我们可以增加哪些功能来改善产品？顾客对这些问题的回答会为企业提供一连串丰富的产品功能创意。然后企业评估每一项功能对顾客的价值以及企业对此需付出的成本。那些相对于成本而言顾客评价的价值较低的功能就可以舍弃，而那些相对于成本而言顾客评价的价值很高的功能就应该加强。

（3）产品风格和设计。产品风格和设计是另一个增加顾客价值的方法。设计是一个比风格更广的概念，风格只是简单地描述一件产品的外观，风格可能引人注目，也可能让人感到索然无味。让人感官愉悦的风格可以引起人们的关注，并带来令人愉快的美感，但它并不一定会使产品的性能提高。与风格不同，设计深入得多——设计直接切入产品的核心。优秀的设计不仅使产品外观好看，还能够提高产品的性能；而不良的设计会导致销量下降，使企业陷入困境。

设计是三星和LG共同面临的战场。两家企业凭借精湛的设计在全球手机市场中位列前三。之前，LG设计多专注于原创性，有时会显得十分另类。而三星的设计以极简著称。然而近年来，三星的设计偏向时尚风格，Galaxy S和平板电脑深受好评并大获成功。这种设计趋势已经开始向耐用品渗透。LG升级版无霜冰箱采用精致的钻石切割工艺，并配有流线型拉手、双音系统和线性颜色。[7]

2. 品牌

品牌（brand）是指一个名称、术语、标志、符号、设计，或是其组合，用来识别某种产品或服务的生产者或销售者。消费者将品牌视为产品的重要组成部分，品牌也能使产品增值。消费者将产品价值与品牌相联系并不断发展这种品牌关系。品牌有着远超具体物品的价值，例如可口可乐。[8]

有一个有趣的关于可口可乐和百事可乐的口味测试。67 名受试者在饮用这两种可乐时与脑电波监视器相连。当未标明是哪种可乐时，偏好这两种可乐的人数相当，而当两种可乐被区分开时，则有 75% 的受试者选择了可口可乐，25% 的受试者选择了百事可乐。脑电波显示，在饮用可口可乐时，头脑中最活跃的部分是认知控制和记忆储备区域，这是一个存储文化概念的区域。而在饮用百事可乐时该区域没有那么活跃。这是什么原因？在一个品牌战略分析师看来，这是源于可口可乐长期以来建立的品牌形象，这一形象由 100 多年的瓶装样式、品牌名字体以及和圣诞老人、北极熊等象征符号紧密相连所构成。而百事可乐的品牌形象显然尚未如此深入人心。虽然人们会将百事可乐和某个明星或"百事一代"的魅力联系在一起，但他们可能不会将其与可口可乐所拥有的美国形象联系在一起。所以我们可以得出，消费者偏好并不仅仅建立在口味的基础之上。可口可乐的品牌符号就证明了这一点。

如今，品牌管理如此强势，以至于几乎找不出什么商品是没有品牌的。盐被包装在有品牌的容器中，汽车零部件——火花塞、轮胎标有不同于汽车生产商的品牌，甚至水果、蔬菜、乳制品和家禽都有品牌，如新奇士柑橘、都乐菠萝和德尔蒙特香蕉。

品牌对购买者有很多帮助（见图 8-4）。品牌名称可以帮助消费者识别可能对其有益的产品，还能帮助消费者辨别产品质量。总是购买同一品牌的购买者知道，每次购买同一品牌将会获得相同的功能、利益和质量。同时，品牌也给销售商带来了很多优势。品牌名称成为关于产品独特质量的"事迹"得以讲述的基础，销售商的品牌名称和商标为其独特的产品特征提供了法律保护，不然很可能被竞争者复制。另外，品牌也能帮助营销人员细分市场，例如丰田公司提供雷克萨斯、丰田和塞恩等主要品牌，每个品牌又有许多子品牌，如凯美瑞、卡罗拉、普锐斯、雅力士、普拉多等，而不是向所有消费者提供同一种产品。此外，优质品牌可以给销售商带来品牌溢价。中国农民为他们的商品建立品牌，这样，消费者不仅可以识别它们，而且愿意支付一定的品牌溢价。比如，安徽砀山梨的价格比非品牌竞争者要高 30%。

图 8-4 品牌的优势

具有讽刺性的是，日本的无印良品被翻译成"无商标，高品质的商品"，尽管它没有商标，但在设计界有着神圣的地位。免费的标志向来被认为是低端产品的象征。但无印良品展示出这样一个商业案例，将品牌的神秘性和产品完美相连。[9]

国家同样需要品牌意识。"Made-in"标签时常会让人们把品牌优劣和国家制造水平高低联系在一起。

中国制造的各种玩具和食品已走向世界，为了提升在全球的品牌形象，中国品牌第一次推出了"中国制造，世界制造"的广告标语。它强调中国的很多产品结合了海外许多企业的技术。例如，一则广告展示了一

名慢跑者正在系鞋带，标题为"美国运动技术，中国制造"。还有一则广告，里面一个模特所穿衣服的标签上写着"法国设计，中国制造"。[10]

3. 包装

包装（packaging）是指为一种产品设计和生产容器或包装材料。传统意义上，包装的主要功能是容纳并保护产品。然而近年来，很多因素使包装成为一个重要的营销工具。日益激烈的竞争和零售商货架上日渐拥挤杂乱的画面，都意味着包装必须担负起更多的营销职责——从吸引人们的注意力到描述产品，再到促成产品的销售。

企业已经意识到良好的包装可以促使消费者迅速识别出本企业或品牌。可口可乐曾经一度拥有450个品牌，超过300个不同型号的自动贩卖机，难以计数的外包装和零售商，但是设计上没有一个全球统一的标准。可口可乐开始讨论如何让可乐瓶看上去更加修长以及如何使消费者拿着可乐瓶更加舒适，于是便有了铝制的罐装可乐。从一个品牌的角度来看，比起玻璃瓶，易拉罐成本更低，设计上却更有现代感；在消费者看来，罐装可乐比瓶装可乐看上去更加清凉，而且有一个可多次密封的瓶口。易拉罐由铝制成，这使得易拉罐本身又可以进行回收再利用。[11]

创新的包装可以为企业带来超过竞争对手的优势并促进销售。有时，只是对包装进行很小的改变就会产生很大的影响。比如，亨氏将瓶口倒置包装的番茄酱，为调味品行业带来了革命性的变化。这一创新性的包装使消费者能快速挤出番茄酱，甚至是最后一滴番茄酱。新包装上市一年后，亨氏番茄酱的销售增长率是行业平均水平的3倍。它开启了一股包装风潮并迅速蔓延到其他产品和行业。

在东亚地区，包装扮演着重要的角色。精良的包装标志着高质量并能防止伪造。此外，东亚地区偏好表达和装饰的复杂性，这在其包装的众多形式、形状和颜色中可以明显看出。例如，在韩国，红色、黑色和金色的组合是非常有吸引力的。此外，东亚人重视自然主义。在中国的广告和包装上，经常可以看到类似山川、凤凰的形象。在日本，花园、树木和鲜花是主要对象，而动物常常是东南亚的重点。

4. 标签

标签可以是贴在产品上的简易签条，也可以作为包装上的一部分复杂图案。标签具有多种功能。首先，通过标签可以识别产品或品牌，例如贴在柑橘上的"新奇士"品牌名。其次，标签可以描述关于产品的很多信息，包括由谁生产、在哪里生产的、什么时候生产的、内装何物、如何安全地使用。最后，标签可以使推广成本大大降低，并支持产品定位。在日本，可口可乐推出了一款I LOHAS矿泉水瓶包装，LOHAS代表"健康、可持续的生活方式"（lifestyle of health and sustainability）。按照标签，瓶子可以很容易地压碎成12克的塑料片，比普通的聚酯瓶要轻40%，运输成本大大降低，减少了货物回收导致的废气排放，降低了废弃物的排放量。[12]

5. 产品支持服务

顾客服务是产品战略的一大要素。企业给市场的供应品通常还包括一些支持服务，这些服务可以是全部服务的一小部分或主要部分，例如，三星在菲律宾发起"信誉服务"以辅助其高端产品（等离子、背投、液晶电视、双开门冰箱）的销售。三星承诺一天内响应的快速维修服务，如果第二天不能修理好产品，消费者可以借用临时性装置。在这种机制下，三星还提供免费到户的产品示范服务和14天内包换服务。

企业提供这种支持服务的第一步是定期调查顾客，以评估当前服务的价值，并获得关于新服务的想法。一旦企业评估了提供给顾客的不同支持服务的价值，接下来就必须评估提供这种服务的成本。然后就可以开发一个既能使顾客高兴，也能为企业创造利润的服务包。

如今，许多企业使用电话、电子邮件、传真、互联网和交互式语音系统以及数据技术的复杂集成来提供支持服务，这在以前是不可能实现的。考虑下面这个例子。

一些在线商家一直在观察你在浏览什么，然后会在你的屏幕上打开一个聊天窗口，就像在商店里他们通过观察你的眼睛来判断你是否对产品有疑问或意见。比如，在塞恩的网站上，你只要点击"丰田塞恩"的聊天按钮，就能与丰田的某个工作人员进行实时接触，他会回答你的问题或帮助你设计个性化的塞恩汽车。惠普向所有在 HP.com 网站上购买数码摄影产品的顾客发送"弹出聊天窗口"，如果一位顾客在某产品上停留了几分钟，就会自动弹出一个漂亮女生的图片以及"您好，您是否需要更多信息？惠普在线聊天代表随时为您提供帮助"。你只要点击"开始"按钮，然后输入一个问题，聊天人员就会立即响应。自从推出"弹出聊天窗口"功能后，惠普的在线提问量激增了 65%。[13]

8.2.2　产品线决策

产品战略还需要建立产品线。**产品线**（product line）是一组紧密关联的产品，它们以相似的方式发挥作用，出售给同样的顾客群体，通过相同类型的渠道营销，或是价格在给定的范围内，例如联想拥有多条笔记本、上网本、台式机、工作站的产品线。

主要的产品线决策涉及产品线长度，即产品线上项目的数量。如果管理者通过增加项目数量能够提高利润，则说明产品线太短；如果管理者通过削减某些项目能够提高利润，则说明产品线太长。管理者必须定期分析企业的产品线，评估每个产品项目的销量和利润，并了解每个产品项目对产品线绩效的贡献。

产品线的长度受企业目标和资源的影响。例如，一个目标可能是考虑升级销售，如宝马希望将顾客从 3 系转到 5 系和 7 系。另一个目标可能是交叉销售，如佳能在出售扫描仪的同时也出售打印机。还有一个目标可能是规避经济波动风险，如 Gap 经营许多服装连锁店（Gap、Old Navy、Banana Republic），涵盖了不同的价位。还有一个目标可能是填补市场空白以获得先发优势，如白兰氏鸡精针对不同的需求提供不同类型的产品。

企业可以通过两种方法延长其产品线：产品线扩展或产品线填补。如果企业超出已有产品的范围来增加产品线长度，就是在进行产品线扩展。企业可以向下、向上或者双向扩展其产品线（见图 8-5）。

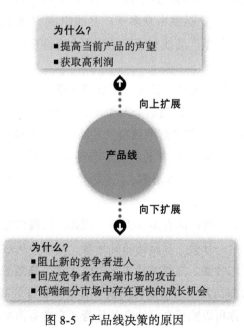

图 8-5　产品线决策的原因

定位于高端市场的企业可以向下扩展其产品线。企业向下扩展产品线，可能是因为在低端细分市场发现了一个巨大的成长机会，如果不采取行动会吸引新的竞争者进入；也可能是回应竞争者在高端市场的攻击；或者，增加低端产品是因为发现低端细分市场中存在更快的成长机会。基于以上所有原因，戴姆勒－克莱斯勒将梅赛德斯产品线向下扩展。面临豪华轿车市场的低增长率和日本汽车生产商对其高端定位的攻击，戴姆勒－克莱斯勒成功地引入了奔驰 C 级和 A 级轿车，而且此举并没有减少其在高端市场的销量。还有一个例子就是星巴克向下扩展推出了一款低价的速溶咖啡 Via。

处于低端市场的企业可以向上扩展产品线。有时，企业向上扩展产品线是为了提高当前产品的声望，或者被高端市场的快速增长率或高利润所吸引。例如，每个日本汽车生产商都有一款高档汽车：丰田推出了雷克萨斯，日产推出了英菲尼迪，本田推出了讴歌。它们对这些高端产品赋予了全新的名称，而不是本企业的名称。

另一种延长产品线的方法是产品线填补，即在现有产品线范围内增加更多的项目。产品线填补的理由很多：获取额外的利润、满足经销商、充分利用剩余生产力、成为产品线完备的领导型企业、填补市场空白以防竞争者进入等。如果产品线填补导致产品互相竞争或使顾客混淆了，就得不偿失了。企业必须保证增加的新项目能与已有产品清楚地区分开。来看看 Eversoft 的例子。

Eversoft 是日用化妆品中全面皮肤护理的领导品牌，在 20 世纪 80 年代加入了洗面奶产品线。Eversoft 发现抗皱产品的市场规模不断扩大，甚至那些尚不需要使用这类产品的 25～35 岁的年轻消费者也对其趋之若鹜。因此，Eversoft 专为这些年轻消费者打造推出了 Skinz，宣称该产品可以预防皱纹的产生。产品的定位是通过日本 Yubara 温泉的疗效来预防早期衰老。为了减少与现有产品的混淆，该企业请来日本名人藤真美穗来代言产品。她看上去很年轻的形象，增强了产品的可信度。[14]

8.2.3 产品组合决策

有众多产品线的企业会有一个产品组合。**产品组合**（product mix），又称**产品集**（product portfolio），由销售者提供或出售的所有产品线和产品项目组成。高露洁的产品组合包括 4 条主要的产品线：口腔护理、个人护理、家居护理和宠物食品。每个产品线由众多子产品线组成。例如，家居护理产品线可以分为洗涤用品、织物护理产品和家用清洁品。每条产品线和子产品线都含有许多单个产品项目。因此，高露洁的产品组合共包括数百种产品项目。

企业的产品组合有 4 个重要维度：宽度、长度、深度和黏度。产品组合的宽度是指该企业具有多少条不同的产品线。高露洁有相当宽的产品组合，包括个人和家居护理产品。另外，我们还可以看到，3M 出售的产品有 60 000 多种；通用电气制造的产品从灯泡到喷气发动机，有 250 000 多种。

产品组合的长度是指企业每条产品线包含的所有产品种类的数目。高露洁的每条产品线都包括很多品牌。例如，个人护理产品线包括液体皂、沐浴露、"爱尔兰之春"香皂、Speed Stick 止汗膏、除臭香露和 Plax 漱口水等产品。

产品组合的深度是指产品线中每种产品有多少类型。例如，高露洁牙膏有 11 种类型：高露洁全效牙膏、高露洁牙垢抑制牙膏、高露洁二合一牙膏、高露洁防蛀牙膏、高露洁抗过敏牙膏、高露洁清新香型牙膏、高露洁冰凉薄荷牙膏、高露洁健齿白牙膏、高露洁持久超感白牙膏、高露洁儿童牙膏、含小苏打和过氧化物的高露洁牙膏等。在马来西亚，高露洁甚至向穆斯林提供带有清真认证的高露洁 Kagu Sugi。每一种类型都有自己特殊的形式和配方。比如，你可以购买高露洁全效牙膏，它含有清爽的薄荷、美白贴、高级的新鲜凝胶

以及二合一的液体凝胶。¹⁵

产品组合的黏度是指不同产品线在最终用途、生产条件、分销渠道或者其他方面相关联的程度。高露洁的产品线都通过同样的分销渠道出售产品，从这一点上来看，其产品具有黏度。然而这些产品对购买者来说功能是不同的，因而又可以说其产品缺乏黏度。

产品组合的维度为界定企业的产品战略提供了依据，企业可以从4个方面发展业务。

- 企业可以增加新的产品线，从而拓宽产品组合。在这种情况下，新产品线建立在企业其他产品线的声誉的基础上。
- 企业可以延长已有的产品线成为产品线更加完备的企业。
- 企业可以为每种产品引进更多的类型以增加产品组合的深度。
- 企业可以追求更强或更弱的产品线黏度，这取决于它是希望在单个领域还是在众多领域赢得良好的声誉。

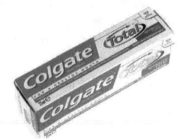

产品组合深度——高露洁牙膏有很多品种。

8.3 品牌战略：建立强大的品牌

有些分析师将品牌视为企业最持久的资产，比特定的产品和设备更持久。麦当劳的一位前CEO曾说："即使在一场可怕的自然灾害中我们所有的资产、建筑以及设备都毁坏了，我们仍然可以凭借我们的品牌价值筹集到重建这一切所需的全部资金……品牌比所有这些资产的总和还要有价值。"¹⁶

因此，品牌是必须精心发展和管理的强有力的资产。在本节中，我们将研究建立和管理品牌的核心战略。

8.3.1 品牌资产

品牌不仅仅是名称和符号，它是影响企业与消费者之间关系的关键因素。品牌代表消费者对产品及其性能的认知和感受，即产品和服务对消费者意味着一切。

一个强大品牌的真正价值在于它捕捉消费者偏好和忠诚的能力。品牌在市场上的影响力和价值是不同的。有的品牌多年来一直保持其市场影响力，成为富有传奇色彩的象征，如可口可乐、索尼、耐克、哈雷戴维森、迪士尼。这些品牌能赢得市场不仅是因为它们提供了独特的利益或可靠的服务，更重要的是它们与顾客建立了深厚的联系。

一个强大的品牌具有较高的品牌资产。**品牌资产**（brand equity）是消费者知晓品牌名称给产品或服务所带来的有差别的、正面的影响。顾客对某品牌的喜好和忠诚度，就是对品牌资产的一种衡量。当消费者对某种品牌产品更加偏好时，这一品牌就有了正的资产价值，反之，则表明这一品牌的资产价值为负。

在市场上，品牌的力量和价值各不相同，可口可乐、谷歌、YouTube、苹果和维基百科等强势品牌不仅传递独特的价值，它们还加深了与消费者的联系。消费者反馈给品牌信息是：他们知道并且了解它。这种熟悉将品牌和消费者的关系引向更紧密和更积极的层次。

一个品牌拥有高品牌资产是一项宝贵的资产。品牌评价是评判一个品牌整体财务价值的过程。要衡量这一价值是非常困难的。然而，据估计，苹果的品牌价值为1 700亿美元，谷歌为1 200亿美元，可口可乐为780亿美元。其他被评为世界上最有价值的品牌还包括微软、IBM、丰田、三星、麦当劳和亚马逊。¹⁷实战营销8-1讨论了亚洲的品牌领导者。

| 实战营销8-1 |

挑战亚洲：品牌领导力的追求

品牌咨询企业Interbrand发布了全球最有价值品牌100强排行榜。这可能是备受吹捧的"亚洲世纪"，但除了日本和韩国的一些品牌外，其他一些亚洲品牌似乎没能大显身手。

但除了索尼、丰田和本田等"老伙计俱乐部"之外，还有许多亚洲企业在全球市场产生了强大的影响。例如，海尔、TCL和联想等中国品牌已经获得了可观的全球市场份额，这得益于低成本制造和规模经济，它们以极具竞争力的价格生产了大量产品。

然而，随着市场份额的增长，它们正面临新的挑战。在追求可持续的、有利可图的长期增长的过程中，仅仅依靠数量驱动的策略来实现市场份额领先是不够的。

低度忠诚

尽管激进的定价方式可能会带来广泛的市场渗透，但这种定位往往建立在极薄的利润率和很少的消费者忠诚度之上。换句话说，它们的地位是极其脆弱的：它们的顾客充其量不过是"酒肉朋友"。

在当今瞬息万变的竞争环境中，随着消费者趋势的日益变化，市场份额的领先地位可能会在一夜之间蒸发。因此，为了建立未来盈利的基础，企业必须将定位与品牌领导力结合起来。拥有品牌领导力的企业具有很强的顾客意识、召回率和忠诚度，因此能够收取溢价。事实上，少数几家真正了解品牌领导力的企业，不仅可以为它们的产品收取更高的价格，还可以享受顾客作为忠实的品牌宣传者的服务。任何一个发现自己被狂热的苹果迷困在角落里的人都知道这一点。

然而，与市场份额领导力一样，品牌领导力也非常脆弱。在这个社会化联系紧密、高度敏感的市场中，随着消费者变得更加精明，他们对品牌和品牌所有者的要求也越来越高。因此，品牌所有者必须是敏捷的、嵌入式的，并且要对他们所处的高流量环境做出响应。与任何一种关系一样，你需要付出爱才能得到爱，仅获得品牌领导地位并故步自封不是一个可行的选择。

下面我们来看看亚洲消费电子两大巨头——韩国三星和日本索尼不同的命运。

提升品牌资产

三星最初涉足电子业务，主要是生产产品，然后与索尼等其他品牌合作。三星本身并没有被视为一个特别强大的品牌。多年来，三星的自有品牌产品一直被视为市场上的低端产品——廉价、高销量、高周转率的产品，在沃尔玛和其他大型仓储式门店销售。

这一策略对企业很有帮助，并带来了强劲的销售业绩。然而，到20世纪90年代末，三星管理层意识到，在竞争激烈的消费电子产品领域，只坚持市场份额游戏，从长远来看代价高昂且不可持续，三星需要进入下一个阶段。因此，该企业决定进行战略性投资，以提高其产品线的品牌形象和资产。

凭借对产品设计和创新的大量投资，三星转移了重点，在平板电视和手机等领域利用其重要的市场份额，将自己重塑为一个高质量品牌。举个例子，几年前还被归为中低端市场的手机品牌，现在几乎完全转向了高端市场。

效果是戏剧性的。在2004年的Interbrand排名中，三星在全球最有价值品牌100强排行榜中排名第21位，比2001年的第42位有所上升，品牌资产价值翻了一番。

至关重要的是，三星的排名落后于其主要竞争对手索尼。索尼多年来一直在消费电子市场的高端市场中占据领先地位，被视为在创新和质量方面无可匹敌的行业领导者。

收敛的领袖

三星的崛起也标志着索尼的一个转折点。三星通过积极创新、推出源源不断的新产品，并将自己定位为数字融合新兴领域的领导者，从而保住了自己的地位，索尼却停滞不前，步履蹒跚。索尼高度封闭的部门意味着创新已经成为一个缓慢且成本很高的过程。结果，索尼对其高端品牌地位的掌控开始减弱，这对企业的影响是惨重的：一系列10亿美元的损失和数以千计的裁员。

一些分析人士认为，索尼应该考虑完全退出电视制造等市场——索尼在该行业曾被视为领头羊。相比之下，三星的品牌价值飙升，盈利也大幅增长。目前，韩国的GDP约有20%来自三星。因此，随着企业寻求可持续的、有利可图的增长，将市场份额领导力与品牌领导力结合起来变得尤为重要。

将这两者结合在一起的黏合剂是顾客亲密度，即在消费者和品牌之间建立情感联系。

连接

耐克、微软、苹果和可口可乐或许是全球品牌中最好的例子，它们通过追求顾客亲密度，实现并维持了市场份额领先和品牌领先地位。除了积极追求降低成本、创新和市场覆盖，这些品牌还清楚地表达和执行战略，投资于情感品牌、体验营销、发展强大的品牌社区和致力于顾客服务。

在当今全球化、社会互联的市场中，建立情感连接越来越重要。研究表明，与品牌相关的情感体验与消费者有着强烈的共鸣。苹果就是这样一个在这些领域表现出色的品牌，它通过精心设计的门店网络、热情的员工以及对服务和质量的承诺，建立了自己的品牌形象。

另外的例子是，耐克对 Nike Town 体验中心网络的大量投资，以及对基层组织和社区活动的慷慨赞助。这种与顾客的亲密关系是将消费者情感与品牌联系在一起的纽带，它塑造了消费者的"心"，使他们对那些企业忠诚，企业能够享受到价格溢价，从而转化为利润。

资料来源：Adapted from Prem Shamdasani, "Challenging Asia: The pursuit of Brand Leadership," *Think Business*, 20 July 2012. Partially reproduced with permission from Think Business, NUS Business School, National University of Singapore (http://thinkbusiness.nus.edu). Copyright NUS Business School.

高品牌资产可以为企业提供多方面的竞争优势。一个强大的品牌拥有很高的知名度和顾客忠诚度。由于消费者希望商店出售品牌商品，因此企业在与经销商谈判时就拥有更大的主动权。另外，因为品牌名称包含高可信度，所以企业可以更容易地推出新产品和进行品牌延伸。总之，一个强有力的品牌能够使企业抵御激烈的价格竞争。

最重要的是，一个强大的品牌是建立稳固的、可获利的顾客关系的基础。因此，构成品牌资产的基础性资产是**顾客资产**（customer equity），即品牌所创造的顾客关系的价值。一个强大的品牌固然重要，但是它真正代表的是一群忠诚的顾客。这样，营销计划应当将注意力集中于以品牌管理作为主要的营销工具来创造顾客资产。一位营销专家说过："应该将企业看成顾客的投资组合，而不是产品组合。"[18]

8.3.2 建立强大的品牌

品牌管理给营销人员带来了挑战性的决策。图 8-6 表明主要的品牌策略决策包括品牌定位、品牌名称选择、品牌持有者决策和品牌发展。

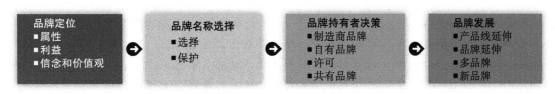

图 8-6 主要的品牌策略决策

1. 品牌定位

营销人员必须在目标顾客的心目中清晰地定位品牌，可以在三个层次上定位品牌。[19] 在最低层次，可以根据产品属性定位品牌。The Body Shop 的营销人员可以强调其产品具有天然、环保的成分以及独特的香味和质地。然而，属性是品牌定位的最低层次，竞争者很容易就能复制属性。更重要的是，顾客对这样的属性本身并不感兴趣，他们感兴趣的是属性能为他们带来什么。

品牌可以将其名称与消费者期望的利益相连来更好地定位。因此，The Body Shop 的营销人员可以不谈产品成分，而是强调美容的功效，如茶树洁面胶可以深层洁净肌肤，蜜粉饼可以提亮肤色，随时展现晶莹细致的肌肤。成功定位于利益的品牌包括沃尔沃（安全）、联邦快递（保证准时送达）、耐克（性能）、雷克萨斯（质量）。

最强大的品牌会超出属性或利益定位，它们建立在坚定的信念和价值观上。星巴克和快乐蜂等品牌较少依赖产品的有形属性，而是更多地围绕品牌创造温暖、激情和刺激。

同样，宝洁知道，帮宝适对于妈妈来说绝不仅仅意味着大容量和干爽。

过去，宝洁的品牌价值被认为体现在功能性利益上，但在和消费者交流后，宝洁意识到帮宝适在母婴关系和婴儿护理中扮演着更加重要的角色。因此，宝洁希望创造一种品牌体验来帮助父母以及让婴儿健康成长。纸尿裤如何帮助婴儿成长呢？大部分婴儿在 0～3 岁会一直用纸尿裤，由于睡眠对婴儿的大脑发育至关重要，于是宝洁研发中心重点考虑：我们如何能让婴儿睡得更舒服。这样的定位使得宝洁帮助消费者提升了其生活品质。强大的品牌资产会令消费者和企业都备感振奋。在帮宝适从单一的干爽到帮助妈妈更好地陪伴婴儿的成长后，宝洁的婴儿护理业务得以迅猛发展。[20]

当对品牌进行定位时，营销人员必须为品牌确立使命以及确定品牌的定位和作用。品牌是企业持续向顾客传递特定的特征、利益、服务和体验的承诺。品牌承诺必须简单而且诚实。例如，汽车旅馆提供干净的客房和优质的服务，并承诺低价，但它绝不承诺提供昂贵的家具或大浴室。相比之下，君悦酒店提供豪华的客房和难忘的体验，但它绝不承诺低价。

2. 品牌名称选择

一个好的品牌名称能大大提高产品成功的概率，然而，确定最优的品牌名称是一项艰巨的任务。企业首先需要仔细地评估产品及其收益、目标市场和拟实施的营销战略。可以说，品牌命名是一门科学、一门艺术，也是一种直觉创造。实战营销 8-2 描述了在亚洲地区品牌本地化所面临的一些挑战。

| 实战营销8-2 |

中国本地化品牌名称：非常重要，但也非常棘手

漫长的一天的工作之后，普遍高消费的北京人迫不及待地冲回家，穿上一双舒服的"耐久和坚韧"，打开一罐令人神清气爽的"可口的乐趣"，然后跳入他的"奔驰的速度"，和朋友去当地的酒馆来一杯冰镇的"喜悦的力量"。能够理解吗？在中国，它们是品牌名称，分别代表耐克、可口可乐、奔驰和喜力。

对西方人来说，这样的名字听起来很"傻"，但对在中国这个全球最大、增长最快的消费市场做生意的品牌来说，这些名字可不是闹着玩儿的。中国的品牌也许比世界上任何地方的品牌都更具有深远的意义。找到一个合适的名字可以成就一个品牌，也可以毁掉一个品牌。一位全球品牌分析师断言："通常，一家企业在中国最重要的营销决策是将其品牌名称本地化。这也是一个非常棘手的问题。"

理想情况下，为了保持全球一致性，品牌的中文名字应该听起来与原名称相似，同时用有意义的符号来表达品牌利益。Nike 的中国品牌耐克做得很好，不仅汉语发音相同，其"恒久且持久"的含义有力地概括了 Nike 品牌在世界各地"只管去做"（Just Do It）的精髓。同样，宝洁的 Tide 在中国被称为"汰渍"，意即"洗

净污垢",这是对强力洗涤剂的完美称号。Coca-Cola的中文名字可口可乐可追溯到1928年。它不仅听起来很像英文名字,而且中文符号也传达着口腔里的快乐,这与可口可乐"畅爽开怀"的定位非常吻合。在传递品牌精髓的同时,给中国人留下深刻印象的品牌还有乐事、锐步和高露洁。

中国品牌名称可以传达一些微妙的含义,而这些含义可能对西方人来说并不明显。例如,对于奔驰这样的高档汽车品牌来说,"奔驰的速度"似乎就足够了。BMW的名字宝马也是如此,它的意思是"宝贵的马"。然而,在中国,"宝贵"有一种女性的内涵,而"奔驰的速度"更男性化。这对两家汽车制造商都适用,因为它们的目标顾客都是中国上层社会不同性别的人。例如,在中国富裕女性偏好的汽车品牌中,宝马是市场领导者。

有些品牌名称可以自然地翻译。例如,当卡尼尔在中国推出Clear洗发水时,它很幸运。Clear的中文意思是"清",它是为数不多的几个与许多品牌名称有着不同寻常的积极联想的中文单词之一。卡尼尔又加上了"扬"这个词,意思是"飞翔"或"随风飘荡"。根据卡尼尔品牌咨询总监的说法,清扬品牌的名字意味着"非常轻盈、健康、快乐——想想空中飞扬的头发",这正是该品牌想要的。品牌名称中常见的其他积极的中文词汇包括"乐"和"喜",以及"力"(力量或权力)、"马"和"福"(幸运)。因此,起亚在中国销售了一款名为"千里马"的车,这表明该款车的实力非同寻常。

曾经有一段时间,西方企业在进入中国时,只是简单地起了一个与品牌名称发音相似的中文名称,尽管它在中文里没有任何意义。事实上,如此带有异国情调的名字经常给人一种西方隐秘性的感觉。例如,Cadillac的中文名称是凯迪拉克,这是一组毫无意义却赋予了这个奢侈品牌地位的文字。麦当劳未受"麦当劳"(Mai dang lao)这个名字所累。这个词听起来像英文,但易被胡言乱语地翻译——"小麦""应当"和"劳动"。其他名称较短的跨国企业,如IBM或Gap,只是希望消费者能了解它们的西方名字。

然而,如今随着越来越多的外国品牌进入拥挤的中国市场,大多数企业都希望自己的中国品牌能有更好的名字。如果中国消费者不知道品牌名称的发音,或者不知道它代表什么意思,他们就不太可能去买这个名字代表的产品,也不太可能在社交媒体上和别人谈论这个品牌名称。通过做一些工作,企业可以想出能够吸引和激励购买者的名字。例如,在中国,它不是地铁(subway),而是赛百味;不是马里奥特(Marriott),而是万豪。然而,找到合适的名称和角色可能是一个艰巨的挑战。中国的品牌发展与其说是一门艺术,不如说是一门科学,涉及全球品牌顾问、计算机软件、语言分析和广泛的消费者测试。一些全球性的品牌名称需要仔细重新命名。例如,微软不得不重新考虑在中国推出必应(Bing)搜索引擎。在中国,对发音为"bing"的词最常见的翻译是"缺陷"(defect)或"病毒"(virus)等,与数字产品没有太大关系。微软将其在中国的产品名称改为"必应"(Bi Ying),意思是"一定会做出回应"。尽管如此,该品牌仍难以摆脱与最初名字的相似之处。

同样,在中国,庄臣公司(S. C. Johnson)将其广受欢迎的"肌肉先生"(Mr. Muscle)系列清洁剂更名为"威猛先生"。在中国,"肌肉先生"听上去有另一个不那么好的意思——"鸡肉先生"。法国汽车制造商Peugeot认为自己与"标致"(Biao Zhi)的品牌名称很接近,结果发现它的读音与"婊子"(biao zi,妓女的俚语)太接近,但为时已晚。毫不奇怪,这个品牌制造的低俗笑话比销量还多。

资料来源:"Lost in Translation? Pick Your Chinese Brand Name Carefully," *Shanghaiist*, 28 March, 2014, http://shanghaiist.com/2014/03/28/hutong-school-pick-your-chinese-brand-name-carefully.php; Michael Wines, "Picking Brand Names in China Is a Business Itself," *New York Times*, 12 November, 2011, p. A4; Carly Chalmers, "12 Amazing Translations of Chinese Brand Names," *todaytranslations*, 27 August, 2013, www.todaytranslations.com/blog/12-amazing-translations-of-chinese-brand-names/; and Angela Doland, "Why Western Companies Like LinkedIn Need Chinese Brand Names," *Advertising Age*, 5 March, 2014, adage.com/print/291960/.

理想的品牌名称应该具备如下特性。

- 应该使人们联想到产品的某些利益和质量，例如，iPhone、Walkman（随身听）、Scoot（酷航）。
- 应该易读、易认和易记，简短的名称比较好，例如，Kao（花王）、Wii（任天堂）、Za（姬芮）。然而，较长的名称有时也是有效的，例如白兰氏鸡精、忍者神龟。
- 品牌名称应该是独特的，例如，雷克萨斯、酷儿。
- 品牌名称应该是可扩展的，例如，亚马逊是作为一个在线图书商起家的，但选择了一个日后可以扩展到其他领域的名称。
- 品牌名称应该容易翻译成其他语言，例如，在中国福建省的一种方言中，铃木的日文名"Suzuki"听起来像是"输光了钱"。Hyatt不太容易翻译成中文，而且在中国没有任何意义，所以企业将品牌名称改为"悦"（Yue），意思是"帝国"（imperial），是许多国人理想的标识。之后，品牌名称进行了一系列变化以配合其子品牌，如"凯悦"（Kai Yue）、"君悦"（Jun Yue）和"柏悦"（Bo Yue）。[21]

在为英文品牌选择中文名称时，企业必须进行全面的考虑，其中一个例子就是Omnicom。Interbrand中国区首席执行官陈富国（Frank Chen）说："Omnicom在英语中是一个非常好的名称，但对于母语非英语的人来说，比较难发音。"因此，Interbrand希望为Omnicom寻找一个能用中国的7种方言正确表达的中文名称，并且能体现企业的合作精神和业务规模。最终选取的中文名称是"宏盟"，意思是"宏伟的联盟"。[22]

品牌名称一经选定，就必须得到严格的保护。如果一个品牌名称对现有的品牌名构成了侵权，就不能够注册。在中国，星巴克成功地赢得了与中国连锁咖啡店——上海星巴克咖啡馆的商标权之争。上海星巴克咖啡馆模仿星巴克的标识和名称——"星巴克"的发音与Starbucks的中文发音类似，"星"的英文是"star"，"巴克"的发音与"bucks"类似；上海星巴克咖啡馆的绿色和白色标志与星巴克的设计也类似。[23] 在印度，冰沙商贩利用"Google"的变体"golas"来售卖他们的冰沙，这些商贩的推车里放着五颜六色的糖浆瓶，在中间放上刨冰机，他们搅动一碗碗的糖果刨冰。由于印度的商标保护法非常宽松，这些娱乐味道十足的冰沙商贩干脆拿"Google"这个著名的商标开起了玩笑，直接称他们的"golas"为"gogola"。

许多企业竭力树立自己的品牌，希望它能够最终代表整个产品类别。舒洁面巾纸、李维斯牛仔服、Scotch胶带、Ziploc保鲜袋就成功地做到了这一点。然而，这种成功可能会危及企业对这个名称的所有权。许多起初被保护的品牌名称，如玻璃纸、阿司匹林、尼龙、煤油、溜溜球、弹簧床垫、自动扶梯和热水瓶，现在已经成为任何经销商都可以使用的普通名称。为了保护自己建立的品牌，企业的营销人员很谨慎地运用"品牌"一词和注册商标符号来介绍产品，如邦迪牌创可贴。

品牌名称也应该与时俱进。当锐步推出了一款名为Rbk的限量版运动鞋时，引起了巨大的轰动。由于Rbk用SMS术语编写，同时又只有三个字母，这使得年轻人非常喜欢。现在人们不会将苹果公司称作"苹果"，取而代之的是那些独一无二的品牌——iPod、iPhone、iPad。

字母"i"已经成为苹果公司最显著的品牌特征。[24] 就像下面的例子展示的那样，在亚洲由于书写方式的多样性和历史的复杂性，企业尤其要注意品牌名称。

以前花旗银行有两个中文译名。中国大陆和中国台湾地区译为"花旗银行"，意为旗帜上有花朵的银行。这是美国国旗的旧名称，因为美国国旗上有许多星星、条纹和颜色，看起来像花一样。20世纪，每家花旗银行门口都竖有美国国旗，视为其特征，人们为此将其命名为"花旗银行"。而在中国香港、新加坡和其他华人圈，另一个译名为"万国宝通银行"，这是花旗银行的前身"International Banking Corporation"的直译，到2001年，花旗银行将中文译名统一为"花旗银行"。

3. 品牌持有者决策

制造商在如何使用品牌方面有四种选择。推出的产品可以使用制造商品牌（或民族品牌），如日立用自己的品牌销售产品，或者制造商将产品出售给拥有**自有品牌**（private brand）的分销商，自有品牌又被称为**商店品牌**（store brand）或分销商品牌。尽管大多数制造商都创造了自己的品牌名称，但是仍有一些制造商会使用许可品牌经销产品。两家企业可以集中资源使用共有品牌。

（1）制造商品牌与自有品牌。制造商品牌长久以来统治着零售业。不过近年来，越来越多的零售商和批发商创立了自己的自有品牌。例如，中国香港的屈臣氏以它自己的品牌销售瓶装水、拖把、纸巾和其他各种物品。尼尔森的调查显示：在新加坡的受访者中，有74%的人认为自有品牌物有所值，有55%的人认为自有品牌的质量至少可以与大品牌相提并论[25]。

在制造商和私有品牌的大战中，零售商占据了不少优势条件，它们决定着进什么货、各种商品在货架上的位置以及在当地广告中突出宣传什么产品。大多数零售商向制造商收取货架费，即在零售商愿意接受新产品并在货架上为它们找到"空当"之前，制造商应支付的费用。

自有品牌很难建立，而且持有和推广成本较高。然而，自有品牌还是为分销商带来了高额的利润。自有品牌使分销商能够提供竞争对手无法提供的专有产品，从而提高商店的客流量和品牌忠诚度。零售商对商店品牌的定价比相对应的制造商品牌低，从而吸引了大量精打细算的消费者，尤其是在经济困难时期。德国批发商Metro Cash and Carry在印度授权食品和非食品细分市场使用其自有商标，如Aro、H-line和Fine。它研究顾客需求，为印度不同地区的顾客定制产品和商标，例如其自有的茶品牌已经遍布印度的阿萨姆邦、玛莎拉、金杰。

为了抵挡自有品牌，领先品牌的营销人员不得不投资于研发，以开发新品牌、新功能和进行持续的质量改进。他们必须设计强有力的广告来维持高知名度和品牌偏好，必须找到与大型分销商合作的方式，以获得分销的经济性和更高的合作绩效。

（2）**许可**（licensing）。大多数制造商要花费多年的时间和数百万美元来建立自己的品牌。不过，一些企业可以使用原先由其他制造商创造的名称或符号、名人的姓名或是流行电影和书中的角色，支付一定的费用后，其中的任何一个都能立即成为一个可用的品牌名称。

以知名时装设计师的名字或姓氏（比如Calvin Klein，Gucci和Armani）命名的产品（从短衫到领带，从亚麻织物到皮箱），服装以及服装配饰的销售者要支付很高的特许权使用费。儿童产品的销售者总是把卡通人物的名字用在服装、玩具、学习用品、床单、玩偶、午餐盒、谷类食物和其他很多产品上。许可的角色名称从经典的形象（如Hello Kitty和迪士尼）到芝麻街的角色都有。

（3）**共有品牌**（co-branding）。共有品牌产品已存在多年，最近出现了增长的趋势。将两个不同企业的已有品牌用于同一产品时，就产生了共有品牌。例如，美国运通公司和新加坡航空联名推出了新加坡贵宾俱乐部会员信用卡。在大多数共有品牌的情况下，一家企业许可另一家企业的知名品牌与自己的品牌联合使用。

共有品牌有很多优点。由于每个品牌在各自不同的类别中都占有优势，因此联合起来的品牌创造了更强的顾客吸引力和更雄厚的品牌资产。共有品牌还使企业将其已有的品牌扩展到靠自己的力量很难进入的一个新类别中。

然而，共有品牌也是有局限性的。这种合作关系往往需要复杂的法律合同和许可证，共有品牌的合作双方必须周密地协调广告、促销和其他营销活动。另外，采用共有品牌战略时，一方必须信任另一方会精心呵护自己的品牌。

4. 品牌发展

当企业准备发展品牌时，有四种方法可以选择（见图8-7），可以进行产品线延伸、品牌延伸、多品牌或新品牌。

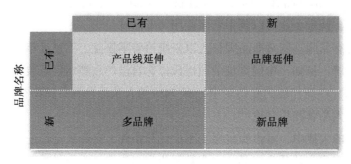

图8-7　品牌发展战略

（1）**产品线延伸**（line extension）。企业使用相同的品牌名称在既定的产品类别中推出其他产品，比如新口味、形式、颜色、成分或包装，就是在进行产品线延伸。全球品牌维珍的所有者和推动者理查德·布兰森旨在维珍品牌的推动下建立旗下所有的品牌，这些品牌都意味着"形象、品质、杰出"。大部分新产品活动是进行了产品线延伸。

企业可以将产品线延伸作为推出新产品的一种低成本、低风险的方法，或者企业希望满足消费者多样化的需求，利用过剩的生产能力或仅仅从分销商那里争得更多的货架空间。不过，产品线延伸也存在风险。品牌过度延伸，就会使其失去特定的内涵，也会让消费者混淆或者感到不知所措。

想要一瓶可乐吗？这可不容易，你必须在20多个不同的品种中进行选择。仅仅是零卡路里可乐系列，可口可乐就有两个子品牌——健怡可乐和零度可口可乐。再加上不同的口味，品种就更丰富了，比如樱桃味健怡可乐、柠檬味健怡可乐、橙子味健怡可乐、香草味健怡可乐和无咖啡因健怡可乐。可以说，健怡可乐系列令人眼花缭乱。这还不算"低卡路里"的C2可口可乐。每一个子品牌都有自己的广告——健怡可乐告诉我们"点燃它"，零度可口可乐让你"享受零卡路里的可乐"，C2可口可乐的广告语是"一半的碳水化合物、一半的卡路里，最棒的口味"。但想让很多消费者充分理解这些产品之间的差异是不太可能的。相反，过多的产品线延伸可能会产生如一位专家所说的"泛滥而混乱的现象"。可口可乐的一位消费者感叹道："他们究竟需要多少种健怡可乐？"[26]

产品线延伸的另一个风险是延伸产品的销售可能以该产品线内其他商品的销售损失为代价。例如，最初的"好时之吻"巧克力已经演变成了全系列的"好时巧克力"，包括好时黑巧克力、好时焦糖巧克力、好时焦糖牛奶巧克力等十几种巧克力产品。虽然这些产品都做得很好，但最初的"好时之吻"巧克力，现在吃起来好像是另一种味道。如果能够抢走竞争品牌的销售份额，而不是与企业内的其他产品同室操戈，那么这样的产品线延伸战略无疑是最成功的。

（2）**品牌延伸**（brand extension）。品牌延伸是指在新的产品类别中使用成功的已有品牌名称，推出新的或改进的产品。例如，金佰利－克拉克将其市场领先品牌好奇纸尿裤延伸成了一个拥有完整产品线的婴儿护理用品品牌，包括洗发水、乳液、预防婴儿尿布皮炎的婴儿沐浴露、一次性毛巾和一次性防水垫。

品牌延伸能够使新产品迅速被人了解并识别，而且能更快地为人所接受，还节省了创立一个新品牌通常所需的高额的广告开支。但同时，品牌延伸战略也包含一定的风险。像Bic连裤袜、亨氏宠物食品和高乐士洗衣粉这样的品牌延伸，都很快夭折了，因为品牌延伸可能会混淆主导品牌的形象，而且品牌延伸一旦失败，就会破坏消费者对其他以相同品牌命名的产品的印象。

此外，一个品牌名称未必适合某个特定的新产品，即使该产品本身制作精良且令人满意。你会考虑购买丰田的蛋糕装饰套件或依云的水垫胸罩吗？品牌的过分延伸可能导致品牌名称失去其在消费者脑海中的独特定位。试图将品牌名称"嫁接"到新产品的企业，必须研究该品牌联想与新产品的契合程度。[27]

（3）**多品牌**（multibrands）。企业常常在同样的产品类别中引入多个品牌。例如，宝洁在每个产品类别中都有许多不同的品牌。多品牌可以设定不同的属性并迎合不同的购买动机，还可以使企业锁定更多的分销商货架空间。例如，欧莱雅在中国市场投放了至少14个不同价位品种的产品，高端产品定价较高，巴黎欧莱雅的中端产品价格则低一些，卡尼尔等大众日用品定价就更低了，最低价的就是小护士系列。欧莱雅发现，在中国，价格因素比其他任何地方都重要。[28]

多品牌的主要缺陷是每个品牌都只占很小的市场份额，而且可能没有一个品牌能获得丰厚的利润。企业最终可能因为把资源分散在众多的品牌上，而不能建立一个具有高盈利水平的品牌，从而被拖垮。这些企业应该减少在某一个产品种类中销售的品牌数量，并建立更严格的新品牌筛选程序。

（4）**新品牌**（new brands）。企业可能认为其现有品牌名称的力量正在减弱，因此迫切需要一个新的品牌名称；或者，当企业进入一个新的产品类别而现有的品牌名称都不合适时，也可以创立一个新的品牌名称。例如，丰田为高端顾客推出了雷克萨斯，而塞恩品牌的目标市场主要是年轻消费者。

如采取多品牌战略一样，推出较多的新品牌也可能导致企业资源太过分散。另外，在一些行业中，如包装消费品行业，消费者和零售商意识到已经存在太多的品牌，但这些品牌彼此之间鲜有差异。于是，宝洁以及其他大型消费品营销商开始实施**大品牌**（megabrand）战略，即剔除实力弱小的品牌，将营销资金集中于可以在产品类别中获得领先市场份额的少数几个品牌。

8.3.3 管理品牌

企业必须谨慎地管理品牌。首先，品牌定位必须持续地传达给消费者。营销人员常常在广告上花费巨额资金来创造品牌知名度，建立品牌偏好和忠诚。

这样的广告可以帮助企业创造品牌知名度、品牌认知，甚至品牌偏好。然而，事实上，品牌不是通过广告而是通过品牌体验来维持的。如今，顾客可以通过广泛的联系和接触点来了解一个品牌，除了广告，还有品牌体验、口碑、顾客与企业人员的私人交流、电话互动、企业网页和许多其他途径。这些经历中的任何一种都会对顾客的品牌认知和情感产生正面或负面的影响。企业必须像制作广告一样来谨慎地管理这些接触点。迪士尼前首席执行官迈克尔·艾斯纳认为："品牌是一个有生命的实体，它随着时间的流逝而逐渐变得丰富或者受到破坏，这是一个有着成千上万不同姿态的产品。"[29]

除非企业的所有人都以品牌为生，否则品牌的定位就不能被完全领会。因此，企业需要培训员工以顾客为中心。最好是，企业应该进行内部品牌建设培养员工对企业产品和服务的自豪感，这样，员工的热情就会感染顾客。许多企业在这方面做得更好，它们培训和鼓励分销商与经销商为顾客提供高质量的服务。伊势丹百货公司和新加坡航空就成功地将其员工培训成了热情的品牌建设者。

最后，企业需要定期审查其品牌的优势和劣势。[30]企业应该询问：我们的品牌是否擅长传递顾客真正重视的利益？品牌定位恰当吗？我们所有的消费者接触点都能支持品牌定位吗？品牌经理能够理解品牌对消费者意味着什么吗？品牌是否获得了恰当、持续的支持？品牌审查也许显示品牌需要更多的支持、被舍弃或被重新定位，原因可能是顾客偏好变化了或出现了新的竞争者。

当出现兼并和重组时，重塑品牌形象就势在必行了。软银集团的例子就说明了这一点。

日本软银集团是一家综合性的互联网和金融投资企业，它于2006年收购了沃达丰。人们当时担心软银集团难以扭转沃达丰的颓势，所以软银集团在收购后亟须重塑品牌形象。在日本，人们普遍认为广告中应该加入尽可能多的信息并传递给受众，但是软银集团的做法刚好相反，它采用了一个极简的广告策略，大胆而又巧妙地在广告画面中大块留白。它的第一个系列广告上标有沃达丰和软银集团的标志以及收购起始日，占主导地位的是软银的颜色和设计，并附有标语"昨天的沃达丰，今天的软银"。这个广告第一次出现了软银的新标志——两条平行线，就像一个等号一样。这个设计表明了软银和其他所有出现在广告中的元素之间的等价性，包括 iPod = 软银，布拉德·皮特 = 软银，卡梅隆·迪亚兹 = 软银。软银集团在网站上同样运用这个策略。不像 DoCoMo（日本最大的移动运营商），软银集团的网站非常清新、时尚且便于查找，其英文页面的视觉和内容几乎一样。[31]

8.4 服务营销

服务行业内部有很大的不同。政府通过法院、医院、军队、武警和消防部门、邮政和学校等来提供服务。私人非营利组织通过博物馆、慈善机构、大学和医院提供服务。大量的商业组织也提供服务，如航空公司、银行、酒店、保险公司、咨询公司、医疗和法律机构、娱乐公司、房地产公司、零售商等。

8.4.1 服务的性质和特点

企业在设计营销方案时必须考虑服务的四个特点：无形性、不可分性、易变性和易逝性（见图8-8）。

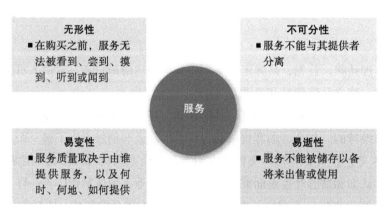

图 8-8 服务的四个特点

服务的无形性（service intangibility）是指在购买之前，服务无法被看到、尝到、摸到、听到或闻到。例如，进行美容手术的人在购买这项服务之前不能看到结果。航空公司的乘客除了一张机票以及自身和行李会安全抵达目的地的承诺之外一无所有。为了降低不确定性，购买者寻找能够表明服务质量的"信号"。他们从能看到的地点、人员、价格、设备以及沟通来得出关于质量的结论。

因此，服务的提供者必须以一种或几种方式将服务有形化并发出关于质量的正确信号。一位分析师将它称为"证据管理"，即服务机构向顾客提供系统的、诚实的证据以证明其能力。

有形产品先被生产出来，然后储存，接着被出售，最后被消费。与此相反，服务是先被出售，然后在同一时刻被生产和消费。**服务的不可分性**（service inseparability）是指服务不能与其提供者分离，不管服务的提供者是人还是机器。如果服务是由员工提供的，那么员工也是服务的一部分。由于服务生产时消费者必须在现场，因此服务提供者与消费者的互动是服务营销的一个独有的特征。服务提供者和消费者都会影响服务结果。

服务的易变性（service variability）是指服务质量取决于由谁提供服务，以及何时、何地、如何提供。例如，某些酒店，比如香格里拉，以提供优质的服务而著称。然而，即便是在同一家香格里拉酒店里，入住登记处的服务人员可能更为活跃和高效，而酒店的其他服务人员可能情绪低落。即便是香格里拉的同一位服务员，服务质量也会因其接待顾客时的精力和心情而有所波动。

服务的易逝性（service perishability）是指服务不能被储存以备将来出售或使用。有些医生会收取错过预约的病人的费用，因为服务价值只在那时存在，当病人没有出现时就消失。当需求稳定时，服务的易逝性算不上什么问题。然而，当需求波动时，服务企业往往会面临着难题。例如，由于高峰时间需求大，公交公司不得不安排比一天内平均需求情况下多得多的汽车。因此，服务企业往往需要设计能够将需求和供给更好地匹配起来的战略。例如，酒店和旅游胜地在淡季收取较低的价格来吸引更多的游客，而饭店在高峰时段雇用兼职员工提供服务。

8.4.2 服务企业的营销战略

如制造企业一样，优秀的服务企业也需要使用营销战略在其选择的目标市场上进行强有力的定位。丽思-卡尔顿酒店将自己定位为："让客人充满生气，让快乐悄悄地渗入客人的生活，并满足客人没有表达出来的、预期之外的愿望与需要，从而为客人创造难忘的回忆。"这些服务企业以及其他服务企业通过传统的营销组合活动确定了自己的定位。然而，服务与有形产品是不同的，服务往往需要额外的营销手段。

1. 服务-利润链

在服务领域，顾客与一线的服务人员互动产生服务，而有效的互动又取决于一线服务人员的技能和后台人员对此过程的支持。因此，成功的服务企业既关心顾客，也重视员工，它们明白服务-利润链。**服务-利润链**（service-profit chain）是指将服务企业的利润与员工和顾客满意度相连的链条。这个链条由五种链环组成。[32]

- 内部服务质量：优良的员工甄选和培训，优质的工作环境以及对服务顾客的员工的强有力支持，会带来……
- 满意且能干的服务人员：更加满意、忠诚和勤奋的员工，会带来……
- 更高的服务价值：更有效率和有效果的顾客价值创造与服务传递，会带来……
- 满意且忠诚的顾客：满意的顾客会保持忠诚，重复购买并向其他顾客推荐，会带来……
- 良性的服务利润和增长：一流的服务企业绩效。

服务营销不仅需要传统的4P外部营销，图8-9表明服务营销还需要内部营销和交互式营销。**内部营销**（internal marketing）是指有效地训练和激励企业中与消费者直接接触的员工以及所有的服务支持人员，使其能通过团队协作来使消费者满意。营销人员必须使组织的每个成员都做到以顾客为中心。实际上，内部营销必须先行于外部营销。例如，丽思-卡尔顿酒店仔细地对员工进行引导，培养他们的自豪感，通过认可并奖赏杰出的服务事迹来激励员工。

交互式营销（interactive marketing）是指服务质量在很大程度上取决于服务过程中买卖双方的互动。在产品营销中，产品质量很少依赖于产品取得的方式。但是在服务营销中，服务质量同时取决于服务传递者和传递过程的质量。因此，服务营销人员必须精通交互式营销的技能。例如，丽思-卡尔顿酒店只甄选那些

"关心别人的人"，而且精心教导他们与顾客打交道的艺术，从而满足顾客的各种需要。

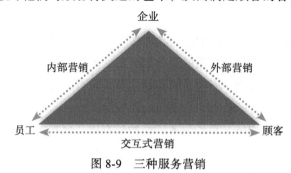

图 8-9　三种服务营销

今天，随着竞争加剧、成本提高以及生产率和质量下降，需要更精细的服务营销。服务企业面临着三种主要的营销任务：提高服务差异化、服务质量和生产率。

2. 管理服务差异化

在价格竞争日益激烈的今天，服务营销人员经常抱怨很难对他们的服务与竞争者的服务实现差异化。在某种程度上，消费者认为不同服务提供者提供的服务是相似的，他们更关心价格，而不是由谁来提供服务。

解决价格竞争的办法是开发差异化的提供物、提供方式和形象。提供物可以包含将一家企业的提供物与其他企业的提供物区别开来的创新特色。吉隆坡的威斯汀酒店在大堂免费向客人提供带有罗勒叶和橙子的 jungpana 异国饮料。客人喜欢这种饮料，尤其在马来西亚潮湿的天气下外出一天之后。航空公司引进常客奖励计划和特别服务，以此将供应品差异化，如新加坡航空公司经济舱的乘客可以享受舱内电影和 1 000 多种娱乐项目。新航的 A380、A340-500 和 B777-300ER、商务舱的新型座椅比同类产品宽近 50%。"新航国际烹饪顾问团"为所有乘客提供世界名厨料理，而头等舱、商务舱和套房乘客可以享受由世界知名的法国时尚品牌纪梵希专门为新航设计的松软的羽绒被和软垫。

服务企业可以通过雇用更加能干和可靠的服务人员，开发一流的服务产品交付环境，或设计一流的交付流程来使其服务交付差异化。例如，许多连锁百货向顾客提供网上购物和送货上门服务，顾客不必开车、停车、排队等候然后把货物提回家。

最后，服务企业还可以通过标识和品牌差异化其形象。一些著名的服务标识如新加坡航空公司的七色鸟和麦当劳的金色拱门。

3. 管理服务质量

服务企业实现差异化的主要方法之一就是持续传递比竞争者更高的质量。与许多制造商一样，大多数服务企业追求顾客驱动的质量。与产品营销人员一样，服务提供者需要识别目标顾客对服务质量的期望。

然而，遗憾的是，服务质量比产品质量更难定义和评估。例如，对一次理发的质量达成一致意见，比对一台吹风机的质量达成一致意见要难得多。顾客保留率也许是衡量质量的最好办法——服务企业留住顾客的能力取决于其在多大程度上能向顾客持续、稳定地传递价值。

顶级的服务企业设立了高水平的服务质量标准，严密地监视自己以及竞争对手的服务绩效。它们不仅提供优质服务，而且目标是 100% 无瑕疵服务。

与制造商可以调试机器和投入，直至一切都准备好不同，服务质量总是在变化，它取决于员工和顾客之间的互动。尽管企业竭尽全力，但即使是顶级的服务企业也会偶尔发生递送延误、把牛排烧焦或员工大发脾气的情况。然而，优质的服务补救可以将愤怒的顾客转变为忠诚的顾客。事实上，与一开始就完美无缺相比，好的服务补救能够赢得更多的顾客购买和忠诚。因此，企业应该采取措施，不仅每次尽力提供优质服务，而且能在错误发生时设法弥补。

4. 管理服务生产率

随着服务成本的快速增加，服务企业承受着提高服务生产率的巨大压力。有很多提高生产率的方式。服务企业可以对现有员工提供良好的培训，或雇用工作更勤奋和更有能力的新员工；或者可以牺牲一些质量来提高服务数量。服务企业还可以通过增添设备和标准化生产而使"服务产业化"，如麦当劳在快餐零售中所采用的流水线生产法。另外，服务企业还可以利用技术力量。我们常常认为技术力量可以为制造企业节省时间和成本，但技术在提高服务人员的生产率方面也具有巨大的潜力，只是这种潜力常常未被开发出来。

不过，企业必须避免太过强调生产率而导致质量下降。试图使服务产业化或削减成本能够在短期内使服务企业更加有效率，但长期来看可能会降低企业的创新能力、保持服务质量的能力或是对消费者的需要和渴望做出反应的能力。面对成本上升，许多航空公司试图精简和削减成本，这让它们遭遇了惨痛的教训。

因此，企业在试图提高服务生产率时，必须铭记自己是如何创造和传递顾客价值的。简而言之，服务企业必须小心谨慎，不要把"服务"从服务中拿走。

目标回顾

产品不仅仅是一系列简单的有形特性的组合。提供给顾客的产品或服务可以从三个层次来认识。顾客核心价值由消费者在购买产品时寻求的解决问题的核心利益组成。实际产品围绕核心价值存在，包括质量水平、功能、设计、品牌名称和包装。附加产品是实际产品加上伴随它提供的各种各样的服务和利益，例如担保、免费送货、安装和维修。

1. 定义产品以及产品和服务的主要分类

广义来说，产品是提供给市场的能够被关注、获得、使用或消费，以满足欲望或需要的任何东西。产品包括物理实体、服务、事件、人物、地点、组织、创意等。服务包括可供出售的活动、利益或是满意度并且在本质上是无形的产品，例如银行、酒店、航空公司和家居维修服务。

根据使用产品和服务的消费者类型，产品和服务被分为两大类：消费品和工业品。消费品（由最终消费者购买）常常根据消费者的购买习惯分类（便利产品、选购型产品、特制型产品和非渴求产品）。工业品（用于进一步加工或商业运营）包括材料和部件、资本项目以及供应品和服务。其他可营销的实体，如组织、人物、地点和创意，同样被认为是产品。

2. 描述企业针对单个产品、产品线和产品组合所做的决策

单个产品决策包括产品属性、品牌、包装、标签和产品支持服务。产品属性决策包括产品质量、产品特征以及产品风格和设计。品牌决策包括选择品牌名称和发展战略。包装提供许多关键利益，比如保护、经济性、方便和促销。包装决策通常包括设计标签，用来识别、描述和促销产品。企业还发展产品支持服务来增强顾客服务和满意度并且击退竞争者。

许多企业生产一个产品线，而不是单个产品。产品线是一组在功能、顾客购买需要和分销渠道上相互关联的产品。产品线扩展包括向下、向上或双向产品线延伸，以占领那些如果不扩展就要被竞争者占领的市场。相反，产品线填补包括在现有产品线范围内增加更多的项目。销售者提供给顾客的所有产品线和产品项目构成了产品组合。产品组合可以用四个维度描述：宽度、长度、深度和黏度。这些维度是企业发展产品战略的工具。

3. 讨论品牌战略——企业在建立和管理品牌时所做的决策

一些分析师将品牌视为企业最持久的资产。品牌不仅仅是名称和符号，还体现了产品和服务对消费者而言意味着什么。

品牌资产是消费者知晓品牌名称给产品或服务所带来的有差别的、正面的影响。拥有高品牌资产的品牌是一项宝贵的资产。

在打造品牌时，企业需要对品牌定位、品牌名称选择、品牌持有者和品牌发展做出决策。强有力的品牌定位建立在消费者强烈的信念和价值上。品牌名称选择涉及对品牌利益、目标市场和提出的营销战略进行仔细审视之后找到最好的品牌名称。制造商在如何使用品牌方面有四种选择：推出的产品可以使用制造商品牌（或全国性品牌），出售给拥有自有品牌的分销商，营销许可品牌或与其他企业联合资源发展共有品牌。企业有四种选择来发展品牌：产品线延伸、品牌延伸、多品牌和新品牌。

企业必须谨慎地建设和管理品牌。品牌定位必须持续地传达给消费者。广告是有帮助的，尽管品牌并不是通过广告而是通过品牌体验来维持的。顾客通过广泛的接触和互动了解一个品牌，企业必须像设计广告那样认真地管理顾客接触点。因此，管理企业的品牌资产不仅仅是品牌经理的任务。现在，一些企业成立了品牌资产管理团队来管理其主要品牌。另外，企业需要定期审查品牌的优势和劣势。在某些情况下，由于顾客偏好的变化或新的竞争者出现，品牌需要重新定位。

4. 确定影响服务营销的四个特征以及服务所需的其他营销考虑因素

服务有四个关键特点：无形性、不可分性、易变性和易逝性。每个特点都提出了问题和营销要求。营销人员需要找到使服务有形化的方法，提高无法与产品相分离的服务人员的生产率，面对易变性时将质量标准化，面对服务易逝性时改善需求变动和供给能力。

成功的服务企业既关心顾客，也重视员工。它们明白服务-利润链，即将服务企业的利润与员工和顾客满意度相连的链条。服务营销战略不仅需要外部营销，还需要内部营销来激励员工，以及服务企业创造服务交付能力的交互式营销。为了获得成功，服务营销人员必须创造竞争性差异化，提供高质量的服务，并寻找提高服务生产率的途径。

关键术语

product　产品
service　服务
consumer product　消费品
convenience product　便利产品
shopping product　选购型产品
specialty product　特制型产品
unsought product　非渴求产品
industrial product　工业品
social marketing　社会营销
product quality　产品质量
brand　品牌
packaging　包装
product line　产品线

product mix（product portfolio）　产品组合
brand equity　品牌资产
private brand（store brand）　自有品牌（商店品牌）
co-branding　共有品牌
line extension　产品线延伸
brand extension　品牌延伸
service intangibility　服务的无形性
service inseparability　服务的不可分性
service variability　服务的易变性
service perishability　服务的易逝性
service-profit chain　服务-利润链
internal marketing　内部营销
interactive marketing　交互式营销

概念讨论

1. 定义产品和产品的三个层次。
2. 比较工业品和消费品。
3. 解释产品质量的重要性，讨论营销人员如何运用产品质量来创造顾客价值。
4. 比较四种品牌持有者决策，对于制造商而言应如何选择？给出你的建议。
5. 讨论营销人员打造品牌所使用的品牌开发策略，针对每种策略举例说明。
6. 描述营销人员在设计营销计划时必须考虑的四种服务特性。根据这些特性，说明如何通过传递的信息来区分治疗师和杂货店。

概念应用

1. 贝蒂妙厨、Old El Paso、Cheerios和法国优诺（Yoplait）这几家企业有何共同之处？它们都是相似的品牌，并且都属于美国通用磨坊的产品组合。浏览通用磨坊的主页，看看它的品牌清单，指出产品组合的四个维度，基于这些维度描述美国通用磨坊的产品组合。

2. 品牌不仅仅是产品和服务，正如你在本章开篇所读到的，国家也加入了行动当中。分小组讨论如何为你所在的国家打造品牌，并给出建议和提案。向全班同学说明并解释你所要表达的观点。

3. 产品的包装常常被认为是"无声的营销人员"。这是消费者在商店里做出购买决定前最后一次营销机会。有一个衡量产品包装的视觉模型，包括可见性（visibility）、信息性（information）、情感诉求（emotion）和加工程度（workability）。可见性是指产品包装能够有效地区别于竞争产品。信息性是指包装巧妙地通过情感诉求影响消费者。但最终，所有的产品包装还是要实现保护和分装产品的基本功能。选择两个竞争品牌的产品，从不同维度来评估这些产品的包装。哪一个品牌产品的包装更出色？对另一个品牌包装给出你的建议。

技术聚焦

谁会为一个虚拟空间站花费33万美元？谁会为一个小行星太空旅游胜地花费100万美元？谁会为虚拟银行许可证花费99万美元？大型多人线上游戏《安特罗皮亚世界》（Entropia Universe）的玩家愿意。这些玩家和游戏商都赚钱了。这就产生了一种新的盈利模式——免费增值，带动经济的发展。在这种模式下，用户免费试玩，但是会花真实的货币来购买虚拟商品。2009年，世界范围内的虚拟商品销售额达到22亿美元。大多数虚拟商品并不贵，大约1美元，就像你在《开心农场》购买的拖拉机或在《魔兽世界》购买的武器。这些钱并不多，但是Zynga的《开心农场》每个月都会有500万玩家在玩，收入是多么可观。

1. 你会如何对虚拟商品进行归类——它是一种商品、一种体验，还是一种服务？讨论虚拟商品增长的科技因素。

2. 消费者是如何购买虚拟商品的？找出三种虚拟货币，并指出它们代表的美元价值。

道德聚焦

"在你需要我们之前，请先与我们见面"，这是丹佛一片墓地的宣传口号。随着越来越多的美国人选择火葬，全美的墓地都把他们当作未来潜在的顾客。尽管殡仪馆和墓地需要消费者在很早之前就预先为他们的服务买单，但这种新的做法招致了批评。一些活动非常低调，诸如诗歌研讨会、文艺表演和漫步大自然，然而，也有一些活动表达得非常直接和生动。一块墓地就举办了烟火表演和跳伞特技表演。其他庆祝活动包括音乐会、露天电影，以及请来小丑演员助兴。墓地主管说起在一个世纪以前，墓地还是一个有家庭拜访、社交聚会以表达对某人思念之情的场所。虽然许多新活动在晚上举行，但也有一些活动在白天举行，这位主管需要谨慎应对，以免打扰到葬礼。

1. 哪种类型的产品类似于墓地和预先付费的殡葬服务？请解释。

2. 这些营销活动适合这种产品吗？

营销和经济

Batteries Plus

一家零售店仅仅售卖电池？这或许听起来像在任何经济体中必然失败的产品。但是在较差的经济条件下，Batteries Plus，这家全美国第一家也是最大的特许电池经营商并没有随着大衰退而振荡。

Batteries Plus 的同店销售额连续多年保持着 20% 的快速增长。它成功的秘密是什么？它的产品和服务源于不依赖经济条件好坏的巨大的消费需求，尤其是无论经济状况如何，个人和企业总是要使用笔记本电脑、MP3 播放器、数码相机、手机、便携式录像机，甚至汽车。所有这些都需要电池提供电力。事实上，人们使用他们的设备越持久，而不是更新换代，这对 Batteries Plus 来说都是好消息。电池会因老化失去活性，无法充电，消费者就要去 Batteries Plus 购买电池来替换。这使得 Batteries Plus 在美国成为顶尖的特许经营商。

人们可能会减少购买奢侈品，但对电池的需求将会持续。

1. 根据衍生需求原则——Batteries Plus 所处市场的需求本质，谈谈其他企业应该如何应对较差的经济环境？
2. Batteries Plus 即使不采取其他措施，在经济萧条时也会取得很好的效益。于是要在这种情形下取得更好的业绩，以及在经济增长时期如何定位，你有何建议？

营销数字

一个品牌价值几何？这取决于谁来测量它。例如谷歌在 2009 年曾被一家品牌评估企业评为价值 1 000 亿美元，而另一家企业却认为谷歌的品牌只值 320 亿美元。尽管这些估值有些极端，但对同一个品牌价值的评估有 200 亿～300 亿美元的差异是常有的事。Interbrand 和 BrandZ 每年都会发布一份全球品牌价值排行榜，但是比较这两家企业 2009 年的榜单，便会发现在前十家企业中只有六家一致。

1. 比较 Interbrand 和 BrandZ 两家企业确定品牌价值的分析方法。解释为何两家企业的榜单会出现差异。
2. 2008 年，BrandZ 把丰田汽车排至汽车类榜单第一名，评估其品牌价值为 350 亿美元。而到了 2010 年，它对丰田汽车的估值仅为 220 亿美元。讨论丰田品牌价值降低的原因。

企业案例

卡尼尔和露华浓：需要改头换面

2014 年，世界上最大的化妆品企业欧莱雅，宣布将其卡尼尔品牌退出中国。同年早些时候，总部位于美国的露华浓表示，在经历了近 20 年后，该企业将退出中国内地市场，它已经支出了 2 200 万美元。考虑到中国化妆品行业令人印象深刻的营收数字，这一退出令人意外。中国是全球第三大市场，仅次于北美和日本。在中国，欧莱雅是第二大美妆和护肤企业，宝洁是第一。

2008～2012 年，化妆品市场规模翻了一番多，达到 228 亿美元。2013 年的市场销售额约为 230 亿美元。

华丽的开端

1996 年，在中国政府放宽外国投资准则后，法国化妆品巨头进入中国内地市场，并凭借子公司欧莱雅（中国）受到了广泛的欢迎。在最初成功的激励下，欧莱雅将其他国际品牌带入中国市场，以获得更大的市场份额。卡尼尔是欧莱雅在中国运营的 9 个品牌之一，2006 年作为大众化化妆品公司进入中国市场，与欧莱雅的标准高价护肤品牌（如巴黎欧莱雅和兰蔻）相比，它的价格较低。

2014 年，欧莱雅的产品在中国化妆品行业约占 17%（约 20.4 亿美元）。然而，卡尼尔生产的头发和皮肤护理产品，仅占欧莱雅（中国）销售额的 1%。露华浓在亚洲（不包括日本）的同比增长达到 6.5%，而在中国的销售额仅占其总销售额的 2%。对于露华浓来说，它只进入了中国的 50 个城市，市场上整体营销状况可能对其不利。这两家企业的退出计划说明了外国企业进入中国市场时所面临的困难。

美丽不只是外表

尽管中国消费者痴迷于化妆品，但不是任何引入市场的外国品牌他们都会购买。有报告显示，中国消费者更容易接受网上购物，在产品质量方面也变得更加精明，他们不愿意仅仅因为产品带有西方品牌就支付高价。这还表明，随着数字技术的不断普及，实体店的销售增长在下降。中国所有城市的数字普及率在 6% 左右。

欧莱雅在中国的战略没有取得预期的结果，导致该企业开始失去销售额，市场知名度下降。欧莱雅这样的企业面临着来自本土相当多的企业的竞争。对中国消费者口味缺乏了解也不利于大型国际品牌的发展。当地品牌已经能够提供利用中国传统的医药和草药的化妆品产品。在自己的业务中进行如此微小但重要的工作，使国内企业在与外国企业的竞争中占据了优势。由于国内产品和品牌在大众化妆品市场的竞争与快速增长，欧莱雅的卡尼尔品牌退出了中国头发护理市场。

在中国，露华浓未能成功地将其高端化妆品与大众化妆品区分开来。该企业由高端化妆品店和当地的超市、社区商店等中档零售商销售产品。没有明显的产品差异化，露华浓失去了很大一部分市场份额，因为对于那些想要奢侈化妆品的消费者来说，中档零售商出售露华浓意味着这个品牌不是高质量的。另外，它的高价格让普通消费者忽略了它。还有一个痛处是露华浓没有针对中国市场推出产品，它所有的产品都是外国的。

在大众市场，本土和韩国品牌的竞争也在加剧。当地的化妆品公司，如百雀羚和佰草集比卡尼尔与露华浓更便宜。它们的销售网络也有了很大的改善。中国消费者认为本土品牌是高端产品，价格更低，因此更具吸引力。就连中国香港折扣化妆品公司Sasa在内地的表现也不佳。

除了本地的商业竞争，中国的健康恐慌（包括由受污染的化妆品引起的恐慌）也让中国消费者对他们购买的东西保持警惕。他们认为高价产品比低价产品更安全。还有一种观点是，长时间使用某一种品牌化妆品对皮肤有害。这种信念促使许多企业推出了更多的品牌和新产品，从而使这个领域竞争更激烈。

这突显出一个事实，即外国品牌必须更加努力，才能满足消费者期望更高的市场的需求。

内在美：内部的玩家

欧莱雅仍被视为中国美容和化妆品行业的市场领导者之一，为了加强其在亚洲地区的扩张计划并保持其市场份额，欧莱雅似乎在采用"收购-成长"战略。2014年，欧莱雅的重大收购之一是以8.43亿美元的价格收购了当地品牌美即国际控股有限公司，这不仅使欧莱雅（中国）成为最大的面膜品牌，而且给了它进入消费者偏好市场的途径——美即出售MG品牌等产品，比如含有蜗牛精华的面膜。另一个欧莱雅品牌科颜氏，是一个小众品牌，市场定位为一种天然产品，销售额已相当可观。欧莱雅还有一个品牌是美宝莲，它是一个化妆品品牌而不是护肤品品牌，在中国化妆品品牌中拥有最大的市场份额。

作为另一项战略举措，为了使品牌更吸引大众，欧莱雅（中国）部门表示，他们将降低"大部分进口产品的价格"。虽然中国消费者通常会为奢侈品支付更高的价格，但一些企业会对同样的商品收取更高的价格。大多数欧莱雅的奢侈品牌，除了悦赛（于2004年被欧莱雅收购），都是进口的。

欧莱雅还在上海设立了研发中心，并在其他地区设立了制造中心，以生产众多品牌的产品。

讨论题

1. 卡尼尔和露华浓退出了中国市场，你认为这两家企业在市场定位上有何不同？
2. 解释你认为欧莱雅下一步会怎么做。
3. 你认为露华浓和卡尼尔应该再次进入中国市场吗？

资料来源：Lina Saigol and Patti Waldmeir, " L'Oréal Pulls Back from China Market," www.ft.com, 8 January 2014; Nadya Masidlover and Laurie Burkitt, " L'Oréal Pulls Garnier Brand from China," www.wsj.com, 8 January 2014; " What Was Behind the Garnier and Revlon Exits from China?", www.gcimagazine.com, 14 January 2014; " Why Revlon and Garnier Bailed on China's Beauty Boom," www.jingdaily.com, 9 January 2014; Tiffany Ap and Celine Sun, " L'Oréal Brand and Revlon Call Time in China," www.scmp/com, 13 January 2014; " L'Oréal's Top Acquisitions And The Underlying Strategies, " www.trefis.com, 28 January 2015.

第 9 章

新产品开发和产品生命周期战略

学习目标

1. 解释企业如何寻找和开发新产品创意。
2. 列举并定义新产品开发流程的步骤,以及管理该过程的主要考虑因素。
3. 描述产品生命周期的各个阶段以及在此期间营销战略如何变化。
4. 讨论另外两个产品和服务问题:产品决策中的社会责任、国际化产品和服务营销。

预习基本概念

在之前的章节中,我们已经学习了营销人员如何管理单个品牌和整个产品组合。本章我们将深入探讨另外两个产品主题:新产品开发和产品生命周期管理。本章的第一部分将介绍寻找和培育成功的新产品的流程;第二部分将讨论产品生命周期的几个阶段;最后,我们将了解产品决策中的社会责任、国际化产品和服务营销。

首先,我们来看看面包新语的例子。这家新加坡面包店不仅在新加坡生意兴隆,在马来西亚和中国也大获成功。

面包新语

始创于 2000 年的面包新语是新加坡最大的面包连锁店,逾 500 家分店遍布新加坡、中国、印度尼西亚、马来西亚、菲律宾、泰国等 15 个国家。

面包新语最引以为傲的一点在于其创始人郭明忠(George Quek)的理念改变了新加坡烘焙业的形势。在面包新语诞生之前,新加坡人代表性的早餐是用切片面包蘸点椰肉制成的 kaya 之类的本地调味酱,或者从椰浆饭、肉脞面等一系列本地平价早餐中挑选。面包新语改变了这一饮食文化,让新加坡人爱上了吃面包。

面包新语将成功部分归因于其在食品、零售设计和产品开发等方面的创新。产品开发战略使得面包新语在这个不断更迭、产品生命周期更短的市场中得以立足。面包新语持续生产和推出新的品类来保证它的市场定位,阻止竞争对手争夺顾客。"面包新语一直被竞争对手学习和模仿,我们最大的挑战在于创新和改进我们自己创造的成功配方。"郭明忠如是说。面包新语开创了先河,首先将特定主题的面包点心引入亚洲,并对产品进行改良以适应本地口味。然而创新不止于此,面包新语还用面包命名来改革其产品,使之与竞品相区分。每种面包都有一个独特的名字,如卧虎、富士山、Moshi 蘑菇、松松等,仿佛与消费者展开了一场对话。尽管松松仍是面包新语的招牌主打,但这条产品线上 70% 的产品已逐步退市。取而代之的是,面包新语致力于为消费者不断引入一系列新的原材料和科技元素作为其烹饪方法。

意识到健康饮食潮流的面包新语相继推出了奇亚籽吐司、大豆吐司和南瓜吐司等产品。在新加坡举办青奥会之前，面包新语推出了纪念版面包来纪念这场盛典。在美国总统大选时，面包新语"故技重施"，推出了一款原材料包括番茄、火腿、鸡蛋的Obunma点心。通过不断地审视自己的产品组合，面包新语始终领先竞争者一步，并总能给消费者带来新鲜感。面包新语在欧洲面市的面包系列包含50款新产品，由研发部门的国际烘焙咨询师打造，既有欧洲面包的口味与品质，同时又添加了一系列黑芝麻、菠菜和红薯等亚洲风味，同时满足了两个市场的需求。

创新精神还被面包新语拓展到其零售设计中。郭明忠说："面包新语并不局限于生产美味面包，我们零售店的设计与时尚精品店一脉相承……这在市场上是前所未有的。"消费者的零售体验始于每家门店，门店至今已历经四次大的变革。在第一阶段，门店内有时尚的流线型全玻璃开放式厨房，消费者可以看到烘焙现场。展示架全由不锈钢打造。这种设计不仅凸显了烘焙产品，而且为消费者营造出开放、诚信的氛围。面包店的开放式窗口使得消费者可以瞥见烘焙过程，并与面包师交流，这也成为面包制作的一部分。这使每个消费者都与面包房建立了个人联系。在第二阶段，青铜不锈钢的展示架传达出低调的高雅。在第三阶段，展示架表面用金刚石切割，面包则在珠宝盒中呈现。现阶段，面包店有一种田园风，用自然的装饰品布置，给人一种回归自然的感觉。

但是，面包新语也面临着有关营销战略的困惑，尤其是在市场细分部分。为了更好地细分市场，面包新语专注于多元化、市场拓展、市场渗透和产品开发四种战略。面包新语开发的面包超过了150种，将Gardenia等竞争对手远远甩在后面，并使其强力的营销战略得到了维持。为了使战略更加有效，面包新语精心选址，在公交终点站、地铁站、购物中心和超市等处开设门店，既吸引了目标顾客，也保证了顾客交通出行高效、便捷。每隔四个月，面包新语便推出新的烘焙产品，同时提供尝鲜折扣价进行促销，以保证消费者不会心生厌倦。与这些要素相配套的是，面包新语在定价方面双管齐下：用消费者买得起的平价产品与当地竞争对手品牌展开竞争，赢得消费者忠诚；用高价系列产品保证消费者始终信赖面包新语提供的产品质量和服务质量。

面包新语的收入说明，消费者对它十分认可并且需求更多。2014年，面包新语市场业绩全面上涨，收入达到2.945亿新加坡元，同比增长8.4%。面包新语乘胜追击，进军卡塔尔、沙特阿拉伯、柬埔寨等新市场，开设了80家门店。无论在产品服务还是在门店设计方面，面包新语始终洞悉消费者的口味和偏好，并将其融入产品开发和创新中，打造出独具匠心的产品。2014年，面包新语在其全球第100家Toast Box门店开业时，提出了新的门店概念。Toast Box独树一帜，开创面包外卖街角店，为顾客提供叉烧包、咸蛋包和熔岩蛋挞等30种传统经典面包点心。顾客常在坐下来品尝咖啡时食用这些配餐。面包新语在其总部建立了一个中心烘焙实验室，用以保证所有门店供应的咖啡口感一致、品质优良。该实验室确保咖啡豆可以持续供应，在经过烘焙后再送至每家Toast Box门店，用以提供品质突出、口感一致、特征鲜明的咖啡。面包新语还联合迪士尼，在新加坡和中国推出了一系列独有的蜘蛛侠主题烘焙产品。[1]

正如面包新语的故事带给我们的启示，企业必须精于开发新产品和管理新产品。所有产品大都摆脱不了面市、历经浮沉、最终退市这样的生命周期。在此期间，总有能更好地满足消费者需要的新产品面市。产品生命周期意味着两大挑战：其一，所有产品终将褪去光环，因此企业必须善于开发新产品、推陈出新（新产品开发的挑战）；其二，企业必须善于调整营销战略，以应对产品经历不同的生命周期阶段时消费者口味、科技和竞争的变化（产品生命周期战略的挑战）。

9.1 新产品开发战略

消费者口味不断变化,科学技术日新月异,商业竞争格局瞬息万变,企业必须有一套稳定的方法用于开发新产品和新服务。企业获得新产品的途径有两种:一种方法是并购,即买下一家企业、一项专利或者其他产品的生产许可证等;另一种方法是**新产品开发**(new-product development),即企业通过内部的研发部门来实行新产品开发战略。我们所说的新产品既包括原创的新产品,也包括在原产品基础上的改进、完善和企业研发打造的新品牌产品。

但是,创新活动耗资巨大且充满了风险。

一项研究表明,新产品失败率高达90%。为什么如此多的新产品都失败了?有以下几个可能的原因。第一,虽然想法确实不错,但企业过于高估了相应的市场规模。第二,可能实际产成品不够理想,或者产品定位错误,面市时机不佳,产品定价偏高或广告效果不理想。第三,可能是高管执着于其个人偏好的创意,不顾市场调研结果而一意孤行。第四,也可能是产品开发费用远超预期或者竞争对手的激烈反击。

9.2 新产品开发流程

企业必须开发新产品,但新产品的失败率极高。为了打造成功的新产品,企业必须洞悉消费者、市场和竞争者,开发出给顾客传递更多价值的产品。企业必须制订强有力的新产品计划,建立系统的新产品策划体系,完善用于发现和培育新产品的新产品开发流程。图9-1阐释了新产品开发流程的八个主要步骤。

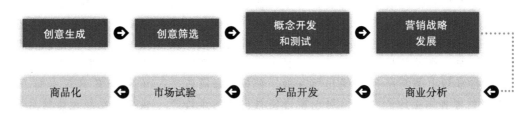

图9-1 新产品开发的主要阶段

9.2.1 创意生成

新产品开发始于**创意生成**(idea generation),即系统化地搜寻新产品创意。企业通常需要产生很多想法,才能从中选出一些好的创意。

新产品创意的主要来源包括内部来源和外部来源(如消费者、竞争者、分销商、供应商等),如图9-2所示。

1. 内部创意来源

企业可以利用内部创意来源,如从高层管理者、科学家、工程师、生产人员和销售人员那里集思广益。一些企业已成功推行了"内部企业家项目"来鼓励员工积极思考和开发新产品创意。

三星在韩国水原市建立了一个用于鼓励和支持内部新产品研发的专业中心——"价值创新项目"。在那里,企业的研究人员、工程师和设计师集思广益,源源不断地想出新产品的创意和流程。这座受邀才能进入的中心,设有工作室、宿舍、培训室、厨房、地下游戏厅、健身房和桑拿房。几乎每周,该中心都会发布一项"世界第一"或者"世界最大"的创新成果。该中心最近的创意包括102英寸的等离子高清电视和将多功能打印机材料成本降低30%的作业流程。三星曾一度被认为是廉价山寨产品制造商,该中心的努力使得这一印象被成功扭转,如今的三星已是世界上最具创新精神和最盈利的消费电子公司之一。[2]

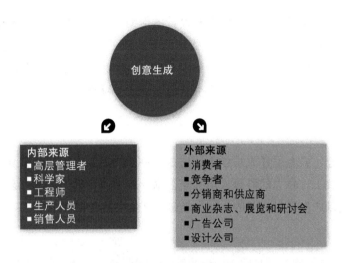

图9-2　新产品创意的来源

在如今这个快速变化和竞争激烈的环境里,"想出伟大的主意是每个人的事"。谷歌的"Innovation Time-Off"项目产生了包括Gmail、Adsense和Google News在内的明星产品。Facebook、Twitter和领英举办"黑客马拉松",鼓励员工抽出时间来开发新创意。领英的孵化器项目使员工可以提出创意,如果创意被认可,员工可获准脱离日常工作最多90天时间,用于将自己的创意付诸实践。

2. 外部创意来源

好的新产品创意也可能源于消费者。企业可以通过分析消费者提出的问题和不满,开发能更好地解决消费者问题的新产品。另外,工程师和销售人员可以与消费者会面交流,甚至邀请消费者一同参与到工作中,借此获得消费者提出的建议和创意。乐高就是这样做的。乐高邀请了250名乐高火车系列的爱好者参观乐高位于纽约的办公室,并请他们对新产品设计进行评价。乐高采纳了这些人提出的一系列新主意,并很好地付诸实践。乐高的一位主管说道:"我们照着他们说的做。""圣达菲超级酋长"系列就此诞生。在没有额外的营销活动的条件下,该产品在不到两周的时间内销量便逾万套。[3]

日本服装连锁店优衣库的顾客中心每年会收到消费者通过致电、邮寄明信片、发送电邮等方式传达的超过7万条意见和需求。这些建议都被转送至相关部门,被用于产品优化、门店提升和服务改善。

顾客本身经常会创造一些新产品自用,企业可以将其商品化并从中获利。比如海尔,它发现许多农村地区的顾客用该品牌洗衣机洗菜。这种操作容易造成洗衣机堵塞,许多消费者因此心生抱怨。基于此,海尔重新设计了排水系统,使得洗衣机不会再因清洗蔬菜而被损坏。

然而,在新产品开发上,企业不能过于依赖消费者的看法。对于有些商品,尤其是高科技产品,消费者未必清楚他们的需要。

除了消费者以外,企业还可以挖掘其他的外部来源,比如竞争者也可以成为一个好的新产品创意来源。企业可以收看竞争者的广告来获得关于其新产品的线索,也可以购买竞争者的新产品,拆解产品弄清工作原理,分析它们的销售额,然后决定是否应该推出一款同类新产品。

分销商和供应商也可以提供很多新产品创意。分销商距离市场终端最近，可以传达消费者面临的问题和新产品成功可能性的信息。供应商可以告诉企业能够用于开发新产品的新概念、新技术、新材料。其他的创意来源还包括商业杂志、展览会、研讨会、政府机构、新产品顾问咨询、广告商、营销调研企业、高等院校、商业研究机构以及发明家等。

有些企业从外部的设计公司寻求新产品创意和设计的帮助。比如，特百惠的顾客有个常见问题——如何整齐地摆放壁橱中随意堆叠的塑料存储容器，并找到配套的盖子。一家设计公司帮助特百惠找到解决方案，包括从最初的产生创意一直到最终的产品原型。这家设计公司开发了特百惠 GOFLEX! 系列，伸缩自如的存储容器可以折叠、堆叠，与盖子一起平放。该系列产品斩获了多项设计大奖。[4]

9.2.2　众包

许多企业正在发展众包，或者说开放式创新，这是一种新产品创意项目。**众包**（crowdsourcing）打开了创意的大门，邀请顾客、员工、独立的科研人员甚至公众一起参与到新产品的创新过程中。利用企业内外的各种资源，集思广益，可以产生预料之外的极好的新创意（见实战营销 9-1）。

实战营销 9-1

众包：打开创意之门

宝洁

如今，众包是一项大生意。你也许对企业邀请顾客帮助它们创造新的广告或产品创意之类的消费者自主营销活动感到熟悉。百事的菲多利就因深谙此道而闻名。"Doritos Crash 超级碗"广告比赛广受赞誉，每年都有消费者制作的"超级碗"广告。菲多利的"乐味一番"活动邀请消费者提出对乐事薯片新口味的建议并进行投票。高度成功的众包活动吸引了成群消费者的参与和口头传播，仅"乐味一番"活动就产生了 400 万种关于新口味的创意。

但是如今的众包不只是可引起口头传播的消费者比赛。从宝洁、安德玛、三星这些商业巨头到 Quirky 等新兴制造业企业，都敞开了关于创新的大门，邀请消费者、员工、独立科研人员和大多数公众参与到新产品的创新过程中。以下是一些案例。

宝洁一直是业内突破创新和新产品开发的金牌标准的设定者。汰渍洗衣液是第一款洗衣机专用合成洗衣液；帮宝适是第一款一次性纸尿裤；纺必适是第一款去味而非掩盖气味的空气清新剂。这类突破性创新产品一直是宝洁获得惊人增长和成功的关键因素。

时至今日，宝洁的大多数创新产品依旧出自于它的研发部门。宝洁雇用了 8 000 多名研究人员，他们分别在全球 26 个中心开展研究。部分研究人员在全球范围内具有最顶尖的研究才能。市值 840 亿美元的宝洁，面对的消费者需求日益增长，单单依靠宝洁的研究实验室，无法提供足够数量的创新产品。

于是宝洁开始邀请外部合作伙伴来帮助其开发新产品和提高技术。宝洁启动了一个名为"联系＋发展"的大型众包项目，邀请了企业家、科学家、工程师和其他研究人员甚至消费者，来提供关于科技、产品设计、包装、营销模型、研究方法、工程或者促销等任何可能有助于创造更好的产品以及帮助宝洁实现"改善更多消费者生活的目标"。

宝洁并不是想将 8 000 名研究人员弃之不用，而是想助其一臂之力。通过谨慎地选择众包，宝洁能利用企业外部不计其数的好创意，拓展内部人员的思路。宝洁如此评价"联系＋发展"项目："众人拾柴火焰高。"

如今，多亏了"联系＋发展"项目，宝洁打造了一个真正的全球性开放创新网络。超过 50% 的创新产品在一定程度上有外部伙伴的参与。目前，该项目达成了 2 000 多次成功的合作。在"联系＋发展"的一系列成功的产品清单上，罗列了汰渍洗衣球、汰渍全效洗衣液、玉兰油新生系列、Swiffer Dusters、Glad ForceFlex Bags、Covergirl 眼镜、欧乐 B 电动牙刷和 Mr. Clean 魔力清洁剂等。可以说，"联系＋发展"项目是宝洁得以创新的核心。

安德玛

运动品牌安德玛深知，无论企业内部有多少一流的产品开发人员，有时候，能跳出思维局限产生好创意的唯一方法就是走出企业。于是安德玛每半年赞助举办一届的"未来展示创新挑战"活动，这项活动可以说是众包和产品界的《美国偶像》的结合，该活动唯一追求的是找到"下一个大事件"。活动邀请全国的发明家提交新产品创意。安德玛团队在数以千计的初赛作品中挑选 12 件作品入围决赛，然后提交给由七名评委组成的专家组评价，并将产品推向《创智赢家》这样引人关注的节目。胜出者可赢得 25 000 美元，并与安德玛签订工作合同，帮助安德玛开发产品。

安德玛创始人兼 CEO 凯文·普兰克的创业始于他的绝佳创意——一款让运动员运动后可以保持身体干爽，不再大汗淋漓的 T 恤。从此，这家如今年收入达 20 亿美元的企业通过创新但昂贵的运动设备建立了名声。普兰克称"未来展示创新挑战"是安德玛得以走在创新前沿的另一途径。普兰克说："我们无法拥有所有的好主意。""未来展示创新挑战"的目标是用"甜言蜜语"将携带着"惊喜"的顶尖创新者招入麾下。

安德玛第一款成功的产品，也是普兰克至今的最爱，是专为运动者设计的拉链——安德玛磁吸拉链，一款一只手便可以拉上的拉链。安德玛创新负责人说，内部研发部门曾花费两年时间试图开发一种好一点的拉链，却没有取得任何进展。然而，众包产生的拉链已应用到即将面市的 40 万件上衣上，并最终用于安德玛所有产品。这款简单的拉链只是"未来展示创新挑战"中产生的数十件创意新产品中的一例，但就其自身而言，回报已证明众包的付出是值得的。

Quirky

并非只有宝洁和安德玛这样的大企业才使用众包。Quirky 是一家估值有望到达 5 000 万美元的企业，它完全是基于众包模式建立的。基于普通人也有出色的创意这一理念，Quirky 通过大众发明家来制造产品。在这个拥有 50 万成员的在线社区，成员用"草图""文字"或"成品"的形式提交他们新产品发明的创意，每周都有 2 000 多种创意提交。接着，社区对这些创意进行投票。在每周举办的网络直播节目中，Quirky 纽约总部、企业高管、行业专家、社区成员一同讨论这些创意的闪光点，并从中选出三四种用于开发。

在将创意转化为商品的过程中遇到的设计、生产、法律、营销细节等一切困难，Quirky 都应对得游刃有余。在这一过程中，众包至关重要，它解决了设计、产品命名、包装、广告语和定价等诸多细节问题。产品完成后便被运输至全球五大分销中心之一，接着会在塔吉特、Bed Bath & Beyond、百思买、亚马逊甚至 QVC 等超过 35 000 家零售店中的任意一家面市。

创意提出者和其他为产品提升做出贡献的人都将根据产品销售额分享专利使用费。在 Quirky 目前短暂的运营期间，面市的百余件商品无一亏损。最畅销的产品是叫作 Pivot Power 的插板，销量近百万件，有望在年末为它的发明者——一名 24 岁的业余发明家带来 200 万美元的收入。

尽管 Quirky 的规模与宝洁、百事、安德玛等巨头相比有些相形见绌，但也许它用最纯粹的方式阐释了众包的力量和产品开发过程中的民主化。正如塔吉特的一位代表总结的那样："Quirky 创新的步伐无人可比。"

资料来源：Based on information from Kurt Wagner, "Five Brands That Got Fans to Lend a Hand," *Fortune*, 24 June 2013, www.money.cnn.com/gallery/leadership/2013/06/24/crowdsourcing-brands.fortune/; Dale Buss, "P&G Enhances Connect + Develop Innovation Pipeline," *BrandChannel*, 13 February 2013, www.brandchannel.com/home/post/2013/02/13/PG-Connect-Develop-Website-021313.aspx; Larry Huston and Nabil Sakkab, "Connect and Develop: Inside Procter & Gamble's New Model for Innovation," *Harvard Business Review*, March 2006, pp. 2-9; Bruce Horovitz, "Under Armour Seeks Ideas for Its Next Big Thing," *USA Today*, 20 October 2013; Josh Dean, "Is This the World's Most Creative Manufacturer?" *Inc.*, October 2013, pp. 95-114; and www.pgconnectdevelop.com and www.quirky.com, accessed September 2014.

众包可以产生好坏参半的海量的新创意。致力创新的企业并不会依赖单一的新创意来源。相反，他们会打造"从一切可能的来源中捕捉灵感的广泛网络，从企业各级员工到消费者，到其他创新者，再到无数个更远处的人"。[5]

9.2.3 创意筛选

创意生成阶段的目的是形成大量的创意。接下来的步骤是去粗取精，减少创意的数量。第一步为**创意筛选**（idea screening），旨在尽快地发现好创意，同时淘汰不好的创意。这是因为在接下来的步骤中，产品开发成本会急剧上升，所以企业希望只开发将来有可能盈利的产品。

许多企业要求管理人员用标准的表格形式来描述新产品创意以供新产品委员会审核。按照要求，报告应包括对产品、目标市场和竞争对手的描述，并对市场规模、产品价格、开发时间及成本、制造成本、回报率等进行粗略估计。然后委员会根据一整套标准对创意进行评估。

一位营销专家提出了 R-W-W（real, win, worth doing）新产品筛选框架，包含三个问题。第一个问题：真实吗？消费者是否真的需要和渴望该产品，并愿意购买？产品是否有一个清晰的产品概念并且可以满足市场需求？第二个问题：能成功吗？产品能否带来可持续竞争优势？企业是否有资源来保证该产品获得成功？最后一个问题：值得吗？这项产品符合企业的整体发展战略吗？产品有足够的潜在盈利能力吗？在进一步开发新产品之前，企业应该对这三个问题有着肯定的回答。[6]

9.2.4 概念开发和测试

一个有吸引力的创意应该演变成一个**产品概念**（product concept）。正确区分产品创意、产品概念和产品形象至关重要。产品创意是指企业认为它能提供给市场的一个可能性产品的构思。产品概念是用有意义的消费者术语将产品创意陈述得更详尽。产品形象是消费者对实际或潜在产品的感知。

1. 概念开发

设想一家汽车制造商已经开发出了一款实用的全电动汽车，最初版本为售价10万美元左右的时髦运动敞篷车。[7]但是，最近该制造商计划推出更经济实惠、面向大众市场的版本，与当下的混合动力汽车展开竞争。这款全电动汽车优点突出，从启动到加速至100千米/小时只需要4秒；一次充满电便可行驶400公里；每公里行驶只需几美分电费。

现在，营销人员的工作是将这种新产品转化为几种产品概念。厘清每种产品概念对消费者的吸引力，然后选择最佳的产品概念。以下是几个可能的产品概念。

- 概念一：为平日在市区城郊范围内出行，打算添置第二辆车的家庭设计的平价中型汽车，适合消费者短途出差办事和走亲访友。
- 概念二：吸引年轻人的中等价位运动型汽车。
- 概念三：吸引环保人士的实用、低排放汽车。
- 概念四：为喜爱SUV的宽敞空间又厌烦高油费的消费者设计的高端SUV。

2. 概念测试

概念测试（concept testing）是指在一群目标顾客中测试新产品概念。概念以象征性或实物形式体现。下面一段文字描述了概念三。

一款节能的全电动紧凑型汽车，可乘坐四人，富有驾驶乐趣。这款令人称奇的全电动汽车实现了零污染，着实是实用且值得信赖的汽车。时速可达 45 千米，每公里行驶仅需要几美分。这款车足以替代那些高排放、高油耗汽车，是消费者的明智之选。全部费用只需 25 000 美元。

对于有些产品概念测试，文字或图片描述可能足矣，但是具体的、实物概念展示更有助于提高概念测试的可信度。概念展示之后，消费者会被询问一系列问题（见表 9-1），其回答有助于企业判断哪个概念最具吸引力。举例而言，最后一个问题问及消费者的购买意愿，假设 10% 的消费者回答说他们肯定会买，而另外 5% 的消费者说可能会买，企业便会据此推算目标顾客的总体情况及相应的市场规模。尽管如此，这种估计未必准确，因为人们有时会言行不一。

表 9-1　燃料电池电动汽车概念测试问题

1. 你了解燃料电池电动汽车的产品概念吗
2. 你相信关于该汽车性能的说法吗
3. 与传统汽车相比，燃料电池电动汽车的优点是什么
4. 与蓄电池电动汽车相比，燃料电池电动汽车的优势在哪里
5. 你认为该汽车在哪些方面还需要改进
6. 如果你在各种汽车之间倾向于选择燃料电池电动汽车，原因是什么
7. 你认为该汽车的合理价格是多少
8. 谁会影响你对汽车的购买决策？谁将驾驶它
9. 你会购买燃料电池电动汽车吗？（肯定会、可能会、可能不会、肯定不会）

许多企业在将新产品概念转化为新产品实物前，会在消费者中进行新产品概念测试。比如，M&M 的利用管状容器包装出售微型巧克力豆这一产品概念，便得到了罕见的 A+ 概念评级。消费者认为这一概念别出心裁，纷纷表示乐于尝试购买。

M&M 的微型巧克力豆得到了消费者的 A+ 概念评级。

9.2.5　营销战略发展

假设电动汽车的概念三在测试中表现最好。下一步便是**营销战略发展**（marketing strategy development），即设计一个初步的营销战略将该款车导入市场。

营销战略报告由三部分组成。第一部分描述目标市场、计划产品定位、销售量、市场份额以及前几年的目标利润。因此：

目标市场是那些受过高等教育、有着中高收入的年轻一代个人、情侣或者小家庭。他们想购买一款实用且环保的汽车。这款车定位于能带来更多的驾驶乐趣以及与现代的内燃动力汽车和混合动力汽车相比有着更少的排放，同时比需要定期充电的电池电动汽车受到的限制少。企业计划在第一年销售 10 万辆，亏损额控制在 1 500 万美元以内。第二年企业目标销售量为 12 万辆，计划盈利 2 500 万美元。

营销战略报告的第二部分强调了第一年产品的计划价格、分销和营销预算。

这款电动汽车有绿色、白色和蓝色三种颜色可供选择，消费者可自由选择是否安装空调和动力驱动装置。计划零售价为 25 000 美元，给经销商的报价优惠 15%。当月销量超过 10 辆车的经销商每辆车可以额外获得 5% 的折扣。5 000 万美元的广告预算一半用于全国广告，一半用于当地广告。广告将会强调车的娱乐性和低排放。第一年将花费 10 万美元用于营销调研，弄清什么样的消费者会购买这款车以及他们的满意度。

营销战略报告的第三部分描述了长期计划销售额、目标利润和营销组合策略。

长期来看，我们计划获得3%的市场份额并实现税后15%的回报率。为了达到这个目标，产品质量从一开始就应过硬，并要不断提升。如果竞争条件允许，定价将逐步提升。广告总预算每年提高10%。市场调研的预算从次年起降至每年6万美元。

9.2.6　商业分析

一旦管理层确定了产品概念和营销战略，便可以开始评估商业方案的吸引力。**商业分析**（business analysis）包括重新审视新产品的销量、成本和利润，确认它们是否与企业目标相符。如果符合便进入产品开发阶段。

为了估计销量，企业可能会回顾相似产品的历史销量，调研市场对新产品的看法。这样便可估计销量的最小值和最大值，确定风险范围。完成销量预测之后，管理层可以测算产品的预期成本和利润，包括营销、研发、运营、会计和财务成本。最后企业可用销量和成本来分析新产品的财务吸引力。

9.2.7　产品开发

大多新产品止步于产品概念阶段的文字描述、草图或粗糙的模型。产品概念只有通过了商业测试，进入**产品开发**（product development）阶段后，实物产品才会被制造出来。但是产品开发这一步需要的资金飙升，这一阶段将决定新产品创意能否转化为真正的商品。

研发部门会开发和测试一个或多个产品概念的实体版本，希望设计出一个能够使消费者兴奋和满意的产品原型，并在预算范围内快速投产。

在路易威登巴黎总部，一间地下室房门紧闭。一只机械手臂将一只装有3.5千克重物的棕褐色手提包拉至离地面半米高，然后扔下，在4天内不断重复这一过程。这是路易威登的测试实验室，一个针对该企业产品的高科技"折磨场所"。实验室的另一番景象是不停地向手提包发射紫外线来测试其抗褪色能力。还有一个测试是将手提包反复打开拉上5 000次来测试拉链，甚至还将路易威登的手链绕在机械臂腕上，剧烈摆动，用以测试是否会有小饰品脱落。

通常，新产品要经过严格的测试以确保能够安全、有效地执行其功能，或者顾客可以在新产品中发现价值。以下是一个关于产品测试的例子。[8]

新产品既要符合功能特性要求，还要传递出产品表达的心理特征。例如，燃料电池电动汽车要以制造精良、乘坐舒适、驾驶安全等性能打动顾客。管理层必须了解消费者评价汽车是否制造精良的决定因素。对于有些顾客来说，这意味着汽车车门结实。而对于另一些顾客来说，这意味着汽车能在撞击测试中经受强烈的碰撞。有时也要进行消费者测试，让消费者通过试驾来评价汽车的性能。

9.2.8　市场试验

如果新产品通过了概念测试和产品测试，下一个阶段就要进行**市场试验**（test marketing）。在市场试验阶段，产品和营销计划被引入更加真实的市场环境中。市场试验可以为营销人员在耗费巨资全面进入市场之前提供宝贵的市场经验。在市场试验中，可以测试产品和企业的整个营销计划，包括定位策略、广告、分销、定价、品牌、包装以及预算水平。

每种新产品所需的市场试验各不相同。市场试验可能过于耗资费时，给对手留下可乘之机。当开发和推出新产品的成本较低，或者管理层对新产品充满信心时，企业可以只做少量的甚至不做市场试验。对于简单的产品线延伸或者对竞争对手成功产品的仿制品，企业一般不进行市场试验。但是，当导入新产品需要投入大量的资金，或管理层对产品和营销计划缺乏把握时，企业应该做大量的市场试验。

除了采用宽泛的、高成本的标准市场试验法，企业还可以采用控制市场试验法和模拟市场试验法。典型的控制市场试验系统有尼尔森的扫描追踪系统，可以追踪新产品的个人消费者行为。企业会追踪一组购物者，他们在参与测试的商店结账时，会出具身份确认卡，报告其购买行为。在非测试商店购物后，他们会在家中通过手握扫描仪来记录所购商品。关于每个消费者购买行为的详尽信息，都被反馈至一台中央计算机，并且与消费者的个人状况及电视观看情况相结合，每日报告。凭借这种面板购买数据能够进行深入的诊断，例如重复购买分析、购买者的人口统计特征以及在进入市场 12～24 周后更精确的销售预测，而仅仅依靠销售点的零售数据无法做到。

另外，企业还可以在模拟购物环境下进行新产品测试。企业邀请消费者到一个真实的或者实验性的商店内购物，测试其对新产品的反应。研究人员也可以运用在线模拟市场技术来减少测试成本和加快进程。

宝洁推出了真实的在线商店作为"学习实验室"来替代简单的购物场景模拟，以便对新产品和营销理念进行测试。在线商店使宝洁能够迅速对电子优惠券、交叉销售、广告等营销策略做实时测试，研究这些营销策略如何影响消费者的购买行为。在线商店不太可能带来太多收入或利润，宝洁的"醉翁之意"在于与消费者有关的数据和新产品、产品配对、包装选择等影响消费者的因素。[9]

9.2.9 商品化

市场试验为管理层最终决定是否推出新产品提供了可以参考的信息。产品的**商品化**（commercialization）是指将新产品导入市场，这一项耗资巨大。企业必须建造或者租赁生产设施。如果是采用新包装的产品，那么企业在第一年可能还要花费数百万美元用于广告、促销和其他营销活动。

企业推出新产品，首先要选择时机。如果企业推出的燃料电池电动汽车会蚕食该企业其他汽车的市场份额，就应考虑延迟推出。如果这种汽车可以进一步改进，或者当时经济不景气，企业可以等待来年再将这种汽车投向市场。不过，如果竞争者也在准备推出燃料电池电动车型，那么企业应加快步伐推出这款汽车。

然后，企业必须决定在什么地方推出新产品——一座城市、一个地区、全国市场或国际市场。很少有企业兼具信心、资本和实力将新产品推向全国乃至全球分销市场，一般的做法是有计划地逐步推出，尤其是一些小企业，通常分批次逐个进军有吸引力的城市和地区，而大企业可能迅速在几个地区或全国市场推出新产品。

9.3 管理新产品开发

如图 9-1 所示，新产品的开发过程包括创意生成、产品开发、商品化等重要步骤。但是，新产品开发不仅仅是一系列步骤的简单加总，企业还必须采用系统方法来管理这个过程。成功的新产品开发需要以顾客为中心、以团队为基础，并付出系统的努力。

9.3.1 顾客导向的新产品开发

首先，新产品开发必须以顾客为导向。当寻找新产品创意和开发新产品时，企业往往过于依赖研发实验室的技术研究。与其他营销活动一样，成功的新产品开发始于对顾客需求和价值的深入了解。**顾客导向的新产品开发**（customer-centered new-product development）致力于找到解决顾客问题的新方式，创造令顾客更加满意的体验。

一项研究表明，成功的新产品都具有差异化特点，解决了顾客的主要问题，并且提出了让消费者无法抗拒的顾客价值定位。因此，创新型企业正在走出实验室，与顾客打成一片，以寻找新的顾客价值。以下便是一例。

快消行业的新产品成功率只有15%～20%，然而宝洁的成功率在50%以上。按照宝洁前CEO雷富礼的说法，宝洁获得成功最重要的因素在于它懂得消费者想要什么。雷富礼说，过去宝洁力图将新产品推向消费者而不是先理解消费者的需求。但是现在，宝洁开展了名为"Living It"的沉浸式流程：研究人员与购物者同住数日，以便能基于消费者需求生成产品创意。宝洁的工作人员还在门店开展"Working It"活动来践行这一理念。宝洁鼓励消费者在其"联系+发展"的众包网站上提交他们关于新产品或新服务、现行产品设计以及包装的观点和建议。"我们知道如何使所有决策都以顾客为中心，"雷富礼说，"因此，我们不会犯严重的错误。"[10]

因此，解决顾客问题是新产品开发的出发点和落脚点。正如一位专家所言："如果产品和服务没有提供用于满足消费者需要的新想法，那么创新的意义究竟在哪？"[11]

9.3.2 基于团队的新产品开发

好的新产品开发需要整个企业和跨职能部门的共同努力。有些企业按照如图9-1所示的步骤，从创意生成一直到商品化，按部就班地组织新产品开发。在这种顺序产品开发过程中，一个部门单独完成自己的工作，然后交接给下一个部门，这种按部就班的有序开发过程有助于企业控制复杂性强和风险性高的项目，但是过慢的节奏也会带来风险。在竞争激烈、快速变化的市场环境中，这种慢工出细活的产品开发可能导致产品失败、销售额和利润降低或者市场地位下降。

为了能更快地推出新产品，许多企业开始采用**基于团队的新产品开发**（team-based new-product development）方法。根据这种方法，企业相关部门齐心协力，跨职能团队合作，产品开发各流程齐头并进，得以节省时间并提高效率。产品不再像以往那样各部门依次作业，而是从营销、财务、研发、生产、法律等部门抽调人员，甚至包括来自供应商或客户公司的成员，组成团队，在产品开发期间共同工作。在顺序产品开发过程中，某一阶段的瓶颈很可能会拖累整个计划的进度，而在并行产品开发过程中，解决单个障碍的同时不会耽误整个团队继续前进。

然而，基于团队的新产品开发方法也有其局限性。例如，与顺序产品开发方法相比，这种方法有时会加剧组织内的紧张和混乱。但瞬息万变的行业中，面对日益缩短的产品生命周期，快速灵活的新产品开发方法所带来的好处远远大于风险。将顾客导向的新产品开发方法和基于团队的新产品开发方法相结合的企业，可以通过将合适的新产品快速导入市场而获得较大的竞争优势。

9.3.3 系统的新产品开发

最后，新产品开发流程应该具有整体性和系统性，而不是偶然的"碰运气"，否则不仅很少会有新创意生成，而且很多好的创意会被搁置甚至扼杀。为了避免这些问题，企业需要建立一个创新管理系统来收集、审查、评估和管理新产品创意。

企业可以任命一位德高望重的资深人士为企业的创新经理,建立基于网络的创意管理软件,并鼓励企业所有利益相关者——员工、供应商、分销商、零售商,都参与到寻找新产品创意和开发新产品中。企业可以组建跨职能的创新管理委员会,以评估提议的新产品创意,并协助将好的创意投入市场。企业还可以建立奖励计划,以奖励那些贡献好创意的人。参考塔塔集团的例子。

印度塔塔集团利用其塔塔咨询服务(TCS)来为新产品开发引路。TCS的20个实验室遍布全球,曾为英国航空和荷兰银行等外部顾客提供建议,后来在塔塔管理层力求促进集团内部交流和充分利用研发预算的愿景下成为企业内部咨询机构。现在,TCS与其附属的塔塔公司共同分享新产品和服务带来的收入。塔塔集团这样做,将知识产权留在了集团内部。[12]

建立创新管理系统,有两个显而易见的好处。首先,该系统有助于打造以创新为导向的企业文化,它表明企业的高层管理人员支持、鼓励和奖励创新。其次,该系统可以产生大量的新产品创意,其中包含一些特别好的创意。企业越是能系统地生成好的新产品创意,成功的新产品就越多。

9.4 产品生命周期战略

新产品面市后,管理层希望新产品能拥有持久、顺利的生命周期。尽管企业不指望新产品能长盛不衰,但希望它能带来尚可的利润,以弥补企业开发新产品所付出的努力和承担的风险。管理层明白,尽管无法事先知道产品生命周期曲线的形状和长度,但任何产品都有一个生命周期。

图9-3是一个典型的**产品生命周期**(product life cycle,PLC)中的产品销量和利润曲线。典型的产品生命周期可以划分成五个不同的阶段。

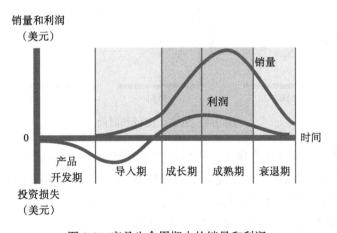

图9-3 产品生命周期中的销量和利润

(1)产品开发期。产品开发期始于企业寻找和生成新产品创意。在产品开发阶段,销量为零,企业需要投入大量资金。

(2)导入期。在产品导入阶段,销售量缓慢增长。由于将产品导入市场需要耗费巨额成本,因此这段时间几乎没有利润。

(3)成长期。在成长阶段,产品迅速被市场接受,利润大幅度增加。

(4)成熟期。在成熟阶段,由于产品已经被大部分潜在顾客接受而造成销量增长放缓。这个阶段由于用于对抗竞争者的营销费用不断增加，利润趋于稳定，甚至会下降。

（5）衰退期。在衰退阶段，销量和利润都会下降。

并不是所有的产品都遵循这样的产品生命周期。有些产品导入速度快，衰退速度也快；有些产品在成熟期要停留很久；还有些产品进入衰退阶段后，凭借强有力的促销活动或重新定位又回到了成长阶段。如果经营得当，一个品牌可以基业长青，比如，可口可乐、吉列和美国运通，百余年后仍然在各自的领域发展势头强劲。

产品生命周期的概念可以用来描述一个产品类别（燃油汽车）、一种产品形式（SUV）或者一个品牌（丰田凯美瑞）。在不同情况下，产品生命周期概念的应用方法也不同。产品类别的产品生命周期最长，许多产品类别的销量在成熟阶段停留很长一段时间。相比之下，产品形式更能准确地体现标准的产品生命周期曲线，例如拨号电话和盒式录音机就经历了导入、成长、成熟和衰退等典型阶段。

商海浮沉、变幻莫测，一个特定品牌的产品生命周期可能变化很快。例如，尽管洗衣皂（产品类别）和洗衣粉（产品形式）拥有很长的产品生命周期，但特定品牌的产品生命周期可能会比较短。

产品生命周期的概念也可以应用于风格、流行和时尚这三种特殊的产品生命周期形式，如图9-4所示。**风格**（style）是一种基本和独特的表达方式。例如，住宅的风格（殖民地式、大农场式）；衣着的风格（正式、休闲）；艺术的风格（现实主义、抽象主义）。一种风格一旦确立，就会历经许多年，在此期间时而风行、时而衰落。一种风格在其生命周期内可能有几个复兴时期。**流行**（fashion）是指当前在特定领域内风靡一时的风格。例如，20世纪80年代和90年代初商界流行的商务正装已经被今天的商务休闲装所取代。流行的发展趋势是开始增长缓慢，然后风靡一时，最后慢慢地衰退。**时尚**（fad）是快速进入公众视野的流行。时尚被人们狂热地采用，很快达到销量高峰，然后迅速衰退。[13] 时尚的例子包括魔方和低碳水化合物饮食。[14]

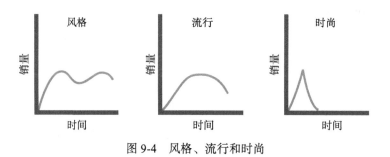

图9-4 风格、流行和时尚

营销人员可以将产品生命周期概念作为一种实用的思维框架，用于分析产品和市场行情。如果使用得当，它有助于为不同的产品生命周期阶段制定好的营销战略。但是，在使用产品生命周期概念预测产品市场前景或者制定营销战略时会出现一些实际问题。例如，管理人员可能很难确定产品处于生命周期的哪个阶段或者什么时候进入产品生命周期的下一个阶段，也难以确定产品在生命周期各阶段推进的影响因素。

在实践中，预测每个产品生命周期阶段的销量、时间长短和产品生命周期曲线的形状绝非易事。使用产品生命周期概念制定营销战略时同样困难重重，因为营销战略既是产品生命周期的起因，也是其结果。产品当前所处的产品生命周期的位置决定了最佳的营销战略，而该营销战略反过来又影响产品在之后各生命周期阶段的市

魔方就是时尚的一个例子。消费者被魔方吸引，造成其短期内销量格外高。

场表现。

此外，营销人员不应该盲目地促使产品在传统的产品生命周期阶段中推进。相反，营销人员常常违反产品生命周期及所处阶段的"规则"，以一种意想不到的方式来延长产品的寿命。

我们在本章的前半部分讨论了产品生命周期中产品开发阶段的营销战略，后半部分将讨论其他各阶段的营销战略。

表 9-2 总结了产品生命周期各阶段的特征、营销目标和营销战略。[15]

表 9-2 产品生命周期各阶段的特征、营销目标和营销战略

特征	导入期	成长期	成熟期	衰退期
销量	低销量	销量迅速增长	销量高峰	销量下降
成本	单位顾客成本最高	单位顾客成本一致	单位顾客成本低	单位顾客成本低
利润	亏损	利润上升	利润高	利润下降
顾客	创新者	早期使用者	中间大多数	落后者
竞争者	极少	数量逐渐增加	数量稳定、开始下降	数量减少
营销目标				
	创造产品知名度，提高产品试用率	市场份额最大化	维持市场份额和利润最大化	削减支出，榨取品牌价值
营销战略				
产品	提供基本产品	提供产品的扩展品、服务、担保	品牌和模式多样化	淘汰衰退的品牌
价格	成本加成法	市场渗透定价	模仿或打击竞争者的价格	降价
分销	建立选择性分销	建立密集性分销	建立更加密集的分销	有选择地淘汰无利润的分销网点
广告	在早期使用者和经销商中建立产品知名度	在大众市场培育知名度和兴趣	强调品牌的差异性和利益	降低到保持绝对忠诚者的水平
促销	大量使用促销来吸引试用	充分利用有大量消费者需求的有利条件，适当减少促销	加强促销，鼓励品牌转换	降低到最低水平

9.4.1 导入期

当新产品面市时，产品就进入了**导入期**（introduction stage）。导入期持续时间很长，在此期间销售增长较为缓慢。有些众所周知的产品，例如速溶咖啡、冷冻食品的销量在低水平徘徊多年才进入高速增长阶段。

与产品生命周期的其他阶段相比，在导入期，企业利润很低甚至亏本经营。这是因为在这一阶段产品的销量很低，分销和促销成本却很高，企业需要投入大量的资金来吸引经销商，并建立库存。为了让消费者知晓并尝试新产品，促销的花费也比较高。在导入期，由于市场一般还没有为产品精细化做好准备，因此企业和少数几个竞争对手只生产基础版本的产品，并且瞄准那些最迫切的购买者。

一家企业，特别是市场先驱者，必须根据其设定的产品定位选择与之相符的导入策略。企业必须意识到，导入策略只是整个产品生命周期营销计划的第一步。如果市场先驱者选择的导入策略是"狠赚一笔"，那么这种短期逐利行为将严重损害企业的长期盈利能力。随着市场先驱者进入产品生命周期的后期阶段，它需要不断制定新的定价、促销和相关的营销战略。因此，如果企业从一开始就出对了牌，那么它便抓住了树立和维持市场领先地位的最佳机会。

9.4.2 成长期

如果新产品在市场上被接受，便进入了**成长期**（growth stage）。在该阶段，产品销量快速攀升。早期使用者会继续购买该产品，其他消费者也会追随购买，特别是当他们听到关于新产品的良好口碑后更是如此。受到利润的吸引，新的竞争者会涌入市场。竞争者会引入新的产品特性，导致市场进一步扩大。随着竞争者的不断增加，分销渠道的数量也随之增加。在需求增加的同时，中间商的存货也将扩大，而产品价格保持不变或略有下降。促销费用维持在原有的水平或再增加一些。培育市场依然是企业的目标之一，同时企业也要面对竞争者的挑战。

例如，亚马逊是第一家推出电子书的企业，其产品 Kindle 的黑白色、长寿命、按键设计等特征都受到了来自 iPad 的挑战——iPad 的彩色触屏使其功能不局限于阅读。因此，为了在竞争中迎头赶上，亚马逊购买了一家拥有创新触摸屏技术的初创企业，以开发触屏版的 Kindle。[16]

在成长期，促销费用被巨大的销量分摊，单位产品制造成本下降，利润逐渐增加。企业会制定各种各样的策略，竭尽全力延长市场快速增长这一阶段。企业会改善产品质量，增加新产品的特色和样式；进入新的细分市场和新的分销渠道；转变部分广告目标，从建立产品知名度转向建立产品信任和促进消费者购买；在适当的时候降价以吸引更多的购买者。

在成长期，企业需要在高市场份额和高利润之间进行权衡。如果投入巨资改进产品、开展促销活动和提高分销能力，那么企业可以占据市场主导地位。但是，这样做就意味着放弃了当前利润最大化，只能寄希望于在下一阶段得到补偿。

9.4.3 成熟期

产品销量在到达某一点后增速放缓，此时产品就进入了成熟阶段。**成熟期**（maturity stage）的持续时间通常比前两个阶段都长，并给营销管理带来了严峻的挑战。

销售增长放缓导致厂商产能过剩，而产能过剩又导致市场竞争加剧。竞争者开始降低产品价格、扩大广告和促销活动的投入、增加研发预算以试图进一步改进产品。这些行动都会导致企业利润下降。一些较弱的竞争者被淘汰出局，最后市场上只剩下一些地位牢固的竞争者。

印度曾是卖汽车的好地方，在印度，汽车销售利润率达 12%，远高于其他地区的 8%。这吸引了本田、大众、通用这样的外国汽车巨头进入，给当地处于市场领先地位的铃木汽车带来了压力。由于专为印度市场设计的新汽车的大量涌入，企业纷纷采取各种促销手段和折扣，利润率下降到全球平均水平。价格压力导致汽车生产商通过增加零部件和原材料的本地采购来进一步降低成本，从而最大限度地减少利润损失。[17]

尽管很多产品在成熟期会在较长时间内保持不变，但大多数成功的产品都通过不断演化来满足消费者变化的需求。产品经理应该考虑对市场、产品和营销组合进行调整以满足顾客。

在调整市场时，企业应设法增加现有产品的销量，也可以开发新用户和新细分市场。同时，管理层可以试图增加现有顾客的使用频率。亚马逊采用的方式是通过许可邮件营销的方式告知顾客他们喜欢的作家出了新书或喜欢的歌手出了新 CD。

企业可以尝试调整产品，比如通过改变产品质量、特性、风格或包装来吸引新的使用者，从而刺激更多的使用量；可以提高产品的质量和性能，如耐用性、可靠性、速度和品位；也可以改变产品的样式，增强产品的吸引力。例如，汽车制造商可以重新设计汽车的款式，以吸引那些想购买新款汽车的买主；消费品和家居用品制造商可以推出新口味、新颜色、新配方或新包装，以重新激发消费者的购买热情。企业还可以通过扩大产品的适用范围以及增强产品的安全性和便携性等给产品增添新特性。实战营销9-2讨论了知名品牌虎标万金油通过产品延伸获得成功的背后的故事。

实战营销9-2

卧虎腾达：虎标的故事

一个多世纪以来，有着各种包装的虎标万金油已经是无数亚洲家庭家中常备药品，著名的卧虎标志早已深入人心。无论是六角罐装的传统万金油、药贴还是运动膏，这种含强力芳香剂的产品已成为日常缓解疼痛的首选药。

尽管虎标万金油风靡已久，但少有人了解其背后的故事，尤其是这家企业如何在由管理疏忽导致的衰落后重获成功更是鲜为人知。事实上，虎标从家庭作坊式成长为国际知名品牌，为我们上了既有趣味性又有实用性的一课，尤其在品牌声誉和分销等长期资产的创建方面为我们提供了宝贵的经验。虎标的起源可追溯至旧时的缅甸，由当地华裔胡氏兄弟创立。

方兴未艾

胡文虎是兄弟俩中更有进取心的一个。他改良了父亲的传统草药膏配方，在母亲的厨房里配制药膏，艰苦创业，筚路蓝缕，随后生意蒸蒸日上，1926年销售额达1 000万美元。

虎标早期的成功归因于胡文虎的营销头脑。他巧妙地用强健的老虎来命名产品，其采用的六角罐包装现已成为品牌特色。他广泛搭建分销网络，使得仰光的每家中国商店都有药膏在售；他走街串巷、四处张贴海报。20世纪20年代末，胡文虎高瞻远瞩，积极拓展新加坡等海外市场，在新加坡建了规模是缅甸旧厂房10倍的新工厂。胡文虎亲自驾驶着装有"虎头"的定制车辆走访了许多马来人城镇，并向被他独特的汽车吸引而来的村民分发虎标万金油样品。

明珠蒙尘

历经第二次世界大战幸存下来的虎标遇到了最大的挑战，在20世纪70年代初被斯莱特·沃克证券公司接管了一段时间。严重低估虎标产品线和品牌价值的斯莱特·沃克证券公司，为泰国的Jack Chia公司颁发了除欧洲和美国以外地区的销售许可，旨在获得每年至少274万美元的许可费。

在期限达20年的协议下，虎标几乎没有投资于品牌建设。事实上，在销售许可期的后期，Jack Chia推出了自己的竞争品牌——狮标万金油，随后被虎标告上法庭。在被Jack Chia忽视的情况下，虎标得以存活20年这一点引人注目，尤其考虑到竞争者模仿虎标的产品及其战略的其他部分并非难事。

1991年后，虎标"王者归来"，放弃了与Jack Chia续签协议，新一届管理层决定建立4家合资企业，聘请百帝广告公司（曾为新加坡航空长期提供广告服务），投资1 000万美元于积极的广告活动。虎标还提高了分销的地理覆盖范围，拓展新市场。因此，到2008年，全球多达6万家门店均有虎标产品出售。

寅时

虎标进行产品延伸，针对上班族推出了运动前使用的擦膏、颈肩按摩的擦膏，赞助洛杉矶马拉松、波士顿马拉松等体育赛事。虎标万金油也重新定位，适用于各年龄阶段的人。虽然一些产品要素改变了，但它依旧保留了著名的六角罐包装等要素，保证了消费者忠诚度。

重塑品牌和重新定位战略获得了惊人的成功。虎标的最大市场包括美国、欧洲，顾客群远远超出了其传统核心市场——亚裔移民。虎标带给我们最重要的经验是，企业可以通过投资长期资产，即价值可以跨越当下时间阶段的资产，来获得巨大的成功。

原来的虎标曾投资于品牌创造和分销，使得在特许Jack Chia销售而被忽视了20年后，还能重焕光彩。许多中小企业不愿在分销、品牌建设、科技研发等长期资产上投入太多，因为它们回报周期太长。但是，它们应从虎标一例中深刻地认识到，对长期资产的投资永远不会为时过早，事实上，大多数时候都是为时晚矣。

资料来源：Adapted from Nitin Pangarkar, "Crouching Tiger, Leaping Brand: The Tiger Balm Story," *Think Business*, 29 March 2012. Partially reproduced with permission from Think Business, NUS Business School, National University of Singapore (http://thinkbusiness.nus.edu) Copyright NUS Business School.

企业还可以调整营销组合，通过改变一个或多个营销组合要素来提高销量。企业可以降价，吸引新用户和竞争者的顾客；可以掀起更猛烈的广告攻势或开展更积极的促销活动，如商业折扣、去零优惠、赠品和有奖游戏等。除了价格和促销外，如果渠道增长了，企业还可以利用大众经销商进入更大的市场分销渠道。最后，企业可以为顾客提供新的或改善的服务。参考亨氏在印度尼西亚的例子。

凭借一个几乎所有印度尼西亚家庭都使用的亚洲品牌 ABC 酱油，亨氏通过营销组合使销量剧增。通过烹饪学院（那里的厨师开发新的 ABC 食谱），亨氏鼓励消费者开发酱油的更多用途。亨氏还在酱油瓶上加了一个新的倾倒盖，并推出了更轻便的塑料袋包装，这对于大多数把食品从杂货店搬回家的印度尼西亚家庭是一个潜在卖点。亨氏还为穆斯林斋月开发了用 ABC 口味的糖浆制造的不含酒精的饮料。[18]

9.4.4 衰退期

大多数产品或品牌的销售额最终都会进入衰退期。衰退的过程可能是缓慢的，也可能很快，销量可能锐减为零，也可能在一个低水平持续很多年。这就是**衰退期**（decline stage）。

销量下降的原因有很多，包括技术进步、消费者偏好的改变和竞争加剧。随着销量和利润的下降，有些企业撤出了市场，幸存下来的企业可能会削减其提供的产品种类。这些企业可能放弃较小的细分市场和分销渠道，也可能削减促销预算或进一步降低产品价格。

对企业而言，经营处于弱势的产品代价很高。衰退的产品可能占据管理层大量的时间，需要频繁地调整价格和存货，并且，它也耗费了大量的广告投入和销售人员的精力，如果将这些资源投放在"健康"的产品上，会更加有利可图。另外，一个失败的产品可能引起顾客对该企业和企业其他产品的担忧。最大的代价可能在未来出现，经营疲软的产品会阻碍企业开发替代产品，造成产品组合不均衡，不仅损害了企业当前的盈利，也削弱了企业在未来的立足能力。

基于这些原因，企业必须谨慎地处理处于衰退期的产品。企业的首要任务是定期审查产品的销量、市场份额、成本和利润趋势，识别出处于衰退期的产品。然后，管理层要对每一种衰退的产品做出维持、收割或放弃的决策。

管理层可能决定保持其品牌不变，希望竞争者会自动撤出市场。例如，宝洁在衰退的肥皂液行业中坚持到了最后，并且随着其他企业的退出而获得了可观的收入。管理层也可能决定重新定位或重新塑造品牌，使其重新回到产品生命周期的成长期。宝洁对其他几个品牌采取了这种做法，包括 Mr. Clean 和 Old Spice。

管理层还可能决定收割产品，这意味着企业要降低各种成本（厂房设备投资、维护、研发、广告和销售队伍建设），并且希望保持销量。如果获得成功，收割策略可以提高企业的短期利润。另外，管理层还可能决定从产品线上去掉该产品，可能把该产品卖给其他企业或者清算产品的残余价值。最近几年，宝洁已经卖掉了较小的或衰退的品牌，如 Jif 花生酱。如果企业希望找一个买主，便不会采用收割策略，因为收割策略会使产品走下坡路。

9.5 产品和服务的额外考量

在这里，我们讨论两种额外的产品和服务策略：产品决策的社会责任以及国际化产品和服务营销的问题。

9.5.1 产品决策与社会责任

产品决策引起了公众的广泛关注。在做出决策的时候，营销人员应当周详地考虑涉及产品开发和淘汰、专利保护、产品质量安全及产品保证的公共政策和法规。

就新产品而言，如果企业通过并购来增加新产品会削弱竞争的话，政府可能会阻止这种做法。那些打算淘汰某些产品的企业必须意识到，它们对于供应商、经销商和顾客等产品淘汰过程涉及的利益相关方都负有书面或者默示的法律义务。企业在开发新产品时也必须遵守专利法，不能非法仿制其他企业的现有产品。

制造商必须遵守针对产品质量安全的法规。因使用有设计缺陷的产品而受到伤害的消费者，有权起诉制造商或经销商。

9.5.2 国际化产品和服务营销

国际化产品和服务营销人员面临着特殊的挑战。首先，他们必须确定在不同国家应当推出什么产品和服务。其次，他们必须决定保持产品标准化的程度以及为适应全球性市场做出调整的程度。

一方面，企业希望自己的产品和服务标准化，以树立全球一致的形象。标准化可以降低各类产品的设计、制造和营销成本。另一方面，世界各地的市场和消费者有所差别。通常，企业必须调整自己的产品以对这些差异做出响应。例如，雀巢在日本销售多种口味的奇巧巧克力。除了口味因素，奇巧在日本的流行还有一些"无心插柳"的文化因素。

奇巧（KIT KAT）巧克力棒在日本受到嗜甜消费者的喜爱，大受欢迎。另一个原因则是出于巧合，KIT KAT 与日文 kitto katsu（在日语中的意思是"你一定会赢"）的发音相似。发现这一机遇后，雀巢（日本）的营销人员推出了一项创新的 Juken（高考）KIT KAT 活动。在这一多媒体活动中，KIT KAT 巧克力棒及其商标被定位为在重压之下的高考季中有好运气的象征。雀巢甚至开发了一款樱桃口味的 KIT KAT 巧克力棒，包装袋里印有"愿樱花花开"的字样，祝愿学生们在追求梦想的路上有好运气。雀巢还与日本邮政服务公司一道推出了"KIT KAT 信件"服务，在邮局出售类似明信片的产品，可以邮寄给学生，以传达好运气。这项活动在日本大受欢迎，引发了全国性的为高考学生加油的社会活动。KIT KAT 更成为国民好运气的象征。比如，由雀巢（日本）赞助的职业足球队 Jubilo IWATA 的球迷就曾在一面巨大的旗子上印上 KIT KAT 的图标和 kitto katsu 表示支持。[19]

包装管理也给国际营销人员带来了新挑战。有时候包装问题相当微妙。比如，名称、标签和色彩可能无法简单地从一个国家直接运用到另一个国家。黄颜色在泰国可能很受欢迎，因为它象征着王权，但到了墨西哥可能就要遇上大麻烦，因为在那里黄花代表着死亡或不敬。包装还应当适应世界各地消费者不同的身体特征。比如，销往日本的软饮料就装在比较小的易拉罐里，这样更适合日本人比较小巧的手。因此，尽管产品和包装的标准化能够带来好处，但是企业仍然必须针对国际市场上的独特需求来调整自己的产品和服务。

服务营销人员在走向国际化经营时还会遇到特殊的挑战。一些服务行业有着悠久的国际化经营历史。比如，商业银行就是最早实现国际化经营的行业之一。为了满足那些打算到国外销售产品的本国顾客的外汇和信贷需求，银行不得不提供国际化的服务。

专业和商业服务行业，比如会计、管理咨询和广告行业，也实现了国际化。这些企业的国际化发展是跟随它们所服务的企业的全球化经营而发生的。比如，随着顾客公司开始实施全球化的营销和广告战略，广告公司和其他营销服务公司开始以自身经营的全球化作为响应。麦肯世界集团是美国一家很大的广告和营销服务公司，在120多个国家运营。它为一些跨国企业服务，如可口可乐、通用汽车、微软、万事达以及雀巢，涉及的国家从美国到韩国等。此外，它是大型全球化广告和营销服务网络Interpublic集团的一个下属公司。

零售商是最晚走向全球化经营的服务行业之一。随着本地市场趋于饱和，诸如优衣库这样的日本零售企业正在向国外快速成长的市场扩张。优衣库不仅在日本有超过800家门店，还在其他国家和地区开设了1 700多家门店，分别位于美国、法国、中国、马来西亚、新加坡、韩国。

目标回顾

企业现有产品的寿命是有限的，一定会被新产品所替代。但是新产品也可能失败——创新的风险和收益一样大。成功的创新的关键在于关注消费者、全企业的共同努力、强有力的计划和系统的新产品开发过程。

1. 解释企业如何寻找和开发新产品创意

企业可以从不同途径寻找和开发新产品创意。许多新产品创意来自内部。企业可以进行正式的研发，集思广益，鼓励员工思考和开发新产品创意。其他的创意则来自外部。企业可以跟踪分析竞争者的产品，倾听分销商和供应商的意见。分销商和供应商都离市场很近，可以传达消费者的问题和新产品成功的可能性等信息。

最重要的新产品创意来源可能莫过于消费者自身。企业可以观察消费者，询问他们的观点和建议，甚至请消费者参与到新产品的开发过程中。现在许多企业采用众包或者开放创新的新产品创意项目，邀请各类群体（消费者、员工、独立的科研人员甚至公众）参与到新产品开发过程中。致力于创新的企业不会依赖单一来源来获得新产品创意。

2. 列举并定义新产品开发流程的步骤，以及管理该过程的主要考虑因素

新产品开发过程包括八个连续的阶段。新产品开发过程始于创意生成阶段。下一个阶段是创意筛选，就是以企业标准为基础减少创意的数量。通过筛选的创意进入概念开发阶段，即用有意义的消费者术语将产品创意陈述得更详尽，然后是概念测试，即在一组目标顾客中测试新产品概念，判断新产品概念对消费者来说是否具有强烈的吸引力。富有吸引力的新产品概念将进入营销战略发展阶段，即从新产品概念出发为新产品制定初步的营销战略。在商业分析阶段，企业审视新产品的销量、成本和利润，判断新产品是否符合企业的目标。如果商业分析的结果是乐观的，那么创意通过产品开发和市场试验会变得更加具体可行。最后，新产品通过商品化投入市场。

新产品开发不仅仅是经过一系列的步骤，还必须采用系统方法来管理这个过程。成功的新产品开发需要以顾客为中心、以团队为基础，并付出系统的努力。

3. 描述产品生命周期的各个阶段以及在此期间营销战略如何变化

每个产品都有生命周期，以问题和机遇的变化为标志。典型的产品生命周期呈现S形，由五个阶段组成。产品生命周期始于产品开发阶段，在该阶段企业寻找并开发新产品创意。导入期以销售缓慢增长和较低的利润为标志，在该阶段，产品进入销售渠道并到达市场。如果产品成功导入，产品就进入成长期。成长期以快速的销售增长和不断增加的利润为标志。接着，当产品销售增长放缓且利润趋于稳定时，产品就进入了成熟期。最后，产品进入衰退期，销售和利润逐渐萎缩。企业在衰退期的任务是确认处于衰退的产品，并决定企业是否维持、收割或放弃产品。企业在产品生命周期的不同阶段需要制定不同的营销战略和策略。

4. 讨论另外两个产品和服务问题：产品决策中的社会责任、国际化产品和服务营销

营销人员必须考虑两个额外的问题。第一个是产品决策的社会责任，包括产品开发和淘汰、专利保护、产品质量安全及产品保证方面的公共政策和法规。第二个问题是国际化产品和服务营销人员面临的特殊的挑战。国际营销人员必须决定在多大程度上保持产品标准化，在多大程度上对其产品和服务做出调整以适应全球性市场。

关键术语

new-product development　新产品开发
idea generation　创意生成
crowdsourcing　众包
idea screening　创意筛选
product concept　产品概念
concept testing　概念测试
marketing strategy development　营销战略发展
business analysis　商业分析
product development　产品开发
test marketing　市场试验
commercialization　商品化
customer-centered new-product development　顾客导向的新产品开发
team-based new-product development　基于团队的新产品开发
product life cycle　产品生命周期（PLC）
style　风格
fashion　流行
fad　时尚
introduction stage　导入期
growth stage　成长期
maturity stage　成熟期
decline stage　衰退期

概念讨论

1. 描述新产品开发的关键步骤。
2. 给出众包的定义，并举出一个没有在本章中出现的例子。
3. 比较以下术语的异同：产品创意、产品概念、产品形象。
4. 解释为什么成功的新产品开发需要以顾客为中心、以团队为基础并付出系统的努力。
5. 为什么产品会进入产品生命周期的衰退期？讨论在这一阶段营销人员的选择。
6. 讨论国际化产品和服务营销带来的特殊挑战。

概念应用

1. 讨论创意生成的方法。成立一个小组，每位小组成员向其他组员阐释一种方法。使用一种或多种方法生成四种新产品创意并向班里其他同学报告你们的创意以及你们小组用来产生创意的方法。
2. 可口可乐成功地将产品维持在成熟期多年。讨论可口可乐这些年是怎样发展的。指出为了满足不断变化的消费者需求，可口可乐能够继续发展进步的方法。
3. 为了获得新产品，许多企业会并购其他企业，或者从其他企业购买品牌。例如，迪士尼收购了漫威娱乐（Marvel Entertainment）及其旗下的5 000多个动漫角色，如蜘蛛侠和美国队长。另外举出企业通过这种方式获得新产品的两个例子，并展开讨论。

技术聚焦

技术在加快新产品开发进程的同时降低了开发成本。从前需要耗时数月、花费数百万美元的开发现在在数秒间用几便士便能完成。由于技术让新产品测试变得对任何员工都一样容易，因此上至企业CEO，下至维修员，都可预见到围绕新产品开发的企业文化的重大变革。一位员工能想出一个伟大的创意并对其进行测试，这些都可在一天内完成。然而，这种新环境也会带来一些挑战。其中之一就是管理者必须准备放权，授权给员工。另一个挑战叫作"规模化"，意思是企业必须能够快速、有效地产生并执行新的创意。

1. 在这种工作环境中，你需要什么工作技能？
2. 谷歌已经在这一方面领先了。了解谷歌那些还在测试阶段（谷歌称其为"操场阶段"）的新产品。简要讨论其中两种产品，并解释为什么谷歌要建立谷歌实验室网站。

道德聚焦

每一款苹果新产品的发布通常伴随着许多宣传活动。iPhone 4 也不例外。然而不幸的是，有关 iPhone 4 的宣传活动大多是负面的。一些评论甚至给发布冠上"天线门"的标签。在产品发布的前几天，报道集中于产品信号弱和通话中断。这一问题起因于手机更光滑和更细的天线，以及围绕手机的一圈金属带。苹果公司的回应是所有智能手机都有信号问题，用户应该换个方式拿手机，并花大约 30 美元买一个外壳来解决这个问题。这一回应表示苹果公司的工程师早在产品发布一年前就知道了这个问题，但是时任苹果 CEO 的乔布斯喜欢手机的设计，选择不予处理。这一冲突甚至传到了一位美国参议员的耳朵里，这位参议员督促乔布斯解决这一问题，不要将这一成本转嫁给消费者。与传统行业的做法相反，苹果手机的独家服务提供商美国电话电报公司只在相当有限的时间里测试了一部包装过的手机，并没有触碰这部手机，因此在测试中没有发现这一问题。苹果公司随后宣布购买 iPhone 4 会免费得到一个外壳，并对已经购买的用户进行赔偿。然而，这一争议并没有影响 iPhone 4 的销量，仅在 3 周内就卖出了 300 万部新手机，供不应求。

1. 当工程师发现天线问题时，苹果公司应该发布 iPhone 4 吗？讨论在产品发布前进一步测试的好处与坏处。
2. 苹果公司是否有效地控制了局面？苹果公司的 iPhone 是否因为这次争议丧失了品牌资产？

营销和经济

蔻驰

在 2007 年年底增速逐渐放缓的经济环境中，蔻驰注意到消费者的购物模式开始发生转变。通过进一步研究，蔻驰研究人员发现一种新的"标准"正在兴起，其中之一便是节俭的消费者减少了购物，在购物时减少了花费。当时，蔻驰手袋的平均价格是 330 美元。蔻驰发现在保持品牌形象的前提下，必须使品牌变得更加创新、有意义并以价值为导向。蔻驰管理层努力寻找原材料的新来源，与供应商重新谈判拟定条款，并且开发新产品。在历经一年的努力之后，蔻驰推出了名为"Poppy"的新产品线。在 Poppy 产品线中，一款手袋的均价为 260 美元，这条产品线以在不损害品牌形象的前提下提供消费者能负担得起的产品为原则。过去几年里，不像其他奢侈品牌，蔻驰的营业额保持稳定增长。此外，尽管利润增长率时有波动，但蔻驰仍保持此项战略。这也可能是最近 18 个月以来蔻驰的股价上涨了 167% 的原因。看来，蔻驰真正理解了新"标准"的含义。

1. 解释在蔻驰品牌的背景下，一款售价为 260 美元的手袋是如何被认为具有高价值的。
2. 蔻驰这样做对吗，或者说新"标准"能否让蔻驰维持这样的财务业绩？
3. 你对蔻驰管理层未来的产品开发管理有什么建议？

营销数字

苹果在 2010 年推出了 iPhone 4，但仍然继续销售 iPhone 3GS。iPhone 4 的 16GB 版本售价为 199 美元，单位可变成本为 187 美元；当它上市时，iPhone 3GS 的价格降到 99 美元，而其单位可变成本为 65 美元。

1. 查阅附录 B，如果 iPhone 4 在发布后 6 个月内的销量为 500 万部，计算它为苹果公司带来的价值。苹果公司预测 iPhone 4 30% 的销量来自那些本来打算买 iPhone 3GS 后来又改变主意买了 iPhone 4 16GB 版本的用户。

2. 苹果公司推出了 iPhone 4 32GB 版本，售价 299 美元。这个版本的手机可变成本为 250 美元。除了更高的价格外，为什么相对 16GB 版本，苹果公司更鼓励消费者购买 32GB 版本？

企业案例

迪士尼乐园：并非香港最欢乐的地方

被誉为"世界上最欢乐的地方"的迪士尼乐园是最受欢迎的度假胜地之一。2014年，香港迪士尼收入增长了15%，达到6.31亿港元。迪士尼的成功部分归因于其团队专注细节，致力于为每名游客（无论是成人还是小孩）提供独特的、愉悦的极致体验。

2005年9月开园的香港迪士尼主题乐园由迪士尼与中国香港特别行政区政府合力打造，是全球第11个迪士尼乐园，同时也是最小的一个。它开园营业时，占地仅126公顷[①]，包含四座"岛"：幻想世界、明日世界、探险世界和美国小镇大街，以及两家酒店。

对星许愿

迪士尼意图在拓展国际市场时，进行适应性的本地化，并希望分享中国内地经济增长红利。在施工之前，迪士尼特意了解了中国文化，咨询过有关风水的问题，并将其应用到公园和酒店，以吸引中国游客。迪士尼公园背山面水，寓意财源滚滚、客源不断。

迪士尼乐园的前门倾斜了0.4米用于带来繁荣。火车站到大门的步行道建了一条弯道，以保证正能量的流动。象征好运的红色被广泛应用于"大道"——开放的人行道。

香港迪士尼酒店的主宴会厅面积为888平方米，中餐厅的吊灯上有2 238朵莲花，粤语谐音"易易生发"，酒店没有第4层，因为4与死谐音。

星光黯淡

这一冒险尝试曾被期望为迪士尼在中国的运营打头阵。尽管迪士尼做出了这些适应性的本地化努力，游客人数却不达预期。营业第一年，游客数量距离预期目标560万人次差40万人次。第二年，游客人数下滑至427万人次。据欧瑞国际估计，香港迪士尼第一年遭受了4 600万美元亏损，次年为1.62亿美元。基于此，起初被期待在40年间为香港经济贡献190亿美元的香港迪士尼，将预测值调低至150亿美元。

虽然迪士尼试图将文化敏感性和期望考虑在内，但仍无法改变主题以迎合中国游客。大多数青少年和中年人都不是看着美国电视节目与动画电影长大的，他们更熟悉日本的流行文化。香港迪士尼乐园努力引进美国主流媒体角色的措施，对于吸引当地人效果有限。

香港迪士尼并没能像它预期的那样吸引成群的内地游客。该园缺乏文化相关性。尽管内地人对米奇和米妮比较熟悉，但他们对故事叙述手法和排长队等候一次游玩项目或表演并不熟悉。但是，中国市场仍是获利的，香港迪士尼67%的访客来自内地。

但是惨淡的游客人次掩饰了其他运营问题，即无法预计游客数量。有时候，过小的香港迪士尼无法容纳太多的游客。2006年春节，数百位游客在园内人数已满后被拒之门外。愤怒的游客翻过栅栏强行进入园内。这让香港迪士尼修订了购票政策，将临近内地公共假期的日子定为"特别日"。在此期间，游客凭假期特别门票入园。

香港迪士尼还低估了它的对手——运营了30年的海洋公园。震惊于迪士尼进入香港，海洋公园开始了一个为期6年的全新的发展计划，新添了一条索道铁路、两个主题园区，以及由Frank Gehry设计的史诗般的水族馆。得益于此，海洋公园的年游客量从300万跃升至700多万。此外，由于相当一部分游客把教育当作海洋公园的一个重要元素，因此从教育目的的角度来评价，海洋公园也广受赞许。一直留心于文化影响力的迪士尼乐园，却忽视了这一细微差别。

香港迪士尼新添了反斗奇兵大本营和灰熊山谷——一个以19世纪淘金热时期为背景打造的"新岛"。

直到开园7年后，香港迪士尼的游客量才重回670万，其中45%来自内地，33%为香港本地，其他的来自国际市场。香港迪士尼从5.5亿美元收入中获得1 400万美元利润。但是好景不长，2015年，尽管香港迪士尼收入上涨到6.59亿美元，却亏损了1 900万美元。

香港迪士尼最大的潜在竞争来自其姐妹园——上海迪士尼。规模更大的上海迪士尼于2016年6月开业，首次推出了具有最高票房收入的音乐剧《狮子王》的普通话版本。全球首个《加勒比海盗》主题项目宝藏湾是上海迪士尼最受欢迎的项目之一。为融入中国元素，上海迪士尼有11公顷的"十二朋

---

① 1公顷＝10 000平方米。

友园"，那里有12幅大型马赛克壁画，用迪士尼的角色刻画了十二生肖。

永不止步，另辟蹊径

在香港迪士尼10周年纪念周，迪士尼乐园主席鲍勃·查佩克宣布香港的主题公园将新添一些景点，包括改编自米奇和魔法地图的音乐剧《米奇与魔法书屋》，一个名为森林童话的可以步行穿过的景点，一场升级的烟花秀。2016年，香港迪士尼推出了《星际大战》主题的战地指挥所，游客可以感受角色体验，如在绝地圣殿体验"武士特训"——学着成为绝地武士。

在上海迪士尼于2016年开始营业后，迪士尼持续保持乐观。上海迪士尼有6个主题园区，分别是探险岛、奇想花园、米奇大街和明日世界等。迪士尼称，上海迪士尼的创意和娱乐价值专为中国游客打造，是中国内地首个同类型游乐园。迪士尼主席兼CEO鲍勃·艾格，看好中国市场的增长机会，他说："有机会为中国这样一个人口众多的国家，上海这样一个人口众多的城市带来迪士尼主题乐园这样伟大的作品，对于我们来说是十分令人激动的。"

讨论题

1. 如何评价2005年香港迪士尼的推出。请从新产品和营销组合的角度分析。
2. 你认为香港迪士尼现在处于产品生命周期的哪个阶段。
3. 你认为香港迪士尼应采取什么战略以巩固其定位。

资料来源：Kang-chun Ng (2013), "Hong Kong Disneyland's Fairy Tale Had Wicked First Chapter," www.scmp.com, 19 February 2013; Amy Nip and Kang-chun Ng (2013), "Hong Kong Disney Earns First Profit in Seven Years Since its Opening," www.smcp.com, 19 February 2013; Bruce Einhorn (2014), "Hong Kong Disneyland Hits its Stride, Readies for Chinese Rivals," www.bloomberg.com, 18 February 2014; Chester Yung (2012), "Hong Kong Disneyland Turns a Corner," www.article.app, 29 November 2012; Andrea Yu (2012), "Theme Park Wars!" *Time Out Hongkong*, 2 July 2012; Materials from www.shanghaidisneyresort.com.cn, accessed on April 8 2015; Robert Niles, "Hong Kong Disneyland Celebrates its Birthday as Analysts Worry About its Future," *Theme Insider Park*, 11 September 2015; Michelle Baran, "Anticipation Building for Shanghai Disney," www.travelweekly.com, 6 November 2015; "First on CNBC: CNBC Excerpts: Disney Chairman & CEO Bob Iger Speaks with CNBC's Julia Boorstin on "Closing Bell" Today," www.cnbc.com, 5 November 2015; "Disney Unveils New Magic in Shanghai," *Shanghai Disney Resort*, www.shanghaidisneyresort.com.cn; "Hong Kong Disneyland Reports Second-highest Revenues, Third-highest Attendance and Record Guest Spending," 15 February 2016, http://news-en.hongkongdisneyland.com/PressReleases/PressReleaseDetail.aspx?AssetId=42612a78-06ac-430f-8f5d-eca91af0ece2.

第10章

产品定价：了解和获取顾客价值

┇学习目标┇

1. 回答"什么是价格"，并讨论定价在当今这个快速变化的环境中的重要性。
2. 识别三种主要的定价策略，并讨论在定价时了解顾客价值感知、企业成本和竞争者策略的重要性。
3. 识别并定义影响企业定价决策的其他内外部因素。

┇预习基本概念┇

接下来我们将阐述第二种重要的营销组合工具——定价。即便是那些擅长通过其他营销组合工具创造顾客价值的企业，仍然需要通过定价来获取这些价值。定价十分重要，但很多企业并不精于此道。在本章中，我们将讨论影响定价决策的内外部因素，然后阐述基本的定价方法。在第11章，我们再深入讨论定价策略。

作为本章的开始，我们先了解大创这一案例。大创这家日本平价连锁店在维持低成本方面有着独特的经营之道。

大创：节流之道

1972年，一个名为矢野博丈的年轻人开始经营他的路边摊Yano Shoten，向顾客销售价格为100日元的商品。如今，这一概念已演变成日本最大的100日元店经营商之一——大创，它在全球范围内开设了3 000多家门店。大创的覆盖规模很大，使得它能以较低的成本生产高质量产品。大创通过为消费者提供超出其预期的价格实现企业使命——让消费者在每次购物中体验到惊喜。100日元店的定位与那些动辄一个甜瓜就定价13 000日元和出售昂贵设计师品牌的高端商场、潮流精品店大相径庭。大创持续扩张，月均新开30家门店。大创有近70 000件产品，其中99%是内部制造的，同时每月开发近500种新产品。直到最近，从零食到化妆品，从办公用品到水桶、刀具等家居用品，大创店内的商品价格仍为100日元。

大创来源于两个日本词汇的组合，寓意为伟大的创造，致力于尽量提供低价高质商品。早在1972年，矢野博丈还在用货车贩卖小装饰品时便意识到，自己无眼顾及众多顾客对各个商品一一进行询价，于是他索性将所有商品都定在同一价格，这便是大创模式。

矢野博丈认为大创的成功来源于商品的优质、种类、定价。这一概念与美国1美元店十分相似。然而，不同之处在于，美国的1美元店很难坐落于主流商城，而且大多数美国人将其与低质的产品与服务联系起来。大创则致力于提供低价的优质商品，在关东地区公认的最大商城之一IIAS Tsukuba之类的主流购物中心开设门店，也在当地开设单独的门店。

在原材料价格持续上涨且日元兑美元汇率持续走弱的背景下，大创如何保持价格稳定不变呢？大创采用了一系列定价策略来实现企业使命及愿景。但是，最主要的还是大创基于成本的定价策略，即成本决定了企业定价区间的下限。

作为定价策略的一部分，大创严重依赖规模经济，即企业凭借体量、产出、运营规模取得的成本优势。全球大创门店的商品都由日本大创生产供应。大创将大订单交付给它的每家制造厂商，使其得以预定一家工厂的生产线一年甚至更长时间。大创以更小的包装量、相对稍高的价格将产品销售给顾客。批量生产和购买也兼顾了确定的物流成本，甚至在通货膨胀期间，产品的包装过程更方便，由于产品的价格已经固定，大创需要做的只是降低每件出售商品的净含量。

像大创这样的折扣经销商，在经济下行、前景不明时，显然更受消费者的青睐，而当经济复苏时，他们的前景就不那么明朗了。但是，日本和其他国家的消费者正在证明，无论国家处于什么经济周期，这种低价产品都是高效并值得回头购买的。

低成本制造是另一个关键因素。大创大约30%的商品在日本生产，剩余的70%在中国、泰国、印度等国生产。只要能满足大创的产品质量要求，大创并不在意产品原产地在哪里。

在用实惠价格吸引对价格敏感的消费者的同时，大创也用平价的定价减少了顾客的考虑时间，有利于促进消费者冲动购买。企业不断推出新产品，改变产品组合，使得常客不会对大创生厌，而且顾客被引导冲动购物，不会反复考虑购买决策。

2014年，据欧睿国际估计，在亚洲，1美元店的市场规模为487.6亿美元，并将在接下来的5年里增长4%。分析人士称，在当地商场和杂货经销商经营的地区，1美元店的增长会造成激烈的竞争。在这一竞争环境中，对于像大创这样的企业，关键是提出正确的产品策略并围绕该策略展开经营。而固定价格策略有助于顾客甚至在进入门店前就设定好了价格预期。大创制造出了许多对顾客颇有吸引力的别致的产品。例如，葡萄干是在日本门店里最受欢迎的产品之一，厌烦吃葡萄会弄得手指沾满汁水的顾客可以购买葡萄干。

大创固定价格策略的作用之一是影响消费者的心理。由于产品价格较低，所以光顾大创的顾客会自动假设因为产品便宜从而可以比在其他店购买更多的产品。矢野博丈坚持认为，大创做得好是因为顾客认可其产品质量，而并不只是价格。这进一步证实了大创不只在经济衰退时期能够成长，并且在经济状况良好时也能继续发展。

大创采用的另一定价策略是招徕定价。企业通过这一策略，将特定产品以低于成本的价格销售来吸引更多顾客光临。这些顾客会提升有利可图的商品的销量，由此弥补了大创因生产比纸制品更高的成本而遭受的损失，例如生产餐具或厨房用品。

大创的工作流程和组织流程也是定价策略的一部分。与本地餐馆的自助餐类似，大创通过削减企业部门数，设法降低成本。企业并不雇用收银员和看门人，而是由日常职员轮流完成这些工作。即使是顾客服务也极为有限，大创更喜欢采用自助式服务方法。

为了在不断演变的市场中经营生意，得以生存，过去的模式应被抛置一旁，企业应该灵活应变，从内部创造改变。矢野博丈坚信自我否定对于增强企业的可持续性极为重要。

如企业网站所说，在20世纪，对于日本大多数企业来说，增长从一开始就被当作理所当然的事。市场表现、国家宏观经济都不必深入调查。但是，到了21世纪，企业认识到，了解企业如何根据其战略、市场行情实现业绩增长极为重要。这激励了像大创这样的企业，快速分析并积累所需的市场知识，并将其应用到商业模式中，使得企业可以稳健经营并克服所面临的挑战。

从创立100日元店起，大创面临的挑战也在不断演变。一个例子是，企业不得不从最初生产样样都是100日元的商品，改为创造200日元及以上的商品。一件产品，如果大创的产销成本高于市场上其他参与者，企业便考虑提价。如果不提价，大创的利润便要减少，这将进一步削减其竞争优势。2015年，大创宣布，它将在不高出现有产品价格4%的范围内，增加几个新的价格点，推出一些产品。

大创的定价策略为其带来了增长，但只有通过不断的尝试和试错，大创生存的机会才能不断提高。[1]

当代企业面临着激烈的竞争以及迅速变化的定价环境。货比三家的消费者给企业带来了越来越多的压力。对于企业而言，降价从来不是上策，它不仅会削减企业的利润，还会导致破坏性的价格战。降价行为会给消费者传递这样的信号——价格远比品牌传递给顾客的价值重要，此举有损品牌形象。无论经济上行还是衰退，企业都应销售价值而非价格。有时候，销售价值意味着以低价销售一些商品。但是更多时候，销售价值的内涵在于说服消费者，他们虽然为品牌支付了更高的价格，但物有所值，因为更贵的产品，品牌传递的价值也更多。

10.1 价格是什么

从最狭义的角度来看，**价格**（price）是交换产品或服务时支付的货币数量，是为取得某种产品或服务的所有权或使用权而放弃的一切价值之和，是决定一家企业的市场份额和盈利能力的重要因素之一。

价格是营销组合中唯一产生收入的要素，其他要素都表现为成本。价格也是营销组合中最具灵活性的要素之一。与产品特征和渠道承诺不同，价格可以迅速变化。同时，定价也是许多营销管理人员面临的头号难题，许多企业都不精于此道。一个常见的问题是，企业总是迫不及待地降价促销以提高销售业绩，而非说服消费者，让他们相信企业的产品价值配得上更高的价格。其他常见问题还包括定价总是以成本为导向而非以顾客价值为导向，定价时并没有从营销组合的角度来考虑。

明智的管理人员把定价作为创造和获取顾客价值的战略工具。价格对企业利润有着直接的影响。更重要的是，定价作为企业整体价值定位的组成部分，在创造顾客价值和建立顾客关系方面起着关键作用。

10.2 主要的定价策略

企业产品的定价总是在"无人问津的过高价格"与"无利可图的过低价格"之间浮动。图 10-1 总结了定价时的主要考虑因素。消费者对产品价值的感知决定了企业的定价上限。消费者如果认为产品价格高于价值，便不会购买产品。产品成本决定了企业的定价下限。如果定价低于成本，企业将蒙受损失。在这两种极端价格之间定价时，企业会将一系列内部和外部因素纳入考虑范围，比如企业整体的营销战略、目标和营销组合，市场和需求的本质，竞争者的战略和定价等。

图 10-1　定价时的考虑因素

10.2.1 基于顾客价值定价

最终，顾客将决定产品定价是否合理。和其他营销要素一样，定价始于顾客价值。当顾客购买一种产品时，他支付了一种价值（价格）来得到另一种价值（拥有或使用某种产品所得到的利益）。有效的顾客导向定价应理解消费者为了从产品中获得利益愿意付出多少价值，企业应通过合理定价获得这部分价值。

基于顾客价值定价（customer value-based pricing）将消费者对价值的感知而非商家的成本作为定价的关键。基于价值的定价方法意味着营销人员不能先设计产品和营销计划，然后制定价格，而是应该在营销项目启动之前将价格与其他营销组合变量一起考虑。

图 10-2 比较了基于成本的定价方法和基于价值的定价方法。基于成本的定价方法是产品驱动型。企业设计出一种产品，核算出生产该产品的总成本，然后制定能弥补成本并获得目标利润的价格。在营销时，营销人员说服顾客产品是物有所值的。如果定价过高，企业要么降价，要么达不到预计的销量，这些都会削弱企业的利润。

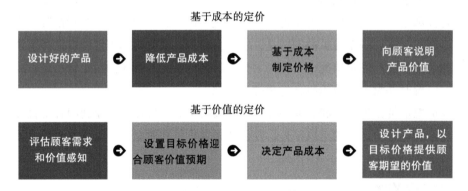

图 10-2　基于成本的定价与基于价值的定价比较

基于价值的定价过程恰恰相反。企业基于消费者对产品价值的感知设定一个目标价格。目标价值和目标价格决定了产品设计与产品成本的有关决策。因此，定价从分析顾客需要和价值感知开始，然后设定与消费者的感知价值相匹配的价格。

记住"好的价值"并不等同于"低价格"这一点很重要。例如，一个爱马仕铂金包的起价为 6 000 美元——一个不那么贵的包也能装同样多的东西。虽然为购买这款包需要等待一年，但是一些消费者对从一个独一无二的手工包中获取的无形资产赋予了很高的价值。

基于价值定价的企业必须了解购买者对不同竞争产品的感知价值。但是，衡量顾客对产品的感知价值并非易事。例如，计算豪华餐厅的一顿大餐的原料成本相对容易一些，但衡量口味、环境、放松、交谈和地位的象征等其他令顾客满意的因素十分困难。此外，这些价值既因人而异，也随环境的不同而变化。

有时，企业会问消费者，他们愿意支付多少钱来购买基础产品，愿意支付多少钱来购买其他附加产品和服务。企业也可以做试验，测试顾客对不同产品和服务的感知价值。

现在，我们讨论两种基于价值的定价：高价值定价和价值附加定价。

1. 高价值定价

过去 10 年里，营销人员注意到顾客对于价格和质量的态度有了根本性的转变。许多企业改变了定价方法，以适应经济情况和顾客价格感知的变化。越来越多的商家采取**高价值定价**（good-value pricing）策略，以公平的价格提供优质产品和服务的恰当组合。

在很多案例中，这种定价方法包括推出已有品牌产品的便宜版本。例如，麦当劳推出了"超值套餐"；阿玛尼推出了较便宜的、更休闲的时尚品牌 Armani Exchange 系列。除此之外，高价值定价法还包括对现有品牌的重新设计，借此以相同的价格向顾客提供质量更高的产品，或者以更低的价格为顾客提供同样质量的产品。对于跨国企业来说，运用高价值定价法并不必然意味着与当地价格一致或制定更低的价格，关键是让大多数消费者都可以买得起产品。一些企业甚至以最低价格提供稍低的价值获得了成功。例如，乘坐马来西亚亚航的乘客可能感觉不是十分舒适，但他们喜欢亚航这种极低的价格。

天天低价（EDLP）是零售业中重要的定价方式之一。天天低价很少甚至从不提供所谓的折扣，而是稳定地每天都为消费者提供低价。与之相反的"高－低"定价法则是平时定价较高但是经常对特定品类开展降价促销活动。沃尔玛是实行天天低价的标杆企业。除了每月特定的少数品类外，沃尔玛承诺对其销售的所有产品实行天天低价。新加坡本土超市连锁品牌 NTUC FairPrice 效仿沃尔玛，也实行天天低价。一家企业想要实现天天低价，首先必须保证每天的低成本。

2. 价值附加定价

在 B2B 营销环境中，企业面临的挑战是如何建立定价权，即脱离价格战、调高价格和获得高边际利润却不会导致市场份额丢失的能力。企业必须保持和拓展产品的价值，以维持定价权。

很多企业采用**价值附加定价**（value-added pricing）来加强定价权。它们摒弃了通过降价来竞争的手段，而是为产品添加增值特性和服务，使之有别于竞争产品，据此支撑其更高的定价。以下便是一例。

在孟买，季风季节大多持续三个月，在此期间几乎雨水不断。易卜拉欣·库里姆父子商店出售的黑色基础款雄鹿伞既便宜又耐用，孟买人常买来用于遮风挡雨。然而到了20世纪末，更便宜的从中国进口的伞对雄鹿伞造成了冲击。雄鹿伞采取降价来应对冲击的同时，也降低了产品质量。这并非明智之举，自从20世纪40年代以来雄鹿伞迎来首次亏损。最终，企业退出了价格战并开始创新。它推出了有着稀奇古怪的设计和炫酷色彩的设计师雨伞，深受年轻一代消费者的喜爱。该公司接连推出为夜行者设计的内置高功率手电筒雨伞、为音乐爱好者设计的配有音乐的雨伞、为走偏僻夜路的女性设计的配备了强光灯、紧急信号灯和报警器的防身雨伞。消费者甚至愿意为这些产品多花一倍的钱。在新的价值附加定价策略的指引下，雄鹿伞的定价比进口产品贵15%，企业重新开始盈利。[2]

雄鹿伞的例子说明，消费者并非受价格驱动，而是受他们的付出能得到什么回报驱动。消费者需要产品价值，并愿意为此买单。

10.2.2 基于成本定价

顾客对价值的感知决定了定价上限，而产品成本决定了定价下限。**基于成本定价**（cost-based pricing）就是通过在生产、分销销售等成本的基础上加上企业投入和承担风险的合理回报来定价。成本是定价策略中的重要因素。亚洲航空、家乐福、戴尔等许多企业都致力于成为其行业内的"低成本制造商"。成本更低的企业可以定价更低，由此能带来更多的销售额和利润。

1. 成本的类型

企业的成本可以分为固定成本和可变成本两类。**固定成本**（fixed cost）是不随产量和销售水平而变化的成本。比如企业每月必须支付的房租、空调费、利息费和管理人员的薪水等，这些都与企业的产出无关。**可变成本**（variable costs）是指在不同的生产水平下不同的成本。每台联想电脑的生产都包含芯片、线路、塑料、包装等投入，对于生产的每台电脑来说，这些成本都相同。它们被称作可变成本是因为其总量随着电脑产量的变化而变化。**总成本**（total costs）是指一定产出水平上固定成本与可变成本之和。管理层对产品的定价至少需要覆盖既定生产水平下总生产成本。

企业必须仔细核算成本。一旦生产成本和销售成本高于竞争对手，企业便不得不抬高价格或者接受盈利下降，也因此处于不利的竞争地位。

2. 不同产出水平的成本

为了更好地定价，管理层需要知道在不同的产出水平下成本是如何变化的。举例而言，假设卡西欧公司修建了一座日产 1 000 台计算器的工厂。图 10-3a 展示了典型的短期平均成本曲线（SRAC）。这条曲线说明如果卡西欧每天只生产少量的计算器，那么平均成本较高。随着日产量提高到 1 000 台，平均成本下降。这是因为固定成本分摊到更多的单位产品中，每单位产品分担更少的固定成本。当日产量超过 1 000 台时，员工需要排队等候使用机器，机器时常发生故障，工人过多导致工作场所拥挤，平均成本因此上升。

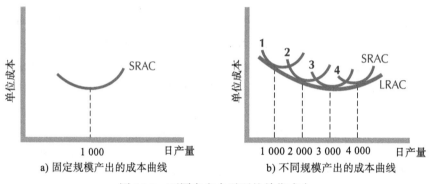

图 10-3　不同产出水平下的单位成本

如果卡西欧认为它能日销 2 000 台计算器，那么它应该考虑建个更大的工厂，添置更高效的机器设备和采用更科学、有效的工作排班。如图 10-3b 长期平均曲线（LRAC）所示，日产 2 000 台计算器的单位成本比日产 1 000 台计算器的单位成本低。由图 10-3b 可知，事实上，日产量为 3 000 台的工厂效率会更高。不过如果达到日产量 4 000 台的规模，效率就不高了。因为此时有太多的工人需要管理，烦琐的文书工作影响了工作进度，从而导致规模不经济。如图 10-3b 所示，如果不愁销路，日产量 3 000 台为最佳生产规模。

3. 生产经验下的成本函数

假设卡西欧有一家日产 3 000 台计算器的工厂。随着经验日益丰富，卡西欧越来越善于生产经营管理。工人们掌握了作业技巧，能越来越熟练地操作设备，工作秩序变得井井有条，卡西欧升级了生产设备，优化了生产流程。随着产量的增加，卡西欧的效率也不断提高，产生了规模效应。因此，平均成本随着生产经验的积累而下降。图 10-4 展示了这一过程。[3] 由图 10-4 可知，生产前 10 万台计算器的平均成本是 10 美元/台。当产量累积到 20 万台时，平均成本降到 9 美元/台。企业逐渐积累生产经验，当产量翻一番达到 40 万台时，平均成本下降到 7 美元/台。随着生产经验的日积月累，平均成本随之下降。描述这种关系的曲线叫作**经验曲线**（experience curve）或者**学习曲线**（learning curve）。

如果存在向右下倾斜的经验曲线，对于企业来说至关重要。因为不仅企业产品的单位成本会不断下降，而且如果在给定时间内能生产和销售更多的产品，那么单位成本下降的速度会更快。为了利用经验曲线的优势，卡西欧必须在产品生命周期早期阶段占有较大的市场份额。以下定价策略可供卡西欧参考：为计算器制定低价，销量会增加，当积累更多经验后成本会下降，然后就可以进一步降低价格。

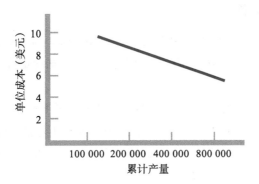

图 10-4　单位成本是累计产量的函数：经验曲线

一些企业已围绕经验曲线成功地制定了策略。然而经验曲线定价方法也存在一些重大风险。不断降价可能会使产品给人留下廉价的印象。这种策略还假设竞争对手的实力都很弱，不敢在企业降价时以牙还牙。最后，当企业忙于在既定的技术下增加产量时，竞争者可能会找到成本更低的技术，使产品的初始定价低于市场领导者，实现弯道超车。

4. 成本加成定价

成本加成定价（cost-plus pricing）又名**标准利润定价**（markup pricing），它是最简单的定价法，在产品成本的基础上加上标准利润即可。例如，建筑公司事先估计项目总成本，然后再加上标准利润作为投标报价。律师、会计师和其他专业人士，一般是在成本的基础上加上标准利润来定价。一些营销人员告诉顾客他们收取的价格就是成本加上一定的加成。例如，航空公司就是用这种方法对政府报价。

为了说明成本加成定价，现假设有家烤箱制造商的成本和预期销量如下：

可变成本	10 美元
固定成本	300 000 美元
预期销量	50 000 台

那么这家烤箱制造商的单位成本为

单位成本 = 可变成本 + 固定成本 / 预期销量 = 10 + 300 000/50 000 = 16（美元）

假设这家制造商要赚取 20% 的加成利润，那么其成本加成定价为 [4]

加成后的价格 = 单位成本 / (1 − 预期收益率) = 16/(1 − 0.2) = 20（美元）

假设制造商以 20 美元 / 台的价格将烤箱卖给经销商，每台赚取 4 美元利润。而经销商也会给烤箱加上标准利润。如果经销商打算赚取 50% 的利润，那么经销商的定价应为 40（= 20+50% × 40）美元，相当于在其成本的基础上增加了 100%（20 美元 /20 美元）。

一般而言，使用标准的成本加成定价法没有意义。任何忽略了需求和竞争者的定价方法都不会制定出最佳价格。即便如此，成本加成定价法仍被广泛使用。原因在于，首先，相对于需求量，销售者更能把握成本。通过把价格和成本联系起来，销售者的定价工作变得简单，当需求变化时，不必频繁调整价格。其次，当全行业的企业都使用成本加成定价法时，大家制定的价格相差无几，价格竞争程度最低。最后，许多人认为成本加成定价法对购买者和销售者都比较公平，销售者可以赚取合理的投资回报，即使购买者的需求增加，销售者也不占购买者的便宜。

5. 盈亏平衡分析和目标收益定价

另一种以成本为导向的定价方法是**盈亏平衡定价**（break-even pricing），或称为**目标收益定价**（target profit pricing）。企业计算出盈亏平衡点或目标收益对应的价格，并据此定价。投资回报依规定受限的公共事业常使用这种定价方法。

目标收益定价法使用了盈亏平衡图，它展示了不同的销量水平下产品总成本和总预期收入。图10-5为前面所讨论的烤箱制造商的盈亏平衡图。固定成本为30万美元，不随销量变化而变化。总成本等于可变成本加上固定成本，随着产量的上升而上升。总收入曲线从零开始，随着每一单位产品的出售而逐渐上升。总收入曲线的斜率表示单位产品的价格为20美元。

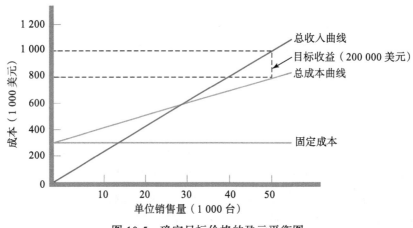

图10-5　确定目标价格的盈亏平衡图

总收入曲线和总成本曲线在销量为30 000台时相交，这就是盈亏平衡点的销量。如果价格定为20美元，那么企业必须至少销售30 000台才能达到盈亏平衡，即总收入和总成本相抵。盈亏平衡销量可用下列公式计算

盈亏平衡销量 = 固定成本 / (价格 − 可变成本) = 300 000/(20 − 10) = 30 000（台）

如果这家烤箱制造商希望赚取目标收益，那么必须以每台20美元的价格销售超过30 000台烤箱。假设这家烤箱制造商已经投资了1 000 000美元，并希望获得20%的投资回报率，即200 000美元的利润。在这种情况下，企业必须以每台20美元的价格销售50 000台烤箱。如果制定比较高的价格，企业就不需要销售那么多的烤箱才能达到目标收益。但是更高的价格可能意味着市场上的需求不足，这主要取决于价格弹性和竞争者的价格。

这家烤箱制造商应该计算不同价格下的盈亏平衡销量、预期需求量和利润（详见表10-1）。表10-1显示，随着价格上升，盈亏平衡销量下降（第2列）。但是，随着价格上升，市场对烤箱的需求量也下降了（第3列）。当每台产品价格为14美元时，制造商的单位边际利润仅为4美元（14美元减去10美元的可变成本），此时它必须销售大量的烤箱才能达到盈亏平衡。尽管低价吸引了大量的购买者，但是市场需求量仍然达不到盈亏平衡销量，因此这家制造商将面临亏损。在另一种极端情况下，价格为22美元，制造商的单位边际利润为12美元，而且只需要销售25 000台就可以达到盈亏平衡。但是由于价格过高，购买烤箱的消费者太少了，企业依旧亏损。表10-1显示，当价格定为18美元时，企业能获得最大的利润。请注意，没有一

个价格能使这家烤箱制造商获得 20 万美元的目标收益。为了达到这个目标收益，这家烤箱制造商必须想方设法降低固定成本或可变成本，以降低盈亏平衡销量。

表 10-1　不同价格下的盈亏平衡销量和利润

(1) 价格（美元）	(2) 盈亏平衡销量（台）	(3) 给定价格的预期 需求量（台）	(4) 总收入 (1)×(3)（美元）	(5) 总成本①（美元）	(6) 利润 (4)−(5)（美元）
14	75 000	71 000	994 000	1 010 000	−16 000
16	50 000	67 000	1 072 000	970 000	102 000
18	37 500	60 000	1 080 000	900 000	180 000
20	30 000	42 000	840 000	720 000	120 000
22	25 000	23 000	506 000	530 000	−24 000

① 假设固定成本为 30 万美元，单位可变成本为 10 美元。

10.2.3　基于竞争定价

基于竞争定价（competition-based pricing）包括基于竞争者的策略、成本、价格和产品市场供应等设定价格。消费者会基于竞争者相似产品的定价来判断产品的价值。比如，购买佳能数码相机的消费者会参考尼康、索尼等品牌的相似产品，比较价值和价格。

另外，企业的定价策略可能会对其面临的竞争产生实质性影响。如果佳能采用高价格、高利润的策略，可能会带来竞争。然而，一项低价格、低利润的策略，可能会阻挡竞争者，甚至将它们赶出市场。佳能需要将竞争者的成本和产品价值作为自身产品成本与价值的基准，并作为定价的起点。

在评估竞争者的定价策略时，企业应当回答如下几个问题。

（1）与竞争者提供的产品或服务相比，本企业的产品或服务在顾客价值方面怎么样。如果消费者感知到本企业的产品或服务提供了更多的价值，那么企业便可索取高价。如果相对于竞争产品，消费者对本企业产品感知价值较低，那么企业必须调低产品价格，或改变消费者感知以证明更高的价格的合理性。

（2）目前的竞争者有多强大？它们当前的定价策略是什么？如果有的竞争者实力较弱，价格相对于其产品传递的价值偏高，那么企业可以索取较低的价格以便将较弱的竞争者逐出市场。如果市场由实力较强且定价较低的竞争者主导，那么企业可用价格稍高的增值产品将还未开发的利基市场作为目标市场。例如，如果一家本地个体旅行社不太可能在与在线旅行社 zuji.com 的价格战中获胜，那么对它来讲，增加特别的顾客服务和个人体验以索取较高的价格、赚取较高的利润是明智的选择。

（3）竞争情况与环境会怎样影响消费者的价格敏感度？[5] 首先，如果消费者没有观察到竞争产品之间的差异，那么他们会对价格更为敏感。他们会买价格最低的任意一种产品。其次，如果在购买前，消费者对竞争产品和价格的信息知道得越多，也会变得对价格更为敏感。简单的产品比较便可以使消费者估计不同选择的价值，并决定他们愿意出的价格。最后，如果消费者能够轻易从一种产品转换至另一种产品，他们也将有更高的价格敏感度。

相对于竞争者的产品定价，本企业应该遵循什么原则？答案说起来容易做起来难：不论企业索取什么样的价格（或高或低或中等价格），一定要确定给予消费者高于该价格的价值。

10.3 其他影响定价决策的内外部因素

消费者对价值的感知决定了价格上限,而产品成本决定了价格下限。企业在定价时,除了这些限制,还必须考虑一系列其他的内外部因素。如图10-1所示,影响定价的内部因素包括企业的整体营销战略、目标和营销组合等。外部因素包括市场和需求的本质、竞争者的策略和价格以及其他环境因素。

10.3.1 整体营销战略、目标和营销组合

价格只是企业整体营销战略的一个要素。因此,在定价之前,企业必须制定产品或服务的整体营销战略。如果企业已经选择了目标市场,并谨慎地定位,那么包括价格在内的营销组合策略就十分清晰了。例如,当丰田决定开发雷克萨斯品牌以在高端细分市场与欧洲的豪华车系一决高下时,它就要制定高价。相反,丰田雅力士系列——"您支付得起的车就是您真正想驾驶的车"——这个定位就需要低价格。因此,市场定位在很大程度上决定了定价策略(见实战营销10-1)。

与雷克萨斯定位奢华、价格高昂相比,丰田将雅力士定位成一款消费者买得起的、想要驾驶的车。

实战营销10-1

小米,大作为

2014年,小米进入全球第二大智能机市场——印度,并在年末占据了1.5%的市场份额。2015年,小米市场占有率成功翻倍,但在印度市场上仍然只算"小字辈"。尽管如此,小米一直致力于成为印度最大的智能手机供应商。最值得称赞的一点在于,直到最近,小米手机仍然仅通过网络销售,而印度的网络并不普及,只有不到20%的人可以上网。线下销售渠道仍然是印度消费者购买产品的主流选择。

在大多数国家,电信运营商会在消费者办理入网签约手续时,提供购买合约机优惠。而印度并非如此,大多数手机都不以合约机的形式出售,消费者不得不全价购买手机。

2014年,小米在印度推出了小米3,并由于出色的定价策略迅速获得了成功。小米3有着可与三星S5、索尼Xperia Z3和LG G3相媲美的配置,价格却仅为这些更知名的竞争者的1/3。线上销售也为小米削减成本提供了帮助。

在印度,人们对花费数月薪水才能购买一部手机已经习以为常。因此,尽管小米品牌知名度相对较低,但低价毫无疑问地吸引着消费者。小米"买得起的高配置手机"这一独特的销售主张着实令人心动。初战告捷后,小米又接连发布了红米1S和红米Note。能被大多数消费者接受的定价克服了结构性障碍和文化障碍,印度消费者积极上网购买小米手机。小米与印度最大电商FlipKart达成合作,使得印度消费者觉得小米是值得信赖的品牌。

华为等其他中国手机品牌也进军印度市场,并一掷千金请明星来代言品牌。这一策略并不鲜见,宝莱坞新星人气太高,百事可乐和可口可乐也曾聘请他们为产品代言来提高销售额。与之相对的是,小米并未请名人代言。

消费者对小米随之推出的红米2和小米4评价不一。印度消费者已经习惯了小米手机的低价,因此当红米2以100美元的价格面市时,他们表示不满,认为这与小米的价值主张相悖。

2015年4月,小米推出了专为印度消费者打造的旗舰手机——小米4i,定价为12 999卢比(205美元),仅为16GB iPhone 6价格的1/4,这再次加强了小米品牌的价值主张。小米4i配有专为印度市场定制的"美颜"功能,可自动修图、美化照片。在中国市场上,消费者喜欢

大眼睛，因此"美颜"功能通常会放大眼睛；而在印度市场上，"美颜"功能可以去皱亮肤，这是印度市场上常见的消费者需求。显然，小米的定价和价值主张俘获了人心。上万名印度消费者争相申请小米4i发布会的1 600张限量门票。在发布会上，听众们对惊人的低价议论纷纷，猜测小米如何盈利以及苹果在印度的销量是否会因此下滑。

小米致力于成为印度市场的领头羊，并因此调整了分销渠道。为触及更多的顾客，小米与The Mobile Store等连锁零售商合作，加强线下实体销售渠道。同时，小米还与Snapdeal和亚马逊合作，拓展线上销售渠道。

小米的成功并非没有引人注意。小米引起了印度商业巨擘拉坦·塔塔的关注。拉坦·塔塔是旗下拥有包括塔塔汽车和印度酒店在内100家企业的塔塔集团的名誉主席，他对小米进行了一笔投资，具体金额并未对外宣布。对于正在拓展印度业务的小米来说，这无异于敞开了大门。

资料来源：Kunal Dua, "How Xiaomi Took India by Storm," www.theverge.com, 23 April 2015; Eva Dou and Sean McLain, "China's Xiaomi Unveils Mi4i Smartphone in India," www.wsj.com, 23 April 2015; Sean McLain and Eva Dou, "How India Welcomed Xiaomi's Mi4i," www.wsj.com, 24 April 2015; Aloyxious Low, "Xiaomi's Plan to be No. 1 in India Begins with the Mi4i," www.cnet.com, 27 April 2015; "Huawei Goes to War with Xiaomi, says iWasWrong," www.indiatoday.in, 27 April 2015; Gabriel Wildau, "India's Ratan Tata Buys in to China Smartphone Maker Xiaomi," www.ft.com, 26 April 2015.

定价在很多层面影响企业能否完成目标（见图10-6）。企业可以通过定价来吸引新顾客或者保持现有顾客。企业可以定低价，阻止其他竞争对手进入市场，也可以跟随竞争对手定价以维持市场的稳定性。定价可以用来保持分销商的忠诚和支持或避免政府干预。短期降价可以使一种品牌风靡一时。一种产品的定价还可以用来帮助促进产品线上其他产品的销售。因此，定价策略在帮助企业完成各层面各种目标方面起着重要的作用。

图10-6　定价目标

价格只是企业为了达成营销目标所使用的营销组合要素之一。定价决策必须与产品设计、分销和促销等策略协调一致，形成协同的、有效整合的营销计划。比如，为了扭转陷入困境的大型超市业务并重获市场份额，家乐福将4 500个库存单品降价10%左右。同时，家乐福推出了折扣自有品牌系列，旨在通过与个人商店和社区商店竞争促销来更好地服务消费者。业绩不好的大型超市被整合并缩减规模。[6]企业对其他营销组合要素的决策也会影响定价决策。例如，定位于高质量产品的决策意味着销售者必须制定一个高价格以弥补高成本。当需要经销商支持和促销其产品时，生产商在定价时就必须考虑给经销商较高的商业折扣。

企业经常利用价格来定位产品，然后调整其他营销组合，以达到企业的价格目标。此时，价格是产品定位的关键要素，它确定了产品的市场、竞争者和产品设计。很多企业使用一种名为**目标成本定价**（target costing）的方式作为有力的战略武器来支持这种价格定位策略（见图10-7）。目标成本定价与通常的定价过程相反。一般的定价方法是先开发出新产品，估算出成本，然后再考虑"我们能否卖掉它"，而目标成本定价是从顾客价值出发，为产品制定合适的价格，然后确定能与价格相匹配的成本。比如，当本田开始设计飞度汽车时，它首先将13 950美元的起始价格和每公升汽油行驶15公里的运行效率作为目标，随后再设计出具有独特风格的小型汽车，控制成本使之能给目标消费者带来价值。

图 10-7 目标成本定价

有些企业不强调价格,而是使用其他营销组合要素对产品进行一种非价格定位。通常,最好的策略不是追求最低的价格,而是以差异化营销获取较高的定价。举例而言,奢侈智能手机制造商 Vertu 赋予其产品高价值,并收取高昂的价格与之匹配。Vertu 采用钛和蓝宝石水晶等高端材料,由英国的工匠手工安装。Vertu 手机还包含 Vertu Concierge 等附加服务,可提供私人助理服务。Vertu 手机均价为 6 000 美元,高端机型价格可逾 10 000 美元。但是,目标顾客认可 Vertu 手机的高质量,并愿意为之支付高价格。一些营销人员甚至把高价作为其产品的一部分吸引力。比如,柑曼怡推出了价值 225 美元的 Cuvée du Cent Cinquantenaire 酒,其宣传标签是"无从寻觅、无以言表、至尊昂贵"。

10.3.2 组织因素

在小企业,一般由高层管理者而不是营销或者销售部门制定价格。在大企业,一般由分公司或者产品线经理制定价格。在工业产品市场,销售人员可能被授权在一定的价格范围内和顾客讨价还价。尽管如此,高层管理者还是要设立定价目标和政策,并批准下层管理人员或销售人员提出的价格。

在定价作为关键因素的行业中,如航空业、钢铁业、铁路运输业和石油行业,企业通常设立一个定价部门来制定最合适的价格,或协助其他部门制定价格。

10.3.3 市场和需求

消费者和行业购买者都要在产品价格和产品带来的利益之间进行比较。因此,在制定价格之前,营销人员必须懂得产品价格和需求之间的关系。

1. 不同市场类型中的定价

市场可划分为四种类型,每一种类型都代表着一种不同的定价挑战。

(1)完全竞争。在完全竞争市场中,有大量的买方和卖方交易同质商品,如小麦、铜或金融债券等。单个买方或者卖方都无法影响现有的市场价格。任何卖方的定价都不会高于市场价格,因为所有买方都能在现有的市场价格下买到足够的产品,满足它们的需求。也没有任何一个卖方制定一个比市场价格低的价格,因为所有卖方都能在现有市场价格下卖掉所有的产品。如果价格和利润上升,那么新的卖方可以很容易地进入市场。在一个完全竞争市场中,营销研究、产品开发、定价策略、广告和促销对产品销售的影响很小甚至完全不起作用。因此,在这样的市场中,卖方不会花费大量的时间来研究市场营销策略。

(2)垄断竞争。在垄断竞争市场中,有许多买方和卖方,其交易价格在一定范围内有多种。卖方能制定不同的价格,因为它们能为买方提供不同的产品,或是产品的质量、特征和样式不同,或是产品的附加服务不同。买方可以看到产品和服务的差异性,并愿意为之支付不同的价格。卖方试图为不同细分市场提供不同的产品,除了价格以外,还通过品牌、广告、人员推销方法来与竞争者相区分。例如,欧莱雅通过强有力的品牌和广告使其化妆品差异化,降低了价格因素的影响。由于该市场中有很多竞争者,因此企业受竞争者定价策略的影响要比在寡头垄断市场中小。

（3）寡头垄断竞争。在寡头垄断竞争市场中，市场上只有少数的卖方，它们对彼此的定价和营销策略十分敏感。卖方少的原因是新企业很难进入市场。每个销售者对竞争对手的策略和行动都很警觉。例如，如果VISA降价10%，那么买方会很快转向它，其他信用卡企业必须做出反应，跟着降价或者提高服务质量。

（4）完全垄断。在完全垄断市场中只有一个卖方，可能是政府垄断者，如邮政服务；也可能是一个受管制的私营垄断者，如一家电力公司；或者是一家不受管制的私营垄断者，如开发尼龙的杜邦公司。在不同的情况下，垄断者的定价策略是不同的。在受管制的垄断中，政府允许受管制的垄断者制定适当的价格，以获得"合理"的回报。不受管制的垄断者可以依照市场情况自由定价。然而，它们并不总是按照最高水平定价，原因有很多，比如，为了避免吸引竞争者、想以低价迅速渗透市场或者害怕政府管制。

2. 分析价格和需求的关系

企业制定的每种价格都可能导致不同水平的需求。图10-8的需求曲线描述了价格和需求量的对应关系。**需求曲线**（demand curve）描述了在给定时期内不同价格水平下的需求量。正常情况下，需求量和价格是反比关系，即价格越高，需求量越少。因此，如果企业把价格从 P_1 提高到 P_2，销量就会减少。简言之，如果价格过高，预算有限的消费者很可能减少购买量。

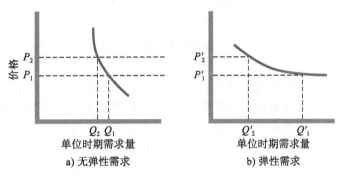

图10-8　需求曲线

许多企业尝试通过估算不同价位的需求量来画出它们的需求曲线。不同类型的市场，需求曲线也不同。在完全垄断市场中，企业的需求曲线是不同价格水平下的全部市场需求。然而，当企业面临竞争时，不同价格下的需求量将取决于竞争者的价格固定不变，还是随该企业的价格而变动。

3. 需求价格弹性

营销人员需要了解**价格弹性**（price elasticity），即需求对价格变化的敏感程度。比较图10-8中的两条需求曲线。当价格变化时，如果需求量变化幅度很小，就说需求是缺乏弹性的；如果需求量变化幅度大，就说需求是有弹性的。

如果需求是有弹性的，销售者就会考虑降低价格，因为低价能够增加销售额。只要生产和销售产品的额外成本不超过额外的收入，这种方法就是有效的。与此同时，大多数企业都想要避免那些将自己的产品转变为日常商品的定价策略。互联网和其他技术使消费者拥有了即时价格比较的能力，提高了其价格敏感度，把电话、电脑、新型汽车等一系列产品都转变成了消费者眼中的日常商品。当十几个竞争者都在以类似的价格或更低的价格销售事实上相同的产品时，营销人员必须比以前更加努力以形成差异化。在线旅行社zuji.com不仅允许消费者比较机票的价格，还提供了"动态打包"的旅行方案，让消费者根据个人需求和预算来定制旅程中的各种出行方案。

10.3.4 其他外部因素

在制定价格的时候,企业还必须考虑其他外部环境因素。经济环境可能对定价决策产生很大的影响。例如经济繁荣或者衰退、通货膨胀和利率等经济因素,都会影响定价决策、消费者对产品价格和价值的感知以及生产产品的成本。

参考日本的例子。

不久以前,日本消费者还在大量购买100美元的瓜果和1 000美元的手包,成为奢侈品拥有大众市场的唯一一个国家。然而,长期经济衰退使他们变成了沃尔玛的常客。沃尔玛的子公司西友百货从此开始盈利。西友百货用它仅卖298日元的烤三文鱼米饭便当打响了价格战。西友百货放弃了超市现场制作便当的惯例,通过在集中工厂配制便当来缩减成本。西友百货认定,只要便当够便宜,节俭的日本消费者就不会在乎这些改变。事实证明它是对的,西友百货的便当引起了超市便当的一系列模仿。[7]

企业还要考虑价格对环境中其他群体的影响。在不同的价格下,经销商会如何反应?企业在制定价格时必须给经销商留出盈利的空间,鼓励、支持它们,协助经销商有效地销售产品。另外,政府也是影响定价策略的一个重要因素。最后,企业在定价时必须考虑社会效益。在制定价格时,企业的短期销售额、市场份额和利润目标都可能受到更大范围的社会因素的影响。

目标回顾

企业如今面临着一个竞争激烈和快速变化的定价环境。运用其他营销组合工具成功创造顾客价值的企业,必须通过制定的价格来赚取回报。本章探讨了定价的重要性、常见的定价策略以及影响定价决策的内部和外部因素。

1. 回答"什么是价格",并讨论定价在当今这个快速变化的环境中的重要性

价格可以狭义地定义为对产品和服务收取的费用,或者广义地说是顾客为拥有或使用产品和服务而交换的价值之和。定价的挑战是找到合适的价格,能让企业获得合理的利润,作为创造顾客价值的回报。

尽管在现代市场营销过程中,非价格因素的作用越来越大,但价格在营销组合中仍然是一个非常重要的因素。它是营销组合中唯一产生收入的要素,其他所有要素都表现为成本。更重要的是,定价作为企业整体价值定位的组成部分,在创造顾客价值和建立顾客关系方面起着关键作用。明智的管理人员把定价作为创造和获取顾客价值的战略工具。

2. 识别三种主要的定价策略,并讨论在定价时了解顾客价值感知、企业成本和竞争者策略的重要性

企业可以从三种主要的定价策略中选择:基于顾客价值定价、基于成本定价和基于竞争定价。基于顾客价值定价以购买者对价值的感知作为设定价格的基础。好的定价始于对产品或服务为消费者创造价值的全面理解,随后设定一个能够获取这些价值的价格。顾客对产品价值的感知决定了企业的定价上限。如果消费者认为产品价格高于价值,便不会购买。

企业可以选择基于价值定价的两种方式中的任意一种。高价值定价是以合适的价格提供合适的质量和良好的服务。"天天低价"就是这种策略的一个例子。价值附加定价包括为产品添加增值特性和服务来区分自己的产品,从而支撑较高的价格。

基于成本定价是指以产品制造、分销和销售成本为基础,再加上为劳动和风险设定一个合理的回报率来制定价格。企业和产品成本是制定价格的一个重要因素,顾客价值感知是设定价格的上限,成本是设定价格的下限。基于成本定价方法属于产品驱动型而非顾客驱动型。企业设计出一种产品,核算出生产该产品的总成本,然后制定能弥补成本并达到利润目标的价格。如果定价被证明过高,企业只能接受标准利润下降或销量下滑,这些都会削弱企业的盈利能力。如果企业的产品定价低于其成本,企业利润仍然会受损。基于成本定价方法包括成本加成定价法和盈亏平衡定价法（目标收益定价法）。

基于竞争定价以竞争者的策略、成本、价格和提供的产品或服务为基础来设定价格。消费者会基于竞争者相似产品的定价对一项产品的价值进行判断。如果消费者感知到企业的产品或服务提供了更高的价值，企业就能够索取高价。如果消费者感知到企业的产品相对于竞争产品价值更低，企业必须索取低价或改变消费者的感知以索取高价。

3. 识别并定义影响企业定价决策的其他内外部因素

其他影响定价决策的内部因素包括企业的整体营销战略、目标和营销组合等。价格只是企业整体营销战略的一个要素。如果企业已经选择了目标市场，并谨慎地定位，那么包括价格在内的营销组合策略就十分清晰了。有些企业利用价格来定位产品，然后调整其他营销组合，以达到企业的价格目标。有些企业不强调价格，而是使用其他营销组合要素对产品进行一种非价格定位。

其他影响定价决策的外部因素包括市场和需求的性质、竞争者的策略和价格以及经济状况、中间商需求和政府行为等环境因素。销售者的定价自由度随着不同的市场而变化。最终由顾客来决定企业的定价是否合适。顾客通过使用产品来比较产品的价格与其感知价值。如果价格超过了总价值，消费者就不会购买产品。因此，企业必须理解需求曲线（价格–需求关系）和价格弹性（消费者对价格的敏感度）的概念。

经济状况也对定价策略有着重要影响。大萧条曾促使消费者重新思考价格与价值之间的关系等式。营销人员要更加强调物有所值的定价策略，来对此情况做出回应。然而，即使在经济困难时期，消费者也不会只基于价格来购买。因此，无论产品怎样定价（或低或高），企业都需要提供比消费者付出的钱更多的价值。

关键术语

price 价格
customer value-based pricing 基于顾客价值定价
good-value pricing 高价值定价
value-added pricing 价值附加定价
cost-based pricing 基于成本定价
fixed costs（overhead） 固定成本
variable costs 可变成本
total costs 总成本
experience curve（learning curve） 经验曲线（学习曲线）
cost-plus pricing（markup pricing） 成本加成定价（标准利润定价）
break-even pricing（target profit pricing） 盈亏平衡定价（目标收益定价）
competition-based pricing 基于竞争定价
target costing 目标成本定价
demand curve 需求曲线
price elasticity 价格弹性

概念讨论

1. 营销人员在制定价格时要考虑哪些因素？
2. 列举并描述两种基于价值定价的方法。
3. 描述基于成本定价的类型及实行方法。
4. 目标成本定价是什么？它与通常制定价格的过程有什么不同？
5. 讨论经济对定价策略的影响。
6. 列举并描述四种市场类型，并讨论在每类市场中企业面临的定价挑战。

概念应用

1. 在一个小组中，讨论对下述产品的价值感知，以及你愿意为其支付的价格：汽车、在美食街的一顿饭、牛仔裤以及运动鞋。你们小组成员之间的答案是否有差异？解释为什么会有这些差异。讨论以上产品中定位给消费者传达了不同价值的品牌案例。
2. 假设你想为家人买一点奇巧巧克力，但是产品价格涨了25%。你还会买吗？基于你的回答，你认为奇巧巧克力的价格弹性是多少？解释当价格弹性为 0.5 和 2.4 时的含义（注意：这里是绝对值，因为价格弹性通常为负数）。

3. 分小组讨论大学除了授予传统商学学位之外，提供在线本科商学学位的成本。哪些是固定成本，哪些是可变成本？该在线学位项目中的一个 3 学分的课程应该收取多少学费（价格），你们小组使用何种定价方法来制定该价格？

技术聚焦

你会为了某项医疗程序四处寻找最优价格吗？大多数患者并不知道一项医疗程序的价格，他们大多也不在乎，因为他们认为自己的医疗保险已经将这些花费包括进去了，但是事实并非总是如此。许多患者在为医疗保健自掏腰包。不过，幸好有了互联网，健康计划的花费和医生开的价格现在都变得透明多了。一些网站为消费者提供成本信息，另外一些网站则可以比较患者所处区域的医疗价格。他们甚至能从参与的医疗保健提供者那里得到折扣券。

1. 上网搜索一项结肠检查的平均花费。比较不同城市中最贵和最便宜的医院分别是哪所？价格可以与全国平均价做比较吗？为什么两座城市之间的价格区间会存在这样的差异？
2. 医疗保健提供者通过这些网站提供价格优惠。讨论消费者能够从网络医疗价格折扣中受益的可能性。

道德聚焦

许多消费者喜欢用移动设备玩游戏，日本消费者尤甚。日本游戏厂商善于从玩家身上获得尽可能多的利润。《智龙迷城》（*Puzzle & Dragons*）的厂商破译了增加收入的密码，利用移动支付的相关心理，鼓励消费者玩更长时间的游戏，借此从玩家身上获得更多利润。《智龙迷城》获取利润的一个秘密是发行虚拟货币，称为魔力石，这样消费者就并不感觉是在花费实际的货币，游戏厂商因此就可以提高收入。然后，游戏厂商在游戏结束时提供一点奖励，并提示玩家如果不接受的话将会失去什么。游戏厂商会提供怪兽的限时优惠，仅需要少量魔力石。空间不够，游戏厂商就会提示玩家，如果不及时购买足够的空间，他将失去怪兽。自始至终，数学家和统计学家在屏幕后跟踪游戏的发展，适时调高或调低游戏难度，以使消费者持续参与游戏并消费。一名专家称《智龙迷城》为"真正的恶魔"，因为它使玩家日渐沉迷游戏。诸多游戏厂商的此类策略，推动了日本游戏产业的繁荣。

1. 你认为游戏厂商利用游戏数据来引导消费者消费更多是道德的吗，并解释原因。
2. 这与美国游戏厂商惯用的"免费增值"模式相似吗？解释这一模式，并试举出采用这一模式的其他游戏案例。

营销和经济

高露洁

当不确定的经济让人们更关注他们的花费时，许多企业开始对其产品和服务大幅降价。也有另外一些企业成功地维持了价格，销量与经济触底前一致，甚至还有所增加。高露洁是少数在这个十分节俭的时代能够提价并因此获利的幸运企业之一。我们想一想，你的经济状况该有多糟糕，才会不刷牙或者不洗澡？经济环境对人们的基础个人卫生习惯影响相对较小，而对于这些必需品，品牌偏好根深蒂固。根据对消费者购买习惯的精确估计，高露洁将产品价格平均提升了 7.5%，销量却没有任何下滑。更高的价格和稳定的销量等于更高的利润。确实如此，高露洁在 2008 年的利润增长了 20%，2009 年增长了 17%。保持仪容仪表得体似乎恰好是"抗衰退"的概念。

1. 高露洁提价成功是否与经济状况有关系？
2. 从长期来看，当经济恢复时，高露洁在提价之后应当采取何种措施？

营销数字

制造商在定价时必须考虑的一个外部因素是经销商的利润。对消费者而言,制造商并没有价格的最后话语权,而零售商有,所以制造商必须以零售商的建议零售价为起点,以此回溯,再减去零售商将产品卖给消费者所索取的加价。在考虑了这一点之后,制造商就能了解他们给零售商的价格,就可以算出以这个价格和成本达到盈亏平衡时的销量。查询附录B,回答以下问题。

1. 一名消费者从零售商手里以800美元的价格购得一台电脑,如果零售商的加价是30%,批发商的加价是10%,加价都是基于它们各自的售价,那么制造商是以什么价格将电脑卖给批发商的?
2. 如果每台电脑的单位可变成本是350美元,制造商的总固定成本是200万美元,这个制造商必须卖出多少台电脑才能达到盈亏平衡?如果要实现5 000万美元利润,要卖出多少台电脑?

企业案例

Tata Nano:人民的汽车抑或世界上最便宜的汽车?

一个雨天,塔塔集团的名誉主席拉坦·塔塔正在班加罗尔自驾游。他目睹了一辆小型摩托车载着一家四口的场景——父亲骑车,年轻的儿子危险地站在父亲前面,妻子坐在丈夫后面,婴儿被母亲抱在怀里。这一情形在印度街头颇为常见。拉坦·塔塔考虑到这种两轮车承载起一个核心家庭是很危险的,他计划为众多印度人开发一款安全、买得起、所有天气都能出行的汽车——"人民的汽车"。塔塔将车的成本定在10万卢比(1 483.45美元)。在2008年,这一数字介于最便宜的汽车和两轮摩托车价格之间。紧接着这款车被贴上"世界上最便宜的汽车"这一标签。

这款车的目标群体并非已拥有汽车的顾客,而是数百万使用小型摩托车或者其他两轮车日常出行的印度家庭。Nano(在吉吉拉特语中是"小"的意思),车如其名,被设计用于提供安全、舒适和可靠的移动性,同时价格经济实惠。

为了达到这一目标,塔塔集团利用创新设计改善了制造流程。对于某些因素,尽管有可以进一步降低成本的方法,但不能让步。举例而言,如果把Nano设计成双门汽车,便可以节省大量的成本,但是,这样做会使乘客入座后排时困难且不方便,这对于几代同堂的典型印度家庭尤甚。因此,双门设计没有被采用。

为了达到这一低价目标,Nano的后备厢不能打开。取而代之的是,后座可以被折叠当作后备厢。通常,汽车配有两只雨刷,而Nano只有一只。Nano也没有动力方向盘。Nano的侧窗由手工安装完成,用塑料和胶水替代了焊钢。基本模型的车轮上有三个螺母而非常见的四个,只有一面侧视镜,没有空调和安全气囊。除了司机的座位可以调节,其他座位都是固定的。

为了降低消费者成本,塔塔集团降低了购买Nano的总费用,包括初期购买价款和诸如售后服务、维修费和贷款利息之类的每月固定费用及运营费用。印度大多数银行都支持低息贷款购买Nano。消费者首付只需2 999卢比(59美元)便可购买,贷款利息低于其他四轮汽车。

塔塔的调研团队进行了一项研究,假设每月行驶1 250公里,每月均有固定费用和浮动费用,以超过36个月分期付款的形式购买车辆,据此计算出总花费。与印度市场上其他竞争产品相比,Nano不仅是紧凑型小汽车中最能让消费者买得起的车,而且比三轮摩托和摩托车的价格更易让人接受。

在Nano面市的数月前,印度二手车的价格普遍下滑,其中,最能与Nano形成竞争的Maruti 800降价幅度达30%。人们怀着对Nano的期待而推迟购车。但是,Nano被产品的延迟所困扰。2009年,产品上市,Nano有了一个不稳定的开始。新闻界报道了一些Nano着火的事故,批评它的安全性和排放标准。Nano的定价为137 555卢比,显著高于最初宣称的100 000卢比。Nano面市后,收到了200 000份订单,证明了企业潜在的错配问题。与企业预期不同的是,大城市的反响比小城镇更强烈。企业之前认为小城镇才是Nano的目标市场,然而二三线城镇的订单只占了总数的30%。

典型的拥有摩托车的顾客不情愿步入大型汽车销售展厅。"人民的汽车"适合那些已购置汽车,现在计划购买第二辆车，出于价格便宜选择 Nano 的顾客。当 Nano 的名声从成为"人民的汽车"转变成"最便宜的汽车"时，拥有摩托车的顾客被拒之门外。毕竟，他们不只想要更多的出行便利，也渴望地位的提升。2010 年，购买一辆 Nano 总的花费在 77 000 卢比左右。2010 年 11 月，当印度汽车行业整体业绩上涨超过 22% 时，塔塔集团仅售出了 509 辆 Nano。

2012 年，在 Nano 推出 3 年后，月销售量与原计划的每月 20 000 ~ 25 000 辆相距甚远。为触及更小的城镇，塔塔集团建立了"一级展厅"用于展示 Nano，并与大型综合连锁超市 Big Bazaar 达成合作，在其边远城镇的门店展示 Nano。

为了改变形象，让自己变得更有价值，Nano 重新定位为必不可少的时尚品类。在 2012 年推出一款升级版 Nano 时，塔塔集团称："塔塔重启 Nano，它是世界上最便宜的车，也是最酷的小汽车。"到了 2015 年，Nano 的销售状况持续低迷。Nano 在 2013 年与 2014 年的销量分别为 18 447 辆和 18 531 辆。到了 2015 年 1 月，企业累计销售量达 263 615 辆。

讨论题

1. 塔塔汽车的营销目标和营销组合策略如何影响了 Nano 的定价？
2. 讨论在印度影响塔塔汽车等汽车制造商定价的环境因素。
3. 你认为塔塔汽车能在定价上保持竞争优势吗？如果其他汽车制造商跟随 Nano 降价，将会怎样？
4. 你如何看待 Nano 将定位改为最酷的小汽车？

资料来源：Manu P. Toms, " The Selling of the Nano," *The Hindu Business Line*, 26 March 2009; Shobha Kannan, " Nano Bookings: Smaller Towns Trail Metros," *The Hindu Business Line*, 30 April 2009; " Learning from Tata Motors' Nano Mistakes," posted on *Harvard Business Review*, 11 January 2011; Rajkumar Venkatesan (2013), *The Tata Nano: The People's Car*, Darden Business Publishing: University of Virginia; " Sales of Tata Nano, World's Cheapest Car, Set to Hit Six-year Lows," http://indianexpress.com/article/business/business-others/sales-of-tata-nano-worlds-cheapest-car-set-to-hit-six-year-lows, 5 March 2015; Ajay Modi, " Nano Sticks to the Slow Lane," http://www.business-standard.com/article/management/nano-sticks-to-the-slow-lane-116011300323_1.html, 14 January 2016; Robert Bong and Mi Ji (2013), *Tata Nano: The People's Car that Promises to Reconstruct the Automobile Industry*, INSEAD; Alice M. Tybout (2014), *Positioning the Tata Nano* (A), Kellogg School of Management: Northwestern University.

第 11 章
产品定价：定价战略

学习目标

1. 描述主要的新产品定价战略。
2. 解释企业如何找到使整个产品组合利润最大化的一系列价格。
3. 讨论企业如何根据不同类型的顾客和场景调整它们的价格。
4. 讨论关于发起价格变动与应对价格变动的关键要点。
5. 概述影响定价决策的社会和法律问题。

预习基本概念

在第 10 章中我们学习了定价的重要性，同时也探讨了影响一家企业定价决策的因素。在本章中，我们将关注定价的其他考虑因素：新产品定价、产品组合定价调整及价格变动。

不同的定价战略区别非常大，在印度，快消品对价格非常敏感。

快消品在印度：保持品牌的竞争性

降价是很多快消品公司所采用的战略，特别是在降低投入成本时仍存在高成本的库存的情况下。近些年来，原材料和包装成本下降，给很多快消品公司带来了好消息。随着收入的增长、消费者需求的增加和新产品的不断涌现，波士顿咨询集团估计到 2020 年，中国、印度等国家的中产阶值消费规模将达到 10 万亿美元。

健康与保健是世界各地的快消品公司都在投资的一个领域，它已经成为一种趋势，影响着消费者的偏好和购物习惯，品牌也在关注这个趋势。包括印度在内的很多国家的食品或饮料品牌都在研发新产品来迎合这种趋势并满足消费者的需求。根据普华永道与印度工商联合会的报道，印度的营养产品和营养补充品市场价值 1 450 亿～1 500 亿卢比（22 亿美元）。在印度，英荷消费集团、印度斯坦联合利华以及美国宝洁之间的竞争非常激烈。这些跨国集团深知消费者是印度快消品行业的重要参与者，因此每种产品的定价都设置在一个适合企业目标消费人群的水平上。同时，根据不同消费者群体的偏好与需求，快消品公司提供了一系列的产品来满足他们的需求，包括个人护理用品、家庭护理用品、烘焙食品、奶制品，城市居民消费更多加工食品，而乡村居民消费更多的个人护理用品或织物护理品。

2015 年，联合利华在其所有的产品组合中将肥皂与洗涤剂的价格平均下调了 5%，卫宝、力士、Surf、Vim 都是联合利华旗下拥有肥皂与洗涤剂的品牌。降价有几个原因：联合利华想将投入成本下降的福利传递给消费者，以维护消费者的利益，同时加强自己的品牌形象；另外，更低的价格会刺激需求，提升产品的销量，从而使联合利华将利润维持在合理的盈利水平。

为了推进类似的降价活动，联合利华不得不停止销售几天来让商店调整渠道，以使用新的价格。其他企业都会给予折扣而非降价来跟随这种趋势。Marico旗下拥有Parachute、Saffola、Hair & Care等品牌，在发油和食用油上提供了折扣，但没有降价，使Parachute品牌的椰子油的销量增长了8%。[1]

上述案例表明，价格决策受到一系列复杂因素（如企业、环境和竞争力）的影响。企业制定的并不是一个单一的价格，而是涵盖其产品成本中不同产品的价格结构。产品沿着其生命周期不断演进，价格结构也要随时间而调整。当产品价格和需求发生变动或购买者、购买环境发生变化时，企业会随之调整价格。当竞争环境发生变化时，企业应当考虑什么时候进行价格调整以及什么时候做出回应。

本章主要研究营销人员可以利用的动态定价战略。我们将依次探讨以下定价战略：处于产品生命周期导入期的新产品定价战略；为产品组合中的相关产品定价的产品组合定价战略；针对顾客差异和环境变化的价格调整战略；对启动和响应价格变化的战略。[2]

11.1 新产品定价战略

定价战略通常随着产品沿着其生命周期的演进而发生变化，在产品导入期进行定价尤其具有挑战性，引入新产品的企业面临着首次定价的任务。它们一般在以下两种广义的价格战略中选择一种：市场撇脂定价和市场渗透定价（见图11-1）。

图11-1　新产品定价战略

11.1.1　市场撇脂定价

很多研制新产品的企业首先都会制定很高的价格，以便从市场中一层一层地撇取利润。苹果公司经常使用这种战略，称其为**市场撇脂定价**（market-skimming pricing, price skimming）。当苹果公司首次推出iPhone时，最初价格高达599美元一部。只有真正想要尖端新产品并且能承担这一高价的消费者才会买。6个月后，苹果将8GB iPhone的价格降到399美元，16GB iPhone的价格降到499美元以吸引新顾客。不到一年，价格又分别降到199美元和299美元。现在，你只需要签无线电话合约便能免费得到某些型号的iPhone。用这种方式，苹果公司从众多的细分市场中撇取了最大幅度的利润。

市场撇脂定价只能在某些条件下采用：

- 产品的质量和形象必须能够支持其高价格，并且必须有足够多的购买者愿意以高价购买该产品；
- 小批量生产产品的成本不能高到足以抵消高价格带来的收入；
- 竞争者不能很轻易地进入该市场并对该高价格产生威胁。

可是有的时候企业会大意。20世纪80年代中期，很多跨国公司利用昂贵的产品进入中国家电市场。微波炉的售价高达300美元，超过了当时中国普通工人年收入的80%。类似地，早些时候，当外资品牌掌控着大屏幕电视市场时，19英寸的电视的售价大约为13 000元，这个价格几乎是大多数中国人年收入的3倍。这样的高价战略，加上未能监测市场发展趋势，阻碍了许多跨国公司抓住中低端细分市场快速发展的机遇。[3]

11.1.2 市场渗透定价

有些企业并不是首先为新产品设定一个较高的初始价格，从较小但是利润高的细分市场中获取收益，而是采用**市场渗透定价**（market-penetration pricing）。它们首先为新产品设定一个较低的价格，以便能够迅速、广泛地渗透市场并迅速吸引大批量的购买者，赢得很高的市场份额。很高的销售量能够降低成本，因此企业可以进一步降低价格。

当宜家在中国开第一家店时，消费者蜂拥而至，他们不是为了购买家具，而是为了享受那些免费的服务，如空调、干净的卫生间甚至装修理念。中国的消费者很节俭，当真正购买的时候，他们会去附近的本土店铺，购买价格更低的宜家仿制品。为了吸引节俭的中国顾客，宜家在中国的价格降到了全球最低，这一做法与许多西方零售商相反。通过逐渐使用中国制造的产品，宜家将部分商品的价格降低了70%之多。这一渗透定价战略奏效了。宜家在中国快速发展的家装市场占据了43%的市场份额。北京旗舰店每年接待600万顾客。周末客流量之大，使得宜家员工需要用麦克风来安排顾客。[4]

市场渗透定价的有效运作必须满足某些条件：
- 该市场必须对价格高度敏感，因此低价能促进市场的高速发展；
- 生产和分销费用必须能够随着销售量的增加而降低；
- 低价必须能够抵制竞争，并且渗透定价的厂商能一直保持自己的低价定位，否则渗透定价只能带来暂时的优势。

在肯尼亚、尼日利亚和其他的非洲国家，三星卖出的设备不仅价格便宜，性能也很优越。三星Galaxy Pocket非合约价格仅售120美元。这样的价格是为了带动数百万非洲买家第一次将功能手机转换成了智能手机。三星同时在印度提供了一系列的Galaxy Pockets，仅售77美元。通过渗透定价，三星希望更快速、更深入地进入爆炸式增长的有着众多第一次使用者的印度市场。它的渗透定价战略在印度引发了与苹果公司的价格战，苹果公司也以更多的折扣与更便宜的手机予以回应，但iPhone在印度的售价普遍超过了300美元，这限制了它在印度的市场份额。[5]

11.2 产品组合定价战略

如果某种产品是整个产品组合的一部分，那么为该产品制定价格的战略通常也要发生变化。在这种情况下，企业要寻求这样一个价格组合，使整个产品组合的利润最大化。此时定价将会变得相对困难，因为不同的产品涉及不同的需求和成本，而且面临不同程度的竞争。表11-1总结了五种产品组合定价战略——产品线定价、可选产品定价、附属产品定价、副产品定价和产品捆绑定价，这也将是我们讨论的重点。

表 11-1 产品组合定价战略

战略	描述
产品线定价	为产品线中的不同产品制定价格
可选产品定价	为与主产品一起的可选或辅助产品定价
附属产品定价	为那些必须与主产品一起使用的产品定价
副产品定价	为低价值的副产品定价以清除它们
产品捆绑定价	为一组同时销售的产品定价

11.2.1 产品线定价

企业通常发展产品线而不仅仅生产单种产品。例如，松下有多条电视产品线，从液晶电视到等离子电视和投影电视。在**产品线定价**（product line pricing）中，管理者必须决定一条产品线中不同产品之间的价格差异。

这些价格差异的设定应当考虑产品线内不同产品的成本差异、顾客对产品不同特性的评价以及竞争者的价格等。在很多行业中，企业产品线上的产品使用已经固定下来的价格点。比如，男装店可以将男式西装定在三种不同的价格水平上：185 美元、325 美元和 495 美元，这样顾客就很可能会把低质量、中等质量和高质量的西装与这三个价位联系起来。即使这三种价格都稍微提高一点，人们仍会按照其偏爱的价格点购买西装。企业的任务是建立能被顾客感知到的质量差异以支持其价格差异。

11.2.2 可选产品定价

很多企业都使用**可选产品定价**（optional-product pricing），在售卖主产品的同时售卖可选的配件产品。例如，购买汽车的消费者可以选择订购 GPS 或蓝牙无线通信服务。为这种选择定价是棘手的，企业必须决定哪些项目要包含在基础价格中，哪些项目只作为一种选择。

马来西亚的 Tune Hotels 属于亚洲航空集团。该酒店采用了可选产品定价，它在官网上对订票的顾客写道：请选择你的附加购买项。在巴厘岛的酒店，除了支付房费以外，顾客还可以选择以 40 000 卢比（4.85 美元）的价格购买 12 小时的空调服务。在吉隆坡的酒店，顾客可以以 5.3 林吉特（1.6 美元）的价格租借额外的毛巾和浴室用品套件。在伦敦的酒店，顾客可以以 3 英镑（4.85 美元）的价格享受一天电视或无线网接入服务。与其他酒店将这些附属服务都包含在房费中不同，Tune Hotels 的基本原则是只要价格是适合的，顾客可以没有泳池、商务活动中心和会议室，但也做好了以额外的价钱享受这些服务的准备。它的商业模式看起来十分有效，在英国、印度尼西亚、马来西亚，酒店入住率都超过了 90%。[6]

11.2.3 附属产品定价

生产必须与主产品一起使用的产品的企业通常采用**附属产品定价**（captive-product pricing）。典型的附属产品如剃须刀片、一次性咖啡杯和打印机墨盒。生产主产品的厂商通常将它们的价格定得较低，并以较高价格提供互补品。

企业在使用附属产品定价法时必须谨慎。消费者可能会感到他们被迫购买了昂贵的产品，并对品牌产生怀疑。这一点在喷墨打印机行业已经发生了。

在服务方面，这一战略被称为两部分定价法，服务的价格被分为两部分：固定费用加上可变的使用费。

比如，在环球影城，你可以支付入场费，再为公园里的攀岩活动等特色项目或食物支付附加费。

11.2.4 副产品定价

在生产产品和服务的过程中，通常会产生副产品。如果副产品没有价值但处理起来花费较多，就会影响主产品的定价。通过**副产品定价**（by-product pricing），制造商为这些副产品寻找一个市场来抵消处理它们的成本，同时使主产品更具有竞争性。

11.2.5 产品捆绑定价

利用**产品捆绑定价**（product bundle pricing），卖方通常把几种产品组合在一起出售，售价低于分别购买这些产品的总价格。例如，快餐店经常推出"超值套餐"，将汉堡、薯条和饮料捆绑销售；度假村以优惠的价格销售包括航班、住宿、餐饮和娱乐在内的服务组合；有线电视通常以较低的综合价格销售有线服务、电话服务和高速互联网接入服务组合。产品捆绑定价促进了那些顾客在其他情况下可能不会购买的产品的销售，但是捆绑产品的价格必须足够低，以吸引顾客购买整个产品组合。[7]

11.3 价格调整战略

企业通常要调整基本价格，以适应顾客的差异以及环境的变化。在这里，我们要研究表 11-2 中总结的七种价格调整战略：折扣和价格补贴、分段定价、心理定价、促销定价、地理定价、动态定价与国际定价。

表 11-2 价格调整战略

战略	描述
折扣和价格补贴	降低价格以回馈顾客提前付款或者促销产品的行为
分段定价	调整价格以反映顾客、产品或地域方面的差异
心理定价	调整价格以产生心理效应
促销定价	暂时降低价格以提高短期销售量
地理定价	按照顾客地理区域的不同调整价格
动态定价	不断调整价格，以迎合不同顾客和不同购买情境下的特征与需要
国际定价	为国际化市场调整价格

11.3.1 折扣和价格补贴

很多企业会调整基本价格以回馈顾客的某些行为，例如提前付款、批量采购和淡季采购等。这些价格调整被称为折扣和价格补贴，可以以多种方式体现。

很多**折扣**（discount）形式都包括现金折扣，这是对及时付清账款的购买者的一种价格优惠。一个典型的例子是"2/10，净 30"，意思是：应该在购买后 30 天内付清账款，但是如果在交货后 10 天内付清账款的话，就能在原价基础上享受 2% 的折扣。数量折扣是给大批量购买者的价格优惠。数量折扣鼓励购买者从一个既定的卖家那里购买更多，而不是从不同的卖家那里购买。功能折扣（也称为贸易折扣）是制造商向执行了某些功能（如推销、储存和账目记录）的贸易渠道成员提供的一种价格优惠。季节折扣是卖家向那些购买非当季产品或服务的购买者提供的一种价格优惠。

补贴（allowance）是根据价格清单为顾客提供的另一种价格优惠。例如，以旧换新津贴是给那些在购买新产品的同时交换旧产品的顾客的一种价格优惠，以旧换新津贴在汽车和电子通信行业中最为普遍。促销津贴是卖家为了回报经销商参加广告或支持销售活动而支付的款项或给予的价格优惠。

11.3.2　分段定价

企业通常会根据顾客、产品和地域差异调整基本价格。在**分段定价**（segmented pricing）中，企业以两种或多种价格销售产品或服务，尽管价格差异并非来自成本差异。

分段定价通常有很多种形式。在顾客分段定价中，对于相同的产品或服务，不同的顾客支付不同的价格。比如，博物馆可能向学生和老年人收取较低的入场费。在产品分段定价中，不同样式的产品价格也不同，但是价格差异并不是基于成本差异。比如，1升装的依云矿泉水的价格在当地超市可能是1.59美元，但在美容店和水疗中心，一个5盎司的依云喷雾的建议零售价则为11.39美元。水同样来自法国的阿尔卑斯山脉，而喷雾包装只比塑料包装成本高一点，然而一种只要5美分/盎司，另一种则要2.28美元/盎司。

地点分段定价是指企业可以在不同地点制定不同的价格，即使向每个地点供货的成本是相同的。例如，剧院为不同的座位制定不同的价格，因为顾客对某些座位更加偏好；大学通常会对外国的学生收取更高的费用。最后，时间分段定价是指企业按照季节、月份、日期甚至小时定价。一些电话公司在周末及工作日或者同一天的不同时段都会采取不同的定价；酒店会推出周末和季节性折扣。

分段定价的有效运作必须满足一定的条件：市场必须是可以细分的，并且不同的细分市场表现出不同程度的需求，但细分和监控市场的费用不应超过价格差异所带来的额外收入。分段定价必须反映顾客感知价值方面的真正差异，否则从长远来看，这种定价方法将导致顾客的反感和敌意。

11.3.3　心理定价

价格与产品是相关的。比如，许多顾客利用价格来判断产品的质量。一瓶标价100美元的香水，可能其中只有3美元是与香味有关的，但是一些人愿意付出100美元，他们认为这样的价格暗示产品具有某种特殊性。

心理定价：标签上的价格对产品与消费者的购买选择意味着什么呢？

运用**心理定价**（psychological pricing）时，企业考虑的是价格的心理影响而不仅仅是经济因素。例如，消费者通常认为一分价钱一分货。当消费者检验产品本身或者依靠过去的经验判断产品的质量时，他们较少依赖价格。但是当他们由于缺少相关信息和技能无法判断产品的质量时，价格会成为重要的质量指示信号。例如，一位每小时收取100美元的律师和一位每小时收取500美元的律师，哪一个更优秀？你必须了解他们的资历才能客观地回答这个问题，即使这样你也可能无法做出正确判断。大部分人会认为收取费用高的律师更出色。

心理定价的另一个方面是**参考价格**（reference prices）。这是消费者心中的价格，在购买特定产品时会加以参考。消费者可能通过观察目前的市场价格、回忆过去的经验或参照购买环境形成参考价格。企业在制定价格时可以影响或利用消费者的参考价格。例如，企业可以把某产品陈列在一个更加昂贵的产品旁边，暗示它们属于同一类别。百货商店可以分别在几个按价格分类的柜台销售女装，消费者认为他们在价格昂贵的柜台看到的服装质量会更好。

对于大多数购买行为，消费者没有技能或者信息来判断他们是否支付了恰当的价格，他们没有时间、能力或者意向来研究不同的品牌、商店和价格，以达成最划算的交易。相反，他们可能依赖确定的线索来判别价格是高还是低。比如，一件产品在享有声望的百货商店出售，就会给出这样的信号：这件产品值较高的价格。

有趣的是，这样的定价线索通常是由企业提供的。零售商可能会在标志价格旁边展示制造商的高建议价格，暗示这件产品最初的定价很高。或者，零售商可能会以非常低的价格出售消费者对其价格有准确了解的一系列熟悉产品，这表明商店中对其他顾客不太熟悉的产品价格也很低。价格线索已经成为常见的营销工具。

即使很小的价格差异也能反映出产品的差别。考虑一个音响定价分别为 300 美元和 299.99 美元这两种情况：实际只有 1 美分的定价差别，但是消费者心理上的差异可能非常大。例如，一些消费者可能认为 299.99 美元属于 200 美元的范围而不是 300 美元的范围。299.99 美元很可能被看成是廉价的，而 300 美元被认为具有更高的质量。一些心理学家认为，每一个数字在定价时都具有象征意义与视觉效果，在定价时应加以考虑，例如，"8"是圆的，有一种令人宽慰的感觉，而"7"是有棱角的，给人一种不和谐的感觉。[8]对于中国人来说，数字"8"的发音类似于"发"，因此定价以"8"结尾暗示能给潜在的消费者带来好运。

11.3.4 促销定价

运用**促销定价**（promotional pricing）时，企业会暂时把产品的价格调整到标价以下，有时甚至低于成本，以创造消费者的购买热情和紧迫感。促销定价通常会采取以下几种形式。超市和百货商店会将几种产品作为"牺牲品"，以低价销售吸引顾客，期望他们购买正常价格的其他产品。企业也可能运用特殊事件定价法，在某个特定的季节吸引更多的顾客。比如，学生穿的鞋通常在学校开学前促销定价，以吸引家长和孩子来商店购物。

制造商有时会向在某个特定时间从经销商那里购买产品的消费者提供现金回扣，并直接把这些回扣送给消费者。回扣曾经被汽车制造商、耐用品和小器具制造商广泛运用，现在也应用于消费类商品。部分汽车制造商提供低息贷款、较长的保证时间以及免费保修来降低消费者的"心理价格"。这种行为已经成了它们的一种偏好，否则，它们只能在正常价格的基础上提供折扣来促进销售，降低库存。

然而，促销定价也可能有负面作用。
- 产生"交易倾向型"顾客：这些顾客只有等到品牌降价时才购买。
- 损害品牌资产：营销人员有时以价格促销作为一种快速见效的手段，而不是克服重重困难发展自己品牌。
- 导致行业内的价格战：这类价格战通常被一个或者少数几个竞争者所控制，即那些拥有高效运营机制的竞争者。比如计算机生产商 IBM 和惠普，它们的新技术成果被热切的消费者抢购一空，显示出强劲的利润，增长。当市场逐步冷却时，许多竞争者以折扣价倾销个人电脑，导致了一场残酷的价格战。

促销定价在一定的条件下可以成为某些企业扩大销售的有效方法，然而，如果过于频繁地应用，则会产生毁灭性后果。

11.3.5 地理定价

当一家企业的产品销往一个国家或者世界的不同地域时，该企业必须决定怎样为这些产品定价。它是否要冒着失去顾客的风险向那些偏远地区的顾客收取较高的价格以弥补较高的运输费用？或者应该向所有的顾客收取相同的价格，而不考虑他们所处地域的差异？以下面假设的情况为基础，考虑五种**地理定价**（geographical pricing）战略。

萨瓦斯帝纸业公司位于清迈，向全泰国的顾客销售纸产品。运输成本很高，影响到顾客从哪家企业购买纸产品。萨瓦斯帝纸业想实行地理定价战略，它正在考虑如何为购买 100 美元纸产品的三个顾客制定价格：

顾客A(曼谷)、顾客B(普吉岛)、顾客C(宋卡)。

萨瓦斯帝纸业的选择之一是要求顾客支付从清迈的制造工厂到顾客所在地的运输费。三个顾客支付的出厂价是相同的,都是100美元。但是顾客A要额外支付10美元的运输费,顾客B额外支付15美元,顾客C额外支付25美元。这种定价战略被称为**FOB原产地定价**(FOB-origin pricing),它意味着将货物放到运输设备的甲板上即表明卖方责任的结束。从那一刻起,产品的权利和义务都转给了顾客,他们要支付从工厂到目的地的运输费用。因为每一个顾客都独自承担自己的成本,所以FOB原产地定价的支持者认为这是评价运输费用最公平的方法。然而,这种定价战略的缺点就在于,对于远距离的顾客来说,选择萨瓦斯帝纸业的成本较高。

统一运输定价(uniform-delivered pricing)与FOB恰好相反。这种定价战略是企业向所有的顾客收取同样的价格加运输费用,不论他们在什么地方。运输费用由平均运输成本决定。假设平均运输成本为15美元,则统一运输定价法就向曼谷的顾客收取了较高的价格(他要支付15美元而不是10美元),而向宋卡的顾客收取了较低的价格(他要支付15美元而不是25美元)。尽管曼谷的顾客可能更愿意从采取FOB原产地定价的本地纸品企业购买纸品,但是萨瓦斯帝纸业将有更大的机会赢得宋卡的顾客。统一运输定价法的优点是执行容易,而且企业可以在全国范围内对它的价格做广告。

区域定价(zone pricing)介于FOB原产地定价和统一运输定价之间。企业把市场划分为两个或多个区域,同一个地域内的所有顾客都支付相同的单一总价格;地理位置越远的区域,支付的价格越高。例如,萨瓦斯帝纸业可能设置一个北部区域,向该地区的所有顾客收取10美元的运输费用;设置一个南部区域,收取25美元的运输费用。利用这种定价方法,在一个给定价格区域内的顾客就享受不到价格优势,例如,曼谷和芭提雅的顾客都要向萨瓦斯帝纸业支付相同的总价格。然而,曼谷的顾客可能会抱怨他们比芭提雅的顾客多支付了部分运输费用。

运用**基点定价**(basing-point pricing),企业选择一个城市作为"基点",然后根据顾客所在地到基点城市的距离收取运输费用,不再考虑货物真正是从哪个城市发出的。比如,萨瓦斯帝纸业可能选择芭提雅作为基点城市,向所有顾客收取100美元的产品价格和从芭提雅到顾客所在地的运输费用,这意味着曼谷的顾客要支付从芭提雅到曼谷的运输费,即使货物可能是从曼谷运来的。如果所有的企业都选择相同的基点城市,那么运输费对所有的顾客来说都相同,价格竞争就能得到有效避免。一些行业,比如糖行业、水泥行业、钢铁行业和汽车行业过去常使用基点定价方法,但是现在这种方法已经不那么流行了。一些企业设立多重基点城市以使定价更灵活,根据顾客所在地和最近的基点城市的距离收取运输费用。

最后,如果企业非常想与某个特定的顾客或者某个特定地区的顾客做生意,它可能会采用**免运费定价**(freight-absorption pricing)。运用这种定价战略,企业支付部分或全部运输费用,以获得期望的生意。企业可能会这样推断:如果它获得更多的生意,其平均成本会降低,成本降低获得的收益就能超过额外的运输成本。免运费定价法被用来进行市场渗透,或者在竞争日益激烈的市场中维持市场份额。

11.3.6 动态定价与互联网定价

一些企业利用**动态定价**(dynamic pricing)来不断调整价格以迎合不同顾客和购买情境下的特征和需求。比如,考虑互联网怎样影响定价。互联网允许流动定价,在这种情况下,很大范围内的商品能够根据市场的承受力来定价。互联网的灵活性允许在线商家根据大量商品的动态需求来即时、不断地调整价格。在其他情况下,客户可以通过在eBay等拍卖网站上竞价或在Priceline等网站上谈判来控制定价。

动态定价法为营销人员带来了诸多好处。比如,网上卖场(如亚马逊)能够根据消费者的需求进行数据挖掘，衡量特定消费者的需求，测量他们的意图，不断改善产品以适应消费者的行为，并相应地制定价格。很多直销人员需要随时监测库存、成本和需求并不断修改价格。

消费者同样能够从网站和动态定价法中获得利益。购物网站，如亚马逊的 Price Check、Yahoo! Shopping、Bizrate.com 和 PriceScan.com，可以即时提供数千个经销商的产品和价格比较。另外，消费者还能找到最好的产品和能够提供最优价格的厂商。消费者掌握了价格信息，就能够争取到更低的价格。

消费者能够在在线拍卖网站和交易网站上进行议价。想要出售那部手机吗？你可以把它放在 eBay 或淘宝上。想自己为酒店房间或者出租车设定价格吗？你可以浏览 Priceline.com 或者任意的拍卖网站。动态定价法在很多情况下非常有益，它根据市场调整价格，而且经常为了顾客的利益采取行动（见实战营销11-1）。

实战营销11-1

动态定价：实时价格调整的奇迹与困境

现在看起来好像每位卖家都知道竞争对手的要价是多少、具体卖的是什么，能够精确到每分钟、每分钱。现在的技术给了卖家飞速调整价格的灵活性，这也会导致一些滑稽的价格调整。

举个例子，在美国一个黑色星期五的周末，对于最新版的 Xbox 游戏 Dance Central，消费者经历了一次令人晕头转向的降价行为。在感恩节之前，亚马逊将这款游戏的价格下调到49.96美元，与沃尔玛的价格一样。在感恩节当天，亚马逊将价格降到了24.99美元，等同于百思买的感恩节特价，沃尔玛马上以15美元的跳楼价回应。"这到底是什么愚蠢的定价行为？"你可能会问。欢迎来到奇迹与困境并存的价格调整世界。

从好的方面来说，动态价格调整能够帮助卖家优化销售，通过协调各个竞争对手的报价与市场情况更好地服务消费者。举例来说，航空公司通常会使用动态定价来不断地调整某些特殊航班的费用，根据竞争者的价格与可预期的剩余座位数量来做出变化。经常坐飞机的乘客可能会知道，如果现在预订下周去佛罗里达的航班，会得到一个报价，一个小时后再试，会得到一个不同的报价——可能更高，也可能更低。如果一个月之前预订，很可能会节省一大笔开支。

动态定价不仅帮助卖家最大化它们的利润，同时也使顾客掌握了一定的定价权。一个机警的消费者会充分利用卖家之间不断的价格竞争。通过在线检查与购物 App 监控价格，消费者能够抢购好的商品，充分利用零售商的价格匹配策略。事实上，今天的动态价格能够给予顾客更大的优势。现在网上价格查询或网上下单触手可及，像沃尔玛和百思买这样的零售商巨头也会受展厅销售所扰。展厅销售是指顾客能够在展厅里随意地挑选商品、查询价格，然后在网上购买。

百思买等商店正在利用动态定价与展厅销售对抗，甚至将其变成一种优势。百思买（加拿大）现在为其销售人员提供自己的移动价格检查软件，通过这个软件顾客能够实时查询每笔交易的竞争价格，它还通常向顾客显示多数商品中百思买提供的价格是最优的。当百思买的价格不是最低的时候，它会收到击败线上或线下竞争对手的指令——比它们的价格低10%。一旦价格成了购买的中立指标，这款软件将会凭借其服务、迅捷性、位置便利性、售后等非价格优势，将展厅客户转变为本店顾客。

如百思买的例子所展示的那样，动态定价不仅仅发生在快速变化的网上购物环境里。折扣商店 Kohl's 将静态的价格标签替换为电子形式的。这些电子标签可以集中控制，以动态地改变给定商店或整个连锁店的单个商品的价格。技术使得 Kohl's 能够应用互联网的动态定价形式，根据条件改变价格，节省了改变实物价格标签的时间与成本。

除了使用动态定价与竞争者竞争之外，很多卖家用它来根据顾客的特点和购买环境来调整价格。一些卖家会根据顾客的购买历史与个人数据来提供不同的价格。有些企业会给购物车里商品更多的顾客提供特殊的折扣。Orbitz 旅行社甚至会对 Mac 和 iPad 的使用者收取更高的价格，因为它认为苹果的粉丝普遍拥有更高的家庭收入。

在大多数环境下根据顾客不同的购买行为要价不同是合法的,许多顾客对这一点感到惊讶。事实上,调查显示2/3的网上购物者认为这是非法的。当他们得知这是合法的之后,90%的人都认为它应该是违法的。

不管是否违法,动态定价都不能始终让顾客满意,一旦操作不好,可能会导致顾客感到疑惑、沮丧甚至愤恨,毁坏辛苦建立的顾客关系。来看一下这位亚马逊购物者的经历。

Nancy Plumelee近来喜欢上了打麻将,她浏览了亚马逊的网站,在看完几页选项后,准备买一副54.99美元的麻将。放入购物车之后,她继续购买了一些计分牌与游戏的附属品。几分钟过后,当她浏览购物车时,发现麻将的价格已从54.99美元上涨到了70.99美元,Plumlee感到非常惊讶,她检查了一下浏览记录,确实是54.99美元。所以她决定清空购物车并重新尝试,结果麻将的价格变成了59.99美元。"这没有让人感觉到商业诚信,亚马逊真可耻。"Plumlee说道,她致电亚马逊并要求退款5美元。

有时候准确评价一个动态定价战略的好坏是很难的,有的动态定价战略会伤害顾客关系,胜过给企业带来的利润。以Uber为例,Uber是为美国许多城市提供服务的叫车App,客户可以通过短信或App呼叫出租车、汽车或其他交通工具。

Uber使用了一种叫作"峰时价格"的动态定价战略,在正常情况下,Uber的顾客只要支付合理的叫车费,但在出行高峰时期价格会有惊人的提升。举个例子,在曼哈顿一个周六的晚上,Uber的要价高达以往正常价格的8倍。尽管在顾客发出叫车请求之前Uber已经提示了顾客将收取高昂的费用,但许多顾客还是非常愤怒,他们批评、发邮件、发Twitter表达自己对Uber乱收费的不满情绪,指控该公司进行价格欺诈。一个顾客在Instagram上发了一张415美元收据的照片。"这是抢劫!"有人转发并评论。尽管遭受了抗议,但Uber在纽约的需求量并没有下降,对于可以支付起Uber价格的顾客来说,便利性和声望是最重要的决定因素,而不是价格。"没人强制你使用这种服务,"一个人评论道,"不喜欢的话你就自己开车、走路,或者坐公交。"

因此,如果使用得当,动态定价战略能够帮助卖家通过追踪竞争者的定价并快速适应市场的变化来优化销售和利润。如果使用不当,它可能会引发损害利润的价格战,同时破坏与顾客之间的关系和信任。动态定价经常会演变成卖家之间定价的"军备竞赛",过于重视价格导致忽视了其他重要的顾客价值构成因素。企业必须对定价保持谨慎,正如百思买的一位经销商所说,定价(无论是否采用动态定价)仅仅是影响因素的一部分,好的搭配、便利性、物流、顾客服务、质量保证,所有这些因素对顾客都很重要。

资料来源:Andrew Nusca, "The Future of Retail Is Dynamic Pricing. So Why Can't We Get It Right?", *ZDNet*, 2 October 2013; Randall Stross, "Digital Tags Help Ensure the Price Is Right," *New York Times*, 9 February 2013, www.nytimes.com; Laura Gunderson, "Amazon's 'Dynamic' Prices Get Some Static," *The Oregonian*, 5 May 2012; Thorin Klosowski, "How Web Sites Vary Prices Based on Your Information," *Lifehacker*, 7 January 2013; David P. Schulz, "Changing Direction," *Stores*, March 2013; Jessi Hempel, "Why Surge-Pricing Fiasco Is Great for Uber," *CNNMoney*, 30 December 2013; Victor Fiorillo, "Will Everyone Please Shut Up about Under Surge Pricing?" *Philadelphia Magazine*, 18 December 2013; and Alison Griswold, "Everybody Hates Surge Pricing," *Slate*, 24 April 2014.

11.3.7 国际定价

那些在国际市场上销售产品的企业,必须决定如何为其在不同国家运营的产品定价。在某些情况下,企业可能制定一个统一的全球价格。例如,波音不管在什么地方都以几乎相同的价格销售喷气式飞机。但是,大部分企业都会根据当地的市场环境和成本来调整价格。

一家企业在特定的国家应该制定一个什么样的价格由很多因素决定,包括经济环境、竞争环境、法律法规以及批发和零售体系的发展水平。不同国家消费者的认知和偏好也有差异,因此也需要有不同的价格,或者企业在不同的市场中追求不同的目标,也要在价格战略方面有所调整。例如,三星将一种新产品引入一个高度发达国家的成熟市场中，追求的目标是迅速获得大众市场份额，这就需要渗透定价战略；反之，若进入一个发展水平较低的国家，针对的是人数较少且对价格不敏感的顾客群，此时市场撇脂定价战略就比较有效。

成本也是影响国际化定价的一个很重要的因素。出国旅行的人经常会吃惊地发现，在自己国家相对便宜的商品，在其他国家的标价可能高得离谱。在美国市场一条售价为30美元的李维斯牛仔裤，在东京的售价是63美元，在巴黎的售价是88美元。类似地，一个凯特·丝蓓的手提包在美国可能卖300美元，在新加坡可能卖600美元。在某些情况下，这些价格的飙升很可能源于营销战略或者市场环境差异。然而，在大多数情况下，它仅仅是因为在另一个国家的销售成本高，包括产品改装、运输和保险、进口关税和税收、汇率波动和实体分销带来的额外成本。比如，日本就拥有一个复杂的分销系统，这往往带来成本的上升。

对于想进入中国、印度、巴西这样的新兴市场的企业来说，价格是其国际营销战略中至关重要的因素。一般而言，进入这些市场就意味着瞄准了快速增长的中产阶级。然而随着全球经济的疲软与新兴市场经济增速的放缓，许多企业将"金字塔最底端的人群"视为新的目标，这是由世界上最贫困的用户所组成的巨大的未被开发的市场。因此，许多企业正在为这个市场开发更小的、更基本的与价格更实惠的产品类型。例如联合利华，它旗下的品牌，如多芬、夏士莲、立顿和凡士林都缩减了包装，降低了价格，使得最贫困的人也能购买得起。它还开发了一次性包装香皂、洗衣液、润肤霜，即便一小包只卖几便士也可以获利。如今，联合利华一半以上的收入都来自新兴市场国家。

将产品卖给金字塔最底端的人并能获利，需要的不仅仅是重新包装或是拆开现有的产品将它们以更低的价格出售。与富有的消费者一样，低收入的顾客也希望其购买的产品既实用又能满足其需求。因此，很多企业都在研发不仅价格低廉而且性价比更高。

Godrej & Boyce通过顾客驱动的创新理念成功地打开了印度的廉价冰箱市场。由于高昂的购买价格与维修成本，传统冰箱在这个国家的接受度很有限。Godrej并没有生产便宜的高档冰箱，而是安排了一个团队专门研究使用低端冰箱或没有冰箱的印度居民的需求。近郊和农村地区的居民一般每个月收入只有5 000~8 000卢比（大约125~200美元），他们与四五个家人一同住在单间里，并且经常变更住所。这些消费者没有购买传统冰箱的能力，为了生活，他们经常会购买二手冰箱，甚至有些人会共用冰箱，这些消费者只会购买或储存少量的食物，他们每天都会上街购物，买很少量的物品。因为供电很不稳定，他们想保鲜的那些少量食品也很容易变质。

Godrej意识到了这部分低端收入的人群对传统的高档冰箱的需求很小，他们需要一种全新的产品。因此Godrej创造了ChotuKool，一种小型的糖果红颜色的开口在顶部的便携式冰箱，它的空间可以放入少量只想储存一两天的食品。这种小冰箱没有使用压缩机或制冷剂，而是使用了一个当电流接通时可以制冷的芯片。顶部开口的设计能够在盖子打开时将冷空气保留在冰箱里。ChotuKool只需要使用传统冰箱一半以下的电力，由于在农村地区经常会发生断电的情况，这时候它能依靠电池继续运行。ChotuKool只需69美元，就可以以传统冰箱价格的一半更好地满足了消费者的需求。

11.4 价格变动

企业在建立了定价结构和定价战略后，还经常面临着这样的情况：它们必须主动改变价格，或者对竞争者的价格变化做出反应（见图11-2）。

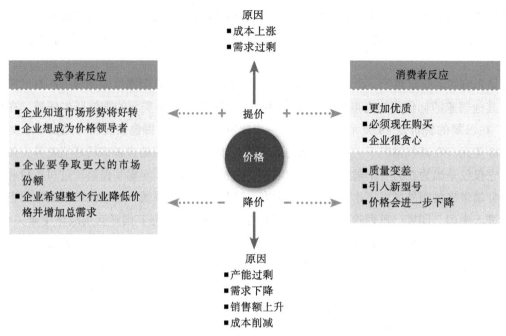

图 11-2　主动改变价格和对价格变动的反应

11.4.1　初始价格变动

在某些情况下，企业会发现有必要降价或者提价，但是在这两种情况下，企业都必须预测顾客和竞争者的反应。

1. 主动降价

在几种情况下，企业会考虑主动降价。一种情况是产能过剩。导致价格变动的另一种情况是由于面对强有力的价格竞争，企业的市场份额正在下滑。在这样的情况下，企业可能会大举降价，以增加销售量和提高市场份额。但是航空行业近年来的经验表明，在一个产能过剩的行业中，降低价格很可能会导致价格战，因为竞争者会全力保护它们的市场份额。

企业降价还可能是为了利用低成本优势从而成为市场领导者。该企业要么最初的生产成本就比竞争者低，要么希望通过降价获得更大的市场份额，进而通过大批量的销售进一步降低成本。例如，联想就使用了低成本、低售价的战略在新兴市场中增加市场份额。

2. 主动提价

成功的提价能够大幅度增加企业利润。例如，如果一家企业的边际利润率为销售额的3%，价格提高1%，在销售量不变的情况下，利润就增加了33%。导致提价的一个主要因素是成本上涨：增加的成本挤压了企业的边际利润，导致企业不得不将成本上升的压力转嫁给消费者。另一个导致提价的因素是需求过剩：当一家企业不能满足所有顾客的需求时，可能就会提高价格，也可能为顾客定量配给产品，或者同时采取这两种措施。

但是在向顾客收取高价时，企业必须避免被看作一个价格收税官，否则就会失去顾客。一种措施是在任何一次价格上涨时保持公平感。企业应该在提高价格的同时向顾客解释为什么要提价。执行不引人注意的价格变动也不失为一个很好的策略，取消打折、限量供应和削减低利润产品的产量等都是这样的例子。

只要有可能，企业就应该考虑那些能弥补成本上涨和需求过剩而不必提高价格的措施。例如，企业可以考虑采用更具成本效益的方式生产和分销产品；可以压缩产品分量或者以更便宜的原料来代替，而不是提高价格，就像金佰利-克拉克通过减少每包厕纸或面巾纸的纸张数提高了舒洁的相对价格。

3. 顾客对价格变动的反应

顾客并不总是以简单直接的方式来理解价格变动，他们可能会对一次降价做出几种解释。例如，如果三星突然大幅度降低电视的价格，你会做何感想？你可能认为这种电视会被一种新的型号代替，或者由于产品缺陷，它的销量已经大不如前了。你还可能认为三星产品的质量降低了，或者你可能会觉得它的价格未来会进一步下降，因此采取观望的态度。

类似地，我们通常认为会降低销售量的提价行为，也可能给消费者带来正面意义。如果三星提高其最新型号的电视的价格，你会怎样想？一方面，你可能会认为这款电视很热销，如果不尽快购买的话，很可能再也买不到了，或者你可能认为这款电视具有非同寻常的价值。另一方面，你也可能认为三星很贪婪，想从交易中赚取最大限度的利润。

一个品牌的价格通常与其形象紧密相关。如果价格变动，特别是降价时，会使消费者对品牌产生负面印象。蒂芙尼在试图推出较为低价的珠宝以扩大其影响力时发现了这一点。

蒂芙尼一直是奢侈的代名词，它的蓝色盒子便是它的标志。然而，20世纪90年代末，这一高端珠宝商开始尝试消费者"买得起的珠宝"，它推出了名为"重返蒂芙尼"的新产品线，卖一些较低价的银饰。"重返蒂芙尼"银手镯迅速成为时尚必备品，青少年也纷纷涌进蒂芙尼抢购只卖110美元的小玩意，销量一飞冲天。但是在早期的胜利之后，银手镯影响了那些年长、富有和保守的顾客，也毁坏了蒂芙尼作为奢侈品的形象，随后，蒂芙尼开始重新强调其昂贵的珠宝藏品。尽管高端珠宝再度超过银饰成为蒂芙尼增长最快的业务，但仍没能最终恢复其独一无二的形象。正如一位高端顾客所说："你从前渴望去蒂芙尼买点东西，现在它变得没那么特别了。"[9]

4. 竞争者对价格变动的反应

在那些企业数量少、产品同质化严重和消费者信息灵通的行业中，竞争者很可能对价格变化有所反应。与顾客一样，竞争者也会对企业的降价做出很多种不同的解释。它可能认为该企业正在试图抢占更大的市场份额；或者企业的经营业绩不佳，通过降价来促进销售；或者该企业想要整个行业通过降低价格来增加总需求。

企业必须预期每个竞争者可能的反应。如果所有竞争者的行动方式相同，就等同于分析一个典型的竞争者；反之，如果竞争者的行动方式并不相同，就有必要分别分析每个竞争者。然而，如果一些竞争者会仿效进行价格变动，企业就有理由预期其他的竞争者也会仿效进行价格变动。

11.4.2 对价格变化的反应

现在我们把问题反过来看，企业应该怎样对某个竞争者的价格变动做出反应。企业必须思考以下几个问题：竞争者为什么要变动价格？价格变动是暂时的还是永久的？如果企业不做出任何回应，对自己的市场份额和利润可能会产生什么样的影响？其他竞争者可能会做出反应吗？除了这些，企业还必须考虑自身的情况和战略以及顾客对价格变动可能做出的反应。

图11-3说明了企业评价和回应竞争者降价行为的方法。即使企业确定竞争者已经降低了价格，并且价格的降低很可能影响企业的销售量和利润，它也可能决定维持现行的价格和利润率。该企业可能认为它不会

损失太多的市场份额，或者如果自己也降低产品价格的话，会遭受更大的利润损失。该企业可能决定等待一段时间，当获得更多关于竞争者价格变动的影响的信息后再做出反应。

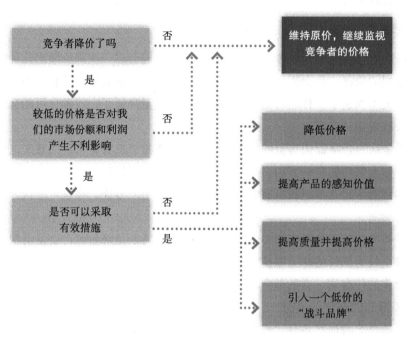

图 11-3 对竞争者的价格变动做出评价和反应

如果企业觉得应该并且能够做出有效的反应，那么它可以做出以下四种反应中的任何一种。首先，它可能决定降低价格以与竞争者的价格相匹配，因为它认为市场对价格非常敏感，如果不降价的话，可能会被竞争者抢占太多的市场份额。其次，降价在短期内会降低企业的利润，一些企业可能会降低产品和服务质量、减少营销宣传的开销以维持原来的利润率，但是这最终会损害企业长期的市场份额，因此企业在降价时也应该保持原来的质量水平。

再次，企业可以维持原来的价格，但是提高所供应的产品的感知价值。企业可以加强市场宣传，强调其产品价值优于价格较低的竞争产品的价值。企业可能会发现，相对于降低价格、以较低的边际利润率运营，维持原价、提高产品的感知价值是一种更合算的方法。或者，企业可以提高质量并且提高价格，将其品牌转移到一个更高价格的定位上。较高的质量能够创造更大的客户价值，这就证明了更高的价格是合理的，反过来，较高的价格又可以维持企业较高的利润率。

最后，企业可以推出一个低价的"战斗品牌"——在现有的产品线上增加一个低价产品，或者创造一个独立的低价品牌。如果丢失的细分市场对价格敏感，对高质量诉求不敏感的话，这项措施就是很有必要的。比如，当受到亚洲航空和捷星航空的价格挑战时，新加坡航空公司就开设了长途廉价的酷航与之竞争。

11.5　公共政策与定价

价格竞争是自由市场经济的核心因素。在制定价格时，企业并不能随意制定其希望的任何价格，很多法律都是指导公平定价的原则。另外，企业必须考虑对于价格更广泛的社会关注问题。

图 11-4 表明了影响定价的主要的公共政策问题，包括在一个特定的渠道内对定价战略产生潜在危害的

行为（价格垄断和掠夺性定价）以及渠道之间对定价战略产生潜在危害的行为（零售价格维持、价格歧视和欺骗性定价）。

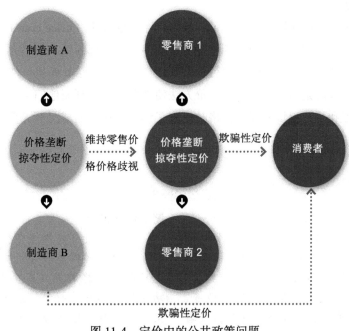

图11-4　定价中的公共政策问题

11.5.1　渠道内部的定价战略

价格垄断（price-fixing）是指卖家与其他卖家协商制定价格，价格垄断是不合法的。比如，三星和另外两家计算机内存芯片制造商同意支付1.6亿美元以了结一项诉讼，这项诉讼指控三星它们在4年里进行价格垄断，人为地限制向苹果、戴尔等计算机厂商供应DRAM芯片（动态随机存取存储器），这样的供应限制人为地拉高了价格，帮助共谋的企业获得了更高的利润。

掠夺性定价同样是被禁止的行为——以低于成本的价格销售，目的是惩罚竞争者或者使竞争者破产从而获得较高的长期利润。这样规定是为了保护小企业免受大企业的侵害，因为大企业可以暂时以低于成本的价格销售产品，以达到在某个特定的地区将小企业逐出市场的目的。

11.5.2　渠道间的定价战略

同样有法律禁止不公平的价格歧视行为，以确保企业为一个特定交易水平的所有顾客提供相同的价格条款。企业为不同的零售商生产质量水平不同的同一种产品，也可以被视为歧视性定价，除非企业证明这些差异是合理的。从积极的角度看，价格差异也可能被用来"匹配竞争"，前提是价格差异是暂时性、地区性和保守性而非进攻性的。

零售价格维持（retailing price maintenance）也是被禁止的——制造商不能要求经销商为其制造的产品提供某个特定的零售价格，但是零售商可以为交易者提供一个制造商建议零售

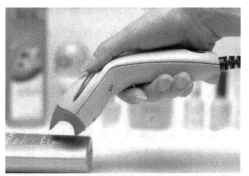

欺骗性定价：扫描仪的广泛使用，导致越来越多的顾客抱怨零售商多收了他们的钱。

价。**欺骗性定价**（deceptive pricing）是零售商宣传一些可能对消费者产生误导或者消费者根本不可能获得的价格，包括虚假的参考价格或者比较价格，即零售商先设置一个很高的"正常价格"，然后宣布实际上很接近真实价格的"促销价格"。

其他欺骗性定价问题包括**扫描仪诈骗**（scanner fraud）和**价格混乱**（price confusion）。普遍使用的基于扫描仪的计算机结算系统，导致越来越多的顾客抱怨零售商多收了他们的钱。在绝大多数情况下，这些多收的钱是由于低效的管理造成的——没有及时把现行价格和促销价格输入结算系统。然而，还有一种情况可能是零售商故意多收钱。价格混乱是指企业采用的定价方法使消费者很难判断他们真正支付了多少钱。例如，消费者有时在判断房屋抵押和汽车租赁的真实价格时受到了误导。在其他情况下，重要的价格信息可能被隐藏在"细则"里。

目标回顾

在本章中，我们学习了额外的定价考量——新产品定价、产品组合定价、价格调整、价格变动的初始过程与反应过程。企业并不是仅仅设定一个单一的价格，而是设计涵盖所有产品组合的价格结构。这个价格结构会随着产品生命周期的演进而改变，企业会调整产品价格以反映成本和需求变化，或者反映购买者和环境等方面存在的差异。当竞争环境发生变化时，企业要考虑何时改变价格或何时对价格变动做出反应。

1. 描述主要的新产品定价战略

定价是一个动态的过程。当产品沿着其生命周期演进发展时，价格战略也经常发生变化。导入期，即首次定价尤其具有挑战性。企业在为产品定价时可以从以下几种价格质量战略中选择一种：市场撇脂定价，即起初设定高价以从不同的细分市场撇取最高利润；市场渗透定价，即起初设定低价以使产品深入地渗透到市场中，并获得很高的市场份额。使新产品定价战略起作用还需要满足一些条件。

2. 解释企业如何找到使整个产品组合利润最大化的一系列价格

当产品是产品组合的一部分时，企业就要寻找能使整个产品组合总利润最大化的价格。在产品线定价中，企业要决定其所提供的一系列产品的价格区间。例如，企业必须为下列产品制定价格：可选择产品（可选择的配件或者主产品的附属产品）、附属产品（在主产品的使用中必须用到的产品）、副产品（在生产主产品的过程中产生的废物或多余的产品）和捆绑产品（产品的组合，其价格低于单独产品的价格之和）。

3. 讨论企业如何根据不同类型的顾客和场景调整它们的价格

企业可以实施各种各样的价格调整战略，以解决在细分顾客群体和环境方面存在的差异。第一种是折扣和价格补贴，即企业设立现金、数量折扣、功能折扣和季节折扣，或者设立不同种类的补贴政策。第二种战略是分段定价，即企业按照两种或多种价格水平销售同样的产品，以反映顾客、产品形式、地点或时间等方面的不同。有时，企业在做出价格决策时不仅考虑价格的经济含义，还会利用第三种战略——心理定价，更好地传递其产品定位。第四种战略——促销定价，企业可以提供折扣或者暂时把该产品作为牺牲品，以低于成本的价格销售。第五种战略是地理定价，企业决定应该向远距离的顾客收取什么标准的价格；企业可以选择的地理定价战略有FOB原产地定价法、统一运输定价法、区域定价法、基点定价法和免运费定价法。最后，国际定价意味着企业应该调整价格以适应不同的世界性市场中的环境和期望。

4. 讨论关于发起价格变动与应对价格变动的关键要点

当企业考虑主动发起价格变动时，必须考虑顾客和竞争者的反应。发起降价和提价都有好几种含义。购买者对价格变动的反应受到其对价格变动含义的解释的影响。竞争者对价格变动的反应包括从一个固定的反应政策到对每个环境都进行重新分析的政策。

在考虑对竞争者的价格变动做出反应时，企业也要考虑很多因素。当企业面对竞争者发起的价格变动时，必须理解竞争者变动价格的真正意图以及价格变动可能持续的时间和带来的影响。如果企业希望对竞争者的价格变动快速做出回应，应该提前计划对竞争者可能的不同的价格变动分别采取什么措施。在面对竞争者的价格变动时，企业可能按兵不动，也可能降低自己的价格，提高产品感知价值，或同时提高产品质量和价格，抑或引入一个低价的战斗品牌。

5. 概述影响定价决策的社会和法律问题

联邦、州，甚至本地法律都会对公平定价做出规定。同样，企业必须考虑更广泛层面上的社会定价考量。主要的公共政策问题包括在给定层级渠道内危害定价的行为（如价格垄断或者掠夺性定价），还包括跨渠道定价（如零售价格维持、歧视性定价和欺骗性定价等）。许多联邦和州都有监管定价的法律，然而有声望的企业往往会比法律要求做得更多。公平地对待消费者是建立可持续顾客关系的重要部分。

关键术语

market-skimming pricing（price skimming） 市场撇脂定价
market-penetration pricing 市场渗透定价
product line pricing 产品线定价
optional-product pricing 可选产品定价
captive-product pricing 附属产品定价
by-product pricing 副产品定价
product bundle pricing 产品捆绑定价
discount 折扣
allowance 补贴
segmented pricing 分段定价

psychological pricing 心理定价
reference prices 参考价格
promotional pricing 促销定价
geographical pricing 地理定价
FOB-origin pricing FOB原产地定价
uniform-delivered pricing 统一运输定价
zone pricing 区域定价
basing-point pricing 基点定价
freight-absorption pricing 免运费定价
dynamic pricing 动态定价

概念讨论

1. 比较市场撇脂定价和市场渗透定价，讨论每一种定价方法适用的情况。
2. 描述五种产品组合定价战略。
3. 解释价格折扣和补贴在促销定价方面的不同。
4. 比较企业在为不同地区以及不同区域的消费者进行地理定价时，哪种战略最好？
5. 哪些因素会影响企业在不同国家的定价？
6. 为什么企业会考虑提价？它必须采取哪些措施以避免被看作价格掠夺者？

概念应用

1. 访问3个价格比较购物网站，在这3个网站购买1台数码相机，比较每个网站给出价格的范围。基于研究，确定相机的合理价格。
2. 将1美元兑换为5个国家的货币，讨论在这些国家定价时汇率变化如何影响价格？
3. 有一种心理定价暗示为"稍低价"，也被称为"9结尾"定价法，因为价格末尾的数字通常使用9或99。在小组中，每位成员选择5个不同的产品，找出其价格。产品价格有反映9结尾法则吗？为什么营销人员会使用定价暗示？

技术聚焦

网络对于出售商品和服务来说非常方便，但是不能在网上犯定价错误。洲际酒店就错误地将其靠近意大利威尼斯的四星级酒店的价格写成了每晚1欧元，而实际价格是150欧元。在意识到错误前，网民已经预定了1 400多个夜晚。该酒店为此造成了9万欧元的损失。在中国台湾，戴尔网站上一个长达

8小时的定价错误产生了无数个问题，4万台笔记本的定价只有原来价格的1/4。戴尔拒绝接受这一错误价格，而是用折扣来弥补错误。中国台湾当局并不同意，勒令戴尔尊重预订，并对戴尔处以罚款。

1. 找出其他两个网络定价错误，企业是怎样处理定价错误带来的问题的？
2. 研究营销人员是怎样处理网络定价错误的，写一份简短的报告，总结你发现的内容。

道德聚焦

一般人认为距离越远，机票越贵。根据美国运输部的数据，事实并非如此。例如，从波士顿到费城，一次451公里的飞行，平均成本是342美元，即0.76美元/公里，而从波士顿飞往加利福尼亚州长滩的4 188公里的飞行成本为169美元，即0.04美元/公里，这是平均成本，坐在一起的乘客有可能支付不同的价格。很多因素会影响机票的定价，距离只起很小的作用，即便两项主要成本——燃油和劳力随着里程增加也会增加。在这个例子中，一个因素可能是从波士顿到费城的航班每天运送484位乘客，而从波士顿到长滩的乘客每天只有330位。航空公司声称它们只是按市场承受的价格收费。

1. 航空公司应该按照飞行距离向同一舱位（如经济舱或公务舱）的乘客索取相同标准的机票费吗？如果政府要求航空公司只基于距离和舱位定价，会发生什么？
2. 什么因素在机票价格变动中起作用？航空公司可以被允许为每个座位收取尽可能高的价格吗？

营销和经济

必胜客

所有种类的餐馆在经济艰难时期都面临着吸引顾客的问题。必胜客是不同寻常的一个，它不仅提供快餐，还提供全面服务。必胜客从未被认为是低价比萨品牌。当经济衰退时，所有因素都冷却下来，必胜客也如大多数企业那样开始降价。起初，必胜客开展了比萨"10美元任选"的促销活动——你可以任选比萨，不论尺寸、底盘、辅料，都只要10美元。

消费者对限时活动做出了回应。只要价格折扣停止，必胜客微弱的促销收入也就消失了。所以企业开始做出更长远的调整，为了增加顾客忠诚，它推出了每日低价。大多数中等尺寸的比萨只要8美元，大尺寸的比萨10美元，超级尺寸的比萨12美元。这些价格折扣最多比之前的价格降低了一半。在新价格下，必胜客预期收入会大幅增长，但是新价格需要时间来起作用。

1. 必胜客的折扣对其品牌形象有什么影响？
2. 顾客忠诚能通过低价产生吗？
3. 必胜客能保持这样的低价并盈利吗？

营销数字

经济疲软使许多消费者购买更低价的产品。尽管宝洁2009年的销售额达到了770亿美元，但许多相对昂贵的品牌（如汰渍洗衣液等）都滞销了。因此，2010年，宝洁开始了令人不可思议的举动：大调了大多数产品的价格，如电池（13.3%）、洗衣液（5.1%）、洗发水（5.4%）和护理液（6.6%）。价格折扣的成本必须通过销量大幅增长来使盈亏平衡。

1. 宝洁在降价前平均利润率是20%。按照附录B计算新产品的利润率，假设价格降低10%。
2. 宝洁新产品的销量必须达到什么水平才能维持盈利，也就是770亿美元的20%，即154亿美元？

企业案例

蔻驰：处于高定价的浪潮之中

维克多·路易斯静静地站在位于曼哈顿34街的办公室眺望窗外，他接任蔻驰的CEO刚过一年，这是刘易斯·法兰克福干了28年的职位，在法兰克福的领导下，蔻驰似乎没有犯任何错。事实上，在过去的十几年里，这家拥有70多年历史的企业的收入从10万亿美元猛涨到50万亿美元，凭借它令所有女性喜爱的奢侈手提包。除此之外，蔻驰10亿美元的收入底线与20%的净利润一直是它的惯例，蔻驰的收入使其成为这个国家手提包市场的领导者。该品牌的高价格和利润率使该公司成为华尔街的宠儿。

然而，就在路易斯接任的时候，蔻驰的时运开始出现了变化。尽管企业正在向有更好前景的男士系列与国际市场发展，但它在美国市场的收入已经连续四个季度下滑了，而美国市场占其业务量的70%。整个北美的可比销量在过去的一年间下降了21%，一旦这个时尚的领导者在两年内的市场份额都输给了更年轻、更机敏的其他竞争者，投资者就会紧张不安，导致蔻驰的股票价格在两年内下降50%。在长期的成功之后，现在的蔻驰好像什么都做不好了。

手工起源

1941年，在曼哈顿的一间小阁楼里，6位手工匠成立了一个叫Gail皮革产品的合伙企业，并以家族企业的方式运营。它雇用代代相传的手工艺人，制作一系列的皮革产品，主要是钱包和皮夹。5年之后，企业雇用了迈尔斯·卡恩与莉莉安·卡恩，他们是一家皮革手提包制造商的所有者。1950年，迈尔斯·卡恩开始运作这家企业。

随着业务的不断发展，卡恩对棒球手套中有特色的皮革材料非常感兴趣，这个手套刚使用的时候很坚硬粗糙，但使用之后它会变得越来越柔软舒适。卡恩发明了一种方法仿制这种磨损过程，制作了一种更结实、更舒适与更灵活的皮革。作为一个附加福利，这种用久了的皮革会将染料吸收到一个更大的程度，产生一种更深的色彩。当莉莉安·卡恩建议将女性手提包加入企业的低利润产品线时，蔻驰这个品牌就诞生了。

20年以后，蔻驰独一无二的柔软与女性特色的牛皮包成了耐用性的代表。1985年，卡恩将蔻驰卖给了美国莎莉集团，刘易斯·法兰克福成了蔻驰的CEO并将这个品牌带入了增长和发展的新纪元。

在法兰克福的带领下，蔻驰从一家小企业发展为一个广受认可国际性品牌，不仅仅是手提包的新设计与新产品线，同时销路也快速扩张。当法兰克福卸任的时候，北美、亚洲、欧洲有900多家蔻驰专卖店，拉丁美洲、中东和澳大利亚的百货商场里也有上百家蔻驰精品店。除了实体店之外，蔻驰的网络销售渠道也很好地建立了起来。

高价等同于高销售额

随着蔻驰产品线与销路的扩张，世界各地的女性都被其品牌质量与时尚特色所吸引。但更有可能的是，她们是被这个品牌所代表的奢侈、品位和成功所吸引。多年来，蔻驰试图寻找一个最优的价格点，远高于普通百货公司的品牌。在一些同时出售蔻驰产品与中等品牌手提包的商店中，蔻驰的价格往往是它们的5倍。

这么高的价格似乎会将顾客吓跑，可是，随着蔻驰名声的提高，女性渴望拥有它的产品。尽管蔻驰的价格对大多数购买者来说十分昂贵，但大多数中产阶层的女性仍然能偶尔为它挥霍一次，相比于古驰、芬迪和普拉达5~10倍的价格，相对而言蔻驰还是较便宜的。

随着它成为消费者可以购买得起的地位象征，蔻驰是少有的在经济衰退时期还能保持稳健的利润增长的奢侈品品牌，并且它没有打折。由于担心价格下降会损害品牌，因此蔻驰推出了"Poppy"系列，这个系列通常要比普通的蔻驰品牌价格低30%，蔻驰强调质量驱动价值，因此它使得顾客能够在经济艰难时期仍然保持对品牌的忠诚。

与此同时，蔻驰开始投资新的顾客领域，它首先开了几家男士专营店，售卖小型的皮革产品、旅游携带品、鞋类、珠宝还有泳衣。蔻驰同时也在其他商店扩张它的男士用品。理所当然地，蔻驰男性产品的营收在一年内翻倍了，企业在国际市场上也获得了类似的成功，它们大力进军欧洲、中国和其他亚洲市场。

但是就在蔻驰看起来不可击败的时候，它显现出了脆弱的迹象。它在美国的手提包业务开始萎缩。在路易斯上任的第一年，蔻驰在美国手提包市场的份额从19%下降到17.5%，这是蔻驰历史上第二次出现这么大幅度的下降。与此同时，Michael Kors——蔻驰最大的竞争对手的市场份额从4.5%上升到7%，后起之秀凯特·丝蓓和汤丽·柏琦的市场份额都有上涨。因为美国市场是蔻驰最大的市场，尽管在新兴市场中份额有所上升，但蔻驰的总体营收还是下降了。

问题在哪儿呢

问题可归因于多种因素。在最近的几个节假日中，蔻驰遇到了很多零售商所面临的问题：百货商店的客流量下降了。但是与此同时，凯特·丝蓓和Michael Kors的门店迎来了两位数的增幅。蔻驰的表现也与整个市场走势相反，整个手提包市场去年增长了10%。

蔻驰与其竞争者之间的不同表现让一些分析师推测这位长期的领跑者对时尚的理解出现了问题。"它们肯定会失去市场份额，"分析师布莱恩·亚伯勒说，"在时尚方面，它们失去了节奏。"许多人认为，在保持了17年的创意设计之后，蔻驰的设计已经出现了停滞。

蔻驰的价格结构也出现了问题。简单来说，就是蔻驰拿走了太多的溢价，蔻驰希望通过折扣商店来取代优惠券推广的方式，折扣商店是它最大的收入来源，同时也是最能吸引顾客自掏腰包的。一位奢侈品零售专家这样说："随着经济的衰退，愿意付出高溢价购买奢侈品的用户减少了。"但是价格因素不能完全解释为什么在蔻驰的收入下降的同时其他竞争者的收入反而升高了。事实上，蔻驰在北美的收入下降的同时，它的高端手提包（超过400美元）的销售量是上升的。

有些分析师质疑蔻驰的大众化对其高端定位有影响，一个奢侈品品牌的定位通常不是每一个消费者都能购买得起的，然而蔻驰的产品消费者基本上都能够找到买到它的方式。蔻驰的直销店助长了这种易获得性，这些直销店经常会以很低的价格卖一些换季产品和质量稍差一些的产品。随着低价顾客的大量涌入，蔻驰的直销店占了其收入的60%，在单位销售额中所占的比例更高。

尽管是新上任的CEO，但刘易斯在过去8年里一直在管理蔻驰的国际市场。尽管法兰克福辞职了，但他仍然是董事会主席，在这些经验丰富的高管们的带领下，蔻驰开始实施一个转型计划。蔻驰聘用了一位新的时尚主管，据路易斯所说："他将给这个品牌带来前所未有的时尚性。"时尚界与投资界都非常期待他的第一个设计。

除了创意和设计上的改变外，蔻驰也在重新平衡它的产品组合。为了赢回消费者，蔻驰将定位为一个生活系列品牌，涉足鞋类、衣服和其他配饰。同时它也会增加更多的400美元以上的手提包种类，提高平均售价。鉴于品牌所面临的风险，掌权者不会轻易放弃。问题是，这些策略能否使蔻驰重现往日的荣光呢？

讨论题

1. 蔻驰在为它庞大的产品线定价时遇到了什么挑战？
2. 基于本章的内容，解释价格是如何影响顾客对蔻驰品牌的认知的？
3. 蔻驰的价格点的竞争加剧如何影响品牌的表现？
4. 现在蔻驰领导层提出的计划能否扭转其品牌在市场中的颓势？为什么能或不能呢？
5. 你会对蔻驰提出什么建议？

资料来源：Andrew Marder, "Coach, Inc. Can't Get It Together," *Motley Fool*, 30 April 2014, www.fool.com; Phil Wahba, " Coach Sales in North America Plummet as Market Share Erodes," *Reuters*, 22 January 2014, http://in.reuters.com; Ashley Lutz, " Coach Is Slipping Fast, and It Can All Be Traced to One Major Mistake," *Business Insider*, 22 October 2012, www.businessinsider.com, accessed May 2014.

第12章
营销渠道与供应链管理

学习目标

1. 解释企业为什么要使用营销渠道并讨论这些渠道的功能。
2. 讨论渠道成员怎样互动以及怎样组织以完成渠道工作。
3. 识别企业可用的主要渠道的选择方案。
4. 解释企业怎样选择、激励和评估渠道成员。
5. 讨论营销物流和整合供应链管理的性质与重要性。

预习基本概念

现在我们来看第三种营销组合工具——分销。企业利用供应链和营销渠道来为顾客创造价值并建立有利可图的顾客关系。企业成功与否不仅取决于自身的运作，还取决于其所在的整个营销渠道系统以及竞争对手的营销渠道在市场竞争中的表现。企业想要做好顾客关系管理的同时也必须善于合作者关系管理。本章第一部分讨论了营销渠道的性质和营销人员渠道设计及管理决策。接下来讨论实体营销渠道，又叫物流。在第13章中，我们着重讨论两类主要的渠道中间商——零售商和批发商。

首先，我们来阅读优衣库的案例。这家日本快速服装零售商通过高效率采购、供应链运营和零售商拓展取得了长足的进步。

优衣库：快速的渠道，正确的风格

休闲服装连锁店优衣库是柳井正领导的日本迅销有限公司的一个子品牌，母公司的业务量已经达到了126.4亿美元，是亚洲最大的服装零售商。优衣库的收入占迅销有限公司整体收入的3/4，因此优衣库几乎是它母公司的同义词。

1984年，优衣库在日本郊区开了第一家店。20世纪90年代初，日本经济陷入衰退，优衣库的高性价比服装在设法节省支出的日本人中风靡一时。1998年，满怀自信的优衣库在充满年轻、潮流氛围的东京原宿地区开了第一家近郊店面，优衣库马上成了一个家喻户晓的名字。

到了2016年，优衣库在全球范围内拥有1 700多家门店，当它仍然占据了日本地区55%的门店时，它开始扩张到中国、韩国、菲律宾、美国、英国、法国和俄罗斯等国家。2006年，它在纽约的第一家店开始营业；2007年，它在伦敦的门店也开始营业了。

据说柳井正向GAP认真学习取经，他本人是GAP前CEO米奇·德雷克斯勒（Mickey Drexler）的忠实崇拜者。GAP这家美国企业据称是优衣库商业模型的原型，因此，优衣库的设计、制造、营销和销售都与GAP很像，并且出售的也都是任何人每天都可以穿的休闲服装。不像竞争对手 ZARA 一样痴迷于潮流趋势，优衣库会给顾客提供牛津衬衫或 Polo 衫等基本款服装，让消费者自己设计自己的风格。它并不将自己视为一个"快时尚"品牌，而是一个能随时间推移提供稳定产品的品牌。

优衣库还开发了自己的市场分销渠道，从研发原材料到售卖最终产品，它会制作与监督产品的所有方面，这意味着没有其他独立的企业或者中介来帮助它提高市场可获得性。它的分销渠道包括零售与网购。这种经营方式被称为专卖店或自有品牌服装零售商（SPA），它使得衣服能超越所有的类别和社会群体，它的设计目标是超越年龄、性别、职业与任何其他定义人的方式。通过坚持基础设计与优质产品，企业能够创造出具有独特价值和令顾客满意的产品。2014 财年，优衣库在线销售总额达到 255 万亿日元（约合 2.49 亿美元），占优衣库整体销售额的 3.6%。

SPA 有三个基本原则。第一，顾客的反馈对于提供什么服装特别重要。优衣库的客服中心每年会收到 9 万条建议。优衣库会针对这些建议对产品做出改进。一个例子是 HEATTECH 纯棉内衣，它以保暖和吸汗出名。在顾客提出要更柔软的纤维与更多彩的衣服的需求后，优衣库研发了 HEATTECH 纤维，用一种特殊的牛奶蛋白来制造光滑、柔软、舒适的面料。它还创造了一种新的合成纤维，能够呈现一系列鲜艳的颜色。

第二，寻找采购材料的最佳渠道十分关键。优衣库的材料研发团队在全球范围内通过与大量的材料厂商直接谈判和批量采购来寻找高质量、低成本的原材料。这样的网络帮助优衣库获得了世界上仅占 3% 的高质量的长绒棉，用于制造超细棉 T 恤，因为优衣库的衣服不像其他时尚品牌那样容易过时，因而它会大量购买从而使得成本更低。

第三，它有一个技术专家团队来指导工厂保障产品质量。为了实现质量控制，优衣库聘任了一个专家团队，称为 Takumi Team，成员每周都有 4 天时间会去中国、柬埔寨、泰国、越南、孟加拉国的工厂提供技术指导，以解决可能产生的问题。Takumi Team 的成员都是退休的手艺人，有着多年的日本纺织行业经验。中国工厂的质量还会受到来自上海的产品部门的进一步监管。他们每周都会去合作伙伴的工厂中检查产品质量与生产进程。

这些原则使得优衣库的门店实现了更好的门店布局与服务。在店内，优衣库的员工已经学会了按照购物体验的先后顺序说出 6 个短语：

"您好，我是_____，您今天好吗？"

"您找到了您想找的吗？"

"告诉我您需要找的商品吧，我是_____"

"感谢您的耐心等待。"

"您找到了您想找的吗？"

"再见，欢迎您下次光临！"

第二句和第五句在顾客购物的两个重要时点上会重复一次，即刚进入门店时和结账时。大量的产品与鲜艳的颜色从地板堆叠到天花板，色彩像彩虹般排列，数种颜色重复，给人一种有成千上万种颜色的错觉。出纳员需要达到在 60 秒内完成一笔交易的效率。

除了这三个原则之外，随着在日本销售增长乏力，优衣库开始实施国际扩张策略。它如网球选手德约科维奇、高尔夫球选手亚当·斯科特等体育明星签约来提升其品牌形象。

作为营销策略的一部分，优衣库每个季节都会为它的核心产品举办宣传活动，如 fleece、Ultra Light Down 和 AIRism 和 HEATTECH。为保证产品及其独特的质量与值得注意的特点能够被消费者知晓，同时增加价值链，优衣库经常使用电视和其他电子渠道来做营销，比如在面向家庭的日本全国性报纸的周五版上，优衣库会宣传将会打折至下周一的服装。

为了提升在美国的影响力，2014 年，迅销有限公司计划收购德雷克斯勒所经营的美国零售商 J. Crew 集团，这次收购将使得迅销有限公司在美国的市场份额有巨大的提升。当时优衣库在美国仅有 17 家门店，它的目标是在 2020 年前销售收入达到 100 亿美元，然而，这次收购并未实现。

2016 年年初，优衣库被报道出在日本和中国、韩国、美国等海外市场销售低迷，而在东南亚和欧洲则一如既往表现得不错。[1]

优衣库的例子向我们说明了良好的分销策略能给顾客创造价值，也能给企业带来竞争优势，但是，并非所有企业都能仅靠自己来为顾客带来价值。它们必须在巨大的价值传递网络中与其他厂家密切合作。

12.1 供应链与价值传递网络

企业生产一种产品或服务并且把它提供给购买者，不仅需要同顾客建立联系，而且要同供应链中关键的供应商和经销商建立良好的关系。这个供应链由上下游的合作企业构成。企业的上游是指提供制造产品或服务所需的原材料、零部件、信息、财务和专业知识的一系列公司。然而，营销人员的精力通常更集中于供应链的下游——营销或分销渠道，他们更关注最终顾客。像批发商和零售商这样的下游营销渠道成员在企业和顾客之间组成了重要的连接纽带。

一个**价值传递网络**（value delivery network）是由企业及其供应商、分销商和最终顾客组成的，它们之间彼此合作以提高整个系统的绩效。例如，苹果公司在制造和销售 iPad Air 的过程中，苹果公司管理着整个网络，包括苹果公司内部的员工和企业外部的供应商与分销商，它们有效地合作，最终给顾客带来了这款轻便的产品。

本章关注价值传递网络的下游——营销渠道。当然，我们也应该记得这只是整个价值传递网络的一部分。要将价值传递给顾客，企业还需要上游的供应商合作伙伴。

本章将探讨关于分销渠道的 4 个主要问题：为什么营销渠道很重要，它们有什么特性？渠道的成员之间是怎样联系和组织起来以达成协作的？企业在设计和管理渠道的时候会面临怎样的问题？实体分销和供应链管理在吸引顾客与增进顾客满意度的过程中起着什么样的作用？在第 13 章中，我们将从批发商和零售商的视角来探讨营销渠道的问题。

12.2 营销渠道的本质及重要性

大多数生产商都通过中间商将产品推向市场，很少直接向终端顾客销售。它们力图打造一个**营销渠道**（marketing channel），或者叫作**分销渠道**（distribution channel）。在这里，一组相互依存的企业共同协作将产品或者服务提供给最终消费者或企业顾客消费或使用。

企业的渠道决策直接影响其他营销决策。企业的定价决策取决于企业通过折扣店、高品质的专卖店还是互联网将产品销售给消费者。企业的人员推销和传播沟通决策取决于渠道伙伴需要多少说服力、培训、激励以及支持；企业是否开发或者收购一种新产品，可能取决于这种产品与企业的渠道伙伴的能力匹配程度。

有些企业往往对自己的营销渠道关注不够，相反，有些企业却以很有创造性的渠道系统赢得了持久的竞争优势。正是富于创新、令人惊异的分销系统造就了联邦快递在物流领域的领先地位；亚马逊通过互联网渠道在图书和其他很多种类产品的销售上处于领先地位；苹果公司依靠在 iTunes 上销售音乐成为行业佼佼者。

分销渠道决策通常涉及同其他企业之间长期的合作关系。比如，像丰田或者麦当劳这样的企业，它们可以很容易地更改其广告、定价或者促销计划。当市场需要的时候，它们也可以放弃旧产品，引进新产品。但是，一旦通过合同与独立经销商、大型零售商或者特许经销商建立了渠道合作关系，当环境发生变化时，它们就不能轻易用公司自有的商店或网站取代这些渠道。因此，管理者必须精心设计渠道，在关注现在的同时也应当密切关注未来可能发生的销售环境的变化。

12.2.1 渠道成员如何增加价值

生产商为什么会将一部分销售工作转给渠道成员呢？毕竟，这意味着要放弃在产品的销售对象和销售方式上的部分控制权。生产商应用中间商是由于后者可以更加有效地将产品推向目标市场，中间商通过他们的人脉、经验、专业化和经营规模，为生产商提供超出生产商能力范围的服务。

图 12-1 显示了利用中间商是怎样节约成本的。图 12-1a 显示了 3 个生产商，每个生产商都直接同 3 个顾客交易，这样系统就需要 9 次交易。图 12-1b 则显示了 3 个生产商通过 1 个中间商和 3 个顾客发生交易，这个系统就只需要 6 次交易。这样，中间商就大大减少了需要由买卖双方共同完成的工作量。

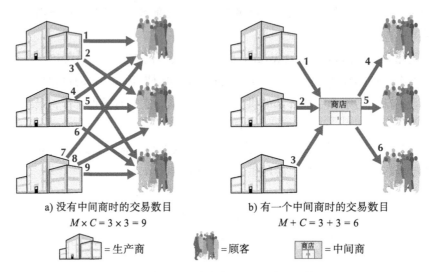

图 12-1　营销中间商如何减少渠道交易数量

从经济系统的角度来看，中间商的主要任务是将生产商的产品种类转换成消费者想要的产品组合。生产商生产的是数量巨大但是种类很少的产品，而消费者需要的是数量很少但种类很多的产品。在营销渠道中，分销商从很多生产商那里购买了大批量的产品，然后把它们分解为消费者想要的更小的数量单位和更多的品种的产品。

例如，花王每天生产上百万瓶碧柔洗面奶，但是消费者一次只会购买一瓶，像 Park n Save、屈臣氏和永旺这样的大型食品便利和折扣零售商大批量地购买碧柔洗面奶并放置在店铺的货架上。反之，消费者可以只购买一瓶碧柔洗面奶，同时也会少量购买牙膏、洗发水和其他生活用品。因此，中间商在供求的匹配上扮演着重要的角色。

在将产品和服务提供给顾客的过程中，中间商通过弥合产品和服务与其使用者之间在空间、时间和所有权上的缺口从而增加了价值。渠道成员具备很多功能，其中一些功能有助于交易的完成。

- 信息功能：收集和发布交易所需要的有关营销环境中各参与方的营销调研信息与情报；
- 促销功能：传播有关市场供给的富有说服力的沟通材料；
- 联络功能：寻找潜在的购买者并与其沟通；
- 匹配功能：按买方的需要改变产品的外形，包括加工、分级、装配和包装等活动；
- 谈判功能：就产品的价格及其他问题达成协议以便实现所有权和使用权的转移。还有一些功能有助于交易的完整实现；
- 实体分销：运输和储存货物；
- 融资功能：获取资金以弥补渠道成本；
- 分担风险：承担执行渠道任务所带来的相应风险。

12.2.2 渠道层级数量

企业能够通过不同的方式来设计它们的分销渠道，以保证顾客得到他们想要的产品和服务，每一层将产品和服务的所有权向最终使用者更推进一步的中间商都是一个**渠道层级**（channel level）。中间商层级的数量表明了一个渠道的长度。图 12-2a 显示了几个不同长度的消费者营销渠道。渠道 1 没有中间层级，被称为**直接营销渠道**（direct marketing channel），由企业直接向顾客进行销售。比如，雅芳和安利通过家庭和办公室的销售人员以及网络进行直接销售。图 12-2a 中渠道 2 和渠道 3 包含一个以上的中间商，它们被称为**间接营销渠道**（indirect marketing channel）。

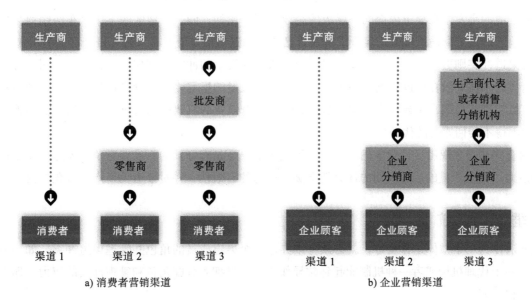

图 12-2 消费者和企业营销渠道

图 12-2b 显示了一些常见的企业营销渠道。企业营销人员可以通过自己的销售渠道直接向企业顾客销售产品，或者可以将产品销售给各种类型的中间商，再由中间商转售给那些顾客。从生产商的角度来看，更多的层级数量意味着更少的控制和更复杂的渠道。比如，日本拥有数量众多的分销渠道和复杂的分销系统。

12.3 渠道行为与组织

营销渠道是一个复杂的行为系统，成员在其中互相影响以实现个人、企业和渠道的目标。某些渠道系统仅仅是松散组织的公司之间的非正式互动组成的，另外一些渠道系统则可能非常正式，有着严格的组织结构。此外，渠道系统不是静止不变的，新的中间商形式不断出现，整个渠道系统也不断改进。下面我们来了解渠道行为以及渠道成员是如何组织起来完成渠道工作的。

12.3.1 渠道行为

一个营销渠道是由那些为了共同利益而合作的公司组成的，每个渠道成员都与其他成员相互依赖。例如，日本丰田汽车的分销商要依赖丰田来设计汽车并满足顾客的需要，同时，丰田也要依赖分销商来吸引顾客，劝说他们购买丰田汽车，并为他们提供售后服务。丰田的每一个分销商还依赖于其他分销商的优秀销售和服务，共同致力于提高丰田的品牌声誉。事实上，丰田每一个个体分销商的成功，都依赖于丰田的整个营销渠道同其他汽车制造商的营销渠道之间的竞争情况。

每一个渠道成员在渠道中都扮演着某个专门的角色。例如，三星的角色是生产顾客喜欢的个人电子产品，并通过在全国发布的广告创造需求。电子零售商 Best Denki 的角色就是在适当的地点展示三星的产品，回答买家的提问并且完成销售。只有当每个渠道成员被安排做它们最擅长的工作时，渠道才最富有成效。

由于个体成员的成功依赖于整个渠道的成功，因此在理想状态下，所有的渠道成员应该通力合作，它们应该理解并接受自己的角色、协调各自的活动，相互协作以实现渠道的整体目标。尽管渠道成员彼此依赖，但它们经常为了自身的短期利益单独行事。在谁按照什么报酬做什么事情这样的问题上，它们经常很难达成一致。目标、角色和回报的不一致产生了两种**渠道冲突**（channel conflict）。

- 水平渠道冲突发生在渠道内部同一层级的企业之间。比如，同一个地区的丰田汽车经销商会抱怨在另一个地区的经销商通过较低的定价或者在自己负责的销售区域外发布广告来抢夺它们的销售量。
- 垂直渠道冲突则更为常见，它是指不同渠道层级之间发生的冲突。例如，联合航空试图通过直接向顾客销售的办法刺激在中国香港的销售——给予顾客大量的里程奖励和价格折扣，却没有和当地的航空代理机构进行协调，结果代理机构纷纷拒绝代售联合航空的机票以示抗议。面对销售额的骤降，联合航空不得不转回原有的代理分销渠道系统。

渠道内有些冲突表现出良性竞争的形式，这种竞争对渠道是有好处的。没有竞争，渠道会变得过于消极和缺乏创造力。但是严重的或者长期的冲突就会破坏渠道的有效性，并对渠道关系产生持久的损害。

12.3.2 垂直营销系统

要使渠道作为一个整体运作良好，就必须仔细界定每个渠道成员的角色并管理渠道冲突。如果渠道中有一家企业、一个代理机构或者一种机制能起到领导作用，并且拥有分配角色和管理冲突的权力，那么整个渠道就会运行得更好。

从历史上来看，传统分销渠道由于缺少这种领导和权力，经常导致破坏性的冲突和业绩不佳。近年来，在渠道方面最大的进步之一就是以拥有渠道领导者为特征的垂直营销系统的出现。图 12-3 对比了两种形式的渠道。

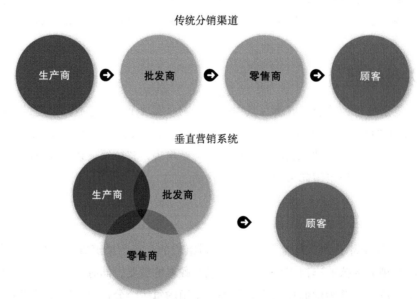

图 12-3 传统分销渠道和垂直营销系统

传统分销渠道（conventional distribution channel）包括一个或多个独立的生产商、批发商和零售商。每个成员都分别寻求自身利益最大化，甚至不惜以牺牲整个渠道系统的利益为代价。没有一个渠道成员能够控制其他成员，也不存在分配角色和解决渠道冲突的正式手段。

相反，**垂直营销系统**（vertical marketing system，VMS）中的生产商、批发商和零售商更像是一个统一的系统。某个渠道成员控股其他成员，或者同其他成员签订合同，或者拥有某种权力使其他成员乐于协作。垂直营销系统可以由生产商主导，也可以由批发商或者零售商控制。

垂直营销系统有三种主要形式：企业式垂直营销系统、合同式垂直营销系统和管理式垂直营销系统。

1. 企业式垂直营销系统

企业式垂直营销系统（corporate VMS）在单一所有权下集成了连续的生产和分销不同阶段，合作和冲突通过规范的组织渠道得到管理。

20世纪90年代早期，日本的Keiretsus是企业式垂直营销系统很好的例证。这些大型的日本贸易公司几乎能提供你所能想象的全部的服务类型。Marenbanu总经理曾经非常自豪地说：" 我们有你需要的一切。如果你想建一座桥，我们的工程公司将为你提供设计，我们的水泥和钢铁厂将提供你所需要的原材料。如果你缺少资金，我们有可以提供融资的银行。"

然而，一个优秀的企业式垂直营销系统必须精简而且具有经济效率，否则过度膨胀和组织松散会使整个垂直营销系统陷入危机。在亚洲，企业式垂直营销系统非常普遍。从某种意义上来说，韩国的大企业和中国的国有企业都有类似的结构，它们需要在完全垂直整合与经济效率之间掌握好平衡。

2. 合同式垂直营销系统

合同式垂直营销系统（contractual VMS）由生产和分销的不同层级中的独立企业构成，它们通过合同联合起来以取得比单独行动时更大的经济效益或者销售效果。合作和冲突是通过渠道成员之间的合同来进行管理的。

特许经营组织（franchise organization）是最常见的合同式的模式——特许经营者是渠道的一个成员，它连接生产与分销过程的几个阶段。几乎所有的行业都涉及特许经营模式——从酒店和快餐厅到幼儿园与健身中心。

特许经营有三种形式。第一种形式是由制造商发起的零售商特许经营体系，例如，丰田及其独立的特许经营零售商网络。第二种形式是由制造商发起的批发商特许经营体系。例如，可口可乐授权购买可乐原浆并分瓶销售的瓶装商（批发商）在各个市场上向当地的零售商销售产品。第三种形式是由服务企业发起的零售商特许经营体系，如赫兹和安飞士这样的汽车租赁公司，麦当劳、汉堡王这样的快餐服务公司以及希尔顿酒店这样的酒店业务公司。

3. 管理式垂直营销系统

管理式垂直营销系统（administered VMS）的领导者不是通过所有权或者合同的方式产生的，而是由一个或几个在渠道中在规模和实力上占支配地位的成员来承担的。顶级品牌的制造商有能力从渠道的下游得到强有力的贸易合作和支持。例如，宝洁和卡夫食品都能从销售商那里获得有关商品展示、货架空间、促销和定价政策等方面的特别的合作。像沃尔玛这样的大型零售商，则对其产品供应商拥有强大的影响力。

12.3.3 水平营销系统

另外一种渠道发展模式是**水平营销系统**（horizontal marketing system），它是指同一层级的两家或者两家以上的企业联合起来共同开发一个新的市场机会。它们合作以将财务资源、生产资源和营销资源结合起来，以实现无法单独完成的目标。

合作的企业可以是竞争者也可以是非竞争者，合作可能是暂时的也可能是长久的，或者也可以共同成立一家新的企业。例如，全球家用电器制造商飞利浦，同一家中国电器制造商 TCL 交换股份，以利用 TCL 在全中国市场的 2 000 家分销门店。麦当劳在与中国最大的汽油零售商中国石化合作后，在超过 3 万家中国石化加油站内设置了餐馆。这一举动加快了麦当劳在中国市场的扩张，同时也为中国石化的加油站吸引了更多饥饿的司机。[2]

竞争者微软和雅虎联合利用水平网络搜索联盟服务来对抗谷歌。微软的必应将会成为雅虎所用的搜索引擎，与直接通过必应提供同样的搜索结果列表。与此同时，雅虎依靠强大的雅虎内容和提供工具使雅虎使用者体验定制化来创造更丰富的搜索体验。即使它们无法单独做到，但微软和雅虎联合也将成为搜索引擎领导者谷歌强有力的对手。

12.3.4 复合渠道分销系统

过去，很多企业都只采用单一渠道并向单一市场销售产品，而现在，随着消费者细分市场的增加和更多的渠道可能性，越来越多的企业采用**复合渠道分销系统**（multichannel distribution systems），经常被称为混合营销渠道。当企业利用两个或者两个以上的营销渠道来接触一个或者多个细分市场时，就会出现复合渠道分销。

图 12-4 显示的就是复合渠道分销系统。在消费者细分市场 1 中，生产商使用直接邮寄产品目录、电话和互联网、手机向消费者直接销售；而在消费者细分市场 2 中，生产商则利用零售商来达到销售的目的。在向企业细分市场 1 销售时，生产商利用了分销商和代理商的力量；而在向企业细分市场 2 销售时，生产商使用了自己的销售人员。

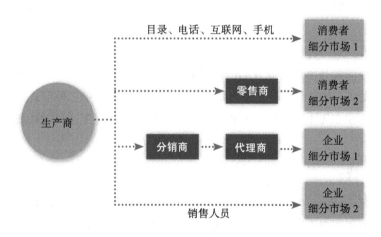

图 12-4 复合渠道分销系统

近年来，几乎所有的大型企业和很多小企业都采用了复合渠道分销系统。惠普的销售人员向大中型企业客户销售公司的信息技术设备和服务。惠普还通过分销商网络和增值分销商进行销售，这些分销商向各类不同的企业细分市场销售计算机、系统和服务。家庭办公购买者可以从专门的计算机店和大型零售商处购买惠普个人电脑与打印机。企业、政府和家庭办公购买者都可以通过电话或者企业的网站在线订购产品。

当企业面对大且复杂的市场时，复合渠道分销系统具有很多优点。通过每一个新的渠道，企业都可以在扩大销售和增加市场占有率的同时，获得根据不同细分市场的特定需求对产品和服务进行调整的机会。但是，这样的复合渠道分销系统比较难控制，而且当多个渠道争夺顾客和销售量的时候，会引发渠道冲突。

在大多数亚洲市场上，想要进入多样化的细分市场，复合渠道分销系统是必不可少的。很多高收入人群和在亚洲的外籍人士喜欢现代化的超市与带空调的购物中心；而收入相对低一些的人群可能更喜欢在农贸市场或者小的传统零售店讨价还价。

12.3.5 改变渠道组织

技术的变化、直接营销和网络营销的快速发展，对营销渠道的性质和渠道设计都产生了非常深远的影响，其中一个主要趋势就是**脱媒**（disintermediation）。脱媒是指产品和服务的生产商日渐绕过中间商而直接面对最终消费者，或者强势的新型渠道中间商的出现取代了原有的中间商。比如，新加坡航空等企业直接向最终顾客销售，从而切断了零售商的营销渠道。

在其他情况下，新形式的零售商正在取代传统中间商的位置。比如，在线营销迅速发展，正在蚕食传统的实体零售商。消费者可以从 zuji.com 上预订酒店和机票。像 iTunes 所提供的音乐下载服务也对传统的音像零售商构成了威胁。与此同时，Spotify 等流媒体音乐服务正在淡化数字下载服务的中介作用。在不到 10 年的时间里，亚马逊几乎以一己之力让实体书店 Borders 破产。

脱媒也会因为更多的消费者对技术变得更熟悉而产生。中国消费者喜欢网上购物，因为它便宜、他们还逐渐信任信用和支付系统。电子商务巨头之一苏宁开了一家网上商店，运动品牌李宁、国美和联想也是如此。[3]

脱媒向生产商和中间商同时带来了问题与机遇。为了避免被搁置一旁，传统的中间商必须重新发掘在供应链中增加价值的新方法。为了保持竞争实力，产品和服务的生产商必须开发像互联网或者其他直销方式这样的新的渠道营销机会。然而，开发这些新的渠道往往意味着将和旧有的渠道产生直接竞争，从而导致冲突。

为了缓解这个问题，企业经常会想方设法使直销成为整个渠道的优势。比如，Black & Decker 了解许多顾客想要在线购买电动工具和户外发电设备，但是如果它通过自己的网站直接销售将会与合作的零售商产生冲突。因此，尽管 Black & Decker 的网站提供了企业产品的具体信息，但是顾客无法在官网上直接购买设备。Black & Decker 的网站会指导顾客到零售商的网站或者商店购买，Black & Decker 的直接营销同时帮助了企业和渠道合作商。

12.4 渠道设计决策

在渠道设计上，生产商通常在理想和现实的渠道结构之间摇摆不定。当一家企业刚刚起步时，资金有限，通常只在一个有限的市场区域内进行销售。如果这一步成功了，新企业将利用现有的中间商将品牌向其他市场进行扩展。当市场很小时，企业可能直接面对零售商销售；当市场较大时，则可能通过分销商来销售。在某一个区域内，销售可能是通过独家特许经营店来进行的，但是在另一个区域内，则可能是通过所有的终端店面进行集中销售。企业还可能通过网上销售来直接向那些不容易接触到的顾客进行销售。由此可见，渠道系统是经常随着市场机会和条件的变化而发展的。

为了使有效性达到最大，我们应该更有目的地进行渠道分析和制定决策。**营销渠道设计**（marketing

channel design）要求我们分析顾客需求、设定渠道目标、识别主要的渠道选择方案、评估主要渠道方案（见图 12-5）。

分析顾客需求
- 考虑顾客需要什么
- 考虑企业是否有资源或者技能来满足顾客需求
- 在顾客需求、可行性、成本和顾客价格偏好之间寻找平衡点

↓

设定渠道目标
- 决定服务于哪些细分市场以及服务于这些市场所使用的最优渠道
- 评估企业的性质、产品、营销中间商、竞争对手和环境的影响

↓

识别主要的渠道选择方案
- 考虑中间商的类型，比如企业自有销售人员、制造商代理、产业分销商
- 考虑中间商的数量来进行密集性分销、专营性分销或者选择性分销
- 考虑渠道成员的责任，在价格策略、销售条件、区域权利以及各方应当提供的具体服务等方面取得一致

↓

评估主要渠道方案
- 经济性标准：在不同方案之间比较企业的销售量、成本和利润率
- 可控性标准：对于产品营销进行适当的控制
- 适应性标准：保持渠道的灵活性以适应环境的变化

图 12-5　设计营销渠道

12.4.1　分析顾客需求

营销渠道是整个顾客价值传递网络的一部分，每一个渠道成员都能为顾客增添价值。因此，设计营销渠道首先应该确定顾客想要从营销渠道得到什么。他们是希望从更近一点的地方购买商品还是希望到远一点但商业集中的地方购买商品？他们更愿意亲自购买商品还是通过电话、电子邮件或者互联网购买商品？他们重视产品的广泛性还是喜欢更加专业化的产品？送货的速度越快、商品的种类越多、提供的服务越全面，渠道的服务层级就越完善。

更快的交货速度、更多的商品种类和更全面的服务也许是不太可能或者不太可行的。企业与渠道伙伴可能没有足够的资源和技能来提供顾客需要的所有服务。此外，提供更高层次的服务会导致渠道成本上升，对消费者而言，这意味着更高的价格。企业不仅要权衡满足顾客需求的可行性和成本，同时也要考虑顾客的价格偏好。折扣零售商的成功，说明消费者通常更愿意放弃一些服务而选择价格水平较低的产品。

12.4.2　设定渠道目标

企业应当根据目标消费者的期望服务水平来设定渠道目标。通常，企业会确定几个需要不同服务水平的细分市场。企业要决定服务于哪些市场以及用什么渠道服务于这些市场是最优的。在每一个细分市场中，企业都希望在提供顾客需要的服务水平的同时使整个渠道的成本最小化。

渠道目标的设定还受到企业的性质、产品、营销中间商、竞争对手和环境的影响。例如，企业的规模和

财务状况决定了企业可以自己执行哪些营销职能，哪些必须让渡给中间商。销售易腐烂产品的企业可能需要更加直接的营销方式来避免耽搁时间和过多的中间交易。

在其他情况下，企业可能希望和竞争对手在同一个店面内或者较为接近的区域内竞争；在其他情况下，企业则尽可能避免和竞争对手采用相同的渠道。例如，玫琳凯化妆品公司通过遍及全世界的 100 多万美容咨询师来直接向顾客销售产品，而不是与其他化妆品公司在零售店争夺稀缺空间。当谷歌推出 Nexus One 时，它不仅进入了手机市场，还探索性地进入了网上零售市场。通过直销，谷歌相信它能与顾客形成更紧密的联系，并有潜力在未来提供其他产品和服务。[4]

最后，经济状况、法律约束等方面的因素也会影响渠道的目标与设定。比如，在经济萧条的时候，制造商希望通过最经济的方法来分销产品，它们通常缩短渠道、削减不必要的服务以降低最终的产品价格。

12.4.3 识别主要的渠道选择方案

当企业设定渠道目标以后，接下来就要通过中间商类型、中间商数量和渠道成员的责任这三个因素来确定主要的渠道选择方案。

1. 中间商类型

企业应该识别出能够承担渠道任务的可供选择的渠道成员的类型。例如，一家生产测试设备的企业开发出了一种音频设备，用于检测在一些带有移动零件的机器中出现的机械接触不良的问题。公司高管认为，这种产品有市场。企业现在的销售人员不多，问题在于怎样更加有效地进入这些不同的行业。经过管理层的讨论，可能会出现以下渠道选择方案。

- 企业自有的销售人员：扩大企业的直接销售队伍。将销售人员指派到不同的区域，他们可以同该区域的所有潜在顾客进行接触；或者将企业的销售人员按照不同的行业进行划分；或者在企业内部设置一个电话销售部门，负责处理中小型公司的业务。
- 制造商代理：在不同的地区或者行业内雇用制造商代理来销售新的测试设备，这些独立的代理商同时为许多企业销售类似及相关的产品。
- 产业分销商：在不同的地区或行业内，寻找那些愿意购买和经营新产品的新的分销商，给它们独家经销权、足够的利润、关于产品知识的培训以及促销支持。

2. 中间商数量

企业还必须决定在每个渠道层级上的成员的数量。有三种战略可以选择：密集性分销、专营性分销和选择性分销。

- **密集性分销**（intensive distribution）是指生产商会选择尽可能多的终端储存其产品的一种策略，这些产品通常是一些便利品或者普通的原材料。它要求顾客有需求时应该随时随地可以获得这些产品。例如，牙膏、糖果以及其他类似的产品都在数以百万计的门店中销售以获得最大化的品牌覆盖和为消费者提供便利。卡夫、可口可乐、联合利华和其他快速消费品企业都采用这种方式分销产品。
- **专营性分销**（exclusive distribution）是指生产商仅仅给予数量有限的经销商在其区域内独家经销产品的权利。新款的高档汽车和女士服装经常选择专营性分销。例如，宾利汽车的经销商不仅数量少，距离也很远，即使在很大的城市里也常常只有一家经销商。通过授予专营性分销权，宾利不仅获得了强有力的经销商的销售支持，而且对经销商的定价、促销、信贷和服务有了更大的控制权。专营性分销同时提升了汽车的品牌形象并且保证了高盈利。
- **选择性分销**（selective distribution）是指生产商利用一家以上但不是所有的中间商来销售企业产品。通过选择性分销，企业可以与选定的渠道成员发展一种良好的合作关系，并且期待渠道伙伴付出高于平均水平的销售努力。与密集性分销相比，选择性分销给予制造商更高的市场覆盖率、更多的控制权和更低的成本。

3. 渠道成员的责任

企业和中间商必须就每个渠道成员的权利与责任达成共识，它们应该在价格策略、销售条件、区域权利以及各方应该提供的具体服务等方面取得一致。企业应该为中间商建立一个价目表和一个清楚的折扣目录，还应该确定每个渠道成员的销售区域并且要谨慎选择新分销商的地址。

对于双方的责任和权利，必须谨慎地加以界定，尤其是在特许经营和专营性分销渠道中。例如，麦当劳为特许经销商提供促销支持、数据记录系统、在汉堡大学的培训以及一般性的管理帮助。相应地，特许经销商必须满足麦当劳的实体设施标准、配合新的促销活动、提供麦当劳所需的信息以及购买指定的食品材料。

12.4.4　评估主要渠道方案

每一种渠道选择方案都需要用经济性、可控性和适应性三个标准来评估。应用经济性标准，企业比较不同渠道选择的可能的销售量、成本和盈利能力。每一种渠道选择方案需要的投资额度是多少？分别会带来什么回报？企业同时还要考虑控制的问题，引入中间商通常意味着在产品的营销上放弃一定的控制权，而某些中间商会要求更大的控制权。最后，企业还要考虑适应性的标准。渠道的决策往往是长期的，然而企业更希望可以保持渠道的灵活性以适应环境的变化，因而，在经济性和可控性的基础上将渠道的长期承诺考虑进来将更为全面。

12.4.5　设计国际分销渠道

国际营销人员在设计渠道的时候面临着更大的复杂性。每一个国家都有自己独特的分销系统，这些系统经过了相当长时间的发展并且变化非常缓慢。国家与国家之间的渠道系统也往往大不相同。因此，全球营销人员必须根据每个国家现有的系统调整其渠道策略。

在某些市场中，分销系统由许多层级和大型中间商构成，复杂且难以渗透。现以日本为例。

日本分销系统起源于 17 世纪初，当时，日本家庭手工业的发展和城市人口的迅速增长孵化出了新兴的商人阶层。尽管日本的经济有了长足的进步，但其分销系统还是固守着旧有的模式。它包含一大批批发商和其他代理机构、经纪人与零售商，在功能和数量上都与美国分销系统的相应部分有很大区别。日本有数量极大的小型零售店，但是向其提供产品的批发商的数量甚至更多。这样层层累加，绝大部分美国管理人员都会认为这样大的数目是不必要的。例如，一块肥皂在生产商和零售店之间要经历三个批发商再加上一个销售企业。这种分销系统反映了很多日本企业之间传统的紧密联系，而且更加重视使用者之间的人际关系。尽管这些渠道效率低下且运行笨拙，但它们看起来依然很好地满足了日本消费者的需要。由于小户型没有足够的存储空间，大多数日本家庭主妇都喜欢每周采购多次，并且更偏爱便利的和更为人性化的社区小店。[5]

在其他市场上，很多发展中国家的分销系统是分散的、效率低下的或者根本就没有分销系统。[6]

有时，风俗习惯和政府管制能够在很大程度上制约企业在全球市场进行产品的分销。[7]

国际市场的营销人员面临着更多的渠道选择。在不同的国家之间设计一个高效的渠道系统对营销人员来说是一个巨大的挑战。

12.5 渠道管理决策

一旦经过评估，确定了最佳的渠道设计方案，企业就必须实施渠道决策并对选定的渠道进行管理。渠道管理决策包括选择渠道成员、管理与激励渠道成员，并随着时间的推移评估渠道成员（见图12-6）。

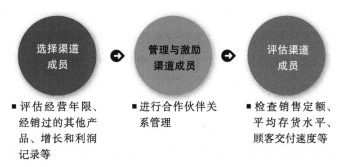

图 12-6　渠道管理决策

12.5.1 选择渠道成员

制造商在吸引合格的中间商方面能力各不相同，品牌越强大，<u>企业就越容易聚集渠道成员</u>。例如，当丰田公司首次在美国市场上推出雷克萨斯系列车型的时候，毫不费力就找到了代理商。而另外一个极端，制造商可能不得不费尽心思去寻找足够多的合格的中间商。

在选择中间商的时候，企业必须决定用什么特征来区分它们。企业将会评估每个中间商经营时间的长短、经销过的其他产品、增长和利润记录等。如果是销售代理，企业则应该评价其经销过的其他业务线的数量和特性，以及销售部门的规模和能力。如果是一家希望获得专营性或者选择性分销的零售店，企业评价的标准则应该是该商店的顾客、店面的位置以及未来发展的潜力。

12.5.2 管理与激励渠道成员

一旦选定了渠道成员，企业就应该对它们进行持续的管理与激励，以保证它们处于最佳的工作状态。一些企业实施强有力的合作伙伴关系管理来与渠道成员建立长期的合作伙伴关系，从而建立一种同时满足企业与其伙伴需要的营销系统。

在管理渠道的过程中，企业必须使其分销商相信，作为联系紧密的价值传递网络的一部分，大家的通力合作可以取得更大的成功。宝洁和亚马逊携手合作，实现了在网上销售包装消费品并盈利的共同目标。亚马逊使用宝洁的仓库可以降低配送成本，加快配送速度，这对合作企业及它们共同服务的顾客都有好处。

与之相似，三星信息技术部门通过行业领先的三星动力伙伴计划（Power Partner Program，P3）与价值附加分销商密切合作。

三星的P3与其主要价值附加零售商（VAR）建立了密切的合作关系——渠道成员在为自己的顾客提供IT解决方案时会使用三星及其他厂商的产品。通过这一项目计划，三星为北美17 255家注册合作VAR合作伙伴提供了独家预售、销售及售后工具和支持，并将其分为三个层级：银、金和白金。比如，白金合作伙伴，即每年出售三星电子产品并获得50万美元及以上收入的店家，可以拥有搜索网上产品和定价数据库及下载营销材料的权利。它们可以享受三星专为合作伙伴提供的培训计划、参加特殊的研讨会等。一个专门的三星P3团队帮助合作伙伴找到最好的销售理念并帮助其开始销售。随后，三星地区销售代表与每位合作伙伴密切交谈，提供内部信息和技术支持。最后，P3会以折扣、优惠、红利和销售奖励的方式奖励表现好的合作伙伴。总之，P3通过帮助重要的VAR在销售三星方面获取更高利润而将其转变为强大的、积极的营销伙伴。[8]

现在很多企业引入了集成高科技的合作者关系管理系统来协调整个渠道的营销工作。就像运用顾客关系管理（CRM）软件来管理重要的顾客关系一样，企业现在可以运用PRM软件和供应链管理软件来招募、组织、管理、激励和评估其与渠道伙伴的关系。

12.5.3 评估渠道成员

企业必须定期对渠道商的销售定额、平均存货水平、顾客交付速度、损毁及丢失产品的处理、对企业促销和培训项目的配合以及售后服务等方面进行检查，以确定它们在这些方面符合标准。企业应该识别出那些在增加顾客价值方面贡献卓著的中间商并给予它们奖励；对于表现不佳者，企业应当给予适当的帮助；对于实在无法改善者，企业应该换掉这些中间商。也就是说，企业应该定期重新按照标准对中间商进行评估，并剔除其中较弱的企业。

最后，企业应该对经销商保持敏感度。那些不善待经销商的企业不仅可能会失去经销商的支持，而且可能会造成法律问题。例如，美国手袋及配饰品牌Kate Spade在中国香港和新加坡都有专卖店。不过，该企业还有一个网站，允许中国香港人和新加坡人以低于其亚洲精品店的价格购买商品。这给它的经销商造成了一些损失。Kate Spade已经停止为新加坡和中国香港消费者的网上购物提供优惠，以保护其精品店的销售。

我们将在后面讨论与制造商及其渠道成员相关的各种各样的权利和责任问题。

12.6　公共政策与分销决策

在大多数时候，企业在决定使用哪些适合自己的渠道的时候不必考虑过多的法律问题。许多生产商和批发商喜欢为自己的产品开发专营性分销渠道。在亚洲，因为假冒品牌十分普遍，专营性分销渠道的使用使得企业可以更好地在市场上对自己的产品加以控制。当生产商仅允许有限数量的门店销售其产品时，这种战略叫作**专营性分销**（exclusive distribution），如图12-7所示。当生产商希望经销商不要同时销售竞争者的产品时，这种战略就称为**独家经销**（exclusive dealing）。双方都可以从独家经销的安排中受益：生产商获得了更大的忠诚和可靠的销售终端门店，经销商也获得了稳定的货源和有力的销售支持。但是这种独家经销的关系也阻止了其他生产商向该经销商销售产品的机会。

独家经销通常会包括一个独家经销地域协议。一般是生产商同意在特定的区域内不会授权给别家经销商，或者经销承诺只在自己的地域范围内进行销售。第一种情况通常是在特许经营的体系下激励经销商做出努力和承诺的通常做法。第二种情况则存在于当生产商不希望经销商在指定的区域之外进行销售的时候，此时可能会产生一些法律问题。

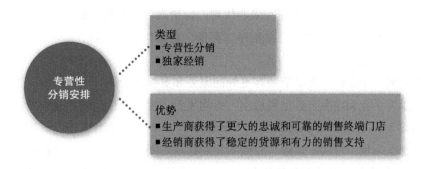

图 12-7 专营性分销安排：类型和优势

拥有强势品牌的生产商有时将产品出售给那些可以购买一些或者全部类型产品的经销商，这种方法通常被称为全线强制销售。这种搭售协议并不一定是违法的，但是会大大减少竞争。这种做法的后果是阻碍了消费者在其他品牌的供应商中进行自由选择。

最后，生产商虽然有自由选择经销商的权利，但是其终止经销合作的权利会受到一些限制。一般来说，生产商可以出于某些原因解除经销合同，但如果是因为经销商拒绝在某些可能有违法嫌疑的安排中合作，比如独家经销或搭售协议等，这时生产商就无权解除合同。

12.7 营销物流和供应链管理

在全球市场中，将产品交付给顾客往往比仅仅销售出去要难得多。企业必须决定仓储、管理和运输产品的最佳方式，从而可以让消费者在恰当的时间和恰当的地点选购到恰当的产品。实体分销与物流的有效性对顾客满意度和企业成本都有很大的影响。接下来我们要讨论供应链中营销物流的性质和重要性、营销物流的目标、物流的主要功能以及集成化供应链管理的必要性。

12.7.1 营销物流的性质和重要性

营销物流（marketing logistics）又称为**实体分销**（physical distribution），包括对从原产地到消费点的商品实体、服务和相关信息的流动进行规划、实施与控制的过程，从而满足顾客的需要并且获得利润。简而言之，就是在正确的时间和正确的地点让正确的消费者得到正确的产品。营销物流始于市场和顾客，追溯到工厂，甚至是供应源。营销物流不仅包括运出物流(指产品从工厂到中间商再到最终顾客），还包括运入物流（指产品和原材料从供应商到企业）和反向分销（reverse distribution，指将损毁的、不想要的或者多余的从消费者或者分销商处产品退回来）。也就是说，营销物流包括整个**供应链管理**（supply chain management），即管理上游与下游的原材料、最终产品以及供应商、企业、零售商和最终消费者之间相关信息的增值流动，具体如图 12-8 所示。

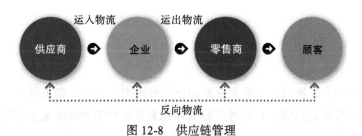

图 12-8 供应链管理

因此，物流经理的任务就是协调供应商、采购代理、营销人员、渠道成员和顾客之间的活动。这些活动涉及预测、信息系统、采购、生产计划、订单程序、存货、仓储和运输计划。

现在企业出于以下原因更加重视营销物流。

- 通过改善营销物流，企业可以提供给顾客更好的服务和更低的价格，从而获得更强有力的竞争优势。
- 先进的物流可以为企业和顾客节省巨额成本。平均来看，货物单独运输的成本要占货物价格的20%。
- 产品品种的激增对改善物流管理提出了巨大的要求。一个大型超级市场能够容纳超过10万种产品，而其中3万种都是杂货。订购、运输、存储和控制这些不同的产品对物流管理提出了极大的挑战。
- 信息技术的发展为提高分销效率创造了机会。通过使用复杂的供应链管理软件、基于网络的物流系统、POS扫描器、统一的产品编码、卫星追踪以及订单和支付数据的电子传输，使企业能够快速有效地管理供应链中的商品、信息和资金流。
- 物流影响环境和企业为环境可持续性做出的努力。运输、打包、仓储以及其他物流活动是企业环境中最大的供应链贡献者。它们还提供了节省成本的空间。构建一条绿色供应链不仅是对环境负责，对于企业来说也有利可图。

12.7.2 营销物流的目标

营销物流的目标是以最低的成本为目标层级的顾客提供服务。企业必须首先研究各种分销服务对顾客的重要性，然后为每个细分市场设定服务水平，目的就是使利润而不是销售额最大化。因此，企业必须在提供更高水平的服务和增进成本之间进行权衡。通常情况下，有些企业与竞争者相比提供的服务较少，价格也相应地要低得多。其他一些企业则提供较高水平的服务，同时索要较高的价格来弥补增加的成本。

12.7.3 物流的主要功能

确定物流的目标之后，企业就会设计一套物流系统以最小的成本来实现这些目标。物流的主要功能包括仓储、存货管理、运输和物流信息管理（见图12-9）。

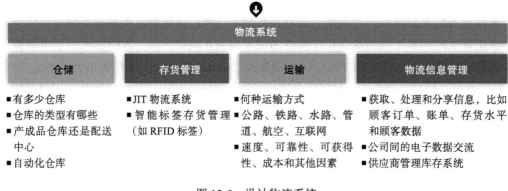

图12-9 设计物流系统

1. 仓储

生产和消费周期很少吻合，所以大多数企业都必须把有形的产品储存起来等待销售。比如，学生的学习用书和服装的生产工厂一年都在运转，它们将产品储存起来等待开学的时候集中销售。仓储的功能弥补了购销双方在数量和时间上的差距，保证了消费者无论何时需要都可以购买到产品。

企业必须决定仓储仓库的数量与种类，并决定仓库地点。企业可以应用产成品仓库或者**配送中心**（distribution centers）。产成品仓库用来储存商品以满足长期的需求；配送中心则用来配送产品而不仅仅是存储。这些大型的、高度自动化的仓库被用来从不同的工厂和供应商处接收产品、接受订单并有效地满足订单，然后将产品尽可能快地交付给消费者。

2. 存货管理

存货管理（inventory management）同样影响着顾客满意度，因此，管理者必须库存过少和库存过多之间保持微妙的平衡。如果存货太少，当消费者需要时，企业会无货可卖，为了弥补这一点，企业可能需要花费很多成本来组织紧急生产或运输。如果存货过多，则有可能导致较高的存货成本并且存货可能会过时。因此，在管理存货时，企业必须权衡销售、利润和保持大量存货所带来的成本。

很多企业通过准时制（just-in-time，JIT）物流系统大大降低了存货的相关成本。在这样的体系下，制造商和零售商只保持很小规模的产品与零部件的存货，通常只够几天的生产和销售。例如戴尔，一个成功应用了 JIT 的制造商，通常只保留两三天的存货，而竞争对手的一般存货水平是 40 ~ 60 天。[9] 新的存货会在需要的时机恰好送达，而不是被储存在那里等待使用。JIT 系统能够准确地预测以及实现快速、频繁和灵活的交付，以便在需要时提供新的供给。同时，这样一个系统也大大节省了存货保管与处理的成本。

营销人员仍然在寻找更有效的存货管理手段。在不久的将来，存货管理也许会全部实现自动化。比如，内嵌了放射芯片或者贴在产品或包装上的 RFID 或"智能标签"技术很可能得到广泛应用。整个供应链占据了产品总成本的 75%，而"智能产品"可以使其变得智能化和自动化。

使用 RFID 的企业在任何时候都可以精确地知道某个产品在实体供应链中的位置。"智能货架"不仅可以告诉企业何时追加订单，更可以直接向供应商自动发出订单。这样令人兴奋的信息技术的应用将彻底改变我们所知道的分销方式。许多大型的、资源丰富的市场化企业，如宝洁、IBM、沃尔玛和李维斯都在加大资金投入，以尽早实现 RFID 技术的全面应用。[10]

3. 运输

承运方式的选择直接影响产品定价、交货的效率和货物到达时的状态，所有这些都影响着消费者满意度。在将产品送往仓库、经销商和消费者的途中，企业有 5 种主要的运输方式可以选择：公路、铁路、水路、管道和航空，数字产品还有额外的一种选择：互联网。

公路运输在时间和路线上具有更大的灵活性，通常比铁路运输更加迅捷。对于短途和高价值的产品来说，公路运输通常是最有效的方式。更多先进的承运商都提供了货物卫星追踪服务、24 小时货运信息、物流规划软件和加快过境运输操作的"边境大使"。在中国，麦肯锡公司观察到，货物通过公路运输比铁路运输所遭受的损失少 3 倍。多数损失都发生在货物从公路到铁路的转运过程中。[11]

通常来说，在亚洲，铁路是最传统也是最可靠的运输方式。对于长距离大量运送的散装产品，如煤炭、沙石、矿物、农业和林业产品来说，铁路是成本最低的运输方式之一。近年来，通过为特殊种类的产品设计新的操作设备，铁路大大提升了为顾客服务的能力。它提供平板车以通过铁路运送拖车，并且提供运输中的各种服务，如在中途将部分货物转运至其他目的地，或者在中途对货物进行处理等。

水路运输方式可以通过货轮或驳船在海洋或者内陆水道运输大量货物。尽管对于体积大的、价值低的、不易腐烂的产品，比如沙石、煤炭、稻谷、石油和金属矿产等来说，水路运输成本很低，但是水路运输是速度最慢的方式之一，并且很容易受到天气状况的影响。

管道运输是将石油、天然气和化学品等从源头运输到市场的专业方法。大多数管道运输的所有者都只用来运送自己的产品。

受高额航空运输费的影响，航空运输是使用率最低的一种方式。当产品需要快速运达或者距离市场较远的时候，航空运输是最理想的方法。通常使用航空运输的货物包括易腐烂的产品（比如鲜鱼和鲜花等）和价值高、体积小的产品（比如高精尖设备和珠宝等）。航空运输同样可以降低存货水平、包装成本和所需要的仓库数量。

互联网通过卫星、调制解调器、电话线等将数字产品从生产商输送给顾客。软件企业、媒体、音像企业和教育机构都在用互联网来传递数字产品。尽管这些企业目前仍主要应用传统的运输方式来配送CD、报纸及其他产品，但互联网在降低成本方面的潜力不容忽视。飞机、卡车和火车运送的是货物与包裹，而数字技术传送的则是信息。

托运方越来越多地使用**复合运输**（intermodal transportation）——将两种或者更多的运输方式结合起来。比如piggyback就是用铁路和公路结合的方式；fishyback是水路和公路结合的方式；trainship是铁路与水路结合的方式；airtruck则是航空和公路结合的方式。复合运输提供了任何单一模式都无法提供的优势。每种结合的方式都为托运方提供了优势。例如，火车载运汽车的方式不仅比单独使用公路运输成本更低，而且更具灵活性和便利性。

在选择某种产品运输方式的时候，托运方必须考虑许多问题，如速度、可靠性、可获得性、成本等因素。如果托运方需要速度，首先就应该考虑航空和公路；当目标是低成本时，水路或管道运输可能是最好的选择。

4. 物流信息管理

企业通过信息来管理供应链，渠道成员经常连接在一起共享信息并共同做出更有利的物流决策。从物流的角度来看，顾客订单、账单、存货水平以及顾客数据等信息流，都是与渠道绩效紧密联系的。企业想要设计出简单的、易得的、快速的和精确的程序来获得、处理与分享渠道信息。

共享和管理信息有许多方式，例如通过邮件或电话、销售人员或者以互联网为基础的电子数据交换（EDI），企业之间也可以通过计算机交换数据。比如，沃尔玛一直保持同91 000个供应商直接的EDI联系。[12]

有时，供应商可能被要求根据顾客的订单来安排生产和配送。许多大型零售商，比如沃尔玛与其主要的供应商（如宝洁）紧密合作，共同建立供应商管理库存（vendor-managed inventory，VMI）系统或者持续存货补充系统。通过VMI，顾客与供应商之间实现了关于销售和存货水平的实时数据分享。供应商对管理存货和配送负全部责任。这些系统要求买卖双方之间紧密合作。

12.7.4 综合物流管理

今天，越来越多的企业接受了**综合物流管理**（integrated logistics management）的观念。这种观念是，提供更好的客户服务并削减分销成本需要公司内部和所有营销渠道组织之间的团队合作。在企业内部，各职能部门必须通力合作，以实现企业物流绩效最大化；在企业外部，企业必须同供应商和顾客一起整合物流体系，以使整个分销渠道的绩效达到最优。

1. 企业内部的跨职能团队

在大多数企业中，各种不同的物流活动的责任被指派给不同的部门——营销、销售、财务、制造和采购部门等，每个职能部门都尽力使自己的物流绩效最优却不考虑其他部门的活动。然而，运输、存货、仓储和订单处理程序等活动，通常以逆向的顺序相互影响。较低的存货水平会降低存货管理成本，但是可能会导致服务水平下降和其他成本增加，比如存货过量、订单退回、特别定制产品以及高成本的快速运输方式。由于分销活动之间可能会此消彼长，所以不同职能部门的决策必须相互协调才能实现总物流绩效的提高。

整合供应链管理的目标是协调企业所有的物流决策。所有职能部门之间的紧密合作关系可以通过以下方式达到：一些企业将负责不同实体分销活动的经理联合起来，成立了长期的物流委员会；有的企业设置了专门的管理职位，以将不同的物流职能领域的活动联系起来。例如，宝洁设置了供应经理的职位，负责管理企业所有产品种类的供应链活动。很多企业还设置了拥有跨职能权力的副总裁。最后，企业可以引进完善的、用于整个系统的供应链管理系统软件。最重要的事情莫过于企业必须协调物流和营销活动，以合理的成本达到较高的顾客满意度。

2. 建立物流伙伴关系

企业不仅需要改善自己的物流活动，还必须同所有渠道成员一起合作来提高整个渠道的分销水平。渠道成员紧密联系在一起创造顾客价值并建立顾客关系。一家企业的分销系统可能是另外一家企业的供应系统，每个个体渠道成员的成功都有赖于整个供应链的绩效的提高。比如，只有当整个供应链（包括成千上万的商品设计师和供应商、运输企业、仓库及服务提供商）以最高效率和消费者导向共同合作时，"宜家生活方式"宜家才能创造出样式新颖但价格适中的家居产品，并传递。

聪明的企业不断协调它们的物流策略，与供应商和顾客形成良好的合作关系来改进顾客服务并降低渠道成本。许多企业成立了跨职能、跨企业的团队，比如宝洁同渠道伙伴一起亲密合作，寻找可以在渠道中压缩成本的方法。合作的受益者不仅仅是宝洁与其分销商，还有最终顾客。同样，GAP、耐克和许多亚洲国家（尤其是中国）获得生产能力的亚洲品牌正在投入大量的精力、金钱和时间来改进物流系统，以在业务增长的同时保持和增强自己的竞争优势。

3. 第三方物流

多数大企业喜欢生产并出售自己的产品，但是不喜欢承担相关物流等繁重的工作。它们不喜欢包装、装载、卸货、分类、存储、重新装载、运输、清关和追踪供给工厂的需要并将产品提供给消费者。因此，它们将整个或者部分物流流程外包给**第三方物流提供商**（third-party logistics（3PL）providers）。

像 UPS、联邦快递或利丰这样的企业，能够帮助顾客收紧其迟缓的、冗长的供应链，大幅削减存货，并且更加快速和可靠地将产品交付给顾客。比如，利丰的总体增值包装项目为顾客提供，从产品设计和改进、原材料和工厂采购、生产计划和管理，以及质量保证和出口文件到联合运输的一系列服务（见实战营销12-1）。

实战营销12-1

利丰：超越供应链管理

利丰是一家为全球主要零售商与品牌进行消费者商品设计、研发、采购、物流管理的领先企业。利丰于1906年诞生于广州，一开始是由李道明和冯柏燎创办的一家贸易公司。李道明是一位不参与业务管理的合伙人。20世纪70年代初，冯柏燎的两个孙子，一个拥有博士学位，另一个拥有哈佛MBA学位，回来帮助经营家族企业。现在掌舵的是冯国纶。2011年他的哥哥冯国经以主席身份退休，当时利丰就达到了7.85亿美元的利润和207.5亿美元的营业额。

与开始的默默无闻相比，利丰现在通过中国香港总部和40多个国家或地区的1.5万家供应商协调着时效性消费者商品的生产与供应。作为最终的中间商，利丰在供应链管理方面提供了一些经验。它利用自己的购买力及时购买正确的产品或原材料、与多个生产地点协调、缩短交货周期。

凭借专业的市场知识、经验丰富的采购专家、尖端的技术和最先进的信息系统，利丰确保所有订单按时、按预算、按顾客要求交货。

例如，为了完成来自欧洲零售商的1万件服装生产订单，利丰可能会从韩国购买纱线，在中国台湾纺织和染色。然后，根据配额和劳动力条件，它可能会把这些原材料运到泰国的5家工厂，在裁剪成服装之前先把它们制成布料。订单可以在生产的每一步进行修改。在面料裁剪之前，顾客可以改变颜色，或者在服装裁剪之前，顾客可以改变设计。然后将完成的服装组装起来进行质量控制检查。利丰随后组织出口文件和运输。利丰有效地定制了价值链，以"准时制"的精度满足顾客的需求。

这种"准时制"的便利意味着零售商有能力提供新潮的产品。从传统上来说，零售商店一年只有四次库存周转，以适应四种季节性趋势。然而，随着潮流周期变得越来越短，零售商不得不面对已经过时的大量库存。

通过将周期从9个月缩短到3个月，并允许"即时"修改，零售商可以更好地了解当前的趋势，并避免购买大量顾客不想要的产品。当它们更确定需求时，它们可以下订单，从而降低库存成本，使库存清仓的降价幅度最小。

除了货源交易业务以外，利丰还提供了另一种价值。它意识到自己必须通过在工厂和销售点之间提供新的服务来接近顾客。利丰（美国）成立时是一家在岸分销企业，负责全球品牌业务、设计工作室、物流运营，并为其管理的350个品牌提供展示空间，其中包括蔻驰旗下的鞋类品牌，以及汤米·希尔费格、Timberland、诺帝卡和卡尔文·克莱恩旗下的儿童服装等授权品牌。

除了这些知名品牌以外，利丰还拥有私有品牌和自主品牌。后者包括代表名人制作设计。该企业与詹妮弗·洛佩兹、碧昂丝等歌星和时尚偶像蕾切尔·佐伊都有合作。它还与迪士尼、漫威、孩之宝、Hello Kitty和精灵宝可梦等授权的企业有交易。

美国购物中心大约有40%的商品都是由利丰提供的，这足以体现它的成功。虽然它的名字从来没有被看到过，但许多人穿的衣服和家里用的东西背后都有它的身影。

为了保持增长势头，利丰时任总裁布鲁斯·罗克维茨（Bruce Rockowitz，中文名乐裕民）强调了每三年重新创造的重要性。最高管理层针对"什么是可以改变的"这一问题进行了长达一年的思考，包括抛弃一切从零开始。他们提出了不同的设想，并预测贸易将如何发展。

2014年，利丰将全球品牌集团剥离出来以负责管理这350个品牌，并扩大了授权产品组合，向梅西百货和塔吉特等顾客销售产品。罗克维茨辞去利丰的职务并担任全球品牌集团的CEO，冯国纶认为此举有战略意义。利丰的核心业务是为零售商寻找和管理供应链。这与培育品牌不同，培育品牌是全球品牌集团要做的事情。

尽管取得了这样的成功和增长，利丰仍忠于其亚洲根基。冯国纶说："在很多方面，我们是跨国公司，但我们把自己看成是亚洲地区的跨国公司。我们的硬件和系统是西式的，但我们的价值观非常中国化。我们重视忠诚，我们重视长期服务，我们重视企业家精神。"

资料来源："Li & Fung's Bruce Rockowitz: Managing Supply Chains in a 'Flat' World," www.knowledgeatwharton.com, 20 June 2007; "A Family Business," *The Business Times*, July 2005; Wing Gar Cheng, "Li & Fung's 39% Net Income Growth Misses Analysts' Estimates," www.businessweek.com, 24 March 2010; "Li & Fung," www.forbes.com, accessed 27 April 2015; F. Warren McFarlan, <achael Shih-ta Chen, and Keith Chi-ho Wong, "Li & Fung 2012," *Harvard Business School Case*, 2012; Vinicy Chan, "Global Brands Begins Trading After Li & Fung Spinoff," www.bloomberg.com, 9 July 2014; and materials and information from www.lifung.com, accessed on 27 April 2015.

通过对《财富》500强企业主要的物流部门的调查发现，82%的企业会使用第三方物流服务。[13] 企业出于以下原因使用第三方物流提供商：第一，将产品输送到市场是企业最关心的问题，这些提供商通常可以以更低的成本更高效地完成这项工作。外包通常会节约15%~30%的成本。第二，外包物流集中了企业的力量，使企业更加专注于自己的核心业务。第三，整合物流企业更加了解日益复杂的物流市场环境，这一点对于试图拓展全球市场覆盖面的企业来说尤其有帮助。比如，在中国市场销售产品的企业面对着令人眼花缭乱的市场环境，环境变化带来的挑战也影响到了企业的物流，包括找到最好的陆地运输联盟和包装标准。通过将物流环节外包，企业可以获得一个完整的中国市场的分销系统，不会由于需要建立自己的系统而产生相关的成本、延迟和风险。

目标回顾

某些企业对它们的分销渠道的关注远远不够，而另外一些企业却能够用富于创造性的渠道系统来获取竞争优势。一家企业的渠道选择会直接影响企业的其他营销决策。管理者必须谨慎做出营销决策，以将今天的需要和明天的销售环境的可能性结合在一起。

1. 解释企业为什么要使用营销渠道并讨论这些渠道的功能

企业无法独自创造顾客价值，它必须与合作者一起在一个完整的网络中工作（这是一个价值传递网络），为了完成这个任务，单个企业和品牌并不竞争，它们在整个价值传递网络之间竞争。

多数生产商应用中间商来将自己的产品推向市场。它们力图建立一个营销渠道（或分销渠道）——一组独立的组织共同参与，促使产品和服务被消费者与企业购买者消费使用。通过他们的人脉、经验、专业程度和经营规模，中间商通常比企业自己做得更好。

营销渠道能起到许多关键作用。有些通过收集和发布计划所需要的信息来完成交易；开发和传播关于出价的有说服力的沟通材料；起到沟通作用（通过寻找并与有意向的顾客沟通和建立联系）；匹配（提供购买者需要的出价）；对产品价格和其他条件进行谈判，以达成协议从而实现所有权的转移。还有一些职能是辅助交易的：提供实体分销（运输和存储）；提供融资（获取和使用资金以弥补渠道工作所需的成本）；承担风险（渠道工作所带来的相应的风险）。

2. 讨论渠道成员怎样互动以及怎样组织以完成渠道工作

当渠道成员都承担自己最擅长的工作时，渠道是最有效的。在理想状况下，由于个体渠道成员的成功要依赖整个渠道的成功，所以渠道成员之间的合作应该天衣无缝。它们应该理解并接受各自的角色，协调各自的目标和活动并且精诚合作以实现渠道的总体目标。通过合作，它们可以更好地感知、服务和满足目标市场。

在大企业里，正式的组织结构将会分配角色并设置相应的领导者，但是在由独立的企业组成的营销渠道中，领导者和权力都不是被正式设定好的。从传统意义上来说，营销渠道缺乏一个领导者来分配角色和管理冲突。近年来，新型的渠道组织的出现提供了强有力的领导者和渠道绩效的改善。

3. 识别企业可用的主要渠道的选择方案

每个企业都在不同的渠道方案中做出选择来接触其市场。可供选择的方式从直接营销到运用一个、两个、三个甚至更多的中间商层级。营销渠道面临着持续的，有时甚至是剧烈的变化。三种重要的发展趋势分别是：水平营销系统、垂直营销系统和复合渠道营销系统。这些趋势影响着渠道的合作、冲突和竞争。

渠道设计开始于评估顾客对渠道服务的需求、企业的渠道目标以及限制，然后企业通过中间商类型、中间商数量和渠道成员的责任来识别主要的选择方案。企业要用经济性、可控性和适应性的标准对渠道方案进行评估。渠道管理需要选择合格的中间商，并对它们进行激励，同时定期对个体渠道成员进行评估。

4. 解释企业怎样选择、激励和评估渠道成员

每个制造商吸引合格的中间商的能力各不相同。有一些制造商在吸引合格的中间商时毫不费力，而另一些则颇费周折。在选择中间商的时候，企业应该评估每个中间商的资质，并选择那些最适合企业渠道目标的中间商。

选定渠道成员以后，它们必须不断地被激励以做到最好。企业不仅通过中间商销售，还应该向中间商销售并同它们一起向顾客销售。企业应该努力建立长期的合作关系，形成一个对企业和渠道伙伴都有利的市场营销系统。

5. 讨论营销物流和整合供应链管理的性质与重要性

营销物流（或实体分销）是一个在降低成本和提高顾客满意度上大有潜力的领域。营销物流不仅包括运出分销，还包括运入分销和反向分销。也就是说，营销物流包括整个供应链管理，在企业、供应商、分销商和最终顾客之间管理那些增加价值的"流"。任何物流系统都不可能在最大化顾客满意的同时使分销成本最低。相反，物流管理的目标应该是以最低的成本提供一定目标水平的服务。物流的主要功能包括仓储、存货管理、运输及物流信息管理。

综合物流管理的观念认为，改善物流的绩效需要一种跨职能的团队合作关系。这种关系不仅存在于企业的各个职能部门之间，同时存在于整个供应链的各个企业之间。企业可以通过建立跨职能的物流团队、设置整合供应链经理的职位以及更高层的拥有跨职能权力的高管人员来实现各个物流职能之间的协调。渠道伙伴关系可以采取跨企业团队、公共项目和共享信息系统的方式实现。如今，一些企业将其物流功能外包给第三方物流提供商，以节省成本、提高效率，获取更快速和更有效地进入全球市场的方法。

关键术语

value delivery network　价值传递网络
marketing channel（distribution channel）　营销渠道（分销渠道）
channel level　渠道层级
direct marketing channel　直接营销渠道
indirect marketing channel　间接营销渠道
channel conflict　渠道冲突
conventional distribution channel　传统分销渠道
vertical marketing system　垂直营销系统
corporate VMS　企业式垂直营销系统
contractual VMS　合同式垂直营销系统
franchise organization　特许经营组织
administered VMS　管理式垂直营销系统
horizontal marketing system　水平营销系统
multichannel distribution systems　复合渠道分销系统
disintermediation　脱媒
marketing channel design　营销渠道设计
intensive distribution　密集性分销
exclusive distribution　专营性分销
selective distribution　选择性分销
marketing channel management　营销渠道管理
marketing logistics（physical distribution）　营销物流（实体分销）
supply chain management　供应链管理
distribution centers　配送中心
intermodal transportation　复合运输
integrated logistics management　综合物流管理
third-party logistics（3PL）providers　第三方物流提供商

概念讨论

1. 描述营销渠道成员的关键职能。

2. 比较直接营销渠道和间接营销渠道，讨论分销渠道中的产品流向类型。

3. 什么是特许经营组织，讨论特许经营组织的类型并举例。

4. 根据中间商的数量讨论产品适合的类型，并描述三项可行的战略。

5. 讨论国际营销人员在设计其他国家渠道时所面临的复杂性。

6. 列出并描述主要的物流功能，举例说明物流经理对每个主要功能所做的决定。

概念应用

1. ExerWise是一家新兴的企业，专门营销高端运动器材，它正在考虑直接营销，而不是通过体育用品零售商进行销售。作为一个零售商，请解释你的零售链可以给ExerWise提供哪些服务。

2. 假设你正在通过一个生产批发分销商向各种零售商出售新鲜韩国草莓。组成一个小组，假设每一个成员是以下角色之一：草莓果农、批发商和零售商。从你的角色出发，讨论最近发生的三件令你对其他渠道成员感到愤怒的事情，然后依次说出自己抱怨的事情并试图解决矛盾。

3. 通过网络搜索相关资料，描述RFID标签如何影响每个关键的物流功能？采用这项技术的最大障碍是什么？

技术聚焦

酿制精酿啤酒既是一门艺术，也是一门科学，一位比利时的研究员Sonia Collin，试图开发新的酿制方式，使啤酒有更长的保质期，一旦成功，鲜啤就能被运送到更远的地方。比利时政府对这项研究投资了700万美元，其中170万美元分配给Collin进行研究。她的实验室里有价值25万美元的机器，用来分析啤酒样品中的化学成分，研究者可以使用有机原料调节氧气和酵母的剂量，缩短啤酒在高温下发酵的时间。罐装技术使得喜力和安海斯－布希这样的行业巨头能出口自己的啤酒，啤酒迷却喜欢品质更高、口味更美的精酿啤酒。但是精酿啤酒不能承受长途跋涉——时间与日光是它们最大的敌人，因而只能被限制在本地销售，大多数精酿啤酒不到三个月就会失去口感。

1. 描述精酿啤酒从比利时运输到你所在城市的营销渠道包括多少渠道层级？
2. 如果研究者没能发明有效的方法来延长精酿啤酒的保质期，讨论比利时精酿啤酒酿造者如何在美国销售。

道德聚焦

在经济复苏期间，服装零售商和供应商之间的紧张关系不断升级。此前，零售商几乎提前一年下订单，供应商以低廉的价格大批量生产。现在许多零售商开始下小批量订单，如果款式在消费者中流行起来，它们会迅速改变订单——这是一种被称为"追逐"的策略。零售商Aeropostale一直在谨慎地下订单，并努力寻找消费者青睐的商品。合适的库存水平在服装行业是很难预测的，但看上去零售商似乎在把这种焦虑推给供应商。

1. 讨论供应商和零售商在服装分销渠道中面临的压力。零售商要求供应商迅速回应是否公平？供应商要求提早下订单是否公平？
2. 这反映了什么渠道冲突，它们能从中得到好处吗？

营销和经济

Expedia.com

旅游业面临冲击，旅行中介也难以避免。过去几年，由于个人和企业缩减旅行预算，旅游网站普遍面临着财务危机。随着Priceline.com回到"自己定价"的根源，竞争比以往更加激烈。即使是Expedia这一市场领导者，也不得不重新制定其生存战略。为了防止顾客绕过旅游网站直接向航空公司预订机票，Expedia将预订费下调了10美元。它采取了新的品牌战略，叫作"在哪里订票很重要"，以此来面向有闲暇时间的旅行者，以获取他们的忠诚。与Priceline专注于价格不同，Expedia的目标是提高在产业链中的定位，它想把自己打造成一个普通的购物场所，出售旅行所需的一切物品，并提供全方位的服务。在一个以节俭为主的市场中，这一方法似乎有很大的风险。但是随着旅游业显示方新生的迹象，Expedia也可能比其他竞争者更快地扭转局面，最近它在美国的预订量上涨了20%，而Priceline上涨了16%。
1. 作为中介机构，Expedia能否在旅游业不景气的情况下刺激需求？
2. Expedia的品牌推广策略？
3. 如果经济恢复得不如预期快，Expedia的状况会好吗？

营销数字

消费者通常从零售商处购买诸如浴室用品、食品和衣服，而不是直接从制造商处购买，同样，零售商从批发商处购买。经销商为制造商和消费者提供服务，并赚取差价。查询附录B，回答以下问题。

1. 如果一位制造商把洗衣液以2.5美元的价格卖给批发商，批发商想要15%的利润，那么它应该以什么价格卖给零售商？
2. 如果零售商想在零售价格上享有20%的利润，那么零售商应该以什么价格卖给消费者？

企业案例

Sasa国际在中国内地发展所面临的障碍

Sasa国际，1978年由Eleanor和Simon Kwok创立，是亚洲最大的化妆品零售商。Sasa总部位于中国香港，经营、分销、销售600多个品牌，涵盖护肤品、香水、化妆品、身体护理产品以及保健品和美容产品。它的品牌包括伊丽莎白雅顿、雅诗兰黛、兰蔻和瑰柏翠，以及私人品牌（瑞士葆丽美）。

Sasa以打折销售化妆品为基础，它认为尽管利润会下降，但销售额会增加。为了提供较低的价格，Sasa储存平行进口的商品，它还可以通过大量购买来节省成本。Sasa不自己购买品牌，而是与为制造商销售产品的代理商（如欧莱雅等）打交道。因此，通过从代理商那里购买这些产品，比如在马来西亚销售欧莱雅产品的代理商，Sasa能够提供比中国香港欧莱雅专柜更低的价格。

Sasa有280多家门店，遍布中国、马来西亚和新加坡等地。所有门店均由Sasa独家拥有和运营，没有特许经营。

Sasa在107家中国香港和澳门的门店销售表现非凡。2014年，该企业实现利润率8%，6个月的营业额为42亿港元（约合5.4亿美元）。据估计，该企业在中国香港的销售额有65%～70%来自中国内地游客。内地游客是这个城市人口的3倍，在内地通货膨胀和人民币升值的刺激下，这些游客在香港的消费不断增长。

市场调查显示，内地女性消费者寻找的是廉价商品和在内地找不到的品牌，Sasa符合这一要求。只要手中有一个愿望清单，中国内地女性消费者就能在每个Sasa门店的1.7万种不同商品和600种品牌中找到自己想要的品牌。Sasa代理的品牌在香港的价格也比内地低30%左右，部分原因是香港的集体购买力强和不征收关税。因此，凭借在中国内地购物者中的声誉，Sasa希望在内地复制自己的成功。该企业2005年开始进军内地，在上海开了一家门店。随着在香港销售的蓬勃发展，该企业将巨大的内地市场作为其快速扩张的首要目标。

然而，60多家店铺在内地经营了10年之后，Sasa仍面临着一些它没有预料到的障碍。尽管内地市场的销售额一直在增长，但这主要是因为快速扩张而非门店销售额的增长。经营亏损仍然很高。据估计，内地市场仅占其营业额的5%左右，而在其281家门店中，中国内地有62家。

几个因素导致了Sasa在内地的糟糕表现，它在吸引品牌加入内地商店方面存在困难，在香港，Sasa有很多大品牌，而在内地，它只能吸引很多不太熟知的品牌，竞争对手丝芙兰被认为更有吸引力。丝芙兰并没有采取与Sasa同样的低价策略，它的产品价格几乎和百货商场里的产品价格一样。虽然价格不低，但丝芙兰专注于品牌建设和快速进入市场。

此外，内地对化妆品征收15%的进口税和17%的增值税。香港对进口化妆品不征收关税。因此，内地游客在香港享受的价格优势在内地是不可能的。相反，内地的售价比香港高20%～30%。由于运营成本较高，其折扣促销活动对消费者的吸引力有限。

此外，Sasa还面临着众多中国内地和韩国化妆品品牌的竞争，这些品牌的价格要便宜得多。中国内地至少有3 500家本土化妆品企业。它们大多是小规模零售商，主导着以分销网络分散为特征的二线城市。另外，销售名牌化妆品的仿冒店也在蚕食Sasa的市场。

在中国香港，Sasa从中国内地游客身上取得的巨大销售额，也可能是由于当一个人在境外旅行时有一种更冒险的消费精神。回到内地后，消费者似乎不像在香港购物时那样热衷于尝试新品牌。因此，他们不太愿意尝试Sasa在内地推出的不太为人所知的品牌。

还有一个挑战是将内地的服务水平提升至与香港相当的水平。销售专业的化妆品要求销售人员知识渊博、风度翩翩。为了加快业务扩张的速度，尤其是在内地北方地区，Sasa将其培训课程从总部移至门店。如果没有总部的业务支持，这可能会影响销售人员的素质。

网上购物的兴起也影响了Sasa的销售。年轻的内地消费者热衷于网上购物。Sasa在内地的淘宝、京东商城、拍拍网和易购等网站上开设了官方旗舰店，但网上购物为消费者提供了比实体购物更广泛的选择。

Simon Kwok意识到了Sasa面临的挑战，但巨大的市场规模吸引着Sasa继续前进。

讨论题

1. 你认为Sasa一开始就应该进入中国内地市场吗？
2. 进入中国内地时，你会向Sasa建议什么零售策略？首先应该进入哪些城市？店面大小应该如何设计？
3. Sasa现在能做什么来改善其在中国内地的零售业务？

资料来源："Adapting Prestige to China's Market," *BW Confidential*, 17 May 2012; "Cosmetic Problems: Sa Sa Looks to Make-up for Poor China Sales," www.wantchinatimes.com, 20 June 2012; "Sa Sa Suffering Bad Business in Chinese Mainland," www.chinaretail.org, 8 October 2019; Charlotte So, "Cosmetics Market Yet to Reach Peak, says Sa Sa," www.scmp.com, 11 December 2013; Russell Flannery, "Billion Bucks," www.forbes.com, 1 May 2012; Aaron Back, "Chinese Consumers Turn Sa Sa Pale," www.wsj.com, 26 June 2014; "Knock-off Shops and Local Brands Hit Sa Sa Sales in China," *Dow Jones Newswires*, 14 January 2015; and materials from www.sasa.com, accessed on 28 April 2015.

第13章 零售与批发

学习目标

1. 解释零售商在分销渠道中的作用，描述主要类型的零售商。
2. 描述主要的零售商营销决策。
3. 讨论零售业的主流趋势和发展。
4. 解释批发商的主要类型及其营销决策。

预习基本概念

在第12章中，我们已经学习了营销渠道设计和管理的基本知识，现在我们将进一步研究两种主要的中间渠道：零售与批发。你已经了解了一些关于零售的知识——你每天接受形形色色的零售服务，然而你可能对批发商存货等幕后工作了解甚少。在本章中，我们将详细研究不同零售商和批发商的特点、营销决策以及未来的发展趋势。

在本章开始之前，我们将目光投向家乐福，讨论家乐福如何在与沃尔玛竞争的同时在中国和亚洲大获成功。

家乐福在中国：与世界上最大的零售商竞争

如今，沃尔玛几乎出售所有种类的产品，这意味着无论何种产品，它几乎与所有其他的零售商竞争。沃尔玛在玩具市场上的销量超过了玩具反斗城，在DVD产品销售业务上也令其他零售商头疼不已。几乎所有的零售商，无论大小，都忙着制定战略，以便与沃尔玛竞争并生存下来。

该如何与沃尔玛这样的巨头竞争呢？最好的回答是：至少不会直接竞争。也许最糟糕的策略是"试图超越沃尔玛"。聪明的竞争对手不会选择正面交锋，而是小心翼翼地选择自己的领域。

家乐福是一家在巨头的阴影下取得成功的连锁企业。

在全球范围内，家乐福拥有12 300多家门店，超过沃尔玛的11 500家。家乐福的年销售额为1 044亿欧元，约合1 172亿美元，而沃尔玛2015年的年销售额为4 820亿美元。

虽然这看起来不像是一场公平的竞争，但家乐福正在蓬勃发展。它的成功源于谨慎的定位，尤其是选择远离沃尔玛的定位。家乐福并没有一味追求销量和微薄的利润，而是通过需求有细微差别的顾客群定位了四种不同的模式：特大型超级市场、超级大卖场、折扣店和便利店。家乐福的价值定位可以归结为承诺促进当地经济发展。

无论浏览在线网站还是在实体店中，在家乐福都不仅仅是一次购物之旅，更是一种体验，而这种体验在沃尔玛是体会不到的。虽然沃尔玛让顾客有宾至如归的感觉，打造了温馨、有趣、独特、休闲、舒适、有吸引力和教育性的商店环境，但是家乐福让顾客有在现代零售店购物的乐趣,其设施设计能给顾客带来难忘的购物体验。我们来看看下面的例子。

- 入口和出口的分隔允许顾客在整个卖场中购物。
- 根据产品的种类将卖场划分为不同的区域,以引导顾客购物。设置新颖的设施,例如安全的非楼梯扶手电梯、顾客自助存包柜等,以展示其优质的服务。
- 集中精力打造购物氛围,强调内部装饰、店内促销、采购广告和优质的服务。因此,家乐福的顾客相信这样一个事实:这家店对质量的承诺已远远超出了货架上摆放的商品。家乐福关心与企业相关的每个人的福利和生活质量,从顾客和员工到供应商,再到其经营场所在的广泛的社区。

与沃尔玛一样,家乐福在中国也非常注重人力资源管理,努力培养员工的忠诚度,鼓励他们投身于家乐福"良好的业务"中。从这一点考虑,家乐福在组织内强调以下几点的重要性:

- 纪律准则;
- 高素质人员的选择;
- 培训;
- 有效的激励制度;
- 职员授权。

这样的承诺加上强大的目标和定位,使家乐福成为在中国不断增长的零售业领导者之一。家乐福在中国大陆有230多家门店,在中国台湾地区有80家。该企业的报告称,尽管亚洲的情况更加严峻,比如中国可自由支配支出的放缓,但仍推动着家乐福进行选择性的扩张。2016年,家乐福在中国大陆开设了第一家名为Easy的便利店。该企业还为上海市民推出了一个电子商务平台,可供选择的产品超过1.5万种。

家乐福关闭了业绩不佳的门店,并撤出了新加坡和印度市场。新加坡对于大型超市来说太小了,而印度的地方法规限制了家乐福零售网络的发展。

在中国,家乐福与沃尔玛直接竞争。它与沃尔玛巨大的规模经济、不可思议的大批量购买力、超高效的物流、广泛的选择和难以匹敌的价格竞争。除此之外,家乐福的目标顾客还包括沃尔玛无法触及的那一部分,提供沃尔玛无法向其提供的价值。通过远离沃尔玛和其他主流零售商的定位,家乐福已经在中国市场和世界许多市场找到了使自己利润丰厚的定位。[1]

13.1 零售

零售是什么?我们都知道沃尔玛、家乐福、伊势丹和屈臣氏是零售商,但雅芳、亚马逊、假日酒店和私人医生也是零售商。**零售**(retailing)包括直接向最终消费者销售产品或提供服务以用于个人或非商业用途的所有活动。许多机构,如制造商、批发商和零售商都从事零售活动。但大多数零售活动都是由**零售商**(retailer)完成的:销售主要来自零售企业。

零售在大多数营销渠道中扮演着非常重要的角色。在美国,零售商对最终消费者的销售额超过5万亿美元。在购物过程的最终购买阶段和购买点,零售商将品牌与消费者联系起来的方面起着至关重要的作用。事实上,许多市场营销人员正在不断接受购物者营销的概念,将整个营销过程——从产品和品牌开发到物流、促销与商品销售——集中于在接近销售点时将顾客转变为购物者。

当然,所有精心设计的营销工作都集中在顾客购买行为上。**购物者营销**(shopper marketing)概念的不同之处在于它建议这些工作应该围绕购物过程本身进行协调。例如,宝洁遵循的是"退货"概念,即所有营销理念都需要在货架上有效,并从货架上回收。这一策略建立在宝洁所称的"第一个关键时刻"的基础上,即顾客在商店货架前考虑一件商品的关键的3~7秒钟。[2]

在线和移动购物的急剧增长为购物者营销增加了新的维度。零售业的"关键时刻"不再局限于商店里。相反,谷歌定义了一个"第0关键时刻",即消费者通过在线搜索和了解产品开始购买过程。如今的消费者越来越多的是全渠道购买者,他们几乎不区分店内购物和网上购物,对他们来说,零售购物的途径跨越了多个渠道。对于这些购买者来说,一次特定的购买可能包括在网上搜索一种产品,然后从网上零售商那里购买，不需要进入零售店。另一种选择是，他们可能会使用智能手机在网上搜索购物信息，甚至是在零售店的过道上。例如，消费者在伊势丹查看货架上的商品，同时使用移动应用程序查看亚马逊网站上的产品评论和价格，这很常见。现在的购物者营销并不仅仅是店内购买。影响消费者购买决策的因素涉及在线搜索、实体门店、在线和移动端购物。[3]

虽然大多数零售活动是在零售商店内进行的，但近年来，无商店零售的增长速度远远高于商店零售。无商店零售包括直邮、目录销售、电话销售、互联网、电视家庭购物、家庭和办公室聚会、上门联系、自动售货机等直销方式。我们将在第14章详细讨论这种直接营销方法。在本章中，我们将关注商店零售。

13.1.1 零售商的类型

零售商店的种类多种多样，同时新的零售业态不断涌现。表13-1描述了主要的零售商的类型、特征及举例，并将在后文进行讨论。其可以按照几个特征进行分类，包括它们提供的服务项目、产品线的广度和深度、相对价格及组织方式。

表13-1 主要零售商的类型、特征及举例

类型	特征	举例
专卖店	经营一条窄产品线，而该产品线的种类却较多。例如，服饰商店、运动用品店、家具店、花店及书店。一家服装店可以是单线商店；一家女士服装店就是一家限量商店，而一家女式衬衫商店也许就是溢价超级专业商店	佐丹奴是一家单线商店，而佐丹奴女装则是一家限量商店
百货商店	经营多种产品线，典型的有服装、家居用品和日常用品，每一条产品线都作为一个独立的部门，由一名进货专家或商品专家管理	太平洋百货、Siam Paragon、Tangs、Metrojaya
超级市场	一种相对规模较大、低成本、低利润、高销量、自助式服务，为满足消费者对于杂货和日常用品的需求而设计的组织	西夫韦、Wellcome、大润发、华联、Kimisawa、Supermarket、Giant
便利店	商店规模相对较小，位于居民区住宅附近，营业时间较长，每周7天都开门，并且经营有限的产品线中周转相对较快的方便商品，价格稍高	7-11、全家、罗森、Circle K 和壳牌精选
折扣店	出售标准商品、低价格、低利润、高销量	沃尔玛、家乐福、The Store、大创
廉价零售店	以低于普通价格的批发价格购入商品，并以低于零售的价格出售。通常经营过剩的、泛滥的和不规则的商品，以低价从制造商或其他零售商处进货，包括由制造商自己拥有的和经营的工厂门市部；由企业家自己拥有和经营或者由大零售公司划分出来的独立廉价零售店；或是销售有限品牌的杂货、器具、衣服和其他东西的仓储俱乐部（或批发商俱乐部），参与者交纳会费便可以得到高折扣	Esprit卖场、Dickson仓库（厂家直销店）、Sogo Club（独立的廉价零售店）、GrandMart、Metro Asia（仓储俱乐部）
超级商店	主要满足消费者在日常生活中购买食品和非食品类商品的全部需要，包括"品类杀手"——一种经营特定产品线的门类繁多的商品并且拥有知识型员工的超级商店；超级购物中心是超级市场和折扣店的结合体；巨型超市占地达到2.05万平方米，综合了超级市场、折扣店和仓储零售	Tokyu、eBay（品类杀手）、Jual Murah、Big C（超级中心）、家乐福、Pyrca、Giant（大型综合超市）

1. 服务项目

不同的产品需要不同的服务项目，消费者的服务偏好也不同。零售商可以提供以下三种服务：自助服务、有限服务和全方位服务。

（1）自助服务零售商的服务对象是那些愿意自己寻找、比较、选择以节省成本的顾客。自助服务是所有折扣业务的基础，通常被零售商用于出售便利品（如Circle K、罗森、7-11）和全国性品牌、快消品牌（如沃尔玛）等。

（2）有限服务零售商，如 Sa Sa 化妆品，提供了较多的销售帮助，因为它们提供了较丰富的顾客所需的信息。增加的经营成本也导致了更高的价格。

（3）提供全方位服务的零售商，如专卖店和一流的百货公司，销售人员会在购物过程的每个阶段帮助顾客。提供全方位服务的商店通常会提供更多的顾客愿意为之等待的特殊商品。"他们提供更多的服务，从而导致了更高的运营成本，这些成本以更高的价格转嫁给顾客。"在亚洲，明显的例子包括中国香港的连卡佛、日本的三越和高岛屋，以及曼谷的 Siam Paragon 百货商店。

2. 产品线

零售商也可以根据产品种类的深度和广度来分类。一些零售商，比如**专卖店**（specialty store），在狭窄的产品线中加入了深度分类。如今，专卖店生意兴隆。市场细分、市场定位和产品专业化被越来越多地使用，导致对专注于特定产品和细分市场的商店的需求越来越大。只要看看中国香港旺角的运动用品店或东京 Kappabashi 的厨具商店就知道了。

相比之外，**百货商店**（department stores）经营各种各样的产品线。近年来，百货商店增加了促销定价，以应对更高效、低价格的折扣店的威胁。另外，一些百货商店已率先启用自己的商店品牌和单一品牌"设计师商店"来与专卖店竞争。还有一些试图运用邮件订购、电话订购和网络销售。服务仍然是区分的关键因素。太平洋百货、三越、连卡佛、高岛屋、Debenhams 等高端百货商店因强调高质量的服务而业绩良好。

超级市场（supermarket）是最常见的零售商店类型。然而，如今由于人口增长放缓，以及来自折扣食品店、超级购物中心和高档特色食品店的竞争加剧，超级市场销售增长缓慢，同时，也受到户外饮食快速增长也给超市带来了冲击。在我国香港等几个亚洲城市，超级市场和百货商店的超市部门的销售业绩一直低迷。

许多超级市场正在进行改进以吸引更多的顾客。在这场被称为"胃纳占有率"（share of stomachs）的战役中，许多大型超级市场正在向高端转移，改善了商店环境、提供高质量的食品供应，如从最基本的面包店、熟食柜台到海鲜专柜。另一些超市则在压缩成本，建立更高效的经营方式以降低价格，从而更有效地与食品折扣店竞争。最后，还有一些企业利用网上销售的方式参与竞争。

便利店（convenience stores）的店面较小，经营有限的、周转较快的便利商品。经过几年的不景气之后，便利店现在正在健康地增长。[4]

近年来，便利连锁店试图在提供糖果、面包、牛奶和饮料等便利商品的基础上拓展业务，以吸引更广泛的目标市场。它们正在摆脱"卡车站"的形象，如男人去那里买啤酒、香烟和杂志，取而代之的是提供新鲜的食品和具有更清洁、更安全、更高档的环境。考虑下面这个例子。

在中国台湾，尽管消费者已经熟悉了 7-11 便利店和它橙色与绿色组合的标志，但它在提供服务方面已经发生了显著的变化。宽阔的过道、新的陈列给人以温馨的感觉。冰箱里有冰镇的台湾当地的啤酒和饮料，离收银台不远的地方有一个装满茶叶蛋的炊具。另一条过道旁边是一台滚动着的烤肠机，还有煮着应季蔬菜、鱼丸和豆腐的汤锅。

然而，这些变化并没有给中国台湾居民带来日常生活的便捷。最受欢迎的便利店，比如 Big Gulp 和 24 小时营业的 Twinkies 都逐步将盈利重心从食品转移到其他方面。7-11 希望通过提供一些新服务来与邮局、快递公司展开竞争，而不是其他传统的便利店。顾客在网上购买商品后，现在可以到 7-11 便利店提货，或者可以在 7-11 柜台完成账单支付。这种转变似乎非常有效，使用这些服务的人正在增加。[5]

超级商店（superstore）比普通超级市场大得多，经营种类繁多的日常食品、非食品和服务。沃尔玛、塔吉特、家乐福和其他折扣零售商都有超级购物中心，即非常大的食品店和折扣店的结合。在中国的一些大城市，超级购物中心正在迅速发展。沃尔玛目前在中国拥有428家门店，它与京东结盟，通过电子商务和零售的强大结合，更好地服务于中国各地的消费者。[6]

近年来，超级商店也出现了爆炸式的增长，它们实际上是大型专卖店，即所谓的"**品类杀手**"（category killer），其特色是拥有非常丰富的特殊产品线以及知识渊博的员工。品类杀手广泛存在于各种品类中，包括书、婴儿用品、玩具、电子产品、家居用品、床单和毛巾、派对用品、运动用品，甚至宠物用品。超级商店的另一个表现形式是巨型超市，可能有6个足球场那么大。尽管巨型超市在欧洲和其他市场上非常成功，但在美国、中国和东南亚市场收效甚微。

便利店转变——7-11正在摆脱其"汽车停靠站"的形象，改变门店以提供更高档的产品和更好的环境。

最后，对于某些零售商来说，产品线实际上是一种服务。服务零售商包括酒店和汽车旅馆、银行、航空公司、大学、医院、电影院、网球俱乐部、保龄球馆、餐馆、维修公司、发廊及干洗店。在美国，服务零售商的增长速度快于产品零售商。

3. 相对价格

零售商也可以根据收取的价格进行分类（见表13-1）。大多数零售商以合适的价格提供合适的商品和服务。但也有一些企业以高价格提供高质量的产品和服务，而那些以低价为特色的零售商被称为折扣店或廉价零售商。

折扣店（discount store）通过销售低价格、低利润的大量标准化的产品来服务顾客。早期的折扣店开在交通拥堵的街区，通过提供有限的服务和租赁廉价的货栈来削减开支。如今的折扣店改善了店面环境，提高了服务水平，同时通过精简、高效的操作保持低价。主要的折扣店（如沃尔玛）如今在这一领域占据主导地位。

随着大型折扣店业务的增多，新的**廉价零售商**（off-price retailer）开始涌入，以填补低价和高销量的空白。传统的折扣店以常规批发价格购入，并以其可接受的低利润率保持低价格。相反，廉价零售商则以低于正常批发价的价格购入，并以低于零售价的价格将产品卖给消费者。从食品、服装和电子产品到简单的银行与折扣经纪企业，所有领域都可以找到廉价零售商。

三种主要的廉价零售商分别是：独立廉价零售商、工厂门市部和仓库俱乐部。**独立廉价零售商**（independent off-price retailer）要么由企业家拥有和经营，要么是大型零售企业的分支。尽管有许多零售店是规模较小、独立经营的，但大多数大型的廉价零售店都隶属大型零售连锁店。

工厂门市部（factory outlets）是由生产商经营的店，由工厂出货中心和零售中心组成。许多工厂门市部的产品都以低于一般零售店50%的价格出售。出货中心主要是制造商门市部，而零售中心综合了制造商门市部、廉价零售店和百货商店清仓大卖场。

如今，随着门市部中心提供的折扣越来越少，这些中心正在进行转型升级，缩小了工厂门市部与传统零售商之间的差距。现在有越来越多的门市部中心正在塑造自己的品牌特色，如蔻驰、Polo、Ralph Lauren、阿玛尼、古驰和范思哲等，导致百货商店对这些品牌的制造商提出了抗议。考虑到它们较高的成本，百货商店的标价要比廉价零售店的标价高。制造商否认有人说它们将往年的商品和次品提供给工厂门市部，而不是像提供给百货商店那样的当年的新产品。

仓储俱乐部（warehouse club），又称批发俱乐部或会员制仓储，如在泰国、印度尼西亚和中国的Makro Asia，经营着如同巨大仓库一样的店铺，很少提供额外的服务。但是它们确实提供超低的价格以及特定品牌商品的大宗交易。

4. 组织方式

虽然许多零售商拥有独立所有权，但也有一些零售商以企业或合同组织的形式采取某种合作零售形式。表13-2描述了零售组织的主要类型，包括企业连锁、自愿加盟连锁店、零售商合作组织、特许经营和商业联合公司。

表 13-2 主要的零售组织类型

类 型	描 述	举 例
企业连锁	两个或两个以上的商店由同一个所有者所有和管理，集中采购并销售经营同类商品。企业连锁出现在所有的零售业类型中，但是在百货商店、商品商店、药店、鞋店和女士服装店最为强势	PARKnSHOP（杂货店）、屈臣氏、康是美（Cosmed，医疗保健商店），周大福（珠宝），壳牌精选
自愿加盟连锁店	批发商赞助的独立零售商团体，进行大规模采购和统一买卖	独立杂货店联盟（IGA）、Do-it Best 五金、六福珠宝
零售商合作组织	由若干零售商组成，成立一个中心采购组织，进行联合促销活动	Associated Grocers（杂货店）、Mitre 10（五金）
特许经营	特许人（一般是制造商、批发商或者服务组织）和特许经营者（在特许经营系统中，拥有或者经营其中一个或几个单元的独立的生意人）之间的契约性联合组织。特许经营组织通常建立在特定的商品或服务或者商业经营模式或者商标名称或专利，以及特许经营者建立的商业信誉的基础上	麦当劳、必胜客、六福珠宝、Circle K、7-11
商业集团	集中所有权下的几种不同的零售业务和形式联合组成的松散型的组织，组织内各零售商的分销和管理职能实行若干程度的一体化	有限的几个品牌

连锁店（corporate chains）是两个或两个以上的商店由同一个所有者拥有和管理，与独立商店相比有很多优势。其规模允许它们能够以低价大量采购以获得规模效益，它们可以聘请专家来处理定价、促销、商品销售、库存控制和零售预测等方面的问题。

连锁店的巨大成功使许多独立商店以一种或两种契约联盟的形式联合起来。一种是自愿加盟连锁店——由某个批发商发起，若干个零售商参与，从事大规模采购和统一买卖的组织，这个我们在第12章讨论过。另一种是零售商合作组织——由若干个零售商联合起来共同组成，成立一个中心采购组织，并联合进行销售和促销活动。这些组织为独立商店节省了采购的供应品和促销成本，以使得企业连锁店的价格一致。

还有一种形式的契约零售是**特许经营**（franchise），它与其他契约制度（自愿加盟连锁店和零售商合作组织）的主要区别在于：特许经营制度通常是基于某些独特的产品或服务、有关经营业务的方法或特许经营者开发的商标、商誉或专利发展起来的。特许经营模式在快餐、健康中心、理发店、汽车租赁馆、汽车旅馆、旅行社、房地产等几十种产品和服务领域广受欢迎。

曾经被视为独立业务中的佼佼者——特许经营如今占据了中国零售总额的40%。如今，漫步在城市街区或驾车行驶在大街上，看不到麦当劳、7-11或星巴克几乎是不可能的。麦当劳是最知名、最成功的特许经营商之一，目前在118个国家拥有近3.4万家门店，每天为近6 900万顾客提供服务，每年的营业额超过970亿美元。全球约80%的麦当劳餐厅由特许经营者拥有和运营。蓬勃发展的赛百味是增长最快的特许经营商之一，在111个国家拥有超过44 000家门店，其中在美国拥有超过27 000家。[7]

最后，商业集团是在所有权集中的情况下将几种不同的零售形式联合在一起的企业组织。例如，利丰经营着 Circle K、时尚品牌服装 Country Road、卡尔文·克莱恩和玩具反斗城等品牌。这样的多元化零售，类似于多元化品牌战略，提供了优质的管理系统和规模经济，使所有独立的零售主体受益。

13.1.2 零售商的营销决策

零售商总是在寻找新的营销策略来吸引和留住顾客。过去，零售商以独特的产品和更好的服务来吸引顾客。现在，零售商品的种类和服务看起来越来越相似，任何一个零售商都很难提供独家产品。

零售商之间的服务差异化也受到了削弱。许多百货公司削减了它们的服务，折扣店却在完善服务。消费者也变得更加精明，对价格更加敏感。他们认为没有理由为相同的品牌支付更高的价格，尤其是在服务差异正在缩小的情况下。基于这些原因，如今许多零售商正在重新考虑各自的营销策略。

如图 13-1 所示，零售商面临的主要营销决策包括目标市场和商店定位、产品和服务分类、定价、促销、地点。

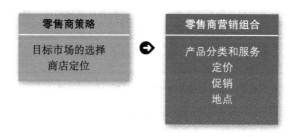

图 13-1 零售商的营销决策

1. 目标市场的选择和商店定位策略

首先，零售商必须确定它们的目标市场，然后决定如何在目标市场中定位自己。零售商应该定位于上层、中层还是低层消费者？目标消费者想要产品种类、产品组合深度、方便快捷还是价格低廉？零售商只有定义和描述好它们的目标市场，才能在产品分类、服务、定价、广告、商店装饰及其他支持这一市场定位的策略上做出一致的决定。

大多零售商没有清楚地界定自己的目标市场。它们试图"提供适合每一个人的产品"，但结果无法真正地满足市场需求。与此相反，成功的零售商明确了市场目标，并对自己进行了强有力的定位。即使像高岛屋、沃尔玛和 Siam Paragon 这样的大型商店，也必须明确其主要目标顾客，以便制定有效的营销策略。实战营销 13-1 将讨论明确零售商市场策略。

| 实战营销13-1 |

零售策略：理解市场

15 年来一直希望打入当地零售市场的法国大型连锁超市家乐福关闭了其在新加坡的门店。这家零售商巨头在全球收入排名第二，仅次于美国巨头沃尔玛，其在新加坡的业务除受其他原因的影响外，主要是因为受"不允许在中长期内达到零售主导地位"政策的限制。在中国，乐购和沃尔玛等其他大型全球零售商也表示面临同样的困境。它们正面临着更为根深蒂固的本土零售连锁店的激烈竞争。许多本地连锁店已经在本国运营多年。这就出现了一个问题：为什么家乐福及其他零售巨头不能在市场和消费者心中建立更为明确的定位，而不是选择与它们在海外采取的相同的定位和战略？它们是否对亚洲市场的市场状况一无所知？家乐福撤出新加坡是其所谓的分阶段国际整合计划的一部分，还包括退出泰国、马来西亚市场。在此之前，家乐福在新加坡市中心经营着两家大型商店。

零售概念

像家乐福这样的大型零售商通常会提供各种各样的食品和非食品商品，如电器和服装等，从而为顾客提供价格合理的一站式购物便利。在新加坡，这使得它与 Cold Storage 和 Shop N Save 等杂货零售商以及 Courts 和 Best Denki 等家电连锁店形成了直接竞争。在美国许多大城市，甚至从某种程度上来讲，在欧洲，超市的零售理念是围绕这样一种观念来建立的：在购物活动中，顾客要付出巨大的成本——时间、交通和其他杂费。因此，这种观念认为，消费者希望避免频繁的购物——他们在一次购物中尽可能多地购买商品，并将其储存在家里。

考虑到美国住宅的平均大小，储存成本相对较低。然而，在新加坡这样人口密集的市场，情况却截然不同。在一个典型的家庭里，空间是珍贵的。对这里的消费者来说，经常光顾附近的杂货店不失为一个更好的选择，而且几乎是不可避免的。新加坡的 4 家本地连锁超市已遍布新加坡的住宅区，拥有 256 家店铺，平均每 2.5 平方公里就有一家门店。这种消费者持续购买其所需商品的购物过程减少了大型购物出行的需要，反过来说，大型购物出行的频率会因为家庭去当地杂货店"补货"次数的增加而降低。

差异化定位

基于以上原因，家乐福等大型零售商在吸引顾客一站式购物方面比在海外市场面临的阻碍更大。

为了鼓励消费者更频繁地光顾它们的门店，并诱使消费者在购物时大买特买，家乐福应采取更明智的营销策略，并根据当地市场的情况不断完善。然而，至少在新加坡，这似乎没有发生。首先，家乐福的价格并不诱人。虽然家乐福商店确实有自有品牌，但鉴于商品范围向西方倾斜，价格总体上仍较高。此外，由于它的商店只设立在市中心的黄金地段，租金和其他运营成本都较高，这进一步给定价带来了压力。

与此同时，从消费者的角度来看，由于家乐福位于市中心，去家乐福购物的成本很高：出行购物时间更长，停车费更高，还会面临交通拥堵。另外，该商店的商品分类并没有提供任何独特的、令人信服的理由以使消费者选择它们而不是当地的其他杂货店或连锁店。相比之下，4 家本土连锁超市提供了一个非常明确的定位，即以折扣、中端市场和溢价为目标的各个细分市场。

广泛的吸引力

最后，考虑到新加坡市场的特殊性，新加坡本土的竞争对手、大型超市连锁店 Giant 如何能够通过 9 家门店兴旺发达，而家乐福却无法通过 2 家门店生存下去？其关键区别在于，Giant 以极具竞争力的价格提供商品，这一定位补偿了消费者的购物出行成本。此外，它的产品组合似乎占据了更广泛的市场。作为总部位于中国香港的零售集团 Dairy Farm 的一部分，Giant 在新加坡拥有 100 多家冷藏库和 Shop N Save 超市，并实现了可观的规模经济效益，低采购成本和高效运营使其能够向消费者提供低价商品。

因此，当一家大型超市或任何其他西方零售商进入亚洲市场时，了解当地的零售商，包括现有零售商的市场占有率，以及影响消费者购物行为的因素是至关重要的。当我们考虑像印度这样的新兴零售市场时，大型零售商可能很快就会获准进入，它们必须进一步了解基础设施，或者更确切地说，在缺乏基础设施的情况下，将如何影响其运营成本，进而影响它们的定价和需求。

资料来源：Adapted from Trichy Krishnan, "Retail therapy: Knowing your market," *Think Business*, 28 November 2012. Partially reproduced with permission of Think Business @ NUS Business School, National University of Singapore (http://thinkbusiness.nus.edu) Copyright NUS Business School.

2. 产品分类和服务策略

零售商必须在三个最主要的方面实现商品多样化：产品分类、服务组合和商店氛围。

零售商提供的商品分类应该在满足目标顾客期望的同时实现差异化。一种策略是提供竞争对手不能提供的商品，比如自有品牌或民族品牌。例如，高岛屋拥有某知名设计师品牌的专有权。另一种策略是推出轰动一时的商品节——Bloomingdale's，该商品节以举办来自印度或中国商品的商品展销会而闻名。另外，零售商还可以提供令人惊喜的商品，就像 Costco 举办惊喜秒杀、库存过剩和清仓活动。最后，零售商可以通过提供具有高度目标化的商品分类来实现差异化：Lane Bryant 提供加大码服装；Brookstone 为成年人消费者提供各种不同寻常的小玩意儿。

服务组合也可以实现差异化。例如，一些零售商邀请顾客提出需求或当面咨询、打电话、发邮件咨询服务代表。

商店氛围是零售商取胜的另一个因素。每个商店都有不同的商品陈列方式，使得人们在其中闲逛感到方便或不方便。每家商店都给人带来一种感觉，零售商必须设计出一种适合目标市场并能吸引顾客购买的氛围。一位购物者这样描述苹果商店的氛围和体验。

它在某种意义上已经成了我的第二个家，或者有时我开玩笑地称它为"我的圣殿"。大家都知道我经常在那里一待就是几个小时。我会在购物休息时走到任何一个终端，登录我的 e-mail 账户，回复电子邮件，这似乎是一件自然而然的事。我还可以免费上网、回复即时消息或者进行一些电子购物（甚至可以在苹果在线商店买一台新的 Mac 或 iPod），没有人会打扰我。它好像一个家里的书房（一个巨大的房间），配有舒适的剧院，像图书馆那种风格的货架上展示着 Mac 软件、书和杂志，平板显示屏不断播放着皮克斯的预告片，音响连接的 iPod 不断播放着脍炙人口的音乐，有儿童用的桌子、iMac 游戏的球形座椅以及 Genius 吧台，参观者可以接受指导或者请苹果的超级玩家解决难题。这也是我有时甚至不想离开的原因。事实上，我在飞机座椅上躺着用 MacBook 笔记本电脑写了这篇文章。我打字的时候感觉非常放松，这也是苹果零售商能力的证明。[8]

如今的数字技术为塑造零售体验带来了许多新的挑战和机遇。在线和移动购物的激增改变了零售顾客的行为与预期。因此，各种零售商正在数字化其店内购物体验。它们正在将实体店和数字世界融合，以创建新时代的体验式零售氛围（见实战营销 13-2）。

实战营销13-2

数字化零售店内购物体验

在芝加哥市中心的密歇根大道上有一家名为 Magnificent Mile 的新豪华高端零售商店。这家商店光线明亮，很吸引人，有专门的视觉动画和宣传广播来吸引顾客走进商店，并逗留很长时间。顾客可以选择坐在数十个展台中的任何一个，试用最新的手机应用程序和电子设备。手持 iPad 的店员热情地与顾客交流、谈论技术、提供帮助和建议。店内有 130 个数字屏幕和 18 英尺高的视频墙，开放空间每个方面的设计都旨在让顾客了解未来的无线技术和服务，它给人的感觉更像是科技性的聚会场所，而不是购买产品的地方。

这是一个崭新的苹果专卖店吗？不，这是美国电话电报公司的新旗舰店。它与苹果开创性的零售理念有相似之处。几十个不同的零售连锁店，从像美国电话电报公司这样的高科技零售商到像奥迪和 Build-A-Bear 这样的高端触控零售商，都在以苹果开放市场为原型重塑它们的商店。但更重要的是，随着数字、在线和移动技术涌入零售领域，这些连锁店正在开拓新的领域。它们正在将店内零售数字化——通过将数字和在线技术融入实体店环境中，从而改变传统零售店内的体验。这是零售商店的未来，而这一切已经发生了。

当顾客第一次走进美国电话电报公司的新店时，很快意识到这是他们从未见过的场景。美国电话电报公司的总裁说："我最喜欢的评论之一来自最近的一位顾客,'就像走进一个网站一样。'"该商店不同的技术被分成不同的区域和展台,让顾客沉浸在多媒体和人际体验中。在Explorer休息室,顾客可以试玩和了解最新的应用程序。在App Bar,"apptenders"会提供一对一或小组演示,这些演示可以显示在应用程序墙上,供其他人后续跟进。这面18英尺高的"连接墙"有一个巨大的交互式视频屏幕,可以显示顾客与内容和产品信息之间的互动,整个商店和外面路过的人也都能看到。生活方式精品店根据顾客需求组织产品、应用程序和配件,比如健身、提高效率和分享你的生活。在体验平台,顾客可以与美国电话电报公司不同的产品进行互动,包括家庭安全和自动化、娱乐、音乐和汽车。

尽管看起来这家店是关于产品和技术的,但其真正的焦点是顾客体验。该商店旨在让顾客与设备和服务进行互动,了解它们的工作方式,并体验设备对其生活的影响。例如,在商店的一个区域,顾客可以体验Jawbone's Up手环如何与智能手机应用相结合,通过追踪睡眠、饮食和运动模式显示健康与健身状况。另外,日产聆风的成立,旨在交互式地展示各种基于汽车的应用程序,帮助顾客解决问题。比如,监控青少年的驾驶速度该商店是美国电话电报公司"你需要我们做什么,我们就做什么"营销活动的实际表现。美国电话电报公司的高管说:"过去我们出售手机,现在我们已经转型为提供解决方案。"

数字化店内零售体验对于像美国电话电报公司这样的技术零售商来说显然是一个合适的选择。其他许多行业的企业也在开创这一概念。以德国汽车制造商奥迪为例,2012年伦敦夏季奥运会开幕前夕,奥迪在伦敦繁忙的皮卡迪利广场开设了一个极具创新性的数字化展厅"奥迪城"。"奥迪城"展厅没有展示大量闪亮的新车,实际上只有很少的几辆汽车,未来奥迪展厅可能根本就没有汽车了。相反,"奥迪城"是全数字化的。潜在顾客可以使用触摸屏与体感风格的摄像头来设计和操作虚拟的、真实大小的汽车,并展示在展厅周围的大屏幕上。当他们完成后,视频会显示他们所设计的汽车,并以完全保真立体声还原所选引擎的准确声音,然后把汽车装到存储卡上,顾客可以将其记录下来以便之后回忆和共享。

在没有亲眼看到汽车的情况下购买一辆汽车的想法与传统汽车零售背道而驰。但如今的购车时代绝非传统时代。奥迪将数字化视为一种使展厅适应较少的城市环境,并克服实体经销商的局限性的方法。有12种不同型号的车型,每种车型有多达6种不同的配置级别,所有的型号都有多种选择,没有一个实体经销商可以所有可能的车型都备齐。然而,虚拟展厅可以在每种可能的排列中呈现奥迪产品组合中的每一款车型。此外,顾客可以立即给他们打电话,并随时进行修改。

到目前为止,"奥迪城"虚拟体验已经产生了非常可观的效果。位于伦敦、北京和迪拜的"奥迪城"展厅的销量比传统展厅高出70%,平均每辆汽车的利润率增长了30%。数字化的汽车展厅正在吸引更多的新顾客。90%的"奥迪城"游客是新顾客。

数字化展示厅正在进入每一个你能想到的行业。考虑Build-A-Bear工作室,它对零售创新并不陌生,Build-A-Bear在大约20年前进入美国的购物中心时彻底改变了店内体验。这些独特的商店包括展厅、工厂和主题公园。在最初的Build-A-Bear模式下,孩子们从一个货架到另一个货架,制作和定制他们的玩具熊,然后看着它们在自己的眼前被生产出来。

但随着智能手机、平板电脑和其他数字设备改变了孩子们的娱乐方式,Build-A-Bear的销量出现了下滑,亏损也越来越大。然而,现在,Build-A-Bear并不是在与数字时代的发展做斗争,而是在利用它们造势。如今的Build-A-Bear商店旨在吸引新一代熟悉数字技术的孩子。商店前面的大屏幕使用移动技术欢迎孩子们,吸引他们参与互动游戏,并向它们介绍商店的特色。此后,Build-A-Bear商店中的8个区域都增强了触摸屏和数字功能的引入力度,这为年轻的玩具熊制造者提供了更多的实际动手参与的机会和设计选择。孩子们甚至可以在玩具熊被生产成成品之前给它做一个虚拟的沐浴。

对于美国电话电报公司、奥迪和Build-A-Bear来说,零售并不是什么新鲜事。这几家企业多年来一直从事实体零售,在全球拥有数百家展厅。但这些前瞻性的零售商现在正押注于店内购物体验数字化的未来。美国电话电报公司计划在密歇根大道的另外2 300家门店中开设6~7家数字化门店。奥迪计划到2015年再开设20个"奥迪城"展厅。而Build-A-Bear已经为其400多家门店升级了新的数字工作系统。正如美国电话电报公司零售业务总裁所指出的，数字化不仅仅是电子技术的奇迹。"这完全是创造（相关的顾客体验和）互动，而不仅仅是交易。"

资料来源：Christopher Heine, "The Store of the Future Has Arrived," *Adweek*, 3 June 2013, www.adweek.com/print/149900; Nicole Giannopoulos, " A 'Magnificent' In-Store Experience," *Retail Info Systems News*, 10 June 2013; Elizabeth Olson, "Build-A-Bear Goes High Tech," *New York Times*, 27 September 2012, p. B3; Rajesh Setty, " Re-Imagining the Retail Experience: The Audi City Store," *Huffington Post*, 29 December 2013, www.huffingtonpost.com, accessed in September 2014.

成功的零售商对消费者商店购物体验的各个方面精心策划。商店里的一切，从布局、灯光到音乐，甚至颜色和气味，都经过精心设计，这有助于塑造顾客的购物体验，诱使其消费。

3. 定价策略

零售商的定价策略必须与其目标市场定位、产品、服务和竞争环境相适应。大多数零售商在低销量的基础上制定高价格策略（大多数专卖店），或者在高销量的基础上制定低价格策略（杂货店或折扣店）。零售商必须决定在销售量和价格促销手段上采取哪一种方法。一些零售商通过产品和服务质量而不是通过价格竞争。

4. 促销策略

零售商为了吸引顾客会采取所有的促销手段，如广告、人员销售、销售促进、公共关系和直接营销。它们在报纸、杂志、广播、电视和互联网上做各种各样的广告。可以通过报纸版面和直接邮寄的方式做广告。人员销售需要对销售人员进行细致的培训，培训他们如何招待顾客、满足其需求以及处理顾客投诉。促销活动的形式可能包括店内展示、展览、比赛和庆祝会。公共关系活动，如新闻发布会和演讲、商店开业、特别活动、新闻、杂志及公共服务活动，这些对零售商来说意味着机会。大多数零售商还建立了网站，向顾客提供商品信息和其他专题信息，并经常直接出售商品。

5. 地点策略

零售商经常指出零售成功的三个关键因素：地点、地点和地点！零售商在与其定位一致的地区选择接近目标顾客的地点是非常重要的。小型零售商可能不得不选择支付得起的地段。然而，大型零售商通常会请专业人士用先进的方法来选择店址。它们可能考虑开设更多的店铺以获得更大的市场份额。

如今，大多数商店都聚集在一起，以增加对顾客的吸引力，并为顾客提供一站式购物便利。20世纪50年代，中央商务区一直是零售联合的主要形式。每个大城市和城镇都有一个中央商业区，设有百货公司、专卖店、银行和电影院。然而，当人们开始搬到郊区居住时，这些交通、停车和犯罪问题缠身的中心商务区的生意开始不景气了。中央商务区的零售商开始在郊区的购物中心开设分店，但中央商务区的生意仍在继续下滑。近年来，许多城市联合经营者试图通过建设购物中心和提供地下停车场来振兴市中心的购物区。

购物中心（shopping center）作为一个单元，由一群零售商设计、培育、拥有和管理。地区购物中心或者地区购物卖场是最大的购物中心，有40~200家商店。社区购物中心就像一个迷你市中心商务区，吸引着来自广大地区的顾客。一个社区购物中心有15~40家零售店，通常包括百货公司或杂货店的分店、超市、专卖店、专业事务所，有的还包括银行。大多数购物中心被称为便民购物中心或露天购物中心，通常有5~15家商店，其对顾客来说既近又方便。购物中心通常包括一个超市，也可能有一家折扣店和几家服务商店。

近年来，除了购物中心之外，还出现了另外一种中型综合商场，这些大型的独立购物中心由很长一段露天的零售店组成，包括像沃尔玛这样独立的大型超市。每家商店都有自己的可供顾客进入的入口，并可以直接停车，方便只想参观一家商店的购物者。在过去的几年里，中型综合商场迅速成长，成了传统门店的挑战者。

尽管很多新型的"巨型购物中心"逐渐发展起来，如中国香港的太古广场、中国台北101、吉隆坡的 Pavilion 和曼谷的 Siam Paragon 购物中心，但在一些国家或地区，仍出现了小型的生活方式中心。这些生活方式中心包括高档商店以及位于便利地点和价格昂贵的小型购物中心，通常坐落于富裕的居民区，以满足当地消费者的购物需求。

13.1.3 零售趋势与发展

零售商在竞争激烈、变幻莫测的环境中生存，充满了机遇和挑战。正如零售技术一样，消费者特征、生活方式和购物形式都在迅速发生变化。为了取得成功，零售商需要谨慎选择目标细分市场，并准确定位，在制定和执行其有竞争力的策略时需要考虑以下因素。

1. 新的零售形式、日渐缩短的零售生命周期和零售业融合

新的零售业态不断涌现，以满足新形势下顾客的需求，但新的零售形式的生命周期越来越短。百货商店用了100年的时间才达到生命周期的成熟期，而近年来出现的一些形式，如仓库商店只用了10年的时间就达到了成熟期。

许多零售商重新使用快闪店，以便向季节性购物者推销其品牌，并在繁忙的地区制造轰动。其他零售商已经扩大到在它们的零售店旁边提供生活方式体验。以中国香港服装零售商 Agnes b. 为例，它在服装零售店旁边开了一家卖零食和饮料的休闲咖啡馆。

如今的零售商似乎正在趋同。越来越多的不同类型的零售商现在以同样的价格向同样的消费者出售同样的商品。这种消费者、商品、价格和零售商的融合被称为零售融合。这种趋同意味着零售商将面临更大的竞争，在产品差异化方面也面临更大的困境。

2. 超大零售商的崛起

超大零售商依托其卓越的信息系统和购买力，可以为消费者提供更多的商品选择、更好的服务和更低的价格。它们通过挤垮小型的竞争对手而使自身变得强大。

超大零售商也在零售商和制造商之间权衡利弊。如今，相对少数的零售商凭借其对相当数量消费者的控制，使其在与制造商的交易谈判中占据优势。例如，在美国，沃尔玛销售宝洁产品的20%。沃尔玛经常通过这种优势来使宝洁和其他供应商做出让步。[9]

3. 直接、在线、移动和社交媒体零售的增长

大多数消费者仍然以传统的方式购物：去商店找到他们想要的东西，掏出现金或信用卡，然后把商品买回家。然而，现在消费者有很多无店铺购物方式的选择，包括通过网站、手机应用程序和社交媒体进行直接数字购物。直接营销和数字营销是目前增长最快的营销形式。

如今，由于先进的技术、操作便捷和吸引人的在线网站及移动应用程序、改进的在线服务以及日益复杂的搜索技术，在线零售业正在蓬勃发展。事实上，尽管网络购物目前仅占美国零售总额的5.8%，但其增长速度远远超过了零售业整体增长速度。2016年，美国在线零售额估计达到2 630亿美元，比2015年增长了16.9%，而整体零售额仅增长4.2%。到2017年，在线零售总额预计将达到3 700亿美元。[10]

零售商的网站、移动应用程序和社交媒体也会对店内购物产生很大的影响。购物移动应用程序在亚洲越来越受欢迎。这类 App 在印度（54%）和中国（48%）的使用频率最高，大约一半的网民每周至少使用一次购物 App。新加坡和印度尼西亚的消费者对购物 App 的使用率也很高（分别为 37% 和 35%）。移动支付是刺激在线购物增长的另一个方面。印度大约 72% 的互联网消费者和印度尼西亚 60% 的互联网消费者都认为，用手机收付款比使用现金更容易，而且网上购物比以前更安全。[11]

在线、移动和社交媒体零售业的迅猛发展，对零售商来说是福也是祸。尽管这为它们提供了吸引顾客的新的销售渠道，但也给在线零售商带来了更多的竞争。令一些零售商感到沮丧的是，许多购物者先在实体店的货架上查看商品，然后再用电脑或移动设备在网上购买，有时这一购物过程直接发生在商店里——这一过程被称为"展厅销售"（showrooming）。如今，在网上购物的消费者中，有多达一半的购物者会先在实体店查看选购商品。塔吉特、沃尔玛和玩具反斗城等零售商都受到了"展厅销售"的冲击。因此，今天，许多零售商正在制定策略来应对"展厅销售"。另一些零售商甚至欣然接受了这一机会，将其视为突出实体店购物优势的机会（见实战营销 13-3）。[12]

实战营销 13-3

展厅销售现象：不要想着如何应对，而是应该欣然接受

在美国当地的百思买，一位穿着蓝色衬衫、乐于助人的销售助理正耐心地帮助一位渴望购买新款平板电脑的顾客。15 分钟后，这位顾客选择了一款时尚的 10.1 英寸的三星 Galaxy Tab，售价 359 美元。每个人似乎都很开心，而且看起来这位销售助理完成了一笔交易。然而，这位顾客没有伸手取出信用卡，而是拿出了他的智能手机。在销售助理的注视下，他用亚马逊的流量应用程序扫描了这款三星平板电脑。应用程序弹出一个亚马逊页面，上面包含他喜欢的 Galaxy Tab，还有用户评论和价格。亚马逊网站的价格更优惠，只有 329 美元。亚马逊 Prime 会员资格，可以两天内为顾客免费送货上门。这位顾客点击 Amazon.com 的"立即购买"按钮，然后两手空空走出商店。

欢迎来到展厅销售的世界——这是现实中常见的做法，在传统实体店查看所需商品，同时在网上进行购买。随着移动设备和购物应用程序的激增，展厅销售现象对百思买等所有类别的零售商造成了严重的冲击，例如百思买发现销售转移到了亚马逊和其他电商，而自己正面临着亏损、关门、裁员。

购物者选择展厅销售的最大原因之一是为了寻找更低的价格。根据有关研究，在网上购物的消费者中，有多达一半的人会先在传统商店里查看所需商品，其中很多人会使用购物应用程序在网上找到更优惠的价格，甚至直接在商店里进行网上购物。最初，实体零售商的应对策略是通过积极跟踪在线竞争对手的定价，并尽最大努力与之匹配。然而，在线零售商具有显著的成本优势——它们无须承担运营实体店的费用，而且在许多州，它们不需要被征收销售税。因此，价格匹配策略往往会使实体店零售商的利润微薄。它们需要想其他办法来应对展厅销售现象。

如今，实体店零售商正在制定更广泛、优质的策略，以防止使用智能手机的购物者"叛逃"。有些零售商甚至正面应对这个问题，并利用展厅销售的优势。它们了解到，虽然展厅销售的购物者在点击"在线购买"按钮之前可能会亲自到实体店查看商品，但这些消费者也会进行"反向展厅销售"——先在网上查看商品，然后在商店里购买。事实上，展厅销售确实已经下降，而反向展厅销售的数量却增加了。现在有 69% 的购物者使用他们的电脑、移动设备和购物应用程序来做商品及价格调查——通常是在商店里——然后购买摆在他们面前商店货架上的商品。

因此，许多商店零售商从移动购物中获得的收益超过了损失。例如，美容经销商丝芙兰长期以来认为展厅销售对顾客的购

买和忠诚度有利。移动渠道可以帮助消费者获得更多的信息，并使企业有机会在其购买过程中更多地接触到顾客。丝芙兰实际上是提倡展厅销售的，鼓励顾客在店内使用手机。"这是一种更好的体验，"丝芙兰的移动和数字商店营销总监说，"我们知道有些顾客在做调查，所以我们希望他们在进店前和进店时都能这样做。"

曾经许多零售商在看到顾客拿着智能手机浏览实体店内商品时感到恐慌，但现在它们意识到了这种行为的潜在优势。最近的一项研究显示，使用移动设备来"展厅销售"购物的购物者从同一零售店或网上购物的可能性（38%）几乎是在别处购买（21%）的两倍。关键是帮助顾客进行展厅销售过程，而不是劝阻到店的顾客并诱导其转变为购买者。

例如，运动鞋零售巨头 Foot Locker 使其与顾客具有相同的移动研究能力。员工可以通过他们的平板电脑，利用在线信息了解产品和竞争对手的产品，与顾客沟通并对顾客进行培训。Foot Locker 训练员工用超越价格的方式，通过个人接触并提供价值增值来吸引顾客。此外，Foot Locker 拥有 3 500 家门店和大量在线业务，商店零售商可以为顾客提供其所需的任何购物体验，包括在线零售商无法提供的优质的服务、支付方式和送货选项。

还有一些商店零售商也在利用"展厅销售"的趋势，通过增加自己的在线和数字化服务来增加店内的销售。例如，塔吉特升级了其网络和移动网站，使其在线销售的商品数量增加了4倍。沃尔玛已经加强了对网上订单在店内提货的重视。沃尔玛告诉顾客，他们可以在沃尔玛的网站上订购商品，可以选择在当天提货，无需运费，如果不满意，还可以很便捷地把商品退回商店。如今，沃尔玛网站上一半的商品都是顾客在商店里取货的，顾客经常在购物期间顺带购买额外的商品。

沃尔玛和塔吉特都在测试手机应用程序，以便吸引顾客浏览自己的网站和商店，准备他们的购物清单，并接收来自塔吉特网站个性化的每日优惠提醒和手机端独家折扣。为了在顾客到达后留住他们，沃尔玛超市采取了一种叫作"无尽通道"的新策略，在顾客找不到特定商品时店员会立即帮助他们从沃尔玛网站订购所需商品。这两家零售商都热衷于提供多渠道购物策略，将数字购物的优势与店内购物的独特优势结合起来，例如，即时购物的满足感、轻松退货和个人购物帮助。

为了避免失去线下购物的销售机会，百思买现在开始接受这种做法，而不是与之抗争。百思买配备了价格移动检测工具，培训员工，使其能够根据自己的在线报价和其他零售商的报价进行主动交叉核对。然后，他们有权去匹配这些价格，从而解决定价问题，并让员工专注于利用百思买的优势为顾客提供价值，比如服务、即时性、地点便利性和轻松退货。为了使店内购物更有吸引力，百思买还测试了其所谓的"联网商店"（connected stores），该商店以技术支持、无线连接和大型顾客服务中心为特色，开拓了新的购物区域和结账通道以加快在线购买商品后的店内提货速度。

尽管商店零售商做出了这样的努力，但展厅销售和网上购物仍然构成了严峻的挑战。例如，许多专家仍然怀疑百思买能否经受得住展厅销售的冲击。然而，真正的挑战不是店内购物和网上购物，更重要的是使用两者来提供最佳的整体顾客购物体验和价值。尽管在线销售商家可能有一些成本、价格、分类和便利的优势，但是商店零售商仍具有自己独特的优势，例如，商店具有多渠道优势，可以结合店内和在线功能，这是在线零售商无法比拟的。因此，它们最好的策略不是与展厅销售现象做斗争。相反，商店零售商应该接受展厅销售，利用它来吸引消费者，展示其在塑造消费者随时随地的购物体验方面的优势。

资料来源：Based on information from Charles Nicholls, "Retailers Should Embrace Showrooming," *Multi-Channel Merchant*, 7 January 2014; "Consumers Visit Retailers, Then Go Online for Cheaper Sources," *Adweek*, 14 March 2013, www.adweek.com/print/147777; Ann Zimmerman, "Can Retailers Halt 'Showrooming'?" *Wall Street Journal*, 11 April 2012, p. B1; "Sephora Supports Showrooming," Warc, 20 January 2014; Lauren Johnson, "Showrooming Shrinks as Foot Locker Tackles It Head-On," *Mobile Commerce Daily*, 14 January 2014; and Emily Adler, "'Reverse Showrooming': Bricks and-Mortar Retailers Fight Back," *Business Insider*, 16 February 2014, www.businessinsider.com.

这不再是顾客决定在商店购物，还是在网上购物的问题。越来越多的顾客将商店、网站、社交媒体和移动商店合并到一个单一的购物过程中。互联网和数字设备催生了一种全新的购物者与购物方式。无论购买电子产品、消费品、汽车、住宅还是医疗产品，许多人都不会购买任何东西，除非他们先在网上搜索、了解了情况。另外，他们已经习惯了随时随地购物——比如在商店里、网上、旅途中购物，甚至是在商店里进行网上购物。

所有类型的零售商现在都使用直接和在线渠道。沃尔玛等大型实体零售商的网络和移动在线销售额正迅速增长。许多大型在线零售商——亚马逊、Zalora、Netflix、zuji.com 和 Expedia.com 等在线旅游企业——都在互联网销售上大获成功。另外，大批的利基市场营销人员利用互联网来开拓新市场、扩大销售。

尽管如此，在线销售的大部分预期增长仍将流向复合渠道零售商，即那些能够成功地将虚拟世界和实体融合在一起的营销商。在近期的在线零售网站排名中，前25家有15家是商店零售连锁店。另一项研究显示，在前500强的在线零售商中，连锁店的在线销售额增长速度比纯在线零售商快8%，比电子商务整体增长速度快40%。[13]

4. 零售技术的重要性与日俱增

零售技术已经成为非常重要的竞争工具。聪明的零售商正在使用先进的IT和软件系统来提供更加准确的生产预测、库存成本控制、供应商电子订购、在各个商店之间发送信息，甚至在商店内向顾客销售产品。它们已经采用了复杂的扫描结账系统、RFID库存跟踪系统、商品处理系统、信息共享系统并与顾客进行交互。

也许零售技术最令人吃惊的进步是零售商与顾客之间的联系方式。如今，顾客已习惯了网上购物的便利和对互联网购物过程的操控。网络可以使消费者随时随地、随心所欲地享受购物过程，消费者可以即时获取所需产品的信息、比较同类产品的价格。没有一个实体店可以做到这一切。

然而，越来越多的零售商正试图引入网络风格的技术来满足这些新增消费者的期望。如今，许多零售商经常使用的技术包括触摸屏购物亭、便携式购物助手、会员卡、自动扫描结账系统和库存数据库等技术。

零售技术的未来在于线上和线下一体化融合的购物体验。这不是网上零售增长而实体零售下降的问题。相反，两者都很重要，必须进行整合。

5. 主要零售商的全球扩张

拥有独特的销售模式和强势的品牌定位的零售商正向其他国家进军。许多零售商正在进行国际化扩张，以避开成熟和饱和的国内市场。在过去几年里，一些大型零售商，如麦当劳和玩具反斗城，凭借其强大的市场营销能力，在全球范围内声名鹊起。沃尔玛等其他企业也正在迅速建立全球地位。

继沃尔玛之后，全球第二大零售商、法国折扣零售商家乐福已经开始了扩张。

家乐福在欧洲和世界特大型超级市场中都处于领先地位，在南美、中国和环太平洋地区等几个新兴市场的业绩超过了沃尔玛。家乐福是巴西和阿根廷的领军零售商在巴西和阿根廷拥有近1 580家门店，而沃尔玛只有553家分店。家乐福目前已成为中国第二大零售商，仅次于大润发，而沃尔玛位居第三。简而言之，家乐福在北美以外的大部分市场都在赶超沃尔玛。唯一的问题是：这家法国零售商能否持续保持领先地位？虽然没有哪家零售商能与沃尔玛的整体零售业务相提并论，但至少家乐福已经在全球零售市场上占据了一席之地。[14]

表13-3比较了沃尔玛和家乐福在中国的战略。

表 13-3　沃尔玛和家乐福在中国的战略比较

沃尔玛	家乐福
低成本	大批量销售专有品牌
创造购物环境	体验式购物
令人满意的服务	快乐购物
天天低价	令人愉快的低价格
零成本促销	娱乐促销
最佳选址战略	交叉点选址战略
雇员是合作伙伴	优秀的雇员＝出色的业务

6. 绿色零售

如今零售商都积极地采取环境友好型举措，不断地绿化商店和运作流程，推广更环保的产品，开发更富有社会责任感的项目，同时积极地和渠道商合作以减少环境负担。

在最基础的层面，大部分大型零售商正在通过可持续的产品设计、建设和运作流程来使自己的商场对环境更加友好。例如，有一些超市采用广泛的回收利用和堆肥计划，利用风能和太阳能来发电，部分区域采用可持续发展的建筑材料。类似地，以金色拱门为标志的麦当劳也在逐渐绿化，其新型生态友好型餐馆设计源自全新的生态理念。

麦当劳在北卡罗来纳州的卡里开了一家新的"绿色"麦当劳分店，主要是用回收的建筑和装修材料建造的。停车场是用可渗透的铺路石铺就的，这种铺路石可以吸收和净化雨水，并将雨水过滤回地下水位。室内外照明采用节能的 LED 灯管，比传统照明灯节省 78% 的电量，同时使用时间延长 10～20 倍。餐厅的景观由茂盛、抗干旱的本地植物构成，这些植物在生长过程中只需少量的水，这些水可以是来自屋顶的雨水和超高效率的 HVAC 系统的冷凝水。在餐厅内部，太阳能天窗引入自然光线，减少能源消耗。一个复杂的发电系统将太阳能转化为室内可照明的灯光。餐厅里充满了使用回收材料制成的物品（例如，由可回收材料制成的地砖，以及由回收玻璃和混凝土制成的柜台），选择清洁油漆和化学品的原因是它们对环境的影响较小。餐厅里还有其他绿色设施包括高效厨房设备、低流量节水水龙头和卫生间。这家餐馆甚至还为顾客提供电动车充电服务。[15]

许多零售商还推出了一些项目，帮助消费者做出更环保的决策。韩国护肤品公司悦诗风吟鼓励顾客通过店内的回收箱回收产品包装瓶。与此类似，百思买的"携手绿色"计划帮助消费者选择更节能的新产品并回收旧产品。[16]

最后，许多大型零售商都与供应商和分销商联手，以创造更多可持续的产品、包装和分销系统。例如，亚马逊与许多产品的生产商密切合作，以简化产品包装。除了主动倡议可持续发展举措之外，沃尔玛还利用其强大的购买力，促使其供应商改善对环境的影响。为了划分供应商等级，沃尔玛甚至开发了全球可持续发展产品指数，并计划将该指数转换为消费者评级，以帮助他们做出对环境更友好的购物选择。

绿色零售致力于为上下游企业创造福利。可持续的举措是通过吸引消费者选择环保的销售商和产品来提升上游零售商的品牌形象，同时降低了下游生产商的成本。例如，亚马逊减少包装的活动，不仅增加了顾客的便利性，减少了"包装愤怒"现象，同时节约了包装成本。环保的麦当劳餐厅不仅吸引顾客，帮助拯救地球，而且运营成本更低。一位零售业分析师总结道："绿色零售已成为零售品牌公司的重要影响因子，同时也创造了显著的快速获得投资回报的机会。"[17]

13.2 批发

批发（wholesaling）包括向再出售或有商业用途的购买者销售商品和服务的所有活动。**批发商**（wholesalers）是指那些主要从事批发活动的企业。批发商主要从制造商那里购买产品，然后再销售给零售商、工业消费者和其他批发商。因此，美国许多最大、最重要的批发商基本上不为终端消费者所知。

为什么批发商对供应商很重要？简单地说，批发商通过承担下列一种或多种渠道功能来增加价值。

- 销售和促销：批发商的介入帮助制造商以低成本把产品销售给小型顾客，批发商可以与买家有更多的接触，而且比远离的制造商更容易被买家信任。
- 购买/建立多样性：批发商可以选择项目并根据顾客所需定制商品，为顾客节省了许多工作。
- 分销：批发商大量购买商品后分解成小批量，从而降低顾客支付成本，实现分销的职能。
- 仓储：批发商保存库存，从而降低了供应商和顾客的库存成本与风险。
- 运输：批发商由于更加靠近制造商，因此能够以更快的速度支付商品。
- 财务：批发商依靠信用与顾客结算，通过提前订货和按时付款同供应商结算。
- 风险承担：批发商通过获得所有权和承担偷窃、损毁、掠夺和过时带来的成本来稀释风险。
- 市场信息：批发商向供应商和顾客提供有关竞争对手、新产品和价格的信息。
- 管理服务和建议：批发商经常帮助零售商培训销售人员，改善商店布局和陈列，建立结算和存货控制系统等。

13.2.1 批发商类型

批发商分为批发销售商、经纪人和代理商、厂家的销售分支机构和办事处三大类（见表13-4）。**批发销售商**（merchant wholesalers）是最大的批发商，约占整个批发的50%。批发销售商分为两种类型：全方位服务批发商和有限服务批发商。全方位服务批发商提供全程服务，而各种有限服务批发商为其供应商和顾客提供较少的服务，几种不同类型的有限服务批发商在分销渠道中发挥着不同的专业作用。

表 13-4 主要的批发商类型

批发商类型	描述
批发销售商	独立所有制企业对其产品的名称拥有所有权分为全方位服务批发商和有限服务批发商两种
全方位服务批发商	提供全程服务：进货、销售队伍的维持、信贷提供、运输、提供管理支持，又可分为两种
1. 批发销售商	主要向零售商供货并且提供一系列的服务。一般商品批发商经营几种商品系列，商品线批发商重点经营一两个商品系列，专业批发商专门经营某一产品系列的一部分
2. 工业分销商	卖给制造商而不是零售商。提供几种服务，比如进货、信贷提供和运输，可以提供种类繁多的商品、百货或者定制商品
有限服务批发商	提供的服务比全方位服务批发商少，有限服务批发商分为以下几种类型
1. 现金交易批发商	将有限的快速流通商品卖给小零售商以获得现金的有限服务批发商。一般不需要运送。比如，一个小型鱼店的零售商开车去现金交易的批发商处，自己用现金买鱼然后带回鱼店
2. 货车贩运批发商	主要发挥销售和运送功能的批发商。承担易腐败食品（如牛奶、面包、点心）的批发，这些商品在超市、小杂货店、医院、餐馆、工厂自助食堂、饭店等地以现金出售
3. 向厂商直接进货的零售商	不承担库存和商品管理的有限服务批发商。在接到订单后，他们挑选一个生产商并由生产商直接把商品运给客户。向厂商直接进货的零售商给产品命名并且承担从接到订单到商品发送给客户的风险，他们主要是从事重工业商品（如煤炭、木材、重型机械）的批发商

（续）

批发商类型	描述
4. 超级市场批发商	服务杂货店和药店零售商的非食品类有限服务批发商。他们用运货车直接给商店运送诸如玩具、文具、五金产品、美容护理产品等。他们为商品定价、保鲜、组建柜台、登记库存。产品名称的所有权归超级市场批发商。只在卖出货物后，超级市场批发商才付款给零售商
5. 农场主合作社	由农场主共同拥有，并把装运的农产品卖到当地市场，合作社的利润年终分红给农场主。他们不断地改善产品质量，从而提升合作社的名气。例如 Sun Maid 葡萄干、Sunkist 橘子或 Diamond 核桃
6. 邮购业务批发商	从事珠宝、美容、专业食品和其他小物品的行业，把产品目录邮寄给零售商、企业和事业单位的客户，同时为企业保持销售队伍。主要的客户来自偏远的小地方，订单的填写和发送要通过邮寄、货车或者其他的运输工具
经纪人和代理商	无权给商品重新命名，主要功能是方便买和卖，而经纪人和代理商获得这种产品销售的佣金。一般来说，经纪人和代理商按不同产品系列和不同的客户类型分类
经纪人	主要作用是撮合买卖双方达成互利互惠的合同，由雇用他们的组织发放薪水，不负责库存和财务，不承担风险。例如食品经纪人、房地产经纪人、保险经纪人和证券经纪人等
代理商	比经纪人更固定和更长久地代表买方或者卖方，有以下几种类型
1. 生产厂家代理商	代理两种或者多种互补生产线的制造商。和厂家签署正式的文本协议，包括定价、销售区域、订单处理、运输服务、售后和佣金率，多用于服装、家居和电器领域。大部分厂家的代理都是小公司，这些小公司拥有很少的专业销售人员，被那些无力自己承担销售队伍的小生产商所雇用，或者被那些想打开新市场或者想覆盖不能支持全职销售人员区域的大生产厂商所雇用
2. 销售代理商	依照合同有权代理厂家所有产品。厂家对卖东西不感兴趣，也觉得不能胜任，代理商如同厂家的销售部门，并对产品的价格、条款、销售环境有重大影响。常见于纺织品、工业机器和设备、煤炭、化学和金融行业
3. 采购代理商	一般同买方建立长期关系，为买方采购，经常为买方接收、监督、存储和运送货物。他们为客户提供有用的市场信息，帮助客户得到最好的产品和最合理的价格
4. 佣金中间商	对实物拥有所有权并进行销售谈判，他们一般不会长期得到雇用，常用于农作物营销，被那些既不想自己卖作物又不想隶属于生产厂家的农户雇用。代理商把一车车货物运到中心市场，以最好的价格卖掉，扣除代理费用和开销，把剩余的钱给农户
厂家的销售分支机构和办事处	批发公司由卖方或买方管理，而不是由相互联系的批发商经营，由独立的部门或办事处从事专门的购买或销售
1. 销售部门或销售办事处	由生产商建立以改善库存控制、销售和促进销售。由销售部门管理库存，主要存在于木材和汽车零部件行业。销售办事处不承担库存并且集中于干货和杂货业务
2. 采购部门	扮演的角色类似于经纪人或代理商，也属于采购的一部分，很多分销商在重要的商业中心（如香港、东京、上海和台北）建立采购办事处

经纪人和代理商之所以不同于批发销售商，主要在于两点：一是不享有货物的所有权，二是只履行少数职能。与批发销售商一样，它们根据产品系列或顾客类型进行专业化分工。**经纪人**（broker）将买卖双方聚集在一起，并协助他们进行沟通谈判。而**代理商**（agent）在更大程度上代表买方或卖方。厂家代理（又称生产厂家代理商）是最常见的代理商。第三种主要的批发商形式是由卖方或买方自己在**厂家的销售分支机构和办事处**（manufacturers' sales branches and offices）进行批发，而不是通过独立的批发商来批发。

13.2.2 批发商的营销决策

批发商现在正面临着日益增长的竞争压力，要求越来越高的顾客，新技术以及部分大型工业机构和零售商的直销举措。因此，它们不得不重新审视自己的营销策略。根据零售商的反馈，它们制定营销策略，包括目标市场的选择、服务定位和营销组合——产品和服务分类、定价、促销和地点（见图13-2）。

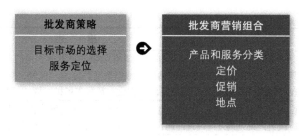

图 13-2 批发商的营销决策

1. 目标市场的选择和服务定位

像零售商一样，批发商也必须有确切的目标市场与有效的市场定位——他们不能服务于所有人。它们可以根据群体规模（仅限于大型零售商）、顾客类型（仅限于便利店）、服务需求（需要信用的顾客）或其他因素来选择目标群体。在目标群体中，它们可以识别更加有利可图的消费者，然后更有针对性地提供产品，与消费者建立更好的关系。它们提供自动化的重构系统，建立管理培训和宣传体系，甚至倡议签署自愿联合合同；通过争取目标顾客的更大的订单或者向小顾客增收服务费来拒绝微利顾客。

2. 营销组合

与零售商一样，批发商也必须根据产品和服务的分类、定价、促销和地点来做决策。批发商的"产品"是其提供的不同类型的产品和服务。批发商承受着巨大的压力，它们不得不满负荷运送货物并储备足够的货物以备不时之需。但这种做法也有损利润。现在批发商正在削减它们所经营的生产线的数量，只选择利润更高的产品。批发商也在重新考虑什么样的服务最有助于建立牢固的顾客关系，哪些服务应该被取消或收取费用。关键是要找到什么样的服务对目标顾客最有价值。

定价也是批发商做选择的重要依据。批发商通常通过标准百分比来记录货物的成本，比如20%。费用支出可能占毛利润的17%，剩余的3%是纯利润。在食品批发行业，平均利润率通常不到2%。批发商正在尝试新的定价方法，甚至可能在某些方面削减利润率来赢得重要的新顾客。它们可能会通过提高销售业绩来向供应商索要更低的价格。不同国家的加价幅度不同，亚洲国家往往比美国和欧洲小。在日本，由于分销渠道较长，批发商的加价幅度更小，而在中国香港，由于竞争激烈，加价幅度也很小。

虽然促销活动对批发商的成功至关重要，但大多数批发商并没有促销意识。它们对贸易广告、促销、人员销售和公共关系的使用基本上是松散、无计划的。许多批发商在人员销售方面思想落伍，如它们仍然把销售看作销售人员与顾客之间的简单谈话，而不是团队努力销售、构建和服务主要顾客的过程。批发商需要采用一些零售商常用的非个人的促销手段，还需要制定一个全局的促销策略，并更多地利用供应商的促销物资和促销活动。

最后，地点是重要的。批发商必须谨慎选择位置、设施和网址。为了减少办公建筑、设施、系统建设方面的投资，批发商通常把地址选在租金低、税收低的地段。因此，其材料加工和订单处理系统常常不能及时更新。近年来，大型、先进的批发商通过投资仓储自动化和在线订购系统来应对成本上涨。订单直接从零售商的系统输送到批发商的电脑中，由机械设备自动接收，然后传送到运输平台上进行装运和配送。大部分大型批发商在结算、开具发票、库存控制和预测方面都采用了先进的技术。现代批发商正在不断调整自身的服务以适应目标顾客的需要，并正在寻找降低成本的经营方法。

13.2.3 批发的趋势

如今的批发商仍然容易受到过去 10 年里最持久的趋势之一的困扰——提高价格的强大阻力和淘汰那些不能基于成本和质量增加产品价值的供应商。先进的批发商不断寻找更好的方式来满足供应商和目标顾客不断变化的需求，因为从长远来看，它们必须通过提高整个营销渠道的效率和有效性来实现产品增值。

麦克森（McKesson）是美国领先的医药品批发商，主营产品包括药品、美容产品、保健护理产品和医疗器械。麦克森提供了一种渐进式增值批发的例子。为了生存，麦克森必须保持比制造商的分销团队更低的成本。因此，该企业建立了高效的自动化仓库，通过电脑与医药制造商建立直接的联系，并为消费者提供在线供应管理和账户系统。麦克森为零售药剂师提供广泛的在线资源，包括供应管理服务、搜索服务、实时订单追踪和账户管理系统。为了帮助药剂师降低成本和提高准确率，该企业还为他们提供了自动配药机等。

大型零售商和大型批发商的界限一直模糊不清。许多零售商现在采用的经营形式（如批发俱乐部和超级市场）发挥了批发商的很多职能。反过来，许多大型批发商也正在建立自己的零售部门。

批发商将继续增加为零售商提供的服务——零售定价、广告合作、市场管理信息报告、财务服务、在线交易等。成本的上升和服务需求的增加，将挤压批发商的利润空间。如果批发商没有找到有效的方式向顾客传递价值，将很快被淘汰。计算机化、自动化和以网络为平台的系统使用将有助于批发商控制订购、运输和仓储成本，提高其生产力。

目标回顾

零售和批发由许多将产品从生产点转移至使用点的组织组成。在本章中，我们深入探讨了零售的性质和重要性、零售商的主要类型、零售商的决策及零售的未来。然后，围绕批发商讨论了同样的主题。

1. 解释零售商在营销渠道中的角色，描述零售商的主要类型

零售包括将产品和服务直接销售给用于个人或非商业用途的最终消费者的各种活动。商店零售商包括各种形式和规模，并且新的零售类型不断涌现。零售商可以按照其提供的服务范围来分类（自助服务、有限服务、全方位服务）；按照产品线分类（专卖店、百货商店、超级市场、便利店、超级商店）；按照相对价格分类（折扣店和廉价零售商）。如今，许多零售商以法人或契约型零售组织形式联合在一起（企业连锁、自愿加盟连锁店、零售商合作组织、特许经营）。

2. 描述零售商的主要营销决策

零售商总是在寻找新的营销策略来吸引和留住顾客。它们面临的主要营销决策包括市场细分、目标市场、商店差异化、商店定位以及零售商营销组合。

零售商必须首先细分并明确它们的目标市场，然后决定如何在这些市场中实现差异化和定位。那些试图"提供适合每一个人的产品"的零售商总是以无法满足市场需求告终。相反，成功的零售商准确定义其目标市场，并给自己强有力的定位。

在强有力的目标市场和定位指导下，零售商必须决定零售商营销组合——产品和服务分类、定价、促销和地点。零售商店不是简单的产品分类。除了提供的产品和服务之外，如今成功的零售商还密切关注消费者购物体验的各个方面。零售商的定价策略必须符合其目标市场、定位、产品和服务、竞争。零售商使用任意或者所有 5 种促销工具（广告、人员销售、促销、公共关系和直接营销）来吸引消费者。最后，零售商选择一个可以接触其定位区域目标市场的地点十分关键。

3. 讨论零售业的主流趋势和发展

零售商面临着一个严酷的、快速变化的环境，在这个环境中威胁与机会同在。如今的经济衰退把许多零售商的财富变成泡沫。新的零售形式不断涌现。然而，不同类型的零售商同时提供同样的产品和价格给相似的消费者（零售集中化），使得差异化更加困难。零售行业的其他趋势包括大型零售商的兴起、无实体零售的快速发展、零售技术重要性的不断提高以及绿色零售涌现和主要零售商的全球扩张。

4. 解释批发商的主要类型及其营销决策

批发包括向再出售或有商业用途的购买者销售商品或服务所涉及的所有活动。批发商分为三类。第一类批发商拥有产品，包括全方位服务批发商（批发销售商和工业分销商）和有限服务批发商（现金交易批发商、货车贩运批发商、向厂商直接进货的零售商、超级市场批发商、农场主合作社和邮购业务批发商等）。第二类是没有产品所有权，但是可以帮助买卖商品而获得佣金的经纪人和代理商。第三类是指厂家的销售分支机构和办事处，它们从事无中间商参加的批发活动。

如今，与零售商一样，批发商也需要精心选择目标市场并进行强有力的定位。同样，每一个批发商都必须对目标市场和定位、产品和服务分类、定价、促销和地点做出决策。上进的批发商不断寻找更好的方式来满足供应商和目标顾客不断变化的需求。它们认识到只有通过提高整个营销渠道的效率以提高附加价值，才能在市场中占有一席之地。与其他市场参与者一样，它们的目标是建立高附加值的顾客关系。

关键术语

retailing　零售
retailer　零售商
shopper marketing　购物者营销
specialty store　专卖店
department stores　百货商店
supermarket　超级市场
convenience stores　便利店
superstore　超级商店
category killer　品类杀手
discount store　折扣店
off-price retailer　廉价零售商
independent off-price retailer　独立廉价零售商
factory outlets　工厂门市部
warehouse club　仓储俱乐部
corporate chains　连锁店
franchise　特许经营
shopping center　购物中心
wholesaling　批发
wholesalers　批发商
merchant wholesalers　批发销售商
broker　经纪人
agents　代理商
manufacturers' sales branches and offices　厂家的销售分支机构和办事处

概念讨论

1. 讨论在市场营销体系中，零售商和批发商如何提高附加价值？分析营销人员接受购物者营销的原因。
2. 讨论区分零售商的因素，并列举每种类型。
3. 列出并简要讨论影响未来零售业发展的趋势。
4. 假设你是三种同类女装制造商的代理商，你将采取什么市场营销组合决策。
5. 讨论零售商的不同组织方式并举例说明。
6. 什么是零售集中化？这对小型零售商来说有利还是有弊？
7. 三星销售高清数字电视和数码相机给廉价零售商，应该遵循什么原则？
8. 零售商总是在寻找新的营销策略来吸引和留住顾客。以一家顶级百货公司为例，列举并简要描述这家百货公司使用何种战略来同最新成长起来的购物卖场实现差异化。
9. 在亚洲国家，虽然出现了超级市场和大型折扣店，但是传统市场如菜市场或食品摊在街道或政府大楼附近仍然盛行。这些传统市场的细分目标市场是谁？这些市场是如何生存的？

概念应用

1. 精心营造氛围的零售店很容易影响购物者。选择一家既有实体店又有在线网店的零售商，描述打造实体店氛围的要素，如色彩、灯光、音乐、气味和装饰。这家商店的氛围投射出什么形象？这种氛围是不是恰好迎合该商店的目标市场？实体店氛围中的哪些因素和在线网店是一样的？零售商是否将实体店的氛围与其在线网店相结合？请分析。
2. 在亚马逊上搜索你想买的一件产品。顾客的购买评论是否会影响你对产品或品牌的看法？参与亚马逊 Vine 计划的顾客在亚马逊网站上提交了许多产品评论。了解这个计划，并讨论在这个计划中的顾客的评论是否比没参加该计划的消费者的评论更有用。
3. 确定目标市场和定位对零售商店来说是非常重要的营销决策。组织一个小组，为一个新的零售商店研究制定决策。该商店的目标市场是什么？商店定位如何？什么样的店内氛围将有效地迎合目标市场和定位？

技术聚焦

"镜子镜子，谁是最美的？"这句话不是只能在童话里听到，你可以在网络上或者溢价零售商那里很轻易地听到。一个用来增强现实的虚拟镜子——EZFace 正在改变沃尔玛店内的化妆品过道。站在这面镜子前，购物者无须打开包装就可以虚拟试用这款化妆品。消费者不会再为了买到不适合自己的唇膏而后悔。自助服务零售商对这一技术十分感兴趣，因为它减少了消费者打开物品包装试用却不购买的成本。这只是零售商正在试验的一种互动数字技术，它还在试着寻找其他的新技术。

1. 访问 www.ray-ban.com/usa/science/virtual-mirror，试用虚拟镜子来化妆或者试戴太阳镜。这个技术是否有助于你选到合适的化妆品？
2. 分析其他零售商为了提供更好的服务如何使用其他数字技术，例如数字看板和移动技术。

道德聚焦

在购买电视、电脑或其他电子设备时，你肯定会被问到是否愿意购买一项服务合同。大多数大型电子产品零售商都会培训它们的销售人员和收银员来询问这个重要的问题。事实上，一些零售商敦促他们的销售人员施加强大的销售压力来销售这些合同。毋庸置疑，这是因为服务合同能为零售商带来极高的利润，甚至是你购买的电子设备利润的几倍。但是，你知道什么时候应当同意签合同，而什么时候应该拒绝吗？大多数消费者对此感到困惑，并会因为与最新的等离子电视价格相比，合同价格似乎很低而选择购买服务合同。中国香港消费者委员会、中国台湾消费者基金会和新加坡 SPRING 等的专家普遍建议消费者拒绝这些合同。随着产品可靠性的提高和价格的降低，产品更换变得更加合理，这样的合同与其价格根本不匹配。如果大多数消费者不需要它们，零售商是否应该继续提供和推销服务合同呢？

1. 零售商提供并大力推销服务合同是否合乎道德？
2. 消费者什么时候应该购买服务合同？
3. 为什么零售商即使面对消费者团体的批评也仍然继续提供这些合同？

营销和经济

沃尔玛

在经济萧条时期，低价领导企业通常业绩不错。它们不仅保留了现有的顾客，还获得了新顾客。在最近一次的经济衰退中，沃尔玛的情况就是如此。但沃尔玛发现了新的市场变化。截至 2010 年年底，沃尔玛在美国店铺的销售额减少了。这令人费解，尤其是考虑到这家零售商在这段时间里一直在疯狂打折促销。沃尔玛销售额减少有两个可能的原因。第一，沃尔玛的核心消费者的平均收入低于普通商场的目标消费者，他们可能还未从经济萧条中恢复过来。他们已经到了自身预算的极限，即使商场打折也不会增加消费。第二，以前相对富裕的消费者已经恢复购买力，更倾向于选择之前的购物场所而非沃尔玛。在就业前景黯淡的预期下，沃尔玛的收益趋势预计不会很快好转。

1. 除了等待经济复苏之外，沃尔玛还有其他选择吗？
2. 外部环境如何改变才能使沃尔玛快速增长？

营销数字

零售商需要商品来促进销售。事实上，零售商的存货是其最大的资产。商品的销售成本对零售商的毛利率有很大的影响。此外，库存不足会导致销售损失，而库存过多则会增加成本，降低利润率。这两种情况都会降低利润。衡量零售商存货管理效率的一个指标是存货周转率（又称为制造商存货周转率）。零售业成功的关键是在满足消费者需求的前提下尽量减少存货。请参阅附录B回答下列问题。

1. 计算一家年销售额为500万美元、销售成本为200万美元的零售商的毛利率。
2. 如果该零售商的平均存货成本为75万美元，销售成本为200万美元，计算其存货周转率。如果该零售商上一年的存货周转率是3.5%，与刚计算的存货周转率相比，分析今年的结果是变好还是变差了。

企业案例

Uber：送人送货

如果你在2009年之前询问任何一位顾客，那你会知道叫出租车仅仅意味着在街上看到一辆出租车然后伸手拦下它。然而，随着2009年Uber的推出，"打车"的含义发生了变化。

2009年，特拉维斯·卡兰尼克和加勒特·坎普创立了Uber。从那以后，Uber安卓、iOS和Windows版本的手机应用程序迅速扩展到57个国家。卡兰尼克相信，只要你有足够的创造力，任何问题都有解决方案。这种创造力体现在Uber上。Uber是一个利用手机GPS将乘客和司机联系起来的平台。

Uber以其"平台"而自豪，它拥有流畅的界面，能让人实时了解顾客和司机的位置，并且很少出现错误。与传统的出租车预订服务不同，从顾客的角度来看，Uber解决了乘客何时到达的问题。与传统的出租车运营商热线也不同，使用Uber，你不需要致电任何人确认你的司机。作为一个"平台"方，Uber已经不仅仅是为顾客提供打车服务，它还展示了其潜在的配送服务——可以从最近的药店或几英里外你最喜欢的冰激凌摊位快速送货。

Uber不仅是一种拼车服务，它还意识到自己有潜力开发一种强大的配送服务。Uber Essentials在华盛顿特区允许用户从库存清单中添加产品，然后司机会在最近的便利店为顾客购买这些产品。此外，中国香港的Uber Cargo和纽约的Uber Rush分别使用面包车与自行车递送包裹、快递等服务的推出，让人们看到了Uber成为实时物流网络的潜力。

由于这些服务与Uber提供的其他服务一样，都是通过相互衔接、无现金、便捷的流程投递包裹，所以如果将这些服务扩展到其他城市，它们只能满足现有的Uber用户。虽然联邦快递或UPS等全球物流巨头每天都有司机来满足配送需求，但Uber作为一个实时网络，这就意味着它在某一特定时刻的所有平台可用司机都能立即满足配送需求。

作为一个"平台"，只要有要求，Uber就会运营。如果总是有人在寻找车辆，而司机也在提供车辆，那么Uber就是运营着的。整个交易是完全无现金的，因为乘客通过信用卡付款给Uber平台，然后Uber支付给司机，同时收取一部分服务费。

Uber根据汽车类型和搭载乘客的数量进一步将业务扩展到不同的专业领域。UberX被称为低价Uber，提供丰田普锐斯、本田Civics等可搭载4名乘客的汽车。UberBlack最初提供的是一款价格更高的豪华黑色汽车，而UberSUV或UberXL则提供最多可容纳6名乘客的SUV或小型面包车。

还有UberTaxi，当地的出租车司机用他们的出租车来提供Uber的服务。然而，它在每个国家或城市的服务范围根据当地法规和每个城市的运营基础而有所不同。泰国等一些国家甚至提供了一种叫作UberCopter的高级服务，人们可以通过应用程序直接租一架直升机。

Uber不断优化平台提供服务中的安全问题。安全不仅指乘客的安全，也指司机的安全。与传统出租车司机不同的是，Uber司机可以在App中查看所有乘客的详细信息，这种访问权限以前从未对任何司机开放过。这确保了司机的安全，因为他们通过这个应用程序能事先知道他们要接送谁。

来自印度的Uber女司机玛雅说："我不怕晚上开车。司机们甚至可以通过简单地按下按钮就能在App上给乘客反馈信息。"司机们的安全也得到了保障。Uber要求每个司机都要有驾照，并通过平台的背景审查。司机还必须对注册的这辆车拥有所有权，而且必须投保。但是，成为Uber司机的过程仍然要比成为一名传统的出租车司机更方便、更轻松、更容易。

然而，并非所有事情都像看上去那样一帆风顺。Uber的快速扩张是以传统出租车运营商业务萎缩为代价的。自2012年Uber在旧金山推出出租车服务以来，每辆城市出租车的月平均出行次数从2012年的1 424次骤降至2014年的504次。因此，许多出租车公司强烈抗议这款应用，要求当地政府将其取缔或对其进行严格监管。这导致了一些国家和城市全面禁止该应用程序或采取措施以尽量减少出租车运营商和应用程序之间的冲突。Uber的成本包含一个基础起步价，然后是每分钟、每英里的计时价，花费通常比传统出租车少。Uber服务的低端产品UberX声称其比普通出租车便宜26%。

Uber在全球最大的市场之一——印度的扩张一直障碍重重。与其他许多国家的情况一样，Uber在起步阶段面临着当地出租车运营商的诸多抗议。孟买汽车工会领袖拉奥强调Uber是他们的竞争对手之一，蚕食了他们的收入，并评论说，政府应该对这个外来者采取措施，因为他们不受与常规出租车运营商同样的监管。

与此同时，打车服务也通过进入中国市场进一步向东方扩张。这项服务开始从中国14亿人口的潜力中获益。据报道，截至2015年6月，这款应用程序每天的访问量达到100万次。更让人惊讶的是，Uber目前只在中国11个城市开展运营。Uber的目标是扩张到中国50多个城市，鉴于其目前前所未有的增长速度，这意味着Uber将加入推动欠发达地区增长的外国企业的行列。

面对来自中国打车服务市场的挑战，Uber将自己定位为一个"充满活力""有趣"和"有朝气"的品牌。这种定位使其成为与顾客建立联系的独特品牌，尤其是考虑到交通运输领域的大多数企业很少重视品牌建设。大多数出租车运营商或Uber的竞争对手如东南亚的GrabTaxi严重依赖其服务的经济可行性和合理性，因此，它们的服务定位似乎是只要提供服务，就一定会有人需要。

除了品牌推广之外，Uber还通过为首次使用该应用程序的乘客提供免费积分或折扣，鼓励他们下载该应用程序，从而大力推广其应用程序。不过，Uber未来也面临着一些严峻的挑战。作为一个连接乘客和司机市场的应用程序或平台，其商业模式或服务很容易被复制和模仿。类似的叫车或打车软件如GrabTaxi、Hailo、Ola在亚洲多个市场的兴起，就证明了这一点。不管它们的界面有何不同，这些应用程序在本质上都是一个将司机和乘客连接在一起的市场平台——在顾客看来，这类似于Uber提供的服务。

Uber服务在当地市场被复制的一个例子可以从雅加达的案例中看到。2011年，Uber进入雅加达之前，雅加达的一款叫车应用程序Go-Jek上线。这款应用程序可以让乘客通过预订一辆摩托车穿越拥挤的城市。这款应用程序的指数级增长是由于摩托车在印度尼西亚首都是一种流行的交通工具。

2015年，这款应用程序有了全新的移动应用界面，下载量达到40万次。常见的场景是司机穿着显眼的绿色夹克、戴着头盔，为当地的通勤者提供一种可替代和高效的交通方式。

Uber在进入印度尼西亚市场之前就面临着这种本地竞争性同类服务的威胁。2014年6月，Uber开始进入雅加达市场开展业务。

讨论题

1. Uber对顾客的吸引力是什么？确定Uber能满足什么顾客需求？
2. 找出Uber的直接和间接竞争对手。对Uber所在的行业进行波特五力分析评估。从短期和长期来看，Uber是否有利可图？
3. 鉴于Uber面临的竞争环境，为了维持目前的增长速度，Uber应该如何定位自己？是作为快递公司，还是作为出租车公司？

资料来源：Jacob Davidson, "Uber has Pretty Much Destroyed Regular Taxis in San Francisco," *TIME*, 18 September 2014; John Patrick Pullen, "Everything You Need to Know About Uber," *TIME*, 4 November 2014; Adrian Lim, "GrabTaxi opens R&D Center to Develop New Products, Improve App," *The Straits Times*, 9 April 2015; Teo Cheng Wee, " Cab Shortage Drives China's Car-hire

Boom," *The Straits Times*, 25 April 2015; Christopher Tan, "Uber Sets up Car Rental Firm in S'pore to Recruit Drivers," *The Straits Times*, 29 May 2015; Wahyudi Soeriaatmadja, "Uber Taxi Takes off in Jakarta," *The Straits Times*, 8 June 2015; Adrian Lim, "Are Ride-matching Apps an UBER PROBLEM?", The Straits Times, 14 June 2015; Zubaidah Nazeer, "Motorcycle Taxi Apps Zoom Ahead in Jakarta," *The Straits Times*, 15 June 2015; Faizan Haidar, "Number of Women Drivers Increase in Uber, Ola Ranks," *Hindustan Times*, 22 June 2015; "Motorbike-hailing App Revs Up in Traffic-choked Jakarta," *Manila Bulletin*, 22 June 2015; Iran Siddique, "Sometimes, Strikes are the Only Option: Shashank Rao, Auto Union Leader," *Free Press Journal*, 22 June 2015; "Taxi Sector's Shake-up Could Benefit Everyone," *Global Times*, 23 June 2015; "Beating Bangkok Traffic," *Bangkok Post*, 23 June 2015; Mike Bastin, "Uber Breathes Fresh Air into Branding," *China Daily-Hong Kong Edition*, 23 June 2015; Ryan Petersen, "Why Your Next Package will be Delivered by an Uber," *Techcrunch*, 29 June 2015; https://www.uber.com; and www.newsroom.uber.com.

第 14 章
传播顾客价值：整合营销传播战略

学习目标

1. 定义在传播顾客价值时的 5 种促销组合工具。
2. 讨论传播理念的变化和整合营销传播的必要性。
3. 概述传播过程和开发有效的营销传播的步骤。
4. 解释确定促销预算的方法及影响促销组合设计的因素。

预习基本概念

在本章和接下来的第 15～17 章中，我们将研究市场营销组合的最后一个工具——促销。企业不能仅仅创造顾客价值，还必须利用促销来明确和有说服力地传播顾客价值。你会发现促销并不是单一的工具，而是多种工具的组合。最理想的情况是在整合营销传播的理念下，企业精心协调这些促销工具，以传递关于组织和产品的清晰、一致、有力的信息。首先，我们将介绍不同的促销组合工具；其次，我们将研究当下迅速变化的营销传播环境和整合营销传播的需求；最后，我们将讨论开发营销传播的步骤和制定促销预算的过程。在接下来的 3 章中，我们将讨论具体的营销传播工具。

在本章开始之前，我们看一下联想及其开始社交媒体传播的原因。

联 想

轰动一时的 YouTube 红人 Ryan Higa 是中国电子产品制造商联想的社交媒体大使。

联想做出这个决定的原因有很多。人们被 Higa 所吸引，是因为他在视频中毫不掩饰地表现出诚实、脚踏实地和真实的态度，但更重要的是，在美国，Higa 的主要受众群体为千禧一代，而联想是一个以其商用电脑而不是平板电脑出名的品牌。联想选择 Higa 作为社交媒体大使是为了让那些被 IBM 吸引而来且不熟悉联想的用户能够更好地了解该品牌及其产品所迈出的一步。

根据联想的说法，该企业并不限制或试图引导 Higa 发表他对联想产品的看法。联想集团相信，Higa 在录制视频时知道该怎么做才不会危及品牌及其市场价值。

例如，在第一个视频中，Higa 讨论了联想的 Yoga 平板电脑。观众的评论非常多，有很多关于产品及其功能问题的讨论，最重要的是，观众对这些问题的回答不仅准确，对链接到其他网站有指导意义，而且对产品和企业有利。联想最终拥有了一个由众多"品牌大使"组成的群体，传播良好的口碑。这些被联想圈粉的"品牌大使"的评论被认为是可信和客观的，因为他们没有得到联想的赞助来表示这种支持。

同样，选择 Higa 作为社交媒体大使可能比选择超级巨星更有效。虽然后者能够吸引人们的注意力，但明星不太可能在有意义的评论层面上吸引观众。比起产品本身，观众可能更多的是对明星感兴趣。

相比之下，社交媒体红人拥有一定的粉丝基础，源于粉丝对红人的言论感兴趣。因此，选择社交媒体红人作为代言人，可以确保为品牌提供粉丝基础，而且这个粉丝群体会参与关于品牌的谈论。[1]

建立良好的顾客关系不仅需要企业开发好的产品、设定有吸引力的价格，还必须使其面向目标顾客群体。企业必须向目标顾客传达它们的价值主张，而且该价值主张不容忽视。所有的传播都必须经过周密的策划并融入到精心整合的项目中。正如良好的沟通在建立和维持任何一种关系中都很重要，这也是企业努力建立有利可图的顾客关系的关键因素。

14.1　促销组合

企业的**促销组合**（promotion mix），又称**营销传播组合**（marketing communications mix），由广告、销售促进、公共关系、人员销售和直接营销等工具组成，企业使用这些工具来有效传播其顾客价值并建立顾客关系。这5种主要的促销工具的定义如下。[2]

- 广告：由特定的赞助商付款，对理念、商品和服务进行非人员展示与促销。
- 销售促进：鼓励购买和销售产品或服务的短期激励措施。
- 公共关系：通过良好的宣传，树立良好的企业形象，处理或消除不利的传言、事件等，与企业利益相关者建立良好的关系。
- 人员销售：由企业的销售人员做产品展示，以达到销售或建立顾客关系的目的。
- 直接营销：通过谨慎地与目标个人消费者直接接触来获得及时反馈和培养持续性的顾客关系——使用直接邮寄、电话、直接视频通话、电子邮件、互联网和其他工具与特定顾客直接沟通。

每一类都涉及特定的促销工具，用于与消费者沟通。例如，**广告**（advertising）包括广播、印刷、互联网、户外广告和其他形式；**销售促进**（sales promotion）包括折扣、优惠券、卖点展示和展览；**人员销售**（personal selling）包括销售演示、贸易展示和激励计划；**公共关系**（public relations，PR）包括新闻发布会、赞助、特殊事件和网页；**直接营销**（direct marketing）包括目录、电话营销、自助服务机和互联网等。

与此同时，营销传播超越了这些特定的推广工具。产品的设计、价格、包装的形状和颜色，以及销售这些产品的商店——所有这些都在向顾客传达某种信息。因此，尽管促销组合是企业的主要传播活动，但完整的营销组合（产品、价格、渠道和促销）必须协调一致，才能产生最佳的传播效果。

14.2　整合营销传播

在过去的几十年里，市场营销人员已经掌握了大众化营销的精髓：向消费者群体销售高度标准化的产品。在这个过程中，他们开发出了有效的大众媒体传播技术来支持其大众营销战略。大企业通常会在电视、杂志或其他大众媒体广告上投入数百万甚至数十亿美元，通过一条广告就可以将信息传达给数千万的消费者。然而，如今的营销经理面临着新的营销传播模式。也许没有哪个市场营销领域像营销传播那样发生如此深刻的变化，令市场营销传播者既兴奋又焦虑。

14.2.1 新营销传播模型

两个主要因素正在改变今天营销传播的面貌。首先，消费者正在发生改变。数字化、无线化等技术使得消费者掌握了更多的控制权，能更好地获取信息。他们利用互联网和社交媒体寻求信息，很容易与其他消费者交流品牌相关信息，甚至创造自己的品牌信息和体验。其次，营销策略正在改变。由于大众市场已经出现分化，营销人员正在转变大众营销策略。越来越多的企业正在开发有针对性的营销计划，以同更狭窄的细分市场的顾客建立更紧密的联系。

最后，数字技术为企业和顾客之间的交流创造了新的机会。数字时代产生了大量的信息传播工具——从智能手机、平板电脑到博客、社交媒体和在线社区等。这些工具的发展都对营销传播产生了巨大的影响。

这种新媒体形式能够让营销人员以更良好的互动、更吸引人的方式接触到规模较小的细分顾客群体。消费者可以随时随地选择观看节目，越来越多的广告只通过互联网播放。

随着营销传播环境的变化，营销传播者的角色也在发生变化。营销人员将自己视为内容管理者，通过付费的、自有的、赢得的和共享的传播渠道，创建、激励和与顾客分享品牌信息。这些渠道包括传统媒体和新媒体、受控媒体和非受控媒体（见实战营销14-1）。

| 实战营销14-1 |

不要称之为广告：这是内容营销

在过去市场行情好的日子里，广告商的工作似乎很简单。当品牌需要广告宣传时，每个人都知道这意味着什么。品牌团队和广告公司想出了创意策略，制订了媒体计划，制作并投放了一系列电视广告和杂志、报纸广告，并有可能发布一份新闻稿来制造一些新闻。但在如今这个数字时代，把"广告"放在定义明确的"媒体"中、精心管理的"广告活动"框架内的旧做法已经行不通了。

相反，传统广告与新数字、社交媒体和移动内容之间的界限迅速变得模糊。如今的品牌信息必须是社交的、移动的、交互式的、多平台的。一位业内人士表示："如今的媒体格局越来越多样化，包括广播、有线电视和流媒体。它是平板电脑和智能手机等可移动的终端，同时也是视频、富媒体、社交媒体、品牌内容、横幅、App、App内广告和互动技术产品。"

新的数字领域对广告的定义提出了质疑。"广告到底是什么？"这是一个充满了挑衅的标题。你想怎么称呼它就怎么称呼它，告诫另一个人，"不要称之为广告"。相反，根据当今许多营销人员的说法，这是"内容营销"，即创造和传播各种引人注目的内容，吸引顾客并建立关系，使他们行动起来。为了满足当今数字媒体和社交媒体的需求，并维持"持续在线"的消费者对话，品牌需要在传统和数字平台上不断提供新鲜的内容。

现在许多广告商和营销人员广泛地认为自己是内容营销者，他们创造、激励、分享和策划营销内容，包括他们自己的内容，以及消费者和其他人创造的内容。他们没有使用传统的媒体细分，而是创建了一个新的框架，这个框架建立在营销内容创建、控制和发布方式以及由谁来控制的基础上。新分类确定了4种主要的媒体类型，分别为：付费媒体——由营销人员支付的付费媒体促销渠道，包括传统媒体（如电视、广播、印刷品或户外广告）和在线数字媒体（付费搜索广告、网络和社交媒体展示广告、移动广告或电子邮件营销广告）；自有媒体——由企业拥有和控制的媒体促销渠道，包括企业网站、企业博客、企业拥有的社交媒体页面、专有品牌社区、销售人员和销售活动；赢得的媒体——公共关系媒体渠道，如电视、报纸、博客、在线视频网站和其他媒体，这些媒体不是由营销人员直接付费或控制的，而是由于观众、读者或用户的兴趣产生的内容。共享媒体——消费者共享的媒体，如社交媒体、博客、移动媒体、病毒式传播渠道以及口碑。

过去，广告商专注于传统付费（广播或印刷品）或赢得的（公共关系）媒体。然而，如今，内容营销人员正在迅速增加新一代的数字产品，即自有的（网站、博客、品牌社区）和共享的（在线社交、移动、电子邮件）媒体。虽然一个成功的付费广告本身就是目的，但市场营销人员现在正在开发综合营销内容，充分利用所有渠道的综合力量。因此，许多电视广告不再仅仅是电视广告，而是你可能在电视屏幕上、平板电脑或手机上都能看到的"视频内容"。其他视频内容看起来很像电视广告，但从未打算投放在电视上，比如发布在网站或社交媒体上的在线视频。同样，印刷品的品牌信息和图片不再只出现在精心制作的杂志广告或目录中。这些由各种来源创造的内容，从正式的广告和在线品牌页面到移动和社交媒体再到独立的博客，随处可见。

新的"内容营销"广告与以前的"广告"系列有很大不同。例如，为了摆脱长期存在的传统"Intel Inside"广告模式，英特尔与电脑制造商东芝合作了一部社交媒体电影，名为 Inside。这部引人入胜的电影通过好莱坞导演和演员的才华，模糊了广告、社交媒体和娱乐之间的界限。另一部名为 The Power Inside 的喜剧/科幻冒险片讲述了 Scooby-Doo 小队的一群 20 多岁的年轻人为了挫败外星人的计划所做的努力，他们打算把自己伪装成小胡子和秃眉人，掌管世界。采用英特尔处理器的东芝超级本发挥了核心作用，但这种微妙的产品布局并不像广告。

The Power Inside 在 YouTube 上发布了 6 集，通过 Facebook 和 Twitter（共享媒体）、专用微站点（自有媒体）以及 Skype 与 Spotify（付费媒体）上投放广告。独立博客和媒体文章提升了该电影系列的知名度与受欢迎程度。The Power Inside 获得了更多的关注，它的上映恰逢艾美奖和戛纳国际电影节颁奖典礼。此前，英特尔和东芝联合制作的《奇幻心旅》获得了奖项。总之，整合、多元化平台内容营销活动为这两个品牌提高了消费者品牌参与度。

通过上述 4 种主要媒体渠道的精心整合可以产生惊人的传播结果。想想三星的"生活是一张照片，拍下它"。该企业计划在全球 18 个地区推出联网的 Galaxy 相机。为了可以随时随地轻松分享相机拍摄的图像，三星选择了 32 位著名的 Instagramers（"世界上最具社交性质的摄影师"），他们挑战使用新相机来证明他们的城市——伦敦、阿姆斯特丹、柏林、马德里、巴黎、米兰、悉尼和旧金山是世界上最上镜的城市。他们的照片被上传到 Tumblr 上，粉丝通过 Tumblr、Facebook、Twitter 和 Pinterest 为他们最喜欢的照片投票，最后在获胜的城市柏林举办了一场大型的活动，来自欧洲各地的有影响力的人被邀请用联网的 Galaxy 相机拍照，并将照片投影到巨大的充气 3D 投影立方体屏幕上。

"生活是一张照片，拍下它"活动以其丰富的营销内容，取得了绝对的成功。在为期 3 个月的活动中，全球超过 7 900 万人参加了这一活动。消费者对 Galaxy 相机的关注度提升了 58%、购买意向上升了 115%。该活动获得了 2013 年互动广告机构 MIXX 内容营销奖，引发了一系列额外的宣传。最后，社交媒体活动为一系列付费电视广告奠定了基础。最终，三星重新点燃了许多人想要购买专用数码相机的需求，并成为网络连接数码成像领域的市场领导者。

所以，我们不能再称之为"广告"了。如今，瞬息万变、鱼龙混杂的营销传播环境要求的不仅仅是在明确界定和控制的媒体空间创建与投放广告。相反，今天的营销传播者必须是营销内容战略家、创造者、连接器和催化剂，他们管理着与顾客之间的品牌对话，并促使这些对话信息通过流动的渠道引起顾客的共鸣。这是一个艰巨的任务，但在今天的新思维下，任何事情都是有可能的！

资料来源：Randall Rothenberg, "What Is Advertising Anyway?" *Ad Week*, 16 September 2013, p. 15; Joan Voight, "Intel and Toshiba Peddle Product Placement in Branded Film 'The Power Inside,'" *Ad Week*, 29 July 2013; Peter Himler, "Paid, Earned & Owned: Revisited," *The Flack*, 21 June 2011; Paul Nolan, "The C Word: What Is Content Marketing," *Sales & Marketing Management*, January–February 2014; "Samsung's Galaxy Camera," 2013 AIB MIXX Awards Winners Gallery, www.iab.net/mixxawards/gallery2013/strategies-and-objectives/content-marketing.html; http://samsungcamera.tumblr.com/latest; "Life's a Photo, Take It," Jam, www.spreadingjam.com, accessed in September 2014; and "'Life's a Photo. Take It'—Campaign Overview," *Vice*, www.vice.com, accessed in September 2014.

14.2.2 整合营销传播的需求

向多样化媒体组合及传播途径转变对营销人员而言是一种挑战。今天的消费者被各种不同来源的信息轰炸,但是消费者并不会像营销人员那样去辨别信息来源,在消费者的心目中,所有来自不同媒体和促销手段的广告信息都整合在一起形成关于企业的信息。不同来源的相互矛盾的信息可能会导致企业形象、品牌定位和顾客关系的混乱。

在大多数情况下,企业无法整合他们的传播渠道,结果消费者面临的是传播信息的大杂烩。大众媒体广告说的是一回事,价格促销却传递了另一个信号,而产品标签又在传递另一种信息,企业的销售说明书说的又是完全不同的事,至于企业的网站、电子邮件、Facebook 或 YouTube 上的视频似乎也与其他渠道传播的内容不一致。

问题是这些传播通常来自企业的不同部门。广告信息是由广告部门或广告代理机构策划和实施的。人员销售传播是由销售管理部门开展的。其他如公共关系、销售促进、网络营销等其他形式的营销传播都是由各种专家负责的。

尽管这些企业区分了不同的传播工具,但是消费者没有。来自这些传播工具的混合内容导致消费者对品牌的认知是模糊的。

在线、移动和社交媒体营销给企业带来了机遇与挑战。虽然它们提供了与顾客接触的机会,对消费者偏好有了新见解,以及提供更有创意的方案,但传播环境变得更加分散和复杂。

因此,越来越多的企业开始采用**整合营销传播**(integrated marketing communications,IMC)的概念。在这个概念的指导下(见图 14-1),企业会谨慎地整合和协调它的沟通渠道,来传递关于企业及其产品的清晰、一致、令人信服的信息。[3]

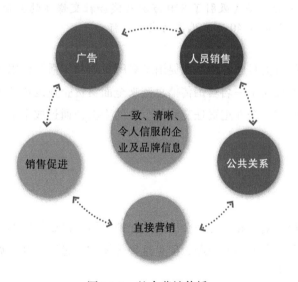

图 14-1 整合营销传播

整合营销传播要求识别顾客可能接触到企业及其品牌的所有场景(见图 14-2)。每一次品牌接触都会传递一种信息,无论该信息是好是坏还是无关紧要。企业必须尽一切努力在每一次接触顾客时都传递一致且积极的信息。整合营销传播通过展示企业及其产品如何帮助顾客解决问题形成了一套完整的营销传播策略,从而建立了牢固的顾客关系。

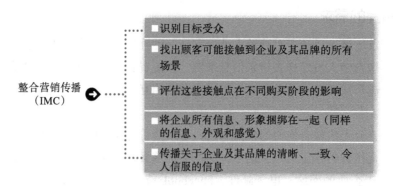

图 14-2　整合营销传播过程概述

整合营销传播将所有的企业信息、形象捆绑在一起。企业的电视、印刷品广告与电子邮件和人员销售传递同样的信息，有相同的外观和感觉；企业的公共关系材料和网站映射同样的企业形象。

可口可乐的"Mirage"活动讲述了 3 个沙漠流浪者——牛仔、歌舞女郎和《疯狂的麦克斯》风格的"Badlanders"的故事。他们在穿越炽热沙漠的同时，追寻同样令人难以捉摸的奇迹——一瓶冰冻的可口可乐。在"超级碗"开始两周前，"Mirage"在《美国偶像》以及 YouTube 和其他网站上发布了一个 30 秒的预告广告，邀请粉丝来了解品牌故事和球队。然后，在这场盛大的比赛中，可口可乐设置了 60 秒的 Mirage 广告展现了令人兴奋的追逐比赛，在结尾提倡观众访问 CokeChase.com 网站，在那里他们可以给自己最喜欢的球队投票，并在对手球队面前设置障碍来影响比赛结果。在比赛的剩余时间里，可口可乐的监控团队在主要社交媒体上监测相关活动，并在 Facebook、YouTube 和 Twitter 上发布实时追踪更新，在 Tumblr 和 Instagram 上发布追踪照片，让粉丝参与其中。Mirage 活动超出了人们的预期。除了通常的"超级碗"庞大的观众群之外，这场令人瞩目的活动还吸引了 820 万次在线和社交媒体的互动，收到了 91 万张选票，可口可乐品牌达到了超过 160 万次互动和 40 万张选票的内部目标。

过去，没有一个人或部门负责考虑各种不同促销工具所扮演的传播角色以及协调促销组合。为了促进整合营销传播的执行，有的企业任命了一名营销传播总监来全面负责企业的传播工作。这将有助于产生更好的传播一致性和更深远的销售影响。企业把责任交到某个人的手上，通过成千上万的企业活动塑造一致的企业形象，这是前所未有的。

14.3　传播过程概述

整合营销传播包括识别目标受众和制订一个协调的促销计划，以获得所期望的受众反应。营销传播往往聚焦于目标群体的第一印象、形象或偏好问题，但是这种传播方式过于短视。如今，营销人员正逐渐将传播视为一种管理长期顾客关系的方式。

消费者千差万别，营销人员需要为特定的细分市场、利基市场甚至个人设计不同的传播项目，而且，考虑到新的交互式传播技术，企业不仅需要问："我们如何才能接触到目标顾客？"而且要问："我们怎样才能让目标顾客接触到企业？"

因此，传播过程应该从检查目标顾客与企业及其品牌的所有潜在联系开始。例如，想要购买新厨房用具的人可能会询问他人、看电视广告、阅读报纸和杂志上的文章与广告、访问各种网站，并在一家或多家商店挑选用具。市场营销人员需要评估在不同的购买阶段，这些传播体验对每个消费者的影响。这样的评估将帮助营销人员更有效地分配传播费用。

为了有效地进行传播,营销人员需要清楚传播是如何进行的。传播包含如图14-3所示的9个要素。其中发送者和接收者是传播中的两个主体。另外两个主要的沟通工具是信息和媒介。还有4种主要的传播环节,分别是编码、解码、响应和反馈。最后一个要素是系统中的噪声。以一个惠普(HP)激光喷射彩色复印机的广告为例,这些要素的定义如下。

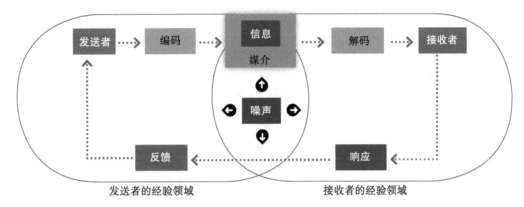

图 14-3　传播过程要素

- 发送者:发送信息的一方——在此是惠普。
- 编码:将思想转化为符号形式的过程——惠普的广告代理商将文字和图像整合为能传递目标信息的广告。
- 信息:发送者所传送的信息——在此是惠普复印机广告。
- 媒介:信息从发送者传递到接收者的传播渠道——在这个例子中,是惠普选择的特定杂志。
- 解码:接收者对发送者所编码的符号赋予含义的过程——消费者看到惠普复印机的广告并对其所包含的文字和图像进行理解的过程。
- 接收者:接收信息的一方——看到惠普复印机广告的集团办公室或商业顾客。
- 响应:接收者接收到信息后的反应,包括各种可能的反应,比如消费者对惠普复印机的属性更了解,访问惠普网站以获取更多信息,购买一台惠普复印机,或者什么都不做。
- 反馈:传送给发送者的接收者反应的一部分——惠普的研究表明,消费者看到且能够记住广告,或者消费者给惠普写信或打电话赞扬或批评其广告或产品。
- 噪声:传播过程中未曾预料的失真或曲解,这会导致接收者获得的信息与发送者发送的信息不同——消费者在看杂志时注意力分散从而错过了惠普的广告或其要点。

为了使信息更有效,发送者的编码过程必须与接收者的解码过程相吻合。最好的信息是由接收者熟悉的文字和其他符号组成的。发送者的经验领域与接收者的经验领域重叠得越多,传递的信息可能就会越有效。营销传播者可能并不总是与消费者的经验领域有交集。例如,来自某一社会经济阶层的广告文案撰写人可能会为另一个阶层的人制作广告,比如富裕的企业主。然而,为了有效传播,营销传播者必须理解消费者的经验领域。

该模型指出了有效传播所包含的几个关键因素。信息发送者需要知道他们要接触什么样的受众,以及想要得到什么样的反应。他们必须善于编码信息,并在编码时考虑目标受众会如何解码,必须通过可以接触到目标受众的媒体传递信息,建立反馈渠道,以便评估受众对信息的反应。

14.4 开发有效营销传播的步骤

现在，我们研究开发一项有效的综合传播和推广计划的步骤。营销人员必须做到以下几点：确定目标顾客，确定传播目标，设计信息，选择（用来传播信息的）媒介，选择消息来源，收集反馈信息（见图 14-4）。

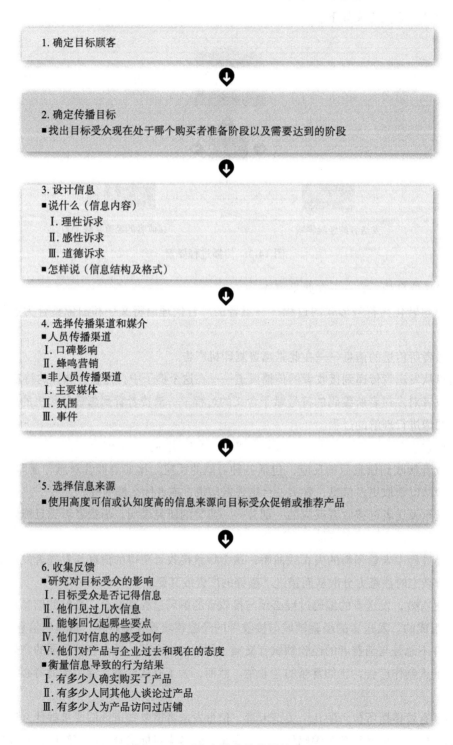

图 14-4　开发有效营销传播的步骤

14.4.1 确定目标顾客

开始时，营销传播者脑海中会有一个清晰的目标顾客受众群体。这个群体可能是潜在购买者或当前用户，或者可能是那些做出购买决定的人，也可能是影响购买决定的人。受众可以是个人、群体、特殊公众或一般大众。目标受众将在很大程度上影响营销传播者关于"说什么、怎么说、何时说、在哪里说以及谁去说"的决定。

14.4.2 确定传播目标

一旦确定了目标受众，营销传播者就必须决定其寻求的是何种反应。当然，在许多情况下，他们寻求的反应是购买。但购买是一个漫长的顾客决策过程。营销传播者需要知道目标受众现在所处的阶段以及发展的方向。目标受众可能处于 6 个**购买者准备阶段**（buyer-readiness stages）中的任何一个阶段，即消费者进行一次购买通常所需要经历的过程，包括注意、了解、喜欢、偏好、说服和购买（见图 14-5）。

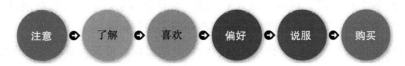

图 14-5 购买者准备阶段

营销传播者的目标受众可能完全不知道该产品，或仅仅知道产品的名字，或者对产品有一点点的了解。营销传播者必须首先建立品牌意识和产品知识。例如，Jurong Point 购物中心在新加坡首次推出促销活动时，通过广告和新闻来提高知名度和好奇心。当购物者到达购物中心时会看到入口处有很大的欢迎海报，海报上有如何参与此次促销活动的说明及更多关于购物中心的信息。

假设目标消费者已经了解了产品，那么他们对产品有什么看法？一旦潜在的购买者了解了 Jurong Point 购物中心，营销传播者会希望他们对购物中心的情感能向更强烈的阶段转移。这些阶段包括喜欢（对购物中心有好感）、偏好（相对其他购物中心，更喜欢 Jurong Point 购物中心）、说服（认为 Jurong Point 购物中心对他们而言是最好的购物中心）。Jurong Point 营销传播者使用多种促销组合工具，创造积极正面的感觉和信任。广告建立了品牌情感联系，新闻发布会和其他公共关系活动强调了购物中心创新的购物体验。营销传播者不断告知购买者各种购物活动，以及告知购买者能够在 Jurong Point 享受最有利的购买。最后，目标市场的一些人可能在考虑该产品，但还没下定决心购买。营销传播者必须引导这些目标顾客采取最后的购买行动。引导行动包括提供特殊的促销价格、回扣或保修费等。销售人员会打电话或写信给选定的顾客，邀请他们到经销商处参观展览。在 Jurong Point 的案例中，潜在的购物者会收到手机短信优惠券，这样他们就可以在决定购买更多商品之前先试用一些产品或服务。当然，仅靠营销传播并不能给购物中心创造积极的感觉并导致消费者发生购买行为。购物中心本身必须为购物者提供较高的价值。事实上，出色的营销传播会加快劣质产品或服务的消亡。潜在的购买者对劣质产品或服务了解得越快，就会越快意识到产品的缺陷。因此，良好的营销传播需要"良言之后有良行"。

14.4.3 设计信息

确定了期待的受众反应后，营销传播者开始致力于传播有效的信息。在理想情况下，信息应该引起消费者注意，诱发兴趣，激起欲望，最终促成购买行动，该框架被称为 AIDA 模型。在实践中，很少有信息能让顾客从注意一路走到购买，但是 AIDA 框架给出了良好的信息所需要满足的要求。

当消息汇集在一起时，营销传播者必须决定说什么（信息内容）和怎么说（信息结构与信息格式）。

1. 信息内容

营销传播者必须找出一个能够产生预期反应的诉求或主题。存在三种类型的诉求：理性诉求、感性诉求和道德诉求。理性诉求与受众的自身利益相关，表明产品将带来预期的效益。展现产品质量、经济性、价值或性能的消息都是此类例子。因此，Panadol Nasal Clear 在中国香港的一系列广告中向顾客展示止痛药以及为什么该产品是最好的选择。这一系列广告宣传的是"即刻治愈流鼻涕"的主题。

情感诉求试图通过激起消费者消极或积极的情感来刺激购买。营销传播者可能会使用爱、骄傲、快乐、和谐和幽默等积极的情感诉求来谈及他们所营销的产品与服务。例如，在中国，支持者认为寓意吉祥的信息能够吸引更多的关注，并创造出更多对赞助商的喜爱和信任。一个著名的中国白酒品牌金六福，它和其他竞争者的蒸馏工艺或许并无差异，然而，由于其品牌名称，金六福已经获得了巨大的市场份额。"金六福"这个名字听起来像是"祝你今天好运"，这对中国人来说是一种情感诉求。金六福成功地激起了消费者寻找"福气之酒"的情感诉求，尤其是在日常典礼和节日时，都希望未来好运连连。

道德诉求涉及观众对什么是"正确"和什么是"恰当"的意识。道德诉求经常被用来倡导人们支持社会事业，比如更清洁的环境、更友好的种族关系、男女平等以及对弱势群体的帮助。例如，一则"分享地球"广告通过提醒人们"我们生活在大家一起建造的房间里，我们做出的每一个决定都是有意义的，我们选择了自己生活的环境，所以请时刻做出正确的选择"来倡导人们保护环境。

2. 信息结构

营销传播者还必须知道如何处理三个信息结构问题。第一个信息结构问题是，应该给出结论，还是由消费者自己思考后得出结论。研究表明，在很多情况下，与其下结论，不如问问题，让消费者自己得出结论。

第二个信息结构问题是，应该把最强的信息首先提出来还是留到最后。把这些信息首先提出来能引起强烈的关注，但可能导致一个虎头蛇尾的结果。

第三个信息结构问题是，提出一个单方面的论点（只说明产品的优点），还是提出一个双方面的论点（大肆宣传产品优点的同时也承认其缺点）。在通常情况下，单方面的论点在销售方面更有效——除非观众受过高等教育或倾向于听到负面说法，再或者营销传播者需要克服负面联想，那么在这种理论的指导下，亨氏发布了"优质的亨氏番茄酱需要花时间烹制"的广告，李斯德林漱口水则发布了"李斯德林一天不能使用两次"的广告。这样，双方面的论点信息可以增强广告的可信度，从而使得顾客更能抵御竞争对手的诱惑。

3. 信息格式

营销传播者同样需要为信息设计一种醒目的格式。在一条印刷广告中，营销传播者需要决定标题、附文、图片以及颜色。为了吸引人们的注意力，广告主可以采用新奇与对比；吸引眼球的图片及标题；与众不同的格式；信息字体大小和位置；颜色、形状。如果信息是靠广播传播的，那么营销传播者还需要选择传播文字、背景声音和人的声音。宣传银行服务的广播者的声音不同于促销智能手机的广播者的声音。

如果信息是通过电视或者人员传播的，那么所有这些因素以及身体语言都必须设计好。演讲者会预先设计好他们的面部表情、姿势、服装、体态以及发型。如果信息是通过产品或者包装来传递的，那么营销传播者需要考虑其质地、气味、颜色、大小和形状。例如，年龄或其他一些人口统计变量会影响消费者对颜色的反应。

所以，要进行有效的营销传播，营销人员需谨慎考虑颜色等看似不重要的细节。

14.4.4 选择传播渠道和媒介

接下来，营销传播者需要选择传播渠道。广义上有两大类传播渠道，即人员传播渠道和非人员传播渠道。

1. 人员传播渠道

在**人员传播渠道**（personal communication channels）中，两个人或两个人以上的人直接传播。他们可能面对面或者通过电话、书信邮件或电子邮件，甚至通过网上聊天进行传播。人员传播渠道是非常有效的，因为它允许人际间的反馈。

有一些人员传播渠道是由企业直接控制的。例如，企业销售人员联系目标顾客。但是，也有关于产品的人员传播可能是通过企业无法直接控制的渠道实现的。这些企业无法直接控制的渠道可能包括独立专家——消费者维权人士、在线购物指南以及其他劝说目标购买者的人，也可能是目标购买者的邻居、朋友、家人和同事。最后一种渠道被称为**口碑影响**（word-of-mouth influence），在许多产品领域有很强的影响力。

口碑影响对于那些昂贵的、高风险的或十分显眼的产品的营销影响非常之大。如今不管你多努力、多频繁地告诉消费者你的产品的"真相"，也很少会有人在了解当前使用者对产品的评论之前就购买高价商品。这是一个缺乏信任的时代。这就是在几乎所有的购买影响力调查中"亲戚或朋友的推荐"都名列前茅的原因。一项研究发现，超过90%的顾客信任他们认识的人的推荐，70%的顾客信任网上发布的用户评价，而他们对广告的信任程度从62%到24%不等，这取决于媒体。顾客评价也是亚马逊成功提高销售额的一个主要原因。有谁在亚马逊购物时没有根据其他顾客的评价或"购买此产品的顾客也购买了……"这一栏购物呢？这也解释了一项调查的结果——96%的零售商认为评分和评论是提高在线销售的有效策略。[4]

企业可以利用人员传播渠道为其服务。例如，通过有吸引力的条件向有影响力的人提供产品来为自己的品牌塑造意见领袖，即那些别人会向他们征询意见的人，或者通过培养这些有影响力的人，让他们能够告知其他人关于产品的信息。**蜂鸣营销**（buzz marketing）是指创造意见领袖，并让他们在其所在群体中传播关于产品或服务的信息。

亚马逊通过出现在每个产品页面上的简单的顾客评价，实现了口碑影响。

2. 非人员传播渠道

非人员传播渠道（non-personal communication channels）是指那些不需要通过人与人之间的接触和反馈就可以传递信息的媒体，包括主要媒体、氛围和事件。主要媒体包括平面媒体（报纸、杂志、直接邮件）、广播媒体（广播、电视）、展示媒体（广告牌、海报）和在线媒体（电子邮件、网站、在线社交和分享网络）。氛围是指可以创造或增强消费者购买产品的倾向的环境。例如，律师事务所和银行的设计旨在传递一种信任感及顾客可能看重的其他品质。事件是为了向目标顾客传递消息而设计好的一系列活动。例如，公共关系部门安排记者招待会、大型开幕式、展览和陈列、公众参观和其他活动。

非人员传播会直接影响购买者。此外，利用大众媒体往往还可以通过引起更多的人员传播从而间接影响购买者。传播首先从电视、杂志和其他大众媒体传向意见领袖，然后再从这些意见领袖传向其他人。因此，意见领袖介于大众媒体和受众之间，将信息传递给那些很少接触媒体的人。这就意味着大众媒体传播者应该把他们的信息直接传递给意见领袖，再由后者把信息传递给其他人。

有趣的是，营销人员经常在广告及其他促销活动中让消费者代言产品或展示产品好口碑的证据，用非人员传播渠道来代替或刺激人员传播。

14.4.5 选择信息来源

无论是人员传播还是非人员传播，受众对传播者的看法影响着信息对目标受众的影响力。来源高度可信的信息更具说服力。因此，许多食品企业向医生、牙医和其他卫生保健提供者进行促销，以激励这些专业人士向患者推荐它们的产品。市场营销人员还会雇用明星代言，如著名的运动员、演员，甚至是卡通人物来传播他们的信息。电影明星成龙是 Visa 和中国香港旅游协会的代言人。巩俐为化妆品品牌欧莱雅代言，阿米特巴·巴强为派克笔代言，沙鲁克·汗为现代汽车代言（见实战营销 14-2）。

| 实战营销14-2 |

明星代言：为品牌寻找合适的形象代言人

自 20 世纪 30 年代末红岩可乐聘请棒球传奇贝比·鲁斯为其软饮料代言以来，企业就一直在花大价钱让自己的产品与大牌明星联系在一起。品牌寻求的是代言人的"光环效应"——明星代言一种产品后对其产生的积极效应。

为了证明名人在当今的市场营销中的受欢迎程度，来看一下"超级碗"的广告吧。在过去的几年里，"超级碗"广告投入了超高预算，代言人从金·卡戴珊和埃尔顿·约翰到阿诺德·施瓦辛格、斯嘉丽·约翰逊，以及其他许多明星。在亚洲，由于印度和中国香港的电影业蒸蒸日上，明星代言同样很受欢迎。周杰伦曾代言华硕的笔记本电脑，而阿米特巴·巴强则代言了 Maggi。

明星代言对品牌和代言人来说都是一项重要的事业。例如，耐克每年花费大约 5 亿美元来支付明星代言费用，但从收益来看这样做似乎是非常值得的。例如，耐克的乔丹品牌子公司（Air Jordan 目前赞助了 19 名 NBA 现役球员）年收入超过 10 亿美元，占据美国篮球鞋市场 58% 的份额，甚至远远超过了母公司耐克，后者以 34% 的市场份额遥遥领先。反过来，尽管迈克尔·乔丹已经十多年没有打过职业篮球，但他每年能够从与耐克、佳得乐、恒适等大品牌的代言合同中赚取 8 000 万美元。

然而，虽然聘用合适的明星代言人可以为品牌带来巨大的吸引力，但使用明星并不能保证成功。例如，根据一项研究，有明星代言的广告比没有明星代言的广告，效果平均低 3%。"在 2012 年的'超级碗'比赛中，"一位分析师说，"没有明星代言的广告比有明星代言的广告效果好 9.2%。事实上，有动物的广告比有明星代言的广告效果好 21%。"此外，明星代言也可能会给品牌带来困扰。当一个重要的明星代言合同出现问题，或者当一位明星过气的时候，可能会损害而非提升品牌的形象。

然而，尽管明星代言存在潜在的缺陷，但如今明星代言的影响比以往任何时候都要大。据估计，现在大约 1/5 的广告中都有明星代言。事实上，随着社交媒体革命的到来，这种传统的广告方式正在进入充满活力的领域。除了简单地将明星视为品牌偶像或广告代言人之外，许多营销人员正要求明星代言人直接出现在消费者社交对话之中。例如，Twitter 是新的明星代言革命的一个核心战场。

这一点在奥斯卡颁奖典礼上表现得淋漓尽致。当晚，主持人艾伦·德杰尼勒斯用三星 Galaxy Note 3 手机在 Twitter 上向 2 500 万粉丝发送了自拍（三星已经连续五年成为奥斯卡的主要赞助商）。这一合影被网友称为"史上最佳自拍"，其中包括德杰尼勒斯、凯文·史派西、安吉丽娜·朱莉、布拉德·皮特、茱莉亚·罗伯茨、梅丽尔·斯特里普、布莱德利·库珀、查宁·塔图姆和詹妮弗·劳伦斯。这条推文被转发了270万次，打破了奥巴马总统选举之夜的照片转发纪录，造成了Twitter的网络瘫痪。当晚，三星赞助了德杰尼勒斯的10条推文，并分别向她选择的两个慈善机构捐赠了150万美元。第二天，在德杰尼勒斯的脱口秀节目中，所有观众都获得了一款全新的三星Galaxy Note 3手机。

随着顶级Twitter明星向粉丝发布与品牌相关的信息，这样的赞助推文已经刮起最新的明星代言热潮。像兰斯·巴斯这样不太受欢迎的明星，每条推文的赞助报酬只有650美元。但卡戴珊等大牌明星经常会发布"丰满的嘴唇……"推文并@EOS！还有一张她使用EOS唇膏的照片。另外，宝洁与凯文·乔纳斯达成了一项协议，宝洁有权宣布这位流行歌手第一个女儿出生的消息，并通过Dreft洗涤剂的Twitter和Facebook官方账号发布婴儿的第一张照片。

通过明星在Twitter上推荐某个品牌，可以增加人们对该品牌的即时兴趣。但许多营销人员质疑这一明星代言趋势的有效性。首先，只有大约9.5%的美国成年人使用Twitter，其中只有一小部分人关注某个特定的明星。就其本身而言，典型的Twitter推文简短的"推动"性质，不太可能构建长期的明星品牌关系或形成很大的品牌影响力。尽管如此，但与今天许多其他的促销活动一样，市场营销人员正在尽最大努力，以更有效地利用社交媒体上的明星效应。

明星代言的成功似乎应归结于将合适的品牌与合适的明星进行匹配。通常情况下，对消费者而言，代言协议就像是明星和品牌随意付费的商业配对。例如，Hot Pockets品牌可微波加热三明治的一段音乐视频广告，Snoop Dogg通过说唱向凯特·阿普顿和拉里·金推荐，这让观众感到迷惑。但是，卡戴珊在Twitter上发布有关化妆品的言论简直是小菜一碟。也许没有比职业运动员和他们穿的鞋子更合适的代言了。在勒布朗·詹姆斯带领迈阿密热火队第二次夺得NBA总冠军后，他的标志性耐克鞋的销量上升了50%。

对明星效应的最佳利用需要这种真实性。从耐克这样的成功案例来看，虽然选择谁代言以及如何代言这种情况可能会改变以适应不断变化的营销传播环境，但明星的力量仍然是许多品牌营销的一个重要因素。一位分析师总结道："我们生活在崇尚明星的文化中，广告商永远不会放弃明星代言。"

资料来源：Kurt Badenhausen, "How Michael Jordan Still Earns $80 Million a Year," *Forbes*, 14 February 2013, www.forbes.com; Liat Kornowski, " Celebrity Sponsored Tweets: What the Stars Get Paid for Advertising in 140 Characters," *Huffington Post*, 30 May 2013, www.huffingtonpost.com; Abby Johnson, "Super Bowl Commercials: What Makes Them Effective?" *WebProNews*, 31 January 2012; Joyce Chen, " Snoop Dogg, Kate Upton Join Together for Trippy Hot Pockets Music Video Ad," *Us Weekly*, 8 October 2013; Lucia Moses, " Why Celebrity Weeklies Should Worry about Dreft's Baby Notice," *Adweek*, 4 February 2014; and James Nye, " Psst, Don't Tell Samsung: Ellen Uses Oscar Sponsor's Galaxy for Her Onstage Stunts," *Mail Online*, 3 March 2014, www.dailymail.co.uk.

14.4.6 收集反馈

传达信息之后，营销传播者必须研究信息对目标受众的影响，包括询问目标受众是否记得信息、他们见过几次信息、能够回忆起哪些点、对信息的感受如何，以及他们过去和现在对产品与企业的态度。营销传播者还希望能够衡量信息导致的行为结果——有多少人确实购买了产品，又有多少人同其他人讨论过产品或者访问过店铺。

关于营销传播的反馈可能会建议修改促销计划或产品报价本身。例如，百货公司伊势丹通过电视和报纸广告告知区域消费者其商店、服务及促销活动信息。假设反馈调查显示，某地区80%的购物者记得看过该商店的广告，并且知道商品和销售情况。在这些了解情况的购物者中，有60%的人在过去一个月里去过伊势丹的商店，但只有20%的人对购物体验感到满意。该结果表明，尽管这种促销方式提高了顾客对商店的认知度，但伊势丹商店并未给消费者带来他们所期望的满意的体验。因此，伊势丹需要在保持成功的传播计划的同时，提升购物体验。相比之下，如果研究表明，只有40%的消费者知道该商店的商品和促销活动，其中有30%的人最近去伊势丹购物，但其中80%的人很快又会选择再次购物，那么在这种情况下，伊势丹需要加强其促销推广计划，充分利用其创造顾客满意度的能力。

14.5 确定总促销预算和组合

我们已经学习了计划和传播信息给目标受众的步骤。那么，企业如何决定总促销预算和主要促销工具的分配来产生促销组合，又通过怎样的步骤将这些工具组合起来创建整合营销传播呢？现在，让我们来讨论这些问题。

14.5.1 确定总促销预算

企业面临的最艰难的营销决策之一就是在促销上花多少钱。美国百货公司巨头约翰·沃纳梅克曾经说过："我知道在广告上的投资有一半是无用的，但我不知道是哪一半。我花200万美元做广告，但我不知道这笔花费是只有一半还是两倍多。"因此，不同的行业和企业在促销上的支出差异很大也就不足为奇了。

企业如何决定促销预算呢？我们来看看确定广告总预算的四种常用方法：量入为出法、销售百分比法、竞争对等法和目标任务法。[5]

1. 量入为出法

一些企业采用**量入为出法**（affordable method），根据企业能够接受的水平来确定促销预算。小企业经常使用这种方法，原因是小企业在广告上的支出不能超过其现有的资金。它以总收入扣除运营费用和资本支出，然后将一定比例的剩余资金投入广告。

遗憾的是，这种制定预算的方法完全忽略了促销对销售量的影响。即使在广告对企业的成功至关重要的情况下，该方法也倾向于将广告放在支出费用优先次序的最后一项，从而导致年度促销预算充满不确定性，为制订长期市场规划带来了困难。虽然量入为出法可能会导致广告花费超支，但更多情况下会造成广告费用不足。

2. 销售百分比法

也有一些企业使用**销售百分比法**（percentage-of-sales method），根据目前或预期销售额的某个百分比来确定促销预算，或者根据单位销售价格的某个百分比来确定预算。销售百分比法有其优点，如使用简单，有助于管理层考虑产品促销花费、销售价格以及单位利润之间的关系。

尽管有以上这些优势，但销售百分比法仍难以应用。它错误地认为销售是促销的原因，而不是结果。虽然有研究发现促销花费与品牌实力之间存在正相关关系，但这种关系往往是结果与原因的关系，而不是原因与结果的关系。更强大的品牌有着更高的销售额，因此可以承担更大的广告预算。

销售百分比法基于资金的可获得性而非机会。这可能会否定为扭转下降的销售额所需要增加的广告支出，而且，由于预算随着年销售额的变化而变化，因此很难制订长期计划。最后，该方法除了参照企业过去的行为和竞争者的行为外，没有提供任何确定具体百分比的依据。

3. 竞争对等法

还有一些企业采用**竞争对等法**（competitive-parity method），根据竞争对手的促销费用来确定自己的促销预算。它们监视竞争对手的广告，或者从公共出版物或行业协会获得行业的促销花费估算，并根据行业平均水平确定自己的预算。

有两个假设支持这种说法：第一，竞争对手的预算代表行业的集体智慧；第二，竞争对手支出多少自己就支出多少，这有利于防止促销战。遗憾的是，这两条假设都是不正确的。竞争对手比企业自己更清楚企业对促销应该花费多少钱，这种观点毫无理由。企业与企业之间会有很大的不同，每家企业都有自身独特的促销需求。最后，没有证据表明基于竞争对手的预算能够阻止促销战。

4. 目标任务法

最合理的预算制定方法是**目标任务法**（objective-and-task method），通过这种方法，企业可以根据自己想要通过促销实现的目标来制定促销预算。这种预算方法包括：①确定具体的促销目标；②确定实现这些目标所需的任务；③估计完成这些任务所需的成本。这些成本的总和即为总促销预算。

目标任务法的优点是，它能够迫使管理层阐明花费和促销结果之间的关系，但它也是最难应用的方法。企业通常很难分辨哪些具体任务会达成哪些具体的目标。例如，假设索尼希望在产品推出 6 个月内使其最新款便携式摄像机有 95% 的认知度。为了实现这一目标，索尼应该使用哪些具体的广告信息和媒介？这些信息和媒介计划的成本是多少？尽管这些问题很难回答，但索尼的管理层必须考虑这些问题。

14.5.2 设计整体促销组合

整合营销传播的概念表明，企业需要将促销工具谨慎地整合为协调一致的促销组合，那企业如何决定使用何种促销工具呢？同一行业内的企业在促销组合的设计上有很大的不同。例如，玫琳凯将大部分促销资金用于人员销售和直接营销，而 SK-Ⅱ则将大量资金用于消费者广告。

1. 促销工具的特性

每种促销工具都有其独特性和不同的成本，营销人员在设计促销组合时必须了解这些特性（见表 14-1）。

表 14-1 促销工具的特征

	优点	缺点
广告	■能以较低的单位曝光成本将信息传达给在地理上分散的广大潜在购买者 ■销售方能够将一条信息重复传播多次 ■顾客倾向于认为广告更加合法 ■表现性强，使得企业的产品引人注目	■非人员沟通 ■单向沟通 ■成本高昂
人员销售	■在建立购买者偏好使其确信并购买的阶段非常有效 ■允许人际互动 ■允许发展多种顾客关系 ■购买者通常会觉得更有必要去聆听和做出反应	■需要长期的努力 ■成本最高的促销工具
销售促进	■吸引顾客注意 ■刺激购买 ■可以使产品引人注目以扭转下滑的销售额 ■邀请并奖励顾客快速响应	■效果通常是短期的 ■在建立长期品牌偏好和顾客关系时不那么有效
公共关系	■高度可信 ■可覆盖回避销售人员和广告的目标受众 ■可使企业或产品引人注目	

	优点	缺点
直接营销	■非大众化 ■迅速 ■为顾客量身定制 ■互动 ■非常适合高度目标化的营销活动以及建立一对一的顾客关系	

（1）**广告**。广告能以一种很低的单位曝光成本将信息反复地传达给在地理位置上分散的广大潜在购买者。例如，电视广告可以接触到大量的观众。据估计，有1.14亿美国人观看过2016年的"超级碗"大赛，有至少3 440万人观看过上一届的奥斯卡颁奖典礼转播。

除了覆盖面之外，大规模的广告还反映了销售方的规模、受欢迎的程度以及成功有积极影响。由于广告的公共特性，消费者倾向于认为做广告的产品更合法。广告同时也很有表现力，通过巧妙地运用视觉、印刷、声音和色彩，使企业的产品更引人注目。一方面，广告可以建立一个产品的长期形象（如可口可乐的广告）；另一方面，广告可以促进快速销售（就像百货公司的周末特价商品广告一样）。

然而，广告也有一些缺点。虽然广告能迅速传达给很多人，但广告属于非人员沟通，不像企业的销售人员那样具有直接的说服力。从很大程度上来说，广告只能与受众进行单向沟通，受众并不认为它需要关注或回应。此外，广告的成本可能非常高。尽管有些广告，如报纸和广播广告，能够在较少的预算内完成，但其他形式（如网络电视广告），需要非常高的预算。

（2）**人员销售**。在购买过程的某些阶段，人员销售是最有效的工具，尤其是在建立购买者偏好使其确信并购买的阶段，它涉及两个或更多的人之间的人际互动，因此每个人都可以观察到其他人的需求及特性，并做出快速的判断。人员销售也允许各种各样的顾客关系出现，从商业关系到私人友谊。一个优秀的销售人员会把顾客的利益放在心上，通过解决顾客的问题来建立长期的顾客关系。最后，受人员销售的影响，购买者通常更需要倾听和做出反应，即使反应只是一句礼貌的"不，谢谢"。

然而，这些独特的性质是有代价的。与做广告相比，一支销售团队更需要长期的投入——广告可以选择做或者不做，但销售团队的规模很难改变。人员销售也可能是企业成本最高的促销手段。

（3）**销售促进**。销售促进包括多种工具，如优惠券、销售竞赛、抹零、折扣等，所有这些都具有独一无二的特性。它们能吸引消费者的注意力，强烈刺激其购买动机，并可以使产品的吸引力增强，以扭转下滑的销售额。销售促进能够引起并鼓励快速反应——广告说的是"购买我们的产品"，而销售促进说的是"现在就购买吧"。然而，在建立长期的品牌偏好和顾客关系方面，销售促进的效果往往是短暂的，不如广告或人员销售有效。

（4）**公共关系**。公共关系非常具有说服力——新闻故事、特写文章、赞助和事件对读者来说比广告更真实可信。通过公共关系还可以接触到许多回避销售人员和广告的潜在消费者——这些信息以"新闻"而非销售导向的传播形式传达给消费者。另外，和广告一样，公共关系也可以使企业及其产品引人注目。营销人员往往不充分利用公共关系，或把它作为事后考虑。不过，一个精心策划的公共关系活动与其他促销组合因素结合使用将非常有效和经济。

（5）**直接营销**。尽管存在许多形式的直接营销和数字营销，如直接邮寄和产品目录、电话营销、在线营销等，但它们都拥有四个显著的特征。直接营销是非大众化的：信息通常只针对某个特定的人。直接营销是即时并且定制化的：信息可以非常迅速地准备好，并且可以为吸引特定的消费者而量身定做。最后，直接营销是互动的：它允许营销团队和消费者之间建立对话，信息可以根据消费者的反应修改。因此，直接营销非常适合具有高度针对性的营销工作和建立一对一的顾客关系。

2. 促销组合战略

营销人员可以从两种基本的促销组合战略中进行选择，即推式战略和拉式战略。图 14-6 对比了这两种战略。推式战略和拉式战略对特定促销工具的相同重视程度不同。**推式战略**（push strategy）是指将产品通过营销渠道推向最终顾客。生产商将其营销活动（主要是人员销售和销售促进）指向中间渠道成员，引导它们接受产品并向最终消费者推销。

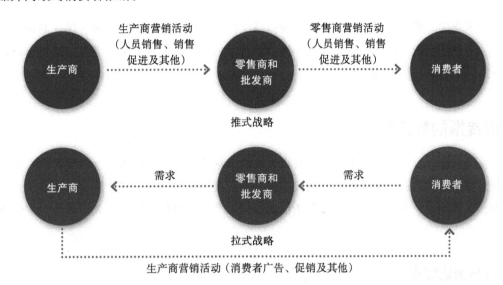

图 14-6　推式战略和拉式战略

采用**拉式战略**（pull strategy），生产商将其营销活动（主要是广告和消费者促销）直接指向最终消费者，并促使他们购买产品。如果拉式战略有效，消费者会向渠道成员要求购买该产品，而渠道成员则会转向生产商购买。因此，当企业采用拉式战略时，消费者通过渠道"拉动"产品。

一些工业品企业只采用推式战略，而一些直接营销企业仅仅采用拉式战略。然而，大多数大企业采用这两种战略的组合。例如，卡夫使用大众媒体广告和消费者促销活动来沿着渠道拉动其产品，同时采用庞大的销售队伍和贸易促销沿着渠道向下推动其产品。近年来，消费品公司在促销组合中采用拉式战略的比例在下降，更多地采用了推式战略，这引起了人们对其以牺牲长期品牌资产为代价来换取短期销售增长的担心。

企业在设计促销组合战略时需要考虑很多因素，包括产品/市场的类型以及产品生命周期阶段。例如，不同的促销工具重要性因消费市场和产业市场而异。B2C 企业通常会更多地"拉动"，把资金更多地投入广告，其次是销售促进、人员销售，最后是公共关系。相反，B2B 营销人员更倾向于使用"推式"，将更多的资金投入人员销售，其次是销售促进、广告和公共关系。一般来说，人员销售更多地用于昂贵和高风险的商品，以及仅有为数不多的几家大型销售商的市场。

不同促销工具的效果也随着产品生命周期的不同阶段而不同。在导入阶段，广告和公共关系有利于建立产品的高知名度，销售促进对产品的早期试用颇为有利，而在正式销售产品进行交易时，人员销售是必不可少的。在成长阶段，广告和公共关系仍然有着重要的影响，销售促进则可以减少，因为这个阶段需要较少的购买刺激。在成熟阶段，相比广告而言，销售促进再次变得重要。购买者已经了解了品牌，广告只需要提醒他们这种产品的存在。在衰退阶段，广告依然被用来提醒，公共关系已经不被采用，销售人员对该产品的关注很少。然而，销售促进可能会继续保持强劲的势头。

14.5.3 整合促销组合

在确定促销预算和促销组合之后，企业需要采取措施确保所有的促销元素顺利地整合在一起。各种各样的促销元素应该整合起来用以传递企业独特的品牌信息和卖点。整合促销组合应从顾客开始，无论是广告、人员销售、销售促进、公共关系，还是直接营销和数字营销，每个接触点的沟通都必须提供一致的营销内容和定位。

企业的所有职能部门必须通力合作，共同规划传播工作。一些企业还包括顾客、供应商和处于不同阶段的其他利益相关者。虽然脱节的促销活动可能导致营销传播的影响被稀释和定位混乱，但整合促销组合可以最大限度地发挥促销活动的综合效果。

14.6 营销传播的社会责任

企业在形成促销组合时，必须意识到围绕营销传播的大量法律和道德问题。大多数营销人员努力地与消费者和经销商开诚布公地沟通。尽管如此，违规现象仍然可能发生，因此，政策制定者制定了大量的法律法规来管理广告、销售促进、人员销售和直接营销活动。在本节中，我们将讨论有关广告与销售促进、人员销售问题。

14.6.1 广告与销售促进

根据法律，企业必须避免虚假或欺骗性的广告。登广告者不能做出虚假的声明，例如宣称产品能够治疗某种疾病而实际上并没有这种功效。企业还必须避免那些有欺骗可能的广告，即使实际上没有任何人被欺骗。汽车广告不能宣称每升油能跑 14 公里，除非在正常情况下确实如此，而减肥面包不能仅仅因为它比正常面包更薄就在广告中宣称它的卡路里含量更低。

销售商不得采用诱导性广告，以虚假声明引诱顾客购买高价产品。例如，一家大型零售商的缝纫机广告称售价 179 美元。然而，当消费者试图购买这款广告中的缝纫机时，销售商则故意对这种缝纫机的特性轻描淡写，在展厅中放置一些有缺陷的机器，有意把这种缝纫机的功能说得比实际要差，并且采取其他行动试图让消费者转而购买另一种更加昂贵的缝纫机。这样的行为既不道德，也不合法。

除了避免触犯法律，如欺骗性广告或诱导性广告，企业还可以使用广告和其他促销方式来宣传与鼓励有责任感的项目及活动。例如，菲多利通过电视、印刷品和在线广告来宣传旗下的新品牌阳光薯条的可降解包装材料。一则平面广告说："它们是 100% 可降解的。你享受美味的薯条，地球来分解它的包装"。菲多利还利用广告宣传了一个活动，通过鼓励消费者拍摄视频来倡导环境保护行为。美国前副总统阿尔·戈尔（Al Gore）选出了该活动的获胜者，菲多利在"地球保护周"活动期间在全国的电视台播出了这一获胜视频。[6]

14.6.2 人员销售

企业的销售人员必须遵守"公平竞争"的规则。大多数国家都制定了欺骗性销售法案，明确规定了哪些销售行为是不被允许的。例如，销售人员不可以对顾客撒谎或者误导顾客购买某产品的好处。为了避免诱导销售等行为，销售人员所说的必须与广告声明一致。

许多人员销售涉及 B2B 交易。在向企业销售产品时，销售人员不得向采购代理或其他对采购有影响力的人行贿。他们不得通过贿赂、使用商业间谍等手段获取或使用竞争对手的技术秘密和商业秘密。最后，销售人员不能通过捏造事实来贬损竞争对手的产品。[7]

目标回顾

本章我们学习了企业如何使用整合营销传播来传播顾客价值。现代营销要求的不仅仅是开发一种好的产品，设定具有吸引力的价格并使目标顾客能够买到，从而创造顾客价值。企业还必须清楚、令人信服地向现有和潜在顾客传播该价值。要做到这一点，企业必须遵循一个设计良好、有效执行的整合营销传播战略，融合 5 种促销组合工具。

1. 定义在传播顾客价值时的 5 种促销组合工具

企业的整体促销组合（又称营销传播组合）由广告、人员销售、销售促进、公共关系和直接营销工具组成。企业使用这些工具来传播顾客价值和建立顾客关系。广告由特定的赞助商付款，对理念、商品和服务进行非人员展示与促销。相比之下，公共关系侧重于通过获取免费的、有利的宣传与企业各利益相关者建立良好的关系。

人员销售是指企业的销售人员为进行销售和建立顾客关系而进行的任何形式的产品展示。企业通过销售促进来提供短期激励，刺激产品或服务的销售。最后，为了寻求目标顾客的即时响应，企业会使用非人员直接营销工具与顾客进行沟通，并与顾客建立关系。

2. 讨论传播理念的变化和整合营销传播的需求

营销战略已经从大众化营销转向一对一营销，信息和通信技术的进步对营销传播有着深远的影响。营销传播者采用越来越丰富、越来越分散的媒体和促销组合，以覆盖多样化的市场，但同时也面临着为顾客创造大杂烩的风险。为了防止这种情况发生，越来越多的企业开始采用整合营销传播的概念。在整合营销传播战略的指导下，企业设计了不同促销工具所承担的角色以及每种工具的使用范围，并谨慎地协调促销活动和重大活动发生的时间安排。最后，为了帮助企业实施整合营销战略，企业可以任命一名营销传播总监来全面负责企业的传播工作。

3. 概述营销过程和发展有效营销传播的步骤

传播过程涉及 9 个要素：2 个主体（发送者、接收者）、2 个沟通工具（信息、媒介）、4 个主要传播环节（编码、解码、反应和反馈）和噪声。为了使传播更有效率，营销人员必须清楚如何将这些要素整合在一起才能更好地将理念传播给目标群体。

在准备营销传播时，传播者的首要任务是确定目标顾客及其特征。接下来，传播者需要决定传播目标及所期望的反应，是注意、了解、喜欢、偏好、说服还是购买。然后需要构建包含有效内容和结构的信息，为人员传播和非人员传播选择媒体。传播者还需要找到高度可信的信息源来传递信息。最后，传播者需要收集反馈信息——市场中有多少人意识到、试用过该产品并在这个过程中感到满意。

4. 解释确定促销预算的方法及影响促销组合设计的因素

企业必须决定在促销上花费多少，最常用的方法有量入为出法、销售百分比法、竞争对等法和目标任务法。企业需要在主要的促销工具之间分配预算以形成促销组合。企业可以采用推式战略、拉式战略或两者的组合。最佳的促销工具组合取决于产品/市场的类型、购买者准备阶段以及产品所处的生命周期阶段。企业各级人员都需要了解关于营销传播的诸多法律和道德问题，必须与消费者和经销商进行开放、诚实、令人愉快的沟通。

关键术语

promotion mix（marketing communication mix） 促销组合（营销传播组合）
advertising 广告
sales promotion 销售促进
public relations 公共关系
personal selling 人员销售
direct marketing 直接营销
integrated marketing communications 整合营销

传播（IMC）
　　buyer-readiness stages　　购买者准备阶段
　　personal communication channels　　人员传播渠道
　　word-of-mouth influence　　口碑影响
　　buzz marketing　　蜂鸣营销
　　non-personal communication channels　　非人员传播渠道
　　affordable method　　量入为出法
　　percentage-of-sales method　　销售百分比法
　　competitive-parity method　　竞争对等法
　　objective-and-task method　　目标任务法
　　push strategy　　推式战略
　　pull strategy　　拉式战略

概念讨论

1. 列出并简要介绍 5 种主要的促销组合工具。
2. 定义整合营销传播并讨论营销人员如何实现它。
3. 请列出并简要描述传播过程的 9 个要素。为什么营销人员需要了解这些要素？
4. 列出并描述 6 个购买者准备阶段。讨论为什么营销传播者掌握目标受众所处的阶段以及下一步会移动到什么阶段很重要。
5. 考虑有关的消息结构，讨论设计广告词时需要考虑的因素。
6. 比较人员和非人员沟通渠道。

概念应用

1. 根据你的判断，哪些名人会是以下产品/服务的最佳代言人和最差代言人：宝马，戴尔 2008 年北京奥运会。
2. 描述营销传播中所使用的三种诉求类型，并运用三种不同的表现形式为你选择的某品牌产品制作广告。
3. 讨论两种基本的营销组合战略。组成一个小组，为某个品牌的花生酱设计一个推式促销战略。然后为同样的产品设计一个拉式促销战略。解释你提供的两个策略建议有何不同。
4. 现在，在电影、电视剧、电子游戏和书中都能看到各大品牌。选择三个不同的电视节目，并确定每个节目中所提及的品牌。哪种产品种类更流行？这些品牌是如何呈现的？根据你的发现写一篇报告。

技术聚焦

　　小企业占据了美国企业的 90%，许多小企业没有多余的资金进行营销。报纸、广播和黄页一直是当地企业的主要传播媒体，但费用十分昂贵。因此，许多企业开始转向互联网营销。一项调查发现，在使用互联网营销的小企业中，有一半以上都在 Facebook、Twitter 和 Foursquare 等网站上创建或维护社交网络。然而，采用社交网络对于一些小企业来说仍然很艰难，因此 MerchantCircle 创造了一个将顾客和当地企业联系在一起的网络。MerchantCircle 成立于 2005 年，是当地最大的企业在线平台，拥有 130 万会员。消费者可以到网站上搜索当地的企业或者向任意会员提问，会员之间也可以相互沟通以促进彼此的生意。

1. 访问 www.MerchantCircle.com/corporate，搜索某些城市的珠宝商，网站上提供了哪些信息？这些珠宝商中有 MerchantCircle 的会员吗？搜索其他产品和服务，并描述这个网站为消费者提供的福利。
2. 探索 MerchantCircle 网站了解当地企业的效益和成本。写一份简短的报告，说明你学到了什么。

道德聚焦

　　联合利华在泰国的一个品牌在其促销活动"Citra 3D Brightening Girls Search"中遇到了一些问题。Citra 珍珠白 UV 润肤露是一款美白产品。皮肤美白在许多亚洲国家很流行，因为他们认为肤色与经济状况有关。然而，这种信念并不是营销人员创造出来的。人类学家指出，亚洲文化，尤其是泰国文化，长期以来都将深肤色与农民和野外工作者联系在一起，将浅色皮肤与较高的社会经济地位联系在一起。Citra 的广告受到了批评，因为广告中展示了两名女学生，一名肤色深另一名肤色浅，询问她们是什么让她们"穿制服出色"。肤色较深的女孩看起来很困惑，没有回答，而肤色较浅的女孩用 Citra 的产品口号回答。在社交媒体的强烈抗议之后，Citra 撤下了这则广告，但这并没有阻止相关的有奖竞赛。比赛以 10 万泰铢（约合 3 200 美元）的奖金奖励"产品功效最佳"的大学生，即拥有最白皮肤的人。该企业称其产品帮助人们感觉良好，增强了他们的自信心。

1. 既然浅色皮肤和美白在泰国很流行，那么市场营销人员提供和推广鼓励这种风气与行为的产品，这种做法是错误的吗？说明原因。
2. 寻找其他营销人员推广基于文化的产品从而引起争议的案例，这些产品可能会被这种文化以外的人视为不合适。

营销和经济

米勒淡啤

多年来，米勒淡啤在"绝佳的口味，更少的饱腹感"活动中取得了巨大成功，被评为历史上排名第 8 的优秀广告活动。但自从投资企业米勒康胜收购米勒淡啤品牌以来，它决定只专注于"绝佳的口味"，这一定位为银子弹啤酒带来了连续 16 个季度的销量增长。不幸的是，米勒淡啤品牌战略的改变决策恰好赶上了经济下滑，消费者开始节省开支。在新的经济环境下，单一的广告信息难以取得成功，米勒淡啤的销量遭遇 10 年来最低。如今，啤酒市场上充斥着口味浓郁的啤酒产品、进口产品和微酿啤酒，消费者的选择越来越多，业内人士对米勒康胜口味至上的策略提出了质疑。为了进一步明确定位，米勒康胜停止了该品牌的打折促销活动，同时还增加了米勒淡啤的广告预算，并对包装进行了改进和创新，比如"口味保护帽"和"口味激活瓶"。米勒康胜的首席营销官安迪·英格兰确信米勒淡啤走上了正确的道路。鉴于米勒淡啤的销售情况尚未好转，观察人士表示不信服。

1. 在你看来，哪一个因素对米勒淡啤销量的下滑影响最大？
2. 在经济疲软的情况下，单一的产品效益是否足以让你选择购买？
3. 如果米勒康胜保留了米勒淡啤之前的品牌定位，它的销量会下降吗？

营销数字

根据销售百分比法，营销人员将其预算设定为目前或预测销售额的一定百分比。然而，他们往往不清楚该使用多少百分比。许多营销人员根据行业标准或竞争对手来确定该比例。类似《广告时代》的周刊或者网站会公布行业平均水平和一些顶尖广告主的广告销售额比例。

1. 搜索相关行业销售额比例信息并为以下四个行业的广告主提供下一年度的广告预算建议：杂货店、医生、化妆品品牌和麦芽饮料。
2. 解释上述四个行业的广告销售额比例存在差异的原因。

企业案例

芭比娃娃：并非所有的女孩都只想玩得开心

在美国，美泰的芭比娃娃销量正在下降。来自 MGA 娱乐公司贝兹娃娃的竞争也越来越激烈。2009 年，美泰决定在中国开设第一家独立的芭比娃娃专卖店。这家店耗资 3 000 万美元，占地 3 500 平方米，位于上海最繁忙、最昂贵的购物街之一的淮海路一幢六层粉色建筑内。美泰在阿根廷开设了第一家这样的商店，取得了巨大的成功。这是第二家，美泰希望它也能在中国获得成功。

不幸的是，历史没有重演。虽然中国是世界上增长最快的经济体之一，上海也是一个繁华的国际都市，但独立的芭比娃娃专卖店在历经两年的惨淡经营后关闭了。到底发生了什么事呢？

与早已为芭比娃娃疯狂的阿根廷市场（百老汇风格的芭比音乐剧很成功）不同，芭比娃娃在中国是一个相对较新的概念。尽管消费者对芭比娃娃不那么了解，但美泰还是决定直接开一家大型商店。它设计上海的目标群体是青少年女孩和成年女性。美泰还希望通过提供《欲望都市》(the Sex and the City)设计师帕特里夏·菲尔兹的一系列服装，以及销售芭比品牌的化妆品来重塑自身形象。此外，店内还有一个水疗中心、餐厅和一个销售酒精饮料的芭比酒吧。

美泰了解上海市场吗？中国女性喜欢可爱的、粉红色的衣服，不喜欢菲尔兹设计的性感、暴露的服装。尽管中国城市女性在外表上可能显得西方化，但这并不意味着她们愿意接受西方品牌和理念。

在定价方面，尽管中国女性在2008~2009年全球经济危机期间表现得特别乐观，她们继续购物，但她们追求物有所值。她们希望花钱购买的是每天都能穿的衣服，而不是只能偶尔穿一次的紧身服装来使钱的价值最大化。与Zara和优衣库这两家在上海表现不俗的外国服装店相比，中国女性认为芭比的上衣只是一件简单的T恤，而且价格过高。

除了服装设计和价格之外，独立商店还存在体验方面的问题。这家大型商店不仅销售服装和配饰，还有水疗中心、餐厅和鸡尾酒吧。这样的体验店在美国、日本、新加坡等市场都很有前景，但这个概念对中国市场来说太新了。也许是因为中国消费者的购物偏好很难改变，他们习惯去特定的街道或购物区购买特定的商品。混合产品类别并不是他们乐于接受的概念。此外，由于产品和服务种类繁多，美泰无法确定哪些产品要本地化以及要本地化到何种程度，哪些产品会受到消费者的青睐以及消费者愿意为此支付多少钱。

美泰也不了解淮海路人流量背后的心理。虽然这是一条备受瞩目的购物街，但步行交通不太方便。大多数中国消费者去购物中心购物，而不是去城市街道购物。上海繁忙的道路交通和污染让大多数中国人更喜欢一站式的室内购物目的地，不愿走在大街上。他们希望在一个有空调和干净环境的地方购物、吃饭和美容。除非那家商店非常特别，否则中国消费者不喜欢特意去某家商店。因此，中国大多数零售商都在人流量高的商场和百货商店开设门店。那些开设独立旗舰店的人知道，这家店很可能是他们产品的展示橱窗，会产生营销费用，而不是直接利润。看起来美泰似乎吃了不少苦头。它没有遵循"入乡随俗"这句谚语。美泰发现，由于未能在本土化和全球化之间取得平衡，其芭比娃娃产品并不能满足中国消费者的需求。

讨论题

1. 利用心理学的概念，讨论美泰可以做些什么来帮助中国消费者更多地在其独立体验店购物。
2. 中国女性仍然热衷于芭比娃娃。美泰下一步应该做什么来接触目标群体？

资料来源：Anil Gipta and Haiyan Wang, "Why Barbie Flopped in Shanghai," *BusinessWeek*, 21 April 2011; Shaun Rein, "Where Barbie Went Wrong in China," *Forbes*, 22 January 2010; "Shanghai Barbie Undressed: What's to Blame, Consumer Preferences or Strategy?" www.hotspotconsulting.com, 12 March 2011; Emily Rauhala, "In Shanghai, Barbie's Dream House Crumbles," www.globalspin.blogs.time.com, accessed on 8 March 2011.

第15章
广告和公共关系

学习目标

1. 定义广告在促销组合中的作用。
2. 描述企业在制订广告方案时要做出的主要决策。
3. 明确公共关系在促销组合中的作用。
4. 解释企业如何运用公共关系与公众沟通。

预习基本概念

前面我们已经学习了总体的整合营销沟通计划,下面对具体的营销沟通工具做更深入的剖析。本章将探索广告与公共关系。广告包括通过付费媒介传播企业或品牌的价值主张,以告知、说服并提醒消费者。公共关系包括与有关的公众建立良好的关系,既包括消费者、普通大众,也包括媒体、投资者、捐赠者以及政府。与所有促销组合工具一样,广告与公共关系也必须融入整体的整合营销传播计划之中。在接下来的两章中,我们将讨论其他几种促销工具:人员销售、销售促进和直接营销。

我们从百事的"活在当下"活动开始。

百事:营销洞察和"活在当下"

一直以来百事致力于为当代年轻消费者服务,这些年轻人有思想、有活力。大约在50年前,这个品牌告诉消费者"活跃起来!你是百事一族"。百事可乐不同于可口可乐。百事的广告语是"你还能活出很多精彩,百事能给你很多精彩"。

但最近,百事的旗舰可乐品牌慢慢失去了年轻与活力。这个现象部分可以归咎于美国软饮料消费在过去8年内不断减少。但对于百事来说,令它更难以接受的是,在与可口可乐的百年争斗中,百事从保持多年的第二名的位置跌落至第三名,排在可口可乐和健怡可乐之后。市场份额下滑传递了一个极强的信号:百事急需提升其地位。

为了发现市场份额下滑的原因并解决这个问题,百事可乐开展了一项高强度的全球消费者调查。它开始重新研究到底是什么使得百事可乐不同于可口可乐。百事成立了一个机密的高级调研团队,他们在纽约北部的一座没有企业标识的建筑内办公。为了帮助百事找到一条新的发展路径,这个团队展开了长达9个月的详尽的全球调研以获取新的顾客洞察。

百事的调研团队不遗余力。他们仔细研究了百事以往的广告策划,启用了传统的焦点小组访谈、个体深度访谈和详细的问卷调研。研究者和高管则参与了相应的人种学研究,深入消费者,观察消费者的日常生活,并将他们自己融入南美、北美、亚洲、欧洲、非洲以及澳大利亚的不同文化中。

百事的研究团队发现,这个

维持了很久的标志性品牌已经失去了它所代表的意义以及它在顾客日常生活中所扮演的角色。耐克、迪士尼、星巴克、可口可乐等顶级品牌都很明确自己品牌的意义，但百事的定位已不再清晰，不再能代表品牌的根本，不能带动营销和创新以激发顾客的参与度。在过去短短的几年内，百事的定位就从"每瓶百事都能激活未来"变成了"夏天时光就是百事时光"，之后又变成了"有百事的地方就有音乐"。

那么百事存在的意义究竟是什么？如何在消费者的印象和感受方面与竞争对手可口可乐有所区别？调研团队将其繁复的发现概括成了两个简单却有力的顾客洞察：可乐是经典永恒的，百事却是及时行乐的。可口可乐的顾客寻找快乐，而百事可乐的顾客寻找刺激。百事可乐时任全球畅享主席和首席创造力执行官布拉德·杰克曼认为，可口可乐代表着欢乐的时光，并代表了对于文化和现状的保护。相反，百事代表着创造文化而不是维持文化，百事的顾客喜欢刺激的生活多过快乐的生活。可口可乐代表着归属感，百事可乐则拥抱个性独立。杰克曼认为，经典永恒的品牌想要建立博物馆，但百事并不是一个属于博物馆的古董品牌。

有趣的是，这种洞察又回归到了百事原始的充满活力的"新一代的选择"定位，这个定位曾在几十年前将百事打造成了极具影响力的品牌。尽管近年来业绩有所下滑，但百事依旧是一个强大的品牌。尽管它从未成为可乐市场的领导品牌，但百事表现得很得当。杰克曼认为，百事总能很好地展现出品牌领袖的自信和优越感，而百事的顾客也认同这种大胆与出挑。从长远来看，对百事来说关键是找回这种大胆和自信。杰克曼强调："这个品牌不需要被重新创造，它需要被重新点燃。"

关于"及时行乐"与"经典永恒"的洞察催生了"抓住此刻的兴奋"这样的想法，帮百事打开了创意的大门。最终的成果是这场"活在当下"全球营销活动。这个标题为该品牌"百事一代"的经典定位赋予了现代化的气息，为新一代的百事一族提供了一个全新的口号。"活在当下"是对文化的塑造，强调抓住当前的刺激，重新建立了百事与娱乐和流行文化的联系。为了支持这个新活动，百事可乐增加了50%的营销预算，使得百事的推广费用接近可口可乐的水平。

"活在当下"活动通过大量的传统媒体和数字媒体进行宣传。这个活动与很多音乐和体育明星合作，将百事品牌与一些当下最让人兴奋的名人联系在了一起。例如，第一支广告邀请了说唱歌手妮琪·米娜，她的著名单曲 *Moment 4 Life* 的歌词简直就是为百事的"活在当下"的广告和视频量身定做的（我希望我能拥有这一时刻，因为这一时刻我觉得如此鲜活）。同时，百事与碧昂斯签署了协议，请她在广告、社交媒体视频、百事饮料罐以及"超级碗"比赛的中场表演中传递百事的这个新标语。

整个活动的核心在于"百事脉搏"这个交互网站——一位分析师称其为"企业组织的流行文化仪表板"。作为一个百事娱乐世界的入口，这个网站发布了很多流行文化信息、娱乐新闻和原创内容。百事也以音乐为纽带与Twitter合作，其 Mi Pepsi 网站及Facebook页面迎合了拉丁美洲人的生活方式和文化，激发消费者的热情。"活在当下"活动的每一个方面都让消费者参与其中。例如，在2013年的"超级碗"比赛中，百事的广告与其赞助的中场表演都邀请了年轻的百事消费者参与。百事的一位营销人员说："这个想法起源于百事的消费者想要成为积极的参与者而不是生活的观察者。"

百事详尽的研究调查同时发现其遍布全球的饮用者极为相似，这使得"活在当下"的定位在全世界都很有吸引力。例如，在印度，百事的消费者研究显示，印度的年轻人是世界上最乐观的，但他们会对未来感到焦躁。所以百事在印度的电视广告中启用了板球队队长Dhoni、从演员转型为流行歌手的朴雅卡·乔普拉以及宝莱坞明星兰比尔·卡普尔等作为品牌代言人，讲述他们如何克服焦躁，并插入了许多年轻人的精彩瞬间。百事可乐印度市场的一位资深营销人员称，"活在当下"活动告诉了年轻消费者"现在想要什么都不为过"。

现在预测"活在当下"活动能否扭转百事的局势还为时过早，但初期的销售和市场份额数据让人振奋。鉴于百事可乐改善了品牌价值而将其列入顶级品牌列表中的品牌咨询企业Interbrand称"百事正卷土重来"。很明显，百事可乐的员工已经完成了他们的研究工作。杰克曼声称这是他见过的"最彻底的顾客洞察导向的过程"，在此基础上，百事的自信与张扬又回来了。通过月复一月的详尽的顾客调研，"活在当下"

正在为百事的品牌、百事的员工以及百事的顾客重新注入活力。一位在当初"百事一代"盛行时加入百事的装瓶工说："'活在当下'将百事的根基找回来了。"[1]

企业必须做的不仅仅是创造顾客价值，还必须与目标顾客进行接触，并清楚地、令人信服地向他们传达这种价值。在本章中，我们将更深入地了解两种营销传播工具：广告和公共关系。

15.1 广告

广告（advertising）已经存在很久了。尽管广告主要是由商业企业使用的，但许多非营利组织、专业人士和社会机构也使用广告向大众宣传它们的事业。广告是一种告知和说服的好方法。

在制订广告方案时，营销管理人员必须做出四个重要决策（见图15-1）：设定广告目标、确定广告预算、制定广告策略（信息决策和媒体决策）和评价广告效果。

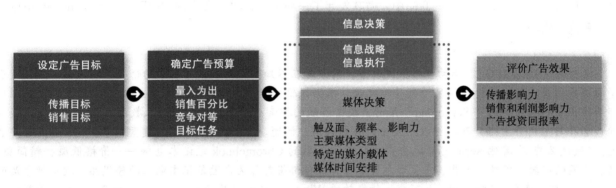

图 15-1 主要的广告决策

15.2 设定广告目标

第一步是设定广告目标。广告目标应该基于以前的目标市场、定位和营销组合的决策，这些决策决定了广告在整个营销方案中必须执行的任务。广告的总体目标是通过传播顾客价值帮助企业建立顾客关系。在这里，我们讨论具体的广告目标。

广告目标（advertising objective）是指在特定的时间内与特定的目标群体交流并向其传播信息。广告目标可以基于主要作用来进行分类，可以是通知性广告、说服性广告或提醒性广告，表15-1列出了每一种类型的广告目标的例子。

表 15-1 可能的广告目标

通知性广告	
传播顾客价值	通知市场有关价格变化的情况
向市场告知新产品信息	描述提供的各种服务
说明新产品如何使用	纠正错误的印象
说明某种产品的若干新用途	树立企业或品牌形象

(续)

说服性广告	
建立品牌偏好	说服顾客马上购买
鼓励消费者转向你的品牌	说服顾客接受一次推销访问
改变消费者对产品属性的感知	让已经信服的顾客将该品牌告知他人
提醒性广告	
保持顾客关系	提醒消费者在何处购买该产品
让顾客在淡季也能记住这种产品	提醒消费者可能在不久的将来需要这个产品

通知性广告主要用于新产品的导入阶段，其目的在于建立初级需求。例如，早期 DVD 播放机厂商首先需要告知消费者新产品的成像质量和便利性。随着竞争的加剧，说服性广告变得越来越重要，此时，企业的目的在于建立选择性需求。例如，一旦 DVD 播放机发展起来，索尼就开始说服消费者相信其品牌具有最高的性价比。

一些说服性广告已经演变成了对比性广告，此时企业直接或间接地将自己的品牌与其他品牌进行比较。对比性广告被广泛地应用于一些商品中。微软发起了一项活动，将其必应搜索引擎应用于 Windows 电脑并与谷歌进行比较。

微软的"Bing It On"活动直接挑战顾客，请顾客在不知道是哪款搜索引擎的情况下对微软必应搜索引擎的搜索结果与谷歌的搜索结果进行并排比较。根据微软的说法，比较结果是必应以 2∶1 优于谷歌。微软随后推出了一项激进的"Scroogled"活动，攻击谷歌的搜索引擎利用他们的个人数据在 Gmail 中使用侵入性广告并与应用开发者分享数据以最大化广告利润这一问题。"作为一个忠实的搜索引擎，"Scroogled 广告说，"试试必应。"其他 Scroogled 攻击广告贬低了谷歌的 Chromebook 笔记本电脑——价格低廉、精简版、只能上网的机器，谷歌、宏碁、三星和惠普等合作伙伴都将其作为成熟笔记本电脑的替代品。攻击性十足的 Scroogled 广告声称，Chromebook 不会运行微软的 Windows 系统以及 Office、iTunes 和 Photoshop 等其他受欢迎的程序，并表示 Chromebook 在没有联网的情况下"相当于一块大砖头"。尽管有争议，但是 Scroogled 活动已经有效地让许多消费者看到了必应以及微软的其他产品足以与竞争对手谷歌媲美。[2]

提醒性广告在产品的成熟阶段十分重要，它能帮助企业维持顾客关系并让顾客记住这种产品。例如，昂贵的可口可乐电视广告的目的既非通知，也非说服消费者在短期内购买产品，它主要是为了建立和维持消费者与可口可乐品牌的联系。

广告的目标是促使消费者向购买者准备阶段的下一个阶段移动。有些广告是为了推动消费者立即购买，但是，也有很多广告是为了建立或巩固长期的顾客关系。例如，在耐克的电视广告中，知名运动员说的"Just Do It"并不会直接促成销售。相反，广告的目的是改变消费者对品牌的感知。

15.3 确定广告预算

当确定了广告目标之后，企业就可以着手为每个产品制定**广告预算**（advertising budget）。企业在设定广告预算时需要考虑一些特定的因素。

一个品牌的广告预算通常取决于产品生命周期阶段。例如，新产品通常需要大量的广告预算来建立品牌知名度以及说服消费者试用，而成熟的品牌所需的广告预算在销售额中占比较低。市场份额也会影响广告预算，因为建立市场或从竞争者的手中抢夺市场比保持现有的市场份额需要更多的广告费用，市场份额低的企业，其广告预算在销售额中所占的比例较高。同样，在一个竞争对手很多且广告开支很大的市场中，品牌需要更大的宣传投入以使其在市场上脱颖而出。无差异品牌，即在同一产品分类中与其他品牌非常相似的品牌（如软饮料、洗衣粉），可能需要更多的广告来实现差异化。若产品与其他竞争对手的产品差异很大，那么广告可以强调该产品对于消费者而言的差异点。

无论采用何种方式，做出广告预算决策都不是一件容易的事。企业如何知道其广告花费是否适当呢？一些批评者指责说，大型快消企业在广告上开销太大，而B2B企业的营销人员通常广告支出不足。他们认为，一方面，大型快消企业使用大量的形象广告，但无法确定这些广告是否有效，它们唯恐投入不足而采用多花钱的稳妥方式；另一方面，商业企业过度强调销售队伍在获取订单中的作用，低估了企业和产品形象在向商业顾客推销中的作用，因此它们在广告上花费较少，不足以建立顾客对产品的认知。

诸如可口可乐和中国香港领先的网络供应商3 Hong Kong等企业，都建立了复杂的统计模型来确定其促销费用和品牌销售额之间的关系，以促进其在不同媒体上的"最优投资"。但是，由于诸多因素都会影响广告的有效性，这些因素部分可控、部分不可控，因此企业对广告费用效果的度量仍然不是很精确。在大多数情况下，管理者在制定广告预算决策时依靠的是更加量化的分析。[3]

15.4 制定广告策略

广告策略（advertising strategy）包括两个主要部分：创建广告信息和选择广告媒体，如图15-2所示。

图15-2 制定广告策略

一些企业很早便意识到了媒体与创意之间紧密联系的重要性。例如，Absolut创造了一系列精彩的颇具创意的广告，这些广告对其所选媒体的受众有很强的针对性。"Absolut Singapore"的广告显示了一个非常干净的瓶子，其旁边是一块白色的手帕，传达了新加坡干净的城市形象。由于其突破性的广告，Absolut在许多亚洲消费者心中成了伏特加的代名词。

随着媒体成本不断增加，营销策略更为集中以及网络、移动和社交媒体不断涌现，这大大提高了媒体规划的重要性。现在，在广告活动中使用何种媒体有时比活动的创意元素更关键，而且，企业更加关注信息和信息传递媒体之间的紧密关系（见实战营销15-1）。

| 实战营销15-1 |

倩碧的整合促销计划

现在护肤品和化妆品已经成为女性的必需品。为了增添魅力，人们非常愿意在这些产品上投资。同时，化妆品企业竭尽全力寻找好的方法来宣传产品，吸引潜在的消费者并引起其购买兴趣。除了提供折扣以外，还有很多方法可以提高销量。现在介绍一下化妆品企业倩碧运用多种渠道销售睫毛膏的案例。

以获得新顾客和促进睫毛膏系列的销量增长为核心目标，倩碧采取了一系列促销活动。

激进的平面广告活动

以合适的女性顾客群体为目标顾客，倩碧（香港）集中选择了几家杂志刊登广告，期望可以提高其在目标顾客群体中的知名度。

网络交换睫毛膏活动

该活动的目的就是吸引顾客光顾倩碧商店，并且通过退回用过的睫毛膏来获取新款的睫毛膏样品。这个交换活动意在鼓励人们迈开体验倩碧新款睫毛膏的第一步。

这个促销活动的主要渠道就是互联网。一些主流的搜索引擎常常有弹出式广告，例如Yahoo! HK。更重要的是，为了吸引更多的目标顾客群体，倩碧给Beautyexchange、Jessica.com、elle.com和She.com的订阅者发送了电子邮件。

倩碧发起了各种活动，旨在鼓励潜在的女性顾客进行尝试。像在倩碧柜台上的睫毛膏预览派对和在路边的睫毛膏化妆演示这样的活动，吸引了很多热衷于尝试新款睫毛膏的顾客。

大眼睛比赛

倩碧开展了另一个活动——"大眼睛比赛"，以提升消费者的兴趣。

该比赛发生在路演中，利用商场的倩碧产品专柜，倩碧的化妆师帮助顾客试用新款睫毛膏，然后拍摄照片。最后，拥有最大、最亮眼睛的顾客会得到倩碧颁发的1 000港元（约合130美元）奖金。

不同的媒体、印刷广告和在线广告都被用于实现不同的目标，即通过交流和尝试来提高顾客的品牌意识和促进其购物行动。

15.4.1 创建广告信息

无论预算有多少，广告只有在赢得消费者的关注和兴趣并获得良好传播的情况下才会取得成功。在当今昂贵而又混乱的广告环境中，好的广告创意非常重要。美国人每年累计接收5.3万亿美元的在线广告，4亿条关于日常饮食的推文，144 000小时的YouTube视频以及47.5亿条Facebook上的分享内容。

1. 脱颖而出

如果说密集的广告总会打扰到某些消费者，那它同时也给广告主带来了大问题。制作和播出电视广告的成本是非常高的。

另外，广告会被夹杂在其他广告、公告和网络促销中播出，每小时都会有20分钟非节目内容，平均每6分钟就会插播一次广告。电视和其他广告媒体的混乱，使得广告环境对广告主来说越来越不利。

直到现在，电视观众都是广告主易于捕获的对象。但是今天的数字科技在信息与娱乐方面给消费者带来了更新、更丰富的选择。随着有线电视、卫星电视、网络、视频流媒体、智能手机和平板电脑等的增长，今天的观众拥有诸多选择。

数字技术同样为消费者提供了不看广告的选择。在观看提前录制好的节目时，他们可以快进跳过广告。

因此，广告主再也不能强行通过传统媒体将千篇一律的老一套信息和内容传递给可接触到的消费者。为了吸引和保持关注，今天的广告信息都必须更好地规划、更富有想象力、更加有趣，并且对消费者来说更有价值。

2. 广告与娱乐的融合

为了从广告轰炸中脱颖而出，很多营销人员都开始运用一种广告与娱乐融合的新方式。这种融合采用了两种形式：广告娱乐化和品牌化娱乐。

广告娱乐化的目的是将广告和品牌内容打造得非常有趣或有用，以使人们都想要收看广告。例如，泰国的"Smooth-E Babyface"泡沫洗面奶广告很有趣，因为其讲述了关于使用该品牌的消费者的有趣的故事。

另外一个成功的广告娱乐化的例子便是多芬的"真美"活动。该广告比较了一位接受过FBI训练的素描艺术家根据女性的自我描述和陌生人对她们的描述所绘制的图片。对比结果表明，根据陌生人的描述绘制成的图像总是更准确、更讨人喜欢。广告的标语总结道："你比你想象的更美。"尽管这段获奖视频从未在电视上播出过，但在短短两个月内就获得了超过1.63亿的全球YouTube浏览量。

品牌化娱乐（或品牌整合）是指让品牌成为其他娱乐形式或内容的不可分割的一部分。品牌整合最常见的形式就是产品植入，即将品牌作为道具植入其他节目中。例如在《美国队长2：冬日战士》（*Captain America 2: The Winter Soldier*）中超级英雄骑的哈雷戴维森机车，或者在乐高大电影中，乐高积木贯穿始终。

品牌化娱乐也在网络上被使用。"宜家家居之旅"讲述了五名宜家员工在长达一年的公路之旅中，用当地宜家商场的商品为家庭提供改造。消费者不再只想看30秒的广告。他们想知道企业是谁，它相信什么，它的个性是什么。

3. 信息和内容策略

制作有效的广告内容的第一步是决定大体上要向消费者传播什么样的信息，即制定信息策略。广告的目的是让消费者以某种方式接触、响应产品或企业，而人们仅仅响应那些对他们有益的事物。因此，要制定一个有效的信息策略，首先要识别出可以作为广告吸引力。最理想的状态是让信息策略与企业的大战略定位和顾客价值战略保持一致。

信息策略应该清楚、重点概括广告主想要强调的利益和定位。下一步则需要广告人员想出一个令人信服的**创意概念**（creative concept）或好主意，以差异化和难忘的方式展示信息策略。在这个阶段，简单的信息创意会变成很好的广告活动。通常广告文案和艺术总监将会合作提出很多创意，希望其中之一能够成为可实现的出色的创意，这些创意可能是视图、广告语，或者是两者的结合。

创意概念将指导广告活动选择具体的诉求点。广告诉求点应该具有三个特征：第一，它们应该是有意义的，能够体现使消费者更愿意购买或者觉得产品更有趣的优点；第二，诉求点应该是可信的，消费者必须相信产品或服务能够传达企业所承诺的利益。

然而，有意义和可信的利益可能并不是最好的广告诉求点，诉求点还必须做到差异化，要告诉消费者这个品牌是如何优于其他竞争品牌的。例如，腕表有意义的诉求点是它能保持准确的时间，但很少有手表广告强调这一好处。相反，基于腕表所能提供的差异化优势，手表广告商可能会选择任一广告主题。多年来，天美时一直是一款价格适当的手表，相比之下，斯沃琪突出了风格和时尚，而劳力士则强调奢华与地位。

4. 信息执行

广告人员需要把创意转变为实际行动，抓住目标市场的注意力和兴趣。创意团队必须找到最好的方式、风格、语气、词语和形式来执行这个信息。广告信息可以通过不同的**执行风格**（execution styles）呈现，例如有以下几种。

- **生活片段**：显示一个或几个"典型"的人物在日常生活中使用产品的情境。例如，两位妈妈在野餐中讨论四季宝花生酱的营养价值。
- **生活方式**：强调产品如何适应特定的生活方式。
- **美妙幻想**：围绕产品及其用途创造一种美妙的幻想。例如，很多广告围绕着梦幻主题。
- **心境或形象**：借助产品或服务营造某种心境或形象，如美丽、爱情或宁静等。广告最多只会提出建议，很少直接推销产品和品牌。例如，在新加坡航空的广告中，在柔和的灯光下，优雅的空乘人员正在无微不至地照顾心情放松、愉悦的旅客。
- **音乐片**：由真人或卡通人物演唱关于产品的歌曲。例如，历史上最著名的广告之一便是可口可乐的广告，它在广告中唱道："我想教整个世界唱歌。"
- **个性标志**：创造一个代表产品的人物。这个人物可以是动画的（如欢乐绿巨人、小猪麦兜、加菲猫），也可以是真实的（如万宝路牛仔或百事可乐广告中的中国香港明星郭富城）。
- **技术特色**：表现企业在产品制造方面的专业技术。比如，BBK（步步高，中国制造DVD播放机的顶级厂商）请施瓦辛格在广告中推广步步高的专业性是"没有谎言的真相"（从施瓦辛格的电影《真实的谎言》中借用的理念）。
- **科学证据**：通过调查或科学证据表明该品牌比其他品牌更好或更受欢迎。近年来，佳洁士牙膏一直用科学证据来说服购买者，佳洁士牙膏在防蛀牙方面比其他品牌更好。
- **做证或代言**：由很有威信或很受欢迎的人代言产品。代言形式可以是普通人讲述他们多么喜欢某产品。

广告人员同时必须为广告选择一种语言基调。宝洁通常采用积极的基调——它总是在广告中宣传其产品的积极信息。宝洁通常避免幽默，这样会使得观众的注意力偏离广告信息本身。相比之下也有很多企业采取冷幽默的形式从各种广告中脱颖而出。

广告人员还必须在广告中使用容易记忆和引人注意的词语。例如，宝马使用更加有创造力和影响力的词语——"终极驾驶机器"，而不只是简单地宣传"宝马是一种性能很好的汽车"。

形式元素对广告和成本都有影响。首先，广告设计中的一个很小的改进可能会大大地提高广告的吸引力。在平面广告中，插图是观众首先注意到的东西，所以它必须有足够强烈的吸引力。其次，标题必须有效地吸引合适的人去阅读广告中的文字。再次，文案，即广告中的主要文字，要简单、强烈且让人信服。最后，这三个方面要有效地协同工作，令人信服地呈现顾客价值。

新奇的形式可以帮助广告脱颖而出。例如，在大众汽车的一则醒目的广告中，插画的主要目的是吸引人们关注汽车制造商的精准停车辅助功能。它展示了一只豪猪"停在"装着水和金鱼的塑料袋之间的狭小空间里。小字标题只写着"精确停车，来自大众泊车辅助系统"。

5. 用户生成内容

利用今天的数字和社交媒体技术，很多企业正在让消费者为其提供营销内容、信息创意或实际的广告和视频。如果做得好，用户生成的内容可以产生新颖的创意和消费者对品牌的亲身体验的新鲜视角。它将消费者的声音融入品牌信息中，提升了顾客参与度，并且引发消费者讨论和思考品牌以及品牌能够为其带来的价值。

15.4.2 选择广告媒体

选择**广告媒体**（advertising media）的主要步骤如下：①决定触及面、频率和影响力；②选择主要的媒体类型；③选择具体的媒介载体；④决定媒体时间安排。

1. 决定触及面、频率和影响力

在选择媒体时,广告主必须决定实现广告目标所需的触及面和频率。触及面是指在一定时期内,广告活动在目标市场上能够触及的人员比例。例如,广告主可能会要求在广告活动前3个月内触及70%的目标市场人群。频率是指在一定时期内,目标市场上平均每人看到广告信息的次数,例如,广告主可能希望人均广告曝光次数达到3次。

但是,广告主通常并不仅仅满足于触及一定数量的消费者并让他们每天见到一定次数的广告,广告主还必须决定预期媒体影响力,即通过特定的媒体传播信息的质量价值。例如,同样的信息可能发表在某一杂志上(如《南华早报》)比发表在另一杂志上(如《苹果日报》)可信度更高。对于需要演示的产品,通过电视或在线视频传播信息可能比广播的影响力更大,因为前者有图像、动作和声音。对于消费者参与设计或提供意见的产品,在可互动网站或社交媒体上的推广效果可能比直接邮寄更好。

一般来说,广告主希望选择能够吸引消费者的媒体,而不仅仅是触及消费者。以电视广告为例,某专家表示:"节目如何与目标顾客产生联系,在什么位置插入广告,这些都比该节目的收视率是不是第一重要得多。这就是所谓的广告是让观众'走近'电视,而不是'远离'电视。"尽管尼尔森已经开始进行电视媒体吸引度评测,但对大部分媒体而言,很难得出结果。一位来自广告研究基金的管理人员说:"我们现有的测量标准均是媒体衡量标准,如收视率、读者数、听众数、点击率,但是吸引度的关键在于观众而非媒体,我们需要的是一种确定目标潜在客户是如何与品牌理念联系在一起的方法。有了潜在顾客吸引度,就可能建立顾客关系。"[4]

2. 选择主要的媒体类型

表15-2描述了主要的媒体类型,包括电视、报纸、直接邮寄、杂志、广播、户外广告、数字和社交媒体。每种媒体都有其优点和局限性。媒体规划人员在选择媒体时要考虑很多因素,他们希望选择能将广告信息切实、高效地传递给目标消费者的媒体。因此,他们需要考虑每一种媒体的影响力、信息有效性和成本。

表 15-2 主要的媒体类型及其优点和局限性

媒体	优点	局限性
电视	大众市场的覆盖面大,平均展示成本低,综合了图像、声音和动作,富有感染力	绝对成本高、干扰多、转瞬即逝、观众选择少
报纸	灵活、即时、本地市场覆盖面大,能被广泛接受,可信度高	保存性差、复制质量低、相互传递者少
直接邮寄	接收者选择性强、灵活,在同一媒体内没有广告竞争,允许个性化	平均展示成本相对较高,易造成"垃圾邮件"印象
杂志	在地理、人口统计特征上可选择性强,可信度和声誉高,复制质量高,保存期长,可传阅	广告购买前置时间长,成本高,版面无保证
广播	本地接受性强,在地理和人口统计特征方面选择性强,成本低	只有声音,转瞬即逝,不太吸引人("听一半"的媒体),听众零散
户外广告	灵活、重现率高、成本低、信息竞争少、位置选择性高	观众没有选择,缺乏创新
数字和社交媒体	高选择性、低成本、即时性、互动能力强	受众人口统计特征方面有偏差,影响力相对较低,观众可以控制展示

必须定期重新检查媒体组合。长期以来,电视和杂志在当地广告主的媒体组合中占主导地位,而其他媒体通常被忽略。然而,媒体组合正面临着变化。随着大众媒体费用的上升、观众数量的减少以及令人兴奋的新数字媒体的出现,很多广告主正在寻找新的途径以接触消费者。它们利用更专门、更有针对性的媒体来代替传统媒体,这些新媒体成本更低、更具有针对性,并且更吸引消费者。

例如，有线电视和数字化卫星系统正在兴起。这些系统可以通过特定的节目接触有选择的观众群体，其中包括体育、新闻、营养、艺术、家政和园艺、厨艺、旅游、历史、金融及其他节目。

广告人员可以利用"窄播"聚焦于特殊的细分市场，而不是利用电视网络广播那样"散弹枪"的方法。有线电视和卫星等媒体看起来很合理，但是，越来越多的广告正出现在以前不太可能出现的地方。当广告人员试图找出成本更低、针对性更强的接触消费者的方法时，他们发现了很多替代性的媒体组合。

另外一个影响媒体选择的趋势是多媒体关注者数量的激增，即那些同时关注多个媒体的人。广告人员在选择他们使用的媒体类型时，需要考虑这种媒体互动。

3. 选择具体的媒介载体

媒体规划者要选择最好的媒介载体，即每个媒体大类中的特定媒体。例如，电视媒体包括星空卫视和路讯通（见实战营销15-2），杂志包括《时代周刊》《亚洲商业》《每周电视指南》《大都会》。

实战营销15-2

香港路讯通传媒有限公司

1982年，H M Yau及其来自怡和控股有限公司的朋友在香港地区共同创建了一家媒体销售公司，该企业从事室外和室内广告业务，目标受众就是乘坐公共交通（如天星小轮船和油麻地小轮船）以及去超市的顾客。在超市和码头的显眼位置通常都会设置广告亭——木制的方形亭子，里面装有电视和家用录像播放机，持续播放为目标顾客打造的广告以及授权的娱乐短片。由于缺乏与码头和超市所有者的合作，该企业在18个月之后就关闭了。

大约20年后，2000年路讯通传媒有限公司在香港出现，它是从上市公司九龙巴士有限公司（1993）分离出来的。路讯通专注于媒体销售，提供流动多媒体车载（MMOB）广告服务，目标是乘坐香港公共交通工具的乘客。

实际上，香港很多巴士都采用了Yau和他的朋友在20世纪80年代提出的理念，九龙巴士、城市巴士、新世界第一巴士的绝大部分双层空调车都提供流动多媒体服务。为了帮助乘客识别这些提供流动多媒体服务的巴士，路讯通在这些巴士的挡风玻璃上贴上了印有其商标的贴纸。MMOB运营着香港最大的巴士，在香港岛、九龙和新界之间来回，每天运送乘客数量高达260万人。

在每辆巴士上都装有4个LCD显示器播放流动多媒体节目，这些防震显示器的位置也是精心安排的。每个显示器都提供160°的观赏角度，高质量的声音从一个4声道的立体声系统中均匀发出，每个座位上的乘客都可以舒适地观看和聆听路讯通制作的节目。

路讯通的节目都是针对乘客的兴趣量身打造的。节目内容包括两类：娱乐内容和信息内容。娱乐内容包括音乐视频、电影预告片、电视剧、动画、游记；信息内容则包括城市消息、社区服务信息、防治犯罪提示、美食介绍、健康教育、商业财经评论以及新闻。每个长达1小时的节目每天播放16次。

凭借流动多媒体系统，路讯通提供了一个广告和专业知识销售平台网络，并以其在广告方面的专业技能帮助顾客向大众营销产品和服务。路讯通的广告媒体每天都向乘客传递高质量的节目和信息娱乐内容。

为了满足不同顾客的需求，路讯通拥有几个销售队伍以协助设计广告销售包。每天每辆巴士12次20秒的广播，在16小时的播放时长内循环播放12次，小型巴士收费4.8万港元，大型巴士收费17.4万港元。

然而，路讯通并不是没有竞争对手。2008年，九广铁路公司和地铁有限公司合并之前，东铁香港铁路有限公司采用了和路讯通相似的模式。在东铁的每趟列车上，每列车厢都安装了LCD电视播放免费新闻、香港有线电视的新闻快讯，以及东铁企业的即时列车信息。

资料来源：Accessed May 2015 at http://www.roadshow.com.hk.

媒体规划者必须计算某一特定载体触及每千人的成本。例如，如果在美国版的《新闻周刊》上刊登一个整页四色广告要花费 16.5 万美元，而其读者估计有 150 万人，则广告触及每千人的平均成本约为 110 美元。同样的广告在《商业周刊》上刊登可能只需 11.56 万美元，但是读者只有 90 万人，则广告触及每千人的平均成本为 128 美元。媒体规划者根据每千人成本的高低对各种杂志进行排序，成本较低的杂志一般比较受欢迎。[5]

媒体规划者还必须考虑为不同的媒体制作广告的成本。为报纸设计广告的成本可能很低，而酷炫的电视广告的制作成本可能很高。

在选择特定的媒介载体时，媒体规划者必须平衡媒体成本和几个媒体效度因素之间的关系。首先，媒体规划者要评估媒介载体的受众质量。例如，对于婴儿奶粉广告来说，家庭杂志的展露价值很高，而《时代周刊》的展露价值很低。其次，媒体规划者应该考虑媒体受众参与度。例如，《风尚》的读者通常会比《新闻周刊》的读者更注意广告。最后，媒体规划者还必须评估载体的编辑质量。例如，《香港经济日报》和《南华早报》就比《太阳报》的可信度更高且更有声望。

4. 决定媒体时间安排

广告人员还必须决定如何安排全年的广告。如果某种产品在 12 月是旺季，在 3 月是淡季（如冬季运动装备），那么企业可以根据季节安排广告，也可以反季节安排广告，或者对广告进行全年无差异化安排。大多数企业采用季节性广告策略，例如适合作为个人礼物的产品每年会在圣诞节、复活节、情人节和春节等重大节日前进行大量的宣传。

最后，广告人员要选择广告的模式。连续性是指在一定的时期内均匀地安排广告，节奏性是指在一定时期内不均匀地安排广告。因此，52 个广告可以安排在全年均匀播出，也可以在几个时间段集中播出。节奏性背后的理念是，在极短的时间内密集地做广告，建立的产品知名度可以持续到下一个广告阶段。那些主张采用节奏性广告的人觉得，节奏性广告可以达到与连续性广告一样的效果，而且成本更低。然而一些媒体规划者相信，虽然节奏性广告可以建立产品知名度，但是它牺牲了广告沟通的深度。

15.5 评价广告效果及广告投资回报率

衡量广告效果和**广告投资回报率**（return on advertising investment）已成为大多数企业关注的热点问题，尤其是在严峻的经济环境中。"经济环境让我们小心翼翼地利用每一分钱，勒紧腰带过日子。"一位广告经理人说。大部分企业的高层向营销经理发问："我们要怎么才能知道在广告上花多少钱合适？从广告投入中我们获得了多少回报？"[6]

根据美国广告主协会的一项调研，如何衡量广告的效率是今天的广告主最关注的问题。在调查中，61.5% 的受访者表示，定义、衡量广告贡献度并且能够针对结果采取相应的措施非常重要。[7]

广告人员应该定期评估广告的两种效果：传播效果和销售盈利效果。衡量广告或广告活动传播效果可以判断广告或媒体有没有很好地传播广告信息。单个广告可以在广告播出之前或之后进行测试。在广告播出之前，广告人员可以向消费者展示广告，询问他们对该广告的喜爱程度，衡量由广告所引起的信息记忆程度或态度的改变。广告投放后，广告人员可以衡量广告对消费者的记忆或者其对产品的知晓度、认可度、认知和偏好的影响。广告播出前后的传播效果评价也可以针对整个广告活动。

广告人员对如何衡量广告或广告活动的传播效果已经非常娴熟，但广告销售盈利效果通常难以衡量。例如，如果某个广告活动使品牌的知名度提高了20%，品牌的偏好度增加10%，那么这会产生多少销售额和利润呢？除了广告之外，销售额和利润还受到很多其他因素的影响，比如产品特色、价格和供货情况。

衡量广告销售盈利效果的一种方式是对以前的销售额和以前的广告费用进行比较，另一种方式是实验法。例如，为了衡量不同广告投入的效果，可口可乐可以在不同的市场上采取不同的广告投入水平，然后衡量由此导致的销售额和利润的差异。企业还可以设计更复杂的包括其他变量的实验，如广告差异和媒体差异。

但是，由于影响广告效果的因素有很多，其中有些可控，有些不可控，广告支出的收益仍然不能被精确衡量。"营销人员追踪了所有的数据，仍然不能回答基本的问题，"关于广告贡献度的问题，一位营销分析师说，"因为没有任何模型或者度量体系可以让他们应用。"[8]因此，尽管营销人员找到了更多的答案，情况在逐步改善，但管理者在评价广告绩效时还是要大量依靠个人判断和定量分析（见实战营销15-3）。

实战营销15-3

自动弹出广告可以起到促销的作用吗

现在，当我们在浏览网站时可以看到越来越多的弹出广告。弹出广告很普遍，大多数情况下企业可以将其作为向全球广大潜在顾客推销产品的好方法。

有很多原因可以说明弹出广告是企业营销的有效工具。第一，弹出广告是我们登录网站时看到的第一样东西；第二，由于每个人必须点击退出才能继续正常浏览网页，因此用户点击广告的可能性就大大增加了；第三，潜在的顾客距离信息池只有一线之遥，而电视和报纸广告很难在各自有限的时间与空间里达到相同的效果。

虽然弹出广告对企业有好处，但是网页浏览者认为弹出广告会使人愤怒。主要有以下三个理由。

第一，在大多数情况下，网页浏览者并不喜欢弹出广告。尽管弹出广告有可能包含有趣的内容，但是它们仍然妨碍了浏览者本来的意愿。这些类型的广告让用户觉得烦躁，它改变了通过网页获取信息的传统途径。

第二，在某些情况下浏览者很难在弹出广告上找到退出按钮。企业在保证按钮存在的情况下使按钮尽量变小。浏览者在发现没办法找到退出按钮的情况下，可能会选择进入企业的网页或者直接关闭浏览器。

第三，尽管浏览者能够发现退出按钮，但这个按钮仍然可能使浏览者直接进入指定的网站。在这种情况下，浏览者基本上没有退出的选择，进入网站是唯一的选择。虽然这种情况不经常发生，但这将是浏览者遇到弹出广告时最糟糕的情况。

15.6 广告的其他考虑因素

在制定广告策略和方案时，企业必须解决另外两个问题：第一，企业如何组织其广告职能，即由谁来执行哪一部分广告任务？第二，企业将如何根据国际市场的复杂性来调整其广告策略和方案？

15.6.1 广告组织安排

不同的企业在广告的组织安排上有不同的方式。在小企业中，广告可能由销售部门人员来负责，而大企业设有广告部门，专门负责制定广告预算、与广告代理商协调工作以及处理其他一些广告代理商不负责的事情。大多数大企业都会聘请外面的广告代理，因为它们更有优势。

广告代理商（advertising agency）是如何运作的呢？广告代理起源于19世纪中后期，当时为媒体工作的销售人员或经纪人会向企业推销广告位并收取一定的佣金。逐渐地，销售人员也开始帮助顾客制作广告。最终，他们成了代理商，更靠近广告主而非媒体。今天的代理商会雇用能比企业员工更好地开展广告活动和品牌内容的专业人士。代理商能从外部角度来看待和解决企业的问题，还有很多来自不同顾客和案例的经验。因此，即使内部有很强的广告部门，如今的企业也会聘请广告代理商。

一些广告代理商非常庞大。美国最大的广告代理公司麦肯世界集团全球年收入超过76亿美元。最近几年，很多代理商通过兼并其他代理商发展起来，创造了庞大的代理公司。这些巨型企业的龙头WPP集团，拥有几个大的广告、公关、数字和促销代理，在全球范围内的总收入达122亿美元。[9] 大多数大型广告代理商拥有足够的人员和资源对顾客广告活动的所有阶段负责，从创建营销计划到开展广告和内容活动以及准备、投放及评估广告。

大品牌通常会同时雇用几个代理商来处理所有广告相关事宜，从大众媒体广告活动、购物者营销到社交媒体内容。

15.6.2 国际广告决策

国际广告顾客面临着国内广告顾客所未面对的复杂环境，最基本的问题在于国际广告应该如何适应不同国家市场的特征。一些广告人员试图用高度标准化的全球广告来支持其全球品牌，如在曼谷的广告和在台北的广告一样。例如，可口可乐将旗舰品牌整合到"畅爽开怀"这一主题下进行广告宣传，并在这一主题下本土化地开展"分享可乐"活动。

标准化有很多好处，如广告成本更低、全球广告协调性更高以及全球品牌形象的一致性。但它也有缺陷，最重要的是，它忽略了不同国家市场在文化、人口统计特征、经济状况上的巨大差异。因此，国际化广告人员应该"全球化思维，本地化行动"。他们制定全球广告策略，使得全球的广告工作更加有效和协调。然后他们需要调整广告方案，使其在本地市场上能更好地符合当地消费者的需求和期望。例如，可口可乐的"分享可乐"活动使用当地的名称和短语，这样消费者就能更好地识别品牌。

全球性广告主还面临几个特殊的问题。例如，广告媒体的成本和可获得性因国家而异。不同国家之间在广告管制政策上的差异也很大。很多国家有详尽的法律体系来限制企业在广告上的支出、所用的媒体、广告诉求的性质以及广告项目的其他各个方面的开支。这些限制通常要求广告主在国与国之间不断调整它们的广告。

例如，在印度或伊斯兰国家，酒精产品不能做广告；在很多国家，比如挪威和瑞典，儿童节目禁止插播食品广告。保险起见，麦当劳在瑞典的广告中宣称自己是一个家庭餐厅。对比性广告在美国和加拿大是可接受且常见的，但是在英国就很少见，在日本则是不可接受的，在印度和巴西是违法的。中国禁止在未获得允许的情况下向消费者发送广告电子邮件，并且所有发送的广告电子邮件必须以"广告"为标题。

中国对电视和广播广告有严格的审查制度。例如，"最好"是被禁止使用的，"违反社会风俗"和"以不适当的方式"展示女性也是被禁止的。

麦当劳曾经因为在广告中展现顾客乞求打折的场景而违反了文化规范，并因此公开道歉才避免了政府制裁。类似地，可口可乐印度子公司一度被强制停止促销，因为其促销提供奖励，比如去好莱坞旅游，这违反了印度的贸易政策，被认为鼓励消费者购买是为了参与"赌博"。[10]

因此，尽管广告顾客要制定全球策略来指导整体的广告工作，但是要对特定的广告方案进行调整，以符合当地文化、风俗、媒体特征和相关政策。

15.7 公共关系

另一个主要的大众促销工具是**公共关系**（public relations，PR），包括企业吸引各类公众并与其建立良好的关系，树立良好的企业形象，处理或消除对企业不利的传言、事件等。公共关系部门的职能如下。[11]

- 媒体关系或媒体代理：通过新闻媒体创造和发布有新闻价值的信息，以吸引公众对个人、产品或服务的关注。
- 产品公关：为特定的产品做公共宣传。
- 公共事件：建立和保持与国家或本地社区的关系。
- 游说：与立法者和政府官员建立并保持关系，从而影响立法和规定。
- 投资者关系：与股东和财务方面的利益相关者保持良好的关系。
- 拓展：与捐赠者或者非营利组织的成员合作，从而获得财务上或志愿者方面的支持。

公共关系可用于推广产品、人员、场地、创意、活动、组织甚至国家。企业利用公共关系与消费者、投资者、媒体和行业团体建立良好的关系。行业协会利用公共关系来重建人们对商品的兴趣，比如鸡蛋、苹果、牛奶和土豆等日渐衰落的产品。强生对公共关系的巧妙运用，在挽救濒临危机的泰诺时起到了重要的作用。国家利用公共关系来吸引更多的游客、外商投资和国际援助。

15.8 公共关系的地位和影响力

公共关系能以较低的成本对公众意识产生极大的影响，这是广告所不可比拟的。在使用公共关系宣传时，企业无须为媒体的广告位和时间付费，只需要向发展和传播信息以及管理事件的员工发放报酬。如果企业有一个比较有趣的故事或事件，好多媒体会加以报道，这相当于价值数百万美元的广告，而且这种宣传的可信度比广告还要高。

公共关系起到的作用有时非常惊人。苹果公司在推出 iPad 时几乎没有做广告，只通过公共关系宣传产品。苹果公司在新产品发布的前几个月就已经开始变得火爆，它提前将 iPad 分发出去以获得先期评论，为线下和线上媒体提供了很多有吸引力的小道消息，并让其粉丝提前在线浏览数千个新 iPad 应用，创造了早期线上关注高峰。下面是白酒企业"水井坊"的例子，展示了其如何利用公共关系将产品引入演变成一场全国性事件，同时花费很少。

成都水井坊有限公司坐落于历史文化名城成都的文化遗址——水井坊，是中国最古老的酿酒厂之一。

与其他著名的酒窖（如茅台）不同，水井坊的成功源自其对公共关系广告的巧妙运用，这使它成了白酒市场上饱受赞誉的著名品牌。

成都水井坊有限公司创立于2000年，在翻新成都市锦江区的老酒窖时，一座拥有600年历史的地下酒窖就这样被发现了。在还未被政府正式列为历史文物保护单位时，水井坊就向公众宣布了这次发现，并介绍了该遗址的相关信息。它号称是"中国第一酒窖"以及白酒历史的"活遗迹"，这极大地刺激了公众的购买欲望。

水井坊明白，要保持自己的竞争优势，不能只是说说空话而已。企业在接触了各级政府之后，该遗址：
- 被列为省市重点保护单位；
- 被列为国家重点历史文物保护单位；
- 被评为1999年中国十大考古新发现之一。

国内方面，中国食品协会将水井坊称为"中国历史文化名酒"和"中国第一白酒酒窖"；国际方面，

2001 年 5 月，上海世界吉尼斯纪录大全将水井坊遗址列为"世界上最古老的酒窖"。

同时，水井坊的包装设计也赢得了 2001 年 Mobius 广告奖最佳包装设计奖。这不仅是中国产品在该奖项上所获得的第一个殊荣，同时也是全亚洲第一个赢得最佳包装设计奖的产品。Mobius 广告奖主席兼创始人 J. W. 安德森说："水井坊的包装设计融合了现代与传统，展现出高度的优雅、尊贵和神秘的东方文化。"[12]

尽管公共关系的潜力很大，但是它有时还是会被描述为营销的"远亲"，因为它的使用可能会受到限制且比较分散。公共关系部门的员工忙着处理与各种公众的关系，其中包括股东、员工、立法者和新闻界，以致支持产品营销目的的公共关系方案被忽略了。营销管理者和公共关系执行者的想法并不总是一样的。很多公共关系执行者仅把他们的工作看作简单的沟通，相比之下，营销管理者更感兴趣的是广告和公共关系如何影响品牌的建立、销售额和利润以及顾客关系。

不过这种情况正在发生变化。尽管公共关系仍然仅占大多数企业整体营销预算的一小部分，但其在品牌建立方面正扮演着越来越重要的角色。公共关系是一个强大的品牌建设工具，尤其在当今的数字时代，公共关系与广告和其他内容的界限越来越模糊。例如，品牌主页、博客、品牌视频、社交媒体到底是广告行为还是公关行为，还是其他什么？这些都是营销内容。另外，随着共享型数字内容的快速增长，公共关系在营销内容管理方面正在发挥更大的作用。与其他部门相比，公关部门主要负责创造吸引消费者的相关营销内容，而不是把信息推送出去。"知道在哪里可以找到影响力和对话是公共关系的常用手段，"一位专家说，"公关专家是组织中讲故事的达人。一句话概括，他们创造内容。"[13] 问题的关键在于，公关应该在整合营销传播项目中与广告携手合作，以帮助顾客参与和建立顾客关系。

尽管大多数广告人员不同意"广告的衰落"这一说法，但是上述这个观点很好：广告和公共关系应该肩并肩地合作，共同塑造和保持品牌。

15.9 主要的公共关系工具

公共关系有几种工具（见图 15-3），其中一种主要工具是新闻。公共关系专家会挖掘或创造与企业、企业产品、员工有关的正面新闻。有时新闻是自然发生的，有时公关人员可以举办一些能制造新闻的事件或活动。另外一种常见的公关工具是特殊事件，从新闻发布会、演讲、品牌巡演、旨在触及和吸引目标公众的赞助活动。公共关系人员还会准备书面资料来触及和影响目标市场，这些资料包括年度报告、宣传册、企业报纸和杂志。视听资料，比如在线视频，也越来越普遍地被企业当作传播工具。企业形象识别可以帮助创造公众能够立即辨认的企业形象。商标、文具、宣传册、商业标牌、名片、建筑、制服、企业轿车和卡车都可以成为营销工具，因为它们具有吸引力、与众不同并且容易记忆。最后，企业可以通过为公共服务活动提供资金来提高公众的好感度。

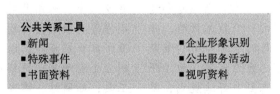

图 15-3 主要的公共关系工具

网络和社交媒体也是重要的公关渠道。网站、博客以及社交媒体，如 YouTube、Facebook 和 Twitter，都为企业提供了触及并吸引公众参与的新途径。

与其他推广工具一样，在考虑何时以及如何使用产品公共关系时，管理层应设定公关目标，选择公关信息和载体，实施公关计划并评估结果。企业的公关活动应与企业整合营销传播的其他活动协调一致地进行。

另一种常见的公共关系工具是特殊事件，通过新闻发布会、媒体专访行程、品牌开幕式以及赞助等，触及和吸引目标公众。

目标回顾

企业要做的不只是制造好的产品，还必须、告知消费者产品给他们带来的利益，以及谨慎地在消费者心目中进行定位。为了做到这一点，企业需要精通广告和公共关系。

1. 定义广告在促销组合中的作用

广告，即通过卖方付费的媒体对产品或组织进行通知性、说服性和提醒性的宣传，是一种非常有效的促销工具，传播营销人员为顾客创造的价值。美国营销人员每年花费 1 630 亿美元在广告上，而全球的广告支出超过 4 500 亿美元。广告有很多形式和用途。广告在商业企业中被广泛使用，而且很多非营利组织、专业人士和社会机构也使用广告，它们向各种目标公众宣传其目标和理想。公共关系，即通过引起消费者的正面注意树立良好的企业形象。尽管公共关系在引起消费者注意和建立消费者偏好方面有巨大的潜力，但是它目前仍是最少使用的营销工具。

2. 描述企业在制订广告方案时要做出的重要决策

广告决策包括对广告目标、预算、信息、媒体的决策和对结果的评估。广告主应该设置明确的目标、任务和时间安排，以及明确广告的目的是通知、说服还是提醒消费者。广告的目标是促使消费者向购买者准备阶段的下一个阶段移动（如第14章所述）。有些广告是为了推动消费者立即购买，但是，也有很多广告是为了建立或巩固长期的顾客关系。广告预算取决于很多因素。无论采用何种方法，制定广告预算都不是一件容易的事。

广告策略包括两个主要部分：创建广告信息和选择广告媒体。信息决策要求规划一个信息策略，并且高效地执行策略。在如今高昂的广告费用和嘈杂的广告环境之中，好的广告信息尤为重要。为了获得和保持消费者注意，广告信息要更好地规划，要更有想象力、更有趣，对消费者更有价值。事实上，很多营销人员现在都赞同一种新的被称为"麦迪逊+葡萄藤"的广告与娱乐的混合。媒体决策包括决定触及面、频率和影响力，选择主要的媒体类型，选择特定的媒介类型并决定媒体时间安排。信息的媒体决策必须协调发展，以达到最大的广告效应。

最后，结果评估要求评价广告前、广告中和广告后的传播与销售效果。广告贡献度成了很多企业热议的话题。逐渐地，高层管理者开始发问："我们的广告投资到底取得了什么回报，我们如何知道花的钱是否合适。"其他重要的广告问题包括广告组织和处理国际广告的复杂性。

3. 定义公共关系在促销组合中的作用

公共关系，即通过引起消费者的正面注意树立良好的企业形象。尽管公共关系在引起消费者注意和建立消费者偏好方面有巨大的潜力，但它目前仍是最少使用的营销工具。公共关系可用于促销产品、人员、地点、创意、活动、组织甚至国家。企业通过公共关系与消费者、投资者、媒体和行业团体建立良好的关系。公共关系能以较低的成本对公众意识产生极大的影响，有时其效果是惊人的。尽管公共关系只占大多数企业整体营销预算的一小部分，但它在品牌建立方面的作用变得越来越重要。在数字时代，广告和公共关系之间的界限越来越模糊。

4. 解释企业如何运用公共关系与公众沟通

企业通过设定公共关系目标、选择公共关系消息和工具、执行公共关系计划和评估公共关系结果来与公众进行沟通。为了达到这些目标，公共关系专业人士会采用几种工具，包括新闻、演讲和特殊事件等。企业同时还准备书面资料、视听资料和企业形象识别资料，以及向公共服务活动捐献金钱来树立企业形象。网络也变成了一个主要的公共关系工具，如网站、博客、社交网络为企业提供了接触顾客的新方式。

关键术语

advertising　广告
advertising objective　广告目标
advertising budget　广告预算
advertising strategy　广告策略
creative concept　创意概念
execution styles　执行风格
advertising media　广告媒体
return on advertising investment　广告投资回报率
advertising agency　广告代理商
public relations　公共关系（PR）

概念讨论

1. 列举广告目标的主要类型，并讨论如何制定合适的广告来实现这些目标。
2. 为什么广告媒体和创意部门的紧密合作非常重要？
3. 列出并描述广告商常用的5种广告执行方法，并结合电视广告来举例说明。
4. 企业如何评价一则广告的效果？
5. 在一个组织中公共关系的角色和作用是什么？
6. 讨论公共关系专家常用的工具。

概念应用

1. 选择两个平面广告（如杂志广告），基于广告诉求应具备的三个特征，分析该广告的广告诉求。
2. 商家会积极开发品牌网站以吸引消费者。寻找两个品牌网站，描述粉丝如何在网站上互动。
3. 小组讨论公共关系的主要工具，并为以下三个品牌开发公共关系工具：医院、饭店你选择的任意一个品牌。

技术聚焦

互联网有时会引发企业公共关系的噩梦。久负盛名的宝洁公司在发布明星产品帮宝适的最新产品"最干爽纸尿裤"（Pampers Dry Max）时，直接体会到了这一点。在25年的创新的推动下，新的纸尿裤比原先产品的体积缩小了20%，但是吸收能力更强，原因在于它加入了一种更具吸收力的化学凝胶来代替以前柔软的绒毛浆。但是新产品发布后不久，网上就出现了顾客关于尿布疹或化学烧伤的投诉。愤怒的父母在宝洁官网和Facebook上不断呼吁"请召回宝洁最干爽纸尿裤""抵制新型纸尿裤""请把原先的帮宝适还给我们"。主流媒体站在了不满意的父母一方开始传播新闻。消费品安全协会收到了近5 000位消费的投诉，其中80%都发生在宝洁新产品发布后的几个月内。随后，消费品安全协会公布信息表明新款纸尿裤和严重的尿布疹之间并无直接关系，但是这并不能阻止一些父母在互联网上呼吁抵制该产品，或者向律师征求诉讼建议。

1. 研究宝洁帮宝适新产品"最干爽纸尿裤"事件，宝洁应如何对此回应？写下你的个人体会。
2. 找出其他的互联网谣言事件，并讨论企业应如何采取有效措施来应对这类消极的互联网传闻。

道德聚焦

美国食品和药物管理局（FDA）正在寻求医生以对抗误导和欺骗消费者的处方药（DTC）广告以及其他针对医疗专业人员的促销活动。你可能在电视上看到万艾可、立普妥、伐尼克兰和其他处方类药物的广告。自从20世纪90年代末期FDA放松了对这类处方药广告的限制以来，DTC广告增长超过300%，并且在2009年花费了45亿美元。出于经济萧条的原因，这实际上比2006年的55亿美元的峰值低。FDA监管DTC广告和其他针对医疗专业人员的促销活动十分艰难，因此它发展了"不良广告计划"，并且花费了2010年的大部分时间来对医生进行该计划的教育。

1. 访问www.fda.gov并搜索"Bad Ad Program"，了解这个项目。FDA要求专业医生在DTC广告和针对他们的促销活动中寻找什么？这个计划可能被医药行业滥用吗？
2. 很多消费者不清楚 FDA 对于处方药广告的规定。该机构用一个平行项目（名为道德广告）来教育消费者并且鼓励他们揭发违法行为。访问 FDA 官网上的这个项目，看看正确和错误广告的示例并且使用这些指南来评估两个处方类广告。

营销和经济

麦当劳

尽管经济下滑，或许正是出于这个原因，麦当劳在近几年打败了竞争者。实际上，这个速食品巨头几乎拥有所有快餐食品。但是，令人吃惊的是，麦当劳的财务报表显示，麦当劳的高价、高收益产品比低价产品带来了更多的收入。在艰难的经济时期，麦当劳的广告策略专注于其传统的全价商品。第一个月宣传巨无霸，第二个月宣传麦乐鸡腿堡，接着宣传至尊牛肉堡。但是麦当劳并没有放弃其他食品。相反，它增加了对旗舰产品的营销力度。麦当劳竭尽全力从那些消费能力降低的高价格消费人群中获得收益。麦当劳相信人们更喜欢吃传统的食品来安慰自己。根据这个促销策略，这个"汉堡王"转向了一个完整的饮料菜单，包括拿铁和所有的水果沙拉，消费者将拥有一个真正的组合套餐。即使麦当劳从低价商品中获得的收益在减少，但整个企业的收益和利润仍然在增长。麦当劳的促销、定价和产品策略吸引了新的消费者，同时保留原本的菜单以鼓励现有的顾客消费，所有这些使得高管和特许经营者高呼"我爱它"。

1. 在这个营销活动中，麦当劳广告的目标是什么？
2. 在艰难时期传播价值时，是什么因素使得麦当劳的广告策略获得了成功？

营销数字

尼尔森确定的收视率对广告主和电视台来说都十分重要，因为这决定了在电视台播放广告所需要的费用。节目的收视率通过观看该节目的顾客样本除以总的顾客样本来得出，在美国这个数字是1.15亿。一个节目的观看比例由观看该节目的家庭数目除以当时使用电视的家庭数目得出。也就是说，收视率考虑了所有拥有电视的家庭，而节目观看比例只考虑当时开电视的家庭。收视率和比例一般会同时给出，例如，2010年9月某天晚上，一些主要的传播媒体的收视率和观看比例如下表所示。

网络	节目	收视率（%）
NBC	《周日橄榄球之夜》（周四比赛）	13.6/22
CBS	《老大哥》（第12季）	4.6/8
ABC	《勇敢向前冲》	3.1/5
FOX	《识骨寻踪》	2.9/5
The CW	《吸血鬼日记》	2.0/3

1. 如果一点收视率代表1%的电视家庭，那么有多少家庭在那天晚上观看橄榄球比赛？有多少家庭观看《吸血鬼日记》？
2. 以上5个网络总共有多少比例的观众？解释为什么这个比例比收视率高。

企业案例

新加坡酷航：模仿是最真诚的恭维吗

新加坡航空集团（SAG）决定推出一家廉价航空公司，以补充其优质服务的新加坡航空公司和地区性航空公司——胜安航空。此举旨在利用不断增长的廉价航空行业业务和满足对价格敏感的乘客的需求。服务于这两种极端需求，需要为低成本航空公司提供一个强大的品牌标识，以使其与姊妹航空公司区别开来，并减少混乱。

SAG 想要的不仅仅是一家低成本航空公司，更是一家与众不同的、让人耳目一新的航空公司，它针对的是那些时间充裕但手头拮据的年轻人和内心仍年轻的人，以及那些只想要一笔好交易的人。

2011年，酷航（Scoot）诞生并于2012年开始运营。这是一个古怪的、略显另类的名字，因为它代表了它的定位——无论何时你想要离开，都不用担心成本。最重要的是，这个名字很短但令人难忘。与它充满活力的个性相一致的是，它的空乘人员的衣着为黄色，与黑色相比，这是一种明亮、生动和快乐的形象。通过竞选活动，它将自己的态度定位为"酷"，反映了一种非传统的娱乐态度。

这种令人耳目一新的定位并没有被忽视。2014年，一家低成本美国航空公司似乎在各个方面都模仿了酷航。Spirit航空公司总部设在佛罗里达州，自20世纪80年代成立以来就决定将自己重新定位为一家有趣的航空公司。网站、标志、插图、图标、颜色，以及空乘人员的制服，Spirit重新命名的外观与酷航的风格相似。在广告中，Spirit甚至使用了同样的黄色字体，以及类似的手写黑色字体。

酷航的反应是什么？酷航并不认为这些品牌如此相似只是一个巧合。然而，它没有采取法律行动，而是决定采取一种更轻松幽默的方式。

酷航在Facebook上的一篇文章写道："一只黄色的小鸟告诉我们，一家美国航空公司看起来很眼熟。这看起来像是在宣传我们现在的活动。好吧，我们真的受宠若惊！"在一段类似半开玩笑的视频中，酷航的首席执行官坎贝尔·威尔逊比较了这两家航空公司的相似之处。他还感谢Spirit的首席执行官本巴尔丹扎将酷航的品牌推广到了世界的另一端。他还补充说，如果Spirit想要像酷航那样行事，"请把它做好"！

威尔逊仍以一种轻松愉快的方式给巴尔丹扎写了一封信，信中说："我必须表达我对您最近推出的品牌的赞赏，如果说实话，它看起来非常眼熟。它看起来非常像我们的航空公司自2012年以来一直在运营的品牌形象。正如他们所说，伟大的思想，是一样的！"

尽管Spirit承认两者有相似之处，但它补充说，其品牌和概念是独立开发的。Spirit将这两家航空公司称为"doppelgangers"（意思是"一个活人的幽灵替身"），而且它也用同样的方法来为顾客节省钱。

接下来的几个星期，酷航继续进行友好的活动，开玩笑并同时回应Spirit和公众。威尔逊在给巴尔丹扎的信中写道："我们可以是异母兄弟。"这是对Spirit "doppelgangers"的回应。酷航还向Spirit赠送了一款"酷航"创意工具包，"如何在5分钟内创建一个酷航广告"，并提供了一份指南，详细介绍了该企业的品牌标识、使用的字体以及推广活动所能接受的图片类型。它还派了一艘飞艇在Spirit总部上空盘旋，上面写着"嘿，Spirit，你不可能有我们的'酷'"，并有#FLYSCOOT印在一侧。

然而，在这些可能造成消费者困惑的物理相似性的背后，威尔逊想让公众知道的是，相似之处止于何处。威尔逊说："我们的低票价肯定有相似之处，很明显，在品牌和营销方面，Spirit是受到了启发从而改变了它的品牌。但我想这可能就是相似之处的终点。酷航在今年早些时候被评为2015年亚太地区最佳低成本航空公司。在最近的一次关于美国航空公司的民意调查中，Spirit以一种完全不同的方式脱颖而出。"威尔逊指的是Spirit在大多数顾客满意度调查中持续位于底层。

在酷航发射第一炮两周后，暴击在持续。酷航接受了787梦幻客机的交付，并宣布将其最新的飞机命名为"鼓舞人心的精神"。它公开邀请巴尔丹扎参加命名仪式，但他既没有回答也没有出席。

讨论题

1. 你同意酷航应该以幽默的方式对待Spirit而不是诉诸法律吗？为什么？这种挖苦的方法的优点是什么？
2. 你如何评价Spirit这种盲目的模仿行为？
3. 你认为接下来酷航应该做什么？

资料来源：Willem Smit and Christopher Dula, "Singapore Airlines' Branding of Its Low-cost Carrier," www.ft.com, 27 March 2014; Diane Leow, "Branding Not in the Spirit of Scoot, says US Budget Airline," *Channel News Asia*, 11 April 2015; Nisha Ramchandani, "Scoot Takes Another Spirited Jab at U.S.-based Spirit Airlines," *The Business Times*, 16 April 2015; Arlene Satchell, "Spirit, Scoot Airlines Banter Over their Similarities," *Sun Sentinel*, 21 April 2015; Harriet Baskas, "Scoot vs Spirit: Is Imitation the Sincerest Form of Flattery?" *USA Today*, 23 April 2015; "Scoot Takes a Jab at U.S. Airline Spirit for Copycat Branding," www.marketing-interactive.com, accessed on 28 April 2015.

第 16 章
人员销售和销售促进

┆学习目标┆

1. 讨论企业销售人员在创造顾客价值与建立顾客关系中的作用。
2. 识别并解释销售队伍管理的6个主要步骤。
3. 讨论人员销售的过程，区分交易导向营销和关系营销。
4. 解释销售促进方案是如何制订并加以实施的。

┆预习基本概念┆

在第14章和第15章中，你已经学习了如何通过整合营销传播和两种促销组合工具——广告和公共关系来留住顾客以及传递顾客价值。在本章中，我们将深入学习整合营销传播的另外两种工具——人员销售和销售促进。人员销售是整合营销传播中的人性化武器，即销售人员通过与顾客及潜在顾客接触从而建立顾客关系并实现销售。销售促进包括鼓励消费者购买产品或服务的短期刺激工具。尽管本章将人员销售和销售促进作为两种独立的工具来介绍，但实际上它们应该与整合营销传播组合的其他工具有机地结合起来使用。

每当有人提起"推销员"时，你会想到什么？也许是那种老式的"旅行推销员"的形象。但是今天，对大多数企业来说，人员销售在建立盈利的顾客关系中具有重要的作用。以特百惠为例，它是一家领先的容器制造商，它利用亚洲的社交网络关系来销售其产品。

特百惠：利用印度尼西亚女性的社交网络

特百惠是一家领先的厨房用具和容器制造商，它采取了一种利用社交网络的商业模式，在包括印度尼西亚在内的几个亚洲市场上有很坚实的立足点。

在印度尼西亚，特百惠采用直接营销的模式，现今拥有25万人的强大销售团队，而在2003年只有2 000人。2012年，印度尼西亚超过德国成为特百惠最大的市场，同时也使亚太地区成为其最大的市场。现在许多印度尼西亚的女性更多的是处理家庭事务，倾向于在家里抚养孩子，就像20世纪60年代初的美国一样。这为女性销售人员主导的聚会创造了合适的听众，这些女性销售人员已经超越了保守的社会规范，进入了工作环境。事实上，特百惠一直鼓励女性打破工作带来的不安全感。它的"信心链"活动通过播放对改变了自身生活的女性销售员的访谈视频来帮助女性增强信心。它为印度尼西亚提出了"特百惠，她可以的"的口号，并向该国女性发布了励志视频。

特百惠成功的原因是什么？它的社交网络的概念类似于印度尼西亚传统的女性聚会活动"arisan"。这样的活动不仅能帮助特百惠聚集受众，而且是招募新代理人的有效场所，这些新代理人可以与其他朋友群体举行类似的聚会，扩大特百惠的代理范围。女性销售员利用这些聚会不仅增加了产品的曝光度，而且发掘和招募了新的女售货员，而新的女售货员又会在她们的其他朋友群体中做同样的事情。

在印度尼西亚，一些"arisan"像非正式的银行一样，女性在每次聚会时汇集资金，并把资金交给每次聚会的一名参与者。这有助于顾客购买更昂贵的特百惠的产品。除了产品耐用之外，特百惠在印度尼西亚的成功还在于它的女性销售队伍。多年来，印度尼西亚女性被赋予的社会角色是妻子和母亲，而在有一半的人口每天的生活费不到2美元的情况下，加入特百惠的销售队伍成了摆脱贫困的一条道路。

特百惠的销售人员认为加入特百惠改善了他们的财务状况和偿付能力，97%的人认为他们的财务状况发生了积极的变化，同时有70%的人报告称他们具有了储蓄能力。

通过为女性提供经济独立的机会，特百惠的女性销售员感到她们在家庭中变得更加受人尊敬和赏识，并成了孩子的榜样。她们对自己的能力也越来越自信。特百惠的培训帮助她们更好地承担母亲、家庭主妇和销售员的职责。[1]

在本章中，我们将探讨另外两个促销组合工具：人员销售和销售促进。人员销售是指通过与顾客及潜在的顾客互动来达成销售并维持顾客关系。销售促进包括激励顾客购买产品、经销商提供支持以及销售队伍付出努力的短期刺激。

16.1 人员销售

罗伯特·路易斯·史蒂文森（Robert Louis Stevenson）曾经说过："每个人都靠卖东西为生。"全世界的企业都使用销售力量将产品和服务出售给企业顾客与最终消费者，但销售团队在一些其他类型的组织中也大量存在。比如，高校通过招募人员来吸引新学生，教堂通过成员协会来吸收新成员，博物馆和艺术组织通过募捐会来吸引捐赠者并获得捐赠，甚至政府也需要销售团队，比如地区经济发展委员会雇用顾客经理来吸引潜在的投资者。在本章的第一部分，我们将探讨人员销售在组织中扮演的角色、销售人员管理决策和人员销售过程。

16.1.1 销售人员的性质

人员销售（personal selling）是世界上最古老的职业之一。从事销售职业的人员有很多称谓，诸如销售人员、销售代表、地区经理、顾客主管、销售顾问、销售工程师、代理商和顾客开发代表等。

人们对于销售人员有很多刻板的印象，其中有一些印象是负面的。销售人员被形容为一意孤行的人，在自己的销售区域内奔波，试图把产品卖给那些没有戒备或者不太情愿购买的顾客。但是，绝大多数销售人员都与这些刻板形象相去甚远。大多数销售人员都是受过良好教育和培训的专业人士，他们为顾客提供价值增值并维持与顾客的长期关系。他们倾听顾客的需求，评估顾客的需要，并且通过企业的力量来解决顾客面临的问题。

对于波音来说，销售单价至少为1.5亿美元的高科技飞机只靠温暖的笑容是不够的。与航空公司、政府以及军队这些顾客做的任意一笔交易都可以使波音轻松获得数十亿美元。波音的销售人员组建了一个由企业专业人士组成的全面职能小组，包括销售及服务技术人员、金融分析师、战略策划及工程师。小组成员都致力于寻找让顾客满意度最大化的方法。从顾客的角度来看，购买一批客机的决定需要企业各个层级的几十个或上百个决策者共同参与，其中涉及许多既明显又微妙的关系。销售过程很缓慢——从第一次销售推介到宣布销售达成的那天往往会耗时两三年。拿到订单以后，销售人员必须同顾客保持持续的接触，记录企业顾客的设备需求并确保顾客时刻满意。销售人员面临的最大的挑战其实是通过与顾客建立长期且牢固的关系来促使其购买，这一顾客关系基于优秀的产品和紧密的合作。

销售人员（salesperson）一词的含义很广泛。在一个极端定义中，销售人员很可能是一个接单员，例如那些站在百货商店柜台后面的售货员。在另一个极端定义中，销售人员可能是订单创新者，他们的职位需要创造性销售、社交销售，并为诸如家用电器、工业设备、飞机、保险和信息技术服务等产品与服务建立联系。本章我们更加关注有创造性的销售，以及组建和管理高效销售团队的过程。

16.1.2 销售团队的角色

人员销售是促销组合中的人际方式。广告包含目标顾客之间单向的、非人员的沟通交流。相反，人员销售需要销售人员和顾客建立双向的人际交流与沟通——无论面对面、通过手机或邮件，还是利用社交媒体、视频或在线会议等其他途径。人员销售在复杂的销售情况下会更有效。销售人员可以通过详细了解顾客的问题来更深入地分析顾客，适时调整营销方案以满足每位顾客不同的需要。

人员销售的角色在不同企业之间有所不同。一些企业甚至没有销售人员，比如那些仅仅通过在线销售，或通过目录、制造商代表、销售代理或者经纪人进行销售的企业。然而在大多数企业中，销售人员都起着非常重要的作用。在 IBM、华为或者 NEC 这样为其他企业提供产品和服务的企业中，其销售人员是直接与顾客一起工作的。而像宝洁、索尼和耐克这样的消费品企业，其销售人员则在幕后发挥着重要作用——他们与批发商和零售商一起工作，以获得对方的支持并帮助对方更高效地向最终购买者销售企业产品。

连接企业与顾客

销售人员是企业与其顾客之间的重要纽带。在很多情形下，销售人员同时服务买家和卖家。首先，在顾客面前，他们是企业的代表。销售人员寻找并开发新顾客，与他们就企业的产品和服务进行信息沟通。销售人员通过接触和吸引顾客、推介产品、咨询答疑、就价格和产品进行谈判来销售产品。此外，销售人员还为顾客提供服务并进行市场调研和情报收集工作。

与此同时，销售人员对企业来说又代表着顾客，他们在企业内部维护顾客的利益并管理买卖双方的关系。销售人员接收顾客对于企业产品的想法，并将这些想法反馈给企业内部可以处理这些问题的人。他们了解顾客的需求，与企业内部各个部门的同事合作以开发更大的顾客价值。

事实上，对于许多顾客来说，销售人员就是他们所能看到的企业的唯一，因此顾客可能对销售人员忠诚。这种销售人员独享的忠诚甚至比销售人员建立顾客关系的能力更重要。顾客与销售人员之间的牢固关系将带来顾客与企业及其产品之间同样牢固的关系。如果顾客与销售人员之间的关系不佳，也可能导致顾客与企业及其产品之间的关系不佳。

16.2 管理销售队伍

我们将**销售队伍管理**（sales force management）定义为对销售队伍的活动进行分析、规划、实施和控制。它包括设计销售队伍的战略和结构，对企业的销售人员进行招聘、筛选、培训、偿付、督导和评估。主要的销售队伍管理步骤如图 16-1 所示，我们会在接下来的部分逐一讨论。

图 16-1　销售队伍管理的主要步骤

16.2.1　设计销售队伍的战略和结构

营销经理经常会遇到以下几个有关销售队伍的战略和设计的问题：如何组织销售人员的任务及其任务结构？销售队伍的规模应该有多大？销售人员应该单独活动还是同企业的其他人员组成团队来工作？他们应该实地营销或通过电话营销，还是在线销售或利用社交媒体？接下来我们将会解决这些问题。

1. 销售队伍结构

企业可以根据产品线对销售队伍的职责进行划分。如果企业在不同区域内对同一行业的顾客销售同一产品线，那么结构决策就很简单，只需要采用"区域销售队伍结构"即可。然而，如果企业对不同类型的顾客销售多种产品，那么它可能需要"产品销售队伍结构""顾客（或市场）销售队伍结构"，或者是这两者的结合。

（1）区域销售队伍结构。在**区域销售队伍结构**（territorial sales force structure）中，每位销售人员都被指派到一个特定的地理区域并向该区域内所有的顾客销售企业全部的产品和服务。这种结构明确定义了每位销售人员的工作和固定的职责，也激发了销售人员同当地顾客建立长期的商业关系并提升销售业绩的热情。由于每位销售人员仅在有限的地理区域内活动，因此差旅费用相对较低。

区域销售队伍结构通常需要层层设置销售经理。每位区域销售代表需要向地区经理报告，地区经理又向大区经理汇报，而大区经理也需要向销售总监汇报工作。

（2）产品销售队伍结构。在产品种类繁多且复杂的情况下，销售人员必须了解产品。这样的要求以及日益发展的产品管理一起促使许多企业采取**产品销售队伍结构**（product sales force structure），按照产品线对销售人员进行分配。例如，东芝的电视和冰箱产品线可能会有不同的销售团队。

然而，当一个大顾客购买许多企业的产品时，产品销售队伍结构可能会导致一些问题，很有可能销售人员不约而同地在同一天拜访同一个顾客，这意味着他们走同样的路，等着见同一家企业的采购负责人。在这些额外的成本和更好地了解并关注每种产品之间，企业必须仔细权衡。

（3）顾客（或市场）销售队伍结构。越来越多的企业现在采用**顾客（或市场）销售队伍结构**（customer (or market) sales force structure），按照顾客或者行业对销售人员进行划分。对于不同行业的顾客、现有的顾客和潜在的顾客、大顾客和普通顾客等，企业都会组建独立的销售队伍。

依据顾客来划分销售队伍可以帮助企业更好地做到以顾客为中心，并与重要的顾客建立紧密的关系。请看 IBM 的例子。

- - - - - - - - - - - - - - - -

IBM 将其销售队伍结构从产品销售队伍结构转变成了顾客销售队伍结构。在转变之前，企业的软件、硬件和服务部门的不同销售人员可能会同时去拜访同一个大顾客，最后搞得一团混乱。这些大顾客希望看到的是"同一张面孔"，他们希望只同企业一个部门的人员联络以解决所有的产品和服务问题。销售队伍重组后，每个大顾客将只需要面对一个顾客经理，由他带领的一个 IBM 团队包括产品人员、系统工程师、顾问和其他人员，他们将和顾客一起工作。该顾客经理将成为顾客所在行业的专家，他负责把握和顾客之间的商业联系。这种对顾客的密切关注被认为是近年来 IBM 业绩奇迹般回升的主要原因。

（4）复合式销售队伍结构。当企业在不同的区域内向各种不同的顾客销售多种多样的产品时，它通常会综合使用几种销售队伍结构。销售人员可以根据顾客–区域、产品–区域、产品–顾客，或者产品–区域–顾客进行划分。没有哪种单一的结构可以满足所有顾客的需要。企业必须选择能更好地满足顾客需求并与企业总体营销战略相匹配的销售队伍结构。

2. 销售队伍的规模

当企业确定了其采用的销售队伍结构之后，就应该考虑并确定其销售队伍的规模。销售队伍可能从几个人到成千上万人不等。销售人员是企业最富有生产力同时也是最昂贵的资产之一，增加销售人员的数量就意味着在提高销售额的同时也提高了成本。

企业可能会采用工作量法来确定销售队伍的规模。采用这种方法，企业首先要做的是按照规模、现状或者其他与维系顾客所需的工作量相关的因素对顾客进行分类，然后确定对每一类顾客完成目标拜访次数需要多少销售人员。

企业将会按以下方法计算：假设企业有 1 000 位 A 类顾客和 2 000 位 B 类顾客，A 类顾客每年需要拜访 36 次，B 类顾客每年需要拜访 12 次。在这种情况下，销售队伍的工作量（每年必须完成的拜访次数）就是 60 000[(1 000 × 36) + (2 000 × 12) = 36 000 + 24 000 = 60 000] 次。假设企业的销售人员平均每人每年可以拜访顾客 1 000 次，则企业总计需要 60（= 60 000 ÷ 1 000）名销售人员。[2]

3. 有关销售队伍战略和结构的其他问题

销售经理需要决定销售活动涉及的人员，以及不同的销售人员和销售支持人员的合作方式。

（1）外勤和内勤销售人员。企业可以通过**外勤销售人员**（outside sales force（or field sales force））进行销售，也可以通过**内勤销售人员**（inside sales force）销售，或者两者兼而有之。外勤销售人员四处奔波、拜访顾客，而内勤销售人员通过电话、在线社交媒体或者接待顾客来访完成销售。

一些内勤销售人员会为外勤销售人员提供支持，使得外勤销售人员能够将更多的时间用在服务现有的主要顾客和挖掘新顾客上。例如，技术销售支持人员提供相关的技术信息，并解答顾客的疑问；销售助理为外勤销售人员提供调研和行政方面的后援支持，他们预约并确认拜访事宜、监督发货并在外勤销售人员缺席的时候回答顾客的问题。

还有一些内勤销售人员不仅提供支持。电话销售和网络销售人员通过电话、互联网以及社交媒体寻找新的销售线索，了解顾客所需，或者自己直接完成销售和服务顾客。对于那些小型的、难以接触的顾客，电话销售和网络销售十分有效，可以有效降低成本。比如，一个电话销售人员每天可以接触 20 ~ 33 个决策者，而外勤销售人员平均只有 4 个。同时，由于 B2B 销售人员拜访顾客的平均成本接近 600 美元甚至更多，而电话销售或者网络销售的成本平均只有 20 ~ 30 美元。[3]

除了节省开支以外，在当今数字化、移动化和社交媒体的大环境下，相比于曾经必需的高成本的登门拜访，现在很多顾客倾向于甚至可以说更喜欢通过电话和网络进行联系。如今顾客更喜欢通过网络自行收集信息，他们习惯使用手机、网络以及社交媒体与卖家进行交流并完成交易。但是，由于人际关系在社交驱动文化中非常重要，面对面接触对于建立和管理顾客关系以及完成交易都是非常重要的。实际上，建立关系网并保持和顾客的联系本身就意味着一个庞大的销售队伍。

（2）团队销售。当产品越来越复杂、顾客的需求越来越多时，单独一位销售人员可能无法满足这样一位大型顾客的所有要求。事实上，越来越多的企业正在利用**团队销售**（team selling）来为大型的、复杂的顾客提供服务。销售队伍可以发现单个销售人员无法找到的问题、办法以及销售机会。这样一个团队可能包括企业各个层次、各个领域的专家——销售、营销、技术与服务支持、研发、工程、运营、财务以及其他部门。在团队销售下，销售人员从"独奏者"变成了"乐队成员"。

在很多情况下，企业这种向团队销售的转化反映出采购部门的变化趋势。当越来越多的买家采用或者有意采用跨职能采购团队的时候，卖家将雇用销售队伍，从而更有效地向买家进行销售。例如，宝洁将其销售人员编入不同的"顾客业务开发"团队中，每个团队分别服务于宝洁的一个重要顾客。该团队包括顾客业务开发经理、几个顾客经理（每个人负责一个特定的宝洁产品类型）以及营销战略、运营、信息系统、物流和财务部门的成员。团队销售的模式也有不足之处。那些习惯独立拥有顾客关系的销售人员可能很难适应在团队里工作并信任其他成员。最后，评估每个成员对团队销售业绩的贡献也很困难，这可能会导致颇为棘手的报酬问题。

16.2.2 对销售人员的招聘和筛选

招聘、筛选好的销售人员是影响所有销售团队成功与否的最核心的问题。一个平庸的销售人员和一个销售高手在业绩上可能有天壤之别。在通常的团队销售中，排名前 30% 的销售人员的销售量可以占总销售量的 60%。因此，谨慎挑选销售人员将有助于企业大大提高整体的销售业绩。除了业绩上的差异之外，选聘不力还将导致很高的人员流动率，从而造成巨大的成本损失。当一个销售人员离职时，重新寻找和培训一个销售人员的成本巨大（将销售损失也计算在内），而且，一支由很多新人组成的销售队伍的生产率极其低下，人员流动率过高还会破坏重要的顾客关系以及降低团队士气。

什么特质使得销售大师与众不同？为了发现顶级销售大师的特征，盖洛普管理咨询公司对数十万销售人员进行了调查。结果显示，业绩最优秀的销售人员具备四种关键的特征：内在的动力、自律的工作方式、达成交易的能力，以及最为重要的与顾客建立良好关系的能力。[4]

最优秀的销售人员受到内在动力的激励。"不同的东西能够激励不同的人——自豪感、幸福、金钱以及你能说出名字的一切东西，"一位专家说，"但是所有伟大的销售人员都具有一个共同点，那就是永无止境地追求卓越。"有些销售人员想要得到金钱、认同或者竞争和胜利的满足感，还有一些销售人员希望提供服务和建立联系。最优秀的销售人员拥有所有这些动力的一部分。

无论什么样的动力，销售人员都必须拥有自律的工作方式。如果销售人员不能集中精力、不努力工作，就无法满足当今顾客提出的越来越多的要求。伟大的销售人员一丝不苟地制订计划，并且按时、清晰和有条理地完成计划。

如果销售人员不能达成交易，那么任何技巧都是没有意义的。什么是一个好的交易完成者？其中一个方面是坚持不懈。"伟大的交易完成者就像是优秀的运动员，"销售顾问说，"他们从不害怕失败，不达目的决不罢休。"伟大的交易完成者具有很强的自信，确信自己正在做的事情是正确的。

也许更重要的是，杰出的销售人员是卓越的顾客问题解决者和顾客关系建立者。他们理解顾客的需求。在对销售经理们进行访谈时，他们对最优秀的销售人员给出了如下描述：善于倾听、富有同情心、有耐心、细致周到、积极响应。优秀的销售人员将自己置于买家的位置，从顾客的视角来看待问题，他们不仅希望被喜爱，更希望可以为顾客增加价值。

在招聘的时候，企业应该分析销售工作本身的需要和那些在企业中最成功的销售人员的特点，从而确定企业所在的行业中一个成功的销售人员需要具备哪些特质。继而，企业必须招聘正确的销售人员。企业的人力资源部门可以通过内部销售人员举荐来招聘新人，也可以通过职业介绍机构、网络搜寻和在线社交媒体，或者在企业网站及行业媒体上发布招聘广告，也可以招聘大学毕业生。另外一种方式是直接吸引其他企业的出色的销售人员，在其他企业已经非常出色的销售人员只需要很少的培训并且可以很快产生效益。

一个职位可能会有很多申请者，企业必须从中挑选出最好的申请者。筛选的过程多种多样，可能仅仅是一次非正式的会面，也可能是一次详尽的测试和面谈。很多企业会对面试者进行正式的测验，这种测试通常考察面试者的销售能力、分析和组织能力、个性特征和其他一些特点。但是测试分数仅仅提供了关于个人性格、工作经历和面试回应中的片面信息。

16.2.3 对销售人员的培训

新的销售人员可能在任何地方接受培训，培训时间少则几周、几个月，多则一年以上。在亚洲，跨国企业在培训上会比本土企业花费更多的时间。另外，大多数企业都会在员工的整个销售生涯中通过座谈会、销售会议和网络在线学习等方式对其进行持续不断的培训。本章开篇的案例就是一个很好的例子。

培训有多个目的。首先，销售人员需要了解顾客并且明白如何同他们建立关系。因此，培训项目必须教会他们不同的顾客类型及其相应的需求、购买动机和购买习惯。培训项目还应该教会销售人员如何有效地销售，以及销售过程中的基础知识。销售人员同样需要了解和认识企业、企业的产品和竞争者。一项有效的培训项目应该帮助他们了解企业的目标、组织以及主要竞争对手的产品、市场和战略。

今天，很多企业正在使用在线培训方式。在线培训可能包括简单的基于文本和视频的产品培训和基于网络的培养销售技巧的销售练习，也可以包括重现真实销售情境的复杂模拟情境练习。

在线培训相对于实地培训能够节省差旅费以及其他培训费用，并且这种方式也更少占用销售人员的时间。它同样能够使得销售人员按需接受培训，让他们无论何时何地都可以按照自己的需要接受短时间或长时间的培训。大多数在线培训都是基于网络的，而且很多企业现在通过移动数字设备来按需提供培训。

16.2.4 销售人员的报酬

为了吸引优秀的销售人员，企业必须制订一个有吸引力的薪酬方案。薪酬由以下四部分组成：固定工资、变动工资、费用报销以及额外福利。固定工资是销售人员获得的稳定收入。变动工资可能是以销售业绩为基础的佣金或者奖金，是对销售人员付出的努力和取得的成功的回报。

管理层必须决定对于每一个销售职位来说，什么样的薪酬结构最为可行。将固定工资和变动工资进行不同的组合可以产生四种不同类型的薪酬方案——固定工资制、纯提成制、工资加奖金以及工资加提成。一项关于销售人员薪酬方案的研究结果表明，70%被调查的企业使用基本工资和激励薪资相结合的方式。平均来说，薪酬结构大多数由60%的基本工资和40%的激励薪资构成。[5]

销售人员的薪酬方案不仅可以激励他们工作，而且直接影响着他们的行为。薪酬方案应该能指导销售人员朝着与销售团队整体及销售目标一致的方向努力。例如，如果企业的战略是吸引新顾客、快速增长、迅速占领市场份额，那么薪酬方案就应该包括高比例的提成并加上新顾客开发奖金，以鼓励销售人员提高销售业绩及开发新顾客。相反，如果企业的战略是从现有顾客身上获得最大化的利润，那么薪酬方案应该包括较高的基本工资加上对现有顾客的销售业绩和令顾客满意的额外的奖金激励。

事实上，越来越多的企业都不再使用高比例提成方案，因为这会鼓励销售人员更加注重短期目标。它们担心若是销售人员太过于心急要完成一笔销售，反而会破坏良好的顾客关系。相反，现在企业正在设计可以鼓励销售人员重视建立顾客关系，并且为每一个顾客提供长期价值的方案。

16.2.5 对销售人员的督导和激励

对于一个新的销售人员来说，企业除了需要为其划定销售区域、确定薪酬方案、进行销售培训之外，还需要对他们进行督导和激励。督导的目标是帮助销售人员"聪明地工作"，用正确的方法做正确的事情；激励的目标是鼓励销售人员"努力地工作"，精力充沛地为达成销售目标而努力。如果销售人员不但聪明而且努力地工作，他们将会最大限度地发掘出自身的潜力，为自己和企业创造利润。

1. 督导销售人员

各个企业对销售人员的督导程度是不同的。有的企业帮助销售人员确定目标顾客和制定拜访规范，有的企业还规定销售人员应该花费多少时间来开发新顾客以及在时间管理方面应优先考虑的事情。常用的一种工具是周、月度、年度拜访计划，它规划了销售人员应该对哪些现有和潜在顾客进行拜访以及应该进行哪些活动。另外一项工具是时间—责任分析法。除了花费在销售上的时间之外，销售人员还要出差、等候见面、休息以及处理一些行政琐事。

图 16-2 显示了销售人员怎样分配他们的时间。企业总是在不断寻求节省时间的方法——简化行政职责，寻找更好的销售拜访和路线计划，提供更多且更有效的顾客信息以及使用电话、电子邮件或者视频会议替代出差。

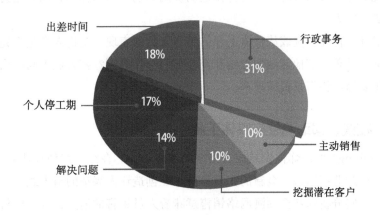

图 16-2　销售人员如何分配时间

很多企业采用了销售自动化系统，对销售人员的操作进行计算机化和数字化，以便使销售人员随时随地都能高效地工作。企业基本上都为销售人员配备了新一代的科技设备，比如笔记本电脑、智能手机、无线网络连接、网络视频会议摄像头和顾客联络及顾客关系管理软件。有了这些科技设备的协助，销售人员可以更加有效且高效率地了解现有顾客和潜在顾客、分析与预测销售额、安排销售拜访、做演示、准备销售和开支报告以及进行顾客关系管理。销售自动化不仅能帮助销售人员更好地管理时间、提升顾客服务、降低销售成本，还能提高销售业绩。[6]

2. 激励销售人员

除了对销售人员进行督导以外，管理者还必须对他们进行激励。管理者可以通过组织氛围、销售定额和一些积极的激励措施来激发销售人员的士气与提高绩效。组织氛围是指销售人员对于良好的业绩机会、价值和回报的感受。将销售人员看作价值贡献者并为销售人员提供近乎没有限制的加薪和升职机会的企业将会获得更好的销售业绩及更低的人员流动率。

许多企业通过**销售定额**（sales quotas）来激励销售人员。它规定了每个销售人员应该销售企业的哪些产品以及最低的销售额。薪酬常常是与销售人员完成销售定额的情况挂钩的。企业还运用各种正向的激励方式来鼓舞销售人员。销售会议为销售人员提供了一个不同于日常例行工作的社交场合，他们有机会同企业的重要人物进行交流，发表自己的感受并使自己融入一个更大的团体。企业还可以通过举办销售竞赛来激发销售人员超乎寻常的工作业绩。其他的一些激励还包括荣誉头衔、奖品或者现金奖励、旅游和利润分享计划。[7]

16.2.6 对销售人员的评估

我们先前已经讨论了管理者如何确定销售人员的任务以及如何对他们进行激励。在这个过程中同样需要好的反馈，这意味着企业需要经常获得关于销售人员的信息，从而便于对他们进行评估。

管理者可以通过几种途径获得关于销售人员的信息。最重要的途径是通过销售报告，包括每周或者每月的工作计划以及更长期的区域营销计划。销售人员还可以在他们的拜访报告中列出他们完成的活动，填写报销单并获得部分或者全部的报销金额。企业还可以监督销售人员负责区域内的销售额和利润情况。此外，企业还可以从个人观察、顾客调研以及同其他销售人员的谈话中获得信息。

通过各种各样的报告和信息，管理者可以对个体销售人员进行评估。主要的评估内容是销售人员制订并执行计划的能力。正规的评估要求管理者制定并传达明确的判别业绩的标准，同时也为销售人员提供建设性的反馈，并激励他们更加努力。

从更广泛的层面来看，管理者应该从整体上评估销售人员的表现。销售人员是否完成了顾客关系、销售额和利润各方面的目标？是否与其他区域的营销和企业部门合作顺利？销售成本与产出是否一致？和其他的营销活动一样，企业想要衡量销售投资回报率。[8]

16.2.7 社交营销：在线、移动和社交媒体工具

社交营销（social selling）的爆炸性发展成为当下的销售趋势。在线、移动和社交媒体被用来开发顾客、构建牢固的顾客关系、增加业绩销售。全新的销售科技正在创造让人兴奋的新方式，以在数字和社交媒体时代与顾客联系和互动。一些分析师甚至预测网络销售意味着人员销售的消失，因为销售人员最终被网站、在线社交媒体、移动顾客端、视频和会议技术，以及所有能直接接触到顾客的工具所取代（见实战营销 16-1）。但是在线和社交媒体技术不会让销售人员过时，如果使用得当，它们反而会让销售人员更加高产、高效。

| 实战营销16-1 |

B2B 销售人员：在这个数字化和社交媒体时代，谁还会需要他们呢

我们应该很难想象没有销售人员的世界会是什么样子。但一些分析师认为，10 年后销售人员会比现在少得多。随着互联网的飞速发展，移动设备以及其他技术把顾客与企业直接联系起来，分析师们质疑谁会再需要 B2B 销售人员呢？据质疑者所言，销售人员正在迅速地被网站、电子邮件、博客、移动应用、视频分享、虚拟贸易展示、Facebook 和领英等社交网络以及一系列其他的新型交互工具所取代。

调研企业 Gartner 预测，到 2020 年，85% 的商业互动将不再需要人力执行，需要的销售人员更少。该企业声称当下美国 1 800 万销售人员中将只有 400

万人留下。"世界不再需要销售人员,"一位灾难预言家大胆预测说,"销售是正在被淘汰的职业,很快就会像油灯和转盘电话那样过时。"另一位灾难预言家说:"如果我们不能比计算机更快地发现和满足需求,那么我们也会被淘汰。"

B2B销售真的要被淘汰了吗?互联网、移动技术和在线网络能取代B2B销售吗?为了回答这些问题,《销售力》杂志邀请了一部分销售专家进行专家组座谈,并让他们给出未来B2B销售所占的比重。专家组同意技术进步从根本上改变了销售职业。如今人们交流方式革命性的改变正影响着商业的每个方面,包括销售。

B2B销售会终结于互联网时代吗?《销售力》杂志专家组建议,不要相信这一点。科技、网络和社交媒体并不会迅速取代人与人之间的交易。专家组承认销售已经被改变了,科技可以在很大程度上增强销售过程,但科技并不能取代销售人员。"互联网能获取订单和宣传内容,但不能发现顾客需求,"一位专家说,"互联网不能建立关系,不能自发寻找顾客。"另一位专家补充说:"必须有人定义企业的价值定位和独特信息并将之传递至市场,而这样的人就是销售代表。"

正在被淘汰的是专家所说的扮演维护顾客角色的人——在周五拜访顾客的办公室并问"嘿,有什么需要帮忙的吗"以此来获取订单的人。这样的销售人员不能创造价值,可以很容易被自动化所取代。然而,精通获取新顾客、管理关系和增长现有顾客价值的销售人员一直是紧缺的。

毫无疑问,技术确实正在改变销售职业。不同于以往对销售人员的基础信息和指导的依赖,现在顾客能通过网络搜索、线上社区联络和其他方式自己做出很多购买前研究。很多顾客现在通过网络开始其销售流程,在首次会面前就已经对问题、企业的竞争产品和供应商有所了解。他们不需要基本信息或有关产品的指导,而是需要解决方案和新的视野。所以,如今的销售人员需要"进入发现和关系建设阶段,找到顾客痛点并聚焦于潜在顾客的业务",一位专家说。

与其说技术在取代销售人员,不如说技术在提升销售人员。销售人员现在所做的与其从前一直在做的从根本上来说没有差异。他们做的始终都是顾客调研和社交工作,只不过现在他们的工作方式更为多样——使用更多的高科技工具和应用。

例如,许多企业都在快速开展基于线上社区的销售。企业管理软件制造商SAP于5年前建立了自己的线上社区EcoHub——一个包含软件专家、合伙人和任何想要加入者的自有社交媒体市场。EcoHub社区成长飞速,已经在200个国家有200万用户,并在更广泛的网络中延伸,如一个专业网站、移动App、Twitter渠道、领英群组、Facebook和谷歌页面、YouTube渠道等。EcoHub有600个"方案商城",访问者能轻松地发现、评估和购买SAP及其合作伙伴的软件解决方案与服务。EcoHub还让用户对从其他社区成员处获得的方案和建议进行排名及分享。

SAP惊讶地发现,其最初对EcoHub社区的定位只是一个为顾客提供讨论问题及解决方案的场所,但是实际上它成了一个重要的销售点。信息、双向讨论和现场实时对话吸引了很多顾客,甚至带来了2 000万~3 000万美元的销售额。实际上,EcoHub社区现在已经演变成SAP商城,这是一个顾客可以与SAP接洽,合作伙伴和其他所有人都可以分享信息、发表评论、发现问题以及评估和购买SAP解决方案的庞大的SAP市场。

尽管EcoHub带来了新的潜在顾客并引领他们走过产品发现和评估的前期阶段,但EcoHub并不能取代SAP或其合作伙伴的销售人员。相反,EcoHub扩大了他们的作用范围并提高了他们的效用。EcoHub的真正价值是为SAP及其合作伙伴的销售人员带来了如潮水般的销量。一旦潜在顾客在EcoHub上发现、讨论、评估SAP解决方案,SAP就邀请他们初步接触、询问建议或开启谈判过程,这正是人员销售开始的地方。

所有这些都表明B2B销售没有被淘汰,只是被改变了而已。在适应数字和社交媒体时代的销售时,销售工具和技术或许会以不同的形式出现,但专家组强烈认同B2B营销人员离不开强大的销售队伍。无论如何,能够发现顾客的需求、解决顾客的问题和建立顾客关系的销售人员,总是被企业所需且能够获得成功的,尤其对于那些能签下大订单的B2B销售人员来说,"所有这些新技术都会通过在与顾客初次会面前建立紧密的联系而让销售变

> 得更容易，但当需要签字的时候，仍然需要一名销售人员在那里"。
>
> 资料来源：Based on information from Lain Chroust Ehmann, "Sales Up!" *SellingPower*, January-February 2011, p. 40; Gerhared Gschwandtner, "How Many Salespeople Will Be Left by 2020?" *SellingPower*, May-June 2011, p. 7; Neil Baron, "Death of Sales People?" Fast Company, August 17, 2013, www.fastcompany.com/3020103/death-of-the-sales-people; "Getting Started with SAP EcoHub," http://ecohub.sap.com/getting-started, accessed November 2013; "SAP EcoHub to the SAP Store: The Evolution of the Online Channel at SAP," *YouTube*, accessed in June 2014; and https://store.sap.com/, accessed in September 2014.

新的数字化科技为销售人员提供了识别和了解潜在顾客、与顾客交流、创造顾客价值、完成销售以及培养顾客关系的强大的工具。社交营销技术为销售队伍带来了巨大的组织化效益。它们帮助销售人员节约宝贵的时间，省下差旅费用，并为销售人员提供销售和服务的新工具。社交营销并没有真正改变销售的基本面。销售队伍始终承担着与顾客接触和管理顾客关系的基础责任。现在，这部分责任更多的是通过数字化实现的。然而，在线和社交媒体正在戏剧性地改变顾客的购买模式，因此，它们也在改变销售流程。在当今的数字世界里，许多顾客不再像以前那样依赖销售人员提供的信息和帮助。相反，他们在购买过程中——尤其在早期阶段——进行更多的自主购买。他们越来越多地利用网络和社交媒体资源来分析自己产品的问题，研究解决方案，从同事那里得到建议，并在与销售人员交谈之前对购买方案进行排名。一项对商业买家的研究发现，92%的买家会在网上搜索，平均而言，买家在与供应商联系之前已经完成了近60%的购买过程。[9]

因此，相比过去只能从销售代表那里得到宣传册、定价和产品建议等信息的时代，今天的顾客对销售过程的控制要多得多。顾客现在可以浏览企业网站、博客和YouTube视频，以识别和选定卖家。他们可以在领英、Google+、Twitter或Facebook等社交媒体上与其他买家交谈，分享经验，找出解决方案，评估他们正在考虑购买的产品。因此，当销售人员进入购买流程时，顾客对企业产品的了解往往和销售人员一样多。"这不仅意味着购买者在没有销售人员的情况下开始了销售过程，他们常常在签订销售合同之前完成了大部分购买过程，而且此时他们对销售人员业务的了解远远超过了销售人员对顾客的了解。"一位分析人士说。[10]

为了应对这种新的数字购买环境，卖家正在围绕新的顾客购买流程重新调整它们的销售流程。它们"在顾客所在的地方"——社交媒体、网络论坛、在线社区、博客——以便更早地吸引顾客。它们不仅在顾客消费的地方和时间点吸引顾客，还有顾客了解和评估其所要购买产品的地点和时间。

销售人员现在经常使用数字工具来监控顾客的社交媒体交流，以发现趋势，识别潜在顾客，了解顾客想买什么，他们对供货商的看法，以及如何进行销售。销售人员从在线数据库和社交网站（如领英）上生成潜在顾客名单。当潜在顾客通过与销售人员的实时聊天访问他们的网站和社交媒体网站时，他们会创建对话。他们使用网络会议工具，如WebEx、Zoom、GoToMeeting或TelePresence与顾客讨论产品和服务。他们在YouTube和Facebook上提供视频和其他信息。

今天的销售队伍也在增加自身对社交媒体的使用，并让顾客在整个购买过程中参与进来。一项关于B2B营销人员的调查发现，尽管他们削减了传统媒体和活动支出，但68%的企业在社交媒体上的投资更多，从专有的在线顾客社区到网络研讨会、社交媒体和移动应用。以工业和消费品巨头通用电气为例。

通用电气通过各种各样的数字和社交媒体来通知与吸引商业顾客，使其与通用电气的销售人员联系，并促进顾客购买和顾客关系。例如，通用电气——从航空到医疗和能源——提供特定行业的网站，包含数千个单独的站点区域和成千上万的页面，为B2B顾客提供购买解决方案、产品概述、详细的技术信息、在线视频、网络研讨会、实时聊天和实时顾客支持。通用电气还建立了品牌意识，并帮助其销售团队通过Facebook、Twitter、领英、Google+、Salesforce.com甚至Instagram、Pinterest和Vine等大型社交媒体让企业顾客深度参与。"我们有一个核心信念，那就是商业是社会性的，"通用电气的首席营销官说，"如果你在商界，你需要社交，因为这会让你更接近你的顾客。我们想让销售团队完全数字化"。[11]

最终，社交营销技术能够帮助企业提高销售人员的效率、成本效益和生产效率。优秀的销售人员经常通过这些技术来解决顾客的问题并建立良好的顾客关系，但是要做得更好、更快、成本更低。

然而，社交营销也有一些弊端。首先，它成本较高。此外，这样的系统可能会威胁到低技术的销售人员或顾客。更重要的是，有些东西是无法通过互联网来表达或传授的，这些东西需要人的参与和互动。出于这些原因，一些高科技专家建议销售人员使用在线和社交媒体技术来发现机会，提供信息，保持顾客联系，并进行初步的顾客销售演示，但在快要达成一笔大交易的时候，他们会举办传统的面对面会议。

16.3 人员销售的过程

我们现在从设计和管理销售队伍转到真实的人员销售过程。销售过程包括销售人员必须掌握的几个步骤。这些步骤的主要目的是开发新顾客并从他们那里获得订单。不过，大多数销售人员会将大部分时间用于维系现有顾客并同他们保持长期的联系，我们将在下一节讨论人员销售过程的关系层面的内容。

16.3.1 销售过程的步骤

如图16-3所示，**销售过程**（selling process）包括7个主要步骤：寻找潜在顾客并确定其资格、销售准备、接触顾客、介绍与说明、处理异议、达成交易、跟进与维持。

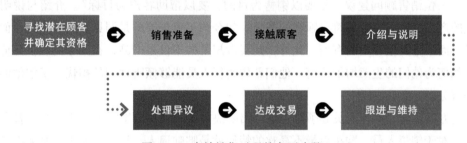

图16-3 有效销售过程的主要步骤

1. 寻找潜在顾客并确定其资格

销售过程的第一步是**寻找潜在顾客**（prospecting）。接触潜在顾客是销售成功的关键。销售人员不想拜访所有的潜在顾客，他们想要拜访那些最有可能欣赏和回应企业价值的人——那些顾客是企业可以很好地为之服务并从中盈利的。

销售人员必须经常接触许多潜在顾客，才能够获得一些销售额。尽管企业提供了一些线索，但销售人员需要具备自主寻找潜在顾客的技能。最好的资源是推荐。销售人员可以请求当前顾客的推荐，并培养其他推荐来源，如供应商、经销商、非竞争性销售人员和银行家。他们还可以通过电话通信或互联网来搜寻潜在顾客，并通过电话、邮件和社交媒体进行联络与追踪。再或者，他们还可以不经预约就到陌生的办公室拜访顾客（这种行为通常被称为"陌生拜访"）。

销售人员还应该知道如何确定顾客的资格，也就是说如何识别好的顾客并剔除那些不好的顾客。销售人员可以通过潜在顾客的财务能力、业务量、特殊需求、地理位置以及发展的可能性来确定他们的资格。

2. 销售准备

在拜访之前，销售人员应该尽可能多地了解买家组织（它们的需要以及采购团队的构成）和它们的采购人员（个性和采购风格等）。这个步骤被称为**销售准备**（preapproach）。销售人员可以参考一些标准的行业资源与在线资料，向熟人或者其他人了解该企业的情况。销售人员应该确定拜访目标，这个目标可能是确定企业资格、收集信息或者立刻达成交易。另外一项任务就是要决定接触顾客的最佳方式，是人员拜访、电话、信件还是电子邮件。因为潜在顾客在一天或一周内的某些时间可能非常忙碌，所以最佳拜访时机需要仔细考虑。最后，销售人员应该确定对该顾客的总体销售策略。

3. 接触顾客

在**接触顾客**（approach）的过程中，销售人员应该知道如何约见、问候顾客，以及如何使双方的关系有一个良好的开始。接触顾客的过程可能发生在线下或线上，以会面或多媒体会议、社交媒体的形式实现。这一步的内容还包括销售人员的衣着、开场白以及后续讨论的问题。开场白应该表达建立一种良好关系的愿望。开场白之后可以是几个有助于了解顾客需要的关键问题，或者是对企业产品的展示，以吸引顾客的注意力和激发其好奇心。在销售过程的所有阶段，保持对顾客的积极倾听十分重要。

4. 介绍与说明

在**介绍与说明**（presentation）这个步骤，销售人员会向顾客讲解产品的"价值故事"，说明企业的产品可以如何解决顾客的问题。"问题解决型"销售人员比极力推销或者过分热情的销售人员更加符合当今营销理念的关注点。一位销售顾问建议"不要以销售为目的，要以帮助客户为目标"。介绍与说明的目的在于向顾客展示企业的产品和服务将如何符合顾客的需求。如今购买者想要的是洞见和解决方案，而不是微笑；他们要的是结果，而不是其他花哨的东西。此外，购买者想要的不仅是产品，在如今的经济环境下他们想要知道那些产品将如何为他们的生意增加价值。他们希望销售人员能够倾听他们的担忧，了解他们的需求并提供正确的产品和服务。

在介绍解决方案之前，销售人员必须首先设计出解决方案。解决方案需要销售人员具备良好的倾听和解决问题的技能。对于销售人员，购买者最不喜欢的特质就是咄咄逼人、迟到、欺骗、毫无准备、毫无逻辑或者夸夸其谈。他们认为销售人员最重要的特质就是善于倾听、富有同情心、忠诚可靠、一丝不苟、有始有终。伟大的销售人员不仅知道如何销售，更重要的是，他们知道如何倾听和建立紧密的顾客关系。一位专家说："上帝给了我们两只耳朵和一张嘴，因此少说多听吧。""每件事都始于倾听。如今我们可以找到那么多种方法来倾听，这多么不可思议啊！"[12]

最后，销售人员还必须规划他们的演示方法。为了吸引顾客、进行有效的销售演示，良好的人际沟通技巧非常重要。但是，现如今丰富的媒体类型和嘈杂的沟通环境给销售演示人员带来了新的挑战。被信息过度轰炸的顾客需要更丰富的演示体验，并且销售人员还需要克服在演示过程中电话、短信以及其他数字化竞争者对顾客的干扰。所以，销售人员必须以更吸引人、更令人信服的方式传递信息。

因此，今天的销售人员正在采用更先进的演示技术向一个或几个顾客进行完整、全面的多媒体演示。过去销售人员所使用的演示图表已经被复杂的演示软件、在线演示技术、交互式电子白板、数字投影仪和笔记本电脑所取代。

5. 处理异议

在演示说明或者要求订购的过程中，顾客总是有这样或那样的问题和异议。这些问题可能是逻辑上的，也可能是心理上的，而且顾客经常不直接把反对意见提出来。在**处理异议**（handling objections）的过程中，销售人员应该采用一些积极的方法来找出这些异议，使顾客清楚地表达意见，将这些异议看作提供更多信息的机会，并且将这些异议转化为顾客购买的理由。每个销售人员都应该接受这方面的培训。

6. 达成交易

在成功处理了潜在顾客的异议之后，销售人员就要尽力达成交易。但有些销售人员与**达成交易**（closing）还有一段距离或者无法顺利达成交易，这可能是由于其缺乏自信、对于要求订单感到内疚或者无法确定达成交易的最佳时机。销售人员必须懂得如何从顾客那里识别可以达成交易的信号，包括顾客的动作、评论或者提出的问题。比如，顾客可能会采用上身前倾的坐姿并频频点头表示赞同，或者询问价格和赊购条款等。

销售人员有几种达成交易的技巧可以应用。他们可以提醒顾客订货、回顾一下协议要点、帮顾客填写订单、询问顾客需要这种款式还是另外一种，或者告诉顾客如果不立即订购将会遭受什么样的损失。他们还可以向顾客提供特殊的交易理由，如特价、免费升级或者免费赠品。

7. 跟进与维持

如果销售人员希望达到让顾客满意且重复购买的目标，那么销售过程的最后一个步骤——**跟进与维持**（follow-up）就是必不可少的。交易一旦达成，销售人员应该立即着手确定所有细节，包括交货日期、采购条款和其他事项。当第一单货物交付以后，销售人员就应该安排一次跟进拜访以便保证产品的正确安装，并为顾客提供适时的指导和帮助。这样的拜访还可以揭示一些潜在的问题，可以使顾客相信销售人员关心他们，打消在完成购买后可能产生的顾虑。

16.3.2 人员销售和顾客关系管理

前面描述的人员销售的基本原则是交易导向型的，其目标是帮助销售人员完成同顾客之间的特定交易。但是在大多数情况下，企业追求的不仅仅是销售额，其目标是锁定一个交易可能性极大并可能建立长期关系的主要顾客。企业想要表明其拥有长期为该顾客提供服务的能力并会建立一种互利的关系。在建立和维系长期顾客关系的过程中，销售人员发挥了极为重要的作用。

因此，我们必须在建立和维持有利的顾客关系的语境下来理解销售过程。此外，在初期阶段，销售人员必须调整自己的销售流程以适应新的采购流程。这意味着应该以关系为基础来发现并吸引顾客，而不是以交易为基础。

成功的销售组织意识到了要赢得并维系顾客所需要的不仅仅是制造出好的产品，或者指导销售人员如何达成一项交易。如果企业只希望达成销售和获得短期的生意，它可以简单地通过降价至竞争对手的水平或者比竞争对手更低来做到这点。相反，大多数企业希望其销售人员实行价值销售——展现和传递超凡的顾客价值并在此基础上获得对顾客与企业来说都很公平的回报。价值销售要求销售人员倾听顾客的声音、理解他们的需求、谨慎协调整个企业的努力以创造基于顾客价值的长期合作关系。

16.4 销售促进

人员销售和广告通常与另外一个促销工具，即销售促进紧密联系。**销售促进**（sales promotion）是指鼓励顾客购买产品或者服务的短期刺激工具。如果广告提供了顾客购买一项产品或服务的理由，那么销售促进则提供了顾客马上购买的理由。

销售促进的例子随处可见。你可能会在《苹果日报》新闻版中发现一张免费赠送的优惠券，一杯卡布奇诺的价格可以优惠 5 港元；百佳超级市场货架通道底端的陈列企图诱使消费者以很大的折扣价格购买可口可乐；当你想在中国台北火车站对面的新星计算机中心购买华硕笔记本时，你可能会得到一个免费赠送的电脑包和一张 1GB 的存储卡；走在深圳旧城繁忙的街道上，你可能得到附近一家粤菜餐馆促销的宣传单，只要光临就可以免费赠送一份点心；百老汇是中国香港著名的家电商场，如果你用恒生银行的信用卡刷卡购买电视，那么就可以获得特别的折扣；来自亚马逊网站的邮件写道，只要你下次购物总额超过 100 美元，就可以免费送货。

16.4.1 销售促进的快速发展

大多数企业都会运用销售促进工具，包括生产商、分销商、零售商和非营利组织。这些工具可以针对最终消费者（消费者促销）、零售商和批发商（交易推广）、商业顾客（产业推广）和销售队伍成员（销售队伍促销）。在当今的快速消费品企业中，销售促进的支出占全部营销支出的 60%。[13]

有几个因素有助于销售促进的快速发展，特别是在消费者市场上。首先，企业内部的产品经理面临着提升销售额的巨大压力，而促销是最有效的短期销售工具。其次，企业面临着来自外部的竞争，竞争性品牌差异化不大，竞争对手不断地利用促销来差异化它们的产品。再次，由于成本上升、媒体干扰和法律限制，广告的效率下降。最后，消费者趋于买方市场，越来越多的零售商开始向生产商要求越来越低的价格。在现在的经济状况下，消费者要求以更低的价格买到更好的商品。销售促进能够帮助企业吸引今天变得更节俭的消费者。

增多的销售促进导致了促销干扰，类似于广告干扰。消费者对促销的反应开始变得麻木，减弱了其刺激立即购买的效果。厂商们正在不断想办法如何从促销干扰中脱颖而出，比如提供更大额度的优惠、举办夸张的现场购物展示，以及通过网络和手机等新型互动媒体开展促销。

在制订销售促进方案的过程中，企业必须先设定销售促进的目标，然后选择实现目标的最好工具。

16.4.2 销售促进的目标

销售促进的目标差异很大。企业可能想利用消费者促销来提高短期销售额或者增强长期的消费者联系。交易推广的目标包括使零售商购买新产品或增加存货，促进它们提前购买，或鼓励它们宣传产品或为产品腾出更多的货架空间。产业推广的目标是发现业务线索，刺激顾客的购买需求，回馈顾客以及激励销售人员。对于销售队伍而言，其目标包括获得更多的销售力量来支持现有的产品或新产品，或者激励销售人员开发新顾客。

销售促进通常和广告、人员销售或者其他促销组合工具一起被使用。促销通常必须进行宣传，这样可以增加广告的刺激和拉力。交易推广和产业推广则可以为企业的人员销售过程提供支持。

总体来看，销售促进应该有助于强化产品的定位和建立长期的顾客关系，而不是仅仅创造出短期的销售额或者暂时的品牌转移。如果设计得当，每一种促销工具都可以既提供短期的刺激又能建立长期的顾客关系。销售人员应该避免"速效对策"等仅针对价格的促销，而是应该设计出有利于建立品牌资产的促销方案。

"频繁营销计划"和会员卡是近年来如雨后春笋般涌现的例子。大多数酒店、超市和航空公司都提供频繁顾客/购物者/乘客计划,为经常光顾的顾客提供奖励。比如中国的友好购物城市大连,正在准备面向富有的消费者推出一项忠诚顾客计划。会员都拥有 VIP 智能卡,持卡人可以在几乎所有的商店享受购物折扣,智能卡内嵌有 RFID 系统,只要持卡人走进商店,系统就可以识别出顾客。通过这个系统,销售人员能够迅速知道顾客已来到商店,并且做好准备为顾客服务。

16.4.3 主要的销售促进工具

实现销售促进目标的工具有很多,下面我们将讨论主要的消费者促销工具、交易推广工具和产业推广工具。

1. 消费者促销工具

消费者促销工具(consumer promotion tools)多种多样,包括样品、优惠券、现金折扣、特价装、赠品、广告礼品、售点促销、竞赛、抽奖和游戏以及事件营销。

(1)样品是一系列产品试用装。派送样品在引进新产品或者为现有产品创造新卖点时最有效,也是最昂贵的方法。一些企业的样品是免费的,另一些企业会收取少量的费用来抵消成本。样品可以挨家挨户送上门、直接邮寄、在商店内分发、附在其他产品上或者作为广告礼品赠送。有时,样品会被打包成一个样品包,用于促销其他产品或服务。样品可以成为一种很有力的促销工具。例如,宝洁经常向潜在消费者派发样品,它在中国农村地区的路演就通过试用样品成功地将消费者吸引到宝洁的产品上。

(2)优惠券是一种让持有者在购买某种特定的产品时可以省钱的凭证。优惠券可以刺激一个成熟品牌的销售,或者鼓励新产品的早期尝试性消费。但是,由于越来越多的优惠券干扰,兑换率近年来不断下降。因此大多数消费品企业发放优惠券的数量在变少,并且发放时更具有针对性。

销售人员也在发展新的途径来发放优惠券,比如超市货架分派员、电子销售终端优惠券打印机、电子及移动优惠项目。数字化优惠券是如今增长最快的优惠券种类。数字化优惠券可以针对个体并进行个性化定制,这是打印出来的优惠券做不到的。当手机变成了人们生活中离不开的附属物之后,企业越发将其看作优惠券、产品和其他市场信息的主要阵地。

(3)现金折扣与优惠券相似,不同之处在于现金折扣是在消费者购物完成后而不是在零售店购买时提供减价。消费者将一张"购物凭证"寄给生产厂家,生产厂家用直接邮寄的方式退回部分购物款项。

(4)特价装。生产厂家直接把下降后的价格写在标签或包装上。特价装可以是减价的单个包装(如两件产品付一件的钱),或者采取组合包装的形式将两件商品绑在一起(比如牙刷和牙膏)。特价装在刺激短期购买上非常有效,甚至比优惠券还要有效。

(5)赠品是指企业免费或者以较低的成本向消费者提供某些产品以促进其购买某种商品。赠品的范围很广,从儿童产品中附带的玩具到电话卡等不一而足。赠品可以放在产品包装的里面(内包装),也可以放在包装的外面(附属包装),或者直接邮寄给购买者。麦当劳欢乐儿童套餐一直提供包括 Hello Kitty 在内的各种各样的赠品。为了得到这些赠品,许多亚洲顾客彻夜排队,或者为了躲避拥挤的交通选择在麦当劳的在线商城下单。

(6)广告礼品又被称为促销产品,是指印有商家的名字、图标或者信息的物品,通常被当作礼物送给消费者。典型的广告礼品包括 T 恤或其他衣服、钢笔、咖啡杯、日历、钥匙扣、鼠标垫、火柴、冷却机、高尔夫球和帽子等。这种方法可以非常有效。

（7）售点促销是指在商品销售现场进行商品陈列和展示。想想你最近一次到当地的 7-11 和全家便利店购物的情景，你在浏览货架上的商品时很可能会看到促销标识，遇到"货架讲解员"或者提供免费食物以供品尝的演示员。不幸的是，很多零售商不喜欢处理每年从制造商处收到的各种陈设、标志和海报。为此，制造商开始提供更好的售点陈列材料并协助安放，并把它们与电视、印刷信息或在线信息结合在一起。

（8）竞赛、抽奖和游戏为消费者提供了依赖运气或额外的努力来赢取现金、旅游或者其他物品的机会（见实战营销16-2）。竞赛要求消费者提交一份参赛资料（如押韵的诗句、猜谜的谜底或者建议），由评审团评价并选出获胜者；抽奖要求消费者提供其姓名参与抽奖；游戏让消费者每次购买产品后参与游戏（如猜数字或者字母），游戏结果决定他们是否能赢得奖品。销售竞赛迫使经销商或者销售队伍更加努力，让表现最优者获奖。

实战营销16-2

日本电通公司的蝴蝶出没应用：一种移动广告现象

基于移动技术的应用近年来发展非常迅速。例如，增强现实技术可以通过电子设备创建的元素实现对现实世界中的声音和图像直接或间接的感知；定位服务是基于地理位置的移动设备网络信息服务；运动传感器的功能是通过电子设备可以检测到运动，以测量对象变化的速度或向量在环境中的变化。

企业背景

日本电通公司是一家国际知名企业，1901年成立。企业成立之初名为日本广告有限责任公司，1955年改为日本电通广告有限责任公司，1978年改名为日本电通公司。该企业在日本的广告市场中50多年来保持市场份额第一，在全球市场的占有率为10.1%。该企业在全球市场处于领先地位的原因有两个：第一，企业有一个多样化的顾客群；第二，它在主流媒体中拥有高度的购买力。正因为如此，它为许多大型企业处理广告活动，并且吸引了愿意在日本市场发展的国际知名企业。

在包括电视广告在内的日本所有的主流媒体市场上，电通公司都超过了它的竞争对手。不仅如此，由于在快速发展的互联网媒体市场上早早做了准备，电通公司在这一领域也领导了日本国内市场。

备受赞誉的捉蝴蝶出没应用

2010年1月，日本电通公司针对iPhone的使用者发布了蝴蝶出没（iButterfly）应用，这个应用在日本第九届移动广告比赛中获得了最佳营销案例奖。蝴蝶出没是一个有趣的捉蝴蝶应用，使用增强现实、定位服务和运动传感器。iPhone用户可以通过谷歌地图寻找特定地点的虚拟蝴蝶。当一个使用者在手机上找到了虚拟蝴蝶，并且出现了"捕捉"的提示时，他就可以简单地通过轻摇手机来捕捉蝴蝶。当一只虚拟蝴蝶被成功捕获后，它将会出现在使用者的收藏夹里。不同类型的虚拟蝴蝶可以提供不同商店的优惠券。使用者甚至可以通过蓝牙与朋友分享自己捕捉到的虚拟蝴蝶。

2011年，电通公司在日本以外的市场引入蝴蝶出没应用。例如，2011年5月，作为日本电通公司的传媒子公司，中国香港电通有限公司同太平洋咖啡、阿迪达斯、叶壹堂合作，为它们分别设计具体的蝴蝶出没应用方案。蝴蝶出没应用为不同的企业提供开放平台，产生了一系列的协同效应。对于太平洋咖啡，手机使用者可以通过捕捉6种虚拟蝴蝶中的任意一种来获得一杯免费的饮料。如果一个使用者捕捉到了全部6种蝴蝶，包括一种特殊的蝴蝶"公爵夫人"，那么他就可以获得一份高档茶具。如果一位使用者捕捉到了6种蝴蝶，包括另外一种特殊的蝴蝶"公爵"，那么他可以获得100份免费的大杯咖啡。

对于阿迪达斯，如果使用者捕捉到3种不同颜色的蝴蝶，那么他在购买CLIMACOOL跑步鞋时可以获得10%的优惠。如果使用者捕捉到5种不同颜色的蝴蝶和一种特殊类型的蝴蝶，那么他在购买CLIMACOOL跑步鞋时可以获得20%的优惠。如果使用者捕捉到7种不同颜色的蝴蝶和另外一种特殊类型的蝴蝶，那么他可以获得800美元的阿迪达斯现金券。

对于叶壹堂，如果使用者捕捉到了任意一种叶壹堂蝴蝶，那么他可以在叶壹堂买书时获得10%的优惠。

蝴蝶出没应用为不同的企业提供了开放的平台，产生了一系列的协同效应。例如，阿迪达斯的用户可以捕捉来自叶壹堂和太平洋咖啡的蝴蝶。通过这种方法，日本电通公司的每个企业顾客都可以接触到其他企业顾客的消费群体。不仅如此，日本电通公司要求顾客在开展市场营销时推广蝴蝶出没的应用，这不仅可以推广企业顾客自己的活动，还可以增加蝴蝶出没应用的下载量和知名度。

竞争对手 7-iCollection

日本电通公司并不是第一家引入这种手机应用的企业。全球领先的便利店 7-11 是中国香港第一家引进类似于蝴蝶出没应用的企业。2010年9月，7-11发布了 7-iCollection 应用，和蝴蝶出没应用非常相似。iPhone 使用者可以到 7-11 附近捕捉帕丁顿熊，还可以通过蓝牙和朋友交换收藏。当使用者集齐了所有7种类型的熊后，他们可以到 7-11 兑换一个真正的帕丁顿熊玩具。

资料来源：iButterfly, accessed September 2011 at http://ibutterfly.hk/eng/index/html; Media Palette, accessed September 2011 at http:www.dentsumedia-network.com.

最后，销售人员可以通过**事件营销**（event marketing），又称为**事件赞助**（event sponsorships），来推广自己的品牌。他们可以开展自己的品牌营销活动，也可以成为其他活动的独家赞助商或联合赞助商之一。事件的种类多种多样，可以是巡回演出、节日庆典、重要聚会、马拉松、音乐会以及其他可以赞助的聚会。事件营销涉及范围较广，而且它可能是最快、最有效的销售促进工具，尤其在经济萧条时期。

事件营销活动相比于电视广告花费较少。一说到事件营销，其独具特色的是体育赛事营销。

新加坡航空公司（SIA）是新加坡大奖赛的赞助商。它认为这个活动不仅可以拓展有着浓厚F1文化的市场，如欧洲和澳大利亚，也可以在中国、印度和印度尼西亚等市场建立F1的粉丝基础。两年的赞助费用约为1 000万美元。除了提供包括机票、酒店住宿和比赛门票在内的F1套餐优惠外，新加坡航空公司还举办了一场嘉年华——一个让大众可以参加赛车运动的免费活动。粉丝们可以进入一个露天的建筑玩F1模拟器，并观赏超级跑车游行和特技驾驶。

---

2. 交易推广工具

制造商用于零售商和批发商的促销费用（78%）比用于消费者的促销费用（22%）多得多。[14] 制造商利用**交易推广工具**（trade promotion tools）可以劝说经销商进货、提供货架、进行广告促销和向消费者推广产品。如今的货架空间如此稀缺，使得制造商不得不经常向零售商和批发商提供折扣、补贴、售后保证和免费的样品，以使自己的产品能够摆在货架上，并且永远在那里。

制造商可以采用几种交易推广工具，其中很多用于消费者促销的工具也适用于交易推广，如竞赛、赠品，或者制造商可以在某段时间内为中间商购买的每箱产品提供一个直接的折扣（又称为价格折扣，或发票折扣、价目单折扣），制造商还可以在零售商同意以某种方式着力推广自己的产品时为其提供补贴（通常每箱产品提供一定的补贴）。比如，广告补贴用于补偿零售商为制造商的产品做广告，而陈列补贴用来补偿零售商对制造商产品进行的特别展示。

制造商还可以向购买达到一定数量或者对某种口味、型号的产品购买量较多的中间商赠送免费商品。制造商可以提供推广奖励，即为经销商或者销售队伍提供现金或礼物，用于奖励他们对自己产品的推广。制造商还可以送给零售商印有制造商名字的免费的广告礼品,比如钢笔、铅笔、日历、镇纸、火柴、记事本和码尺。

3. 产业推广工具

企业每年花费数十亿美元用于针对商业顾客进行促销。**产业推广工具**(business promotion tools)的使用目的在于创造业务线索、刺激购买、回报顾客和激励销售人员。产业推广的很多工具与消费者促销工具和交易推广工具相一致,因此在这里我们只强调额外的两个专业产业推广工具:贸易展览和会议、销售竞赛。

很多企业和贸易组织通过组织贸易展览和会议来推广产品。企业会在贸易展览上为商业客户展示产品。供货商可以从这些活动中获得很多好处,比如发现新的销售线索、接触顾客、介绍新产品、结识新顾客、向现有顾客推销更多的产品,以及使用印刷品和视听材料说服顾客的机会。贸易展览还可以帮助企业接触到很多销售队伍接触不到的潜在顾客。

有些贸易展览规模庞大。每年,中国香港贸易发展局在香港举办约30场世界级的国际贸易展览会,平均吸引约40万名专业人士前来参观。

一些企业,如宝洁,可能会在路演中使用多种营销手段,从而在目标客户中产生巨大影响力。

销售竞赛是一种为销售人员或经销商设计的竞赛,目的在于激励他们在某一段时期内增加销售额。销售竞赛激励和认可业绩好的参赛者,他们将会得到旅游奖励、现金奖励或者其他礼物。一些企业会为参赛者奖励积分,积分可以换取各种各样的奖品。当竞赛目标与可衡量、可实现的销售目标联系在一起的时候(如发现新顾客、激活老顾客或者提高顾客盈利性等),销售竞赛的效果尤为显著。

16.4.4 制订销售促进方案

除了选择促销类型外,销售人员在制订完整的销售促进方案时还要做出一些其他决策:首先,销售人员必须决定奖励的规模。要想促销取得成功,最低限度的奖励是必不可少的,较高的奖励会产生较高的销售反应。销售人员还必须设定参与条件,可以向每个人提供奖励,也可以只向特定的群体提供奖励。

销售人员还必须考虑如何推行销售促进方案。例如,一份2美元的优惠券可以附在包装内随产品出售、在商店内分发、通过互联网下载或者附在广告礼品中发放。每种分销方式都涉及不同水平的触及面和成本。销售人员逐渐将多种媒体形式融入到一个整体的营销活动中。此外,促销的持续时间也很重要。如果促销期限太短,很多潜在顾客将会错过(他们在规定的时间内来不及购买);如果促销期限太长,促销就失去了刺激"现在行动"的功能。

评估也十分重要,然而有些企业不能正确地评估其销售促进方案,或者只是进行表面的评估工作。销售人员需要衡量其销售促进方案的投入回报率,就像衡量其他营销活动的回报率一样。最常用的评估方法是比较促销前、促销中和促销后的销售额。销售人员应当问自己这样几个问题:促销活动是吸引了新顾客还是促进现有的顾客进行了更多的购买?我们能够留住新顾客和保持购买量吗?长期顾客关系和销售收入与促销的成本支出匹配吗?

显然,销售促进在整个促销组合中占有重要地位。为了更好地运用销售促进,销售人员必须明确销售促进的目标,选择最好的工具,设计销售促进方案,执行方案,并评估结果。另外,销售促进必须与整合营销传播方案中的其他促销组合因素协调一致。

目标回顾

本章涉及的销售促进是关于促销的四章中的第 3 章，涵盖了最终的营销组合元素。第 14～15 章涉及整合营销传播、广告和公共关系。本章研究了人员销售和促销促进。人员销售是沟通组合的人际纽带。销售促进包括激励顾客购买、经销商支持以及销售队伍努力的短期刺激。

1. 讨论企业销售人员在创造顾客价值与建立顾客关系中的作用

大多数企业都有销售人员，他们在营销组合中扮演着重要的角色。对于销售产品的企业来说，该企业的销售人员直接与顾客合作。通常，销售人员是顾客与企业之间唯一的直接联系，因此可能被顾客视为代表企业本身。与此相反，对于那些通过中间商销售消费品的企业而言，消费者通常不认识销售人员，甚至不了解他们。销售队伍在幕后工作，与批发商和零售商打交道，以获得它们的支持，并帮助它们更有效地销售企业的产品。

作为促销组合的一个要素，销售队伍在实现一定的营销目标和活动开展（如寻找潜在顾客、沟通、销售、提供服务和信息收集等活动）方面非常有效。随着企业更加面向市场，以顾客为中心的销售队伍能同时产生顾客满意度和企业利润。销售人员在开发和管理可盈利的顾客关系方面起着关键作用。

2. 识别并解释销售队伍管理的 6 个主要步骤

高昂的销售成本需要一个有效的销售管理流程，具体包括 6 个主要步骤：设计销售队伍的战略和结构，对销售人员的招聘和筛选，对销售人员的培训，销售人员的报酬，对销售人员的督导和激励和对销售人员的评估。

在设计一个销售队伍时，销售管理者必须解决各种问题，包括什么类型的销售队伍结构最有效 [区域销售队伍结构、产品销售队伍结构、顾客（或市场）销售队伍结构或复合式销售队伍结构]，销售队伍的规模，谁将参与销售，以及各种销售人员和销售支持人员将如何一起工作（内勤或外勤销售人员以及团队销售）。

为了降低招聘错误的员工带来的高成本，必须仔细挑选销售人员。在招聘销售人员时，企业可能会考虑工作职责和最成功的销售人员的特点，以提出对新销售人员的要求。然后，企业必须通过现有销售人员的内部举荐、职业介绍机构、发布传统广告、互联网搜索招聘大学毕业生。在筛选环节，程序可能会有所不同，企业可能会采用单独的非正式面试或者尽可能详尽的测试和面谈。

在选拔过程完成后，培训计划不仅让新销售人员熟悉销售的艺术，也熟悉企业的历史、产品和政策，以及顾客和竞争对手的特点。

销售人员的薪酬制度有助于奖励、激励和指导销售人员。通常在报酬问题上，企业会制订一个有吸引力的薪酬计划，并与销售工作的类型和要求的技术相关联。除了薪酬以外，所有的销售人员都需要接受监督，许多人需要不断地被鼓励，因为他们必须做出许多决定并面临许多挫折。企业必须定期评估他们的表现，以帮助他们做得更好。在评估销售人员时，企业依赖通过销售报告、个人观察、顾客来信和投诉、顾客调查和与其他销售人员交谈收集的信息。

3. 讨论人员销售的过程，区分交易导向营销和关系营销

销售过程包括 7 个主要步骤：寻找潜在顾客并确定其资格、销售准备、接触顾客、介绍与说明、处理异议、达成交易、跟进与维持。这些步骤是交易导向型的，可以帮助销售人员完成特定的销售。然而，企业与顾客的交易应以更大的概念（即关系营销）为指导。企业的销售团队应该帮助协调整个企业的努力，以建立基于顾客价值和满意度的长期可盈利关系。

4. 解释销售促进方案是如何制订并加以实施的

促销活动要求企业制定促销目标（一般来说，促销活动应该是为了建立顾客关系）、选择工具、制订和实施促销计划、使用消费者促销工具（优惠券、现金折扣、售点促销、竞赛、抽奖和事件营销等）、交易推广工具（从折扣和补贴到免费商品以及推广资金）、产业推广工具（贸易展览和会议、销售竞赛）以及确定奖励的规模、竞赛参与条件、如何促进和分销销售促进方案、促销时间的长短这类问题。在这个过程完成后，企业必须评估销售促进结果。

关键术语

personal selling　人员销售
salesperson　销售人员
sales force management　销售队伍管理
territorial sales force structure　区域销售队伍结构
product sales force structure　产品销售队伍结构
customer（or market）sales force structure　顾客（或市场）销售队伍结构
outside sales force（or field sales force）　外勤销售人员
inside sales force　内勤销售人员
team selling　团队销售
sales quotas　销售定额
social selling　社交营销
selling process　销售过程
prospecting　寻找潜在顾客
preapproach　销售准备
approach　接触
presentation　介绍与说明
handling objections　处理异议
closing　达成交易
follow-up　跟进与维持
sales promotion　销售促进
consumer promotion tools　消费者促销工具
event marketing（event sponsorships）　事件营销（事件赞助）
trade promotion tools　交易推广工具
business promotion tools　产业推广工具

概念讨论

1. 描述人员销售在促销活动中起到的作用。在什么情况下，人员销售比广告促销更有效？
2. 比较本章提到的几种销售队伍结构，哪一种结构效率更高？
3. 在一个组织中，销售团队扮演什么样的角色？
4. 定义促销促进并讨论其目标。
5. 定义并描述消费者促销的类型。
6. 定义并描述贸易促销的类型。

概念应用

1. 尽管许多企业都有自己的销售团队，但是很多企业在分销渠道上使用销售代理服务。讨论与本企业的销售团队相比，销售代理团队的利与弊。哪个团队更适合为制造商开展渠道营销活动？
2. 选择一个产品或者一项服务，从方法到实践，扮演销售人员打电话给另一名同学。一名同学扮演销售人员，另一名同学扮演顾客，至少提出三项异议。选择另一个产品或者服务，和你的同学交换角色再来一遍。
3. 为你当地的动物收容所设计一个人员促销活动，以鼓励人们收养宠物。使用至少三种消费者促销方式，并且解释这次活动的决策。

技术聚焦

你是否想提高企业的运营效率？举办一次竞赛，让全世界最优秀、最聪明的人帮你想吧。Netflix 就是这么做的，不过它举办的竞赛和你每天参加的竞赛不同。Netflix 是一家视频流和 DVD 出租企业，以将其电影推荐系统的准确率提高 10% 为目标。Netflix 举办了为期 3 年奖金达 100 万美元的竞赛。企业试图提高系统的准确率，这个系统基于用户的观影或者租片记录来预测他们喜欢什么。将近 200 个国家的 51 000 多位参赛者参加了这次竞赛，还吸引了科学家、研究学者和工程师。获胜团队甚至包含一位退伍军人，他在大赛结束的前几分钟提交了最佳的解决方案。作为这次比赛的续集——"Netflix Prize 2"致力于完善针对不常在 Netflix 上看电影的顾客的影片推荐系统，但是由于法律问题这次比赛被终止了。

1. 用谷歌搜索"Netflix Prize"，了解这次活动和"Netflix Prize 2"遇到的难题。根据收集的信息写一个简短的报告，并且阐明你是赞成还是反对终止第二次竞赛。
2. Netflix 还赞助了那些竞赛？讨论促销的规则以及获胜者，评价方案是否完善。

道德聚焦

汉克是一家顾客关系管理软件公司的销售代表，每天负责给潜在顾客打电话。在电话刚接通时他通常会介绍自己是一家企业的技术专家，然后向顾客询问能否占用其几分钟时间做一个关于技术需求的调查。问过一些题目后，汉克会试图向顾客推销企业的软件产品。

1. 汉克的行为是道德的吗？讨论其他不道德的销售手段。
2. 一个有道德的销售人员应该具有哪些特点？销售经理在道德销售中起什么作用？

营销和经济

宝洁

传统上，消费品公司在经济萧条时会盈利。这些商品相对来说比较便宜，品牌忠诚度高，而且没有人会愿意放弃整洁的衣服和健康的牙齿。但是由于糟糕的经济环境持续太久，这个法则发生了变化。即使在小件物品的购买上，消费者都变得对价格更加敏感。对于宝洁来说，这意味着即使像汰渍和佳洁士这样的产品，销量也在下滑。为了提升销量，宝洁对现有产品打折并且引入了其他更便宜的产品。尽管这或许能保证销量，但是利润减少了18%，而且引入新的便宜产品的策略有可能导致消费者消费水平进一步下滑，从而使总利润更低。宝洁称其计划在2011年提高产品价格。但是打折循环很难停止，不仅是因为消费者已经适应了新价格，而且零售商也习惯给批发价更低的商品提供货架空间。可能会出现这样的情况：制造商倾向于满足零售商的需求，向宝洁施加压力让它继续以低价提供高档品牌产品。

1. 除了产品和定价策略以外，宝洁的销售代表可以做什么来提高销量？
2. 在这一时期和未来的经济环境下，宝洁应当做什么来提高利润？

营销数字

FireSpot企业是美国东部的家用壁炉制造商。这家企业拥有自己的销售队伍，这个团队不仅负责售产品和服务，为了更好地迎合消费者的需求，他们还负责协调零售商关系。FireSpot的销售代表每年访问顾客，每次访问基本上需要4小时。这样销售经理必须确保他们拥有足够的销售人员向顾客传递企业价值。根据附录B回答以下问题。

1. 如果FireSpot拥有1 000位零售商顾客，每年需要访问5次，每次访问大约需要2.5小时，并且每位销售代表每年花费在顾客上的总时长约为1 250小时。计算这家企业需要多少位销售人员？
2. FireSpot想要扩展到美国中西部并且需要雇用10个新的销售代表以确保产品的分销，每个销售代表每年的工资为50 000美元并且有佣金提成。每位零售商平均为FireSpot带来50 000美元的收入。如果FireSpot的边际贡献率是40%，那么为了弥补新销售代表带来的固定成本，企业需要提高多少销售额？企业需要增加多少零售商顾客来平衡收支？每个销售代表需要接触多少零售商？

企业案例

可口可乐：亚洲人想要分享它

可口可乐的"分享可乐"活动从澳大利亚开始。在一项突破性的活动中，可口可乐饮料罐和瓶子上标志性的logo被个性化的名称取代了。这次大规模活动的理念是鼓励年轻人表达他们的感情，彼此联系，更重要的是，要让他们与可口可乐联系起来，喝更多的可口可乐。之后，这项活动已经在全球80多个市场展开，涉及超过4亿个个性化的饮料罐和瓶子。

尽管澳大利亚、欧洲和美国等西方市场都有像佐伊这样的消费者的名字，但这样的名字在亚洲并不常见。事实上，亚洲人的名字的数量巨大。因此，个性化更加明显。泰国是第一个在饮料罐和瓶子上印上自己的名字和表情的亚洲国家。80多个昵称和10个表情被印在饮料罐和瓶子上，如Kon Naa rak、Kon Jing jai和Kon Lor。众所周知，泰国人幸福乐观，但表达自己时特别含蓄，尤其是表达赞美或混有特殊的情感时，可口可乐希望这些个性化的名字和表情能帮助泰国人在分享可乐的过程中与他们敬佩的人创造联系并表达感激之情。这项活动大受欢迎，售出了500多万罐可口可乐。在泰国，整个汽水饮料市场只增长了7%，可口可乐却增长了21%，并占据了将近57%的市场份额。

可口可乐随后把活动扩展到了中国。中文名字不仅与欧美地区或泰国的名字不同，地区之间的表达方式也不同。在中国，与可口可乐有关的昵称包括流行的中文短语，如"酷""粉丝"和"文艺青年"。可口可乐与中国的新浪微博联合发起了一场为期4天的比赛，向微博粉丝征集吸引他们注意的昵称。大约99名微博粉丝的昵称获奖。

同样的想法还在继续，可口可乐于2014年把活动引入了菲律宾。可口可乐最初在菲律宾提出了250个最受欢迎的名字，允许菲律宾人在网上投票选出50个名字。最初的名字包括本杰明、Lito和马里贝尔等典型的菲律宾人的名字。在活动中，可口可乐鼓励菲律宾人关注那些经常被忽视的小举动，比如办公室同事"珍"如何让工作变得激动人心，巴卡达（"集团"）如何成了第二家庭，或者一个人的kuya（"兄弟"）总是在那里保护你。活动引发了热烈的反响。成千上万的Facebook用户开始用个性化的瓶子拍照。可口可乐还允许Facebook的"粉丝"个性化定制虚拟瓶子，并通过Facebook、Tumblr、Twitter和Instagram与朋友分享。由于这些菲律宾"粉丝"有大量昵称，而可口可乐不希望任何人被排除在外，因此在菲律宾的活动进一步推进，在马尼拉和重要省份的特定超市设立了专门的电子售货亭，让顾客定制自己的瓶子。

截至2015年年底，可口可乐在新加坡发起了一场可口可乐活动以庆祝新加坡成立五十周年。对新加坡来说这是具有里程碑意义的一年，可口可乐本来可以较早地推出这项活动，但它并没有，它利用这个机会创造了一些特别的东西来庆祝新加坡的独特性和传统，同时加强与新加坡的联系。与发起这项活动的其他亚洲国家一样，新加坡也有一系列受欢迎的亲昵称谓，比如阿姨、叔叔、Ah Boy和Chiongster；它也有一些昵称，比如Bestie、BFF和Babe。更经常使用的当地表达包括新加坡式英语（本地化英语），如"Gam Siah""Relak Lah"和"Chiong Ah"。通过社交媒体，新加坡人分享他们的故事、照片和视频。他们在路演中只要购买价值10新元（约合7.50美元）的可口可乐产品，就可以定制可口可乐罐。

讨论题

1. 从提高注意力、改善态度、活动可持续性和本土化等方面来评估可口可乐这一宣传活动背后的理念。
2. 你认为这场活动对年轻人的吸引力大吗？为什么？
3. 你认为这种定制化活动的收益能覆盖成本吗？
4. 如果你是百事可乐，你会如何回应这场活动？

资料来源：Kwanchai Rungfapaisarn, "Coke Launches Special Thailand Campaign with Nicknames Printed on Cans, Bottles," www.nationmultimedia.com, 25 September 2013; "Coke Launches 'Share a Coke' Campaign in Thailand," www.bangkok.travel, accessed on 1 May 2015; Adaline Lau, "Coca-Cola Kicks Off 'Share a Coke' Summer Campaign in China," www.clickz.com, 30 May 2013; "'Share a Coke' Philippines," www.lifestyle.inquirer.et, 20 August 2014; "Share a Coke Campaign Sizzles in the Philippines," www.marketing-interactive.com; and "#ShareaCokeSG Hits Local Shores as the Nation Celebrates #SG50," www.marketing-interactive.com.

第 17 章

直接营销、在线营销、社交媒体营销、移动营销

┋学习目标┋

1. 定义直接营销并讨论其对顾客和企业的好处。
2. 识别和讨论直接营销的主要形式。
3. 企业如何使用在线营销战略来应对互联网和其他强大的新技术。
4. 讨论企业如何开展在线营销,为顾客提供更多的价值。
5. 概述直接营销所面临的公共政策和道德问题。

┋预习基本概念┋

在第 14~16 章中,我们已经了解了通过整合营销传播传递顾客价值和 4 种具体的营销传播组合工具——广告、公共关系、人员销售和销售促进。在本章中,我们将学习直接营销及其增长最快的形式:数字营销(在线营销、社交媒体营销和移动营销)。直接营销不仅是一种营销传播工具,从很多方面来讲,它已经成了一种全面的营销手段——将所有的营销传播渠道和分销渠道融为一体。直接营销必须与促销组合的其他要素相结合。

我们先来分析 eBay 在韩国的两大在线零售网站 Gmarket 和 Auction。

Gmarket 和 Auction:在韩国没有国界

韩国是一个有很多高科技消费者的国家,但你有没有想过为什么在韩国看不到 eBay? 即便如此,这家网络巨头自 2001 年以来一直在韩国非常成功地运营着。eBay 于 2001 年和 2009 年分别收购了韩国两大电子商务网站 Gmarket 及 Auction。这两家企业都位居韩国在线业务的前三名。然而,eBay 并没有在这些网站贴上自己的标签,而是采取了本地化策略。

韩国是全球五大在线市场之一,也是 eBay 的投资组合中重要的商业市场。eBay 时任首席执行官德温·韦尼希表示:在提升顾客体验方面,韩国是 eBay 在全球业务中最领先的。因为它总是在问"你如何解决这个问题""你如何维持我们所热爱的市场的商业模式""消费者如何有信心每次都能获得很好的体验"。韦尼希预计,通过持续创新 Gmarket 和 Auction 在支付创新方面大约领先市场 3 年,在运输创新方面领先市场 1~2 年。

提升顾客体验的诀窍是具备识别趋势和机会的能力,Gmarket 希望在移动购物业务方面复制这一成功模式来保持在线购物的成功。韩国高端手机的渗透率很高,Gmarket 意识到手机可能会成为一个通用的商业平台,于是迅速推出了韩国第一款移动购物 App。

地铁商场设有"虚拟商店",这些快闪店有特定的主题。首尔

明洞地铁站开了一家时尚用品专卖店，14个地铁站的屏蔽门成了秋夕假日的购物市场。屏蔽门上展示的是带有二维码的商品照片，消费者可以在这些虚拟商店进行"购物"，避免了等地铁时的无所事事。

Gmarket用户需要做的就是用手机扫描二维码并进行购物，用户可以在线订购并将这些商品送到他们选择的任何地点。

Gmarket与Kakao Talk建立了合作关系，通过向顾客发送即时信息以便快速地获得订单和运输信息。自推出以来，其移动业务每年增长30%，占总销售额的9%。另一家在线购物网站Auction对其网站和移动应用进行了更新，以便吸引新顾客和提供更加便捷、有创意的购物体验。

另一个快速发展的趋势是海外购物。2013～2014年，通过海外购物网站直接购物的人增长了50%～60%。这引起了亚马逊和中国最大的电子商务企业阿里巴巴的关注。同样加入韩国市场竞争的还有海外的中小型购物网站，如MIC Japan——日本一家在线药店。

Gmarket并不担忧这场竞争，它把自己视为跨境市场，随时随地向所有消费者销售所有商品。与亚马逊和阿里巴巴一样，它也进军海外市场。它在新加坡的购物网站Qoo10销售超过2 000种商品，并且折扣力度都很大。在Qoo10购物网站上，零售商会展示商品的原价和销售价格，这样购物者就会知道他们购买的东西很划算。另外，送货通常是免费的。[1]

许多营销和促销工具是在大众营销的背景下开发的，这里的大众营销是指利用标准化信息瞄准更广泛的市场，并且通过分销商分销产品。不过，现在随着营销目标的范围日益狭窄，一些企业开始运用直接营销，把直接营销作为一种主要的营销方法或者对其他方法的补充。直接营销也是一种快速增长的营销形式——一种使用在线、社交媒体和移动营销渠道的数字营销。

17.1 直接营销和数字营销

直接营销和数字营销（direct and digital marketing）是指与目标明确的个人消费者直接联系，通常建立在一对一互动的基础上。通过使用详细的数据库，直接营销人员可以调整他们的市场供给和沟通渠道，以满足目标明确的细分市场的需求和个人购买者的需求。

除了品牌和关系建设之外，直接营销人员通常寻求直接的、即时的、可测量的消费者反应。例如，亚马逊在其网站上直接与顾客互动，帮助他们在网上发现和购买几乎所有的东西，顾客只需点击几下鼠标即可。

17.1.1 直接营销新模式

早期的直销商，如直接邮寄企业和电话营销人员，主要通过邮寄和打电话的方式收集顾客姓名并销售商品。然而，现在随着数据库技术和新营销媒体的快速发展，尤其是互联网和移动电话的迅速发展，直接营销已经发生了巨大的变化。

在前面的章节中，我们将直接营销作为不包含中间商的直销渠道进行了讨论。我们还把直接营销作为促销组合的元素之一，一种直接与消费者进行沟通的方式。事实上，直接营销就是这两个内容。

大多数企业仍然只将直接营销作为补充渠道或媒介来营销它们的商品。例如，雷克萨斯通过大众媒体广告和高质量的经销商网络进行营销，也把直接营销作为这些渠道的补充。雷克萨斯的直接营销包括直接向潜在的买家邮寄资料和提供一个网页，消费者可以在这个网页上找到关于产品款式、竞争对比、融资和经销商地址的信息。同样，一些百货商店既通过商店货架销售大部分商品，也通过直接邮寄和在线目录的方式直接营销。

然而，对于一些企业来说，直接营销和数字营销不仅是辅助渠道或者营销媒介，它们已经构成了一个完整的商业模式。有些企业甚至把这种新型的直接营销作为唯一的营销方法。例如，亚马逊和eBay已经围绕直接营销建立了面向市场的完整的营销战略。

17.1.2 直接营销和数字营销的快速增长及效益

直接营销已经成为迅速发展的营销形式，并且越来越依赖互联网，而数字直接营销在营销支出和销售中所占的份额也越来越大。无论作为一个完整的商业模式，还是作为更广泛的整合营销组合的补充，直接营销和数字营销都为买方和卖方带来了很多好处（见图17-1和图17-2）。

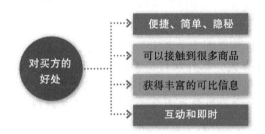

图 17-1　直接营销对买方的好处

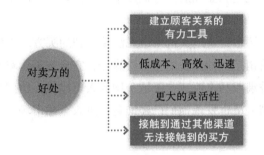

图 17-2　直接营销对卖方的好处

1. 对买方的好处

对于买方来说，直接营销和数字营销更加便捷、简单和隐秘。它们让买方随时随地获得几乎无限的商品种类、丰富的产品和购买信息。例如，亚马逊网站提供了超出我们的消化能力的信息，从十大产品清单、广泛的产品描述以及专家和用户的产品评价到基于顾客以前购买体验的推荐。

2. 对卖方的好处

对于卖方来说，直接营销是建立顾客关系的有力工具。通过数据库营销，直销人员可以将目标限定在极小的细分市场和个人顾客身上，然后通过定制化的沟通方式进行促销。由于直接营销具有一对一的特性，企业可以通过电话或网络与顾客互动，从而更好地了解顾客需求，并根据特定顾客的喜好来定制产品和服务。反过来，顾客也可以提出问题，自愿进行反馈。

三井住友银行（Sumitomo Mitsui Banking Corporation）以日本网络银行的形式发展其网络银行业务。日本网络银行系统可以复制出纳员的交易数据和顾客对市场活动的反应，并利用推送技术自动收集信息，以便尽可能快地预测市场趋势的变化。因此，通过观察银行出纳员的交易活动就可以使营销的结果一目了然。通过该系统，顾客信息分析和市场细分能够很容易实现。根据分析结果，银行可以为企业网站上的每一位个人顾客提供不同的产品和服务信息。另外，也可以按照时间顺序通过Web日志挖掘对每个顾客进行行为分析，跟踪和分析顾客在网站上的"点击流"。除了这种快速的反馈以外，日本网络银行还提供"my m@il"服务——通知顾客按指定的电子邮件地址接收详细的交易资料。当顾客的工资已经存入、银行转账已经完成或者没有足够的资金为公共事业缴费时，顾客都会接到通知。[2]

直接营销为卖方提供了一种低成本、高效和快速接触目标市场的选择。单次接触成本较低的营销媒介，如电话营销、直接邮寄和企业网站，往往被证明更具成本效益。同样，在线直接营销可以降低成本、提高效率，加快渠道处理和物流功能的速度，例如订单处理、库存处理和交付。

日本网络银行通过使用网络银行消除了对实体分行的需求，这种成本节约使银行能够为顾客提供低服务费和高存款利率的服务。在开业当天，银行收到了5 000份开户申请，仅7个月就增加到30万份。利用互联网将成本降至最低的策略，受到那些对利率敏感的顾客的极大欢迎。日本网络银行的存款利率大约是传统金融机构的2倍，并且在该银行的自动取款机上前三笔现金交易不收取服务费。

直接营销还可以提供更大的灵活性。它允许营销人员对价格和销售计划进行持续的调整，或即时、及时地调整通知和报价。例如，老虎航空和亚洲航空等低成本航空公司利用网络的灵活性和即时性，直接向顾客提供低价机票。

最后，直接营销使卖方能够接触到通过其他渠道无法接触到的买方。规模较小的企业可以将目录邮寄给当地市场以外的顾客。互联网营销是一种真正的全球性媒介，它允许买卖双方在几秒钟内在一个国家点击进入另一个国家的网站。在中国香港或马来西亚吉隆坡上网的人可以像在美国生活的人一样轻松地访问外国在线企业，即便是小型企业的营销人员也发现他们已经准备好进入全球市场。本地市场同样可以扩大，正如下面日本罗森的例子所示。

日本连锁便利店罗森拥有一个名为Loppi的电子购物亭。罗森大约提供2 800种食品杂货。罗森的7 000多家店铺都安装了Loppi终端，使购物者可以从近3 000件商品中进行选择，其中包括东京迪士尼乐园的门票、音乐CD、视频、游戏软件、化妆品和时尚配饰，以及个人电脑和周边设备。罗森之前只在5月母亲节前才出售鲜花，但由于Loppi的存在，现在全年都可以销售鲜花。罗森计划开发一个基于互联网的扩展网站——暂时被称为罗森数字站，以整合旗下的Loppi触摸屏终端。通过该网站订购商品的用户，可以去罗森任何一家24小时商店取走所购商品。罗森预计，顾客到便利店取货会增加罗森互联网购物网站的订单量。[3]

17.2　直接营销和数字营销的形式

直接营销和数字营销的主要形式包括传统工具，如人员销售、直接邮寄营销、目录营销、电话营销、直接响应电视营销、购物亭营销以及数字营销工具（社交媒体营销、移动营销和在线营销），如图17-3所示。在这里，我们研究其他直接营销形式。

图 17-3 直接营销和数字营销的形式

17.3 数字和社交媒体营销

今天，由于大量新数字技术的出现，直接营销人员可以随时随地地与消费者进行接触和互动。在这里，我们研究了几种令人兴奋的新型数字直接营销技术：移动营销、在线营销和社交媒体营销。

17.3.1 移动营销

移动营销（mobile marketing）的特点是通过智能手机向消费者传递营销信息、促销和其他营销内容。越来越多的消费者，尤其是年轻的消费者，把手机作为"第三屏幕"来发短信、浏览网页、观看下载的视频和收发邮件，移动电话能让营销人员随时随地地用他们喜欢的设备接触消费者。[4]

手机和无线设备已经成为大品牌最热门的前沿产品，因为它们可以成为便利的购物工具。它们可以提供即时产品信息、价格比较、其他消费者的评论，消费者通过它们可以进行即时交易和获取数字优惠券。这些移动设备提供了一个丰富的平台，让消费者在购买过程中更深入地参与其中，这些工具包括移动广告、优惠券、文本应用和移动网站等（见实战营销 17-1）。

实战营销 17-1

移动营销：智能手机正在改变人们的生活方式和购物方式

如今，只要有智能手机和其他移动设备，你就可以随时随地地学习、做事或购买任何东西。汰渍的"污渍大脑"App 可以帮助你在外出时找到去除污渍的方法，而由 Charmin 赞助的"坐下或蹲下"App 可以引导你找到附近的公共卫生间。美国最大的户外用品连锁零售企业 REI 的"雪报告"App 为你提供了美国和加拿大各地的滑雪坡道信息，比如雪况和露天电梯的数量，这款 App 甚至可以帮助你通过 Twitter 和 Facebook 与朋友分享度假胜地的信息，并链接到"Shop REI"购物网站。使用万事达的 PayPass App，你可以在任何与其合作的零售商处用手机即时、安全地支付，仅需"点击、支付，然后继续"即可。

欢迎来到移动营销的世界。如今，智能手机和其他移动设备正在改变人们的生活方式，成了沟通、信息和娱乐不可或缺的纽带。它们也在彻底改变人们的购物和购买方式，让营销人员有新的机会以更有效、更令人满意的方式吸引顾客。

营销人员正在对移动设备使用的巨大增长做出反应，2012 年移动广告支出猛增了 105%，预计未来三年将增长两倍。移动应用程序市场已经完全爆发。就在几年前，苹果的 App Store 拥有 10 000 个应用程序，这在当时是很惊人的。但之后，苹果的 App Store 和安卓的 Google Play 都有了 100 多万个应用程序。手机已经成为当今新的营销方式，尤其对那些吸引年轻消费者的品牌来说。移动设备是非常个性化的，随时随地都可以使用，这使得移动设备成为对个性化需求和时间敏感商品做出快速响应的理想媒介。

一些营销人员一直在为移动营销热身，并且大多数人都在学习如何有效地使用移动营销。但是，成功的移动营销不只是给人们提供优惠券和购买链接，而且还提高了品牌参与度，并且创造了一种"无摩擦"的购买体验。例如，亚马逊的移动应用程序（得益于"一键"下单、Prime会员资格和其他功能），任何时间位于任何地点的顾客都可以在24小时内通过智能手机简单地搜索或扫描以及点击一个按钮购买到产品。

消费者已经开始期待亚马逊等营销巨头提供这种"无摩擦"的移动购买体验。但随着移动技术的快速发展，从基于位置的技术到移动支付系统，越来越多的企业正在成为它们所在行业的亚马逊，想象一下基于汽车调度服务的移动应用Uber。

对于经常出行或打出租车的人来说，Uber是仅次于《星际迷航》里"传送我吧"的最佳选择。想象一下，深夜你在一个陌生的城市，刚刚告别了一些新朋友，他们介绍你去了这个城市最热门的酒吧。在一个雨夜，周六，你独自一人走在路边，你突然意识到不知道自己的确切位置，叫车距离内也没有空出租车。没关系，打开Uber App，点击几下一切就搞定了。Uber会帮你叫到离你最近的出租车，并告诉它你的位置（多亏了你手机的GPS定位系统），甚至能够根据你预设的偏好向司机描述你。不一会儿，一辆出租车来接你，当把你送到酒店时，你只需下车直接离开即可。出租车公司向Uber开账单，免去了你手忙脚乱地找现金或刷信用卡再等待着签收据的麻烦。

移动营销能做的远不止简单的购买过程，它还能够把广告、优惠券和其他的促销活动提高到一个新水平。移动营销人员可以个性化地开展促销，并将其融入相关的日常顾客体验中。例如，Kiip是美国的一家移动奖励网络企业，专门帮助品牌根据日常活动在恰当的时间为顾客提供恰当的奖励。该机构最初将技术嵌入到《僵尸农场》和《超级蹦蹦蹦》等游戏视频中，达到新游戏级别或其他目标的玩家，可以获得一张他们最喜爱的零售商的优惠券，比如美国的零售商Apparel。

Kiip目前拥有2 500个应用程序和6 000万用户，用户主要分布在游戏、健身、任务管理、音乐和烹饪等领域。Kiip的顾客包括麦当劳、百事可乐、联合利华、宝洁和美国运通等。对于MapMyRun等健身类App和Any.do等任务管理类App来说，Kiip将奖励与用户在现实生活中的成就联系在一起。当用户从待办事项清单上划掉一些事情或者实现一个跑步目标时，他们就会得到相关品牌的奖励。例如，宝洁的Secret香体露最近奖励女性用户免费下载歌曲到她们的健身播放列表中。当Any.do用户创造新的个人纪录时，食品巨头亿滋奖励Any.do用户一包免费无糖口香糖。

Kiip帮助营销人员在恰当的时机通过提供与他们的行为和成就相关的奖励来接触目标用户。在阅读类应用程序中，读完一定页数的读者可以获得一份免费的订阅杂志。使用情侣App保持联系的人，可以获得1～800朵鲜花购买积分。Kiip甚至还与互联网汽车公司Mojio合作，将Mojio的4G远程通信设备接入汽车的诊断接口，跟踪汽车的状态信息，同时让车主与喜欢的人、地点和事物保持联系。通过Mojio，Kiip帮助顾客（从保险公司、汽车修理店到停车计价器和车库运营商）提供与特定司机位置和行为挂钩的奖励。

与典型的横幅广告、弹出窗口或电子邮件不同，Kiip提供了帮助促进用户日常活动的功能，而不是打断用户的活动。Kiip创始人兼首席执行官说，Kiip更多的是关注实时需求的解决方案而不是实时营销。他坚定地认为，Kiip并非真正从事移动广告业务，而是从事快乐业务。"我们想利用快乐"，他说，"当你快乐的时候一切都会更好。"移动的时效性、相关性和幸福感会在消费者的响应中体现出来。在Kiip的移动促销活动中用户兑付的比例为22%，典型App广告用户的参与度仅为0.3%。Kiip提供的服务使移动App的回访次数提高了30%，是应用程序平均使用时长的两倍多。

许多消费者最初对移动营销持怀疑态度，但如果移动营销能够为他们提供有用的品牌和购物信息、娱乐内容或及时的优惠券与价格折扣，他们通常会改变主意。大多数移动营销只针对自愿选择或下载App的消费者，在日益混乱的移动营销市场中，除非用户看到真正的价值，否则他们不会这么做。营销人员面临的挑战是：如何开发能够吸引顾客的有价值的移动产品、广告和App。

资料来源：David Murphy, "It's All about the Experience," *Mobile Marketing*, 24 April 2014; Lindsay Harrison, "Kiip: For Making Mobile Ads that People Want," *Fast Company*, 11 February 2013, www.fastcompany.com/most-innovative-companies/2013/kiip; Christina Chaey, "How Kiip Ties Brand Rewards to Game and Life Achievements to Make Mobile Ads Engaging," *Fastcocreate*, 23 July 2012; Aaron Strout, "Frictionless Mobile Commerce: Five Examples of Companies that Are Leading," *Marketing Land*, 1 May 2014; Neil Undgerleider, "Advertisers Are about to Enter Your Connected Car," *Fast Company*, 11 April 2014; and www.kiip.com/me, access in September 2014.

在日本，人们经常下载壁纸和电影预告片，还会利用 GPS 定位系统在如迷宫般的东京街道上导航。他们也使用手机从高科技的自动售货机购买可乐，接收来自附近商店的优惠券。由于零售商对其商店附近的目标人群采用基于 GPS 定位的促销方式，因此数字优惠券逐渐变得流行。

日本的直接营销人员正在尝试将移动设备用于品牌建设。例如，雀巢尝试了一种叫作快速响应（QR）码的新技术，我们能够像扫描电子条形码一样扫描 QR 码。平面广告和户外广告上的 QR 码可以通过手机相机读取，从而将用户的手机定位到一个移动 URL 站点。雀巢在推出一种名为"Nescafé Shake"的罐装饮料的活动时就使用了 QR 码，它通过两部 15 分钟的短片来宣传 Shake 系列饮料，幽默地传达了一种"摇摆"的乐趣。短片讲述的是一个懒孩子与在他后面不停摇尾巴的一只狗的故事。宣传片中的 QR 码把用户引向一个移动网站，在这个网站上他们可以下载电影，以及电影的原创音乐，如歌曲或铃声。在雀巢推出的电影——*Nonta's Tail* 上映后的前三周里，有 12 万人访问了该移动网站，另外有 55 万人在网上观看了这部电影。[5]

然而，与其他形式的直接营销一样，企业必须负责任地使用移动营销，否则就有激怒已经厌倦了广告的消费者的风险。大多数人不想频繁地被广告打断，因此，营销人员必须很明智地知道如何利用手机来吸引消费者，关键是提供真正有用的信息和服务，让消费者愿意参与其中。

17.3.2 在线营销

在线营销（online marketing）是指企业通过互联网使用企业网站、在线广告、促销、电子邮件营销、在线视频、博客进行营销。这些营销工具必须与社交媒体和移动营销相协调。

1. 网站和品牌社区网站

对于大多数企业来说，在线营销的第一步是创建一个网站。网站在目的和内容上千差万别，有些网站主要是**营销网站**（marketing web site），旨在吸引顾客，使他们直接购买，或者达到其他营销效果。以下是韩国在线零售领域发生的事情。

随着虚拟商城的发展，韩国零售商如新世界百货和现代百货正准备迎接激烈的在线营销竞争。像 InterPark 和 Gmarket 这类在线供应商的灵活性以及成本效益，正威胁着传统大型零售商的主导地位。为了应对这样的威胁，新世界百货设立了在线商城，如果顾客上午 10 点以后下单，企业将在第二天准备好水果并立即发货。现代百货拥有自己的 Hmall，另外通过与 CJ O 旗下的 CJmall 建立合作关系，该企业在库存管理方面变得更加高效。[6]

品牌社区网站（branded community web site）并不售卖任何东西，它的主要目的是展示能够吸引消费者以及建立顾客品牌社区的品牌内容。这些网站通常提供丰富多样的品牌信息、视频、博客和活动，建立更加密切的顾客关系，并使品牌和顾客之间产生互动。

2. 在线广告

随着顾客在互联网上花费的时间越来越多，很多企业将更多的营销资金转移到在线广告上，以建立品牌销售或吸引顾客浏览它们的网站、移动网站和社交媒体网站。**在线广告**（online advertising）已经成为一种主要的促销媒介，主要形式是展示广告和搜索广告。展示广告和搜索广告占企业数字营销预算的比例最大，在所有数字营销支出中的占比为30%。[7]

在线广告可能出现在互联网用户屏幕上的任何地方，这些广告通常与用户浏览的信息相关。例如，当浏览Travelocity.com网站上的独家套餐时，你可能会看到一个租车企业提供的免费升级租车服务的展示广告。近年来，在线展示广告在吸引消费者注意力方面取得了长足的进步。今天的富媒体广告融合了动画、声音和交互功能。例如，当你用电脑或手机浏览与运动相关的内容时，一个亮橙色的佳得乐G系列横幅出现在你的屏幕上，打开横幅，点击一个固定的展示广告，你最喜欢的足球运动员冲破横幅，这个展示广告表现的是一些世界上最著名的体育明星在比赛前如何饮用佳得乐来为身体预热。这个充满动感的广告仅有几秒钟，却产生了重大的影响。[8]

在线广告另一个热门的形式是搜索广告或文本广告，2010年占所有在线广告支出近50%。在搜索广告中，基于文本和图像的广告及链接会出现在诸如谷歌、雅虎和必应等搜索引擎的顶部或侧面。例如，用谷歌搜索"高清电视"，在搜索结果的顶部或侧面，你将会看到10个或更多不显眼的广告，来自三星、松下、百思买、亚马逊和沃尔玛。2016年，谷歌500亿美元的营收中有96%来自广告收入，搜索是一种永恒的媒介并且结果很容易测量。[9]

一个广告商从搜索网站购买搜索关键词，只要消费者点击了它的网站，它就要向搜索网站付费。例如，在搜索引擎中输入"可乐"或"可口可乐"，甚至只是"软饮料"或"奖励"，搜索结果的优先项中会出现"我的可乐奖励"，也许还会出现一个展示广告和一个链接到可口可乐官网的谷歌页面，这并不是巧合。可口可乐忠诚于将购买搜索关键词来作为其广受欢迎的在线推广项目。这家软饮料巨头最初做的是传统的电视和平面广告，但是它很快意识到，搜索是将消费者吸引到网站注册的最有效的方式。在广告商购买的几十个搜索关键词中，位于搜索列表顶部或侧面的任何一个关键词都可以链接到网站。

3. 电子邮件营销

电子邮件营销（e-mail marketing）仍然是一个重要且增长快速的数字营销工具。一位观察人士说："社交媒体是热门的新事物，但是电子邮件一直是主流。"[10] 据估计，91%的美国消费者每天都使用电子邮件。更重要的是，现在有65%的电子邮件都是在移动设备上打开的，电子邮件不再局限于个人电脑和工作站。一项研究发现，电子邮件在吸引顾客方面产生的效果是Facebook和Twitter之和的40倍。2013年，营销人员发送了超过8 380亿封电子邮件。尽管电子邮件杂乱不堪，但由于其成本低廉，电子邮件营销仍能给企业带来最高的营销投资回报。根据直接营销协会的数据，营销人员在电子邮件上每花费1美元可以得到44.25美元的回报。2013年，美国企业在电子邮件营销上花费了20亿美元，高于11年前的2.43亿美元。[11]

如果使用得当，电子邮件可以成为最终的直接营销媒介。大多数蓝筹股企业的营销人员经常使用电子邮件营销，并且取得了极大的成功。电子邮件能够使营销人员发送高度定向的、个性化的和可以建立关系的信息。今天的电子邮件绝对不是过去那种刻板的纯文本信息，而是丰富多彩的、个性化的以及交互式的信息。

然而，电子邮件营销的日益普及也有不好的一面。**垃圾邮件**（spam）的爆炸性增长——未经消费者许可订阅的商业邮件信息充斥着电子邮箱，许多消费者对此感到非常沮丧和愤怒。一家研究企业的数据显示，垃圾邮件已经占据全球电子邮件发送总量的 70%。[12] 电子邮件营销人员在为消费者提供价值和冒犯消费者之间游走。

为了解决这些问题，大多数营销人员采取了基于许可的电子邮件营销方式，即在征求顾客的同意后再发送营销活动的电子邮件。很多企业使用可配置的电子邮件系统，让顾客选择他们想要的信息。亚马逊针对那些同意发送邮件的顾客，根据他们的偏好和以前的购买情况，提供数量有限的"我认为你想知道"的信息，实际上很多顾客喜欢这样的促销信息。亚马逊因此获得了较高的回报率，并避免了发送顾客不想要的邮件从而疏远了顾客。

4. 在线视频

在线营销的另一种形式是在品牌网站或社交媒体网站（YouTube、Facebook 等）上发布数字视频内容。有些视频是为网站和社交媒体制作的，从如何做教学视频和公共关系片到品牌推广以及与品牌相关的娱乐节目。另外一些视频主要是企业为电视和其他媒体制作的广告，在广告活动之前或之后发布到网上以扩大其影响力。

好的在线视频可以吸引数百万消费者，在线视频的观众正在激增。营销人员希望他们的视频能够像病毒一样传播，**病毒式营销**（viral marketing）是口碑营销的数字版本，包含制作视频、广告和其他具有感染力的营销内容，顾客发现这些信息后会将其发送给他们的朋友。由于是顾客发现或向朋友发送信息，所以病毒式营销的成本很低，而且，当视频或其他信息来自朋友时，接收者更可能会查看或阅读这些信息。

各种类型的视频都可以在网上传播，从而为品牌带来顾客参与度和正面曝光率。例如，在一个简单且坦诚的麦当劳视频中，麦当劳加拿大的营销总监就麦当劳广告的幕后制作经历，回答了在线观众的问题："为什么在广告中麦当劳的产品比现实中更好？"这个屡获好评的 3.5 分钟的视频吸引了 1 500 万次的浏览量和 15 000 次的分享，企业也因坦诚而赢得了赞誉。另一个例子是，2016 年宝洁与里约夏季奥运会合作，制作了 2 分钟暖心的《妈妈的骄傲赞助商》视频，以此感谢帮助运动员达到奥运巅峰的妈妈们。这个视频获得了数千万次的浏览量和分享，也由此奠定了在奥运会期间播放电视广告的基础。[13]

另一个极端的例子是，为了用免费送货福利来推广购物奖励计划，凯马特发布了一个类似电视广告的视频，视频里不同年龄的购物者喊着"把我的裤子寄出去"。一位感到惊讶的购物者说："寄出我的裤子，就在这里？"另一个人说："我刚把裤子寄出去，非常方便。"这个诙谐的视频最初并没有在电视上播出，但是，在短短一周内，视频在 YouTube 上的浏览量就达到了 800 万次，在 Facebook 上也获得了 3.8 万个赞，最终凯马特选择在电视频道上播放这则商业广告。[14]

依云很早就获得了病毒式营销带来的巨大回报，一位记者称它为"在线视频大师"。依云第一次病毒式营销的成功——2009 年推出的《轮滑宝宝》广告视频，展示了"年轻、有活力"的品牌定位，成为有史以来点击率最高的广告。该广告的续集是《神奇宝贝和我》，展示了成年人在城市商店橱窗前与婴儿版的自己跳舞，效果甚至更好。它成为 2013 年最受关注的视频，在 80 多个国家获得了 1.39 亿次的点击量，并且产生了超过 12 万条的推文、100 万次的分享以及 28.9 万条 Facebook 评论。不到一年的时间，这些宝宝又出现在依云的另一个广告视频《神奇宝贝和我 2》中。在该视频中，蜘蛛侠突然遇到一个婴儿版的自己，两人在纽约街头跳舞。到年中，依云的广告视频逐渐成为 2014 年最受关注的 YouTube 视频。依云母公司达能的数字总监表示:"我们的工作是讲述一个创造欲望的伟大的品牌故事。"数字视频能够通过传播热情和激情来放大这个故事。[15]

然而,营销人员很难控制他们的病毒信息流向何处。他们可以在网上散播内容,但是除非信息本身能够引起消费者的共鸣,否则这种做法没有什么好处。

5. 博客和其他在线论坛

品牌还通过各种数字论坛进行在线营销,以吸引特定的利益群体。**博客**(blogs)或网络日志,是人们和企业发布它们的想法与其他内容的在线日志,通常涉及狭义定义的主题。

许多营销人员现在也开始涉足博客,将其作为接触精心选择的目标消费者的媒介。一种方式是在已有的博客上做广告,或者影响博客的内容。例如,他们可能鼓励有影响力的博主带动一个话题。

作为"生活在高清视界"活动的一部分,松下电器希望在拉斯维加斯的消费者电子展上为其品牌造势。但是,这次松下电器并没有依靠通常的科技记者参加展会,而是招募了5名有影响力的博主参加展会。松下电器承担了全部费用,并为他们提供摄像机和数码相机设备。作为回报,博主们通过他们强大的分销网络,以博客帖子、Twitter更新和YouTube视频等形式,分享他们对这次展会的印象,包括松下产品预览情况。但这样做的问题是,松下电器对博主们发布的信息没有控制权。为了保证可信度,松下电器并没有进行任何干预,博主们完全公开了品牌的赞助商。尽管松下电器没有规定发布的内容,但是"赞助话题"使得松下品牌在互联网上被热议。松下的一位发言人提道:"当给博主提供设备时,他们是非常欣喜的,如同其他消费者一样,他们会广泛地进行品牌传播。我们并不是寻找博主来击中信息点,那样做事实上是欺骗。"松下电器只是希望这样的方式可以成为品牌话题讨论的催化剂。[16]

作为一种营销工具,博客有很多优势。它能为企业提供一种新颖的、独创性的、个性化且成本低廉的方式去接触分散的受众,也能吸引消费者的注意力。例如,星巴克开设了自己的企业博客,并密切关注了30多个第三方在线网站上关于星巴克品牌的讨论话题。然后,星巴克利用这些专有博客和第三方博客获得顾客洞察,以此来调整营销计划。[17]

17.3.3 社交媒体营销

正如上面所讨论的那样,互联网的使用和数字技术及设备的激增,催生了一些令人眼花缭乱的在线**社交媒体**(social media)和数字社区。无数独立和商业社交网络的兴起,为消费者提供了在线聚集、社交、交流观点和信息的平台。如今,几乎每个人都在Facebook上交友,每天登录Twitter,收看YouTube上的热门视频,把图片上传到社交剪贴簿网站Pinterest或者使用Instagram和Snapchat分享图片。当然,有消费者的地方就会有商家,越来越多的商家也开始利用巨大的社交媒体浪潮。

1. 使用社交媒体

商家参与社交媒体有两种方式:加入已有的社交媒体或建立自己的媒体。加入已有的社交媒体似乎是最容易的方式。因此,很多品牌(大品牌和小品牌)都在社交媒体网站上开设了店铺。从可口可乐、耐克到维多利亚的秘密等品牌,你会发现每个品牌都会链接到Facebook、Google+、Twitter、YouTube、Flickr、Instagram或其他的社交媒体页面。这样的社交媒体可以创建真实的品牌社区,例如,可口可乐在Facebook上拥有8 000万粉丝。

一些主流社交媒体的规模是非常大的,如Facebook每月的访问人次超过12亿,是美国和加拿大总人口的 3.4 倍。同样，Twitter 拥有超过 6.45 亿的注册用户，YouTube 每月独立的访问用户数量也超过 10 亿人，观看的视频时长在 60 亿小时以上。该榜单还在继续：Google+ 拥有 4 亿活跃用户，领英有 2.4 亿活跃用户，Pinterest 拥有 7 000 万活跃用户。[18]

尽管这些大型社交媒体网络占据了大部分的头条新闻，但也出现了无数利基社交媒体。利基社交媒体迎合了志趣相投的小型社区的需求，使它们成为商家针对特定利益群体进行营销的工具。至少有一个社交媒体网络适用于几乎所有的兴趣、爱好或群体。Kaboodle.com 是一个针对购物狂的网站，而妈妈们在 CafeMom.com 网站上分享她们的建议。GoFISHn 是一个拥有 4 000 名垂钓者的 Facebook 社区，它的特色是可以提供精确的定位鱼咬钩的位置地图，以及一个供成员展示垂钓收获的照片库。在 Birdpost.com 网站上，鸟类观察爱好者可以在网上列出他们所见过的鸟类，并通过现代卫星地图与其他成员分享其所见过的鸟类。另外，myTransponder.com 是 Facebook 的一个社区，在这里飞行员可以找到工作，学生可以找到飞行指导员，而且针对特定行业的商家也在努力吸引 2 000 名航空爱好者。[19]

除了这些独立的社交媒体以外，很多企业还创建了自己的品牌社区。例如，耐克的"Nike+"跑步社区由 2 000 多万名跑步者组成，他们已经在全球范围内累计跑了超过 10 亿英里，跑步爱好者们上传、记录、比较他们的跑步表现。得益于"Nike+"跑步社区的成功，耐克已经将"Nike+"扩展到了篮球和一般的训练中，每一项运动都有自己独立的社区网站、应用程序和相应的产品。[20]

2. 社交媒体营销的优势和挑战

社交媒体的优势和挑战是并存的。从有利的方面来看，社交媒体是定向的、个性化的，它允许营销人员与个人消费者和顾客社区创建及分享定制化的品牌内容。社交媒体的互动性使其成为参与顾客交流和倾听顾客反馈的理想工具。例如，沃尔沃将 Swedespeak Tweetchat 平台作为吸引顾客的数字焦点小组，获得从产品特征到广告制作等方面的即时信息。沃尔沃的首席营销官表示：定期的 Twitter 聊天"创造了良好的对话形式"，人们乐于参与这个过程。[21]

社交媒体具有即时性，它可以就相关的品牌事件和活动发布营销内容，随时随地地接触顾客。正如本章前面所讨论的，社交媒体使用量的快速增长促进了实时营销的增长，使营销人员能够围绕消费者身边的事情创建社区并加入消费者的话题讨论。营销人员现在可以观察什么是趋势，并创建相匹配的营销内容。

社交媒体还极具成本效益。尽管创建和管理社交媒体内容可能成本高昂，但是很多社交媒体都是免费或廉价使用的。与电视或印刷品等昂贵的传统媒体相比，社交媒体的投资回报率较高。小企业和品牌因为负担不起大额营销活动的高昂预算，所以低成本的社交媒体就成为它们易接触的营销媒介。

社交媒体的最大优势也许就是其参与度和社交分享能力，尤其是适合创建顾客参与和社区的社交媒体——能够让顾客参与到品牌中来，并建立相互关系。与其他社交媒体相比，社交媒体更能让顾客参与塑造和分享品牌内容与体验。想一下奥利奥饼干对战奶油的活动。

奥利奥饼干对战奶油的活动始于美国第 47 届"超级碗"的广告"耳语之战"，在这个广告中，两个男人在图书馆争论他们最喜欢奥利奥饼干的哪部分——饼干还是奶油。广告还邀请了消费者就自己喜欢的一方在 Instagram 上贴出自己喜欢的照片——标签是饼干或奶油。然后，奥利奥公司挑选了其中一些照片，与艺术家们一起创作了饼干或奶油的照片雕塑。这次活动引起了人们对于最喜欢奥利奥哪一部分的激烈讨论。在"超级碗"大赛比赛前，奥利奥在 Instagram 上大约有 2 200 名粉丝。比赛结束后，粉丝数上升到 2.2 万人，现在粉丝数已经超过 14.2 万人。这次比赛共收到了 3.2 万名粉丝的作品，制作了 122 件雕塑作品。奥利奥的品牌经理表示："奥利奥不只是推出了 Instagram 广告页面，还推出了一种参与式体验。"奥利奥用一系列简短有趣的视频精心准备了这次活动,然后邀请消费者为自己最喜爱的部分——"饼干或奶油"进行投票。奥利奥对"哪一部分是最好的"问题进行了回答。毫无疑问,两者都是最好的。[22]

社交媒体营销是创建品牌社区的绝佳方式,品牌忠诚者可以在这里分享经验、信息和想法。例如,美国的全食超市利用很多社交媒体创建了一个全食生活方式社区,顾客可以在社区里研究食品、获取食谱、相互交流、讨论与食品相关的话题,以及链接到店内活动。除了活跃度很高的 Facebook、Twitter、YouTube 和 Google+ 社交网站,全食超市还在社交剪贴簿网站 Pinterest 上推出了 59 个全食厨房板块,吸引了近 18 万名品牌追随者。全食厨房的主题从"食物提示和技巧""美味艺术""食用庆典"到"超级名厨",充斥着诱人的厨房图片。全食超市不参与厨房改造业务,但烹饪和厨房是全食超市顾客生活方式的重要组成部分。[23]

然而,社交媒体营销也面临着挑战。首先,很多企业仍在尝试如何有效地利用它们,但结果难以测量。其次,这类社交网络主要是用户控制的。企业使用社交媒体的目标是让品牌成为消费者交流和生活中的一部分。然而,营销人员不能简单地将他们的方式强加到消费者的在线互动中,商家需要获得参与顾客在线互动的权利。营销人员必须通过开发稳定的具有吸引力的内容流,使之成为在线体验的一个价值组成部分,而不是强行侵入消费者的在线互动中。

由于消费者对社交媒体内容拥有很大的控制权,因此即便是看似最无害的社交媒体活动也可能产生相反的效果。例如,菲多利在美国举办了一个"乐味一番"的比赛,向人们征求新的薯片口味以作为新产品的参考,要求参与者把他们提出的新口味上传到网页或 Facebook 上,并为他们的创意设计艺术包装袋。许多消费者非常认真地参与了这次比赛(有机会获得 100 万美元的大奖),而且提出了人们真正想吃的很多薯片口味。然而,也有一些人提交了一些滑稽的口味。对于参与者上传的口味,无论多么滑稽,网站都会用色彩丰富的包装袋和口味名字作为回应,同时还附带一条回复信息:"七年级更衣室?这听起来像薯片一样美味。让这些'美味可口'的想法不断涌现,下次你将有机会赢得 100 万美元。"一位营销人员说:"有了社交媒体,你就进入了消费者的后院,这是他们的地盘。"另一位营销人员说:"社交媒体是个压力锅,无数人会接受你的想法,但是他们也试图打破这些想法,找出其中的不足之处。"[24]

3. 整合社交媒体营销

使用社交媒体是非常简单的,比如在 Facebook 或 Twitter 页面上发布一些促销信息,在 YouTube 或 Pinterest 上用视频和图片制造品牌热点。目前,大多数企业都在努力设计全方位的社交媒体,以融合并支持品牌营销战略和战术的其他要素。除了发布顾客喜好的推文之外,那些成功使用社交媒体的企业还要整合各种不同的媒体,创建与品牌相关的社交分享、顾客参与和顾客社区。

管理一个品牌的社交媒体是一项重大任务。例如,星巴克是成功使用社交媒体的企业之一,它管理着 51 个 Facebook 网页(覆盖 44 个国家),31 个 Twitter 账号(其中 19 个是国际账号),22 个 Instagram 账号(14 个国际账号),以及 Google+、Pinterest、YouTube 和 Foursquare 账户。管理和整合全社交媒体内容具有挑战性,但是就其产生的结果来讲是值得投资的。消费者可以通过数字方式与星巴克在线互动,而不需要进入实体店——他们也确实这么做了。仅在美国,星巴克就拥有 3 600 万粉丝,在 Facebook 上是第六大品牌,它在 Twitter 上拥有 8 850 万粉丝,品牌排名第五。

然而,除了创造在线参与和互动社区外,星巴克的社交媒体还吸引了顾客光顾实体店。例如,在 4 年前的一次大型社交媒体促销活动中,星巴克推出了购买早餐饮料赠送免费点心的活动,吸引了 100 万人。星巴克推出了"Tweet-a-Coffee"促销活动,顾客只要把 #tweetacoffee 和好友的信息发布在 Twitter 上,就可以为好友送上一张价值 5 美元的礼品卡。在短短一个月时间内，星巴克这次活动的销售额就达到 18 万美元。星巴克的全球数字营销主管表示："社交媒体不仅仅是吸引人、讲述故事和连接消费者，它还可能会对企业产生实质性的影响。"[25]

17.4 传统的直接营销形式

传统的直接营销形式主要包括面对面销售或人员销售、直接邮寄营销、目录营销、电话营销、直接响应电视营销和购物亭营销。在前面的章节中已经深入研究了人员销售，在这里，我们将研究传统直接营销的其他形式。

17.4.1 直接邮寄营销

直接邮寄营销（direct-mail marketing）是指向位于特定地址的人发送产品、通知、提示和其他东西。直接营销人员利用精心选择的邮寄名单，每年寄出数百万份邮件。

直接邮寄非常适合直接的、一对一的沟通。它可以实现对目标市场更高效的选择，更加个性化、灵活，并且结果容易测量。尽管每千人接触成本高于电视或者杂志等大众媒介，但是直接邮寄能更好地接触潜在顾客。直接营销在图书、音乐、保险、礼品、服装、精选食品和工业产品等产品促销方面是非常成功的。

随着营销人员转向使用电子邮件和移动营销这些新型数字营销形式，预计传统直接邮寄的使用将会减少。然而，就像通过传统渠道发送邮件一样，如果将邮件发送到那些不感兴趣的人手中，这样的垃圾邮件就会让他们反感。出于这个原因，聪明的营销人员正在精心挑选直接邮寄的目标顾客，以免浪费自己的钱和收件人的时间。

17.4.2 目录营销

随着技术的进步以及向个性化、一对一营销的转变，**目录营销**（catalog marketing）发生了巨大变化。

随着互联网的普及，越来越多的目录营销正在走向数字化。各种类型的数字编目员也不断出现，并且大多数印刷编目员在营销组合中增加了数字目录。数字目录与印刷目录相比有很多优点，它们节约了生产、印刷和邮寄成本。印刷目录版面空间有限，但是数字目录版面几乎可以提供无限数量的商品。数字目录还能提供实时的商品更新，其中的商品和功能可以根据需要增加或删除，并且价格也可以根据需求即时调整。最后，数字目录可以与互动娱乐和促销活动结合在一起，如游戏、竞赛、每日特别节目等。

然而，数字目录也面临着挑战。印刷目录以其侵入性强行引起消费者的关注，而数字目录则相对比较被动，它需要很好地营销才能引起消费者关注。相比印刷目录，数字目录很难吸引新的消费者。因此，即使是在线销售的编目员也不可能放弃他们的印刷目录。

17.4.3 电话营销

电话营销（telemarketing）通过电话直接向消费者和企业顾客进行销售。营销人员使用外部电话向消费者和企业顾客直接进行销售，而内部免费电话用来接收来自电视、印刷广告、直接邮寄或者目录营销的订单。

设计合理、目标明确的电话营销有很多好处，包括购物便利、更多的产品和服务信息。然而，未经许可的电话营销呈现爆炸性增长，这样的骚扰电话已经惹恼了消费者。新加坡针对营销市场成立了"谢绝来电"

登记机构以拒绝此类骚扰电话。

电话营销还是非营利性组织筹款的工具，尽管电话营销人员正在转向其他方式——从直接邮寄营销、直接响应电视营销、即时聊天技术到吸引顾客来电的抽奖活动，以获取新顾客和提升销量。

17.4.4 直接响应电视营销

直接响应电视营销［direct-response television（DRTV）marketing］主要有两种形式，第一种形式是直接响应电视广告，直接营销商买下60秒或120秒电视广告时段，在广告里对产品进行有说服力的描述，并且给顾客提供一个免费的电话号码或者订购网站。电视观众常会遇到30分钟或更长的广告类节目或者专题商业片，这些广告是专门为了宣传一个产品而做的。

直接响应电视营销的另一种形式是家庭购物广告，它是一个电视节目或整个电视频道，专门用于销售商品或服务的。其中的一些频道在韩国和中国台湾很受欢迎，节目主持人通过手机与观众交流，提供的产品从珠宝、灯具、收藏玩偶、服装到电动工具和电子消费品等。电视观众可以通过拨打免费电话订购或者在线订购商品。

17.4.5 购物亭营销

随着消费者对计算机和数字技术越来越熟悉，很多企业开始在商店、机场和其他地方安置一些信息和购物机器——我们称之为"购物亭"（与销售实际产品的售货机相比）。购物亭随处可见，从自助服务酒店、航空登记设备到店内的订购亭，你都可以订购到商店里没有的商品。

商店内的照相亭可以让消费者把图片从手机和其他数字设备中传输出来，并支持图片编辑和制作高质量的彩色打印品。消费者可以通过希尔顿酒店内的购物亭查看预订的房间、取房间钥匙、查看提前到达的信息、办理登记入住和退房，甚至更换航班座位和打印其他几个航班的登机牌。在新加坡樟宜机场，新加坡航空公司设有自动办理登机手续的登机亭。

17.5 直接营销和数字营销的公共政策问题

尽管在线营销仍有很大前景，但是某些直接营销人员使用带有攻击性的、不光彩的策略，从而让消费者感到厌恶，甚至危及消费者利益。从最简单的惹恼消费者的过度行为，到对顾客不公平的待遇，甚至是赤裸裸的欺诈，都在直接营销中发生过。直接营销行业也面临着与日俱增的侵犯消费者隐私的困扰，在线营销人员必须处理好网络安全问题。

17.5.1 惹怒消费者、不公平、欺骗和欺诈

过度直接营销会惹怒、冒犯消费者。我们的邮箱里充斥着不需要的邮件宣传，电子邮箱里塞满了垃圾邮件，或者手机也填满了不需要的垃圾短信。

除了惹怒消费者之外，一些直接营销人员还被指控不公平地利用购买者的冲动和稚嫩进行营销。受到指控最多的是电视购物频道和冗长的商业广告。它们的主要特点是，主持人精心策划产品展示、声称大幅度降价让利、"售完为止"的时间限制以及无与伦比的购买便利性，这惹怒了那些低抵抗力的买家。更糟糕的是，那些所谓的热心商人会试图设计可能误导购买者的邮件。

近年来，一些网络欺诈成倍增长，如投资骗局或虚假的慈善募捐。互联网欺诈包括盗取身份信息和金融诈骗，这已经成为一个极为严重的问题。

网络诈骗另一种常见的形式是网络钓鱼，它是一种盗取用户身份信息的形式，通过欺骗性的电子邮件和欺诈性的网站迷惑用户泄露个人身份信息。一项调查显示，有一半的用户都收到过钓鱼邮件。尽管很多消费者已经意识到了这种钓鱼欺诈，但是一旦遇到网络钓鱼，代价可能会非常高。这也损害了那些使用网络和邮件进行交易并致力于建立用户信心的合法营销商的品牌形象。[26]

很多消费者还担心在线安全问题。他们担心那些不择手段的不法分子或者黑客会窃取他们的在线交易信息，截获信用卡账号和密码进行非法交易。一项调查显示，60%的在线购物者非常担心在线安全问题，以至于他们会考虑尽量减少在线购买的支出。[27]对于直接营销企业来说，消费者的这种担忧给其造成的代价非常大。

消费者对互联网营销的另一个担忧是网络被那些易受伤害的或未经授权的群体访问。例如，面向成人用品的商家发现很难限制未成年人接触这些产品。在一项调查中，在8～12岁的孩子中有1/4的孩子承认有Facebook等社交网站的账号，根据这些社交网站的规定，13岁以下的孩子是不允许在社交网站注册个人信息的。调查还发现，17%的父母并不知道他们的孩子拥有这些社交网络账号。[28]

17.5.2　消费者隐私

侵犯隐私可能是直接营销行业目前面临的最严肃的公共政策问题。消费者通常会受益于数据库营销——接触到更符合他们兴趣的东西。然而一些批评者担心，营销人员可能会了解过多的消费者的生活信息，然后利用这些信息来获取对消费者来说不公平的竞争优势。批评者认为，在某种程度上，企业广泛使用数据库侵犯了消费者的隐私。

现在，似乎每次消费者参与抽奖、申请信用卡、访问网站或通过邮件、电话、互联网订购产品时，他们的名字就会进入一些企业不断扩展的数据库。利用先进的计算机技术，直接营销商使用这些数据库可以缩小它们的销售目标对象的范围。在线隐私引起了人们的特别关注，大多数在线营销人员已经擅长收集和分析详细的消费者信息。

一些消费者和政策制定者担心，这些现成可用的数据库信息可能会被滥用。他们会问，应该允许网络卖家在买家浏览其网站时植入浏览器记录吗？卖家可以使用追踪信息投放目标广告和其他营销战略吗？信用卡企业可以向其遍布世界的卖家顾客提供数以百万计的持卡人信息吗？

17.5.3　采取行动

为了遏制过度的直接营销，政府机构正在调查"谢绝来电和不发邮件"的名单。新加坡政府正在考虑建一个"谢绝来电"登记处，消费者可以在此登记选择拒收的电话、短信和传真信息。

这些都需要商家在立法者介入之前采取强有力的行动防止滥用隐私和安全问题。非营利的自治组织可以与赞助商合作，一起审查企业的隐私和安全措施，并帮助消费者安全地浏览网页。直接营销行业还可以通过鼓励企业遵守消费者隐私规则来解决公共政策问题，例如当任何个人信息被出租、售卖或交换给他人时及时通知顾客；尊重顾客的要求，把那些同意接收信息的顾客名单转交给其他营销人员；将那些不愿接收邮件、电话或电子邮件的顾客从名单中删除。

直接营销人员知道，如果不加以关注，这种滥用直接营销的行为将会导致持续增长的消费者的消极态度、较低的响应率以及对更严格的立法制度的需求。大多数直接营销人员与消费者期望的一样：希望他们精心设计的营销方案只定位于那些欣赏和回应他们的顾客。

目标回顾

本章介绍了营销组合的最后一种元素——促销。在前几章中介绍了广告、公共关系、人员销售与销售促进，本章介绍了直接营销和在线营销的新兴领域。

1. 定义直接营销并讨论其对顾客和企业的好处

直接营销包括与精确的目标细分市场或个人消费者直接联系，除了建立品牌和关系之外，直接营销人员通常会寻求直接的、即时的和可测量的顾客响应。通过使用详细的数据库，直接营销人员可以调整他们的市场供给和沟通渠道，以满足确定的细分市场和个人购买者的需求。

对于买方来说，直接营销是便捷、简单和隐秘的。它可以让消费者获得国内甚至世界各地大量的产品和信息。直接营销也是即时的、互动的，能够让买方准确地创建其想要的信息、产品和服务配置，然后当场订购。对于卖方来说，直接营销是建立顾客关系的强有力的工具，使用数据库营销，营销人员可以将目标定位于极小的细分市场或者个人消费者，然后根据个人需求来调整产品或服务，并通过提供个性化的沟通方式开展促销活动。数据库营销也为商家提供了低成本、高效迅速接触目标市场的选择。由于直接营销对买卖双方都有好处，因此其已经成为发展最快速的营销形式。

2. 识别和讨论直接营销的主要形式

直接营销的主要形式包括人员销售、直接邮寄营销、目录营销、电话营销、直接响应电视营销、购物亭营销和在线营销。在前面的章节中，我们讨论了人员销售。

直接邮寄营销是最多的直接营销形式，包括企业以定向的形式向个人发送产品、通知、提示和其他类似的信息。近年来，新的邮件递送形式变得流行起来，如电子邮件营销和移动营销。一些营销人员依赖目录营销——向精选的顾客邮寄产品目录，这些目录商品通常可以在实体店里购买或很容易在网上找到。电话营销是指通过电话直接向消费者销售商品。电视直接营销有两种形式：直接响应广告（或电视购物）和家庭购物频道。购物亭营销是直接营销商放置在商店、机场、酒店和其他地方的信息及订购机器。近年来，许多新型的直接营销技术已经出现，包括移动营销、音频博客、视频博客和互动电视。在线营销涉及将卖家与消费者进行数字化连接的在线渠道。

3. 企业如何使用在线营销战略来应对互联网和其他强大的新技术

在线营销是增长最快的营销形式。互联网使消费者和企业只需点击几下鼠标就能访问和共享大量信息。反过来，互联网也为营销人员提供了为顾客创造价值和建立顾客关系的新方法。今天，很难找到一家不进行在线营销的企业。

在线营销已经成为一种主要的促销媒介，在线广告的主要形式是展示广告和搜索相关广告。电子邮件营销也是一种非常重要的数字营销形式，如果使用得当，电子邮件可以让营销人员发送目标明确的、高度个性化的、建立关系的信息。营销人员希望他们的一些视频能像病毒一样传播，吸引数百万消费者。最后，企业可以将博客作为一种联系顾客社区的有效手段。

顾客在线购买以健康的速度持续增长。现在大多数美国在线用户使用互联网购物，或许更重要的是，互联网影响了线下购物。因此聪明的营销人员正在采用整合多渠道的营销战略，利用互联网来驱动其他渠道的销售。

4. 讨论企业如何开展在线营销，为顾客提供更多的价值

各种类型的企业现在都在从事在线营销活动，互联网催生了纯在线运营的"点击型网络企业"。此外，很多传统的实体型企业也增加了在线营销业务，将自己转型为"鼠标＋水泥"型的竞争者。品牌既可以使用现有的社交媒体建立，也可以自己建立，使用现有的社交媒体是最方便的方法。因此大多数品牌都在热门的社交媒体网站上开设了自己的店铺。一些主流的社交网络规模庞大，而其他一些利基社交媒体迎合了志趣相投的小型社区的需求。除了这些独立的社交媒体外，许多企业还创建了自己的在线品牌社区。

大多数企业正在整合各种媒体，以创建与品牌相关的分享、顾客参与和顾客社区。

使用社交媒体的优势与挑战并存。从好的方面来说，社交媒体是目标明确的、个性化的、互动性的、即时的和具有成本效益的。参与性和社交分享能力可能是它最大的优势，这使得社交媒体成为创建顾客社区最理想的方式。从不利的方面来讲，消费者对社交媒体内容的控制使得社交媒体难以被商家控制。

5. 概述直接营销所面临的公共政策和道德问题

直接营销商和数字营销商及其顾客通常会享受彼此之间的互惠关系。然而有时候，直接营销商会表现出阴暗面。个别的营销人员采取带有侵犯性和不光彩的策略，让顾客感到厌恶，甚至损害消费者利益，给整个营销行业造成了恶劣的影响。从最简单的惹怒消费者的过度营销，到对顾客不公平的行为，甚至是完全的欺骗和欺诈，都属于滥用直接营销。直接营销行业也面临着越来越多的关于侵犯消费者隐私和互联网安全问题的担忧，这种担忧需要市场营销人员和政策制定者采取强有力的措施来遏制滥用直接营销的行为。最后，大多数直接营销人员与消费者期望的一样：希望他们精心设计的营销方案只定位于那些欣赏和回应他们的顾客。

关键术语

direct and digital marketing 直接营销和数字营销
mobile marketing 移动营销
direct-mail marketing 直接邮寄营销
catalog marketing 目录营销
telemarketing 电话营销
direct-response television（DRTV）marketing 直接响应电视营销
online marketing 在线营销
online advertising 在线广告
marketing web site 营销网站
branded community web site 品牌社区网站
e-mail marketing 电子邮件营销
spam 垃圾邮件
viral marketing 病毒式营销
blogs 博客
social media 社交媒体

概念讨论

1. 列举直接营销和数字营销的主要形式。
2. 讨论直接营销和数字营销对买方与卖方的好处。
3. 说明企业采用在线营销的方式。
4. 比较不同形式的在线广告。企业在选择具体的形式时，应考虑哪些因素？
5. 消费者对互联网安全的基本担忧是什么？这些担忧是合理的吗？列举5种可以减少网络安全风险问题的措施。

概念应用

1. 以小组为单位，设计一个针对青少年的软饮料品牌病毒式营销活动，讨论营销人员在活动中可能遇到的问题与挑战。
2. 访问耐克官网，设计你自己的鞋子，把你设计的鞋子打印出来带到课堂上，你觉得这种个性化定制服务收取的价格合理吗？找出并描述其他两家允许买家定制产品的网站。
3. 消费者如何减少营销人员发送的未经许可的邮件和电子邮件？

技术聚焦

互联网为快速增长的直接营销业务打开了大门，其中大部分是来自移动设备的应用程序。例如，锁具制造商 Schlage 提供了一种与移动电话集成的无线免钥匙的门锁系统，每月仅花费 12.99 美元。Zipcar 是一款为 iPhone 开发的汽车共享服务 App，通过它用户不仅可以定位汽车位置，还可以解锁和直接开走汽车，整个过程不需要与客服代表联系。会员用户在 iPhone 上按一下虚拟喇叭就能够触发汽车喇叭，这样会员就可以在 Zipcar 停车场找到汽车。这款 App 看起来就像一个钥匙卡，用户只需按一下就可以打开车门，进入车内，刷一下会员卡就可以拿到真正的汽车钥匙。

1. 这种营销形式对顾客和商家的好处是什么？

2. 找到或设想互联网和移动互联网设备创造直接营销机会的案例。

道德聚焦

万维网常被认为是西部荒野，不像广告有明确的赞助商，互联网上的很多商品和信息都不透露其背后的赞助商。你可能会在博客、YouTube视频或者Twitter上了解到某产品信息，但通常不知道这个人是得到了报酬还是免费提供商品或货物信息，发布一些有关产品的正面消息，这些信息背后的卧底企业很难被发现。凯马特、索尼影业、惠普和其他一些商家利用IZEA企业的博客网络推出一些赞助的话题讨论。IZEA在博客中展开的话题讨论显示了赞助商的信息，但是很多企业不会显示。然而，这种情况很快就会改变。美国联邦贸易委员会（FTC）最近更新了支持准则，要求这类博主披露赞助商信息，违反者将被处以11 000美元罚款。但是，在3 000万名博主中，仍有80%的博主偶尔或经常发布关于产品或品牌的评论。要实施这一准则将会非常困难。即使有了这一新准则，2009年的赞助讨论话题业务仍增长了14%，业务规模达到4 600万美元。

1. 在博客中找到发布产品信息的例子，该博主是否私下得到了报酬，还是免费提供产品信息？政府是否应该颁布法律要求博主和其他互联网载体公布商家的赞助信息？

2. 搜索联邦贸易委员会在广告宣传和推荐方面的修订准则，并访问口碑营销协会的网站和社交营销企业如IZEA的网站。然后写一篇报告：营销人员如何在联邦贸易委员会准则下有效利用赞助话题讨论。

营销和经济

戴　尔

不久前，戴尔还是个人电脑行业的宠儿，采用直接营销的方式颠覆了个人电脑行业。从某种意义上说，戴尔是世界领先的个人电脑制造商。但是，近年来，戴尔被一系列因素所困扰。竞争是其中一方面原因：惠普通过向企业提供一站式服务和更好的设备，取代了戴尔"畅销商"的地位，戴尔3/4的销售业务都来自这些企业。与此同时，来自中国台湾的竞争对手宏碁电脑又在戴尔的低价优势市场中分了一杯羹，通过销售价格更便宜的电脑，宏碁将戴尔挤出市场份额第二的位置。最后，经济疲软使得消费者升级和更新电脑设备的意愿降低。2010年，戴尔的个人电脑销量下降了13%，净利润下降了44%。戴尔已经削减了成本，并且寄希望于其他业务来支撑日益低迷的个人电脑销售业务。但是，在很大程度上，戴尔只是在等待经济好转，并预测强劲的个人电脑更换周期的到来以重振这个行业。

1. 戴尔在增加个人电脑销售业务时出现的问题是什么？

2. 在消费者节俭的情况下，戴尔如何克服这些问题？你有什么好的建议？

营销数字

面临不断飙升的销售成本，许多企业开始意识到电话销售的效率。一个外部销售人员每次B2B销售电话的平均成本超过300美元，但是，一次电话营销的销售成本只需5～20美元。另外，电话营销人员每天可以接触到33个顾客，而普通的销售人员每天只能接触4个顾客。电话营销的时效性引起了B2B营销人员的关注。

1. 参考附录B，计算下表每家企业的ROS和ROI，说明哪家企业的业绩较好？

（单位：万美元）

项目	企业A（销售人员）	企业B（电话营销）
净销售额	200	100
产品销售成本	80	50
销售支出	70	20

2. 是否所有企业都应考虑减少销售人员来支持电话营销？讨论其中的利弊。

企业案例

亚马逊：创造直接和满意的在线顾客体验

当你考虑网购时，你可能首先会想到亚马逊。1995年，这家在线销售的先驱创建了第一家虚拟书店，创始人杰夫·贝索斯在其位于西雅图郊区的车库里销售图书。现在亚马逊仍在销售大量的图书，但是，它现在销售的商品包罗万象，从音乐、视频、电子产品、工具、家居用品、服装、手机和杂货到散装砖石与缅因州龙虾。一些分析师把亚马逊视为数字时代直接营销的典型代表。

从一开始，亚马逊就呈现出爆炸性增长，年销售额从1997年的1.5亿美元飙升到现在的1 070亿美元。2015年，销售额同比增长了24%，实现由亏损2.41亿美元到盈利5.96亿美元的转变。2015年，亚马逊全球活跃用户达到3.04亿人。亚马逊把Netflix视为最大的目标顾客之一，企业的云计算业务持续表现良好。亚马逊的网络服务为开发者提供了可接入的技术基础设施，开发者可以利用基础设施开展各种类型的业务。2015年，这一业务营收达到79亿美元，而2014年仅为47亿美元。2015年，亚马逊在国际市场上的Prime视频用户几乎翻了一番，全球观看时长也比2014年增长了一倍多。

亚马逊成功的秘诀

是什么让亚马逊成为世界首屈一指的直销商？企业的核心是极致地追求顾客导向。贝索斯提道："驱动一切的是持续为顾客创造真正的价值。企业是以顾客为起点逆向工作的，与其问我们擅长什么，我们能用这些技能做什么，不如问谁是我们的顾客，他们需要什么。然后，我们去学习这些技能。"

例如，当亚马逊看到有机会通过电子书和其他电子内容更好地服务购买图书的顾客时，首次开发了自己的电子阅读器产品——亚马逊Kindle和Kindle Fire阅读器，这是一种无线阅读设备，可以下载图书、博客、杂志、报纸和其他内容。种类丰富的Kindle应用程序可以让用户在黑莓手机、摩托罗拉Droid手机、iPhone和iPad等设备上享受电子书所带来的体验。

顾客体验

也许更重要的不是亚马逊卖什么，而是它如何卖。它想做的远不止销售图书、DVD或者数码相机，亚马逊想向每一位顾客传递一种特殊的体验。贝索斯说道："顾客体验真的很重要，我们关注的是如何成为一家更好的商店，在这里顾客可以更便捷地购物、了解更多的产品信息、有更多的可选择性，以及价格更便宜。把这些所有的东西结合起来，才是真正了解顾客需求。"

顾客也同样感受到了这一点，大多数亚马逊网站的常客都有很强的黏性，以至于这些顾客自己都感到惊讶。尤其对于那些完全缺乏人际关系互动的顾客来说，亚马逊热衷于为每位顾客提供独特的个性化体验。例如，亚马逊网站的主页为顾客提供了个性化的欢迎界面，"为你推荐"功能提供了个性化的产品推荐。亚马逊是第一个使用"协同过滤"技术的企业，它根据顾客的购买历史和购买类型筛选相似的产品信息，然后以个性化的网页目录推荐给顾客。贝索斯提道："我们希望亚马逊成为适合你的独特的商店，如果我们拥有8 800万名顾客，我们就应当有8 800万个商店。"

亚马逊网站的访问者可以获得一系列独有的好处：海量的选择、高价值和便利性。它的"发现"功能能够带来非常特殊的购买体验，一旦你登录网站，你就会不由自主地停留一会儿，浏览、学习和发现一些信息。亚马逊网站已经成为一种在线社区，顾客可以在线浏览产品、研究购物替代品、与其他访问者分享看法和评价，并与作者、专家进行在线交流。通过这种方式，亚马逊不仅是在网上销售商品，它还创造了一种直接的、个性化的顾客关系，满足了在线体验的需求。一直以来，不管行业发展如何，亚马逊一直位居美国顾客满意指数的第一名或第二名。

为了给顾客创造更多选择和发现的机会，亚马逊允许有竞争力的零售商（从夫妻店到玛莎百货）在亚马逊网站上销售商品，从而形成了一个大规模的虚拟购物商城。亚马逊甚至鼓励顾客在网站上销售二手物品。更广泛的选择吸引了更多的顾客，使得买卖双方都从中受益。亚马逊的一位营销主管说："我们在顾客的生活中变得越来越重要。"

展望未来

基于亚马逊强劲的增长势头，很多人猜测亚马逊将成为网络领域的沃尔玛。一些人认为，亚马逊事实上已经实现了这一目标。2009年,沃尔玛总销售额超过4 000亿美元,让亚马逊240亿美元的销售额显得相形见绌。现在,亚马逊销售额仅占沃尔玛销售额的1/4。随着亚马逊在线销售业务的快速增长,一些人认为,现在是沃尔玛的在线销售业务正在追赶亚马逊。换句话说,是沃尔玛想成为在线销售领域的亚马逊,而不是反过来。尽管沃尔玛的规模庞大,但是想要追赶亚马逊的在线业务,沃尔玛必须与亚马逊卓越的顾客体验相符合,这并非易事。

无论最终结果如何,亚马逊已经彻底改变了在线营销的行业面貌。更重要的是,这家创新型的直接营销零售商为在线顾客体验设置了一个很高的门槛。贝索斯说:"我之所以如此关注顾客体验,主要是我相信我们的成功完全是由顾客体验驱动的。我们不是伟大的广告商,我们只是从顾客体验开始,找到了他们想要的产品,以及明白如何提供他们想要的产品。"

讨论题

1. 简要分析亚马逊的营销环境,并分析促进亚马逊发展的因素有哪些。
2. 讨论亚马逊的商业模式,它为买家和卖家带来了什么好处?在亚马逊为买家和卖家创造的价值中,哪些是最主要的?
3. 讨论亚马逊如何成功地进入亚洲市场,哪些因素会影响它的成败?这在不同的国家有何不同?
4. 在亚马逊未来的增长和成功中,你有哪些建议?

资料来源:Daniel Lyons," The Customer Is Always Right," *Newsweek*, 4 January 2010, p. 85; Brad Stone, " Can Amazon Be the Wal-Mart of the Web?" *New York Times*, 20 September 2009, p. BU1; Heather Green, " How Amazon Aims to Keep You Clicking," *BusinessWeek*, 2 March 2009, pp. 34–40; Joe Nocera, " Putting Buyers First? What a Concept," *New York Times*, 5 January 2008, www .nytimes.com; Brian Morrissey, " Marketer of the Year: Jeff Bezos," *Brandweek*, 14 September 2009, p. 30; Geoffrey A. Fowler, " Corporate News: Amazon's Sales Soar, Lifting Profit," *Wall Street Journal*, 23 April 2010, p. B3; http://www.statista.com/statistics/266282/annual-net-revenue-of-amazoncom/; https://www.google.com.sg/webhp?sourceid=chrome-instant&rlz=1C1CAFB_enSG659SG659&ion=1&espv=2&ie=UTF-8#q=number+of+active+customers+in+Amazon; http://www.statista.com/statistics/183399/walmarts-net-sales-worldwide-since-2006/; annual reports and other information found at www.amazon.com, accessed in October 2010.

PART 4

第四部分

营销扩展

第 18 章
创造竞争优势

学习目标

1. 通过竞争者分析，讨论了解竞争对手和顾客的必要性。
2. 解释基于为顾客创造价值的竞争性营销战略的基本准则。
3. 说明在成为真正以市场为导向的组织时，平衡顾客和竞争者的必要性。

预习基本概念

在前面的章节中，我们已经了解了基本的营销知识。在本章中，我们将这些营销知识整合在一起。在开发盈利的顾客关系时，了解顾客是非常重要的关键步骤，但这远远不够。为了获得竞争优势，企业必须利用对顾客的理解来设计营销活动，以便比竞争对手传递更多的顾客价值来获得同样的顾客。在本章中，我们首先关注竞争对手分析，即企业识别和分析竞争对手的过程。然后，我们研究了竞争性营销战略，即企业区别于竞争对手的定位，以获得最大可能的竞争优势。

首先，我们来看韩国的汽车制造商现代。在金融危机期间，大多数汽车企业都削减了营销预算以抵御金融风暴。但是，现代恰好相反，当竞争对手削减营销支出时，它增加了营销支出。通过这样的实践，现代汽车找到了适应不断变化的经济时代和市场的正确的价值主张。

现代汽车：敌退我进

当 2009 年 2 月美国观众关注橄榄球"超级碗"大赛时，银行倒闭，经济刺激计划还未宣布，失业率飙升。

逃避主义流行于世，大多数广告商也是这么做的，一些品牌（像可口可乐）推出了与现实格格不入的快乐广告。然而，有一家广告商却不这么做。在第三季度，在一份普通的杂志中，一辆汽车在如画风景中行驶的场景使大多数人都不想谈论的画外音引起了关注："现在，购买或租赁一辆新现代汽车，如果你明年没有收入，可以退回汽车而且不影响个人信用。"

随着这次大胆的出击，现代汽车——一家历史上以无所畏惧的营销战略而闻名的汽车制造商，开始认真地应对经济衰退的袭击，毕竟经济衰退不仅抑制了消费热情，甚至彻底淹没了它。随后，与其竞争对手形成鲜明的对比，现代的许多竞争对手削减了营销预算，而现代汽车则在奥斯卡金像奖的 9 个备受瞩目的广告位置上，重申了现代汽车的保障承诺，从而加大了营销力度。

面对经济衰退，现代汽车激进的、以顾客为中心的营销战略取得了惊人的成果。现代汽车的购车保险计划引起了对债务心存戒备的消费者的共鸣。与 2008 年相比，现代汽车 2009 年 1 月和 2 月的销售量猛增了 59%。尼尔森赛后调查显示，43% 的参与者在看到广告之后改善了他们对现代汽车的看法。一位分析师表示："现代汽车的购车保险计划让顾客觉得现代汽车关心他们的处境且富有同情心。"它的广告语是："我们倾听你、理解你、与你同在。"

现代汽车的竞争性营销战略关于机遇、进取和速度。1986年，当时默默无闻的现代汽车凭借小巧、入门级的现代卓越汽车和低至5 000美元的价格进入美国市场。在早期取得了一些成功后，现代汽车在设计和质量方面遭遇发展瓶颈：外观过时、发动机动力不足及工程设计薄弱。

随后，现代汽车加大了对质量、新车型设计和营销等的投资。1998年，现代汽车推出了该行业首个10年、10万英里的保修服务。到2007年，现代汽车的质量和声誉都得到了显著改善。2008年，现代企业推出了创世纪的高端汽车——该企业最畅销的中型车索纳塔，是现代史上价格最昂贵的汽车。

接踵而来的是全球经济危机和美国汽车工业危机。现代汽车并没有停止扩张的势头，而是加速发展。当竞争者们随后缩减营销预算时，现代汽车却抓住时机增加营销支出。然而，如果没有好的营销理念，更多的营销支出又能意味着什么呢？在经济萧条的情况下，现代汽车如何说服不情愿的消费者再次购买汽车呢？现代汽车的首席营销官乔尔·伊万尼克直接询问了消费者。伊万尼克说："通过研究已有的数据能够了解到的东西非常有限，而让消费者看着你的眼睛说出他们的感受是截然不同的。"在一个焦点小组中，伊万尼克持续发问："为什么你现在不买一辆车呢？你说你想买一辆却没有买。"当被追问这些问题的时候，人们开始敞开心扉。伊万尼克说："我们意识到消费者的担忧是害怕失去工作，这是经济衰退所制造的恐惧。"

通过这次焦点小组获得的消费者洞察，现代汽车迅速采取行动，在仅仅37天的时间里，建立了现代保险计划并推出了电视广告。它在2009年购买了"超级碗"大赛的两个广告位，同时还获得了赛前表演的赞助权，之后又买下9个奥斯卡金像奖颁奖礼的广告时段。这些大胆的举措和现代汽车以顾客为中心的价值主张，扭转了现代汽车在顾客心中的位置。尽管只有100名顾客退还了购买的现代汽车，但是，现代汽车的保险计划为其赢得了巨大的关注和信誉。现代汽车的广告是让顾客意识到在品牌背后有着巨大的支持，并且始终与购买者站在一起。伊万尼克表示："如果顾客遇到困难，现代汽车的保险计划给了他们退还汽车的选择，这让消费者感到舒适，而且在经济萧条的环境下增加了我们的市场份额。"

展望未来，尽管经济低迷，但现代汽车并没有显示增长放缓的迹象。2010年，现代汽车生产了一款名为雅科仕（售价为6万美元）的高端豪华轿车，旨在与奔驰、宝马和奥迪等价格在2万美元以上的顶级汽车展开竞争。现代汽车还推出了索纳塔混合动力汽车和索纳塔涡轮增压汽车。尽管现代汽车2010年全年都在继续实行保险计划，然而，随着经济形势的变化，现代汽车的大多数广告营销已经从"购买现代汽车的安全性"转移到"驾驶现代汽车的安全性"。无论经济形势如何变化，现代汽车将持续投入资源进行营销。

消费者似乎得到了有关现代汽车的新信息。一位业内人士表示："5年前，现代汽车以低价、质量一般和10万英里保险计划而闻名。现在现代汽车代表了舒适、更高的品质和高科技十足的积极形象。"如今，60%的美国消费者知道这个品牌并且有意愿购买，而2年前这一比例仅有40%。现代汽车的经销商惊讶地发现，消费者正在从购买讴歌、宝马甚至奔驰汽车转向购买现代的捷恩斯和雅科仕车型。一位经销商说："我们正在蚕食其他汽车品牌的市场份额。"

得益于积极的营销战略、提升的产品质量和激进的营销战略，现代汽车已经成为全球知名的汽车制造商。2016年，其在美国的市场份额由2008年的3.1%攀升至4.4%。2011年，美国J.D. Power在其年度初始质量调查中把现代汽车排在第七位，与本田和雷克萨斯并列，而且领先于丰田。到2016年，现代汽车已经上升到第三位。美国行业研究企业AutoPacific在2016年的汽车满意度调查中，现代汽车雅尊车型位列榜首。一位广告商说："粉丝以各种方式表达他们的忠诚度，我们则是用购买另外一辆汽车来表达忠诚度。"

现代汽车为其顾客、不断变化的经济环境以及竞争激烈的市场制定了正确的竞争营销战略。一位分析师说道："现代汽车是名副其实的，竞争对手对其恨之入骨而顾客却喜欢它。"到2015年年底，现代汽车自1986年进入美国以来已累计销售1 000万辆汽车，其中索纳塔和伊兰特是最流行的车型。[1]

今天，企业面临着前所未有的激烈竞争。在前面的章节中，我们讨论了要想在今天竞争激烈的市场中取得成功，企业必须从"产品－销售"哲学转向"顾客－营销"哲学。思科系统前首席执行官约翰·钱伯斯说得很好："让顾客成为你文化的中心。"

本章将主要讨论企业如何超越竞争对手来赢得、留住和发展顾客。为了在今天的市场中取胜，企业必须在面对竞争时不仅要善于管理产品，而且要善于管理顾客关系。了解顾客至关重要，但是远远不够。企业建立盈利性的顾客关系和获得**竞争优势**（competitive advantage），需要比竞争对手为目标消费者传递更多的顾客价值和带来更高的满意度。

在本章中，我们将研究竞争性营销战略——企业应如何分析竞争对手，并制定成功的、基于价值的营销战略，以建立和维护可盈利的顾客关系。第一步是**竞争者分析**（competitor analysis），即识别、评估和选择关键的竞争者的过程。第二步是制定**竞争性营销战略**（competitive marketing strategies），找到比竞争者更有力的定位，并获得最大可能的竞争优势。

18.1 竞争者分析

为了制定有效的营销战略，企业需要了解竞争者，在营销战略、价格、渠道和促销等方面与最接近的竞争者进行持续的比较。通过这样的方式，企业就能够发现潜在的竞争优势和劣势。如图18-1所示，竞争者分析涉及识别和评估竞争者，选择要攻击或回避的竞争者。

图18-1　分析竞争者的步骤

18.1.1 识别竞争者

从最狭义的层面来看，一家企业可以将其竞争者定义为，以类似的价格向同样的顾客提供类似的产品和服务的企业。例如，百事可乐可以把可口可乐视为竞争者，但是不能把虎牌啤酒或酷儿视为竞争者。图书销售商纪伊国屋可能将Popular视为竞争者，而不是Page One。

实际上，很多企业面临的竞争者范围很广。企业可以将生产类似产品或产品类别的所有企业视为竞争者。因此，香格里拉酒店把自己视为其他所有酒店的竞争者。从更广泛的意义上来讲，竞争者可能包括提供相似服务功能产品的所有企业。从这个意义上说，香格里拉酒店不仅与其他酒店竞争，而且还要与那些提供休闲旅行服务的商家进行竞争。最后，在更广泛的层面上，竞争者可能包括从相同顾客口袋里获取收入的所有企业。基于这个角度，香格里拉酒店将与旅游和休闲服务商展开竞争，竞争范围从游轮、消夏度假到国外度假等。

企业一定要避免"竞争者近视"，一个企业潜在的竞争者极有可能比现有的竞争者更致命。例如，柯达不是输给了胶卷制造商的竞争者，如富士，而是输给了不使用胶卷的数码相机制造商（见实战营销18-1）。也许最经典的"竞争者近视"要数《大英百科全书》了。

实战营销18-1

柯达：对竞争者认识不足，而非胶卷本身

柯达，这个受人尊敬的品牌在世界各地曾家喻户晓。一个多世纪以来，人们依赖柯达产品来帮助他们捕捉"柯达时刻"——记录和分享非常重要的个人与家庭画面。好莱坞电影业是围绕柯达技术发展起来的。1972年，保罗·西蒙（Paul Simon）甚至推出了第二热门单曲 Kodachrome，这首歌表达了柯达产品在人们生活中所扮演的情感角色。

然而今天，柯达破产了，这家企业正在按照美国《破产法》第十一章进行重组。曾经，柯达股票位列蓝筹股，但现在已经成为廉价股。这个曾经垄断行业的品牌，一度占据85%的相机市场份额和90%的大胶卷市场份额，而现在在任何市场中都很难竞争。在过去4年里，柯达每月亏损4 300万美元。柯达曾经在全球雇用超过10万名员工，但现在这家企业最主要的美国员工已经减少至不足1万人。

为什么一家如此著名的品牌会衰落得如此之快？柯达是营销和竞争者短视的牺牲品——关注狭小范围内的现有产品和竞争者，而不是关注潜在的顾客需求和新兴市场动态。柯达不是因为与胶卷制造商竞争导致衰落，而是对竞争者认识不足——没有看到完全不使用胶卷的数字摄影和数码相机。一直以来，柯达都坚持生产最好的胶卷，但是在一个日益数字化的世界，顾客不再需要胶卷了。柯达在向数字化转型的过程中，仍依附于传统的产品，最终落后于竞争者。

1880年，乔治·伊士曼（George Eastman）基于干板摄影的方法创立了柯达企业。1888年推出了使用玻璃板拍摄照片的柯达相机。为了扩大市场，伊士曼又开发了胶卷和具有创新性的微型布朗尼柯达胶卷相机。他仅以1美元的价格售卖布朗尼相机，但是从销售胶卷中获得了巨大的利润，还有销售制作照片所需要的化学品和纸张。尽管柯达还为从医疗健康到出版行业开发了具有创新性的图像技术，但是整个20世纪相机和胶卷一直是柯达巨大的摇钱树。

有趣的是，早在1975年，柯达的工程师们就发明了第一台数码相机。这台数码相机有烤面包机大小的尺寸，能够获取粗糙的黑白色调。然而，由于未能认识到数码摄影的大众市场潜力，又担心数字技术会蚕食其珍贵的胶卷业务，柯达搁置了这个数码项目，企业经理根本无法预料到无胶卷的世界。因此，柯达紧紧抓住了胶卷业务并且将创新和竞争的精力放在生产更好的胶卷上，同时在外部引入其他胶卷制造商。当柯达意识到其所犯的错误时，为时已晚。

被胶卷束缚的柯达未能看到与获取和分享图像相关的新兴技术，柯达的文化开始与它的发展历史和伴随着的怀旧联系在了一起。一位分析师说："它是一家陷入困境的企业，它的历史对他们来说至关重要——这是一段丰富的百年历史，在这段历史上柯达获得了很多令人惊叹的东西，也赚了很多钱。然后，它的历史也成为一种负担。"

20世纪90年代末期，柯达终于推出了一款袖珍数码相机，然而此时，市场已经被索尼、佳能等十几家数码相机制造商占据。随着越来越多的人开始使用手机和其他的移动设备，并通过短信、电子邮件和在线共享照片网络即时分享照片，市场上很快就出现了一种全新的竞争者。后来到了数字游戏时代，柯达成了过去的遗留物和新时代数字竞争者中的落后者，这些竞争者甚至在10~20年前还不存在。

在此过程中，随着成功带来的膨胀，一度强大的柯达忘记了创始人乔治·伊士曼定义顾客需求和竞争者动态的远见卓识。一位传记家说道："伊士曼的遗产不是胶卷而是创新。伊士曼从未回头，他总是期待着做一些比过去所做的更好的事情，甚至是当时市场上最好的事情。"如果柯达保留了伊士曼的哲学信条，柯达可能是数码技术的市场领导者，我们可能仍然会用柯达数码相机和智能手机捕捉"柯达时刻"，并在柯达运营的网站和图像分享社交网络上分享照片。

随着柯达从破产中走出来，鉴于柯达的品牌力量，这些事情仍然可能发生。但这不太可能，作为破产计划的一部分，柯达宣布停止生产数码相机（还停止了生产著名的柯达彩色胶卷）。柯达计划把自己的品牌授权给其他生产柯达品牌相机的制造商。目前，柯达3/4的收入来自商业数

字印刷和娱乐胶卷等商业细分市场。因此，伴随着企业的命运更迭，看起来著名的"柯达时刻"现在已经成为历史。

资料来源：Sam Gustin, "In Kodak Bank-ruptcy, Another Casualty of the Digital Revolution," *TIME*, 20 January 2012; Ernest Scheyder, "Focus on Past Glory Kept Kodak from Digital Win," *Reuters*, 19 January 2012, www.reuters.com; Dawn McCarty and Beth Jink, "Kodak Files for Bankruptcy as Digital Era Spells End to Film," *Bloomberg Businessweek*, 25 January 2012; Michael Hiltzik, "Kodak's Long Fade to Black," *Los Angeles Times*, 4 December 2011; "Kodak to Stop Making Digital Cameras," *Digital Photography Review*, 9 February 2012; and "Kodak Transforms from Photo Pioneer to New Tech Company," *Baltimore Sun*, 8 January 2014.

200多年以来，《大英百科全书》将其他印刷参考书的出版商和百科全书集视为自己的竞争者，每一套售价高达2 200美元。然而，当世界走向数字化时代，《大英百科全书》得到了惨痛的教训。微软推出了CD-ROM形式的百科全书《英卡塔》，售价仅为50美元。《英卡塔》和其他数字百科全书席卷了市场，紧接着基于网页版的百科全书和参考资料也出现了。因此，在随后7年的时间里，《大英百科全书》的销量暴跌了50%。所以，《大英百科全书》的真正竞争者不是其他出版商，而是电脑、互联网和数字内容。尽管《大英百科全书》发布了旗舰版的32卷全套百科全书和其他几个参考书集，但是，为了与《世界百科全书》、微软和维基百科竞争，它现在也开始提供流行的DVD和网页版的信息资源。[2]

企业可以从行业角度识别竞争者（见图18-2），它们可以把自己视为石油行业、制药行业或者饮料行业。企业也可以从市场角度识别竞争者，在这里，它们把竞争者定义为试图满足相同的顾客需求或者与相同的顾客群体建立关系的企业。

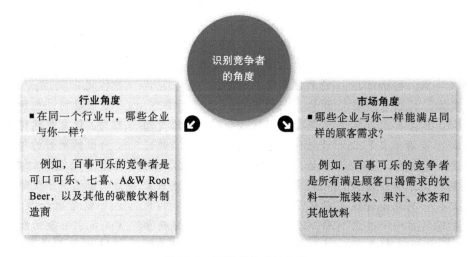

图18-2 识别竞争者的角度

从行业的角度看，百事可乐可能把自己看作可口可乐、七喜和其他碳酸饮料制造商的竞争者。从市场的角度看，顾客真正需要的是"解渴"。这种需求可以通过瓶装水、运动饮料、果汁等来满足。类似地，谷歌曾将雅虎或必应等搜索引擎提供商视为竞争者。现在，谷歌对在线和移动接入数字世界的服务市场需求有了更广阔的竞争视角。按照这种市场定义，谷歌将与苹果、三星、微软甚至亚马逊和Facebook等曾经不太可能的竞争者竞争。了解竞争的市场概念，打开了企业的竞争视角，使企业能够更广泛地了解实际的竞争者和潜在的竞争者。

18.1.2 评估竞争者

在确定主要的竞争者之后，营销经理现在会问：竞争者的主要目标是什么？竞争者在市场中追求的是什么？每个竞争者的战略是什么？不同竞争者的优势和劣势是什么？它们对企业采取的行动会有什么反应？

1. 确定竞争者的目标

每一个竞争者都有一个目标组合，企业想要了解竞争者对当前盈利、市场份额增长、现金流、技术领先、服务领先和其他目标的相对重视程度。了解竞争者的目标组合，可以反映出竞争者是否满足于现状，以及如何对不同的竞争行为做出反应。例如，一家追求低成本领先的企业对竞争者降低制造成本的技术突破反应更加强烈，而对相同竞争者广告增长的反应不会那么强烈。

企业必须监控竞争者在不同细分领域的目标。如果企业发现竞争者找到了一个新的细分市场，这对该企业来说可能是一个机会。如果企业发现竞争者对自己服务的细分市场采取了新的行动，这时就需要提前预警并做好准备。

2. 识别竞争者的战略

一家企业的竞争战略与另一家企业的竞争战略越接近，这两家企业的竞争就越激烈。在大多数行业中，可以根据不同的竞争战略划分为不同的集团。**战略集团**（strategic group）是指在特定的目标市场中采取相同或相似战略的行业内企业的集合。例如，在电视行业，三星和LG属于同一战略集团。这两家企业都生产全套系列的电视设备，并且有良好的服务支持。相比之下，先锋属于不同的战略集团，它生产小范围的高品质产品，并且收费高昂。

企业通过识别战略集团可以获得非常重要的洞察力。例如，如果一家企业进入了一个战略集团，那么集团中的成员将成为它的主要竞争者。因此，如果企业进入第一个集团与三星和LG竞争，就需要采取比竞争者更有优势的策略才能取得成功。

虽然在同一个战略集团中的企业竞争是最激烈的，但是，集团之间也存在竞争。首先，一些战略集团可能吸引相同的细分目标顾客。例如，不论它们采取什么策略，所有的电视制造商都会紧跟公寓和住宅建筑商细分市场。其次，顾客可能在不同战略集团提供的产品中看不到太大差别——他们可能发现三星和索尼在质量上几乎没有差别。最后，一个战略集团的成员可能会扩展到新的战略细分市场中。

企业在识别一个行业内的战略集团时需要审视所有的维度，必须要了解每个竞争者如何向顾客传递价值。企业需要知道每个竞争者的产品质量、特性、产品组合、顾客服务、定价策略、分销覆盖率、销售策略、广告和促销计划，同时也必须了解每个竞争者的研发、制造、采购、财务和其他战略。

3. 识别竞争者的优势和劣势

营销人员需要仔细地评估每个竞争者的优势和劣势，以便回答这个关键性的问题：我们的竞争者能够做什么？企业可以收集过去几年里每个竞争者的目标、策略和业绩表现的数据，其中一些数据可能很难获得。例如，B2B营销人员很难评估竞争者的市场份额，因为他们得不到与消费品公司相同的整合数据服务。

企业通常通过二手数据、个人经验和口碑来了解竞争者的优势与劣势，它们也对顾客、供应商和经销商进行一手数据的营销研究。或者，企业可以把自己作为其他企业的**参考基准**（benchmarking），将产品和生产流程与竞争者或其他行业的领先企业进行比较，从而发现提高产品质量和业绩的方法。参考基准已经成为增强企业竞争优势的一个有力工具。

4. 评估竞争者的反应

接下来，企业需要了解：我们的竞争者将会采取什么行动？竞争者的目标、策略、优势和劣势可能会解释其所采取的行动，也能够暗示竞争者对降价、促销或推出新产品所采取的措施。此外，每一个竞争者都有某种经营理念、内在的文化或指导信念。了解竞争者的心态有助于营销经理预测竞争者如何行动或反应。

每个竞争者的反应是不同的，有些企业不会那么迅速或有力地反击竞争者。它们可能觉得自己的顾客非常忠诚，在关注竞争者的行动方面反应迟缓，或者缺乏应对的资金支持。有些竞争者仅仅针对特定类型的竞争者行动进行回击，而对其他行动不关注。其他的一些竞争者则对任何行动都迅速而强力地做出反应。例如，宝洁不会轻易让一种新型的洗涤剂进入市场。许多企业都避免与宝洁直接竞争，而是寻找那些更容易攻击的对象，因为它们知道宝洁一旦受到挑战将会做出激烈的反应。

在一些行业中，竞争者生活在相对和谐的环境中，而在其他行业中则充满了持续的竞争。了解主要竞争者的反应可以让企业知道如何更有效地攻击竞争者，或者如何更好地捍卫企业目前的地位。

18.1.3 选择要攻击或回避的竞争者

企业事先决定的目标顾客、分销渠道和市场组合策略，已经在很大程度上选择了主要的竞争者。现在管理层必须决定哪些竞争者在竞争中的反应最为激烈。

1. 强竞争者或弱竞争者

企业可以集中精力于几类竞争者中的一类。许多企业喜欢与处于弱势的竞争者竞争，因为这需要较少的资源和较短的时间。但是，在此过程中，企业收获甚微。企业也可以与强势的竞争者竞争以提高自身的能力。强势的竞争者也有一些弱点，如果企业在竞争中取得成功，通常会获得更大的收益。

评估竞争者优势和劣势的有用工具是**顾客价值分析**（customer value analysis），顾客价值分析的目的是确定目标顾客的利益，以及如何评价不同竞争者提供的相对价值的大小。在进行顾客价值分析时，企业首先要识别顾客价值的主要属性，以及顾客对这些属性的重视程度。其次，评估企业和竞争者在这些价值属性方面的表现。

获得竞争优势的关键是抓住每一个细分顾客群体，并研究企业的产品或服务与主要竞争者的区别。企业需要找到满足顾客需求而竞争者尚未发现的"战略最佳位置"。如果企业在重要的顾客价值属性方面提供的产品或服务比竞争者向顾客传递的价值更多，那么企业可以收取较高的费用和赚取更大的利润，或者在定价相同的情况下获得更多的市场份额。如果企业在某些重要的价值属性方面低于竞争者的表现，那么它必须在这些属性方面加大投资，或者寻找其他能够建立领先地位的重要价值属性。

2. 近竞争者或远竞争者

大多数企业将与近竞争者展开竞争，与远竞争者相比这些竞争者与它们最为相似。因此，耐克与阿迪达斯的竞争要多于天伯伦，雷克萨斯与奔驰的竞争要多于现代。

与此同时，企业可能希望避免摧毁一个近竞争者。例如，20世纪70年代末，博士伦向其他软性隐形眼镜制造商发起激烈的攻击，而且取得了巨大的成功。然而，这迫使弱竞争者把公司卖给了强生这样的大企业。结果，博士伦现在要承受后果——面临更大的竞争者。强生收购了一家每年销售额只有2 000万美元的小企业Vistakon，在强生雄厚的资金支持下，小而灵活的Vistakon开发并推出了创新产品Acuvue一次性隐形眼镜。[3] 这个案例说明，通过摧毁近竞争者来获得成功最终将会带来更强大的竞争者。

3. "好"竞争者或"坏"竞争者

竞争者的存在也会带来一些战略利益，竞争者可能促进市场总需求的增加。它们分担市场和产品开发成本，促进新技术合法化。它们可能服务于吸引力不强的细分市场，或者导致更大的产品差异化。

例如，你可能会认为，苹果推出的时尚、新潮的 iPad 平板电脑会为亚马逊生产的 Kindle 电子阅读器带来麻烦，Kindle 比 iPad 的推出早了 3 年。一些分析师认为，苹果创造了"Kindle 杀手"。然而，事实证明，与 Kindle 竞争的 iPad 在平板电脑需求中创造了惊人的增长，而这种增长对两家企业来说都是有益的。随着 iPad 被推向市场，Kindle 电子阅读器的销售量大幅增长，消费者对新平板电脑的需求促使亚马逊引入了全系列的 Kindle 平板产品。作为额外的收益，iPad 使用量的激增也增加了亚马逊电子书的销售和其他数字内容的增长，这些内容可以在 iPad 上使用 Kindle 专为 iPad 设计的免费的 App 进行阅读。平板电脑的需求增长也为新的竞争者（如三星、谷歌和微软）开启了新的市场。

然而，一家企业不能把所有的竞争者都视为有益的竞争对手。一个行业包含好的竞争者和坏的竞争者。好的竞争者遵循行业规则，坏的竞争者违反行业规则。坏的竞争者试图分享利益而不是赚取利益，它们冒着极大的风险，按照自己的规则行事。

4. 寻找无竞争的市场

许多企业在无竞争的市场中寻找未被占据的市场位置，而不是与老牌竞争者展开正面竞争。它们试图创造没有直接竞争者的产品或服务，这一战略被称为"蓝海战略"，目标是使竞争者变得无关紧要。[4]

为了寻求利润增长，企业将自己置身于面对面的竞争中。这些企业为争夺竞争优势蜂拥而至，为了市场份额和产品差异化展开激烈的竞争。然而，在今天拥挤的行业中，正面竞争导致竞争者为了赚取微薄的利润而进行惨烈的竞争，形成了血腥的"红海"。《蓝海战略》一书提到，尽管大多数企业在这种"红海"中竞争，但这种策略在未来不可能再为企业创造利润增长。未来的领先企业是那些通过创造无人竞争的"蓝海"市场取得成功，而不是通过惨烈的竞争取得成功的企业。这种"价值创新"的战略举措，为企业和购买者创造了巨大的价值飞跃，创造了全新的市场需求，并淘汰竞争者。企业通过创造和占领"蓝海"，可以在很大程度上把竞争者踢出局。

太阳马戏团就是具有"蓝海思维"的一个案例，它把马戏改造成了一种更高端的现代娱乐形式。在马戏团行业衰落的时候，太阳马戏团通过改革砍掉了动物表演等高成本和有争议的元素，取而代之的是聚焦于戏剧性的表演体验。太阳马戏团没有与当时的市场领导者林林兄弟、巴纳姆和贝利进行竞争，它与之前的任何一家马戏团完全不同。相反，太阳马戏团创造了一个与现有竞争者毫无关系的无竞争的新市场。结果令人震惊，得益于"蓝海战略"，太阳马戏团在头 20 年实现了巨大的收益，比林林兄弟、巴纳姆和贝利前 100 年获得的收益还要高。

18.1.4 设计一个竞争性的智能系统

我们已经描述了企业需要了解的关于竞争者的主要信息类型。企业必须收集、解释、传播和使用这些信息。收集竞争性信息的时间很长、成本很高，企业必须设计一种符合自身成本效益的竞争性智能系统。

竞争性智能系统首先要确定竞争性信息的关键类型，以及这些信息的最佳来源。然后，这个系统能够持续从相关领域（销售队伍、渠道、供应商、市场研究企业、行业协会、网站）和发布的数据（政府出版物、演讲和文章）中收集信息。其次，该系统能够检验信息的信度和效度，解释这些信息的含义，并能够以适当的方式将信息组织起来。最后，系统把这些关键信息发送给相关的决策者，并能就管理人员对竞争者信息的查询做出响应。

使用这个系统，企业管理者可以通过电话、电子邮件、公告、新闻信件和报告等形式，及时地接收关于竞争者的信息。另外，当管理者需要解读竞争者突然采取的行动，或想要了解竞争者的优势和劣势，或想知道竞争者对企业计划做何反应的时候，他们可以查询竞争性智能系统。

18.2 竞争战略

在识别和评估了主要的竞争者之后，企业必须设计广泛的竞争性营销战略，这些战略能够帮助企业以卓越的顾客价值来获得竞争优势。那么，企业会使用什么广泛的竞争性营销战略呢？对于特定的企业或者不同的细分市场或产品而言，哪一种是最好的营销战略呢？

18.2.1 确定营销战略的方法

没有一种营销战略适合所有企业，每个企业都必须考虑其在行业中的地位、目标、机会和资源，确定什么是最有意义的营销战略，甚至在企业内部，不同的业务或产品可能需要不同的战略。强生采取同一种营销战略来稳定消费者市场中的领先品牌（如邦迪创可贴、李施德林或婴儿产品），在高科技健康护理业务和产品中（如Monocryl手术缝合线、NeuFlex指关节植入物）则采取了不同的营销战略。

企业在战略规划的过程中也存在差异。很多大企业制定了正式的竞争性营销战略，并严格执行。然而，其他一些企业制定了非正式的营销战略，而且执行不规范。一些企业和品牌（如维珍航空、宝马MINI）则是通过打破许多营销战略的规则取得成功的。这些企业没有设置大型的营销部门，也没有花费巨额资金进行营销研究，也没有制定详细的营销战略，甚至没有在广告上投入巨资。相反，它们只是制定粗略的营销战略，拓展它们有限的资源，贴近顾客，创造出能满足顾客需求的更令人满意的解决方案。它们组建了购买者俱乐部，利用口碑营销，专注于赢得顾客忠诚。并不是所有企业的营销都必须追随像宝洁这样的营销巨头的脚步。

事实上，营销战略的制定和实践通常经历三个阶段：创业营销、正式营销和后创业营销。[5]

- 创业营销。大多数企业都是由那些充满智慧的个人创办的，他们把一个机会具体化，在一个信封的后面创建灵活的战略，然后敲开每一扇门以引起关注。
- 正式营销。当小企业取得成功时，不可避免地将转向更加正式的营销。它们制定正式的营销战略并严格执行。
- 后创业营销。很多大型且成熟的企业开始陷入正式营销。它们仔细阅读市场研究报告，并努力调整竞争战略和计划。这些企业有时会失去最初的营销创意和激情，它们需要重建使其首次取得成功的创业精神和行动；它们需要在企业内部鼓励更强的主动性和"内企业家精神"；它们需要更新营销战略并尝试新的营销方法；品牌和产品经理需要走出办公室，开始与顾客生活在一起，为增加顾客生活的价值而设想出新的创造性的方法。

最重要的是，有很多方法来制定一个有效的和竞争性的营销战略。在制定正式营销和创造性营销之间一直存在分界。在本书中，正式营销占了绝大部分，而且很容易理解。然而，我们也看到了很多企业是如何通过富有营销创意和激情的营销战略来帮助它们在市场中建立与维持成功的。考虑到这一点，我们现在看看企业可以使用的广泛的竞争性营销战略。

18.2.2 基本的竞争性营销战略

迈克尔·波特提出了企业可以遵循的四种基本的竞争性定位战略——三种获胜战略和一种失败战略。[6] 三种获胜战略如下。

- **总成本领先战略**。企业努力实现最低的生产和分销成本，低成本是使定价低于竞争者，并赢得较大的市场份额。戴尔和新加坡航空公司是低成本战略的领先实践者。
- **差异化战略**。企业主要关注创造一个高度差异化的产品线和营销方案，使其成为这个行业中的分类领导者。如果企业产品的价格不太高，大多数消费者都喜欢购买。三星和利丰分别在消费电子产品与供应链中使用了这种战略。
- **集中化战略**。企业努力服务少数细分市场而不是追求服务于全部市场。例如，海尔在进入美国市场时聚焦于那些喜欢购买小尺寸冰箱的大学生群体，而不是与通用电气和惠而浦竞争整个市场。

企业如果遵循上述任何一种清晰的战略，都可能发展得很好，企业实施这一战略将会获得最大的利润。如果企业没有清晰的战略，而是中间路线者，将会表现得很差。假日酒店在经营中遇到了困难，因为它不像成本最低、感知价值最高或者服务最好的一些细分市场企业那么突出。中间路线者试图在所有战略上都做好，但是最后在任何战略上都做不好。

迈克尔·特里西和弗雷德·威尔斯玛提供了新的竞争性营销战略的分类。[7] 他们认为企业通过向顾客传递卓越的价值来获得领导地位。为了传递卓越的顾客价值，企业可以采用以下三种战略中的一种，我们称之为"价值准则"。

- **卓越运营**。企业在价格和便利性方面提供领先于行业的卓越价值，它的工作是降低成本，创造一个精简而高效的价值传递系统。它服务于那些想要可靠的、高质量产品或服务的顾客，并且服务于那些想要价廉和简单的产品或服务的顾客。例如，沃尔玛和亚洲航空就是这样的例子。
- **接近顾客**。企业通过精准的细分市场和量身定制的产品或服务来满足目标顾客的需求，从而提供卓越的顾客价值。企业通过与顾客建立密切的关系和对顾客的深入了解来专门满足独特的顾客需求。企业建立了详细的顾客数据库用于细分和定位顾客，并且授权营销人员快速响应顾客需求。接近顾客的企业所服务的是那些愿意为满足个人需求而付费的顾客。它们会想尽办法建立长期的顾客忠诚和获取顾客终身价值，例如雷克萨斯和亚马逊。
- **产品领先**。企业通过提供源源不断的前沿产品或服务向顾客传递卓越的顾客价值，主要目标是淘汰自己和竞争者的产品。产品领先者乐于接受新想法，坚持不懈地追求新的解决方案，以及快速把产品推向市场。这类企业服务的是那些想要最先进的产品和服务的顾客，这些顾客不在意价格和便利性。例如苹果和微软就是这样的企业。

有些企业同时成功地追求了多种价值准则。例如，联邦快递在卓越运营和接近顾客方面都表现得很好。然而，这样的企业是少数，很少有企业能够在以上这些准则中都做到最好。如果企业尽力精通所有的价值准则，那么它通常最终什么都做不好。

特里西和威尔斯玛的研究发现，领先企业聚焦和擅长单一的价值准则，而在其他两个价值准则方面达到行业的平均水平即可。这些企业设计它们的价值网络，以便全力支持其所选择的价值准则。例如，沃尔玛明白接近顾客和产品领先是非常重要的，相比于其他折扣店，沃尔玛提供了优质的顾客服务和丰富的产品品类。尽管如此，与那些追求接近顾客的高端零售商相比，沃尔玛又刻意地提供较少的顾客服务和产品类别。这样，沃尔玛专注于卓越运营——降低成本，精简订单交付流程，以便为顾客以最低的价格买到合适的商品创造便利性。

将竞争战略按照价值准则进行分类是具有吸引力的，它定义了全力追求向顾客传递卓越价值的营销战略，每一种价值准则都定义了建立持续的顾客关系的特殊方法。

18.2.3 竞争性定位

在一个特定的目标市场中竞争的企业，在任何时间点，它们的目标和资源都是不同的。有些企业规模很大，而其他一些企业规模较小；有些企业资源充足，而其他企业资源短缺；有些企业发展得非常成熟，而其他一些企业则刚成立；有些企业追求市场份额快速增长，而另外一些企业追求长期的利润。同时，企业在目标市场中采取的竞争定位也不同。

我们现在研究的竞争战略基于企业在目标市场中扮演的角色——市场领导者、市场挑战者、市场追随者或者市场利基者。假设一个行业包含如图 18-3 所示的企业：40% 的市场被**市场领导者**（market leader）所占据，即市场份额最大的企业；另外 30% 的市场被**市场挑战者**（market challenger）所占据，即那些正努力提高市场份额的企业；另外 20% 被**市场跟随者**（market follower）所占据，即那些想要稳住市场份额而不遇到风险的企业；剩余 10% 的市场份额被**市场利基者**（market nicher）所占据，这些企业服务于被其他企业忽视的小的细分市场。

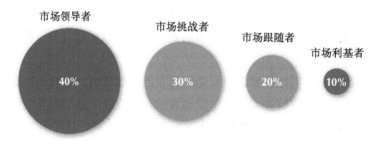

图 18-3　竞争市场定位和角色

表 18-1 显示了可供市场领导者、市场挑战者、市场跟随者和市场利基者使用的具体的营销战略。[8] 然而，请记住，这些分类并不适用于所有企业，它只适用于企业在特定行业中的定位。一些大企业（如联想、宝洁或现代）在某些市场中可能是市场领导者，而在另一个市场中则是市场利基者。例如，宝洁在洗洁精和洗发水等很多细分市场中是市场领导者，但在香皂和纸巾市场中挑战了联合利华和金佰利的市场地位。尽管宝洁在一些国家也许是市场领导者，但它在印度联合利华市场中是市场挑战者。这些企业依据各自的竞争情况，针对不同的业务单元和产品通常采用不同的竞争战略。

表 18-1　市场领导者、市场挑战者、市场跟随者和市场利基者战略

市场领导者战略	市场挑战者战略	市场跟随者战略	市场利基者战略
■扩大总需求 ■保护市场份额 ■扩大市场份额	■全面的正面攻击 ■间接攻击	■紧紧跟随 ■保持距离跟随	■专注于顾客、市场、质量和价格、服务等某个维度 ■同时专注于多个维度

18.2.4 市场领导者战略

大多数行业都有公认的市场领导者。市场领导者拥有最大的市场份额，而且通常在价格变动、新产品引入、分销覆盖率以及促销支出等方面领先于其他企业。竞争者把市场领导者看作一个挑战、模仿或回避的企业。一些最知名的市场领导者有丰田（汽车）、微软（计算机软件）、任天堂（家庭视频游戏）、麦当劳（快餐）、

阿迪达斯（运动鞋）和谷歌（互联网搜索引擎服务）。

市场领导者必须时刻保持警惕，其他一些企业正在持续挑战它的优势，或者试图利用其劣势。市场领导者很容易错过市场中的关键机会，然后跌落至第二或第三名。一项产品创新可能会随时出现，并损害市场领导者的地位（就像苹果研发了 iPod，取代了索尼随身听产品 Walkman 的市场领导地位）。市场领导者可能会变得傲慢和自满，并且误判竞争（例如，任天堂在通过 Wii 和 Pokemon Go 夺回市场领导者地位之前就低估了索尼的 PlayStation）。又或者，相对于新的、时髦的竞争者，市场领导者也许会显得过时了（例如，李维斯在更流行或更时尚的品牌面前严重地失去了其领地）。

很多人说索尼已经失去了创新的能力。索尼的核心战略是获取在线收入，来取代正在失去市场份额的电视和 MP3 播放器带来的收入。为此，索尼需要提供有吸引力的产品，吸引消费者购买。然而，索尼曾经革命性的产品 Walkman 是主流文化的一部分，但是现在索尼似乎已经失去了创新的文化。相比于苹果的 iPhone、iPad 和三星时尚的电视设计，每一款产品都定义了它们各自的产品分类，索尼尚未推出一系列能够驱动增长的产品。因此，在消费电子市场的很多领域，索尼已经失去了市场领导者地位。[9]

为了维持市场第一的位置，市场领导者企业可以采取以下三种行动中的任何一种：
- 找到扩大总需求的方法；
- 采取有效的防御和进攻行动，保护现有的市场份额；
- 设法进一步扩大市场份额，即使市场规模仍保持不变。

1. 扩大总需求

当整体市场扩大时，市场领导者企业通常获利更多。如果驾驶者购买更多的混合动力汽车，那么丰田将获得最大的收益，因为丰田销售的混合动力汽车所占的市场份额最大。如果丰田能够让更多的驾驶者相信其混合动力汽车更经济和更环保，那么，它将比竞争者获益更多。

市场领导者可以通过开发新用户、为产品找到新用途，以及说服更多用户使用它们的产品来扩大市场。它们通常可以在很多地方找到新用户和未被开发的市场。例如，如果资生堂能够说服那些不使用护肤品的女性用户试用产品，那么它可能在现有的市场中找到新的护肤品用户；它也可能会找到新的细分市场，如生产男性护肤品；或者在其他国家销售护肤品，也许能开辟新的地理细分市场。

营销人员可以通过发现和推广新的产品用途来拓展市场。例如，在一次增加产品用途的活动中，维可牢展示了一种惊人的产品使用方式——消费者可以在家、办公室、花园或 DIY 手工艺制作中使用它的钩环紧固件。有一则广告展示了一个小工具爱好者使用一包维可牢绳子把桌子背后的电线捆起来，一个园丁使用维可牢把兰花竖起来。Pinterest 网站也上传了很多富有想象力的新用途，如维可牢珠宝制作指南。

最后，市场领导者可以通过说服人们更频繁地使用或在更多场合使用自己的产品，从而提高产品的用途。例如，金宝汤通过刊登含有新食谱的广告，鼓励中国香港人和新加坡人多喝汤，多品尝金宝汤的其他产品。该企业网站中的"厨乐天地"板块允许访问者搜索或者交流食谱。

2. 保护市场份额

在努力扩大市场份额的同时，市场领导者企业还必须保护现有的业务免遭竞争者攻击。苹果必须时刻警惕三星，奔驰必须警惕宝马，麦当劳必须警惕汉堡王。

2011年10月，三星在智能手机市场打败了苹果的iPhone，成了市场领导者。这一成功得益于三星花费巨额营销支出推出的Galaxy S系列智能手机。作为回应，苹果以进攻来保护其市场份额。苹果起诉三星Galaxy系列手机和平板抄袭苹果的iPhone及iPad产品，并且指控三星在操作方式上侵犯了专利权，包括屏幕上的使用手势，以及iPhone和iPad屏幕色彩与外观专利。在这场针锋相对的报复性事件中，三星反诉苹果侵犯其10项专利，包括3G技术、减少数据运行时的错误、无线数据通信技术等。苹果是三星最大的液晶显示面板和半导体顾客，尽管三星是苹果重要的供应商，但苹果认为三星在与其竞争时藐视法律，已经越过了苹果的底线。[10]

市场领导者应该采取什么措施来保护其市场地位呢？首先，市场领导者必须避免或修正那些为竞争者提供机会的弱点，必须始终履行价值承诺，价格必须与顾客对品牌的认知价值保持一致，必须坚持不懈地保持与高价值顾客的紧密联系。市场领导者应当"堵住漏洞"，以防竞争者插足。

但是，有效的进攻才是最好的防御战略，持续创新才是对竞争者最好的回应。市场领导者不应满足于现状，而是应该在新产品、顾客服务、分销效果和削减成本等方面引领行业。市场领导者要不断提高竞争效果和顾客价值。

3. 扩大市场份额

市场领导者可以通过进一步增加市场份额来实现增长。研究表明，一般情况下，利润率会随着市场份额的增长而上升。基于这些研究成果，很多企业寻求扩大市场份额来提高利润。例如，通用电气想要成为其所在市场中的第一名或第二名，否则就退出该市场。通用电气放弃了电脑、空调、小家电和电视业务，因为它不能在这些行业中获得领导者地位。

然而，一些研究发现，在很多行业中存在一家或几家高利润的大企业，几家盈利更加集中的企业，以及很多盈利表现较差的中等规模企业。这似乎表明，相对于竞争者而言，企业在服务市场中的利润会随着企业获得的业务份额的增长而提高。例如，雷克萨斯在整个汽车市场中仅占很小的市场份额，但是，它由于在豪华汽车细分市场中是领先品牌而赚取了高额的利润。雷克萨斯在服务市场中获得了如此高的市场份额，原因在于它做对了一些事情，如生产高质量的产品、创造优秀的服务体验以及建立密切的顾客关系。

然而，企业绝不能认为市场份额的增加会自然而然地提高利润，这在很大程度上取决于提高市场份额的战略。市场中有很多市场份额高但利润低的企业，以及市场份额低但利润高的企业。获得更高的市场份额所付出的成本可能远超回报，只有当单位成本随着市场份额的增加而下降，或者当企业提供质量上乘的产品，以及收取高于提供高质量产品所花费的成本的溢价时，较高的市场份额才能带来更高的利润。

18.2.5　市场挑战者战略

有些在行业中排名第二、第三或者位次更低的企业规模很大，如本田、黑人牙膏、安飞士和百事等。这些亚军企业可以采取以下两种战略之一：可以挑战市场领导者和其他竞争者，积极地争取更多的市场份额；或者与竞争者合作而不至于遭受被颠覆的风险。

市场挑战者必须首先确定要挑战的竞争者和自己的战略目标。市场挑战者可以攻击市场领导者，这是一种高风险高收益的战略，它的目标是取代市场领导者的地位。施乐通过开发更好的复印流程取代了3M在复印市场的领导者地位。随后，佳能推出了桌面复印机，占领了施乐的大部分市场份额。或者，市场挑战者的目标也许仅仅是获取更多的市场份额。尽管看起来市场领导者拥有更大的竞争优势，但是市场挑战者通常拥有一些战略分析师所说的"后发优势"。市场挑战者观察是什么使市场领导者获得了成功并且对自身加以改进。

亚洲企业通常会遵循这条道路，以在竞争中获得成功。日本汽车制造商本田与丰田学习研究和改进美国市场竞争者的设计，从而夺取了竞争者的市场份额。反过来，韩国汽车制造商起亚和现代凭借比它们在日本、美国、德国的竞争者设计更好的产品而获得了大量的市场。下面以起亚汽车为例。

经过多年仿制日本畅销车的生产，2006年，起亚聘请了奥迪首席设计师彼得·希瑞尔（Peter Schreyer），开始了它在设计上的觉醒。希瑞尔在起亚概念汽车的"标签"栅格上建立了一个独特的起亚标志。起亚"简单精致"的设计主题，体现在从很远处就能辨识的起亚Optima汽车模型轮廓中。希瑞尔想让这款车看起来像跑车一样低平，最后面的支柱特别低，使得整车看起来更长更宽。一个拱形的金属线条装饰车顶，以一种全新的方式连接到后视镜。另一个特征线从前大灯延伸到后顶盖。复杂的线条和曲线相互配合，使得起亚Optima车型明暗交错，让顾客第一眼就喜欢上它。起亚汽车的设计语言较为灵活，中等尺寸的Optima瞄准的是与起亚Soul车型截然不同的细分市场，起亚Soul是一款外观小巧但设计大胆的面向城市年轻人的汽车，但是这两款汽车使用同一个标志。起亚狮跑车型的斜肩线、栅格和前大灯显示了它与Optima车型的家族关系。[11]

市场挑战者可以避开市场领导者，挑战与自身规模相当的企业，或者更小的当地企业。这些小企业可能资金不足，不能很好地服务于它们的顾客。几家国际啤酒企业正在通过入股区域性的啤酒制造厂来进入中国市场。比利时的英特布鲁集团收购了上海附近的几家啤酒厂，获得了中国广东和浙江的市场份额。市场挑战者必须谨慎地选择竞争者，并且要制定一个明确的和可达到的目标。

市场挑战者如何才能最有效地攻击选定的竞争者，实现战略目标呢？有以下几种战略可供选择。

- 全面的正面攻击。市场挑战者可能会发起一次全面的正面攻击，与竞争者的产品、广告、价格和分销相匹配。它攻击竞争者的优势而非劣势，竞争的结果取决于谁有更强的力量和耐心。如果市场挑战者拥有的资源比竞争者少，那么一次正面攻击毫无意义。
- 间接攻击。市场挑战者可以针对竞争者的弱点或市场空白发起间接攻击，而不是正面攻击。例如，当红牛进入美国软饮料市场时，它通过在非传统的分销点销售高价的利基产品，间接地挑战了可口可乐和百事可乐。它开始通过不受市场领导者关注的非传统分销渠道进行销售，如酒吧，在这里年轻人饮用大量的咖啡因饮料彻夜狂欢。一旦建立了核心的顾客群体，该品牌就会扩展到更传统的分销网点。相比于市场领导者采取的高成本的媒体营销战略，红牛使用了一系列游击营销战略。这种间接攻击的方法起到了作用，红牛在能量饮料市场上获得了50%的市场份额。

18.2.6 市场跟随者战略

并非所有的市场跟随者都想挑战市场领导者的地位，市场领导者从来不会轻视挑战者。如果市场挑战者具有的吸引力是更低的价格、更好的服务或附加的产品特色，那么市场领导者可以迅速拥有这些优势来减少被攻击的危险。在争夺顾客的全面斗争中，市场领导者可能有更持久的耐力。因此，很多企业更喜欢采取跟随战略而非挑战市场领导者，如下面的例子。

宏碁这家中国台湾企业多年来一直试图与美国本土的个人电脑制造商IBM和戴尔进行直接竞争，但遭受了严重的损失。尽管宏碁的产品在质量、价格和创新方面广受称赞，但它一直受困于营销和分销。宏碁的广告预算有限，并且其销售额分散在很多细分市场中，在任何市场中都没有占据市场领导者地位。最终，宏碁把精力更多地集中于亚洲和欧洲市场。它认为自己比中国大陆的个人电脑制造商更有优势，消费者会觉得宏碁电脑更国际化。宏碁电脑认为自己可以在中国市场中与国际性个人电脑制造商展开竞争，因为宏碁与它们相比更加本土化。

市场跟随者可以获得很多优势。市场领导者往往会承担开发新产品、新市场以及扩大分销和培育市场的巨额费用。相比之下，市场跟随者可以学习领导者的经验，可以复制或改善市场领导者的产品和项目，通常投资较少。尽管市场跟随者可能不会超过市场领导者，但它通常也能获得同样多的利润。

跟随并不等同于消极或复制市场领导者。市场跟随者必须知道如何留住现有的顾客，以及如何在新市场中赢得合理的市场份额。它必须找到恰当的平衡点：一方面紧跟市场领导者以获取顾客，但另一方面也要与市场领导者保持一定距离避免受其反击。每个市场跟随者都试图为其目标市场找到独特的竞争优势，包括地点、服务、融资。市场跟随者通常是市场挑战者攻击的主要目标，因此，市场跟随者必须保持低生产成本和价格，或者高产品质量和服务。它还必须随着新市场的开辟而进入该市场。

18.2.7　市场利基者战略

几乎每个行业都有专门服务于小众市场的企业，它们不追求全部市场，甚至不追求大部分市场，这些企业的目标是细分市场。利基者是那些资源有限的小企业，但是大企业中的小部门也可以采取利基战略。在整体市场中，市场份额较小的企业可以通过明智的利基战略获得较大的成功和利润。正如下面的例子。

快乐蜂是麦当劳在菲律宾最主要的竞争者。就全球市场份额而言，快乐蜂与美国快餐巨头麦当劳相比相形见绌。但在菲律宾，快乐蜂集中有限的资源，通过满足当地消费者的独特口味获得了75%的汉堡市场份额。快乐蜂提供甜的、辣的汉堡，调味鸡和酱汁意大利面，还有米饭或面条，而不是炸薯条。它的吉祥物是一只快乐的小蜜蜂，成为菲律宾人快乐、幸福的精神象征。快乐蜂员工的笑容比麦当劳的员工更加灿烂。

为什么利基市场有利可图？主要原因是市场利基者非常了解目标顾客群体，它们比那些随便向该市场销售产品的企业能更好地满足顾客需求。因此，市场利基者可以基于附加值收取高于成本的价格。与通过大众营销获得很高的销售量相比，市场利基者能够获得很高的边际利润。

市场利基者试图找到一个或多个安全的和有利可图的空白市场。一个理想的空白市场具有足够大的盈利空间和增长潜力，它是一个企业可以为之提供有效服务的市场。也许最重要的是，主要竞争者对这个利基市场不感兴趣。随着利基市场的发展及其吸引力的增强，企业可以培养技能和顾客忠诚来抵御主要竞争者。例如，电脑鼠标和交互设备制造商罗技，规模只有微软的一小部分。但是，它通过巧妙的利基定位主导了个人电脑鼠标市场，微软紧随其后。

市场利基者战略最关键的是专业化，市场利基者可以专注于几个市场、产品或营销组合。例如，市场利基者可以专门服务于某种类型的终端用户，就像一个律师专门服务于刑事、民事或商业法律市场。市场利基者可以专门服务于特定规模的顾客群体，很多利基者专门服务于被竞争者忽视的中小型规模的顾客群体。

一些利基者专注于一个或几个特定的顾客群体，把它们所有的产品卖给一家企业；也有一些利基者专门服务于特定的地理市场，仅在世界上某一特定地区、区域内销售产品。"质量－价格"利基者在低端或高端市场中运营。例如，惠普专门服务于高质量、高端的手持计算器市场。最终，服务利基者提供了其他企业无法提供的服务。

利基市场存在一些主要的风险。例如，利基市场的空间可能会缩小，或者发展到了一定程度将吸引较大的竞争者进入。这也是为什么很多企业实行多重利基市场战略。通过开发两个或更多的利基市场，可能会增加企业生存的机会，甚至有些大企业也喜欢多重利基市场战略，而不是服务于整个市场。例如，服装制造商VF在利基市场中销售30多个代表生活方式的品牌，从牛仔服、运动装到户外工作服。VF旗下的极限运动品牌 Vans 为溜冰和冲浪爱好者生产鞋、服装和配饰。VF 旗下的 7 For All Mankind 品牌提供在精品店出售的优质牛仔裤和配饰。相比之下，该企业还有向企业和公共机构销售制服与防护服的品牌。

18.3 平衡顾客和竞争者导向

无论一家企业是市场领导者、市场挑战者、市场跟随者或市场利基者，都必须密切关注竞争者，找到最有效的竞争性营销战略，还必须持续地调整自身战略以适应快速变化的竞争环境。那么问题出现了：企业是否花费了太多的时间和精力跟踪竞争者，从而损害顾客导向吗？答案是肯定的，企业可能会变得过于以竞争者为中心，以致忽视更重要的关注点，即维持可盈利的顾客关系。

竞争者导向型企业（competitor-centered company）会花费大部分时间跟踪竞争者的动向、市场份额，并试图找到应对的策略，这种方法有利有弊。从积极的方面看，企业建立了竞争者导向，并关注自身弱点和竞争者的弱点。从消极的方面看，企业变得过于敏感，而不是实施顾客关系战略，它把自己的行动建立在竞争者行动的基础之上。最终结果是，企业可能仅仅是匹配或扩展行业实践，而不是寻找创新方式为顾客创造更多的价值。

相比之下，**顾客导向型企业**（customer-centered company）在制定战略时更多地关注顾客的发展。显然，顾客导向型企业在识别新机会和制定长远战略时处于更有利的地位。通过观察顾客需求的变化，企业可以决定需要重点服务的顾客群体和出现的新需求，然后，集中资源为目标顾客传递卓越的价值。实际上，今天的企业必须是**市场导向型企业**（market-centered companies），同时关注自己和竞争者的市场。它们一定不能在关注竞争者时忽视了对顾客的关注。

图 18-4 显示了企业如何在四个导向之间变换。在第一阶段，企业以产品为导向，很少关注顾客或竞争者。在第二阶段，企业开始以顾客为导向，开始关注顾客。在第三阶段，当企业开始关注竞争者时，它们以竞争者为导向。现在，企业需要成为市场导向，平衡对顾客和竞争者的关注，而不能只关注竞争者，试图用现在的业务模式打败它们。企业应当关注顾客，比竞争者传递更多的顾客价值，找到建立可盈利的顾客关系的创新方法。综上所述，营销始于对顾客和市场的深刻理解。

图 18-4　企业导向变化

目标回顾

今天的企业面临着前所未有的激烈竞争，了解顾客是建立牢固的顾客关系非常重要的一步，但远远不够。为了获得竞争优势，企业必须利用对顾客的了解来设计产品和服务，并且这些产品和服务要能够比寻求获取同样顾客的竞争者传递更多的价值。

在本章中，我们研究了企业如何分析它们的竞争者，以及如何制定有效的竞争性营销战略。

1. 通过竞争者分析，讨论了解竞争者和顾客的必要性

为了制定有效的营销战略，企业必须考虑竞争者和顾客。企业建立可盈利的顾客关系需要比竞争者更好地满足目标顾客的需求。企业必须持续地分析竞争者，制定能够有效应对竞争者以及获取强大的竞争优势的竞争性营销战略。竞争者分析首先是识别主要竞争者，包括以行业和市场为基础的分析，然后，收集关于竞争者的目标信息、战略、优势和劣势，以及反应。有了这些信息，企业可以选择要攻击和回避的竞争者。企业必须持续地收集、解释和传播竞争性信息。企业营销经理应当能够获得所有影响其决策的关于竞争者的全部的、可靠的信息。

2. 解释基于为顾客创造价值的竞争性营销战略的基本准则

最合理的竞争性营销战略取决于企业所在的行业，以及它是市场领导者、市场挑战者、市场跟随者还是市场利基者。市场领导者必须采取措施扩大总需求，保护市场份额，或扩大市场份额。市场挑战者是指那些试图通过攻击市场领导者扩大市场份额的企业。市场挑战者可以从多种直接或间接的攻击策略中进行选择。

市场跟随者是不愿冒风险的跟随型企业，通常是因为害怕其承受的损失多于收益。但是，市场跟随者并不是没有战略，它们试图利用独特的技能来获得市场增长。一些市场跟随者获得的回报率比行业内的市场领导者还要高。市场利基者是一些不太可能引起大企业注意的小企业。市场利基者通常会成为某些方面的专家，如某些终端用途、顾客规模、特定顾客、地理区域或服务的专家。

3. 说明在成为真正以市场为导向的组织时，平衡顾客和竞争者的必要性

在今天的市场中，竞争导向是非常重要的。但是，企业不应过于关注它们的竞争者。与现有的竞争者相比，企业更有可能受到新出现的顾客需求和新竞争者的伤害。那些以市场为导向，平衡考虑顾客和竞争者的企业才是真正的市场导向型企业。

关键术语

competitive advantage　竞争优势
competitor analysis　竞争者分析
competitive marketing strategies　竞争性营销战略
strategic group　战略集团
benchmarking　参考基准
customer value analysis　顾客价值分析
market leader　市场领导者

market challenger　市场挑战者
market follower　市场跟随者
market nicher　市场利基者
competitor-centered company　竞争者导向型企业
customer-centered company　顾客导向型企业
market-centered company　市场导向型企业

概念讨论

1. 行业和市场，哪一种观点最适合用来识别竞争者？
2. 解释强大的竞争者如何使企业受益。
3. 描述一下迈克尔·波特提出的3种基本的获胜竞争战略。
4. 描述向顾客传递卓越价值的3个价值准则，并解释为什么竞争战略的这种分类方式是具有吸引力的。
5. 讨论市场领导者采用的战略。
6. 讨论市场利基者战略的优势和劣势是什么。

概念应用

1. 成立一个小组，对当地5家餐厅进行顾客价值分析，最强和最弱的竞争者是哪家餐厅？对于强竞争者来说，它们的弱点是什么？
2. 研究蓝海战略，讨论成功实施这一战略的企业案例。成功开发无竞争市场的企业，必须是具有创新精神的后起之秀吗？
3. 在汽车、餐厅和酒店行业中，确定一个采用市场利基者战略的企业。

技术聚焦

在不到10年时间里,苹果就取得了3款全垒打产品的胜利,分别是iPod、iPhone和iPad。苹果在发布iPad之后的80天内售出了300万台,并且在6个月内,苹果应用商店的iPad专用应用程序达到25 000款。和iPhone应用程序一样,很多iPad应用程序是免费的,开发者依靠广告获得收入。到目前为止,苹果一直没有削减在广告费上的分配额,开发者从付费应用程序中获得70%的收入。在苹果的iBook应用程序中,开发者也可以获得70%的收入。

因此,巴诺书店Nook和亚马逊Kindle也将开发者的收入提高到70%。2014年和2015年,iPad的销量分别达到6 800万台和5 500万台。竞争者正准备迎接激烈的竞争。

1. 谁是苹果iPad的竞争者?苹果在行业内的竞争地位如何?
2. 为什么苹果把平台交给了第三方开发者?对苹果来说,从苹果应用商店中获得更多收入难道不是更有利可图吗?

道德聚焦

解构专家热切期盼苹果iPad产品的发布。像卢克·索尔斯这样的专家想拿到这款设备,然后对其进行拆解和分析,这在行业内叫作"拆解"。他甚至把购买和拆卸的视频上传到网络上,并吹嘘说在加利福尼亚商店开张之前就向人们提供了关于这款设备的拆解信息。尽管卢克·索尔斯的企业iFixit公布了拆解信息,但大多数解构公司仅向付费顾客提供数据。因为没有螺丝钉,苹果的产品很难拆解。拆解iPhone的可选工具非常关键。苹果对产品的组件高度保密,有些组件使用的是苹果的名字,而非制造商的名字。然而,专家通过X射线和扫描电子显微镜,加上一点点侦查工作,通常能够发现这些组件的来源和成本。

1. 使用谷歌搜索"iPad拆解",查找iPad上有哪些可用信息。拆解一个产品并公开分享信息或将信息出售给其他企业,这样的行为是否道德?
2. iFixit利用拆解iPad作为宣传噱头来推广其维修业务,苹果是一家"封闭的企业",不希望用户维修它的产品。事实上,用户不能更换iPad电池,只能将产品送回企业,然后花费99美元更换新电池外加运费。更换新电池并不像替换一款新电池那么简单,因为iPad电池是焊接在里面的。苹果如此严格地限制用户对产品的使用,这样做恰当吗?

营销和经济

英国航空公司

英国航空公司为所有地区提供航空服务。然而,它很大部分的业务目标是头等舱和商务舱的旅客。企业的747飞机提供私人小包间,配有2米的床、液晶宽屏电视和电源插座。去年,英国航空公司在纽约和伦敦航段推出了仅限商务舱的航班服务,设置了32个可展平的宽大座椅。

旅游业在经济不景气的情况下遭受打击。廉价航空一直苦苦挣扎,高端服务业也觉察到了航空旅行的锐减。英国航空公司头等舱和商务舱座位占总机票销售的比例也降低了很多。结果,英国航空公司2009年的销售额下降了11%,净亏损超过8亿美元。这是该企业自1987年上市以来业绩表现最糟糕的一年。在某种程度上,旅客在高端消费的反弹预示着经济复苏的迹象。但是,英国航空公司尚未恢复到经济衰退前的财务状况。

1. 英国航空公司如何应对高端航空旅行业务的下滑?
2. 在经历了如此大范围的经济衰退之后,当经济确实复苏,航空旅客会完全恢复到经济衰退前的旅行消费习惯吗?
3. 英国航空公司对航空业正在恢复的迹象感到满意吗?在未来类似的经济周期中,它能做些什么更好地定位自己呢?

营销数字

16G 的 iPad 售价为 499 美元，和所有电子产品一样，苹果可能会在发售后的 1～2 年内降价销售，16G 的 iPad 售价是 250 美元。请参阅附录 B 回答下列问题。

1. 计算苹果 16G iPad 的单位毛利率和毛利率占销售额的百分比。如果苹果公司出售 1 000 万台 iPad，其毛利率是多少？
2. 如果 iPad 降价 100 美元，那么它的毛利率是多少？

企业案例

LG：在印度竞争

1997 年 1 月，总部位于韩国首尔的第四大财阀 LG 电子进入印度，推出了一系列产品，并以激进的定价策略瞄准了大众市场。1998 年，这家韩国跨国公司投资了约 50 亿卢比（超过 7 500 万美元），在印度北方邦建立了首家制造工厂。到了 1999 年，该企业的营业额达到 105.6 亿卢比（1.59 亿美元）。

这家科技巨头最初面临的一些障碍包括对企业和产品系列缺乏品牌认知度。就市场参与者而言，LG 是后进入者之一。自从 1995 年以来，三星、松下和索尼已经进入了印度市场。该企业还必须战略性地应对一个拥有大量价格敏感型消费者的市场。

LG 的战略是推出价格合理、功能丰富的产品。在运营的第一年，LG 就推出了 70 款产品，涵盖不同的产品组合。LG 的管理策略是确保当地员工参与几乎所有方面，并使他们作为一个团队对自己的角色和业务运营负责，包括规划、管理、研发、市场和销售。这种策略似乎对 LG 有利，使其成为印度增长最快的电子企业之一。到 2003 年，LG 在消费电子和家用电子行业成为公认的市场领导者。然而，由于企业的利润低，这种策略似乎让 LG 与其他耐用消费品企业（如美国惠而浦、印度的 Videocon 和 Onida）的品牌没有什么区别。在消费电子领域，LG 面临着来自印度本土竞争者的激烈竞争。

一个双重悖论

2014 年，LG 在耐用消费品领域占有 30% 的市场份额，计划到 2015 年提高 5%。2015 年年初，LG 电子印度公司前董事总经理 Soon Kwon 表示，由于消费者具有的积极情绪，企业预计收入将增长 25%。他们计划投入约 100 亿卢比（超过 1.5 亿美元）用于营销和研发。"印度是我们五大优先市场之一。"Kwon 说。

竞争始终是健康的，能让企业保持警觉。为了理解竞争，了解顾客是有效的。对于印度的消费者来说，三星和 LG 之间的竞争引起了他们极大的兴趣。

这两家总部位于韩国首尔的企业，在全球市场中已经竞争了 50 多年。在赢得印度市场方面，两家企业有着相似的策略，但它们积极的营销技巧带来了不同的结果。

从最初的营销战略来看，LG 转移了策略重心，并建立了自己的体验门店。这对于它来说是必要的，因为它的业绩低于预期。另外，三星专注于移动业务，在其他产品组合方面只进行了适度的开发。就技术而言，三星专注的方式、业绩和控制似乎更适合印度的消费市场。大多数消费者会选择 Galaxy 和 Note，而不是 Optimus 3D。

LG 确实面向市场推出了双核安卓手机，但是进展缓慢，原因可能是两家企业处理软件的方式不同。三星采取的是慢而稳的策略，通过先进性和创新特色确保消费者拥有更好的体验。尽管 LG 是第一个引入硬件的企业，但是它的软件升级的特点不明显。糟糕的升级最终成为企业的弱势。

这些年来，LG 疯狂的营销步伐已经放缓，它从大量投放广告转向专注于技术。随着产品的生命周期从两年缩减到一年，以及减少不必要的浪费，LG 知道产品创新才是关键。这一点可以从 LG 推出的家电产品中看到。在为印度家庭定制洗衣机时，由于洗衣机通常是由不会阅读英文指导说明的用人来操作的，LG 的解决方案是增加语音技术，用当地的语言进行指导。

进入利润丰厚的高端市场的 LG，确实面临着身份混乱的问题。它一直被视为一个中等价位和代表中产阶级的品牌，如果 LG 想在这个竞争激烈、利润丰厚的行业取得成功，就必须努力。另外，随着智能手机的推出，三星经历了一场彻底的转型，将电视机和洗衣机从低端市场中转移了出去。LG仍然涉足多个业务领域，并且继续向对价格敏感的农村消费者提供产品，这些消费者不会轻易掏腰包。这些产品定价较低，其特点和好处都进行了详细的说明。在商店里，由于LG产品种类繁多，它把新标语"一切都有可能"与原来的旧标语"生活是美好的"放在了一起。

重新安排美好生活

由于无力保护在印度的业务免受经济放缓的影响，加上近3年来销售额几乎持平，因此LG在年中重组了印度的管理团队，M. Y. Kim接任了自2010年便开始领导印度团队的Kwon的职务。现在，LG在印度的重点是其核心业务家用电器，通过核心业务扩大相比竞争对手的领先优势。它的战略是通过追求其他收入来源来降低这个领域的风险，如智能手机业务。这将有助于提高企业的盈利能力。在这方面，LG正考虑在当地生产手机，以降低价格。

LG在手机业务方面表现迟缓，结果令人失望。2015年10月，Kim对三星在印度市场上"可耻的"市场份额发表了评论，说三星在印度取得了更大的进步，而印度的本土企业Micromax和Intex也都取得了飞跃式的发展。Kim表示："我们在尽力识别顾客正在寻找什么。"研究表明，印度消费者对产品选择和品牌忠诚度尤为挑剔，而且不容易满足。LG需要让消费者相信，它不仅值得拥有高端的形象，也值得更高的价格，而且应该优于早先进入市场的竞争者。

尽管存在这些障碍，但2015年品牌信任报告将LG列为印度最值得信赖的品牌。这要归功于LG在创新产品上做出的努力，以及对印度次大陆激烈的竞争和多元化市场的了解。

LG首次在印度推出了针对一个国家的定制版手机，以摆脱该企业在使用电子平台和在线销售产品时的顾虑。作为未来计划的一部分，LG将积极探索只提供在线网络服务的模式，同时满足线下合作伙伴的利益。这一电子商务举措与Kwon时代形成了鲜明的对比，Kwon在领导印度市场时反对在线服务，并且提醒顾客不要在线上购物，因为在线购物很少或根本没有售后服务。

讨论题

1. 你认为LG在重新定位后应该做什么？
2. 你认为LG正在聚焦于正确的市场吗？
3. LG如何打入三星在高端市场的大本营以获得竞争优势？

资料来源：" Korean Conquest: How LG and Samsung Won Over the Indian Market," www.knowledge.wharton.upenn.edu, 11 December 2008; Writankar Mukherjee and Vivek Sinha (2011), " Samsung Zips Past LG in India Market after Over 10 Years," *The Economic Times*, 25 May 2011; Sunny Sen (2011), " Samsung May Pip LG as Top Consumer Electronics Firm," www.businesstoday.com, 6 May 2011; Ravi Balankrishnan, MoinakMitra, and Amit Bapna (2013), " Life Looking Good for Samsung and LG," *The Economic Times*, 10 October 2013; Shrutika Verma, " LG Expects 25% Jump in 2015 Revenue," www.livemint.com, 19 March 2015; " Meet LG India's New Head, Who's Mission Is To Give Samsung a Run For Its Money," *Business Insider India*, www.businessinsider.in, 13 July 2015; R.Balakrishnan, M. Mitra, and A. Bapna, " Korea's Competing Chaebols," *The Economic Times*, 9 October 2013; V.S. Pinto and A. Dutta, " LG to Launch Rs 10k-30k Cell Phones in India," *Business Standard*, 14 October 2015.

第19章
全球市场

学习目标

1. 讨论国际贸易体系以及经济、政治、法律和文化环境如何影响企业的国际营销决策。
2. 描述企业进入国际市场的三个关键方法。
3. 解释企业如何调整营销组合以适应国际市场。
4. 确定国际营销组织的三种主要形式。

预习基本概念

我们现在已经了解了企业如何制定有竞争力的营销战略来创造顾客价值从而建立长期、持久的顾客关系。在本章中,我们将这些基础知识扩展到全球营销。我们在前几章讨论了全球话题,很难找到一个营销领域完全不涉及国际问题。在这里,我们将关注企业在全球营销其品牌时所做出的特殊考虑。通信、交通和其他技术的进步使世界变小了。今天,几乎每家企业,无论规模大小,都面临着国际营销问题。在本章中,我们将研究营销人员在走向全球时所做的六个主要决定。

在开始对全球营销的探索前,我们先看看全球运营的典范——宜家。虽然它在世界各地销售几乎相同的家居用品和家具,但它也有选择性地适应市场的细微差别。

宜家:驯服龙

20世纪70年代,最大的家具制造商和零售商之一宜家首次尝试打入日本市场。不过,宜家被认为是失败的,因为它的门店太小,只有一小部分日本消费者接受了宜家著名的DIY概念。1986年,宜家不得不退出日本市场。通过这次尝试,这家瑞典企业吸取了教训。宜家成立于1943年,在其母国瑞典及其他国际市场非常成功,但在进入具有不同文化、生活方式和行为模式的国家时,它必须调整其模式和方法。

大约20年后的2006年,它的第二次尝试奏效了。宜家重新进入日本市场,在东京附近开了两家分店——一家在船桥,另一家在横滨。这一次,该企业事先做好了准备,并进行了几次市场调查,派出团队走访日本家庭,研究了大约2.5万幅日本家庭的照片。在开业期间,大约3.5万名购物者涌进了这家5层楼的商店。为了吸引顾客,宜家在二楼设计了70个迷你展厅,大小和典型的日本房间差不多。娱乐室的设计旨在吸引日本青少年,紧凑的厨房陈列室为日本家庭主妇提供了其想要的节省空间的选择。与日本家具的价格相比,宜家的产品物超所值。

宜家在日本最重要的目标群体是有孩子的家庭,人口统计数据显示,营销人员在很大程度上需要关注30岁左右的人。正如日本消费者所习惯的那样,为了提供高质量的顾客服务，宜家提供送货上门服务和额外收费的组装服务。它的产品也扩大到了更丰富和更深色的木材，以迎合日本人的喜好。

宜家不仅适应了日本的环境，也影响了日本消费者。他们更感兴趣的是自己设计房子的外观，而不是让室内设计师来设计。他们也开始接受DIY的概念。

适应也是宜家在中国取得成功的关键。虽然宜家提供相同的产品系列，但它调整了商店布局、商品展示、家居解决方案和产品价格。例如，由于许多中国公寓都有阳台，因此宜家的门店在布局和陈设中也包括阳台部分。然而，阳台空间的使用因地区而异。在中国北方地区，阳台被用来储藏食物；而在中国南方地区，他们将阳台用作洗衣房。宜家的展厅在这些地区进行了调整，以反映这些地区的差异和需求。

当宜家首次进入中国时，它的概念对中国消费者来说太陌生了。他们不明白它的陈设如何能改善他们的家。因此，宜家在店内标明了指示和建议。店里的一个牌子上展示了孩子离家上大学的一对夫妇通过宜家的帮助把儿子的卧室改造成供他们使用的房间。宜家还在电视上播放和展示了摆放宜家商品前后的生活区的对比。

宜家还指出，中国人倾向于把大部分钱花在客厅上，因为这是他们可以"炫耀"和娱乐的地方。中国的客厅通常也有餐桌。因此，客厅里的商品和餐桌上的物品在宜家商店中占据重要的位置。

宜家还修改了一些产品，以满足中国消费者的需求。宜家刚开始在中国运营时，出售的床的尺寸是按照中国香港的尺寸，比标准尺寸要短。这些床对中国内地人来说太短了，宜家转而销售标准床。中国人喜欢硬床垫，因此宜家在中国销售的床垫大多比较结实。电饭锅和筷子也有卖。

虽然宜家的产品目录是其在大多数市场上使用的主要营销工具，但这在中国没有得到重视，因为宜家意识到，该产品目录为竞争者提供了模仿企业产品并以较低价格销售的机会。

宜家在中国做出的最大调整之一是其定位。在欧洲，宜家的定位是提供高质量、时尚的家具，价格低到几乎每个人都能买得起，而在中国，消费者收入较低、当地家具更为廉价，宜家的价格令消费者难以承受。为了降低价格，宜家必须增加在当地的原材料采购。在全球范围内，宜家30%的产品来自中国，但在中国约65%的销量来自本地采购。在中国，本土制造也意味着节省了高额的进口关税。在过去10年里，宜家凭借其削减成本的专业技能，在中国的产品价格降了50%以上。例如，经典的Klippan沙发售价160美元，是10年前价格的1/3。

因此，宜家在中国的价值定位就变成了一个高质量、西式的、中产阶层梦寐以求的品牌。[1]

19.1 今天的全球营销

今天，随着通信、交通、金融服务的日益便捷，世界正在迅速缩小。在一个国家开发的产品——古驰钱包、万宝龙笔、麦当劳汉堡、日本寿司、德国宝马和韩国三星手机，在其他国家得到了广泛的认可。如果你听到一个穿着意大利西装的德国商人和一个英国朋友在一家日本餐馆见面，后来他回家喝青岛啤酒，在电视上看NBA比赛，这并不奇怪。

过去30年来，国际贸易蓬勃发展。自1990年以来，跨国企业的数量增加了一倍多，达到63 000多家。这些跨国企业中有些企业比国家还大。在最大的150个经济体中，只有77个是国家，剩下的73家是包括沃尔玛和苹果在内的跨国企业。

长期以来，许多美国企业在国际市场营销方面都取得了成功：可口可乐、麦当劳、星巴克、通用电气、IBM、高露洁、卡特彼勒、波音以及其他数十家美国企业都将全球市场作为自己的目标市场。在亚洲，索尼、丰田、雀巢、Uber、奔驰、松下和三星等品牌已经家喻户晓。

但随着全球贸易的增长，全球竞争也在加剧。外国企业正在积极地向新的国际市场扩张，国内市场的机会也不再那么充足。现在很少有行业能免受外国竞争的威胁。如果企业迟迟不采取国际化措施，它们就会被西欧和东欧、中国和环太平洋地区、俄罗斯和其他地区不断增长的市场拒之门外。那些待在家里玩安全游戏的企业可能不仅会失去进入其他市场的机会，还会冒着失去国内市场的风险。从未考虑过外国竞争者的国内企业突然发现，这些竞争者就在自己家的后院。

具有讽刺意味的是，尽管如今企业对海外扩张的需求比过去更大，但风险也更大。走向全球的企业可能会面临着高度不稳定的政府和货币、限制性的政府政策和法规，以及高贸易壁垒。腐败也是一个日益严重的问题——一些国家的官员往往不把生意授予最好的竞标者，而是授予最高的行贿者。

全球企业（global firm）是指通过在多个国家经营，获得市场、生产、研发和财务优势的企业，而这些优势是国内竞争者所不具备的。全球企业把世界看作一个市场。它将国家边界的重要性降到最低，并发展"跨国"品牌。它筹集资本，获得材料和部件，在任何能做得最好的地方生产和销售产品。例如，奥的斯电梯的电梯门系统来自法国，小齿轮部件来自西班牙，电子产品来自德国，特种电机驱动器来自日本。它在美洲、欧洲和亚洲运营制造设施，在美国、奥地利、巴西、中国、捷克共和国、法国、德国、印度、意大利、日本、韩国和西班牙运营工程与测试中心。奥的斯电梯是全球商业和航空航天巨头联合技术公司的全资子公司。

然而，这并不意味着中小型企业必须在十几个国家开展业务才能取得成功，这些企业可以在全球范围内补缺。但世界正变得越来越小，在全球行业中运营的每一家企业，无论规模大小，都必须评估并确立其在世界市场中的地位。全球化的快速发展意味着所有的企业都必须回答一些基本问题：我们应该在我们的国家、我们的经济区域和全球建立什么样的市场地位？我们的全球竞争者是谁？它们的战略和资源是什么？我们应该在哪里生产我们的产品？我们应该与世界各地的其他企业结成什么样的战略联盟？

如图 19-1 所示，在国际营销中，一个企业面临六个主要决策。我们将在本章详细讨论每个决策。

图 19-1　重大国际营销决策

19.2　环视全球营销环境

在决定是否进行国际经营之前，企业必须了解国际营销环境。过去 20 年里，环境发生了很大的变化，这既创造了新的机遇，也带来了新的问题。

19.2.1　国际贸易制度

放眼海外的企业必须从了解国际贸易体系开始。当向另一个国家销售货物时，企业可能会面临国家之间的贸易限制。外国政府可以对某些进口产品征收关税以增加收入或保护本国企业，或者它们可以设定配额，限制在某些产品类别中从外国进口的产品的数量。配额的目的是保存外汇，保护当地的工业和就业。企业还可能面临外汇管制，这限制了外汇的数量和对其他货币的汇率。企业还可能面临非关税贸易壁垒，这些贸易壁垒对特定的进口产品存在偏见。

多年来，日本成功地设计了非关税贸易壁垒，将外国产品挡在本国市场之外。日本将外国制造商拒之门外的最聪明的方法之一就是"唯一性"。日本政府辩称，日本人的皮肤不同，因此外国化妆品企业在日本销售产品前必须先进行测试。日本人说，他们的胃很小，只能吃当地的橘子，所以对美国橙子的进口是有限的。现在，他们提出了一个可能最不靠谱的论点：他们的雪不同，所以滑雪装备也应该不同。[2]

同时，某些力量有助于促进国与国之间的贸易。例如《关税与贸易总协定》（GATT）和各种区域自由贸易协定。

1. 世界贸易组织

《关税与贸易总协定》是一项已有70多年历史的条约，旨在通过降低关税和其他国际贸易壁垒来促进世界贸易。自1947年签署条约以来，缔约方（目前共有159个缔约方）已经在8轮《关税与贸易总协定》谈判中会面，以重新评估贸易壁垒并为国际贸易制定新规则。前七轮谈判将全球工业品的平均关税从45%降至5%。[3]

最近完成的《关税与贸易总协定》谈判被称为乌拉圭回合，历时7年半，于1994年结束。它促进了全球贸易的长期增长。它将世界剩余的商品关税降低了30%。协议还拓展了《关税与贸易总协定》，覆盖了农业贸易和广泛的服务领域，加强了对版权、专利、商标等知识产权的国际保护。

2. 区域自由贸易区

一些国家建立了自由贸易区或**经济共同体**（economic community）。这些国家是为了在国际贸易管理中实现共同目标而组织起来的。其中一个共同体就是欧盟。欧盟成立于1957年，旨在通过降低成员国之间产品、服务、金融和劳动力自由流动的壁垒，以及制定与非成员国的贸易政策，来创建一个单一的欧洲市场。今天，欧盟是世界上最大的单一市场之一。截至2016年，欧盟有28个成员国，拥有超过5亿消费者，占全球出口的比例近20%。然而，2016年，英国投票决定退出欧盟⊖。[4]

1994年，《北美自由贸易协定》（NAFTA）生效，美国、墨西哥和加拿大之间建立了自由贸易区。该协定创造了一个拥有4.52亿人口的单一市场，每年生产和消费价值近17万亿美元的商品及服务。《北美自由贸易协定》消除了这三个国家之间的贸易壁垒和投资限制，使贸易得以蓬勃发展。

每个国家都有其特点，必须加以理解。一个国家对不同的产品和服务的标准，以及它作为市场对外国企业的吸引力，取决于它的经济、政治、法律和文化环境。

19.2.2 经济环境

国际营销人员必须研究每个国家的经济。两个经济因素反映了一国市场的吸引力：该国的产业结构和收入分配。

一国的产业结构决定了其产品和服务需求、收入水平和就业水平。四种产业结构如下：

- 自给自足的经济。在自给自足型经济体中，绝大多数人从事简单的农业劳作。他们消耗大部分的产出，用剩下的产出换取简单的商品和服务。自给自足的经济提供的市场机会很少。
- 原材料出口经济。原材料出口型经济体拥有一种或多种自然资源，但在其他方面很贫穷。它们的大部分收入来自出口这些资源。例如智利（锡和铜）、刚果民主共和国（铜、钴和咖啡）和沙特阿拉伯（石油）。这些国家是大型设备、工具、供应品和卡车的良好市场。如果有很多外国居民和富裕的上层阶

⊖ 2020年2月，英国正式脱欧。——译者注

层，它们还是奢侈品的市场。

- **新兴经济（工业化经济）**。在新兴经济体中，制造业的快速增长促进了整体经济的快速增长，例如金砖四国——巴西、俄罗斯、印度和中国。随着制造业的增长，中国需要更多的原材料、钢材和重型机械的进口，而制成品、纸制品和汽车的进口则较少。工业化通常会造就一个新的富裕的上层阶层和一个规模虽小但不断壮大的中产阶层，两者都需要进口的新型商品。
- **工业经济**。工业经济体是制成品、服务和投资基金的主要出口国。它们之间进行货物贸易，并向其他类型的经济体出口原材料和半成品。这些工业国家的各种制造业活动及庞大的中产阶层使它们成为各种商品的市场，例如美国、日本和挪威。

第二个经济因素是国家的收入分配。工业化国家可能有低、中、高收入家庭。例如，美国有收入非常低的家庭。相比之下，自给自足经济的国家可能主要由家庭收入很低的家庭组成。

还有一些国家的家庭要么收入很低，要么收入很高。然而，即便是贫穷的国家或新兴经济体，对各种商品而言，它们也可能是有吸引力的市场。如今，从汽车到电脑再到糖果，各行各业的企业都越来越多地瞄准新兴经济体中低收入和中等收入的消费者。福特在印度推出了一款新车型，目标顾客是那些现在才买得起第一辆车的消费者。

> 为了扩大在亚洲第三大汽车市场（仅次于日本和中国）的占有率，福特推出了Figo，这是一款售价为7 700美元的掀背车，是为假想中的20多岁的印度人桑迪普（Sandeep）设计的。桑迪普从事信息技术、金融或其他服务行业，骑着摩托车四处奔走，但现在他正在享受富裕的第一果实，他想要四个轮子。"有很多人想摆脱摩托车。"福特印度的总经理说。在印度销售的汽车中，约有70%是Figo的型号和价格。实际上，通用汽车售价7 600美元的新款雪佛兰Beat比福特早两个月上市。雪佛兰Beat在印度很受欢迎，现在有两个月的等待期。[5]

因此，国家和区域经济环境将影响国际市场营销人员决定进入哪个全球市场以及如何进入。

19.2.3 政治法律环境

各国在政治法律环境上存在很大差异。在考虑是否在某个国家做生意时，企业应该考虑该国对国际企业的态度、政府机构、政治稳定和货币监管等因素。

有些国家很容易接受外国企业，有些国家则不那么好客。例如，印度倾向于通过进口配额、货币限制和其他限制来困扰外国企业，这使得企业在印度的经营成为一项挑战。相比之下，新加坡和泰国等亚洲邻国则向外国投资者示好，并给予他们大量的激励和有利的经营条件。政治稳定是另一个问题。尽管多数国际营销人员仍认为印度巨大的市场具有吸引力，但不稳定的政治局势将影响他们处理商业和金融事务的方式。[6]泰国虽然情况好一些，但政治也被认为是不稳定的。

企业还必须考虑一个国家的货币法规。卖方想要以一种对他们来说有价值的货币来获取利润。在理想情况下，买方可以用卖方的货币或其他世界货币付款。除此之外，如果卖方可以在本国购买其他商品，或者可以在其他国家出售以换取其所需的货币，那么卖方可能会接受一种被冻结的货币——一种被买方政府限制从本国移出的货币。除了货币限制之外，汇率的变化也会给卖方带来高风险。大多数国际贸易涉及现金交易。然而，许多国家的硬通货太少，无法支付从其他国家购买的费用。它们可能想用其他物品而不是现金支付。

易货包括直接交换商品或服务：中国同意以60亿美元帮助刚果民主共和国建设发展急需的基础设施——2 400英里的公路、2 000英里的铁路、32家医院、145家医疗中心、2所大学，来换取中国蓬勃发展的工业所需的自然资源——1 000 万吨铜和 40 万吨钴。[7]

19.2.4 文化环境

每个国家都有自己的风俗、规范和禁忌。在设计全球营销战略时，企业必须了解文化如何影响其全球市场的消费者反应。反过来，它们也必须了解其战略如何影响当地文化。

1. 文化对营销战略的影响

在设计营销计划之前，企业必须了解不同国家的消费者对某些产品的想法和使用方式，经常会有惊喜。例如，一个法国男性平均使用的化妆品和美容用品几乎是他妻子的两倍；德国人和法国人比意大利人更爱吃包装好的、有品牌的意大利面；大约 49% 的中国人在上班的路上吃东西；大多数美国女性在睡觉前会放下头发、卸妆。[8]

忽视文化规范和差异的企业可能会犯一些代价高昂、令人尴尬的错误。以下是一些例子。

汉堡王也犯过类似的错误：在西班牙的店内广告中，印度教女神拉克希米站在火腿三明治的顶部，配上"一种神圣的小吃"的字样。世界各地的文化和宗教团体强烈反对——印度教徒是素食主义者。汉堡王道歉并撤下了广告。[9]

商业规范和行为也因国而异。以下是一些例子。

- 美国的高管喜欢直接切入正题，进行快速而艰难的面对面谈判。然而，日本和其他亚洲商人经常觉得这种行为令人反感，他们喜欢从礼貌的交谈开始，在面对面的交谈中很少说不。
- 当亚洲人排队或谈正事时，他们往往会坐或站得很近——事实上，几乎是面对面的。随着美国和澳大利亚人不断后退，亚洲企业高管往往会走得更近。双方最终都可能被冒犯。在另一个国家开展业务之前，亚洲的企业高管需要了解这些因素。[10]
- 中国商人喜欢在商务会议讨论之前举行欢迎宴会，尤其是对主要的海外来访者。他们认为这能为下次会议的讨论创造一种"良好"的气氛。

同样，懂得文化差异的企业在国际上定位产品时也可以利用其优势。考虑下面的例子。

在印度的一则电视广告中，一位母亲陷入了白日梦：小女儿穿着白雪公主的衣服参加选美比赛，在舞台上跳舞，她那飘逸的长袍洁白无瑕，而在后台跳舞的其他选手的衣服颜色有点黯淡。毫无疑问，白雪公主赢得了蓝丝带奖。母亲在家人的笑声中醒来，骄傲地看着她那台惠而浦白色魔法洗衣机。这则电视广告是惠而浦对印度消费者心理长达 14 个月的研究成果。惠而浦了解到，印度家庭主妇看重的是卫生和整洁，它把这与白色联系在一起。问题是，白色的衣服用当地的水在洗衣机里洗涤后会变色。除了广告中体现的印度消费者对纯净的热爱，惠而浦还专门设计了特别适合白色面料的洗衣机。惠而浦现在是印度快速增长的全自动洗衣机市场的领军品牌。[11]

因此，了解文化传统、偏好和行为不仅可以帮助企业避免尴尬的错误，还可以为企业提供利用跨文化的机会（见实战营销 19-1）。

实战营销 19-1

欧莱雅："美的联合国"

一家法国企业如何在澳大利亚成功地以法国品牌的名义销售美国版的韩国美容产品？欧莱雅每年在 150 个国家销售价值超过 300 亿美元的化妆品、护发产品、护肤品和香水，使其成为世界上最大的化妆品销售商。欧莱雅通过了解自己的品牌如何在特定的本土市场上辨别不同文化的细微差别，从而在全球范围内销售自己的品牌。然后，它在标准化其品牌以获得全球影响力和适应当地需求与愿望之间找到最佳平衡。

欧莱雅是一家全球化的企业。该企业在 130 个国家设有办事处，半数以上的销售额来自欧洲和北美以外的市场，因此，该企业不再拥有一个明确界定的本土市场。欧莱雅的知名品牌源自 6 种或 6 种以上的不同文化，包括法国（巴黎欧莱雅、加尼尔、兰蔻）、美国（美宝莲、科颜氏、SoftSheen-Carson、拉尔夫·劳伦、雷德金）、英国（The Body Shop）、意大利（乔治·阿玛尼）和日本（植村秀）。在化妆品、皮肤护理和染发领域，这位全球营销大师是无可争议的全球领导者，而在护发领域仅次于宝洁。

欧莱雅在全球的领先地位始于一群拥有高度多元文化的经理人。该企业以围绕拥有多种文化背景的经理人建立全球品牌团队而闻名。世界各地的欧莱雅管理人员为其品牌带来不同的文化视角，他们有德国人、美国人、中国人等。正如一个在东南亚推出男士护肤系列的团队中的一位印裔法国经理所解释的那样："我不能以一种方式思考问题。我有很多不同语言的参考资料，比如英语、印地语和法语。我阅读三种不同语言的书，接触不同国家的人，吃具有不同文化的食物，等等。"

例如，一位来自法国和爱尔兰的柬埔寨皮肤护理经理注意到，在欧洲，面霜往往要么是"着色"（被认为是化妆），要么是"提升"（被认为是护肤）。然而，在亚洲，许多人面临着同样的问题。面霜结合了这两种特性。认识到亚洲的美容潮流在欧洲越来越受欢迎，经理和他的团队为法国市场开发了一种着色的提升面霜，这种产品被证明非常成功。

欧莱雅深入研究了美对世界各地消费者的意义。它在研发上的投入超过了所有主要的竞争者，煞费苦心地研究特定地区特有的美容和个人护理行为。欧莱雅在世界各地建立了研发中心，完善了一种被称为"地理化妆品"的当地观察方法。这种方法的灵感来自家庭访问和在配备高科技设备的"浴室实验室"进行的观察。欧莱雅的研究提供了关于区域美容和卫生礼仪的精确信息，以及影响其产品使用的当地条件和限制，比如湿度和温度。

一个中国女性在她的晨间美容程序上花了多少分钟？在曼谷，人们如何洗头？一个日本女性或法国女性刷多少下睫毛膏？这些美容仪式重复了几千次，是固有的文化。在传统的影响下，以及受气候和当地生活条件的影响，他们努力实现一个完美的理想，这是限于一个国家和一个大洲的理想。他们为欧莱雅提供了极为丰富的信息来源。在这些仪式的背后，是生理上的现实：细的、直的、短的睫毛不可能像浓密的、卷曲的、长的睫毛那样画出来。

欧莱雅利用这种细致入微的洞察力，为当地市场的品牌打造产品和定位。欧莱雅驻中国的一位高管表示："美貌越来越不适合所有人。"你必须有一个不同的答案。例如，目前有 260 多位科学家在欧莱雅上海研究中心工作，根据中国人的习惯定制从口红到清洁剂到爽肤水等产品。

与此同时，了解当地消费者行为的细节有助于欧莱雅响应特定的市场需求，也让企业通过跨世界文化的品牌整合实现全球规模。例如，以 Elseve Total Repacao 为例，这是欧莱雅在里约热内卢的实验室开发的一种头发护理产品系列，专门针对特定的问题——巴西女性描述的头发问题。在巴西，一半以上的女性留着又长又干又暗又卷曲的头发，这是巴西潮湿的气候、曝晒在阳光下、频繁洗头、平滑和拉直等原因造成的。Elseve Total Repacao 在巴西市场引起了轰动，欧莱雅也很快将其推广到其他南美和拉美市场。随后，该企业追踪了全球气候特征和护发习惯类似于巴西的其他地方。随后，欧莱雅在欧洲、印度和其他东南亚市场推出了 Elseve Total 修护品牌，消费者也以同样的热情欢迎欧莱雅。

这样的改良经常在多个欧莱雅品牌间上演——这让我们想起了第一段提到的以法国品牌在澳大利亚销售的韩国美容产品。Blemish Balm Cream（BB霜）最初是由韩国欧莱雅皮肤科医生发明的，用来舒缓皮肤并遮盖小瑕疵。它很快就成了一个雄心勃勃的品牌。欧莱雅的研究人员运用他们在世界范围内对皮肤颜色、治疗和化妆的深入了解，开发出了一款成功的新一代BB霜，适用于美国市场（BB代表"美容膏"），并以美宝莲纽约品牌推出。欧莱雅以加尼尔品牌在欧洲推出了另一个本地品牌，该品牌也在包括澳大利亚在内的其他市场推出。

欧莱雅不只是在全球范围内调整产品配方，它还根据国际需求和期望调整品牌定位及营销。例如，近20年前，该企业收购了古板的美国化妆品牌美宝莲。为了重振品牌并使其全球化，该部门将总部从田纳西州搬到了纽约市，并在标签上加上了"纽约"，由此产生的城市、街头形象很好地配合了普通化妆品牌在全球的中等价格定位。这种改头换面很快就为美宝莲在西欧的同类产品中赢得了20%的市场份额。年轻的城市定位在亚洲也很受欢迎，那里很少有女性意识到时髦的"纽约"美宝莲品牌属于法国化妆品巨头欧莱雅。

因此，欧莱雅及其品牌真正实现了全球化。该企业在国际上的成功，来自在全球市场上实现了全球与本土的平衡，在适应和区分本地市场的品牌同时，优化它在全球市场上的影响力。欧莱雅是少数几家既实现了本地品牌响应又实现了全球品牌整合的企业之一。当一位前首席执行官在联合国教科文组织（UNESCO）的一次会议上发言时，他将欧莱雅形容为"美的联合国"，没有人会感到惊讶。

资料来源：Based on information from Hae-Jung Hong and Yves Doz, "L'Oréal Masters Multiculturalism," *Harvard Business Review*, June 2013, pp. 114–119; Liza Lin, "L'Oréal Puts on a Happy Face in China," *Bloomberg Businessweek*, 1–7 April 2013, pp. 25–26; and www.lorealusa.com/Article.aspx? topcode=CorpTopic_RI_CustomerInnovation and www.lorealusa.com/research-innovation/when-the-diversityof-types-of-beauty-inspiresscience/stories-of-multiculturalinnovations. aspx, accessed September, 2014.

2. 营销战略对文化的影响

当营销人员担心文化对其全球营销战略的影响时，其他人可能担心营销战略对全球文化的影响。也就是说，美国价值观和产品的暴露会侵蚀其他文化，因此，世界各地的国家正在失去它们的个人文化特征。他们指出，在印度，青少年在看MTV时会向父母索要更多西化的服装，以及其他象征美国流行文化和价值观的物品。在中国，大多数人在星巴克进入市场之前从不喝咖啡。现在中国消费者涌向星巴克"因为它是一种新的生活方式的象征"。同样，在中国，麦当劳仅在北京就经营着80多家餐厅，近一半的孩子认为麦当劳是一个国产品牌。

企业在海外取得成功的基本原则是适应当地的文化价值观和传统。巴黎迪士尼乐园一开始失败了，因为它没有考虑到当地的文化价值观和行为。据欧洲迪士尼企业的一位高管说："当我们开始运营时，我们相信只要是迪士尼就一定会成功。现在我们意识到我们需要根据客人的文化和旅行习惯来欢迎他们。"[12]

19.3 决定是否走向全球化

并不是所有的企业都需要进入国际市场才能生存。例如，大多数当地企业只需要在当地市场进行良好的营销，在国内运营更容易也更安全。管理者不需要学习其他国家的语言和法律。他们不需要处理不稳定的货币、面对政治和法律的不确定性，或者重新设计产品以满足不同顾客的期望。然而，在全球行业中运营的企业，它在特定市场的战略地位受到其总体全球地位的强烈影响，必须在区域或全球的基础上竞争才能取得成功。

很多因素都可能将一家企业吸引到国际舞台上。全球竞争者可能会通过提供更好的产品或更低的价格来攻击企业的国内市场。该企业可能想在本土市场反击这些竞争者，以抢占其资源；或者，该企业的国内市场可能停滞或萎缩，国外市场可能提供更高的销售和利润机会；或者，该企业的顾客可能正在进行海外扩张，需要国际服务；或者，很可能国际性的市场只是提供了更好的增长机会。例如，可口可乐一直强调国际增长，以抵消美国软饮料销售停滞或下滑带来的影响。一位行业分析师表示："很明显，可口可乐的招牌可乐在其本土市场已无法再增长。"如今，可口可乐60%的收入和80%的利润来自北美以外的市场。[13]

在走出国门之前，企业必须权衡几种风险，并回答许多有关其全球运营能力的问题。企业能了解其他国家消费者的偏好和购买行为吗？它能提供有竞争力的有吸引力的产品吗？它能否适应其他国家的商业文化，有效地与外国人打交道？企业的管理者是否有必要的国际经验？管理层是否考虑过其他国家的法规和政治环境的影响？由于进入国际市场比较困难，大多数企业在某些情况或事件迫使它们进入国际舞台之前不会采取行动。有人——一个国内出口商、一个外国进口商、一个外国政府，可能会要求企业向国外销售产品。或者，该企业可能面临产能过剩的问题，需要为其产品找到更多的市场。

19.4 决定进入哪些市场

在走出国门之前，企业应该努力确定其国际营销目标和政策。它应该决定它想要的海外销售额。大多数企业在海外成立时都是小企业。一些企业计划保持小规模经营，将国际销售视为其业务的一小部分。其他企业则有更大的计划，认为国际业务与国内业务同等重要，甚至更重要。

企业还需要在想要展开营销的国家中做出选择。企业必须小心，不要把摊子铺得太大，也不要太快在太多国家开展业务，以免超出自身能力。接下来，企业需要决定进入哪些国家。一个国家的吸引力取决于产品、地理因素、收入和人口、政治、气候及其他因素。企业可能更喜欢某些国家或地区。近年来，许多主要的新市场出现，既提供了大量的机会，也带来了严峻的挑战。

在列出可能的国际市场后，企业必须仔细评估每一个市场。它必须考虑许多因素。高露洁进军中国市场的决定似乎相当直截了当：中国庞大的人口使其成为全球最大的牙膏市场，而且这个巨大的市场还能继续扩大。然而，高露洁要判断仅凭市场规模本身是否足以成为大举投资中国市场的理由。

高露洁应该问一些重要的问题：它能克服文化障碍，说服中国消费者定期刷牙吗？中国是否能提供必要的生产和分销技术？高露洁能否有效地与数十家本土竞争者、联合利华管理的品牌以及宝洁的佳洁士竞争？中国政府是否会支持？高露洁在中国的成功表明，它可以回答所有这些问题。高露洁通过扩大产品线并积极开展促销和教育项目，从大规模的广告活动到对当地学校的访问，再到赞助口腔护理研究，已经将其市场份额从1995年的7%扩大到今天的60%以上。[14]

可能的全球市场应该根据几个因素进行排名，包括市场规模、市场增长、经营成本、竞争优势和风险水平。企业的目标是利用如表19-1所示的指标来确定每个市场的潜力。然后，市场营销人员必须决定哪些市场能提供最大的长期投资回报。

表 19-1 市场潜力指标

人口特征	经济因素	政治和法律因素
教育	GDP 规模与增长	国家重点
人口规模及增长	收入分配	政治稳定
人口年龄构成	工业基础设施	政府对全球贸易的态度
地理特征	自然资源	政府官僚体系
气候	财务及人力资源	货币及贸易规则
国家大小	社会文化因素	
人口密度——城市、农村	消费者的生活方式、信仰和价值观	
运输结构与市场	业务规范和方法	
可访问性	文化和社会规范	
	语言	

19.5 决定如何进入市场

一旦企业决定在国外销售产品，它必须确定最佳的进入方式。它的选择包括出口、合资企业和直接投资。图 19-2 显示了这三种市场进入战略，以及每种战略提供的选项。如图 19-2 所示，每一个成功的战略都包含更多的承诺和风险，但同时也拥有更多的控制和潜在的利润。

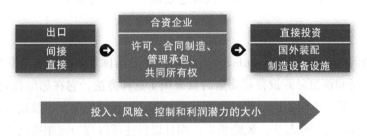

图 19-2 市场进入战略

19.5.1 出口

进入国外市场最简单的方法就是出口（exporting）。企业可能会不时被动地出口其盈余，或积极承诺向特定市场扩大出口。无论哪种情况，企业的所有产品都在本国生产。它可能会也可能不会针对出口市场进行调整。出口涉及的企业产品线、组织、投资或使命的变化最小。

企业通常从间接出口开始，通过独立的国际营销中介开展工作。间接出口涉及的投资较少，因为企业不需要海外营销机构或网络。它还包含更少的风险。国际营销中介为双方带来了专业知识和服务，所以企业通常很少犯错。

企业最终可能会转向直接出口，通过这种方式它们可以处理自己的出口业务。这种战略所需的投资和风险要大一些，但潜在的回报也更高。企业可以通过多种方式进行直接出口：设立国内出口部门，开展出口活动。它可以设立一个海外销售分公司，负责销售、分销，甚至促销。销售分公司通过展示中心和顾客服务中心在国外市场给予卖方更多的业务和控制能力。企业还可以在特定时间派驻国内的销售人员到国外寻找业务。最后，企业可以通过购买和拥有货物的外国分销商进行出口，也可以通过代表企业销售货物的外国代理商进行出口。

19.5.2 合资企业

进入国外市场的第二种方法是**合资经营**（joint venturing）——与外国企业合作生产或销售产品或服务。合资经营与出口不同的是，合资企业与东道国作为合作伙伴联合在国外销售和营销。它不同于直接投资，因为它是与外国人组成的组织。合资企业有四种类型：许可、合同制造、管理承包和共同所有权。[14]

1. 许可

授权许可（licensing）是制造商进入国际市场的一种简单方式。本企业与国外市场的持牌人签订协议，只要支付一笔费用或版税，被许可方就有权使用企业的制造过程、商标、专利、商业秘密或其他有价值的项目。因此，该企业可以以很少的风险进入市场，被许可方无须从头开始就可以获得生产专业知识或知名产品或名称。

在日本，百威啤酒来自麒麟啤酒厂，森永乳业有限公司生产Sunkist果汁、饮料和甜点。可口可乐通过向世界各地的罐装商发放许可，并向它们提供生产该产品所需的糖浆，从而在国际市场上营销。可口可乐的全球装瓶合作伙伴包括沙特阿拉伯的可口可乐装瓶公司，以及总部位于欧洲的可口可乐希腊公司。

然而，授权许可有潜在的缺点。企业对授予许可的企业控制能力更低。此外，被授权方非常成功，授权企业会放弃这些利润，一旦合同到期企业可能会发现它创造了一个竞争者。

2. 合同制造

另一种选择是**合同制造**（contract manufacturing）——企业与国外市场的制造商签订合同生产产品或提供服务。西尔斯在墨西哥和西班牙开设百货商店时就采用了这种方法，它在那里找到了合格的当地制造商，生产了许多自己销售的产品。合同制造的弊端是降低了对制造过程的控制，以及制造过程中有潜在利润的损失。但这样做的好处是可以更快地起步，风险更小，而且以后还可以与当地制造商建立合作关系，或者收购当地企业。

3. 管理承包

在**管理承包**（management contracting）下，国内企业向提供资金的外资企业提供管理知识。国内企业出口的是管理服务而不是产品。希尔顿在管理世界各地的酒店时采用了这种方法。管理承包是一种进入国外市场的低风险方法，它从一开始就能产生收益。如果合同企业可以在以后购买被管理企业的部分股份，这种安排就更有吸引力了。然而，如果该企业能够更好地利用其稀缺的管理人才，或者能够通过整个项目获得更大的利润，这种安排就不明智了。管理承包也会阻止企业在一段时间内建立自己的业务。

4. 共同所有权

共同所有权（joint ownership）企业由一家企业与国外投资者联手，共同创建一家当地企业，共同拥有并控制企业。企业可以购买当地企业的股份，或者双方可以组建新的企业。出于经济或政治原因，双方可能需要共同拥有。企业可能缺乏财力、物力或管理资源来独自承担风险。外国政府也可以要求以共同所有权作为进入该国市场的条件。肯德基是通过一家合资企业进入日本的——与日本三菱集团的合资企业。肯德基为进入规模庞大但困难重重的日本快餐市场寻找了一条好途径。日本最大的家禽生产商之一三菱了解日本文化，并有资金进行投资。它帮助肯德基在半封闭的日本市场取得了成功。令人惊讶的是，在三菱的指导下，肯德基为其日本餐厅制定了一个明确的非日式定位。

> 当肯德基第一次进入日本时，日本人对快餐和特许经营的概念感到不舒服。他们认为快餐是人工的和不健康的。为了建立信任，肯德基在日本制作的广告描绘了桑德斯上校开创肯德基的最真实的版本。广告以典型的南方母亲为特色，突出了肯德基的哲学——南方的好客、古老的美国传统和正宗的家庭烹饪。广告背景音乐是斯蒂芬·福斯特的《我的肯塔基老家》（My Old Kentucky Home），广告中桑德斯上校的母亲用11种秘密香料制作肯德基鸡肉并喂给孙子吃。它让人想起美国南部的家庭烹饪，把肯德基定位为有益健康、贵族式的食物。这次营销取得了巨大的成功。最终，日本人对这种特殊的美国鸡肉爱不释手。大多数日本人对《我的肯塔基老家》熟记于心。目前，肯德基在日本有1 100多家分店。[15]

共同所有权有一定的缺陷。合作伙伴可能在投资、营销或其他政策上存在分歧。虽然许多美国企业喜欢将收益再投资以实现增长，但本土企业往往更愿意将这些收益取出来；美国企业强调营销的作用，本土投资者可能更依赖于销售。

19.5.3 直接投资

国外市场的最大投入来自**直接投资**（direct investment）——国外装配和制造设备设施。例如，福特在中国、印度和泰国等几个亚洲国家进行了40多亿美元的直接投资。该企业拥有10亿美元的先进制造和工程工厂，生产24万辆汽车，以满足印度和其他亚洲市场的需求。同样，本田和丰田也在北美进行了大量的直接制造投资。在美国销售的本田和讴歌车型中，约有90%是在北美生产的。如果一个企业有出口经验，而且国外市场足够大，国外的生产设施就会提供许多优势。该企业可能以更廉价的劳动力或原材料、外国政府的投资激励和货运节省的形式降低成本。该企业可能会改善其在东道国的形象，因为它能创造就业机会。一般来说，企业与政府、顾客、当地供应商和分销商建立了更深入的关系，使其产品更好地适应当地市场。最后，企业保持对投资的完全控制，可以制定符合长期化的国际目标和营销、制造政策。

直接投资的主要缺点是企业会面临许多风险，比如货币限制或贬值、市场行情下跌或政权变动。在某些情况下，如果一家企业想在东道国开展业务，它别无选择，只能接受这些风险。

19.6 决定全球营销计划

在一个或多个国家运营的企业必须决定，需要调整多少营销战略计划，从而适应当地市场。一个极端是全球企业使用**标准化的全球营销**（standardized global marketing），在世界范围内使用相同的营销方法和营销组合。另一个极端是**适应性的全球营销**（adapted global marketing）。在这种情况下，生产者根据每个目标市场调整营销组合要素，承担更多成本，但希望获得更大的市场份额和回报。

近年来，市场营销战略和营销方案的调整与规范一直是人们争论的焦点。一方面，一些全球营销人员认为，技术正在使世界变得更小，世界各地的消费者需求正变得越来越相似。这为"全球品牌"和标准化的全球营销铺平了道路。全球品牌和标准化反过来又会增强品牌力量，通过规模经济降低所带来的成本。

另一方面，营销理念认为，如果针对每个目标顾客群体的独特需求，营销方案会更加有效。如果这一概念适用于一个国家，它就应更适用于国际市场。尽管全球经济趋同，但不同国家消费者的文化背景大不相同。他们的需求、消费能力、产品偏好和购物模式仍然存在显著差异。由于这些差异很难改变，大多数营销人员调整他们的产品、价格、渠道和促销活动以适应每个国家的消费者需求。

然而，全球标准化并不是一个非黑即白的命题，而是一个程度的问题。大多数国际市场营销人员建议企业应该"放眼全球，但在当地行动"——他们应该在标准化和适应性之间寻求平衡。企业层面提供全球战略方向；地区或地方立足于关注全球市场的个人消费者差异。一位专家表示："着手制定全球战略往往是错误的。更好的结果来自强大的区域（或地方）战略，这些战略被整合到全球整体中。"全球消费品巨头联合利华的一位高级营销主管这样说："我们正努力在盲目的全球化和无可救药的本地化之间取得平衡。"[16]

麦当劳就是这样运作的。麦当劳在全球各地的餐厅都采用了同样的基本快餐经营模式，但根据当地口味调整了菜单。在韩国，它出售烤肉汉堡，这是一种夹着蒜和酱油，包在小圆面包里的烤肉饼。在印度，牛被认为是神圣不可侵犯的，麦当劳供应麦香鸡、麦香鱼、蔬菜汉堡、比萨麦麸、加鲁提基（一种香料土豆汉堡），以及巨无霸——两块全鸡肉饼、特制酱料、生菜、奶酪、泡菜、洋葱并配以芝麻小圆面包。在中国香港，消费者往往会接受来自西方和东方国家的新事物（如日本、韩国、泰国），因此麦当劳成功地将汉堡的口味从美式风格时不时地转换成日式风格。同样，韩国电子和电器巨头LG也在全球范围内制造与营销其品牌，但产品会根据特定国家市场的需求进行谨慎的本地化。实战营销19-2提供了一个如何赢得中国和印度市场的观点。

实战营销19-2

从中印经济中分一杯羹

中国是世界第二大经济体。与此同时，印度正在迅速增长，根据世界银行的数据，印度已经位居第三。波士顿咨询公司的一项研究显示，到2020年，这两个国家加起来，将有超过10亿中产阶层消费者每年花费数万亿美元。

"这两个国家的崛起是革命性的。"新加坡国立大学商学院亚洲商业系列的Jagdish Sheth教授说。

参与并学习

"如果这些是最大的市场，如果你是一家真正的跨国企业，你就必须参与这个市场，你必须学会如何适应当地的营销方式。"

据Sheth说，在"中印"竞争需要重新思考整个营销理念。大多数营销战略都是基于品牌产品和服务之间的西方竞争模式。但在新兴市场，绝大多数消费者都没有品牌。Sheth说，最大的机会实际上是如何将无品牌的产品和服务转化为有品牌的产品与服务。他认为，在消费市场，这一点非常重要，因为品牌不仅能创造收入，还能创造资产。就像日本和韩国企业创造了全球知名和受人尊敬的品牌一样，他预计下一个主要品牌将来自中国和印度。这种对品牌的需求在一定程度上是由越来越具有品牌意识的中产阶层推动的。另外，它也受到了技术进步的推动，包括移动电话和在线零售，这让企业能够快速和直接接触消费者。此外，随着发达经济体消费人口的老龄化，企业正在新兴市场寻求增长。印度和中国的经济改革也鼓励了当地居民的消费。

负担得起的和可触及的

那么，跨国企业如何利用这些新兴市场呢？Sheth提供了一些可以使用的战略。首先，他建议将非用户转换为用户。"大多数营销人员认为，好吧，如果我是宝洁，我必须与联合利华竞争；如果我是可口可乐，我必须与百事可乐竞争。不，你们不必互相竞争。那里有整个市场。"

他说，要想在这些快速变化的市场中取得成功，企业还必须让创新民主化，让处于社会经济金字塔底层的消费者接触得到、买得起产品。这些企业一旦成立，就可以实施逆向创新，提高质量，达到更高的水平。对于大多数跨国企业来说，这是违反直觉的。他说，跨国企业会首先追逐市场的顶部，企业在包装和设计方面的投资也很重要，要考虑到当地的文化和习俗。

值得三思的事情

他以芝兰口香糖的有趣故事为例。就像在西方市场一样，它在印度也失败了。原因是，消费者一次只咀嚼几片口香糖，剩下的会在印度闷热的气候下融化。有了这项研究，口香糖被重新包装成每个包装只有两片，然后它成功了。尽管他将这两个经济体合起来称为"Chindia"，但他警告称，这两个市场非常不同，而且只有少数企业能在这两个市场都做得很好。

日产和福特等汽车制造商在这两个市场都取得了成功，一些家电制造商和消费电子企业也取得了成功。在快餐行业，肯德基和麦当劳吸引了中国和印度消费者。随着人口增长、日益富裕的生活以及更容易获得消费品，似乎很难阻止中国和印度成为两大经济霸主。

不过，Sheth 说，还是有一些障碍，而最大的障碍是可持续性。他说，阻碍中国和印度经济增长的唯一因素不是技术或资本，而是环境。他说，在环境方面大量投资更符合中国和印度的利益。Sheth 还指出，中国认真调整自己的行为，并在这些问题上发挥带头作用。另外，他说，印度没有认真对待环境问题。中国还将不得不面对人口老龄化问题。巧合的是，这正是他所说的印度经济真正起飞的时候——只要它能够改善基础设施以解决物流问题，它还必须改变其产业政策，从而对投资者更友好。

他对这两个国家会把事情解决好感到乐观，他说看着这两个国家的增长将会非常有趣。

资料来源：Adapted from Katie Sargent, "Getting a Slice of the 'Chindia' Pie," *Think Business*, 21 May 2014. Partially reproduced with permission of Think Business @ NUS Business School, National University of Singapore (http://thinkbusiness.nus.edu) Copyright NUS Business School.

19.6.1 产品

有五种战略允许企业调整产品和营销传播战略以适应全球市场（见图 19-3）。[17] 我们先讨论三种产品战略，然后再讨论两种传播战略。

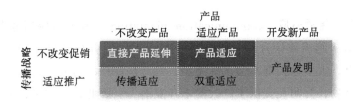

图 19-3 五种全球产品和传播战略

直接产品延伸（straight product extension）是指在直接国外市场上销售产品而不做任何改变。最高管理层告诉营销人员："要接受产品的本来面目，并为其找到顾客。"然而，第一步应该弄清楚外国消费者是否使用这种产品，以及他们更喜欢哪种形式。

直接产品延伸在某些情况下是成功的，在另一些情况下则是灾难性的。家乐氏麦片、喜力啤酒和百得工具在世界各地都以差不多相同的形式成功销售。但飞利浦在日本开始盈利，是因为它缩小了咖啡机的尺寸，以适应较小的日本厨房，而剃须刀则适合日本人较小的手掌。直接产品延伸很有吸引力，因为它不涉及额外的产品开发成本、制造变更或新的推广。但从长远看，如果产品不能满足外国消费者的需求，成本可能会很高。

产品适应（product adaption）包括改变产品以满足当地的条件或需要。例如，沙宣洗发水在世界范围内只有一种香味，但其香味的浓度因国家而异：在日本较淡，日本人更喜欢淡淡的香味，而在欧洲较浓。Gerber 提供的日本婴儿食品可能会让许多西方消费者反胃——当地最受欢迎的食品包括比目鱼和菠菜炖肉、鳕鱼子意大利面、茼蒿砂锅菜和用白萝卜酱捣制的沙丁鱼。

产品发明（product invention）包括为特定的国家市场创造新的东西。这种战略有两种形式。这可能意味着维护或重新引入恰好能够很好地适应特定国家需求的早期产品，或者一家企业可能会开发出一种新产品来满足特定国家的需求。例如，中国家电制造商海尔为新兴市场的农村用户开发了更坚固的洗衣机。海尔发现，当农民用洗衣机清洗蔬菜和衣服时，更轻便的洗衣机经常会被泥浆堵塞。

19.6.2 促销活动

企业可以采用与国内市场相同的传播战略，也可以根据当地市场的不同情况而改变战略。以广告信息为例，一些全球企业在世界各地使用标准化的广告主题。当然，即使在高度标准化的通信活动中，也可能需要一些小的变化来适应语言和文化差异。例如，多芬的"真正的美活动"，在西方市场以穿着内衣的普通女性形象为特色。然而，在中东地区，人们对裸体的态度更为保守，活动被修改为只露出面纱后面的脸。在中国，这项活动旨在给那些由于性别比例失衡而导致单身的非传统意义上的美女增加信心。在一系列广告中，这些信息集中在对中国流行的女性美的衡量标准的担忧上，这与多芬的宣传活动如出一辙。这些广告以在怀孕的肚子上画着来自未出生女孩的问题为特色。第一个问题："如果你知道我会长成一个大鼻子的女孩，你还会欢迎我吗？"第二个问题："如果你知道我会长到140斤，我还会是你的孩子吗？"第三个问题："我很快就要来到这个世界了。但如果我只有A罩杯，你会取笑我吗？"[18]

在其他国家，为了避免禁忌，颜色有时也会改变。在拉丁美洲的大部分地区，紫色与死亡有关，在日本白色是代表哀悼的颜色，红色在中国是代表幸运的颜色，而绿色在马来西亚则与丛林病有关。甚至有些产品必须要换名字，如家乐氏不得不在瑞典将"Bran Buds"麦片重新命名，因为在当地语言中它被译为"烧焦的农夫"。在美洲，三菱将其帕杰罗越野车的日文名称改为montero（帕杰罗在西班牙语中是一个俚语说法，用来表示性满足）。[19]

其他企业遵循的战略是**传播适应**（communication adaptation），充分适应当地市场的广告信息。例如，在美国和大多数西方国家，跑步被认为是一种积极、健康的活动，耐克的广告关注的是产品和个人表现。然而，在污染严重的城市，大多数人都不会选择跑步，尤其是在挤满行人、自行车和汽车的街道上跑。中国是世界上最大的鞋类市场，为耐克提供了巨大的未开发潜力。因此，在中国，耐克的广告关注的不是产品和性能，而是让更多中国人穿上跑鞋。在广告和社交媒体上，选择在城市街道上跑步的普通人可以用自己的语言表达自己的理由。一位年轻女士说："我跑步是为了把隐藏的东西表达出来。"另一个说："我跑得迷路了。"

为了让跑步成为一种更社会化的活动，耐克还在北京等大城市赞助了夜间"Lunar Runs"活动及上海的马拉松比赛，通过健身教练、现场音乐和名人，向中国学生和专业人士介绍跑步可以作为一种有趣的、有益的课后或下班后的活动。目标是让更多的人尝试跑步。

企业也需要在国际市场上对广告进行调整，因为各国的媒体可用性各不相同。例如，欧洲的电视广告时间非常有限，从法国的4小时到斯堪的纳维亚的1小时不等。广告商必须提前几个月预订广告时间，而且它们对播出时间几乎没有控制权。杂志和报纸产生的广告效果在各国也各不相同。例如，杂志在意大利是主要的媒体，但在奥地利是次要的。在英国，报纸是全国性的，但在西班牙是地方性的。

19.6.3 价格

企业在设定国际价格时也面临许多问题。例如，百得如何在全球范围内为电动工具定价？它可以在全球范围内设定统一的价格，但在贫穷的国家这个价格太高了，而在富裕的国家又过低。它可以向每个国家的消费者收取相应的费用，但这种战略忽略了各国实际成本的差异。该企业还可以在任何地方使用标准的成本加价，但这种方法可能会让百得在成本较高的一些国家退出市场。

无论企业如何给产品定价，它们在海外产品的价格可能会高于国内同类产品的价格。古驰手提包在意大利售价 60 美元，在美国售价 240 美元。为什么？古驰面临着价格上涨的问题。它必须将运输成本、关税、进口商利润、批发商利润和零售商利润加到工厂价格中。根据这些额外成本，该产品可能需要在另一个国家以 2～5 倍的价格出售，才能获得同样的利润。

为了克服这一问题，在发展中国家向不太富裕的消费者销售产品时，企业会生产更简单或更小的产品，并以更低的价格出售。其他一些企业则推出了新的、更廉价的品牌，面向全球市场。例如，摩托罗拉开发了超级便宜的 Moto G 智能手机，并将其引入巴西，随后又在南美、中东、印度和亚洲的其他地区推出。这给苹果公司带来了压力，苹果一直专注于以更低的价格销售老款机型，而不是开发更便宜的机型。由于三星和小米紧跟苹果之后，苹果推出了更便宜的 C 版本的 iPhone。印度本土手机制造商 Ringing Bells 推出了一款售价为 251 卢比（约合 3.7 美元）的智能手机。

如今的经济和技术力量对全球定价产生了影响。当人民币汇率低于港币（比如 100 元港币兑换 105 元人民币）时，更多的香港人在周末去深圳度假。当人民币汇率高于港币（比如 100 元港币兑换 86 元人民币）时，越来越多的游客来到香港购物。

互联网也使全球价格差异更加明显。当企业通过互联网销售产品时，顾客可以看到不同国家的产品售价。他们甚至可以直接从企业所在地或价格更低的经销商处订购特定产品。这将迫使企业走向更加标准化的国际定价。

19.6.4　分销渠道

国际企业必须以**整体渠道视角**（whole-channel view）来看待产品分销带给最终消费者的问题。图 19-4 显示了卖家和最终买家之间的三个主要环节。第一个环节，即卖家总部负责监督渠道。第二个环节是国与国之间的渠道，将产品转移到外国的边境。第三个环节，国内渠道，将产品从国外的入口点转移到最终消费者手中。一些美国制造商可能认为，一旦产品离开它们的手中，它们的工作就完成了，但它们最好多注意产品在境外的处理方式。

图 19-4　国际营销的整体渠道理念

各国的分销渠道不同。首先，为每个国外市场提供服务的中介机构的数量和类型存在巨大差异。

例如，当可口可乐第一次进入中国时，顾客骑自行车到装瓶厂去买软饮料。许多零售商仍然没有足够的电力供应饮料机。现在，可口可乐已经建立了直接分销渠道，大量投资于冰箱和卡车，并升级了线路，以便更多的零售商能够安装冷却器。该企业还组建了一支超过 1 万名销售代表的队伍，通过步行或骑自行车定期拜访经销商，查看库存以及不断打破销售纪录。一位行业观察人士指出："可口可乐及其装瓶商一直试图绘制出每家超市、餐厅、理发店或市场摊位的地图，这些地方可能会消费一罐苏打水。这些数据可以帮助可口可乐接近它的顾客，无论他们在大型超市、斯巴达面馆还是在学校。"尽管如此，可口可乐要想进入这个国家最偏远的地区，还是要依靠一些经常不太可能成为合作伙伴的驴子运输队。另一位观察人士表示："庞大的广告预算可能会刺激需求，但如果分销网络不正常存在或不起作用，中国巨大市场的潜力就无法实现。"

即使在有类似卖家的市场上，零售行为也会有很大不同。例如，在中国，沃尔玛、家乐福、乐购和其他零售超市都有。在西方市场的这类商店里，消费者品牌依靠自助服务，而在中国，品牌则雇用穿着制服的店内促销人员（被称为促销员）分发样品。这些促销人员戴着麦克风，面对面地推销产品。在北京沃尔玛的一个周末，就有100多名这样的促销员，他们向顾客介绍来自卡夫、联合利华、宝洁、强生和许多本土竞争者的产品。虽然中国消费者是通过媒体知道品牌名称的，但是他们想在购买之前先去感受产品并得到详细的了解。

19.7　决定全球营销组织

企业至少以三种不同的方式管理它们的国际营销活动：大多数企业首先组织一个出口部门，然后创建一个国际部门，最后成为一个全球性的组织。

企业通常只通过运输货物来进入国际市场。如果国际销售扩大，企业会组织一个出口部门，由销售经理和几个助手组成。随着销售的增长，出口部门可以扩大到涉及各种营销服务，这样它就可以积极地开展业务。如果企业转变为合资企业或直接投资，出口部门将不能满足需求。许多企业涉足多个国际市场和企业。企业可以向一个国家出口，向另一个国家发放许可证，在第三个国家拥有合资企业，在第四个国家拥有子公司。它迟早会建立国际部门或子公司来处理所有的国际活动。国际部门的组织方式多种多样。一个国际部门的企业员工包括市场营销、制造、研究、财务、计划和人事专家。它计划并向各种运营单位提供服务，这些运营单位可以以三种方式中的一种进行组织。运营单位可以是地理组织，国际经理负责销售人员、销售分支机构、分销商和各自国家的许可。或者运营单位可以是世界产品小组，每个小组负责不同产品的全球销售。最后，运营单位可以是国际子公司，每个子公司负责自己的销售和利润。

许多企业已经超越了国际分工阶段，成为真正的全球性组织。他们不再认为自己是在海外销售的国家营销人员，而是认为自己是全球营销人员。企业高层管理人员负责规划全球范围内的生产设施、营销政策、资金流动和物流系统。全球运营单位直接向本组织的首席执行官或执行委员会报告，而不是向国际部门的负责人报告。高管们接受的培训不仅局限于国内或国际业务，还涉及全球业务。企业从许多国家招募管理人员，在成本最低的地方购买零部件和供应品，并在预期回报最高的地方进行投资。

如今，如果大型企业希望参与竞争，它们必须变得更加全球化。随着外国企业成功打入本国市场，企业必须更积极地进军国外市场。它们不得不从将国际业务视为次要业务的企业，转变为将整个世界视为单一无国界市场的企业。

目标回顾

如今的企业，不论规模大小，再也不能只关注国内市场。许多行业都是全球性行业，在全球范围内运营的企业实现了更低的成本和获得了更高的品牌知名度。与此同时，出于汇率变动、政府不稳定、保护主义关税和贸易壁垒以及其他一些因素，全球营销存在风险。考虑到国际营销的潜在收益和风险，企业需要以一种系统化的方式来做出全球营销决策。

1. 讨论国际贸易体系以及经济、政治、法律和

文化环境如何影响企业的国际营销决策

企业必须了解全球的营销环境,特别是国际贸易体系。它必须评估每个国外市场的经济、政治、法律和文化特征。然后,企业必须决定是否要走出国门,并考虑潜在的风险和利益。它必须决定它想要达到的国际销售额,想要在多少个国家进行市场营销,以及想要进入哪些特定的市场。这些决定需要权衡可能的风险水平。

2. 描述企业进入国际市场的三个关键方法

企业必须决定如何进入每一个选定的市场——无论通过出口、合资企业还是直接投资。许多企业一开始是出口商,后来转为合资企业,最后在国外市场进行直接投资。在出口方面,企业通过国际营销中介(间接地)发送和销售产品进入国外市场,或通过企业所属部门、分支机构、销售代表或代理商(直接出口)。在建立合资企业时,企业通过与外国企业联合生产或销售产品或服务进入国外市场。在许可方面,企业通过与被许可方签订合同进入国外市场,被许可方有权使用制造过程、商标、专利、商业秘密或其他有价值的项目,企业收取费用或版税。

3. 解释企业如何调整营销组合以适应国际市场

企业还必须决定它们的产品、促销、价格和渠道应该为每个外国市场调整多少。一个极端是,全球企业在全球范围内使用标准化的全球营销。另外一些企业则采用适应性的全球营销,它们调整营销战略,根据每个目标市场进行组合,承担更多成本,但希望获得更大的市场份额和回报。然而,全球标准化并不是一个非黑即白的命题,这是一个程度问题。大多数国际市场营销人员建议企业应该"放眼全球,但在当地行动"——他们应该在全球标准化战略和本地适应性营销组合战略之间寻求平衡。

4. 确定国际营销组织的三种主要形式

企业必须建立一个有效的国际营销组织。多数企业起初只设立出口部门,随后,出口部门逐步发展为国际部门。少数企业成为全球组织,全球营销计划和管理由企业的高级管理人员负责。全球组织将整个世界视为一个单一的、无国界的市场。

关键术语

global firm　全球企业
economic community　经济共同体
exporting　出口
joint venturing　合资经营
licensing　许可
contract manufacturing　合同制造
management contracting　管理承包
joint ownership　共同所有权
direct investment　直接投资
standardized global marketing　标准化的全球营销
adapted global marketing　适应性的全球营销
straight product extension　直接产品延伸
product adaptation　产品适应
product invention　产品发明
communication adaptation　传播适应
whole-channel view　整体渠道视角

概念讨论

1. 解释"全球企业"是什么意思,列出国际市场营销中涉及的六个主要决策。
2. 讨论政府可能对国与国之间的贸易施加的限制。
3. 讨论四种国家产业结构的命名与界定。
4. 在决定进入可能的全球市场时,企业会考虑哪些因素?
5. 讨论进入国外市场的三种方式。哪一种方式是最好的?
6. 讨论全球分销渠道与国内渠道的区别。

概念应用

1. 访问泰国驻中国香港总领事馆网站 www.thai-consulate.org.hk。讨论在泰国做生意。
2. 美国限制与朝鲜的贸易。访问美国财政部网站 www.ustreas.gov/offices/enforcement/ofac,了解更多关于经济和贸易制裁的信息。点击"Other Sanctions"链接了解更多关于美国对朝鲜的贸易限制。这种限制是关税、配额还是禁运?这种贸易限制在多大程度上允许美国企业向朝鲜出口产品?

3. 访问美国中央情报局的世界概况手册，网址是 www.cia.gov/library/publications/the-world-factbook。在一个小组中，选择一个国家，描述这个网站提供的关于国家的信息。这些信息对营销人员有用吗？

技术聚焦

"反向创新"（reverse innovation）、"创新反冲"（innovation blowback）和"滴入式创新"（trickle-up innovation）是用来描述为满足新兴市场需求开发的创新进入发达市场的过程。传统上，创新诞生于发达国家。尽管许多"金字塔底层"的新兴市场在经济食物链中处于较低的位置，但它们数量庞大，为以可承受的价格满足日益增长的需求的企业提供了机会。向医院销售昂贵的心电图机（ECG）的主要制造商通用电气开发了一种价格较低的小型电池驱动心电图机，可在印度和中国使用。通用电气随后将该产品推销给美国的初级保健医生、护士以及乡村医院和诊所。反向创新并不局限于技术产品，它还可以应用于最基本的产品，如酸奶。

1. 了解更多关于通用电气如何利用反向创新来抓住美国市场上的机会的信息。为技术产品找到另外两个反向创新的例子。
2. 讨论非技术产品反向创新的两个例子。

道德聚焦

在中国香港，香港赛马会是经营赛马、六合彩并在香港以外的地区举办足球比赛时开设赌局的博彩企业。该俱乐部是香港最大的单一纳税人——2006/2007 财政年度的企业税款为 126.4 亿港元，约占政府税务局所征收税款的 8.2%。20 世纪 70 年代，随着这项运动的普及，非法赌博也随之增加。政府授权该俱乐部经营场外博彩分支机构，正面打击非法赌博。从此，六合彩和常规的足球博彩业开始打击非法赌博。为了打击非法赌博，政府亦引入了受监管的足球博彩。2003 年，该俱乐部出于同样的目的——打击非法赌博，推出了受监管的足球博彩服务。除了俱乐部以外，政府还向当地的传统赌场提供"麻将"赌博牌照。政府采取必要的行动和管制，打击在香港境内的非法赌博活动。然而，它几乎无法阻止电话、在线赌博以及在邮轮上的"移动"赌场进行的非法赌博活动。

1. 香港特区政府是否应该授权该俱乐部为市民开设网上赌场？
2. 香港赛马会是否会奖励提供有关非法赌博交易信息的相关人士，警方能否利用这些信息向有关团伙/成员提起正式刑事诉讼？

营销和经济

斯帕姆午餐肉

数十年来，有各种围绕着斯帕姆午餐肉的冷笑话。但是，每年全球消费者都会购买数亿美元的午餐肉。在英国，油炸午餐肉切片是快餐店的必点菜。在韩国，消费者用午餐肉就着米饭或是用生菜卷着吃。在夏威夷，麦当劳和汉堡王出售特别版的斯帕姆午餐肉。

它是如此强势，以至于很多分析专家认为午餐肉的销量和经济的好坏有很大的关联，大萧条也不例外。在官方宣布经济进入萧条期时，斯帕姆午餐肉的销量呈现了两位数的增长。荷美尔肉制品公司为此开展了 5 年来斯帕姆第一次大型广告活动。广播、电视以及印刷广告写着"拒绝单调"的标语，展示着斯帕姆肉制品是如何为餐桌带来新鲜气息的。荷美尔的网站上有 350 种斯帕姆肉制品，包括干酪斯帕姆千层饼、斯帕姆马尼罗、斯帕姆生菜卷等。

1. 为什么斯帕姆在全球有如此高的知名度？
2. 在经济复苏之后斯帕姆又该采用怎样的市场策略来保持高销量？

营销数字

一国的进出口活动表现在其国际收支平衡表中。这个报表包括三个账户：经常账户、资本账户和准备金账户。经常账户与市场营销最相关，因为它是从一个国家出口和进口商品的所有记录。后两个账户记录金融交易。美国商务部经济分析局提供美国商品和服务贸易的年度及月度数据。

1. 访问 www.bea.gov 网站，可以找到美国最近一年的国际商品和服务贸易数据。这些数据代表什么？
2. 在互联网上搜索同年的中国贸易差额信息。它与美国相比如何？

企业案例

士力架：借助普遍诉求——饥饿，实现整合营销

多年来，很多"超级碗"的广告都很受观众欢迎，为品牌带来了巨大的提升。在2010年"超级碗"比赛中，士力架播放了一则这样的广告。在这则广告中，在一场社区比赛中，"黄金女郎"贝蒂·怀特扮演一名球员。然而，在吃了一块士力架巧克力后，这位足球运动员又变回了自己，比赛随之开始。广告以现在著名的广告语结束："当你饿的时候，你不是你自己"，然后是标语"士力架满足"。

这则广告被证明是士力架的转折点，它为这个品牌带来了巨大的轰动。根据尼尔森的调查，它是当年超级碗"最受欢迎的广告"。它在《今日美国》广告排行榜上的得分最高，并获得了许多其他来源的最高荣誉。它迅速走红，在网上获得了数百万的点击量。它为糖果品牌点燃了无尽的免费媒体。这甚至标志着贝蒂·怀特的回归。她后来主持了《周六夜现场》(Saturday Night Live)，并在电视节目中扮演了许多角色，包括由80多岁的艾尔卡·奥斯特罗夫斯基在电视连续剧《热力克利夫兰》中的角色。

这个促销活动远远不止是一个热门广告。它成了一项长期整合营销的基石，最终使士力架成为地球上最畅销的糖果。

从一开始就令人满足

士力架不仅是目前最大的糖果品牌，也是历史最悠久的品牌之一。20世纪20年代末，年轻的玛氏公司开始开发一种糖果条，以补充自己的银河系糖果。它将巧克力、牛轧糖、焦糖和花生等常见的糖果成分结合在一起，得出了一个成功的配方。士力架比大多数糖果更美味，它更像是一顿饭，而不是零食。这个品牌立竿见影地取得了成功，甚至最初的售价是银河巧克力棒的四倍。10年内，该企业在全球市场大规模销售士力架。

1979年，特德·贝茨创造了"士力架令人满足"的口号，直接指的是它缓解饥饿的功能。士力架通常被作为一种膳食替代品，瞄准年轻的运动男性。在一个经典的平面广告中，一位母亲带着士力架棒送儿子去足球训练。

士力架在经历了数年的增长后，市场达到饱和状态，它走上了销售增长平淡、市场份额下降的老路。玛氏决定将该品牌带向一个新的战略方向。它打算发起一场整合营销活动，既能保留品牌的精髓，又能通过吸引新市场实现更大的增长。

然而，开发有效的整合营销说起来容易做起来难。如今，世界各地的企业都在竞相推出这一服务，而广告公司也声称会提供这一服务。但在现实中，真正的营销传播整合是很难实现的。整合需要的不仅仅是在活动的每个元素中使用相同的语言或符号。至少，整合营销必须在电视、网络、印刷和户外媒体上同样有效。除此之外，广告宣传的信息必须体现出品牌独特的一面，并以一种既强大又吸引人的方式呈现出来，从而激励消费者采取行动。

玛氏发现了由BBDO机构发起的获胜的战役。该机构从几十年来与士力架相关的独特属性开始——"令人满足"。尽管著名的标语"士力架令人满足"主要针对的是年轻男性，但BBDO发现，这条标语可以更有力。通过添加"士力架令人满足"和"当你饿的时候，你不是你自己"，这个品牌利用了一个强大而普遍的情感诉求——饥饿，与更广泛的受众建立联系。毕竟，谁与饥饿没有关系呢？一位营销专家表示："现在，士力架正在与工厂工人、上班族和大学生建立联系。"它对女性和对男性来说一样强大，它在世界文化中都很有效。

一场全球营销

"当你饿的时候,你不是你自己",士力架营销活动催生了大量传统的大众媒体广告,在80多个不同的国家以几十则不同的电视广告播出。这场活动要依靠当地知名人士。在一则令人难忘的广告中,罗宾·威廉姆斯扮演一名足球教练,通过用气球制作动物和茶具来指导他的球队"善意地克服它们"。在另一个广告中,伐木工人罗珊娜·巴尔就在被起重机移动的一根巨大的圆木压扁之前抱怨说:"我的背疼!"在一则介绍新的士力架的广告中,坐在桌边的肯尼·基的一个伙伴说,他扮演的扑克玩家肯尼·基是"饥饿时的抢手货"。士力架团队让当地市场为自己的名人代言。在英国,饥饿把更衣室里的球员变成了琼·科林斯和斯蒂芬妮·比彻姆。在拉丁美洲,骑着BMX自行车的男人变成了墨西哥歌手Anahi。

这样的传统媒体广告只是这一整合营销的一个支柱。Facebook、Twitter和其他社交网络上也出现了"当你饿的时候,你不是你自己"的信息。在英国,名人在Twitter上发布的信息完全不符合他们的性格。超模凯蒂·普莱斯发布了有关量化宽松、债券市场流动性和政治经济的消息。足球运动员里奥·费迪南德分享了编织的乐趣。板球运动员伊恩·博瑟姆滔滔不绝地讲起了学拉大提琴的事。拳击手阿米尔·汗也在Twitter上提到了集邮。在这些名人的推文之后,又有一条Twitter上的信息显示他们吃了一块士力架,并附上"你不是你"的标语。这些不合时宜的标语引起了很多关注,包括在议会中被提到。英国财政部首席大臣丹尼·亚历山大大声疾呼:"当凯蒂·普莱斯在经济问题上的推文比工党更有意义时,事情就解决了。"

其他因素也说明了士力架营销活动的特点,跨媒体平台的灵活性,如印刷和户外广告,有或没有名人。一个广告展示了三个短跑运动员在跑道上的起跑姿势,其中一个运动员面对着错误的方向。另一张照片显示,四名足球运动员正准备阻挡直接踢出的球,他们都捂住了裤裆,只有一名球员正盯着远处看。一则平面广告完全不用人就能把要点讲清楚。在角色的极端颠倒中,它表现了一匹斑马在追逐一头狮子。每一个简单的视觉效果都是由一块士力架强调的,并有这样一句话:"当你饿的时候,你不是你自己。士力架令人满意。"

这场营销活动不仅展示了跨不同媒体类型的整合,也完成了现代促销活动最重要的壮举之一——通过内容共享的整合。例如,像贝蒂·怀特"超级碗"广告就能让事情顺利进行,而该品牌的其他广告、推文和社交媒体帖子也促进了分享。例如,士力架的1 100万Facebook粉丝经常收到信息,类似于"下午过得慢?也许是时候偷偷藏点士力架了。"平均来说,成千上万的粉丝"喜欢"每条信息,并且经常把它们放在新闻源里,在那里它们会被成千上万的人看到。

一个更复杂的例子是现场拍摄的特技,被剪辑成了YouTube短片视频,面向澳大利亚市场。在墨尔本市中心的一个建筑工地,演员们假扮工人,对着女性路人大喊。但与性别歧视的嘘声和挑逗性的评论不同,工人们以"你不是你"为主题,大声说出了被授权的声明。女性会听到"我想让你得到你应得的尊重"和"女性的位置是她选择的地方"。一个工人大喊:"你知道我想看什么吗?"当他继续说下去时,她明显感到好笑。"在这样一个社会里,女性的客观化为两性之间的互动提供了空间,而这种互动不受假设和期望的约束。"当视频结束时,一名工人带领其他人发出了令人振奋的呼吁:"我们想要什么?平等!我们不想要什么?不平等!"几周内,这段视频在士力架澳大利亚品牌频道上的点击量就超过了300万次。

年复一年,它一直令人满意

在四年多的时间里,玛氏继续在其全球促销活动的各种元素中加入"士力架令人满足"和"当你饿的时候,你不是你自己"的口号。它是如何在如此广泛的全球范围内保持这场活动的?"你不是你"击中了人类普遍情感的核心,当一个人有一段时间没吃东西了,他会变得有点暴躁和不开心。"花生能量一直是品牌的核心。"玛氏巧克力北美区总裁黛布拉·桑德勒解释道。通过保留"满足"这个关键字,玛氏保留了多年推广这一口号所获得的所有品牌知名度。通过讲故事的方式,以及说明饥饿对人的影响,玛氏赋予了该品牌更多的情感和强大的吸引力。桑德勒说,如今的信息是,士力架是"把你进行归类的产品"。

有时很难衡量整合营销活动的成功。事实上,玛氏的这个活动表明,这一努力是成功的。在"当你饿的时候,你不是你自己"的例子中,数字似乎说明了一切。在2010年活动开始之前,这个标志性的巧克力棒在竞争激烈的市场上失去了市场份额。

但就在贝蒂·怀特首次亮相"超级碗"后不久，士力架就超越了清至口香糖和玛氏M&M巧克力豆，成为地球上最畅销的糖果。现在，士力架的产品组合包括士力架黑巧克力、士力架杏仁巧克力、士力架花生酱粉、士力架薯片和士力架雪糕，士力架专营权现在为玛氏330亿美元的收入贡献了超过35亿美元。所有这一切都表明，将突出的品牌特征与强烈的情感诉求结合在一起的综合信息可以无限期地存在。

讨论题

1. 士力架使用哪些促销组合元素？
2. 这种活动是如何体现融合的特征的？
3. 在整合营销有效性方面，你会打多少分？
4. 玛氏在"你不是你"活动中取得的成功想要维持下去，面临着哪些挑战？
5. 你对玛氏未来的士力架促销活动有何建议？

资料来源：David Gianatasio, "Construction Workers Yell Messages of Empowerment to Women in Snickers Stunt," *Ad Week*, 26 March 2014; Robert Klara, "How Snickers Fired a Quarterback, Hired a Zebra, and Tweaked One of Advertising's Most Famous Tag Lines," *Ad Week*, 27 February 2014; E. J. Schultz, "Behind the Snickers Campaign that Launched a Global Comeback," *Advertising Age*, 4 October 2013; David Benady, "Nike, Snickers and Fosters Have Created Powerful Integrated Campaigns—So What's Their Secret?" *The Guardian*, 19 August 2013, www.theguardian.com; "Snickers UK Campaign: Clever Use of Twitter," *Bhatnaturally*, 22 July 2012.

第20章

可持续营销：社会责任与道德

学习目标

1. 定义可持续营销并讨论其重要性。
2. 明确对市场营销的主要社会批评。
3. 定义用户至上主义和环保主义，并解释它们如何影响营销战略。
4. 描述可持续营销的原则。
5. 解释道德在营销中的作用。

预习基本概念

在最后一章中，我们将研究可持续营销的概念，它是指企业通过对社会和环境负责任的营销行动，满足消费者、企业和社会的需求——无论现在还是将来。我们将从定义可持续营销开始，然后看看人们对营销的一些常见批评，因为这会影响消费者和促进可持续营销的公共行为。最后，我们来看看企业是如何运作的，企业积极追求社会责任和道德实践，不仅能为个人顾客带来价值，也能为整个社会带来价值。

首先，我们来了解企业社会责任的概念。以印度最大的企业集团之一塔塔集团为例，其涵盖了工程、材料、信息技术、通信、汽车、化工、能源7个行业的90多家企业。该集团坚信，通过做好事，它可以发展得很好。

印度塔塔集团：用心经营

塔塔主席 Cyrus Pallonji Mistry 于 2012 年从拉丹·塔塔（Ratan Tata）手中接管了企业，他负责管理塔塔集团，这是印度最大的企业集团之一。塔塔集团拥有 611 794 名员工，2014～2015 年的收入达到 1 087.8 亿美元。塔塔集团在六大洲的 100 多个国家开展业务，它的 90 多家企业向 140 个国家出口产品和服务。

塔塔集团的口号是"改善我们所服务社区的生活质量"。这一使命可以追溯到 19 世纪 70 年代拉丹·塔塔的祖父创办该集团的时候。祖父贾姆谢特吉·塔塔（Jamsetji Tata）是一位开创性的慈善家和狂热的民族主义者。他开办了印度第一家纺织厂，主要是为了让印度人摆脱对英国的工业依赖。贾姆谢特吉·塔塔早在大多数西方企业之前就提供了诸如儿童保育和养老金等工人福利。贾姆谢特吉·塔塔的一个儿子资助了年轻的圣雄甘地，当时他在南非为印度移民争取权利。

时至今日，塔塔集团仍致力于慈善事业。慈善信托基金持有其母公司塔塔有限公司 2/3 的股份。该集团的许多企业为基层扶贫项目提供资金，这些项目似乎与它们的核心业务相去甚远。塔塔还以诚信著称，它没有重大的商业和政治丑闻，在一个腐败现象屡见不鲜的国家，这一成绩令人瞩目。前董事长拉丹·塔塔表示，该集团偶尔会因为不行贿而失去交易。根据企业的愿景声明——《愿景2025》，企业希望在塔塔承诺的帮助下，通过基于领导力和信任的长期利益相关者的价值创造，让全球25%的人口体验到生活质量的提高。

在这个团队工作了几年之后，Mistry遇到了很多挑战。尽管塔塔集团所有上市实体的市值都出现了56%的大幅上涨，但个别企业的表现却出现了分化。塔塔钢铁（Tata Steel）和塔塔汽车（Tata Motors）分别在国内及海外市场遭遇疲软。塔塔集团还在努力跟上不断变化的商业模式和新兴的商业机会。塔塔钢铁是亚洲首家综合性钢铁厂，也是全球第二大多元化钢铁生产商。访问塔塔钢铁位于詹谢普尔的生产基地，可以了解塔塔的文化。以创始人的名字命名的塔塔钢铁在丛林中的20世纪初的雕像就像时间胶囊。塔塔董事长的雕像随处可见，其中一些是由心怀感激的员工树立的，这证明了对塔塔独特的个人崇拜。

詹谢普尔最大的雇主是塔塔钢铁。该企业仅雇用了该市70万居民中的2万名员工，为詹谢普尔提供了印度所有城市中最全面的社会服务。塔塔钢铁每年要花费4 000万美元来支付水费、教育经费、垃圾处理费用、医疗费用，甚至用于打击偷猎大象行为的花费。然而，在20世纪90年代初，印度开始向全球开放竞争。这家拥有100年历史的企业的董事总经理穆瑟拉曼（B. Muthuraman）回忆道，这家工厂陈旧不堪，员工队伍臃肿，"没有市场导向……我们是研究失败的一个好例子"。除了耗资25亿美元的工厂现代化项目，塔塔钢铁在1999年裁员3.5万人以削减成本。然而，它同意向工人支付全额工资直到员工60岁，并为他们提供终身医疗保障。相比之下，塔塔钢铁的竞争对手Essar只有1 300名员工，产量约占塔塔钢铁产量的一半。印度杂志《今日商业》（Business Today）和咨询公司斯特恩·斯图尔特（Stern Stewart）对印度企业进行了一项调查，以管理层创造的价值计算，塔塔钢铁在500家印度企业中排名第496位。

塔塔集团表示，它希望将其提供的服务"私有化"，这违背了它认为塔塔是詹谢普尔事实上的政府的观点。然而，塔塔钢铁前首席执行官Jamshed Irani坚持认为福利网络"是塔塔的伟大之处"。的确，塔塔钢铁每年仍在詹谢普尔周边的800个村庄投入数百万美元用于教育、医疗和农业开发项目。例如，在塔塔钢铁的资助下，西德玛·库达尔的家庭现在有了灌溉系统，可以种植水稻和各种蔬菜。山坡上种植着成千上万棵桃花心木和柚木树苗以及麻疯树，这些都是村子日后的收入来源。塔塔钢铁捐赠的Jubilee公园，设计精心，坐落于城市中心，园内遍布花坛和喷泉，点缀着这37.75英亩地。大多数孩子都在翻新过的学校上课，村里有3台电视，由塔塔太阳能设备供电，这些设备也为电灯和钟表供电。塔塔还赞助了一个动物园和拥有914个床位的塔塔主医院。

拉丹·塔塔对这种做法表示："是的，经营詹谢普尔的成本很高，而且我们正在缩减在那里的投入，但我们也为我们从未遇到过严重的工业问题而自豪。"这是有原因的。在塔塔，受人爱戴可能比赚钱更有价值。

2006年10月，英荷钢铁制造商哥鲁氏（Corus）考虑以76亿美元被塔塔收购。这笔交易于2007年1月敲定，塔塔钢铁收购了哥鲁氏100%的股份。这笔交易是印度对一家外国企业的最大收购，帮助塔塔钢铁成为全球第五大钢铁集团。为了解决具体的业务问题，战略与一体化委员会成立。该委员会及其下属的跨职能小组，负责制订和执行一体化与进一步增长计划。展望未来，Mistry表示，在气候变化等新挑战的背景下，该组织的进步肯定会面临短期障碍。[1]

负责任的营销人员会发现消费者想要什么，并通过市场供给做出回应，为消费者创造价值，并获取价值作为回报。营销理念是顾客价值和互惠互利的理念。它通过一只看不见的手来引领经济，以满足数以百万计消费者不断变化的需求。

然而，并不是所有的营销人员都遵循营销理念。一些企业使用可疑的营销手段，一些精心策划的营销行为可能会在更大的社会范围内造成直接或潜在的伤害。负责任的营销人员必须考虑他们的行为是不是可持续的。

本章探讨可持续营销和私营营销实践的社会及环境影响。首先，我们要解决一个问题：什么是可持续营销？为什么它很重要？

20.1 可持续营销

可持续营销（sustainable marketing）要求企业以对社会和环境负责的态度来满足现有消费者和企业的当前需求，同时保持或提高后代满足其需求的能力。图 20-1 比较了可持续营销的概念和我们在前几章中学习的其他营销概念。

图 20-1　可持续营销概念

根据市场营销理念，确定目标顾客群体的当前需求，并比竞争对手更有效地满足这些需求，组织才能日益兴旺。它专注于通过为顾客提供他们想要的东西来满足企业的短期销售、增长和利润需求。然而，满足消费者当前的需求和愿望并不总是服务于顾客或企业未来的最佳利益。

例如，麦当劳早期决定将高脂肪、高盐、美味可口的快餐推向市场，这立刻就带来了顾客满意并为企业带来了销售额和利润。然而，批评人士断言，麦当劳和其他快餐连锁店助长了长期的肥胖流行，损害了消费者的健康，加重了医疗系统的负担。反过来，许多消费者开始寻找更健康的饮食选择，导致快餐业的衰退。除了道德行为和社会福利问题之外，麦当劳还因其庞大的全球业务对环境造成的巨大影响而受到批评，包括浪费的包装和产生的固体垃圾以及店内低效的能源使用。因此，无论从消费者还是从企业利益来看，麦当劳的战略都是不可持续的。

如图 20-1 所示的社会营销概念考虑的是消费者未来的福利，而战略规划概念考虑的是企业未来的需求，而可持续营销概念考虑的是两者。可持续营销要求企业采取对社会和环境负责的行动，以满足顾客和企业当前及未来的需要。[2]

例如，麦当劳采取了一种更加可持续的"制胜计划"策略，即多样化经营沙拉、水果、烤鸡、低脂牛奶和其他健康食品。该企业还发起了一项多方面教育活动，名为"我吃什么、我做什么、我爱吃什么"，目的是帮助消费者更好地理解平衡、积极的生活方式。

此外，麦当劳还做出了一系列"改善营养选择的承诺"，包括对儿童福利的持续承诺，扩大和改善营养均衡的菜单选择，增加消费者和员工获取营养信息的机会。菜单上 80% 的食物都属于"400 卡路里以内的最爱"。

"制胜计划"战略还涉及环境问题。例如，它呼吁食品供应的可持续性，减少包装并采用环境可持续性包装，再利用和回收，以及更负责任的商店设计。麦当劳甚至还开发了一种环境计分卡，对供应商在用水、能源使用和固体废物管理等方面的表现进行打分。

麦当劳的可持续战略不仅让顾客受益，也让企业受益。自宣布"制胜计划"以来，麦当劳的销售额增长了60%以上，利润增长了近两倍。因此，麦当劳为可持续盈利的未来做好了准备。[3]

真正的可持续营销需要一个运作顺畅的营销系统，在这个系统中，消费者、企业、政策制定者和其他人共同努力，以确保符合社会责任和道德的营销行动。实战营销20-1描述了可能主导中国企业社会责任的关键问题。

实战营销20-1

企业社会责任：中国的发展与趋势

由企业社会责任亚洲中心与瑞典大使馆企业社会责任中心联合开展的一项关于中国企业社会责任发展和趋势的在线研究揭示了一些有趣的见解。

研究发现，尽管78%的受访者认为中国企业社会责任在解决社会和环境问题方面很有效，但82%的受访者对中国企业社会责任发展状况持中立态度。在改善企业社会责任状况方面，中国还有很多工作要做。

对中国企业来说，企业社会责任问题的关键在于经济表现。这包括财政表现、就业和对当地经济发展的影响，超过3/5的受访者表示认同。第二大企业社会责任问题是环境影响（47%）。资源的使用、污染的产生、对气候变化的影响以及生物多样性是中国企业应该关注的问题。第三个最关键的企业社会责任问题是就业问题。约44%的受访者认为，在华运营的企业应该关注员工的健康和安全，以及公平的薪酬和工作时间，并提供培训机会。

中国各地对企业社会责任的知识和绩效的认知存在差异。北京、上海、广州等一线城市以及华东、华南地区企业社会责任知识和绩效在全国处于领先地位。人们普遍认为，在20世纪80年代中国开始实施改革开放的地方，企业社会责任会得到更好的发展。

企业社会责任绩效存在地域差异性的原因有很多。第一，许多国内外企业的总部都设在一线城市。由于总部往往是企业社会责任政策制定和执行的主要驱动力，因此对企业社会责任活动的认识往往较高。此外，企业社会责任专业网络在这些城市也更加活跃，推动了意识水平的提高，尤其是在当地商界。

第二，珠江三角洲和长江三角洲周边的东部及南部地区有很多制造企业。由于它们向海外市场供货，它们的国际顾客要求它们满足企业社会责任的要求。因此，企业社会责任实践往往得到实施。

第三，一线城市和华东、华南地区经济更发达，这些城市和地区的企业有机会聘请经验丰富的企业社会责任专业人员并能获得资金开展企业社会责任活动。

正如许多人预期的那样，受访者认为，与中小企业相比，大企业往往更了解和参与企业社会责任活动。76%的中小企业认为，在企业社会责任知识和绩效方面，它们落后于规模较大的同行。受访者认为，大型企业的表现较好，是因为公众对它们在企业社会责任中起到的作用有更高的期望，它们也更容易获得财务和人力资源，而且它们面临更多的政府压力，政府要求它们参与企业社会责任。

阻碍企业开展企业社会责任活动的障碍是什么？主要原因是对遵守情况的监测不足。企业社会责任仍被视为削减企业盈利能力的"成本"。因此，受访者认为，政府（76%）、国际买家（46%）和媒体（36%）是企业社会责任发展的三大驱动力。

在参与企业社会责任活动的企业中，受访者认为，企业社会责任的本质在于经济。第二个最受关注的是企业社会责任的环境方面。

虽然中国企业在实施企业社会责任方面还有很长的路要走，但受访者对未来10年企业社会责任知识、实施和沟通将大幅增长持乐观态度。他们还认为，随着时间的推移，中国不同地区企业社会责任发展的差异也会缩小。

资料来源：*A Study on Corporate Social Responsibility Development and Trends in China*, CSR Asia (2015).

不幸的是，营销系统并不总是运行顺利。以下部分将研究几个可持续性问题：市场营销最常见的社会批评是什么？普通公民采取了哪些措施来遏制营销弊病？立法者和政府机构采取了哪些措施来促进可持续营销？开明的企业采取了哪些步骤来进行社会责任和道德营销，从而为个人顾客和整个社会创造可持续价值？

20.2　市场营销的社会批评

市场营销受到了很多批评。其中有些批评是有道理的，但大部分并无道理。社会批评人士声称，某些营销行为伤害了个体消费者、整个社会以及其他企业。

20.2.1　营销对个体消费者的影响

消费者对营销系统在多大程度上符合他们的利益有很多担忧。他们对营销实践持一种或多或少有些悲观的态度。消费者权益倡导者、政府机构和其他批评人士指责营销通过高价格、欺骗行为、高压销售、劣质或不安全产品、故意过时以及对弱势消费者的低质服务等方式伤害消费者（见图20-2）。

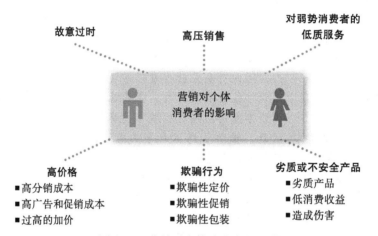

图20-2　营销对个体消费者的影响

1. 高价格

许多批评人士指责说，这种营销体系导致产品价格高于在更"合理"的体系下的价格。他们指出了三个因素：高分销成本、高广告和促销成本以及过高的加价。

分销成本高。一个长期存在的指控是，渠道中介将价格抬高到超出其服务价值的水平。批评人士指责中介太多，中介效率低下，或者提供不必要的或重复的服务，由此导致分销成本太高，消费者以更高的价格为这些过度成本买单。经销商如何回应这些指控？他们认为，中间商的工作本来必须由制造商或消费者来完成。加价反映了消费者自己想要的服务——更多的便利、更大的商店和更多的品种、更多的服务、更长的营业时间、退货特权，等等。事实上，他们认为，在零售业竞争如此激烈的地方，利润率实际上相当低。如果一些经销商试图收取过高的价格，其他经销商就会以较低的价格介入。低价商店和其他折扣商店迫使其竞争对手有效地经营并压低价格。

市场营销还被指责推高价格，为大量广告和促销活动提供资金。例如，一个被大力推广的品牌，其售价远远高于一个几乎完全相同的商店品牌产品。批评人士指责，很多包装和促销活动只会给产品带来心理价值，而非功能性价值。

营销人员回应说，广告增加了产品成本，但它也通过告知潜在买家一个品牌的可用性和优点来增加价值。名牌产品的价格可能会更高，但品牌给消费者提供了质量一致的保证。此外，消费者通常可以以较低的价格购买功能性的产品。然而，他们想要并且愿意花更多的钱购买那些能给他们带来心理上的好处的产品——那些能让他们觉得富有、有吸引力或者特别的产品。

批评人士还指责一些企业过分加价。他们以制药行业为例，一颗价值5美分的药丸可能会让消费者付出2美元的代价。他们指出，殡仪馆的定价策略是利用丧亲者的困惑情绪，为相关服务收取高昂费用。

营销人员回应说，大多数企业试图公平地对待消费者，因为它们想建立顾客关系以及重复业务。大多数产品滥用是无意的。当可疑的营销人员利用消费者时，消费者应该向消费者保护协会报告。营销人员还回应说，消费者往往不明白高加价的原因。例如，药品加价必须包括购买、促销和分销现有药品的成本，以及研制和试验新药的高研发成本。正如制药企业葛兰素史克在其广告中指出的那样："今天的药物为明天的奇迹融资。"

2. 欺骗行为

营销人员有时被指责有欺骗行为，导致消费者相信他们会得到更多的价值。欺骗行为可分为三类：欺骗性定价、欺骗性促销和欺骗性包装。欺骗性定价包括虚假宣传"工厂价"或"批发价"，或从虚假的高零售价大幅降价。欺骗性促销包括一些行为，比如歪曲产品的特性或性能，或者引诱顾客去商店抢购缺货商品。欺骗性包装包括通过微妙的设计来夸大包装内容，使用误导性的标签，或用误导性的术语描述尺寸。

最棘手的问题是定义什么是"欺骗性的"。例如，广告商声称它们的口香糖会"震撼你的世界"，这并不是字面上的意思。相反，广告商可能会声称这是"虚夸的"——为了达到效果而夸大。广告中浮夸和诱惑的形象必然会出现，甚至可能是可取的："如果拒绝提供虚假信息，几乎没有哪家企业不会破产，因为没有人会购买纯功能……更糟糕的是，它否认……人们诚实的需求和价值观。"如果没有扭曲、修饰，生活就会变得单调、乏味、痛苦，甚至更糟糕。[4]

然而，也有人认为浮夸和诱惑的形象会以微妙的方式伤害消费者。万事达信用卡曾推出过一系列广告，描绘了消费者尽管需要付出高昂的成本但可以实现无价梦想的画面。同样，Visa邀请消费者"享受生活的机遇"。这两种情况都表明，你的信用卡可以让这种情况发生。但一些批评人士指责，信用卡公司的这种形象助长了"先花钱后付钱"的态度，导致许多消费者过度使用信用卡。

营销人员认为，大多数企业都想要避免欺骗行为，因为这种行为从长远来看会损害它们的业务。盈利的顾客关系建立在价值和信任的基础上。如果消费者没有得到他们所期望的，他们会转向更可靠的产品。此外，消费者通常会保护自己不受欺骗。大多数消费者能意识到营销人员的销售意图，在购买时会非常谨慎，有时甚至到了不相信完全真实的产品声明的地步。

3. 高压销售

销售人员有时会被指责进行高压销售，说服人们购买他们从未想过要购买的商品。人们常说，保险、分时设施和二手车是卖的，不是买的。销售人员接受的培训是，为了吸引顾客，他们会进行流畅、空洞的谈话。他们努力销售，因为销售竞赛承诺向那些卖得最多的人发大奖。

但在大多数情况下，营销人员从高压销售中获益甚微。这种策略可能会在一次性抛售的情况下获得短期收益。然而，大多数销售涉及与重要顾客建立长期关系。高压销售或欺骗性销售会严重损害这种关系。例如，想象一下宝洁的顾客经理试图向屈臣氏的买家施压，或者联想的销售人员试图恫吓通用电气的信息技术经理。这根本行不通。

4. 劣质或不安全产品

一种批评涉及劣质产品或功能。一种抱怨是，太多时候，产品做得不好，服务做得不好。还有的抱怨是，许多产品没有什么益处，甚至可能有害。

考虑一下肥胖问题。快餐连锁店是否应该对超重儿童负部分责任？负责任的食品企业应该如何应对？与大多数社会责任问题一样，它没有简单的答案。麦当劳和赛百味一直在努力提高食品质量，使它们的菜单和顾客更健康。然而，哈迪斯推出了一款含1 410卡路里的巨无霸汉堡。哈迪斯在社会上不负责任吗？还是它仅仅是为顾客提供他们想要的选择？

然而，大多数制造商都想生产高质量的产品。企业处理产品质量和安全问题的方式可能损害或增强其声誉。销售劣质或不安全产品的企业可能会与消费者群体和监管机构发生破坏性冲突。此外，不安全的产品可能导致产品责任诉讼和巨额赔偿。

更根本的是，对企业产品不满的消费者可能未来不会再购买，并说服其他消费者也这样做。同样，合同制造商可能会更换供应商。因此，质量失误可能会造成严重后果。今天的营销人员知道，顾客驱动的质量会带来顾客价值和满意度，进而创造可盈利的顾客关系。

5. 故意过时

批评人士还指责有些生产商依照一些故意过时的计划，使其产品在确实需要替换之前就过时了。他们指出，有些厂商使用那些容易损坏、磨损、生锈的材料和成分来生产产品。如果产品本身并不会损耗过快，厂商就使用"认知过时"的概念，持续改变顾客对于时尚的观念来刺激更多更早的购买。一个明显的例子就是不断变化的时尚服装。

其他一些生产商被指责故意隐藏一些有吸引力的产品功能特色，然后在晚一些的时候引进这些功能让更旧的款式黯然失色。批评人士认为这种情况在电子和计算机行业中时有发生。

营销人员回应道，消费者喜欢类型改变，他们很容易对旧产品感到厌烦并希望能看到时尚的新花样，或者希望得到最新的创新产品，即使旧的款式仍然可以使用。最后，因为不想让顾客流失到其他品牌，绝大部分企业不会设计完全替代之前产品的新产品，它们寻求持续的改进，以保证产品能够一直满足或超过消费者的预期。所谓的故意过时只是在自由市场上竞争和技术的作用结果，迫使市场领导者不断地优化产品和服务。

6. 对弱势消费者的低质服务

最后，营销系统还被指责对弱势消费群体的服务很差。例如，一些批评人士声称，生活贫困的人经常不得不在小商店购物，那里的商品质量低劣而且价格更高。

20.2.2 市场营销对社会整体的影响

营销系统被指责在整个社会中增加了几个"罪恶"（见图20-3）。

1. 错误的需求和过度物质主义

批评人士指责营销系统过于重视物质财富。评价标准变成了他们用什么而非他们是什么样的人。有些口头禅恰如其分地反映了人们对财富和财产的渴求，例如"贪婪是好的""购买吧，直到你一无所有"。随着亚洲经济的不断发展，富裕且爱好攀比的消费者可能尤其容易被这种强调物质和所有权的营销活动所打动。

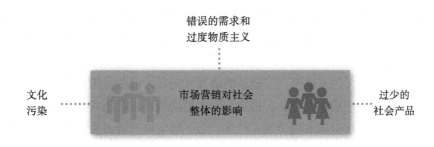

图 20-3　营销对社会整体的影响

批评人士并不认为这种对物质的兴趣是人的自然心理状态，相反，他们认为这是市场营销所创造的错误需求。商业机构利用大众媒体创造了各种所谓的高品质的生活方式，并以此来刺激人们对产品的需求。因而，市场营销通常被视为通过创造错误的需求来使企业获利，而非使消费者受益。

不过这些批评人士夸大了商家创造需求的能力。人们对广告及其他营销工具有着强烈的抵触情绪。营销人员通常在诉诸现有的需求而非尝试创造新需求时，他们的工作才是最有效的。更进一步说，人们在做重要的购买决策时会搜寻相关信息，通常并非只依靠单一的信息源。即使是会受到广告信息影响的小型购买，也只有在产品确实传递了商家承诺的消费者价值时才会重复购买。最后，新产品的失败率报告表明，企业还没有能力控制需求。

从更深层次上讲，我们的需求和价值观不仅受到营销人员的影响，还受到家庭、同龄人、宗教信仰、文化背景以及教育程度的影响。比起单纯地依靠商业化和大众媒体所产生的影响，高度物质化的价值观产生于社会化的过程。

2. 过少的社会产品

企业被指责以牺牲公共物品为代价过度销售私人物品。随着私人物品的增加，它们需要更多的公共服务，而这些公共服务通常是不提供的。例如，增加汽车拥有量（私人物品）需要更多的高速公路、交通管制、停车位和警察服务（公共物品）。私人物品的过度销售导致了"社会成本"。对于汽车来说，社会成本包括交通拥堵、空气污染、燃油短缺以及车祸造成的伤亡。

必须找到一种方法来恢复私人物品和公共物品之间的平衡。一种选择是让生产商承担其运营的全部社会成本。政府可能会要求汽车制造商生产更安全的、具有更高效的引擎和更好的污染控制系统的汽车。然后汽车制造商将提高价格以弥补额外的成本。然而，如果购买者发现某些汽车的价格太高，这些汽车的生产商就会消失。然后，需求将转移到那些能够支撑私人和社会成本总和的生产商身上。

第二种选择是让消费者支付社会成本。例如，世界上许多城市开始征收"拥堵费"以减少交通拥堵。为了疏通街道，新加坡有一个电子道路收费系统，可以自动从安装在汽车里的读卡器上的预付卡中扣除通行费。在交通高峰时段和中心城区，收费最高。未来的汽车购买者还需要竞标一项权利证书——购买新车并驾驶10年的权利。

3. 文化污染

批评人士指责营销系统造成了文化污染。我们的感官不断受到市场营销和广告的冲击。商业广告打断了严肃的节目；数页广告使杂志变质；广告牌破坏了优美的风景；垃圾邮件堆满了我们的电子邮箱。这些滋扰不停地以包含物质主义、性、权力和地位的信息来荼毒人们的思想。

营销人员用以下论点来回应"商业噪声"的指控：首先，他们希望他们的广告主要面向目标受众。但由于大众传播渠道的存在，一些广告必然会接触到那些对产品不感兴趣的人，于是那些人就会感到无聊或烦恼。购买自己喜欢的杂志，或者选择电子邮件、社交媒体或移动营销程序的人很少抱怨广告，因为这些广告会涉及他们感兴趣的产品。

其次，由于有了广告收入，许多电视、广播、网络和社交媒体网站对用户是免费的。许多人认为，为了获得这些福利，商业广告是一个很小的代价。最后，今天的消费者有其他选择。例如，他们可以压缩和删除电视广告，或者在许多有线或卫星频道完全避开广告。为了吸引消费者的注意力，广告商正努力使其广告更具娱乐性，同时更好地传递信息。

20.2.3 营销对其他企业的影响

批评人士还指责一家企业的营销行为可能会损害其他企业并减少竞争。其中涉及三个问题：收购竞争对手、进入壁垒以及不公平的做法。

（1）收购竞争对手。批评人士称，当企业通过收购竞争对手而不是开发自己的新产品来扩张时，企业会受到损害，竞争会减少。在过去的几十年里，大量的收购和快速的行业整合已经引起了人们的担忧，即充满活力的年轻竞争者将会被吸收，竞争将会减少。在许多行业——零售、娱乐、金融服务、公用事业、交通、汽车、电信、医疗，主要竞争者的数量正在减少。

并购是一件复杂的事情。它有时对社会有利。收购其他企业股权的企业可能获得规模经济，从而降低成本和价格。管理良好的企业可能会接管管理不善的企业，从而提高效率。收购后，竞争力不强的企业可能会变得更有竞争力。中国汽车制造商吉利从福特手中收购了沃尔沃。尽管沃尔沃有着出色的安全性和可靠性记录，但它并没有盈利。吉利希望扭转这一局面。但收购也可能是有害的，因此会受到政府的密切监管。

（2）进入壁垒。大型营销企业可以使用专利和巨额促销支出，它们可以与供应商或经销商合作，将竞争者拒之门外。有些障碍是大规模经营经济优势的自然结果。

（3）不公平的做法。一些企业利用不公平的竞争营销手段来伤害或摧毁其他企业。它们可能会以低于成本的价格定价，威胁要切断与供应商的业务往来，或者阻止竞争者购买产品。各国的法律都致力于防止这种掠夺性竞争。然而，要证明这种意图或行为确实具有掠夺性是很困难的。

沃尔玛被指责在选定的市场区域实施掠夺性定价，导致较小的零售商倒闭。然而，尽管批评人士指责沃尔玛的行为是掠夺性的，但也有人质疑，在效率更高的企业和效率更低的企业之间，这种竞争是不公平的还是有益的。[5]

20.3 消费者行动促进可持续营销

可持续营销要求企业和消费者采取更负责任的行动。由于一些人认为企业是许多经济和社会弊病的根源，草根运动不时出现，以保持企业的秩序。两大运动是用户至上主义和环保主义。

20.3.1 用户至上主义

用户至上主义（consumerism）是公民和政府机构组织的一场运动，目的是改善买方相对于卖方的权利和权力。传统卖方的权利包括：

- 在不危害个人健康或安全的前提下，任何规格、款式的产品均可引进，如果产品有害，应包含适当的警告和控制；

- 在买方不存在歧视的情况下，对产品收取任何价格；
- 在不被定义为不正当竞争的情况下，花费任何金额来推广产品；
- 使用任何产品信息，只要内容没有误导或欺骗；
- 使用任何购买奖励计划，只要没有不公平或误导。

传统买方的权利包括：

- 不购买卖方出售的产品；
- 期望产品安全；
- 期望产品与其声明一致。

比较这些权利，许多人认为权利的平衡取决于卖方。没错，买家的确可以拒绝购买。但批评人士认为，在面对老练的卖方时，买方缺乏信息、教育和保护，无法做出明智的决定。消费者权益维护者呼吁增加以下消费者权益：

- 对产品的重要方面有充分了解的权利；
- 有权受到保护，不受有问题的产品和营销行为的影响；
- 有权以提高"生活质量"为目的来影响产品和营销方案的落地；
- 现在购买的产品能够造福下一代。

每一项拟议中的权利都导致了用户至上主义者提出更具体的建议。知情权包括有权知道一项贷款的真实的贷款利息（真理）、一件品牌产品的真正单位成本（单位定价）、产品的成分（成分标签）、食物的营养价值（营养标签）、产品新鲜度（生产日期）、产品的真正好处（广告的真实性）。与消费者保护有关的建议包括在商业欺诈案件中加强消费者的权利，要求提高产品安全性，确保信息隐私，并赋予政府机构更多权力。与生活质量有关的建议包括控制某些产品和包装的成分，降低广告"噪声"水平，并让消费者代表加入企业董事会，以保护消费者的利益。

可持续营销取决于消费者、企业和政府。消费者不仅有权利也有责任保护自己，而不是把这项职责留给别人。那些认为自己做了一笔糟糕交易的消费者有几种补救办法，包括联系企业或媒体、联系当地消费者机构、去小额索赔法庭。消费者也应该做出良好的消费选择，对行为负责任的企业给予奖励，同时惩罚那些不负责任的企业。

20.3.2 环保主义

用户至上主义者考虑的是营销系统是否有效地服务于消费者的需求，而环保主义者关注的是营销对环境的影响，以及服务于消费者需求的成本。**环保主义**（environmentalism）运动是指由关心环境问题的公民、企业和政府机构组织的以保护和改善人民生活环境的运动。

环保主义者并不反对营销和消费，他们只是想让人们和组织更关心环境。他们声称，营销系统的目标不应该是最大化消费、消费者选择或消费者满意度，而应该是最大化生活质量。"生活质量"不仅指消费品和服务的数量与质量，还包括环境质量。环保主义者希望生产者和消费者的决策中都包括环境成本。

企业现在承担了更多保护环境的责任。它们正从抗议转向预防，从监管转向责任。越来越多的企业正在采取**环境可持续性**（environmental sustainability）政策。简而言之，环境可持续性就是在创造利润的同时帮助拯救地球。可持续发展是一个至关重要但又困难的社会目标。实战营销20-2提供了悦榕庄在可持续旅游增长中的见解。

实战营销20-2

推动旅游业可持续发展：悦榕庄的故事

悦榕庄（Banyan Tree）是由前记者何光平和他的妻子张齐娥于1994年创立的，它从最初的默默无名成长为酒店业中备受尊敬的品牌，是世界各地旅行者的至宝。

悦榕庄一开始是在一个废弃的度假村建造的，后来他们在泰国度假胜地普吉岛发现了污染严重的锡矿。从如此不可思议的开端，到一次大规模的清理之后，一个环保意识很强的豪华海滩度假胜地诞生了，这反过来又催生了一系列的水疗和酒店，如今从上海繁华的市中心一直延伸到墨西哥海岸。

如今，悦榕庄在全球28个国家经营30多家度假酒店和连锁豪华水疗中心。该企业正在寻求进一步扩张，尤其关注美洲和中国的新市场。2012年，阿比德·布特取代悦榕庄创始人，成为该集团首位职业CEO。阿比德是酒店业的资深人士，从喜来登集团开始，他在世界各地的酒店管理第一线工作。20世纪90年代末，他加入了悦榕庄。根据他在新加坡国立大学商学院发表的演讲，以下是他的主要观点。

如果创新让你变得伟大，不要让成功阻止你

悦榕庄的成长在很大程度上要归功于创新的水景、令人惊叹的服务体验及其对在每一种属性上都彰显当地独特性的执着。作为首位从企业创始人手中接过帅印的首席执行官，阿比德清楚地认识到，他的职责是继续支持正在进行的创新，以保留创始人创造的资产。

成功的增长型领导者在创新和开创新事物之间找到了恰当的平衡，他们坚持不懈，又能保持过去的成功。

忠于顾客最喜欢的东西

增长的压力也带来了适应新市场和顾客期望的压力。这是件好事。增长型领导者确保他们的企业永远不会忘记忠诚的顾客最喜欢的品牌和品牌体验。

在我们自己的工作中，我们看到增长型领导者越来越多地为这些重要的利益相关者提供话语权，以确定如何继续让品牌变得伟大。真正优秀的企业能够分享权力，并将业务引向未来。

培养员工传递品牌体验所需的能力

任何服务行业的增长都依赖于持续创造体验，从而实现企业的品牌承诺。员工需要技能来完成他们的工作，良好的招聘和培训实践可以解决这个问题。

然而，更重要的是，他们必须理解品牌的含义，并将其转化为日常行为和决策。这需要一种强大的文化，让品牌活起来，让雇主像品牌所有者一样行事。增长型领导者要求高标准的业绩，同时，授权他们的员工实现品牌承诺。

当向外扩张时，要突出当地特色

随着企业向新市场扩张，它们面临着迅速行动的压力，必须采取在其他市场获得成功的行动方式。这适用于产品、服务、渠道合作伙伴，甚至工作空间的物理设计。悦榕集团就是一个例子，该企业首先花时间了解在新市场中什么是独特的、什么是不同的，并试图将这种独特性整合到其资产中。

这种"慢下来，快成长"的心态在亚洲跨国企业中比西方跨国企业更容易看到。全球增长型领导者在推动全球标准化和本地相关性之间找到了恰当的平衡。

对先前的成功保持谦虚

通常情况下，成功的纪录会导致傲慢和无法适应未来。与其他增长型领导者一样，阿比德也持有谦逊的态度。正是这种谦逊，让他和他的团队一直向前看。在不断变化的商业环境中，这种态度鼓励适应。

阿比德将业务规划和商业计划作为一种对未来进行预测与演练的方式，就是这种态度的一个完美例子。增长型领导者在展现对未来及其计划的信心方面做得很好，同时也表现出对调整计划的谦逊和开放态度。

阿比德体现了增长型领导者的许多特征。下面是一些人们在管理企业时会问的问题：

- 我们最忠实的顾客喜欢我们的品牌什么？我们如何保持它？我们该如何适应呢？
- 过去是什么促成了我们的成功？我们如何继续保持？我们如何适应未来的成功？
- 就体验而言，我们品牌的承诺是什么？我们正在做什么，以确保每位员工都理解并能够以实现这一承诺的方式行事？
- 我们必须以全球标准化的方式做的关键的几件事是什么？我

们如何确保我们做得好？我们如何确保其余部分与本地相关？我们如何在不同市场之间合作，以符合成本效益的方式实现与当地的相关性？

资料来源：Adapted from Alison Eyring, Adjunct Associate Professor, Management and Organisation, NUS Business School, and CEO, Organisation Solutions Pte Ltd., "Driving Growth in Sustainable Tourism: The Banyan Tree Story," *Think Business*, 18 February 2015. Partially reproduced with permission of Think Business @ NUS Business School, National University of Singapore (http://thinkbusiness.nus.edu), Copyright NUS Business School.

一些企业为了回应消费者对环境问题的担忧，只采取了必要的措施来避免出台新规定，或让环保主义者保持沉默。然而，开明的企业之所以采取行动，并不是因为有人强迫它们这么做，也不是为了获取短期利润，而是因为这样做对企业和地球环境的未来都是正确的。

图 20-4 显示了企业可以用来衡量其在环境可持续性方面的进展的网格。在最基本的层次上，一个企业可以实践污染预防。这不仅涉及污染防治——在废物产生后进行清理。污染防治是指在产生废物前消除或减少废物。强调预防的企业通过"绿色营销"计划做出了回应，开发更安全的生态产品、可回收和生物降解包装、更好的污染控制和更节能的运营。

	现在 环保	未来 超越环保
内部	污染预防 在废物产生之前减少或消除	新清洁技术 培养新的环保技能和能力
外部	产品管理 在产品的整个生命周期内减少其对环境的污染	可持续发展愿景 创建未来可持续发展的战略框架

图 20-4 环境可持续网格

资料来源：Stuart L. Hart, "Innovation, Creative Destruction, and Sustainability," *Research Technology Management*, September-October 2005, pp. 21-27.

例如，韩国政府鼓励民众使用"绿色信用卡"购买环保产品，或乘坐公共交通工具等。消费者可以获得积分，这些积分可以兑换现金，也可以用来抵水电费。[6]

在下一个层次上，企业可以实践产品管理，在降低成本的同时，在整个产品生命周期内，不仅要减少来自生产的污染，还要减少所有的环境影响。许多企业正在采用环境设计（design for environment，DFE）实践，这涉及前瞻性地设计更容易恢复、重用或回收的产品。DFE 不仅有助于维持环境，而且可以为企业带来高额利润。

例如，十几年前，IBM 启动了一项业务——IBM 全球资产回收服务，旨在重用和回收租赁返回的大型计算机的部件。在一年的时间里，IBM 在全球范围内处理了超过 1 900 万千克的报废产品和产品废料，剥离了旧设备以回收芯片和贵重金属。自那以后，它加工了超过 4.46 亿千克的机器、零件和材料。IBM 全球资产回收服务公司发现，99% 以上的资产被使用，不到 1% 的资产被送往垃圾填埋场和焚化设施。一开始是一项环保业务，现在已经发展成 IBM 在全球范围内回收电子设备进行再利用并从中获利数十亿美元的业务。[7]

今天绿化活动的重点是改善企业已经采取的保护环境的措施。如图 20-4 所示的"超越环保"活动展望未来。首先，在企业内部，企业可以计划新的清洁技术。许多在可持续发展方面取得良好进展的组织仍然受到现有技术的限制。为了制定完全可持续的战略，它们需要开发创新的技术。以松下为例。

> 电子巨头松下的目标是到2018年成为行业中最好的绿色创新企业。2011年松下的环保产品占销售额的66%。在新加坡，这样的环保产品占80%~90%的销售额。这要归功于一个成熟的市场，消费者关注的是能源效率。松下专注于提供全面的解决方案，为绿色社会做出贡献。它的环保产品使用了一个传感器，可以检测房间的情况，并通过调整输出自动优化性能，产品更节能、更节水、更持久。松下也将在亚洲建立生态创意工厂。这些工厂将在不影响产品质量的前提下，满足企业严格的内部生产法规，循环利用水、化学品和废物。目前已经有四家这样的工厂在印度尼西亚、新加坡、马来西亚和泰国建成。[8]

最后，企业可以制定一个可持续发展的愿景，作为未来的指南。它展示了企业的产品和服务、流程和政策必须如何发展，以及为了实现这一目标必须开发哪些新技术。这种可持续发展的愿景为污染控制、产品管理和环境技术提供了一个框架。

如今，大多数企业都将重点放在如图20-4所示的网格的左上方象限，在防治污染方面投入最大。一些有远见的企业实行产品管理并正在开发新的环境技术。很少有企业有明确的可持续发展愿景。然而，在环境可持续性网格中只强调一个或几个象限是目光短浅的。只投资于网格的下半部分，会让一家企业在今天处于有利地位，但在未来很脆弱。相比之下，对上半部分的过度强调表明一家企业拥有良好的环境愿景，但缺乏实现这一愿景所需的技能。因此，企业应该致力于发展环境可持续性的所有四个方面。

联合利华就是这样做的。在过去的几年里，它被评为世界上最可持续发展的企业之一。

> 联合利华的可持续生活计划有多个项目来管理自身运营对环境的影响。"世界面临着巨大的环境压力，"该企业表示，"我们的目标是使我们的活动更加可持续，也鼓励我们的顾客、供应商和其他人也这样做。"在"上游"方面，联合利华一半以上的原材料来自农业，因此该企业帮助供应商开发可持续的农业生产方式，以满足自身对环境和社会影响的高期望。在"下游"方面，当消费者使用联合利华的产品时，联合利华通过创新的产品开发和消费者教育来减少产品在使用过程中对环境的影响。例如，全球近1/3的家庭使用联合利华的洗衣产品来洗衣服——每年大约洗1 250亿次。因此，该企业启动了"清洁地球计划"项目，旨在减少清洗衣物对环境的影响。通过设计可持续发展的产品并有效地制造它们来改善环境。但联合利华洗衣产品中高达70%的温室气体排放和95%的水排放发生在消费者使用产品的过程中。因此，"清洁地球计划"也直接吸引消费者，让他们了解更好的洗衣习惯，以减少对环境的影响。联合利华在拯救环境的事业中引领了从供应商到消费者整个价值链。[9]

环境保护主义给全球营销人员带来了一些特殊的挑战。随着国际贸易壁垒的降低和全球市场的扩大，环境问题对国际贸易的影响越来越大。然而，各国的环境政策仍有很大差异。丹麦、德国、日本、美国等国家都制定了完善的环境政策，公众的期望也很高。但中国、印度、巴西和俄罗斯等国家在制定此类政策方面还处于初级阶段。此外，激励一个国家消费者的环境因素可能对另一个国家的消费者没有影响。例如，PVC软饮料瓶子不能在瑞士或德国使用，但它们在法国更受青睐，因为法国有广泛的回收流程。因此，跨国企业发现其很难在全球范围内制定出标准的环保措施。相反，它们正在制定总体政策，然后将这些政策转化为符合当地法规和期望的量身定制的方案。

20.3.3 规范市场营销的公共行动

公民对营销实践的关注通常会引起公众的关注和立法建议。新的法案将会通过，其任务是将这些法律翻译成营销高管在做出有关竞争关系、产品、价格、促销和分销渠道的决策时能够理解的语言。图 20-5 说明了营销管理面临的主要法律问题。

图 20-5　法律规定可能引起争议的主要营销决策领域

20.4　可持续负责任营销的商业行为

最初，许多企业反对用户至上主义、环保主义和其他可持续营销元素。它们认为这些批评要么不公平，要么不重要。但目前，许多企业已经开始接受新的消费者权利。它们承认消费者获得信息和受保护的权利。许多企业积极响应用户至上主义和环保主义，以创造更大的顾客价值和加强顾客关系。

20.4.1　可持续营销原则

在可持续营销理念下，企业营销应该支持营销体系的最佳长期绩效。它应该遵循五个可持续营销原则：以消费者为导向的营销、顾客价值营销、创新营销、使命感营销和社会营销（见图 20-6）。

1. 以消费者为导向的营销

以消费者为导向的营销（consumer-oriented marketing）是指企业从消费者的角度来看待和组织营销活动。它应该努力感知、服务和满足一组特定顾客的需求。我们讨论过的所有优秀的营销企业都有一个共同点：拥有为精心挑选的顾客提供卓越价值的消费热情。只有通过顾客的眼睛看世界，企业才能建立持久的、有利可图的顾客关系。

2. 顾客价值营销

根据**顾客价值营销**（customer-value marketing）的原则，企业应将大部分资源投入到建立顾客价值中。营销人员做的许多事情——一次性促销、化妆品包装的改变、直接回应的广告,可能会在短期内提高销售额,但增加的价值低于产品质量、功能或便利性的实际改善。明智的营销要求通过不断提高消费者从企业提供的产品中获得的价值来建立长期的顾客忠诚和关系。通过为消费者创造价值,企业可以从消费者那里获取价值。

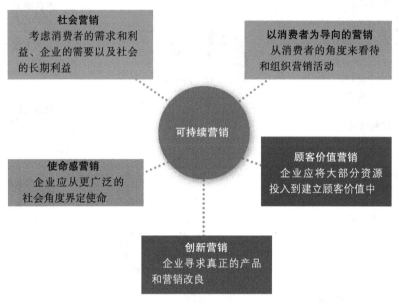

图 20-6　可持续营销原则

3. 创新营销

创新营销(innovative marketing)的原则是要求企业不断寻求真正的产品和营销改进方案。如果一家企业忽视了新的、更好的做事方法,最终会把顾客拱手让给另一家找到更好方法的企业。创新营销的一个很好的例子是耐克。

> 50年来,通过创新的营销手段,耐克已经把这个商标打造成了世界上最著名的商标之一。20世纪90年代末,当销售额下滑、新的竞争者取得进展时,耐克知道它必须通过产品和创新营销来重塑自己。从那以后,耐克推出了非常成功的新产品。例如,随着新的耐克 Flyknit Racer 的诞生,耐克革新了鞋子的制造方式。这款轻薄的 Flyknit 让人感觉更像是一双带底的袜子。这款 Flyknit 并非缝制而成,它超级舒适耐用,制作成本更低,比传统运动鞋更环保。凭借这些新产品和对社交媒体的大量投资,耐克成为全球最大的运动服装企业。《福布斯》杂志和《快公司》杂志将耐克评为世界上最具创新精神的企业。[10]

4. 使命感营销

使命感营销(sense-of-mission marketing)意味着企业应该用广泛的社会术语来定义自己的使命,而不是用狭隘的产品术语。当企业定义了一项社会使命时,员工对自己的工作感觉更好,方向感也更清晰。与更广泛的使命相联系的品牌可以服务于品牌和消费者的最佳长期利益。例如,多芬想做的不仅仅是销售其美容产品,它的使命是发现"真正的美",并帮助女性保持快乐。

> 一切始于联合利华的一项研究。该研究发现,在接受调查的 3 300 名女性中,只有 2% 的人认为自己长得漂亮。联合利华的结论是:是时候重新定义美了。因此,该企业在全球发起了多芬"真正的美"宣传活动,

广告中展示了一些坦率且自信的照片，包括所有类型的真实女性（不是女演员或模特），以及让消费者思考他们对美的看法的头条新闻，随后在亚洲女性中进行了一项研究。新加坡、中国香港和日本的女性似乎对自己的身材最不满意。虽然亚洲女性觉得尊严、自信、善良和智慧比性感与年轻更重要，但她们仍然觉得要想看起来漂亮，就得依靠年轻。随后在亚洲开展的一项活动质疑"模特"的美貌是否需要年轻、苗条和丰满等特质。广告包括："灰色？华丽的吗？"照片中，54岁的日本人Fumi Tsujimoto有着一头自然的白发，他问道："为什么不能有更多的女性为自己的头发变白而感到高兴呢？""单眼皮？双眼皮漂亮吗？"新加坡人Christine Cheong说，然后问道，"当手术增加了额外的眼睑时，它会消除你的身份吗？"后来的一项研究在十几岁的女孩中进行。多芬发现，在新加坡，84%的十几岁的女孩希望能改变自己的外貌，约60%的人对自己的外表或体重感到不满。女孩们自尊心不强，逃学，避开社交场合，躲进卧室。这使得多芬在新加坡成立了多芬自尊基金，在那里开展医疗保健项目。其中一个项目是"身体对话"，在学校里举办教育研讨会，帮助青少年理解和处理对自己外表的感觉。该基金还帮助一家图书馆获得有关饮食失调的书和资料。[11]

一些企业用广泛的社会术语来定义它们的企业使命。例如，在狭义的产品术语中，联合利华的Ben & Jerry's部门的使命可能是"销售冰激凌"。然而，Ben & Jerry's的使命更为广泛，它是一项"相互关联的繁荣"，包括产品、经济和社会使命。从一开始，Ben & Jerry's就支持许多社会和环境事业，并捐赠了7.5%的税前利润来支持有价值的事业。然而，实现价值和利润的"双重底线"并不容易。Ben & Jerry's似乎有时过于关注社会问题，而牺牲了良好的企业管理。

这些经历给负责社会责任的商业运动上了惨痛的一课，其结果是产生了新一代的激进企业家——不是那些憎恨资本主义的社会活动家，而是那些训练有素的企业经理和对事业充满激情的企业建设者。

20.4.2 社会营销

开明的企业遵循**社会营销**（societal marketing）的原则，通过考虑消费者的需求和利益、企业的需求以及社会的长期利益来做出营销决策。企业意识到忽视消费者和社会的长期利益对消费者与社会来说都是有害的。有警惕心的企业将社会问题视为机遇。

以社会为导向的营销人员想要设计的产品不仅令人愉悦而且有益，如图20-7所示。产品可以根据顾客即时满意度和长期顾客利益进行分类。**缺陷产品**（deficient products），比如疗效不好的药物，既没有起到立竿见影的效果，也没有长期利益。**取悦型产品**（pleasing products）会给消费者带来很高的即时满意度，但从长远来看可能会损害消费者的利益，例如香烟和垃圾食品。**有益产品**（salutary products）吸引力低，但从长远来看可能有利于消费者，比如安全带和安全气囊。**期望产品**（desirable products）提供高即时满意度和高长期利益，如LED灯泡，提供良好的照明，同时具有长寿命和节能。丰田的混合动力普锐斯既安静又节能。

图20-7 产品的社会化分类

企业应该努力把它们的产品变成期望产品。取悦型产品带来的挑战是，它们卖得很好，但最终可能会伤害消费者。因此，产品机会是在不降低产品令人满意的质量的情况下增加长期利益。有益产品所带来的挑战是添加一些令人愉悦的品质，使它们在消费者心目中变得更加令人满意。

20.5 营销道德

尽责的营销人员面临着许多道德困境。最好的做法往往是不清楚的，因为并不是所有的管理者都具有良好的道德敏感性，企业需要制定企业营销道德政策——组织中每个人都必须遵守的广泛准则。这些政策应该涵盖经销商关系、广告标准、顾客服务、定价、产品开发和一般道德标准。

最好的指导方针不能解决营销人员面临的所有困难的道德状况。表20-1列出了营销人员在职业生涯中可能面临的一些困难的道德状况。如果营销人员在所有这些情况下都选择立即产生销售行为，那么他们的营销行为很可能被描述为不道德的甚至毫无原则的。如果他们拒绝采取任何行动，作为营销经理，他们可能会效率低下，并因为持续的道德紧张而感到不快。管理者需要一套原则，以帮助他们了解每一种情况下的道德重要性。

表 20-1　市场营销中的道德困境

1. 你在一家烟草公司工作，过去很多年的公共政策讨论令你心中坚定不移地认为吸烟与癌症有密切的关系，尽管你的公司目前在进行一项"如果你不吸烟，就别去碰它"的活动，你还是认为其他公司的宣传活动或许会使不吸烟的年轻人（尽管到了法律允许的年龄）染上烟瘾。你会做些什么呢？
2. 你所在的研发部门对产品进行了一些小小的改进，并非"全新改良"，但是你知道在包装和广告中打上这条标语会增加销量，你会怎么做呢？
3. 你被要求在广告中增加一种可拆卸的产品型号以吸引顾客到商店里来，这种产品不是很好，但销售人员可以借机说服顾客购买价格更高的产品，你被要求为这种可拆卸的产品型号开绿灯，你会怎么做？
4. 你在考虑雇用一名刚从竞争者公司离职的产品经理，她很乐意告诉你竞争者下一年的所有计划。你会怎么做？
5. 某个重要区域的最佳经销商最近遇到一些家庭问题，导致销售额下滑，并且看起来他需要很长的时间去解决这些问题，而在此期间你将会损失很多销售额。在法律上你可以选择终止该经销商的代理权并找人取代他。你会怎么做？
6. 你有一个机会获取一笔对你和你的公司都意义重大的业务，采购代理暗示"一份礼物"将影响他的决定。你的助理建议送一台彩色电视机到采购者家中，你会怎么做？
7. 你听说竞争者的产品具有一种能让销量大增的新特色，他会在年度贸易展览的私人经销商会议上展示这一新特色。你可以很容易就派出一名"探子"去参加这次会议以了解这一新特色。你会怎么做？
8. 你需要在你的代理商描述的三种广告活动中选择一种。①说服式推销，完全真实的信息广告；②带有情感诉求并夸大了产品的好处；③包含一则有些令人愤怒但是肯定能吸引观众注意力的商业片，预测表明活动的有效性顺序如下：③、②、①，你会怎么做？
9. 你正在面试一位颇有能力的申请销售员工作的女性，她比你刚刚面试过的那位男性更有资格获得这份工作，然而你的客户更喜欢同男性打交道，如果雇用她的话，你可能会失去一些生意，你会怎么做？

但是，在道德和社会责任问题上，企业和营销经理应该遵循什么原则呢？一种原则是，这些问题是由自由市场和法律体系决定的。

在这一原则下，企业和它们的管理者不需要承担道德判断的责任。企业可以问心无愧地做市场和法律制度允许的任何事情。

第二种原则不是把责任放在制度上，而是放在个别企业和管理者的手中。这种更为开明的原则认为，企业应该有"社会良知"。企业和管理者在做企业决策时，无论"系统允许什么"，都应该采用较高的道德标准。

每个企业和营销经理都必须制定出一套符合社会责任和道德的原则。在社会营销理念下，每个管理者都必须超越法律的范畴，制定基于个人诚信、企业良知和长期消费者福利的标准。企业以开放和直率的态度处理道德与社会责任问题，有助于建立以诚信为本的良好顾客关系。许多企业例行公事地将消费者纳入社会责任过程，以玩具制造商美泰为例。[12]

当美泰最畅销的几款产品被发现含铅涂料时,该企业被迫在全球范围内召回数百万件玩具。尽管这对企业来说不利,但该企业的品牌顾问并没有犹豫或隐瞒这一事件,而是接受了挑战。他们迅速而果断的反应维持了消费者对美泰品牌的信心,甚至促成了去年同期6%的销售额增长。那么,这些精明的"品牌顾问"到底是谁呢?她们是由400名孩子的年龄为3~10岁的妈妈组成的游乐场社区,这是美泰全球消费者洞察部门推出的一个私人在线网络,旨在"倾听并从妈妈们的生活和需求中获得洞察"。在整个危机期间,游乐场社区成员与美泰就产品召回和企业直率的回应计划保持联系,甚至帮助美泰塑造了召回受影响产品线的促销策略。美泰的一位高管表示,即使在危机时期,"与顾客进行双向对话的品牌也能创造更牢固、更信任的关系"。

与环保主义一样,道德问题向国际营销人员提出了特殊的挑战。不同国家的商业标准和实践差异很大。例如,虽然贿赂和回扣对美国企业来说是非法的,但在一些亚洲国家是标准的商业行为。一项研究发现,一些国家的企业在新兴市场国家寻求合同时更有可能使用贿赂。

问题在于,企业是否必须降低道德标准,才能在标准较低的国家有效竞争。在理想情况下,企业应该承诺在全球范围内建立一套共同的标准。

约翰·汉考克人寿保险公司(John Hancock Mutual Life Insurance Company)在东南亚运营得很成功。按照西方标准,东南亚地区的商业和政府行为普遍存在问题。尽管当地人称,汉考克将不得不改变规则才能成功,但该企业还是制定了严格的指导方针。"我们告诉我们的员工,在这些国家,我们有与美国相同的道德标准、同样的程序和政策。"汉考克董事长斯蒂芬·布朗(Stephen Brown)表示。"我们只是觉得回报之类的事情是错误的,如果我们必须以这种方式做生意,我们宁愿不做生意。"汉考克的员工对标准的道德标准感到满意。"在某些国家,你可能不得不做这种事情,"布朗说,"我们还没有找到那个国家,如果我们找到了,我们就不会在那里做生意。"[13]

许多行业和专业协会提出了道德规范,许多企业现在也采用了自己的规范。企业还在开发一些项目,向管理者传授重要的道德问题,并帮助他们找到正确的应对方法。他们举办伦理研讨会,并设立伦理委员会。此外,一些大企业还任命了高级道德官员来倡导道德问题,并帮助员工解决其面临的道德问题和担忧。

谷歌就是一个很好的例子。谷歌的官方行为准则是该企业将其著名的"不作恶"座右铭付诸实践的机制。谷歌员工必须通过坚持最高的道德商业行为标准来赢得用户的信任。谷歌为用户提供对信息的无偏访问,关注他们的需求,并尽可能为他们提供最好的产品和服务。这也意味着做正确的事——遵守法律、诚实行事、互相尊重。谷歌要求所有员工都要为实践守则的精神承担个人责任,并鼓励其他员工也这样做。它敦促员工举报违规行为。

尽管如此,书面规范和道德计划并不能确保道德行为。道德和社会责任需要企业的全部承诺,它们必须是整个企业文化的组成部分。

20.6 可持续发展的企业

市场营销的基础是拥有一种"满足顾客需求的企业将兴旺发达"的信念。那些没有这样做,或有意或无意地伤害顾客、社会上的其他人或后代的人,这样的企业将会衰落。可持续发展的企业是那些通过对社会、环境和道德负责任的行为为顾客创造价值的企业。

可持续营销超越了满足当今顾客的需求。这意味着企业要关心明天的顾客,确保企业、股东、员工以及他们生活的更广阔的世界的生存和成功。可持续营销提供了这样一种环境，在这种环境中，企业可以通过为顾客创造价值来建立有利可图的顾客关系，从而从顾客那里获取价值，无论是现在还是将来。

目标回顾

在本章中，我们讨论了可持续营销的许多重要概念，这些概念与营销对个人消费者、其他企业和整个社会的广泛影响有关。可持续营销需要对社会、环境和道德负责任的行动，这些行动不仅为当前的消费者和企业带来价值，而且也为子孙后代和整个社会带来价值。可持续发展的企业是那些负责任地为顾客创造价值并从顾客那里获取回报的企业——无论是现在还是将来。

1. 定义可持续营销并讨论其重要性

可持续营销要求满足消费者和企业的当前需求，同时保持或提高后代满足其需求的能力。虽然市场营销的概念指出，企业通过满足顾客的日常需求而兴旺发达，但可持续营销需要对社会和环境负责任的行动，以满足顾客和企业当前与未来的需求。真正的可持续营销需要一个运转良好的营销系统，在这个系统中，消费者、企业、政策制定者和其他人共同努力，以确保负责任的营销行为。

2. 明确对市场营销的主要社会批评

市场营销对个体消费者的影响因高价格、欺骗行为、高压销售、劣质或不安全产品、故意过时以及对弱势消费者的低质服务而受到批评。市场营销对社会的影响被指责制造了错误的需求和过度物质主义、过少的社会产品和文化污染。批评人士还谴责营销对其他企业的影响，称其通过收购、制造进入壁垒和不公平的做法，损害了竞争者，减少了竞争。其中一些担忧是有道理的，有些不是。

3. 定义用户至上主义和环保主义，并解释它们如何影响营销战略

消费者对营销系统的担忧导致了公民运动。用户至上主义是一种有组织的社会运动，旨在加强买方相对于卖方的权利和权力。警惕的营销人员认为这是一个机会，通过提供更多的消费者信息、教育和保护，能更好地服务消费者。环保主义是一项有组织的社会运动，旨在通过市场营销活动，尽量减少对环境和生活质量的危害。现代环保主义的第一波浪潮是由环保团体及关心环保的消费者推动的。第二波浪潮是由联邦政府推动的，它通过了针对影响环境的工业行为的法律法规。前两波环保浪潮现在正在合并成第三波更强大的浪潮，在这次浪潮中，企业正承担起对环境无害的责任。企业现在正在采取环境可持续发展的政策——制定既能维持环境又能为企业创造利润的战略。用户至上主义和环保主义都是可持续营销的重要组成部分。

4. 描述可持续营销的原则

许多企业最初抵制这些社会运动和法律，但大多数企业现在认识到了积极的消费者信息、教育和保护的必要。在可持续营销理念下，企业营销应支持营销系统的最佳长期绩效。它应该遵循五个可持续营销原则：以消费者为导向的营销、顾客价值营销、创新营销、使命感营销和社会营销。

5. 解释道德在营销中的作用

越来越多的企业需要提供企业政策和指导方针以帮助其管理者处理营销道德问题。当然，即使是最好的准则，也无法解决个人和企业必须做出的所有艰难的道德决定。但有一些原则可供营销人员选择。一种原则是，自由市场和法律制度应该决定这些问题。另一个更为开明的原则是，责任不在制度上，而在个别企业和管理者手中。每个企业和营销经理都必须制定出一套符合社会责任和道德的原则。在可持续营销理念下，管理者不能将眼光局限于基本法规要求，而应着眼于长远，基于个人诚信、企业良知和长期消费者福利制定标准。

关键术语

sustainable marketing　可持续营销
consumerism　用户至上主义
environmentalism　环保主义
environmental sustainability　环境可持续性
consumer-oriented marketing　以消费者为导向的营销
customer-value marketing　顾客价值营销
innovative marketing　创新营销

sense-of-mission marketing	使命感营销	pleasing products	取悦型产品
societal marketing	社会营销	salutary products	有益产品
deficient products	缺陷产品	desirable products	期望产品

概念讨论

1. 什么是可持续营销？解释可持续营销概念与市场营销概念和社会营销概念的区别。
2. 市场营销对个体消费者的影响受到了批评。讨论与这种影响相关的问题。
3. 讨论营销实践对竞争及其相关问题的有害影响。
4. 一个组织能同时关注用户至上主义和环保主义吗？解释一下。
5. 描述五个可持续营销原则，并解释企业如何从坚持这些原则中获益。
6. 良好的道德是可持续营销的基石。解释这句话意味着什么，并讨论企业如何实践良好的道德规范。

概念应用

小组讨论如表20-1所示的市场营销中的道德困境。在每种情况下，哪种哲学指导着你的决定？

技术聚焦

营销人员迫切需要顾客信息，而电子跟踪行业正在通过收集消费者互联网行为数据来响应这一号召。《华尔街日报》的一项调查发现，美国50家最受欢迎的网站在研究使用的电脑上安装了3 000多个跟踪文件。在最受儿童和青少年欢迎的前50个网站中，这一数字更高，有4 123个跟踪文件。许多站点在测试期间都安装了100多个跟踪工具。跟踪工具包括放置在用户电脑和网站上的文件。你可能知道cookie，即放在计算机上的小信息文件。较新的技术，如Web beacon（也称为Web bug、跟踪bug、像素标记和清晰的GIF）是放置在Web站点和电子邮件中的不可见的图形文件，如果与cookie结合在一起，可以用来了解用户的很多信息。例如，beacon可以告诉营销人员某个页面是否被浏览了，被浏览了多长时间，甚至还可以告诉营销人员你是否读过发送给你的邮件。这种跟踪已经变得咄咄逼人，以至于可以通过分析击键来获得关于一个人的线索，而"flash cookie"可以在用户删除它们后重新出现。尽管这些数据不能通过名字来识别用户，但数据收集公司可以构建包括人口统计信息、地理信息和生活方式信息的消费者档案。营销人员利用这些信息来瞄准在线广告。

1. 批评人士声称网络追踪侵犯了消费者的隐私权。营销人员应该访问这些信息吗？讨论这种活动对营销人员和消费者的利弊。
2. 讨论美国联邦贸易委员会对此次活动的立场。追踪计算机用户的在线搜索行为是否正确？

道德聚焦

许多企业，比如天伯伦，都很重视可持续营销。消费者可能很快就能使用户外产业协会（OIA）的生态指数来帮助他们识别这类企业。OIA已经指导品牌制造商和零售商（如耐克、李维斯、天伯伦、塔吉特、巴塔哥尼亚等）开发一种软件工具，以衡量其产品的生态影响。像一条牛仔裤这样简单的产品对环境也有相当大的影响。一条李维斯牛仔裤来自路易斯安那州的棉花；在北卡罗来纳州织成；在多米尼加共和国裁剪牛仔裤，在海地缝制，在牙买加完成；到你购买产品的商店中的最终产品。这还只是在美国销售牛仔裤，李维斯在世界各地都有卖。生态指数考虑了这些因素，甚至更多。它还考虑了其他的环境因素，比如洗涤方法、洗牛仔裤使用的水量以及产品处理。然而，生态指数的停滞在于，所有的信息都是自行报告的，制造商也必须从供应商那里获得信息。

1. 通过访问 OIA 的网站来了解更多关于这一举措的信息。如果实施，这个指数能帮助在这方面得分高的营销人员发展可持续的竞争优势吗？你会更愿意购买在这个指数中得分高的企业的产品吗？

2. 生态指数是行业主导的举措，所有信息都是自行上报的，不需要任何证明。是否存在滥用该系统并欺骗消费者的可能性？解释一下。

营销和经济

廉价货店

随着失业率上升和收入下降，越来越多的中产阶层消费者转向二手商店寻找便宜的商品，这是有道理的。现在，旧货店从新的消费者节俭中获益。在发霉的二手商店购物的耻辱感已经消失。对于世界各地的时尚人士来说，"节俭"和"复古"之间的界限已经变得非常模糊。如今，人们不仅仅是在旧货店购买旧衣服，他们正在寻找一些顶级品牌的珍品。Good Will 正在利用这一趋势，它通过时装秀和服装博客，以及为服装捐赠提供商店信贷，向时尚潮流人士推销自己的产品。

在经济疲软的情况下，Good Will 的总销售额增加了 7%。其他旧货店报告称，销售额增长了 35%。

但 Good Will 的好运带来了一个独特的困境。推动廉价品销售上升的力量，导致捐赠减少。人们会把自己的旧东西保存得更久。人们不再捐赠旧衣服，而是将其卖到别处以换取现金。结果，两个袋子的捐赠者现在只带来了一个袋子，而且捐赠的商品往往质量较低。这种不寻常的动态可能会让廉价货店今后难以进货。

1. 廉价货店行业以何种方式为本书列出的市场营销常见的社会批评提供解决方案？
2. 在当前消费者更加节俭的环境下，旧货店行业如何解决供应问题？

营销数字

有机农业是可持续发展的一个要素。如果你给有机食品定价，你就会知道它们很贵。例如，一打传统养殖鸡蛋要花 1.5 美元，而一打有机鸡蛋要花 2.8 美元。有机农业的成本远远高于传统农业，而这些成本会转嫁给消费者。然而，如果价格过高，消费者将不会购买有机鸡蛋。假设传统养殖鸡蛋每年的平均固定成本是 100 万美元，但有机鸡蛋的固定成本是这一数字的 2 倍。有机农场主每打鸡蛋的可变成本是原来的 2 倍，也就是 1.8 美元。请参阅附录 B 以回答下列问题。

1. 大多数大型蛋农直接向零售商销售鸡蛋。如果零售商的利润是零售价格的 20%，那么普通鸡蛋和有机鸡蛋的价格是多少？
2. 一个传统的蛋农需要卖出多少打鸡蛋才能达到收支平衡？一个有机农场主需要卖出多少才能达到收支平衡？

企业案例

丰益国际：解决一个亟待解决的问题

2013 年 6 月，印度尼西亚、马来西亚和新加坡人醒来时发现浓烟滚滚。罪魁祸首是印度尼西亚的农民，他们故意非法焚烧森林，为种植棕榈油清理土地。这导致了笼罩该地区数周的烟雾。人们待在室内，户外活动被取消，商业陷入停滞。

马来西亚和新加坡的在印度尼西亚有业务的棕榈油企业受到了指责。这些企业依赖于被怀疑非法燃烧泥炭的第三方棕榈油供应商。这些供应商青睐于更便宜的刀耕火种式的土地清理，因为与使用机器清理每公顷土地的成本超过 250 美元相比，这样的清理成本几乎为零。

棕榈油是许多产品的精华成分。它独有的特点使其适合于个人护理产品，如肥皂、洗发水，还有化妆品，以及轮胎、油漆等工业产品。食品制造商认为它是反式脂肪的伟大替代品，是大豆油的非转基因替代品。联合利华是世界上最大的棕榈油买家，它生产 Ben & Jerry's 冰激凌和多芬香皂，购买了全球 3% 的棕榈油。家乐氏在食品中也使用棕榈油。

丰益国际是全球最大的棕榈油交易商，约占全球产量的 40%，是政府施压和环保人士攻击的目标。该企业 90% 以上的原油棕榈油都依赖第三方供应，并从全球 80% 的棕榈油供应商那里购买。让丰益国际承诺不通过燃烧来清理土地，这将是向保护森林迈出的一大步。

丰益国际董事长兼首席执行官郭孔丰（Khoon Hong Kuok）对丰益国际被塑造成最大的恶棍形象感到极为不安。事实上，挪威主权财富基金在 2012 年出售其所持的丰益国际股份时，丰益国际的声誉已经受损，因为该基金注意到马来西亚和印度尼西亚持续的森林砍伐，以及通过不可持续的手段生产棕榈油。尽管丰益国际坚称，它不会为了自己的种植园而烧地，但其众多供应商是否会遵守同样的政策仍值得怀疑。

除了政府寻求对焚烧负责的企业实施制裁外，森林英雄组织、森林信托组织和绿色和平组织等环保组织也一直在向丰益国际施压，要求其采取更积极的行动。

最后，作为对市场力量的回应，丰益国际在 2013 年 7 月宣布，如果供应商参与焚烧和清理土地，它将停止与供应商的业务往来，但未证实其供应商是否确实参与了此类活动。联合利华是丰益国际的最大顾客之一，该企业早些时候宣布，将只从可追溯的可持续来源购买棕榈油。根据郭孔丰的说法，顾客和其他利益相关者表示，对可追溯、无森林砍伐的棕榈油的需求强劲且迅速增长，丰益国际打算将满足这一需求作为其增长战略的核心要素。

然而，2013 年 10 月，有人指控丰益国际没有履行承诺。绿色和平组织称，印度尼西亚企业 PT Jatim Jaya Perkasa 继续向丰益国际供应棕榈油。该企业的土地在 6 月的雾霾中遭到砍伐和焚烧。绿色和平组织还发表了一份有争议的报告，指出该企业是非法砍伐和焚烧苏门答腊虎栖息地的罪魁祸首。

作为回应，丰益国际在 2013 年 12 月公布了"不砍伐森林，不开采泥炭，不开发"的政策，旨在停止从种植在泥炭或被砍伐的土地上的农作物中获取棕榈油，以及通过剥削劳工或从未经当地社区同意种植的农作物中获取棕榈油。然而，这一政策将只适用于在禁止区域内种植的新植物。

2015 年 1 月，丰益国际与森林信托合作，推出了一个名为丰益可持续发展仪表盘的网站，列出了马来西亚和印度尼西亚供应商的名称与位置，以提高透明度并解决森林砍伐问题。环保组织谨慎地欢迎这一举措，并补充说这是一场"温和的革命"。

郭孔丰认为自己现在是一名环保主义者。几年前当他看到气候变化对一些国家的环境造成的破坏时，他发现他已经换了一个人。

讨论题

1. 从公共关系的角度，评估丰益国际对烟雾的反应。你认为丰益国际的可持续发展政策是真的吗？
2. 从可持续发展的商业角度，评价丰益国际终止从砍伐和焚烧森林的供应商那里采购棕榈油的回应。与此相关的商业成本是多少？对丰益国际的供应商有多大的强制执行力？
3. 作为使用棕榈油产品的最终消费者，你会怎么做？像联合利华这样的企业应该为非法砍伐森林负责吗？

资料来源：Michelle Yun, Ranjeetha Pakiam, and Eko Listiyorini, "Wilmar to Cut Off Palm Suppliers Caught Burning in Indonesia," *Canwest News Service*, 1 July 2013; Joyce Hooi, "Wilmar: Where there's Smoke, We will Fire," *The Business Times*, 2 July 2013; "Greenpeace Alleges S'pore-based Wilmar Sourced Oil from Illegally-cleared Land," *Channel News Asia*, 23 October 2013; Jeremy Grant and Ban Bland, "Wilmar Bows to SE Asia Deforestation Concerns over Palm Oil," www.ft.com, 6 December 2013; Siew Ying Leu, "Corporate Wilmar's Sustainability Policy Rolls Market," *The Edge*, 24 February 2014; Vaidehi Shah and Jessica Cheam, "Wilmar: First Palm Oil Giant to Name Suppliers," www.eco-business.com, 22 January 2015; Yuriy Humber and Ranjeetha Pakiam, "Palm Oil King Goes from Forest Foe to Buddy in Deal with Critics," *Bloomberg*, 13 March 2015; Nathanael Johnson, "48 Hours that Changed the Future of Rainforests," http://grist.org, 2 April 2015.

附录 A 营销计划

A.1 营销计划：导言

作为一名营销人员，你需要一份好的营销计划来指引方向和聚焦自己的品牌、产品和企业。通过详细的计划，企业能为开发新产品或销售现有产品做好更充分的准备。非营利性组织同样需要营销计划指导其筹款和外联工作，甚至政府部门也需要通过开发营销计划来发出倡议，例如，呼吁公众提高营养意识或刺激某地区的旅游业。

A.1.1 营销计划的目的和内容

与概述整个组织的使命、目标、战略和资源配置的商业计划不同，营销计划专注于有限的范围，阐释如何从消费者出发通过具体的营销战略和策略来达到组织的战略目标。当然，营销计划也同组织中其他部门的计划相互联系。

假设有一份营销计划，产品的年销售目标为 20 万件。那么生产部门需要保证产能，财务部门必须筹足资金，而人力资源部门需要为招聘和培训员工等做足准备。任何营销计划想要获得成功都离不开相应的组织支持和资源分配。

尽管每家企业营销计划的具体篇幅和结构不尽相同，但通常都包含第 2 章所描述的几个部分。规模稍小的企业可能会制订篇幅稍短或者不那么正规的营销计划，而大企业通常需要结构严谨的营销计划。为了有效地指导实践，计划中的每个部分都应详尽。有时，企业会把自己的营销计划发布在内部网络上，使得身在不同地点的经理和员工可就问题咨询有关部门，展开讨论并做出补充和变更。

A.1.2 调研的作用

营销计划不能是空中楼阁。为了成功地制订战略和行动计划，营销人员需要有关大环境、竞争情况和其所服务的细分市场的实时信息。评估当前的营销形势通常以内部数据分析作为出发点，再加上营销情报以及对市场整体、竞争、关键问题、威胁和机会的调查研究。当把营销计划付诸实践时，如果成果未达到原目标，营销人员需要使用一系列技术方法来衡量目标进度和识别尚需改进提升的部分。

最后，营销调研能够帮助营销人员更好地了解消费者的需求、期望、感知和满意度。在对上述方面更深层次的理解的基础上，再通过良好的市场细分、目标选择、差异化和定位，可为企业建立竞争优势。因此，营销计划应当为营销调研的开展和结论的应用提供概要。

A.1.3 关系的作用

营销计划揭示了企业如何建立和维护有价值的顾客关系，在此过程中形成了很多内外部关系。首先，营销计划会影响市场部门员工为了传递价值和满足顾客需求所开展的彼此之间及部门之间工作的方式；其次，营销计划会影响企业为达成计划内目标而与供应商、分销商和战略同盟间开展的合作；最后，营销计划还会影响企业与其利益相关者（包括政府监管者、媒体和广大民众）的关系。所有这些关系对于企业取得成功都极为重要，所以企业在制订营销计划时必须加以考虑。

A.1.4 从营销计划到营销行动

有些营销计划的时间跨度可能稍长一些，许多企业常常会制订年度性的营销计划。营销人员最好能在计划实行前留出时间进行市场调研、透彻分析、管理评审和协调各部门，然后在每项行动开始之后掌握实时结果并与预期结果进行对比，分析差距并采取矫正措施。一些营销人员还备有应急计划以应对突发状况。由于不可避免的和有时难以预料的环境改变，营销人员必须随时准备更新营销计划并使之适应环境。

为了有效实施和便于控制，营销计划应当定义如何测量达成目标过程中的进度。职业经理人通常使用预算、进度表和绩效评价标准来掌握及评估结果。使用预算，他们能够在给定的一周、一个月或其他时间段内对比计划花费和实际花费的情况；进度表能使管理者了解任务计划完成的时间以及实际完成的时间；绩效评价标准可跟踪营销项目的成果，以此来检验企业是否正朝着既定的目标前进。一些绩效评价标准包括市场份额、销量、产品利润率和消费者满意度。

A.2 Sonic 营销计划示例

本部分以 Sonic（一家假想的创业企业）的营销计划来举例。该企业的第一款产品是一款多媒体、可用流量也可连接 Wi-Fi 的智能手机，名为 Sonic 1000。Sonic 要和苹果、RIM、三星、HTC 以及其他一些有实力的制造商在一个竞争激烈、瞬息万变的市场中竞争，在这个市场上制造商们提供集通信、娱乐以及储存功能于一体的智能手机。下面更详细地解释了营销计划每一部分的目的和作用。

A.2.1 执行摘要

Sonic 公司准备向一个成熟市场投放一种新型多媒体智能手机——Sonic 1000。Sonic 公司的产品拥有一系列先进的特点和功能，采用增值定价法，在市场上拥有一定的竞争力。Sonic 公司的目标市场为消费者市场和企业市场中特定的细分市场，充分利用了顾客对简单易用且带有通信、娱乐和存储功能的智能手机的需求不断增长这一良好的机会。

Sonic 公司初步的营销目标是在中国市场第一年实现销量 50 万台；初步的财务目标是第一年销售额达到 7 500 万美元，亏损额少于 800 万美元，并在第二年年初达到盈亏平衡。

A.2.2 当前的市场状况

Sonic 公司在 18 个月前由两位拥有 PC 市场经验的企业家创立，准备进入目前处于成熟期的智能手机市场。多功能手机、电子邮件设备和无线通信工具越来越受到追捧，调查显示，中国这个拥有十几亿人口的国家中有 8 860 万人拥有无线电话。

尽管智能手机市场充满潜力，但竞争愈发激烈，一些国际品牌和本土高性价比品牌加入进来。企业兼并在继续，价格压力在不断挤压着利润空间。

1. 市场描述

Sonic 公司的市场包括消费者市场和企业市场中倾向于使用单一设备进行通信、信息存储和交换以及外出娱乐的用户。第一年具体的目标细分群体包括专业人士、学生、公司用户、企业家和医疗用户。表 A-1 显示了 Sonic 1000 如何满足目标消费者和企业的需求。

表 A-1 需求及 Sonic 智能手机的特征/优点

目标细分群体	消费者需求	相应的特征/优点
专业人士（消费者市场）	■ 外出时方便、安全地保持联络 ■ 能够执行多项日常功能，无须携带各类小工具	■ 设置一键通话，方便随时随地交流 ■ 随时随地无线电子邮件/网页浏览 ■ 基于 Linux 的操作系统更能抵挡黑客攻击 ■ 语音控制功能方便快捷 ■ GPS 功能、照相功能
学生（消费者市场）	■ 能够执行多项日常功能，无须携带各类小工具 ■ 表达风格和个性化	■ 包含数学应用程序和外设方便使用，记录成本效益，其他功能 ■ 多种款式、色彩、样式和材质
公司用户（企业市场）	■ 适应专业化任务的安全性和灵活性 ■ 为驾车赶往商业会议地点指路	■ 可进行用户定制以适应公司任务和网络 ■ 基于 Linux 的操作系统更能抵挡黑客攻击 ■ 内置 GPS，支持通过语音激活对道路方向和地图数据的访问
企业家（企业市场）	■ 管理和随时访问联系人、日程表、商业和财务文件 ■ 能够迅速地与他人取得联系	■ 免手动开启、无线方式访问日历、地址簿、文档以查询约会信息和数据资料，与联系人连线 ■ 一键通话功能支持快速沟通
医疗用户（企业市场）	■ 更新、访问及交换医疗记录 ■ 对当前医疗情况进行拍照以保存影像记录	■ 免手动开启、无线方式记录和交换信息以减少文书工作，提高效率 ■ 内置摄像头，支持方便快捷地进行拍照、存储图片以备日后提取

消费者能够在多种不同的操作系统间进行选择，包括微软、黑莓以及 Linux 等。Sonic 公司获得授权使用了一个基于 Linux 的系统，在某种程度上它更不易受到黑客和病毒的攻击。随着硬盘以及可拆卸记忆卡在智能手机市场的普及，Sonic 公司为其第一款产品配备了高速的 20GB 硬盘可拆卸存储卡，用以存储及向电脑传输信息。不断增加的容量和日益降低的技术成本增加了产品对消费者的吸引力，特别是那些拥有老式手机想要更换新式、高端多功能产品的消费者。

2. 产品回顾

第一款产品 Sonic 智能手机装配 Linux 操作系统，具有如下特色：
- 内置双卡模式的网络电话，具备一键通话功能；
- 数字音乐/视频/电视节目记录、无线下载和回放；
- 无线网页浏览和收发电子邮件、传输文本信息、即时通信；
- 3.5 英寸彩色屏幕方便浏览；
- 组织功能，包括日历表、地址簿、同步录音；

- 具有导航和地图功能的 GPS 设置；
- 配置 400 万像素的数码摄像头；
- 拥有扩展容量的 20GB 高速可拆卸存储卡；
- 多种款型及配色可供选择；
- 语音识别、免手动开启。

基于 50 万台的预计销量，每台售价 150 美元，预计第一年的销售额达到 7 500 万美元。第二年，Sonic 公司将计划引进 Sonic 2000，同样配备 Linux 系统，作为更高端的产品，它具有如下特色：

- 全球通话和消息传送功能；
- 中英互译功能（其他语言在附加选项中提供）；
- 集成 800 万像素摄像头。

3. 竞争回顾

智能手机的不断涌现，增加了业内的竞争压力，比如苹果手机，比如来自诸如黑莓那样的文本和电子邮件专业处理设备的竞争，还有中国台湾的智能手机制造商 HTC 以及大陆地区的华为等。

（1）苹果。苹果公司设计时髦、深受消费者喜爱的 iPhone 4 及其之后的 4s 配备了 3.5 英寸彩屏以及具有音乐、视频和网络连接功能，还具有通话、日程管理、通信管理以及文件管理功能。它的 GPS 可以精准定位用户所在地点。另外，如果顾客的手机丢失或被盗，顾客还可以远程将手机中的数据删除。

（2）RIM。RIM 开发了轻型黑莓手机，该产品在企业用户中备受欢迎。RIM 引入的智能手机配有增强了的特质和通信功能，持续不断的创新能力和优质的客服支持明显增强了其市场竞争力。黑莓 Torch 9800 是该企业推出的第一款配备了全键盘的触摸屏智能手机。

（3）三星。三星手机因其高品质、样式美观和功能丰富的特点在消费者市场和企业市场颇具竞争力。企业的一些智能手机仅对部分运营商适用，而另外一些则是开放式的，可以适用于所有运营商网络。企业的 Galaxy S 系列已在中国市场推出。

（4）HTC。该企业是中国台湾的一家手机制造商，这个品牌对于智能手机市场来说是一个新进入者。在 HTC 手机进入市场之前，其在中国大陆是以 Dopod 这个品牌出现的。

（5）华为。华为的总部位于深圳，是中国大陆最大的网络供应商之一，并被视为一家非常具有潜力的高科技企业。华为在 2010 年发布了 Ideos，正式进入中国智能手机市场，这款手机基于谷歌的安卓 2.2 操作系统。Ideos 是与谷歌合作设计开发的，谷歌的标志也在手机的背面出现。手机光滑的表面以及触屏设计类似于苹果的 iPhone。然而，不同于 iPhone 的是，这款手机有多种颜色以供选择。企业计划基于音乐、键盘或智能等主题推出多系列智能手机。

尽管强手云集，Sonic 还是能够在自己的目标细分市场上占据一席之地并获得认同，因为产品的语音识别系统无须手动操作，这是该企业所具有的一个关键竞争优势。此外，配备 GPS 的产品比同价位的产品更具竞争力，并且产品使用的是 Linux 操作系统，这对于注重安全性的用户来说颇具吸引力。表 A-2 显示了部分有竞争力的智能手机产品的特性和价格。

4. 渠道和物流回顾

Sonic 品牌的产品通过中国一线和二线城市的零售网络进行分销。最重要的几个渠道合作者如下：

- 电脑专卖店，独立的电脑零售商会销售 Sonic 的产品；
- 电子产品专卖店，独立的专卖店可以代销 Sonic 的产品；

- 在线零售，淘宝网将引进 Sonic 公司的智能手机产品，并且为了收取推广费，会将其主页的显著位置留给 Sonic 公司以进行促销；
- 初期，渠道会集中在一线和二线城市，在物流支持的条件下，渠道将进一步下沉到中小城市以满足消费者需求。

表 A-2 部分智能手机的竞争产品

竞争者	型号	特色
苹果	iPhone 4	光滑表面设计，3.5 英寸屏幕，高速上网设计，一键通话功能，GPS 导航，声音控制设计，公司邮箱及私人邮箱的整合设计，可打开及编辑的微软 Office 文件，500 万像素的摄像头，无键盘设计，苹果的操作系统
RIM	黑莓 Torch 9800	高分辨率，3.2 英寸触屏设计，滑动键盘，无线连接及邮件接收功能，500 万像素摄像头，内置地图和 GPS 导航，视频回放，可扩充容量，黑莓操作系统
三星	Captivate	融合社交网络，内置 GPS，4 英寸触摸屏，500 万像素，声频及音频功能，安卓操作系统

A.2.3 优势、劣势、机会和威胁分析

Sonic 公司有若干可供发展的强有力的优势，但是其主要弱点是缺乏品牌意识和品牌形象。主要机会在于，暂不考虑那些想要拥有多台手机的消费者，对智能手机的市场需求也能够带来可观利润。同时，该企业也面临着来自电子消费品制造商日益激烈的竞争和降价压力。表 A-3 总结了 Sonic 公司的主要优势、劣势、机会和威胁。

表 A-3 Sonic 公司的优势、劣势、机会和威胁

优势	劣势
- 突破性多功能一体机，支持非手动操作 - 划算的价格 - Linux 操作系统对安全性的良好支持	- 缺乏品牌意识和品牌形象 - 机身相比同类产品稍重
机会	**威胁**
- 市场对多功能、多媒体设备不断增长的需求 - 较低廉的技术成本	- 激烈的市场竞争 - 降价压力 - 被压缩的产品生命周期

1. 优势

Sonic 公司可以充分发挥自己在以下三方面的主要优势。

- 创新性产品。Sonic 1000 集多种设备的功能特征于一身，有了它用户无须携带其他设备，包括移动电话、无线电子邮件收发功能、GPS 以及数字视频/音频/电视节目存储及播放——所有这些功能都支持非手动操作。
- 安全性。手机使用的是 Linux 操作系统，能有效地防止黑客攻击，避免其他可能导致数据被盗或损坏的风险。
- 定价。产品价格相比同类产品更加低廉，却提供了它们所不具有的功能特性，这使得该企业在价格敏感的消费者中更具有优势。

2. 劣势

直到许多重要的竞争对手出现后，Sonic 公司才进入智能手机市场，在等待的这段时间里，Sonic 公司从它们身上吸取了很多经验教训，但是还具有以下两点不足。

- 缺乏品牌意识和品牌形象。Sonic 公司还没有在市场上树立品牌形象，而像苹果公司那样的竞争对手却拥有很高的品牌知名度。企业将努力填补这个空白。
- 机身较重。Sonic 1000 的机身比同类产品稍重、稍厚，这是因为其内置了许多功能和相应部件，并且配有一块稍大的硬盘。为了克服这个缺点，Sonic 公司将强调 Sonic 1000 独特的一体机特性及增值定价这两个颇具吸引力的优势。

3. 机会

Sonic 公司应当好好利用两大市场机会。

- 市场对多功能、多媒体设备不断增长的需求。多媒体、多功能设备市场的增长速度远远快于单一用途设备市场。顾客已经习惯了在工作和学习中使用智能手机，这是需求增长的主要推动力。另外，购买了入门级机型的顾客正忙于更换为更高级的机型。
- 较低廉的技术成本。现在，取得高新技术的成本比以往更低。因而，Sonic 公司能够以实惠的价格出售这样一台带有多项先进技术的手机，同时还能获得合理的利润。

4. 威胁

Sonic 公司在推广 Sonic 1000 时主要面临如下三个威胁。

- 激烈的市场竞争。越来越多的企业正在进入中国智能手机市场，它们的智能手机也提供了 Sonic 手机具有的某些功能。因而 Sonic 的营销传播策略必须强调产品的明显差异化和实惠的价格。
- 降价压力。日趋激烈的竞争和企业争夺市场份额的战略把手机价格一路拉低。尽管手机市场毛利率很低，但该企业第二年利润率达到 10% 的目标是切合实际的。
- 被压缩的产品生命周期。手机产品比之前的高科技产品更快到达产品生命周期的成熟期。但是应急计划可以保持销量增长，即通过增加新的产品特色、瞄向额外的细分市场以及调整定价。

A.2.4 目标和问题

Sonic 公司已经为进入市场的第一年和第二年制定了积极且实际的目标。

- 第一年的目标。在 Sonic 1000 投入市场的第一年，目标是 50 万台销量。
- 第二年的目标。第二年的目标是两款机型合计达到 100 万台的销量并在该年度尽早实现盈亏平衡。

1. 问题

关于向市场投放产品，Sonic 公司主要的问题是要构思一个识别度高、有内涵的品牌名称。Sonic 公司必须在营销上下足功夫，设计出一个能给人留下深刻印象，独具特色，昭示着创新、质量和价值的品牌形象。Sonic 公司还应当测量产品知名度和消费者的反应，以便在必要的时候对营销工作做出调整。

2. 营销战略

Sonic 公司的营销战略基于其产品差异化的定位。Sonic 公司主要的消费者目标顾客是中上等收入的专业人士，他们需要一台便携设备来协调繁忙的日程安排，与家人和同事沟通，驾车路线导航以及外出时的娱乐。Sonic 公司的次级消费者目标顾客是大学生和研究生中想要拥有一台多媒体设备的人，这个细分市场从人口统计学的角度可以描述为年龄为 16～30 岁、受过良好教育的社会人群。

Sonic 公司主要的企业目标顾客是那些想要帮助经理和员工在外出时能够保持联系和存取关键数据的大中型企业。这个细分市场由年营业额超过 2 500 万美元、员工超过 100 人的企业组成。次级企业目标顾客是企业家和小生意人。Sonic 公司还把那些想减轻文书工作并及时更新和存取患者医疗记录的医生当作企业的目标顾客。

3. 定位

由于采取了产品差异化策略，Sonic 公司把 Sonic 手机定位于为个人和专业用户量身定做的多用途、最方便、最实惠的机型。Sonic 公司的营销战略将着重强调 Sonic 1000 区别于其他同类产品的特色：对通信、娱乐和信息存储等功能的非手动操作。

4. 产品策略

包含产品回顾部分叙述的所有功能的 Sonic 1000 拥有一年的保修期。Sonic 公司将在下一年引进一款更小巧、功能更强大的高端机型（Sonic 2000）。创建 Sonic 品牌是 Sonic 公司产品策略的一个组成部分。品牌名称和商标（Sonic 独具特色的黄色闪电图形）将印在产品和包装上，并通过在营销活动中的强调得以加强。

5. 定价战略

每台 Sonic 1000 批发价为 150 美元，预计零售价为 199 美元。当 Sonic 公司通过向市场投放 Sonic 2000（每台批发价为 175 美元）来扩大产品线时，会降低 Sonic 1000 的价格。这些定价反映了如下战略：①吸引有意向的渠道合作者；②从 RIM、苹果和其他竞争者手中抢夺市场份额。

6. 分销策略

Sonic 公司的渠道策略是认真选择分销商，通过大家熟知的实体和在线零售商来经营销售 Sonic 手机产品。在第一年，Sonic 公司将不断增加渠道合作者，直至覆盖所有主要的中国市场，使产品被主要电子产品销售目录和网页所包含。同时，研究在诸如威瑞森那样的电信业运营商所经营的手机专卖店里进行分销的可行性。Sonic 公司将会在渠道合作者的支持下，提供突出产品特色的展览会、详细说明书、全彩图片和产品演示。最后，Sonic 公司也将会为下大额订单的零售商提供特别优惠条款。

7. 营销传播策略

Sonic 公司将通过在所有媒体上整合信息来强化品牌名称和主要的产品差异点。研究不同媒体的消费模式将有助于广告部门选择适当的媒体和时机，在产品引入阶段期间甚至之前达到预期效果。在此之后，广告将反复播出以保持品牌认知度并传播产品差异化信息。广告部门也将通过协调公共关系努力建立 Sonic 品牌并支持产品差异化信息。为了创造蜂鸣营销，Sonic 公司将在网络上举办消费者拍摄视频比赛。为了吸引、维持和激励渠道合作者实行推式策略，Sonic 公司将采用促销和人员销售的方式进行营销。在品牌成功建立前，Sonic 公司的传播策略将鼓励顾客通过渠道合作者而非网站来进行购买。

8. 营销研究

Sonic 公司可以通过营销研究来识别其目标细分市场的具体特征和价值利益。从市场测试、调查和焦点小组得到的反馈信息将有助于 Sonic 公司开发 Sonic 2000。Sonic 公司还应测量和分析顾客对竞争者品牌和产品的态度。对品牌知名度的研究将帮助 Sonic 公司掌握信息和媒体传播的效果及效率。最后，Sonic 公司通过顾客满意度研究来测试市场反应状况。

9. 营销组织

Sonic 公司的首席营销官 Erica Leong 对企业的所有营销活动负责。图 A-1 显示了 8 人营销组织的结构图。Sonic 公司通过雇用世界范围内的营销人员来处理跨国销售、贸易、促销和公共关系活动。

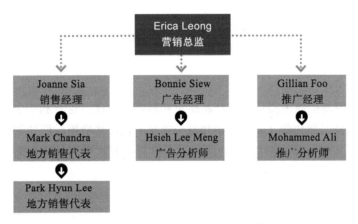

图 A-1　Sonic 公司营销组织结构

10. 行动计划

Sonic 1000 将于 2 月春节前投入市场。下列各项是 Sonic 公司为达到既定目标在接下来的一年中前 6 个月实行的行动计划概要。

- 1 月。启动一个 20 万美元的促销活动来培训经销商，为 2 月产品的投放获得渠道支持。Sonic 公司将提供样品给选定的产品评论家、意见领袖和名人，这是企业公共关系策略的一部分，以产生蜂鸣营销。受过训练的员工将与销售团队一起在零售连锁店工作，介绍 Sonic 1000 的产品特征和具有竞争力的产品优势。
- 2 月。针对专业人士和消费者启动一套整合的印刷品／广播／网络营销活动。这场活动将展示 Sonic 手机所具有的功能，并着重介绍其作为一款功能强大的掌上设备所带来的便捷性。这项跨媒体的营销活动将由销售网点展示、网络特刊和视频导购等提供支持。
- 3 月。随着跨媒体广告活动的继续开展，Sonic 公司将增加促销手段，例如，举办比赛鼓励消费者上传他们以有创意的、非常规的方式使用 Sonic 手机的视频。Sonic 公司还将增加新的销售网点展示以支持零售商。
- 4 月。Sonic 公司将举办一场为期四周的销售竞赛，并给销量最好的个人和零售组织颁奖。
- 5 月。Sonic 公司计划首次展播一系列全国性的广告。广播广告通过名人的声音来描述他们通过 Sonic 手机打电话、发邮件、播放歌曲和视频等的情况。广告传单和网络广告将展示这些名人手持手机的图样。
- 6 月。广播广告将添加一段把 Sonic 1000 作为一件毕业礼物促销的结语。Sonic 公司还将在一年两次的电子消费品展销会上做产品展示，并为渠道合作者提供全新的象征着竞争力的印刷品助力其销售。另外，Sonic 公司将统计和分析顾客满意度调查的结果，以用于将来的促销和提供产品和营销活动的反馈。

11. 预算

Sonic 1000 第一年的总销售收入预计是 7 500 万美元，批发价为每台 150 美元，销量为 50 万台，可变成本为每台 100 美元。Sonic 公司预计第一年 Sonic 1000 的亏损额将达到 800 万美元。盈亏平衡计算表明，Sonic 1000 将在第二年早期销量超过 65 万台的时候开始盈利。在对 Sonic 第一台手机的盈亏平衡分析中，假定每台手机的批发价为 150 美元，单位可变成本为 100 美元，每年的预计固定成本为 3 250 万美元，基于上述假设，盈亏平衡算式如下

$$\frac{32\,500\,000}{150-100} = 267\,500\,（台）$$

12. 控制

企业通过制定严格的控制措施来密切关注产品质量和顾客满意度。这有利于企业迅速做出反应，以纠正可能发生的一切问题，包括月销售额（通过渠道和细分市场）和每月费用与原计划额的偏离在内的其他先期警示信号也会被检测。鉴于智能手机市场的波动性，Sonic 公司制订了应急计划来应对新技术和新竞争等变幻无常的大环境。

A.3　营销计划工具

培生提供了两种有价值的资源来帮助你制订营销计划：

- 由 Marian Burk Wood 所著的《营销计划手册》（*Marketing Plan Handbook*）解释了创建营销计划的过程，其中包含详细检查表和许多真实的案例。
- 营销计划专家（Marketing Plan Pro）是一款获奖的软件包，内含样本计划、循序渐进的指导、视频教程、帮助向导和制订营销计划时用的可定制的图表。

资料来源：Background information and market data adapted from Matt Gallagher, "Blackberry Gets Smarter," *Red Herring*, 3 August 2010, p. 5; Dan Moren and Jason Snell, "Meet the iPhone 4," *Macworld*, August 2010, pp. 22–23; Walter S. Mossberg, "Galaxy Phones from Samsung Are Worthy iPhone Rivals," *Wall Street Journal* (Eastern Edition), 22 July 2010, pp. D1–D5; Hester Plumridge, "Nokia Dials New Number for Success," *Wall Street Journal* (Eastern Edition), 21 July 2010, p. C16; Edward C. Baig, "Droid X Marks All the Right Spots; Android Phone Could Challenge iPhone 4," *USAToday*, 1 July 2010, p. 3B; Arik Hesseldahl, "Nokia's Kallasvuo: We Must 'Move Even Faster,'" *BusinessWeek Online*, 17 March 2010, p. 1; Ginny Miles, "The Hottest Smartphones of the Season," *PC World*, September 2009, pp. 44–48; "Android Smart Phone Shipments Grow 886% Year-on-Year in Q2 2010," www.canalys.com/pr/2010/r2010081.html, accessed August 2010; David Barboza, "Chinese Company Aims Big with Android Smartphone," *The New York Times*, 2 September 2010; "HTC Entrance to China Market Not Expected to Pay Off Quickly," *The China Post*, 15 August 2010.

附录 B

营 销 数 字

营销经理对营销活动涉及的财务方面的责任日益增加。本附录对营销财务分析做了简要介绍。这些分析能够指导营销人员制定有效的营销决策并对结果进行评价。

本附录围绕一家假想的高清电子消费品制造商——ConnectPhone 公司展开讨论。过去，ConnectPhone 公司主要生产网络调制解调器，现在，该企业正在向市场投放一种新产品——一款代替家用电话的媒体电话，能够提供"即时在线"的网络连接和通过 VoIP（Voice over Internet Protocol）技术实现的无线电话接口。在本附录中，我们将分析产品投放前后 ConnectPhone 公司的营销经理需要做出的各种决策。

本附录由三节内容组成。B.1 节讨论定价战略和盈亏平衡以及利润分析和估计，它们能够引导 ConnectPhone 公司的新产品投放实施。B.2 节讨论需求预测、营销预算和营销绩效测量。从预计市场潜力和企业销售额开始，然后将通过预计利润表和实际利润表来介绍营销预算，接下来将讨论对营销绩效的测量，目的在于帮助营销经理通过财务视角来使自己的决策更有说服力。B.3 节我们会分析不同营销战略的经费问题。

在每一节的最后都有一些测试题，可以将本节所学知识应用到除了 ConnectPhone 公司之外的背景中去。

B.1 定价、盈亏平衡和利润分析

B.1.1 定价考虑因素

定价是营销组合策略中最重要的因素之一，需求和成本是影响定价的因素。需求因素（如消费者感知价值）确定了价格的上限，而企业的成本则确定了价格的下限。营销人员必须在两者之间综合考虑竞争者的定价和诸如分销商要求、政府规章和企业目标等其他因素。

目前市场上竞争者的媒体电话的零售价为 500～1 000 美元。ConnectPhone 公司计划以相对较低的价格引进新产品，旨在扩大市场，快速获得市场份额。我们首先从成本的角度考虑 ConnectPhone 公司的定价策略，然后从消费者价值、竞争环境和分销商的角度来考虑。

确定成本

回顾第 10 章所讲述的几个成本概念。**固定成本**（fixed costs）不随产品和销量的变动而变动，包括租赁成本、利息、资产折旧和办公人员及管理人员的工资等。无论是否有产出，企业都必须支付这些成本。虽然总固定成本不会随产出的增加而变动，但是单位固定成本（或者叫作平均固定成本）则随产出的增加而降低，这是因为总固定成本被更多的产品所分摊。**可变成本**（variable costs）直接随产出水平发生变动，而且包含产品的直接生产成本（例如销售成本）以及相关的因销售产品而产生的大量营销成本。尽管这些成本似乎对单一产品都是均等的，但是它们仍被称为可变成本，这是因为其总额随产量的变动而变动。**总成本**（total costs）在任何产量水平下都是固定成本与可变成本之和。

ConnectPhone 公司计划投入 1 000 万美元用于改进现有设备以生产新型媒体电话。预计设备一旦开始投入使用，每年将产生 2 000 万美元的固定成本。生产每台媒体电话的可变成本预计为 250 美元，并将在现有设备条件下保持这一水平。

B.1.2 基于成本定价

ConnectPhone 公司开始使用我们在第 10 章讨论过的基于成本定价方法进行定价。回顾一下这个最简单的定价方法——成本加成定价法，即在产品成本的基础之上简单地加上标准利润值。但是，如果使用这个方法，ConnectPhone 公司就必须准确估计销量以确定单位总成本。单位可变成本恒定，与产出无关，平均单位固定成本则随产出的增加而降低。

为了解释这一定价方法，不妨假设 ConnectPhone 公司的固定成本为 2 000 万美元，单位可变成本为 250 美元，预计销售量是 100 万台。那么，每台媒体电话的成本由下式得出

$$\text{单位成本} = \text{可变成本} + \frac{\text{固定成本}}{\text{销量}} = 250 + \frac{20\,000\,000}{1\,000\,000} = 270\,(\text{美元})$$

注意，总固定成本中并不包括初始投资的 1 000 万美元，原因是初始投资并非相关成本。**相关成本**（relevant cost）是指那些将在未来产生并随筹划方案的不同而不同的成本。ConnectPhone 公司对于改进生产设备的投资属于一次性成本，未来将不会再次发生。这些过去的成本叫作沉没成本，不将其作为未来分析的考虑因素。

我们还注意到，如果 ConnectPhone 公司以 270 美元的价格销售其媒体电话，且该价格等于单位总成本，那么这一价格叫作**盈亏平衡价格**（break-even price），即单位收入（售价）等于单位成本，利润为零。

假设 ConnectPhone 公司不仅想保本，而且想要赚取 25% 的销售利润，则 ConnectPhone 公司的加成价格为[1]

$$\text{加成价格} = \frac{\text{单位成本}}{1 - \text{目标销售利润}} = \frac{270}{1 - 0.25} = 360\,(\text{美元})$$

这个价格就是 ConnectPhone 公司欲卖给分销商（批发商、零售商）并获取 25% 利润的价格。

ConnectPhone 公司可以采用的另一种定价方法被称作**投资回报率定价法**（return on investment（ROI）pricing），或目标回报定价法。在该案例中，企业为了确定其利润目标，需要考虑初始的 1 000 万美元的投资。假设企业想要获得 30% 的投资回报率，满足此要求的价格将由下式决定

$$ROI\,\text{定价} = \text{单位成本} + \frac{ROI \times \text{投资}}{\text{销量}} = 270 + \frac{30\% \times 10\,000\,000}{1\,000\,000} = 273\,(\text{美元})$$

上述算式表明，如果 ConnectPhone 公司每台媒体电话的标价是 273 美元，那么初始投资 1 000 万美元就可以实现 30% 的投资回报率。

在这些定价公式中，单位成本是关于预计销量（100万台）的函数。如果实际销量比预计低会怎样呢？这种情况下的单位成本将会增加，因为固定成本被分摊到了更少的产品上，并且实际利润率和投资回报率也会降低。相反，如果实际销量大于预期的100万台，那么单位成本就会低于270美元，因此较低的价格就能够实现预期利润率和预期投资回报率。但是我们必须注意，所有这些基于成本的定价方法都只关注了企业自身的意愿，而忽略了需求、竞争者的价格以及分销商的要求。由于ConnectPhone公司将通过批发商和零售商来销售媒体电话，而这些商家同时也会销售竞争者的品牌，因此ConnectPhone公司还必须从这个角度考虑定价策略。

B.1.3 基于外部因素的定价

尽管成本决定了价格下限，ConnectPhone公司在定价时还是必须考虑外部因素。事实上，ConnectPhone公司没有最终定价权，拥有该权力的是那些零售商。所以它必须从建议零售价开始向后倒推。在此过程中ConnectPhone公司必须重视分销商的标准差价要求，毕竟是它们最终把产品卖给顾客。

总的来说，**标准差价**（markup）就是一件产品的厂家销售价和制造成本或者购买价格之间的差额。那么对于零售商来说，标准差价就是它将产品卖给顾客的价格和产品进价之间的差额。因而对于任何层级的分销商而言

$$标准差价 = 售价 - 成本$$

标准差价通常以百分比的形式表示，并通过两种不同的方法计算利润——标准差价与成本之比或者标准差价与零售价之比

$$标准差价占成本的百分比 = \frac{标准差价}{成本}$$

$$标准差价占零售价的百分比 = \frac{标准差价}{零售价}$$

为了适应分销商利润分析方法，ConnectPhone公司必须首先从建议零售价出发，倒推出卖给批发商的价格。假设基于各自不同的售价，零售商希望获取30%的利润而批发商希望获取20%的利润，则ConnectPhone公司为其产品所标的制造商建议零售价（MSRP）为599.99美元。

回顾前面的内容可知ConnectPhone公司希望通过降价来扩大市场并迅速提高市场份额。制造商建议零售价是599.99美元，这个价格比大多数竞争者的价格低得多，有些竞争者的定价甚至高达1 000美元。此外，企业所做的研究表明，该价格低于大多数消费者为购买该产品愿意支付的价格阈值。ConnectPhone公司通过利用消费者的价值感知而非销售商成本来决定制造商建议零售价，这就是基于价值定价法。为简单起见，在后面的分析中，我们把600美元作为制造商建议零售价。

为了确定ConnectPhone公司对批发商的定价，我们首先需要从零售价中减去零售商的利润来确定零售商的成本，为 600 - (600 × 0.30) = 420（美元）。而零售商的成本就是批发商的售价，所以ConnectPhone公司接下来减去批发商的利润 420 - (420 × 0.20) = 336（美元）。因此，代表着ConnectPhone公司新产品渠道上各级企业的标准差价结果的**标准差价链**（markup chain）如下

建议零售价：	600美元
减去零售商利润（30%）：	−180美元
零售商成本/批发商价格：	420美元

| 减去批发商利润（20%）： | −84 美元 |
| 批发商成本/ConneetPhone 价格： | 336 美元 |

减去标准价差链上每级利润之后，ConnectPhone 公司得到了将媒体电话销售给批发商的价格——336美元。

B.1.4 盈亏平衡与利润分析

先前的分析推导出了 ConnectPhone 公司的产品基于价值定价的价格为 336 美元。尽管该价格高于 270 美元的盈亏平衡价格并足以弥补全部成本（假定销量是 100 万台），但是 ConnectPhone 公司的销量和销售额需要达到什么水平才能在标价 336 美元时获得盈亏平衡？分别需要多大的销量来实现不同的利润目标？我们将通过盈亏平衡和利润分析来回答这些问题。

确定盈亏平衡销量和现金销售额

基于对成本、消费者价值、竞争环境和分销商要求的理解，ConnectPhone 公司决定把对批发商的售价标为 336 美元。在此价格水平下，ConnectPhone 公司需要卖出多少台媒体电话才能达到盈亏平衡或者实现盈利？盈亏平衡分析能够确定在给定的价格和成本下盈利所需要的销量及销售额。在盈亏平衡点上，总收入等于总成本，利润为零。如果在该点之上，企业可以获得盈利。否则，企业就会产生亏损。ConnectPhone 公司可以使用如下公式计算盈亏平衡销量

$$盈亏平衡销量 = \frac{固定成本}{价格 - 单位可变成本}$$

分母（价格 − 单位可变成本）叫作**单位产品贡献毛利**（unit contribution），有时也叫作贡献毛利，它代表每单位产品对弥补固定成本的贡献量。盈亏平衡销量表示弥补全部成本（可变成本加固定成本）所需的销量。在 ConnectPhone 公司的案例中，盈亏平衡销量为

$$盈亏平衡销量 = \frac{固定成本}{价格 - 单位可变成本} = \frac{20\,000\,000}{336 - 250} = 232\,558.1（台）$$

因而在给定的成本和价格条件下，当 ConnectPhone 公司的销量为 232 559 台时，可以实现盈亏平衡。

为了确定盈亏平衡时的现金销售额，仅需用售价乘以盈亏平衡销量即可

$$盈亏平衡现金销售额 = 盈亏平衡销量 \times 价格 = 232\,559 \times 336 = 78\,139\,824（美元）$$

计算盈亏平衡现金销售额的另一种方法是使用**贡献毛利率**（percentage contribution margin），即用单位产品贡献毛利除以价格。

$$贡献毛利率 = \frac{价格 - 固定成本}{价格} = \frac{336 - 250}{336} = 0.256 \text{ 或 } 25.6\%$$

$$盈亏平衡现金销售额 = \frac{固定成本}{贡献毛利率} = \frac{20\,000\,000}{0.256} = 78\,125\,000（美元）$$

注意：以上两种计算方法结果不同是由四舍五入引起的。盈亏平衡分析帮助 ConnectPhone 公司得到了弥补成本所需的销量。如果产量达不到这个水平，企业绝不会将其投放市场。不过 ConnectPhone 公司的产

能远在此之上。当然，更重要的问题是，ConnectPhone 公司能否在 336 美元的售价下卖出这么多台媒体电话。我们将在后面解决这个问题。

理解贡献毛利概念的含义在其他类型的分析中也很有用，特别是当单位售价和单位成本未知或者某企业（或者零售商）以不同售价卖出很多件产品并且仅知道总可变成本占总销售额比例的时候。单位产品贡献毛利是单位售价和单位可变成本之间的差额，那么总贡献毛利就是总销售额和总可变成本之间的差额。总贡献毛利率可用下式计算

$$总贡献毛利率 = \frac{总销售额 - 总可变成本}{总销量}$$

在不考虑实际销售水平的情况下，如果企业已知可变成本与销售额的比值，那么就能够计算出贡献毛利率。例如，ConnectPhone 公司的单位可变成本是 250 美元，或者说是售价的 74%（250÷336=0.74）。这就意味着对 ConnectPhone 公司来说，每 1 美元的销售收入中有 0.74 美元是可变成本，剩下的 0.26 美元就是弥补固定成本的贡献值。即使企业并不知道自己的单位售价和单位可变成本，也能够通过总销售额和总可变成本或者成本结构计算出总贡献毛利率。也可以把总销售额设为 100%，而不考虑实际总销量，计算出总贡献毛利率

$$贡献毛利率 = \frac{100\% - 74\%}{100\%} = 0.26 \text{ 或 } 26\%$$

请注意，这个结果与使用单位可变成本和单位售价计算出的结果相吻合。这个算式在以后分析各类营销决策时是非常有用的。

B.1.5 为实现利润目标而确定的"盈亏平衡点"

尽管了解盈亏平衡点很有用，但是大多数企业还是对盈利最感兴趣。假定 ConnectPhone 公司想要在第一年实现 500 万美元的盈利，那么该企业在单价为 336 美元的条件下需要卖出多少台媒体电话来弥补固定成本并达到既定的利润目标？为了确定这个销量，ConnectPhone 公司只需要将目标利润数额加上固定成本，再除以单位贡献毛利即可

$$销量 = \frac{固定成本 + 目标利润}{价格 - 可变成本} = \frac{20\,000\,000 + 5\,000\,000}{336 - 250} = 290\,697.7 \text{（台）}$$

从上式中可知，为了赚取 500 万美元的利润，ConnectPhone 公司必须卖出 290 698 件产品，再乘以单价就可以确定达到 500 万美元利润目标所需的现金销售额

$$现金销售额 = 290\,689 \times 336 = 97\,674\,528 \text{（美元）}$$

当然也可以使用贡献毛利率法计算

$$现金销售额 = \frac{固定成本 + 目标利润}{贡献毛利率} = \frac{20\,000\,000 + 5\,000\,000}{0.256} = 97\,656\,250 \text{（美元）}$$

注意：两种计算方法所得结果不同也是由于四舍五入引起的。

正如我们先前所见，利润目标还可以表示为目标投资回报率。比如，回顾一下 ConnectPhone 公司投资

1 000 万美元想要获得 30% 投资回报率的事例，所以其实际利润目标为 300 万美元。这个利润目标可以用同样的算式来计算[2]

$$销量 = \frac{固定成本 + 目标利润}{价格 - 可变成本} = \frac{20\,000\,000 + 3\,000\,000}{336 - 250} = 267\,442（台）$$

$$现金销售额 = 267\,442 \times 336 = 89\,860\,512（美元）$$

或者

$$现金销售额 = \frac{固定成本 + 目标利润}{贡献毛利率} = \frac{20\,000\,000 + 3\,000\,000}{0.256} = 89\,843\,750（美元）$$

最后，ConnectPhone 公司能够以销售额百分比的形式来描述其利润目标，这种表示方法我们在前面的定价分析中也见过。假定 ConnectPhone 公司希望获得的回报是销售额的 25%，为了计算达到此目标所需的销量和销售额，我们使用的公式与先前两个例子有所不同。在本例中，我们需要把利润目标对单位贡献毛利率的影响考虑进去，作为附加的可变成本，即如果每单位销售额的 25% 必须作为利润，那么剩下的 75% 才能用来弥补固定成本，因而算式变为

$$销量 = \frac{固定成本}{价格 - 可变成本 - 0.25 \times 价格} \text{ 或者 } \frac{固定成本}{(0.75 \times 价格) - 可变成本}$$

$$销量 = \frac{20\,000\,000}{0.75 \times 336 - 250} = 10\,000\,000（台）$$

$$现金销售额 = 10\,000\,000 \times 336 = 3\,360\,000\,000（美元）$$

从算式可知，ConnectPhone 公司在当前给定的售价和成本构成条件下，想要实现 25% 的销售额回报率，就必须获得超过 30 亿美元的现金销售额。但是企业能够达到这一目标吗？关键问题是：尽管盈亏平衡分析在确定弥补成本和实现某一利润目标时非常有用，但是它并不能告知企业在某一售价水平下达到某一销售额目标的可能性。为了解决这个问题，ConnectPhone 公司还必须估计企业的产品市场需求。

在继续探讨之前，我们先来休息一下。练习如何将目前所学的概念应用到实践中。我们已经了解定价和盈亏平衡分析是如何在 ConnectPhone 公司的新产品计划中发挥作用的，那么通过下面几个练习来测试你能否将所学知识应用到其他情境中。

B.1.6 营销数字练习一

我们已经学习了定价、盈亏平衡和利润分析以及它们在 ConnectPhone 公司新产品投放计划中的应用，请通过下列练习试着将这些概念应用到其他情境中。

1.1 Sanborn 是一家电动排风口制造商，每生产一台产品的利润是 55 美元，总固定成本为 200 万美元。若企业生产 50 万台产品，请计算下列各项的值。

（1）单位成本。

（2）加成价格（假设企业期望获取销售额的 10% 作为回报）。

（3）投资回报率价格（假设企业期望获得 100 万美元投资的 25% 作为回报）。

1.2 一位室内设计师购买了一批商品并进行销售。他用 125 美元购买了一盏台灯并以 225 美元的价格卖掉。请计算下列各项的值。

（1）标准差价。

（2）标准差价占成本的百分比。

（3）标准差价占零售价的百分比。

1.3 一位消费者花了 60 美元从一家零售店里购买了一台面包机。零售商的利润是售价的 20%，批发商的利润是 15%，那么制造商把该产品卖给批发商的价格是多少？

1.4 一家真空吸尘器制造商每台产品的成本为 50 美元并期望获取 30% 的利润，若直接卖给零售商，则该零售商将获取售价 40% 的利润。请计算该零售商对消费者的标价。

1.5 Advanced Electronics 公司生产 DVD 碟片并直接卖给零售商，零售商把这些 DVD 碟片标价 20 美元并获取 40% 的利润。Advanced Electronics 公司的成本信息如下：

- DVD 包装及碟片——2.50 美元 / 片；
- 版权费——2.25 美元 / 片；
- 广告及促销费——50 万美元；
- 经营管理费——20 万美元。

请计算如下各值。

（1）单位产品贡献毛利的值以及贡献毛利率。

（2）盈亏平衡销量以及现金销售额。

（3）如果企业的利润目标为净利润的 20%（假设销售 500 万片 DVD 碟片），请计算所需的销量及现金销售额。

B.2 需求预测、营销预算和营销绩效测量

市场潜量和销量预测

ConnectPhone 公司现在已经计算出了盈亏平衡以及达到各种利润目标所需的媒体电话的销量。然而企业还需要更多关于需求方面的信息以评估达到目标销量的可行性。企业在制定生产和其他方面的决策时也需要这些信息。例如，制订生产计划和营销战略。

对某种商品或服务的**市场总需求**（total market demand）是指在既定的营销环境下，通过一定的营销组合和营销努力，在某时间段及某地理区域内的消费群所购买的总量。市场总需求并不是一个确定的常数，而是综合各种要素的函数。比如，下一年市场对媒体电话的总需求将取决于其他制造商在产品营销上的花费，还取决于多种环境因素，例如，政策、经济形势和消费者对该市场的信心指数。市场需求的上限叫作**市场潜量**（market potential）。

ConnectPhone 公司可以用一种普遍、实用的方法来估计市场总需求，并通过以下三个变量来进行计算：①潜在消费者；②每年每位消费者平均购买数量；③单价。企业能够通过这三个变量来估计市场总需求

$$Q = n \times q \times p$$

式中，Q 表示市场总需求；n 表示潜在消费者数目；q 表示每年每位消费者平均购买数量；p 表示单价。

该公式的另一种变体是**连锁比率法**（chain ratio method）。该方法是每一个基数乘以一个链式调整百分

比。例如，ConnectPhone 公司的媒体电话可以代替家用电话，并提供"即时"网络接口。因此，只有有宽带网络接口的家庭才能够使用这种产品。另外，并非所有有宽带网络接口的家庭都愿意并有能力购买新产品。于是企业就可以使用下面的算式链来估计美国消费者对该产品的市场需求

美国家庭总数
× 拥有宽带网络接口的美国家庭的比率
× 拥有宽带网络接口的家庭愿意并且有能力购买新产品的比率

美国调查机构估计美国大约有超过 1.3 亿的家庭。[3] 研究估计 50% 的家庭有宽带网络接口。[4] 最后，ConnectPhone 公司自己的研究指出，在这些家庭中只有 3.1% 愿意并有能力购买新产品。那么，有意愿并且能够购买媒体电话的家庭总数是

$$130\,000\,000 \times 0.50 \times 0.331 = 18\,700\,000$$

每个家庭只需要一台媒体电话。假设同类产品各品牌平均零售价为 750 美元，那么预计市场总需求为

$$18\,700\,000 \times 1 \times 750 = 1\,400\,000\,000\,(\text{美元})$$

这个简单的算式链仅对市场潜量做了粗略的估计。但是，如果算式链中包含更详细的附加变量或者其他有意义的因素，就能得到更准确和更优化的估算结果。不过这也仅仅是对市场潜量的估算而已。这种估算是基于对调整比例、平均量和平均价格等值的假设，因而 ConnectPhone 公司必须保证其假设合理且不易被推翻。如上所示，总市场潜量的值与估计平均价格显著相关，因此 ConnectPhone 公司将使用销售潜力来确定下一年的预期销量，市场潜量为 1 870 万台（1 870 万家庭 × 1 台 / 家庭）。

假设 ConnectPhone 公司的产品投入市场后，想要在第一年获得 2%（与其在高清电视市场上的份额相似）的市场份额，那么它可以用 1 870 万台 ×0.02=37.4 万台这个算式来预测产品的销量。当单价为 336 美元时，销售额为 125 664 000 美元（= 374 000 台 ×336 美元 / 台）。为简便起见，后面所涉及的预计销售额按 1.25 亿美元计。

这一销量估计远低于 ConnectPhone 公司的产能并且超过了先前所计算的盈亏平衡销量（232 559 台），以及实现 500 万美元利润所需的销量（290 698 台），还有实现 30% 投资回报率的销量（267 442 台）。然而，这一估计大大低于实现 25% 投资回报率所需的销量（1 000 万台），可能需要 ConnectPhone 公司调整其预期。

为了评估预期利润，我们必须观察推出产品的预期花费。为了做到这一点，我们开始构建利润表及预算表。

B.3 利润表及营销预算

所有的营销经理都必须为营销战略对利润的影响负责。预计这种利润影响常用的工具是预计（或预期）利润表（也叫作损益表或经营收支表）。预计利润表反映了预计收入减去预算开支，以及组织、产品和品牌在某特定计划期内（通常是一年）估计净利润的情况，其中包含产品直接制造成本以及为达到既定销售目标所需的营销费用预算以及组织或产品的经营管理费。一张利润表通常由下列几个主要部分组成（见表 B-1）。

- 净销售额——总销售收入减去退货和折扣（比如贸易、现金、数量和促销折扣）。如前面所述，ConnectPhone 公司 2011 年的净销售额预计将达到 1.25 亿美元。
- 产品销售成本（有时候也叫销售成本）——制造商或分销商销售产品的实际费用，包含库存成本、采

购成本和其他相关制造成本。ConnectPhone 公司的产品销售成本预计占净销售额的 50%，为 6 250 万美元。
- 毛利润——净销售额和产品销售成本之间的差额。ConnectPhone 公司的毛利润预计将达到 6 250 万美元。
- 运营费用——经营中产生的费用，包含除了产品销售成本之外进行商务活动所需的所有其他费用。运营费用可以以具体分解项或者总计的形式表示。在本案例中，ConnectPhone 公司的预计运营费用包括营销费用、日常开支及管理费用。

表 B-1　截至 2011 年 12 月 31 日的年度预计利润表　　　　　　　　　（金额单位：美元）

			占净销售额的百分比（%）
净销售额		125 000 000	100
产品销售成本		62 500 000	50
毛利润		62 500 000	50
营销费用			
销售费用	17 500 000		
促销费用	15 000 000		
运输费用	12 500 000	45 000 000	36
日常开支及管理费用			
管理人员工资及花费	2 000 000		
间接开支	3 000 000	5 000 000	4
税前净利润		12 500 000	10

营销费用包含销售费用、促销费用和运输费用。新产品将通过 ConnectPhone 公司的营销人员进行销售，所以企业给营销人员的工资预计是 500 万美元。但是由于销售代表有 10% 的销售提成，所以 ConnectPhone 公司必须在 1 250 万美元的销售费用（1.25 亿美元净销售额的 10%）的基础上添加一个变量，于是总的销售费用就变为 1 750 万美元。ConnectPhone 公司把推广新产品所需的广告和促销费用定为 1 000 万美元。但是 ConnectPhone 公司会拿出净销售额的 4%（即 500 万美元）作为广告合作奖金，奖励那些在广告中为新产品进行宣传的零售商。因而，广告及促销费用的总预算为 1 500 万美元（1 000 万美元的广告费加上 500 万美元的合作补贴）。最后，ConnectPhone 公司还要拿出净销售额的 10%（即 1 250 万美元）作为运输费用，在这种情况下，预计营销费用总计将达到 1 750 万美元 + 500 万美元 + 1 250 万美元 = 4 500 万美元。

日常开支及管理费用的预算是 500 万美元，分别是 200 万美元的管理人员工资和市场部门费用，以及 300 万美元的间接开支（比如折旧费、红利、维护费和保险费），这笔费用由企业的会计人员来进行分配。那么本年度的总费用预计将达到 5 000 万美元（4 500 万美元的营销费用加 500 万美元的日常开支及管理费用）。

- 税前净利润——减去所有费用之后的利润，企业预计税前净利润为 1 250 万美元。

如表 B-1 所示，ConnectPhone 公司预计于 2011 年从新型媒体电话产品中赚取 1 250 万美元的税前净利润。我们还注意到最右方的一栏给出了利润表中所列各项占净销售额的百分比。这些百分比是由费用数值比上净销售额的值得到的（比如营销费用占净销售额的 36% 是由 4 500 万美元 ÷ 1.25 亿美元得到的）。从表中可知，ConnectPhone 公司在投放新产品后的第一年预计获得占销售额 10% 的净利润。

B.4 营销绩效测量

现在我们把时钟拨到 2011 年年底。ConnectPhone 公司的产品已经投放市场一年了,管理部门想要评估销售和利润绩效。一种方法是通过 ConnectPhone 公司的利润表数据计算业绩比率。

预计利润表显示了企业预计的财务状况,表 B-2 表示企业的实际财务状况,这个表是由过去一年的实际销售额、生产成本和费用组成的。通过对比某一段时期和下期的利润表,ConnectPhone 公司就能够衡量实际绩效与目标的差异、判断好的和坏的趋势并采取适当的行动。

表 B-2 截至 2011 年 12 月 31 日的年度利润表 (金额单位:美元)

			占净销售额的百分比(%)
净销售额		100 000 000	100
产品销售成本		<u>55 000 000</u>	<u>55</u>
毛利润		45 000 000	45
营销费用			
销售费用	15 000 000		
促销费用	14 000 000		
运输费用	<u>10 000 000</u>	39 000 000	39
日常开支及管理费用			
管理人员工资及花费	2 000 000		
间接开支	<u>5 000 000</u>	7 000 000	7
税前净利润		−1 000 000	−1

该利润表显示 ConnectPhone 公司亏损了 100 万美元,并非预计利润表中的盈利 1 250 万美元。这是怎么回事呢?一个很明显的原因是净销售额比预计少了 2 500 万美元。较低的销售额就意味着较低的可变成本和相关的营销费用。然而固定成本和营销费用占销售额的比例均超出了预期。因而,产品的贡献毛利率是 21% 而非预计的 26%。可变成本占销售额的比例就相对高了(55% 的销售成本、10% 的销售回扣和 4% 的合作补贴)。回忆一下贡献毛利率的计算方法为:1 − 0.79(可变成本所占比率)=0.21。总固定成本是 2 200 万美元,比预计多了 200 万美元,因而在这种情况下的盈亏平衡销售额为

$$盈亏平衡销售额 = \frac{固定成本}{贡献毛利率} = \frac{22\ 000\ 000}{0.21} = 104\ 761\ 905(美元)$$

如果 ConnectPhone 公司能再多销售 500 万美元,就可以实现盈利了。

尽管 ConnectPhone 公司的盈利低于预期,但是产品所在的整个行业也是如此。行业的整体销售额只有 25 亿美元,这意味着 ConnectPhone 公司占有 4% 的市场份额,这个数据高于预期。因而,ConnectPhone 公司获得了高于预期的市场份额,但是行业整体销售额并没有预期的那样高。

B.4.1 比率分析

利润表提供了计算一些非常重要的经营比率(operating ratios,利润表中经过筛选的某些数据与净销售额的比值所需的数据)。营销经理可以通过这些数据对企业在某一年与前些年的(或对比行业标准和竞争者在当年的经营表现)经营状况进行比较。最常用的经营比率有毛利率、净利率和经营费用率。存货周转率和投资回报率则常用来衡量经营管理工作的效果及效率。

毛利率（gross margin percentage）是指净销售额减去产品销售费用后的剩余比率。这一比率越高，则说明企业有更多的剩余资金来弥补花费并产生利润。ConnectPhone 公司的毛利率是 45%，即

$$\text{毛利率} = \frac{\text{毛利润}}{\text{净销售额}} = \frac{45\,000\,000}{100\,000\,000} = 0.45 = 45\%$$

这个比率比预计得要低，我们可以从表 B-2 最右边一栏中看到这一比率值。随着时间的推移，管理者可以通过这一比率迅速地发现成本中不正常的变化。如果该比率开始降低并且该产品从前出现过类似的情况，那么管理者就需要仔细检验并确定其降低的原因（是由于销量降低、降价、成本增加或者这些因素的综合）。在 ConnectPhone 公司的案例中，净销售额比预期低 2 500 万美元，而产品销售费用高于预期（占净销售额的 55% 而非预计的 50%）。

净利润率（net profit percentage）表示每 1 美元现金销售额中利润所占的比率。可由净利润除以净销售额算出

$$\text{净利润率} = \frac{\text{净利润}}{\text{净销售额}} = \frac{-1\,000\,000}{100\,000\,000} = -0.01 = -1\%$$

这个比率同样可以在表 B-2 最右边一栏中看到。ConnectPhone 公司的新产品第一年利润为负，然而在产品投放之前预期税前净利润将超过 1 200 万美元，这样看来企业的净利润状况并不理想。后面我们将扩展讨论营销经理为维护产品所应采取的分析手段。

经营费用率（operating expense）是指净销售额中经营费用所占的比率。经营费用包含营销费用及其他非直接相关的营销费用，如日常开支及管理费用。可由下式计算

$$\text{经营费用率} = \frac{\text{总经营费用}}{\text{净销售额}} = \frac{46\,000\,000}{100\,000\,000} = 0.46 = 46\%$$

该比率还可以通过加总利润表中的营销费用比率和日常开支及管理费用比率（39%+7%）快速得到。因而，每 1 美元销售额中有 46 美分算作经营费用。尽管 ConnectPhone 公司希望这个比率尽可能低，但是 46 美分还算不上一个需要警惕的数值，企业需要关注的是随着时间的推移该数值是否会增长。

另外一个十分有用的比率是**存货周转率**（Inventory turnover rate）。存货周转率是指存货在一定时间内（通常为一年）周转或被销售的次数。这个比率告诉我们一家企业的货物周转速度有多快。较高的存货周转率表示企业可以降低对库存的投资，可以将更多资金用于别的投资。存货周转率可以依据成本、售价或销量来计算。依据成本计算的公式如下

$$\text{存货周转率} = \frac{\text{销售费用}}{\text{平均存货成本}}$$

假设 ConnectPhone 公司年初和年底的库存分别为 3 000 万美元和 2 000 万美元，那么存货周转率为

$$\text{存货周转率} = \frac{55\,000\,000}{(30\,000\,000 + 20\,000\,000)/2} = \frac{55\,000\,000}{25\,000\,000} = 2.2$$

也就是说，ConnectPhone 公司的库存在 2011 年里周转了 2.2 次。通常存货周转率越高意味着企业的管理效率和盈利能力越强。但是，这个比率通常需要和行业平均水平、竞争者状况以及过去的表现做对比才能

说明ConnectPhone公司是否做得足够出色。拥有近似的销售额且库存周转率高的竞争者不需要在库存方面投入较多的资源，可以将多余的资源投入其他业务领域。

企业通常使用投资回报率（ROI）来测量管理绩效。对于ConnectPhone公司来说，ROI就是净利润与制造这个新产品所需的总投资的比率。总投资包括在土地、建筑和设备方面的投资（在本案例中指的是为了改进生产设备而投资的1 000万美元）加上库存费用（ConnectPhone公司的平均总库存费用为2 500万美元），总计3 500万美元。因而ConnectPhone公司新产品的ROI是

$$投资回报率 = \frac{税前净利润}{投资} = \frac{-1\ 000\ 000}{35\ 000\ 000} = -0.028\ 6 = -2.86\%$$

ROI通常被用来比较备选方案，企业总是希望得到正投资回报率。能够获得高投资回报率的备选方案比其他备选方案更受青睐。ConnectPhone公司需要积极关注实现的ROI。一种可以显著提高ROI的方法是通过降低费用来增加净利润；另一种办法是降低投资，或者在库存方面减少投入并加快周转速度。

B.4.2 市场营销盈利能力指标

在给出上述财务结果之后，你或许会认为ConnectPhone公司应当放弃这款新产品的经营。但是营销人员需要什么样的理由来决定保留还是放弃这款新产品呢？放弃这款新产品的一个明显的理由是第一年销售额远低于期望并且发生了亏损，导致了负投资回报率。

那么如果ConnectPhone公司放弃了这款新产品又会发生什么情况呢？令人吃惊的是，如果企业放弃，利润将会降低400万美元。怎么会这样呢？营销经理需要仔细查看利润表中的数字，以确定产品的净营销毛利。在ConnectPhone公司的案例中，该产品的净营销毛利是400万美元，如果企业放弃这款产品，这种贡献也将随之消失。我们来对这个概念进行深入的分析，以说明营销经理如何能够更好地评估和维护其营销战略与计划。

1. 净营销毛利

净营销毛利（net marketing contribution，NMC）同其他衍生营销指标一样，可以用来测量营销的盈利能力。它只包括由营销活动所决定的那部分盈利能力。前面利润表中关于税前净利润的计算包含经营费用这种不能由营销决定的费用，而NMC的计算不能包括这一费用。从表B-2所示的ConnectPhone公司的利润表中我们能计算出产品的净营销毛利为

$$净营销毛利 = 净销售额 - 产品销售费用 - 营销费用$$
$$= 100\ 000\ 000 - 55\ 000\ 000 - 41\ 000\ 000 = 4\ 000\ 000（美元）$$

营销费用包括销售费用（1 500万美元）、促销费用（1 400万美元）、运输费用（1 000万美元）以及管理人员工资及花费（200万美元），共计4 100万美元。

因而，这个产品实际上为ConnectPhone公司的利润贡献了400万美元。其实是500万美元的间接开支导致了负利润，这个费用高出预期200万美元。事实上，只要达到预期的费用水平，该产品就会盈利100万美元而非亏损。可是即使放弃此产品，500万美元的固定间接开支也不会消失，仅仅是流向别处，而400万美元的净营销毛利却消失了。

2. 营销销售额回报率及营销投资回报率

为了能更深刻地理解营销战略对利润的影响，我们来研究两种测量营销效率的方法——营销销售额回报

率和营销投资回报率。[5]

营销销售额回报率（ROS）显示了净销售额中由净营销毛利所贡献的百分比。对于此案例中的产品来说，ROS 为

$$\text{营销销售额回报率} = \frac{\text{净营销毛利}}{\text{净销售额}} = \frac{4\,000\,000}{100\,000\,000} = 0.04 = 4\%$$

因此，每销售 100 美元，该产品就为 ConnectPhone 公司带来 4 美元的利润。显然，ROS 的值越高越好。但要评价该 ROS 值是否意味着表现良好，企业还必须将它与产品往年的 ROS 值、企业其他产品的 ROS 值以及竞争对手产品的 ROS 值进行比较。

营销投资回报率（ROI）用来测量一项营销投资的营销效率。在 ConnectPhone 公司的案例中，营销费用共计 4 100 万美元，因而营销投资回报率为

$$\text{营销投资回报率} = \frac{\text{净营销毛利}}{\text{总营销费用}} = \frac{4\,000\,000}{41\,000\,000} = 0.097\,6 = 9.76\%$$

同样，ROI 值也是越高越好，但是这个值需要与以前生产的产品和竞争对手产品的 ROI 值做比较。需要注意的是，当净营销毛利足够高或者总营销费用足够低时，这个值就可能大于 100%。

在本节中，我们估计了市场潜量和销售额，编制了利润表并且讨论了测量产品财务绩效的方法。在下一节中，我们将讨论分析各种营销战略影响的方法。在开始之前，通过一些习题来帮你把所学知识应用于其他情境中。

3. 营销数字练习二

2.1 某产品拥有 5 000 万潜在购买者，每人每年平均购买 3 件，每件 25 美元，请计算市场潜量。如果厂家希望获取 10% 的市场份额，则需要卖出多少件产品？

2.2 请为 Westgate 轻工业分部编制一张利润表，该分部通过家居装修店和五金店销售灯具。产品销售费用占净销售额的 40%。营销费用包括销售费用、促销费用及运输费用。销售成本包括营销人员工资（每年总计 300 万美元）和销售提成（销售额的 5%）。企业上一年花在广告上的费用是 300 万美元，运输费用占销售额的 10%。其他费用包括管理人员工资和营销业务费用，总计 200 万美元，还有部门日常开支 300 万美元。

（1）如果上一年的净销售额为 2 000 万美元，请编制一张利润表。

（2）如果上一年的净销售额为 400 万美元，请编制一张利润表。

（3）计算 Westgate 轻工业分部的盈亏平衡销量。

2.3 假定 Westgate 轻工业分部的期初库存为 1 100 万美元，期末库存为 700 万美元，包括库存在内的总投资为 2 000 万美元，请用 2.2 题中编好的利润表来计算下列各项的值：①毛利率；②净利润率；③经营费用率；④存货周转率；⑤投资回报率；⑥净营销毛利；⑦营销销售额回报率；⑧营销投资回报率；⑨ Westgate 轻工业分部的经营状况如何？为什么？

B.5 营销策略财务分析

尽管 ConnectPhone 公司的新产品第一年的表现不尽如人意，但是管理人员还是认为该产品具有足够的吸引力和很好的成长机会。虽然 ConnectPhone 公司的新产品销量低于预期，但是在当前的市场规模下也并

非不合理。因而企业决定制定新的营销策略来扩大产品的市场占有率和提高销量。

比如,企业可以通过增加广告投入来提高新产品在同类产品中的知名度,也可以增加销售人员来确保更好的分销,还可以通过降价使更多的消费者买得起该产品。最后,为了扩大市场份额,ConnectPhone 公司还可以引进低端型号。在选择这些策略之前,ConnectPhone 公司需要对每项策略进行财务分析。

B.5.1 增加广告投入

尽管许多消费者了解网络和手机,但他们并不知道多媒体手机。因此 ConnectPhone 公司可以考虑增加广告投入来让更多的人了解该产品的优点,特别是自己品牌产品的优点。

如果 ConnectPhone 公司的营销人员建议在原有广告费的基础上增加 50%,达到 1 500 万美元,会发生什么呢(假设促销费用组合不变)?这表示固定成本增加了 500 万美元,那么需要新增多少销售额来弥补这增加的 500 万美元固定成本呢?

解答这一问题的一个简单方法是用增加的固定成本除以贡献毛利率,从前面可知贡献毛利率为 0.21,那么

$$新增销售额 = \frac{增加的固定成本}{贡献毛利率} = \frac{5\,000\,000}{0.21} = 23\,809\,524(美元)$$

因而广告费增加 50% 意味着必须增加 2 400 万美元销售额才能实现盈亏平衡。增加 2 400 万美元的销售额增加约 1% 的市场份额(25 亿美元总市场份额的 1% 为 2 500 万美元)。那么,为了弥补增加的广告费,ConnectPhone 公司需要把自己的市场份额从 4% 提高到 4.95%(123 809 524 美元 ÷25 亿美元 =0.049 5 或者 4.95% 的市场份额)。所有这些计算都假定市场整体不会增长,尽管这或许并非一个合理的假设。

B.5.2 扩大渠道覆盖

ConnectPhone 公司还在考虑雇用更多的销售人员来吸引更多的零售商,从而扩大销路。尽管企业直接把产品卖给批发商,但它的销售代表还是可以号召其零售商执行除销售之外的一些职能,例如培训销售人员。ConnectPhone 公司目前雇用了 60 位销售人员,他们的平均底薪工资为 5 万美元,外加 10% 的销售提成。这款产品目前通过 1 875 家零售店销售给消费者。假设 ConnectPhone 公司想要把零售店的数目增加到 2 500 家,即多开 625 家零售店。那么 ConnectPhone 公司需要增加多少销售人员呢?销售额需要达到多少才能在新增加成本的条件下实现盈亏平衡呢?

一种确定 ConnectPhone 公司所需销售人员规模的方法被称为**工作负荷法**(workload method)。工作负荷法使用下面的公式来计算所需的销售人员

$$NS = \frac{NC \times FC \times LC}{TA}$$

式中,NS 表示销售人员数;NC 表示顾客数;FC 表示销售人员拜访客户的平均频率;LC 表示拜访顾客平均时间长度;TA 表示每年每位销售人员平均用于销售工作的时间。

ConnectPhone 公司的销售代表每年拜访顾客 20 次,每次平均大约 2 个小时。尽管每位销售代表每年工作 2 000 小时(50 周 / 年 ×40 小时 / 周),但是他们每周要花费 15 小时在行政管理和出差等非销售事务上,因而每位销售代表的年平均销售工作时间是 1 250 小时(50 周 ×25 小时 / 周)。我们现在可以算出 ConnectPhone 公司需要多少位销售人员来覆盖 2 500 家零售店了

$$NS = \frac{2\,500 \times 20 \times 2}{1\,250} = 80\,(名)$$

所以，ConnectPhone 公司还需要雇用 20 位销售人员，所需费用将达到 100 万美元（20 人 × 每人 5 万美元工资）。那么需要增加多少销售额来弥补这项费用才能达到盈亏平衡呢？10% 的销售提成已经被计入贡献毛利率，故贡献毛利率为 0.21 不变，弥补增加的固定成本所需的销售额能够以下式来计算

$$新增销售额 = \frac{增加的固定成本}{贡献毛利率} = \frac{1\,000\,000}{0.21} = 4\,761\,905\,(美元)$$

这就意味着 ConnectPhone 公司的销售额必须增加约 500 万美元才能达到盈亏平衡。企业需要增加多少零售店来达到这个增长目标？目前每家零售店平均产生 53 333 美元（1 亿美元销售额 ÷ 1 875 家零售店）。为了达到大约 500 万美元的销售额增长，ConnectPhone 公司需要增加 90 家零售店（4 761 905/53 333 = 89.3 家零售店），或者说每位销售代表新增 4.5 家零售店。目前的销售代表每人大约覆盖 31 家零售店（1 875 家零售店/60 人），这似乎很合理。

B.5.3 降价

ConnectPhone 公司也在考虑通过降低价格来提高销量从而增加销售收入。企业的研究已经表明大多数顾客对消费电子产品的需求是具有弹性的，即数量增长率高于价格降低率。

如果价格下降 10%，那么需要增加多少销售额才能达到盈亏平衡，即需要增加多少销售额来保持与售价较高时相同的总贡献毛利？目前的总利润可由贡献毛利率乘以总销售额来计算[6]

$$总贡献毛利 = 贡献毛利率 \times 销售额 = 0.21 \times 100\,000\,000 = 21\,000\,000\,(美元)$$

价格的变化将导致单位贡献毛利和贡献毛利率的变化。回顾前面的内容，21% 的贡献毛利率由可变成本占销售额的 79% 得到。所以，单位可变成本可由原价 × 0.79 得出：336 × 0.79 = 265.44（美元/台）。

如果降价 10%，新价格为 302.4 美元。但是，可变成本随着价格的变化而变化，所以单位贡献毛利和贡献毛利率的下降如下表所示。

（金额单位：美元）

	原价	现价（降价 10%）
价格	336	302.40
减：单位可变成本	265.44	265.44
等于：单位贡献毛利	70.56	36.96
贡献毛利率	70.56/336 = 0.21 = 21%	36.96/302.40 = 0.12 = 12%

所以降价 10% 使得贡献毛利率从 21% 跌至 12%。[7] 要在此条件下确定达到盈亏平衡所需的销售额，我们需要计算在当前贡献毛利率数值下达到原先 2 100 万美元的总贡献毛利所需的销售额。

$$当前贡献毛利率 \times 当前所需销售额 = 原先总贡献毛利$$

故

$$当前所需销售额 = \frac{原先总贡献毛利}{当前贡献毛利率} = \frac{21\,000\,000}{0.12} = 175\,000\,000\,(美元)$$

因而，在降价 10% 的条件下，销售额需要增加 7 500 万美元（1.75 亿美元 −1 亿美元）才能达到盈亏平

衡。这就意味着 ConnectPhone 公司必须将其所占的市场份额提高到 7%（1.75 亿美元 ÷ 25 亿美元），才能达到这一利润目标（假设市场整体份额没有扩大）。同时营销经理必须对这个目标的合理性做出评估。

B.5.4 延伸产品线

ConnectPhone 公司最后的选择是考虑推出一款低端型号的产品来延伸产品线。当然，新型的低价产品可能会瓜分高端型号产品的一部分销售额。这种情况被称作**自相残杀**（cannibalization），即某企业生产的某产品瓜分了该企业其他产品的部分销售额。在这种情况下，如果新产品的利润低于原有产品，企业的总利润将随着产品的销售而下降。但是，如果新产品能带来足够的销量，这种策略还是值得考虑的。

为了评估自相残杀的程度，ConnectPhone 公司必须考察现有产品贡献毛利的增量。回顾前面的分析，我们知道产品单位可变成本是 256.44 美元，单位贡献毛利略高于 70 美元。假设第二年成本不变，ConnectPhone 公司可以预期原有的每件高端产品将产生大约 70 美元的贡献毛利。

假设 ConnectPhone 公司的原有高端产品被称作 MP1，而新型的低端型号产品被称作 MP2。MP2 的零售价为 400 美元并且分销商能够获得与高端型号产品相等的利润。所以，MP2 产品给批发商的售价为 224 美元，如下所示

零售价：	400 美元
减去零售商利润（30%）：	–120 美元
零售商成本 / 批发商：	280 美元
减去批发商利润（20%）：	–56 美元
批发商成本 /ConnectPhone 公司出厂价：	224 美元

如果 MP2 的可变成本预计为 174 美元，那么它的单位贡献毛利就是 50 美元（=224 美元 –174 美元）。这意味着从 MP1 瓜分的每件 MP2 产品，会使企业在固定成本和利润方面损失 20 美元（MP2 的贡献毛利 – MP1 的贡献毛利 =50 美元 –70 美元 = –20 美元）。于是得出的结论是：ConnectPhone 公司不应采取产品线延伸战略，因为企业的状况可能会因为引进了低端型号的产品而变得更糟。但是，如果 MP2 能够获取足够的额外销售额，ConnectPhone 公司的状况就会变得更好，即使 MP1 的部分销售额被瓜分。企业必须研究总贡献毛利的变化，这就需要分别估计两款产品的销量。

起初 ConnectPhone 公司估计 MP1 次年的销量将达到 60 万台。但是由于引进了 MP2，企业预计 MP2 将会瓜分 MP1 20 万台的销量。如果 ConnectPhone 公司只销售 20 万台 MP2（均从 MP1 的销量中得到），企业将亏损 400 万美元（20 万台 ×(–20) 美元瓜分额 / 台 = – 400 万美元）的总贡献毛利，这个结果很糟糕。但是，ConnectPhone 公司估计 MP2 将带来 20 万台的瓜分销量和 50 万台的额外销量。因而，额外销量的贡献毛利将达到 2 500 万美元（50 万台 ×50 美元 / 台 = 2 500 万美元）。最后的结果是 ConnectPhone 公司可以通过引进 MP2 获得 2 100 万美元的总贡献毛利。

下表对比了 ConnectPhone 公司在引进或者不引进 MP2 时所获得的总贡献毛利。

	只引进 MP1	引进 MP1 和 MP2
MP1 的贡献毛利	60 万台 ×70 美元 = 4 200 万美元	40 万台 ×70 美元 / 台 = 2 800 万美元
MP2 的贡献毛利	0	70 万台 ×50 美元 / 台 = 3 500 万美元
总贡献毛利	4 200 万美元	6 300 万美元

上表显示，在这两种情况下总贡献毛利的差值是 2 100 万美元（= 6 300 万美元 – 4 200 万美元）。基于上

述分析，ConnectPhone 公司应当引进 MP2，因为引进 MP2 会产生正的贡献毛利。但是，如果由于增加 MP2 固定成本超过了 2 100 万美元，那么最终结果还是负值，在这种情况下企业就不该采用产品线延伸战略。

现在我们已经了解了关于 ConnectPhone 公司新产品营销战略的实践分析，这里有一些练习题可以帮你将本节所学知识应用到其他情境中。

B.5.5 营销数字练习三

3.1 Kingsford 公司通过零售商销售小管道组件。企业去年的市场整体销售额为 8 000 万美元，Kingsford 公司占有 10% 的市场份额，贡献毛利率是 25%。Kingsford 公司零售店里的销售人员每年的工资是 45 000 美元加 1% 的销售提成。零售商利润率为售价的 40%，每家零售店每年能够为 Kingsford 公司创造 1 万美元的收入。

（1）营销经理建议增加 30 万美元的广告投入。在此投入水平下 Kingsford 公司需要达到多少销售额才能实现盈亏平衡？这代表该企业所占的市场份额增加多少？

（2）另一个建议是再雇用 3 位销售代表来获得更多顾客订单。那么需要增加多少家零售店，才能在增加 3 位销售代表的额外花费下达到盈亏平衡？

（3）最后的建议是对产品做 20% 的全面降价。那么为了维持当前的贡献毛利，Kingsford 公司需要增加多少销售额？

（4）你认为 Kingsford 公司应当采取上述哪种策略？为什么？

3.2 百事在大约 40 万个零售点销售软饮料，这些零售点包括超市、折扣店和便利店等。销售代表每周拜访每家零售商，也就是说每位顾客每年被销售代表拜访 52 次。每次拜访平均时长为 75 分钟（1.25 小时）。每位销售代表每年的工作时间为 2 000 小时（=50 周/年 ×40 小时/周），但每位销售代表每周有 10 小时从事非销售活动，例如日常行政工作或者出差。那么企业需要多少销售代表？

3.3 发艺地带推出了一种定型发胶，企业正在考虑增加该产品的另一个版本——定型更持久的泡沫发胶。发艺地带的可变成本和给批发商的售价如下表所示。

（单位：美元）

	当前发胶产品	新型泡沫发胶产品
单价	2.00	2.25
单位可变成本	0.85	1.25

发艺地带期望在产品投放市场后的第一年销售 100 万瓶新型泡沫发胶，但是预计 60% 的销售额都来自平时购买发艺地带老式定型发胶的顾客。发艺地带估计，如果不引进新型泡沫发胶产品，老式定型发胶产品将卖出 150 万瓶。如果投放新产品的固定成本在第一年为 10 万美元，发艺地带是否应当向市场推出这种新产品？为什么？

术 语 表

A

adapted global marketing 适应性的全球营销 一种国际化的市场战略，针对每个国际目标市场来调整市场组合中的因素，这种方式会增加成本，但是会带来更大的市场份额和回报。

administered VMS 管理式垂直营销系统 一种垂直的营销体系，通过其中一方的实力和规模，而不是普通的共同所有权或合同约束来协调生产和分销的连续性环节。

adoption process 采用过程 个体从第一次听到这种创新产品到最后适应的思想过程。

advertising 广告 由特定的赞助商付款，对理念、商品和服务进行非人员的展示与促销。

advertising agency 广告代理 一家营销服务公司，帮助企业计划、准备、执行和评价所有或部分广告项目。

advertising budget 广告预算 为一种产品或一项公司活动分配的资金或其他资源。

advertising media 广告媒体 将广告信息传递给目标受众的工具的统称。

advertising objective 广告目标 在特定时间内与特定的目标群体交流并传达信息。

advertising strategy 广告策略 企业实现其广告目标的战略，它包括两个主要部分：创建广告信息和选择广告媒体。

affordable method 量入为出法 制定管理层认为企业能支付得起的促销预算。

age and life-cycle segmentation 年龄和生命周期细分 将市场分为具有不同年龄和不同生命周期的群体。

agent 代理商 在相对固定的基础上代表买方或卖方利益的批发商，执行一些功能，但并不拥有对商品的所有权。

allowance 补贴 制造商为零售商提供的激励性现金，用于回馈零售商签订着重宣传其产品的协议。

alternative evaluation 可供选择方案评估 它是指在消费者决策过程中，消费者如何利用信息来评价并选择可选择性品牌。

approach 接触 在销售过程中，销售人员第一次与客户接触的阶段。

attitude 态度 一个人一直以来对某个物体或观念所持有的好或不好的评价、感觉和趋向。

B

baby boomers 婴儿潮一代 从第二次世界大战后到20世纪60年代早期，7 800万人口在"婴儿潮"期间出生。

basing-point pricing 基点定价 一个地理定价战略，企业指定某个城市作为基点城市，根据从基点城市到消费者所在地之间的距离收取运费。

behavioral segmentation 行为细分 根据消费者的知识、态度、产品使用率和对产品的反应将市场分为不同的群体。

belief 信念 一个人所持有的对某些东西的描述性思想。

benchmark 参考基准 将企业的产品、生产流程与竞争者和其他行业的领先企业进行比较，来提高质量和业绩。

benefit segmentation 利益细分 根据消费者从产品中寻求的不同利益来划分市场。

blogs 博客 一种在线日志，使用者根据特定的主题在网络上表达自己的想法。

brand 品牌 一个名称、术语、标记、符号或图像，或以上因素的任意组合，将企业的产品或服务与竞争者的产品或服务区分开。

brand equity 品牌资产 消费者对品牌名称的知晓程度给产品或服务带来的有差别的、正面的影响。

brand extension 品牌延伸 在新的产品类别中使用一个成功的品牌名称，推出新的或改进过的产品。

brand personality 品牌个性 某个可以赋予特定品牌以人类特性的组合。

break-even pricing (target profit pricing) 盈亏平衡定价（目标收益定价） 把价格设在收支平衡点上，抵消生产和营销产品的成本，或把价格定在获取目标利润的水平上。

broker 经纪人 不拥有物品的批发商，其功能是将买方和卖方集中在一起并且协助它们进行谈判。

business analysis 商业分析 对销售、成本和利益进行分析，确认这些因素能否满足企业的目标。

business buyer behavior 商业购买者行为 整个组织的购买行为，购买产品和服务，用于生产其他产品和服务，并将其销售或出租以获得利益。

business buying process 商业购买过程 一种决策过程，商业购买者决定组织需要购买的产品和服务，然后寻找、评价、选择供应商和品牌。

business portfolio 业务组合 构成企业的业务和产品的组合。

business promotion tools 产业推广工具 用来引导商业需求、刺激购买、回馈顾客以及鼓励营销人员的促销工具。

business-to-business (B2B) online marketing 企业对企业（B2B）在线营销 利用B2B交易网络、拍卖地点、现场交易、网上商品目录和其他网络资源来开发新的顾客，或为现有的顾客提供更有效的服务，达到更高的购买效率和更有竞争力的价格。

buyer-readiness stages 购买者准备阶段 在这个阶段，消费者通常经过了注意、了解、喜欢、偏好和说服，最后到达购买阶段。

buyers 购买者 有实际购买行为的人。

buying center 采购中心 所有参与商业购买决策过程的个人和单位。

buzz marketing 蜂鸣营销 创造意见领袖并让他们在其群体中将产品或服务信息传播给其他人。

by-product pricing 副产品定价 设定副产品的价格，从而使得主产品更具有竞争力。

C

captive-product pricing 附属产品定价 为那些需要和主产品一起使用的产品定价，比如说，刀片之于剃刀或胶卷之于照相机。

catalog marketing 目录营销 通过邮寄印刷品、影视作品或电子目录给选定的顾客，或将这些信息储存在商店，或在网上发布来进行直接营销。

category killer 品类杀手 庞大的特色商店，对特定的产品线有一个非常深入的分类，商店的员工由专业人士组成。

causal research 因果调研 用来检验因果关系假设的市场调研。

channel conflict 渠道冲突 市场渠道成员之间在目标和宗旨上存在不一致，诸如谁应该做什么，谁应该得到什么样的报酬等。

channel level 渠道层级 使得产品及其所有权更加接近最终使用者的中间商。

closing 达成交易 销售过程中营销人员与顾客签订订单的阶段。

co-branding 共有品牌 将两个不同企业的已有品牌用于同一产品上。

cognitive dissonance 认知失调 由售后冲突所引起的购买者不满意。

commercialization 商品化 将新产品导入市场。

communication adaptation 传播适应 一个全球性的传播计划，把广告信息本地化，传达给顾客。

competition-based pricing 基于竞争定价 基于竞争者的战略、成本、价格和市场供应品等设定价格。

competitive advantage 竞争优势 企业相对于竞争者而言所具有的优势，源于企业向消费者提供更多的价值或更低的价格，或提供更多的利益以抵消高价。

competitive marketing intelligence 竞争营销情报 系统性地收集和分析公开可获得的关于消费者、竞争者以及市场环境变化的信息。

competitive marketing strategies 竞争性营销战略 使企业在与竞争者的竞争中处于有利地位并使企业具有强大的战略优势的战略。

competitive-parity method 竞争对等法 促销预算与竞争者的支出相匹配。

competitor analysis 竞争者分析 识别主要的竞争者，评估它们的目的、战略、优势和劣势以及反应模式，并选择攻击或避免哪些竞争者。

competitor-centered company 竞争者导向型企业 紧紧跟随竞争者的行动和反应来采取行动的企业。

complex buying behavior 复杂的购买行为 消费者的介入程度很高，对不同的品牌有强烈不同的认知感的购买行为。

concentrated (niche) marketing 集中性（利基）营销 企业主要在一个或一些细分市场或利基市场中追求较大的市场份额的市场覆盖战略。

concept testing 概念测试 在目标消费者中测试一个新产品概念，看这些概念是否能够吸引消费者。

consumer buyer behavior 消费者购买行为 指最终消费者的购买行为，即个人或家庭购买产品或服务来满足个人消费。

consumer market 消费者市场 由所有购买产品和服务并用于个人消费的个人与家庭组成的市场。

consumer product 消费品 被最终消费者购买并用于个人消费的产品。

consumer promotion tools 消费者促销工具 用来促进顾客短期购买或者改进顾客长期关系的促销工具。

consumer-to-business (C2B) online marketing 顾客对企业（C2B）在线营销 顾客在网上搜索卖方，了解它们的产品或服务，首次购买，有时甚至达成交易条款的在线交易过程。

consumer-to-consumer (C2C) online marketing 顾客对顾客（C2C）在线营销 在线消费者之间在网上交换产品和信息。

consumerism 用户至上主义 由市民或政府机构组织的活动，来提高相对于销售者而言购买者的权利和力量。

consumer-oriented marketing 以顾客为导向的营销 一种强调从顾客的角度思考和组织营销活动的理念。

contract manufacturing 合同制造 企业与国外的制造商签订合约来生产产品或提供服务的一种合资方式。

contractual VMS 合同式垂直营销系统 一种垂直的营销体系，由在不同生产和分销水平上的各自独立的企业组成，通过签订合同来运行，以获得比各企业独立运营时更多的经济利益或销售影响力。

convenience product 便利产品 消费者能经常、即时地购买的产品，几乎不做什么比较和购买努力。

convenience stores 便利店 一个靠近居民区，每周七天都开放并且每天开放时间很长的小商店，销售流通量高的便利产品。

conventional distribution channel 传统分销渠道 包含一个或多个独立的生产商、批发商、零售商的渠道。每个成员都会最大化自己的利润，甚至不惜以牺牲渠道整体的利益为代价。

corporate chains 连锁店 通常拥有两个或两个以上的商店，有集中的购买和商品销售体系，出售相似的产品系列。

corporate VMS 企业式垂直营销系统 一种垂直的市场营销体系，将生产和分销阶段整合到单一的所有权下，渠道的领导权是通过组织的所有权来建立的。

cost-based pricing 基于成本定价 基于产品生产、分销和销售等环节的成本再加上企业的回报率和风险的一种定价方式。

cost-plus pricing 成本加成定价 在产品的成本上增加标准的利润的定价方式。

creative concept 创意概念 用一种独特并易记的方式把广告信息传递给大众。

crowdsourcing 众包 邀请顾客、员工、独立的科研人员甚至是大众等群体参与新产品的开发过程。

cultural environment 文化环境 影响社会基本的价值、感知、偏好和行为的制度和其他力量。

culture 文化 社会成员从家庭和其他重要的机构中形成基本的价值观、观念、需求和行为方式。

customer (market) sales force structure 顾客（或市场）

销售队伍结构 专门向特定顾客或行业进行销售的销售队伍组织。

customer database 顾客数据库 对现有顾客或潜在顾客的综合数据进行的有组织的收集，包括地理、人口统计、心理和行为数据。

customer equity 顾客资产 企业现有和潜在顾客的顾客终身价值的总和。

customer lifetime value 顾客终身价值 顾客终身光顾所购买的总价值。

customer perceived value 顾客感知价值 相对于竞争者，顾客对一种市场供给的总利益与总成本之差做出的评估。

customer relationship management（CRM） 顾客关系管理 通过为顾客提供较高的价值和满意度来建立和保持可盈利的顾客关系的整个过程。

customer satisfaction 顾客满意 消费者所感知的产品效用与其期望相符合的程度。

customer value analysis 顾客价值分析 企业通过分析来衡量什么会增加目标顾客的价值以及衡量各种各样的竞争者产品的相对价值。

customer value-based pricing 基于顾客价值定价 根据市场需求状况和消费者对产品的感知差异来确定价格的方法。

customer-centered company 顾客导向型企业 在制定战略时更多地关注顾客发展的企业，向顾客传递卓越的价值。

customer-centered new-product development 顾客导向的新产品开发 重点是找到解决顾客问题的新方法，创造更多令客户满意的体验的新产品开发。

customer-value marketing 顾客价值营销 通过向顾客提供最有价值的产品与服务，创造出新的竞争优势。

consumer-generated marketing 消费者自主营销 由消费者（包括邀请的和未邀请的）自己创造的品牌交流，消费者在塑造他们自己和其他消费者的品牌体验中扮演着越来越重要的角色。

D

deciders 决策者 在组织的采购中心有正式或非正式的权力选择和批准最终供应商的人员。

decline stage 衰退期 产品生命周期的一个阶段，在这个阶段，产品销量下降。

deficient products 缺陷产品 既没有直接的吸引力也没有长期利益的产品。

demand curve 需求曲线 描述在既定的时间内，在不同的价格水平下的市场需求量的函数。

demands 需求 有购买力的人类需要。

demographic segmentation 人口统计细分 在人口统计变量的基础上划分市场，如年龄、性别、家庭人口、家庭生命周期、收入、职业、教育、宗教、种族和国籍。

demography 人口统计学 它研究人口规模、密度、地理位置、年龄、性别、种族、职业和其他统计数据。

department stores 百货商店 一个零售机构，销售各种各样的产品线，通常包括服装、家具和家居物品。每个产品线由专业的销售者来经营。

derived demand 衍生需求 主要是从消费者产品需求中衍生出的商业需求。

descriptive research 描述性调研 为了更好地描述营销问题、情况或市场，如产品的市场潜力或人口统计资料和消费者的态度而进行的调研。

desirable products 期望产品 既有很高的即时满意度又有长期利益的产品。

differentiated（segmented）marketing 差异化（细分）营销 企业决定定位于不同的细分市场，并为每个细分市场制订不同方案的市场覆盖战略。

differentiation 差异化 对于顾客广泛重视的某些方面，企业力求在本行业中独树一帜。

direct investment 直接投资 通过在国外投入生产线或生产设备来进入国外市场。

direct marketing 直接营销 通过谨慎地与目标个体消费者直接接触来获得即时反馈和培养持续性的顾客关系。

direct marketing channel 直接营销渠道 没有中间环节的市场营销渠道。

direct-mail marketing 直接邮寄营销 邮寄信件、广告、样本、文件夹和其他的销售宣传资料给在邮寄名单上的潜在顾客。

direct-response television（DRTV）marketing 直接响应电视营销 通过电视来进行直接的市场营销，包括直接响应电视广告和家庭购物广告两种形式。

discount store　折扣店　低价格、低利润销售标准化产品以提高销售量的零售机构。

discount　折扣　在特定的时间内购买价格降低。

disintermediation　脱媒　在营销渠道中新型的中间商取代了传统的中间商。

dissonance-reducing buying behavior　减少失调的购买行为　品牌感知差异很小但消费者介入程度高的购买行为。

distribution centers　配送中心　一个大型的高度自动化的仓库,用来接收各工厂和供应商的货物,接收并有效率地处理订单,将货物尽快地送到顾客手中。

diversification　多元化　企业在现有的产品和市场范围之外建立或者收购新的业务,以获得自身成长的一种战略。

downsizing　精简　企业通过取消一些产品或者业务单位来达到减少企业业务的目的,因为这些产品或者业务单位已不具备盈利能力或者不再适合企业整体战略。

dynamic pricing　动态定价　根据不同的个体顾客或不同情景定价。

E

economic community　经济共同体　为实现国际贸易管理的共同目标建立起的组织。

economic environment　经济环境　影响消费者购买力和消费方式的经济因素。

environmental sustainability　环境可持续性　一种管理方法,它能够帮助企业制定出同时兼顾环境和产品利润的战略。

environmentalism　环保主义　为了保护和改善人居环境,由一些公众和政府人员所组织的活动。

e-procurement　电子采购　采购方发起的一种采购行为,是一种网上交易,如网上招标、网上竞标、网上谈判等。

ethnographic research　人种学研究　一种研究方法,在"自然"状态下,研究者通过观察和与消费者交流的方式进行研究。

event marketing　事件营销　创造品牌营销事件或参与由其他厂商发起的事件来进行市场营销活动。

exchange　交换　通过交换从别人那里获取自己所需物品的一种行为。

exclusive distribution　专营性分销　给予有限数量的零售商在它们的区域内独家分销企业产品的权利。

execution style　执行风格　发布广告信息的方法、风格、语气、用词和格式。

experience curve(learning curve)　经验曲线(学习曲线)　随着生产经验的积累,单位产品成本下降。

experimental research　实验法　选定几组相当的对象,给予它们不同的条件,控制相关因素,然后检查它们所做出的反应的差别来搜集原始资料的研究方法。

exploratory research　探索性调研　通过市场调查来收集初步信息,帮助调研人员确定问题并提出假设。

exporting　出口　通过销售在企业所在国制造的产品进入他国市场的方式,通常这些产品会稍微做些改动。

F

factory outlets　工厂门市部　由制造商所有并经营的店,通常销售的是制造商过剩的、不连续的或不规则的产品。

fad　时尚　由消费者的热情和产品或品牌的迅速流行所带动的销量异常高的短暂时期。

fashion　流行　当前在某一领域被接受或流行的风格。

fixed costs (overhead)　固定成本　不随产量和销售水平而变化的成本。

FOB-origin pricing　FOB原产地定价　一种基于FOB来界定双方权责关系的地理定价策略。在这种定价策略中,顾客支付从工厂到目的地的运费。

focus group interviewing　焦点小组访谈　这是一种人员间的访谈,在访谈过程中,一个经过培训的访谈者与6~10个人就产品、服务或组织展开讨论,访谈者将群体讨论聚焦在重要问题上。

follow-up　跟进与维持　这是产品销售的最后一步。营销人员在产品卖出后回访顾客,以保证顾客满意和重复购买。

franchise　特许经营　特许经营权拥有者以合同的形式允许被特许经营者有偿使用其名称、商标、专有技术、产品及运作管理经验等从事经营活动的商业经营模式。

franchise organization　特许经营组织　一个基于合同的

垂直的市场营销体系。在该体系中，渠道成员特许经营者将生产与分销过程的几个阶段连接起来。

freight-absorption pricing 免运费定价 卖方为吸引顾客而承担部分或所有运费的一种地理定价策略。

G

gatekeeper 信息流向控制者 在组织购买决策中控制流向他人的信息的人。

gender segmentation 性别细分 依据性别把一个市场细分为不同的群体。

general need description 一般需求描述 在商业购买过程中描述企业所需项目的特性和数量的阶段。

generation X X一代 婴儿潮后，在1965～1976年的"生育低潮"中出生的4 500万人。

geographic segmentation 地理细分 将市场划分为诸如国家、州、地区、县、镇或者居民区等地理单位。

geographical pricing 地理定价 为不同地域的消费者制定不同的价格。

global firm 全球企业 在多个国家经营，具有市场、生产、研发、营销、融资优势的企业，而这些优势是国内竞争者所不具备的。

good-value pricing 高价值定价 以一种合理的价格提供优质的产品和服务。

government market 政府市场 政府单位，如联邦政府、州政府或者地方政府，购买或租用商品和服务以实现政府主要职能。

group 群体 两个或两个以上为达到个人或共同目标而相互影响的人。

growth stage 成长期 产品生命周期的一个阶段，在这个阶段，产品销量迅速攀升。

growth-share matrix 增长－份额矩阵 一种用于评价分析企业战略业务单元的计划组合方案，依据是该战略业务单元的市场增长率和相对市场份额。这些战略业务单元被区分为"明星类""金牛类""问题类"和"瘦狗类"。

H

habitual buying behavior 习惯性购买行为 一种特定情况下的消费者购买行为，特点是消费者介入度低且品牌差异感知较少。

handling objections 处理异议 销售过程中的一个步骤，营销人员识别、澄清并解决顾客的购买异议。

horizontal marketing system 水平营销系统 同一层级的两个或更多的企业联合起来，以追寻某个新的市场机会。

I

idea generation 创意生成 对新产品理念的系统化的搜寻。

idea screening 创意筛选 对新产品概念进行筛选以便发现一些好的概念，尽快抛弃那些较差的概念。

income segmentation 收入细分 将市场细分为不同的收入群体。

independent off-price retailer 独立廉价零售商 要么由企业家拥有和经营，要么从属于某个大型的零售企业的廉价零售商。

indirect marketing channel 间接营销渠道 有一个或者多个中间商的销售渠道。

individual marketing 个别化营销 根据个体消费者的需求和偏好量身定做产品和营销计划，也被称为"个体营销""定制营销"或"一对一营销"。

industrial product 工业品 由个人或组织购买的用于进一步加工或商业管理操作的产品。

influencers 影响者 组织采购中心能影响组织购买决策的人，他们常常帮助识别具体规格同时提供相关替代品的信息。

information search 信息搜集 购买决策过程的一个阶段，此时消费者的兴趣主要在于获取更多的信息。消费者可能只有很高的兴趣或者会进入积极寻求信息的状态。

innovative marketing 创新营销 一种开明的营销原则，企业需要寻求真正的产品和营销改进。

inside sales force 内勤销售人员 销售人员在办公室里通过电话、在线社交媒体或接待来访的顾客处理业务。

institutional market 公共机构市场 学校、医院、疗养院、监狱和其他向人们提供产品和服务的公共机构。

integrated logistics management 综合物流管理 一个物流管理概念，强调企业内部和所有营销渠道组织的团队协作，以达到整个配送系统的绩效最大化。

**integrated marketing communications（IMC）整合营销

传播 一个营销概念，指企业细致地将其众多的信息传播渠道进行整合，从而向公众传递一个清晰、一致并引人注目的组织及其产品信息。

intensive distribution　密集性分销　以尽可能多的渠道经销产品的销售方法。

interactive marketing　交互式营销　企业在认识到服务质量在很大程度上取决于买卖双方的交流程度后所采用的营销方式。

intermarket segmentation　市场间细分　由居住在不同国家但具有相似的需求和购买行为的消费者组成的细分市场。

intermodal transportation　复合运输　将两种或更多的运输方式结合起来使用。

internal database　内部数据库　由企业内部数据组成的数字信息集合。

internal marketing　内部营销　服务企业的营销方式，训练并有效地激励与消费者直接接触的员工以及所有的服务支持人员，使其能进行团队协作从而让消费者满意。

internet　互联网　由没有中心管理权和从属权的电脑网络组成的巨大的发展迅速的全球网络系统，将世界各地形形色色的用户联系在一起并形成令人惊讶的大型"信息储存库"。互联网形成了一个巨大的"信息高速公路"，能以极快的速度从一个地方向其他地方传递信息。

introduction stage　导入期　产品生命周期的一个阶段，在这个阶段，产品首次发布可供购买。

J

joint ownership　共同所有权　一种合伙投资方式，企业与国外市场的投资者联合，在当地进行商业活动。双方对企业有共同的拥有权和控制权。

joint venturing　合资经营　通过和外国企业联合的方法进入国外市场以销售产品或服务。

L

learning　学习　基于经验的个人行为的变化。

licensing　许可　一个进入国际市场的方式，企业与外国市场上的被许可方签订协议，通过交纳费用或保证忠诚度，被许可方有权使用企业的制造过程、商标、专利、商业秘密或其他有价值的项目。

lifestyle　生活方式　一个人在他的生活、兴趣和理念中所表现出来的生活模式。

line extension　产品线延伸　通过使用一个成功的品牌名称，在该品牌下既定的产品类别中推出其他商品，比如说新的口味、形式、颜色、成分或包装大小。

local marketing　本地化营销　将品牌和促销定位于满足本地顾客群的需要和欲望。

M

macroenvironment　宏观环境　影响微观环境的更大的社会力量，包括人口统计、经济、自然、技术、政治和文化力量。

Madison & Vine　麦迪逊 + 葡萄藤　这个词代表了广告和娱乐的结合，旨在打破混乱，创造新的途径，让消费者获得更有吸引力的信息。

management contracting　管理承包　国内企业提供管理实践知识，国外企业提供资本的共同投资方式。国内企业出口的是管理服务而不是产品。

manufacturers' sales branches and offices　厂家的销售分支机构和办事处　通过买方和卖方而不是独立的批发商来进行销售。

market　市场　所有实际或潜在的产品或服务的购买者的集合。

market challenger　市场挑战者　非常努力地展开竞争来提高其在某个行业中的市场份额的企业。

market development　市场开发　通过为现有的产品识别和发展新的细分市场以实现增长的战略。

market follower　市场跟随者　希望在行业中保持市场份额，但并不扰乱市场上的竞争格局的企业。

market leader　市场领导者　在一个行业中具有最大市场份额的企业。

market leader strategies　市场领导者战略　包括扩大总需求、保护市场份额和扩大市场份额。

market nicher　市场利基者　服务于行业中被其他企业忽视或不感兴趣的小细分市场的企业。

market offering　市场供给　向市场提供的旨在满足顾客需要或想法的产品、服务、信息或者体验的某种组合。

market penetration　市场渗透　在不改变产品的基础上，通过在现有的细分市场上提升现有产品的销量来实现企业增长的战略。

market-penetration pricing 市场渗透定价 企业制定一个较低的初始价格，旨在迅速和深入地进入市场——短时间内吸引大量的购买者，赢得较高的市场份额。

market segmentation 市场细分 将一个市场分为不同的购买者群体，这些群体有不同的需求、特征或行为，或可能要求独立的产品和市场营销组合。

market targeting 选择目标市场 评估各细分市场的吸引力并选择其中一个或者几个细分市场作为目标市场的过程。

market-centered company 市场导向型企业 在制定营销战略时，同时注重顾客和竞争者的企业。

marketing 市场营销 企业为从顾客处获得利益回报而为顾客创造价值并与之建立稳固关系的过程。

marketing audit 营销审计 对企业的环境、目标、战略和活动进行综合、系统、独立和定期的检查，发现问题和机会并建议一个行动计划来提高企业的市场营销绩效。

marketing channel（distribution channel）营销渠道（分销渠道） 一组相互依存的企业将产品或服务提供给最终消费者或企业顾客消费或使用。

marketing concept 营销观念 市场营销管理哲学，认为实现组织的目标需依靠对目标市场上的需求和欲望的了解，并提供比竞争者更有效的期望满意度。

marketing control 营销控制 度量和评价市场营销战略、计划的结果，采取纠正措施以保证目标的达成。

marketing environment 营销环境 影响市场营销管理者与其目标顾客建立和维持牢固关系能力的所有因素和力量。

marketing implementation 营销执行 将市场营销战略和计划变为市场营销行动，实现市场营销战略目标的过程。

marketing information system（MIS）营销信息系统 通过人、设备和程序来收集、整理、分析、评价和分发需要的、即时的和正确的信息给市场营销决策制定者。

marketing intermediaries 营销中介 帮助企业促销、销售和分销产品到最终购买者的商业单位，包括经销商、物流公司、营销服务机构和金融中介机构。

marketing logistics（physical distribution）营销物流（实体分销） 计划、实施和控制物料、最终产品和相关信息从起点到消费点的流动，以满足客户的需求并获得利润。

marketing management 营销管理 选择目标市场并与之建立利益关系的艺术和科学。

marketing mix 营销组合 一套可控制的战术性营销工具——产品、价格、渠道（地点）、促销，企业用这些营销工具组合来得到它想要的目标市场的反馈。

marketing myopia 营销近视症 将过多的注意力集中在一种特定的产品上，忽略了产品带给顾客的利益和体验。

marketing research 营销调研 系统地设计、搜集、分析和提交关于组织的具体营销情况的数据报告。

marketing strategy 营销战略 企业希望通过它来达到营销目标的营销逻辑。

marketing strategy development 营销战略发展 为新产品设计一个初级的、建立在产品概念上的营销战略。

marketing web site 营销网站 一个允许消费者互相沟通，从而更容易产生直接购买或者其他营销成果的网站。

market-penetration pricing 市场渗透定价 为一种新产品设定一个较低的价格，以吸引大量的购买者，获得较大的市场份额。

market-skimming pricing（price skimming）市场撇脂定价 为新产品设定高价，从愿意支付高价的细分市场逐层攫取最大收益；企业的销售额减少了，但利润增加了。

maturity stage 成熟期 由于大多数潜在购买者已经接受并购买了产品，因此销售增长放缓的时期。

merchant wholesalers 批发销售商 有自己独立的业务并且对其买卖的商品有所有权。

microenvironment 微观环境 与企业有紧密关系的个体，它们能影响企业为消费者提供服务的能力，包括企业本身、供应商、中间商、消费者市场、竞争对手、公众。

micromarketing 微观营销 针对某一个体或某一特定群体的需求和需要定制产品或营销计划的做法，包括本地化营销和个别化营销。

millennials（generation Y）千禧一代（Y一代） 他们出

生于 1977～2000 年，是婴儿潮一代的孩子。

mission statement 使命陈述 一个关于组织目标的陈述——在宏观营销环境中组织需要完成什么任务。

modified rebuy 修正重购 商业购买者想要改进产品规格、价格、条件及供应商。

motive (drive) 动机（或驱动力） 一种能够促使人们寻求满足的需求。

multichannel distribution systems 复合渠道分销系统 一种分销体系，在这种体系中一个独立的企业建立起两个或者更多的营销渠道，从而接触一个或者数个细分市场。

N

natural environment 自然环境 作为一种投入被营销人员需要或者被营销活动所影响的自然资源。

need recognition 需求识别 购买决策过程的第一个阶段——消费者识别问题或者提出需求。

needs 需要 一种感觉缺失的状态。

new product 新产品 一种商品、服务或者创意，被潜在的消费者认为是新的。

new-product development 新产品开发 通过企业自身的研发努力开发原创产品、产品改进、产品修正和创建新品牌的过程。

new-task situation 新任务情形 购买者第一次消费一种产品或者服务的商业购买状态。

non-personal communication channels 非人员传播渠道 不带个人联系或反馈信息的媒体，包括主要媒体、氛围和事件。

O

objective-and-task method 目标任务法 通过以下方式制定促销预算：确定具体的促销目标；确定达到这些目标所需的任务；评估完成这些任务所需的成本。成本总额就是促销预算。

observational research 观察法 通过观察相关人员、行为、状况搜集原始数据。

occasion segmentation 时机细分 根据购买者的购买意愿、实际购买情况或使用产品的情况，将购买者划分成不同的群体。

off-price retailer 廉价零售商 以低于常规批发价格购买、低于零售价格销售的零售商，比如独立廉价零售商、工厂门市部和仓库俱乐部。

online advertising 在线广告 当消费者在网上冲浪时出现的广告，包括横幅广告、滚动广告、弹出广告、在线分类广告或其他形式。

online database 在线数据库 通过在线商业资源或者互联网获得的数据化资料。

online focus group 在线焦点小组 在网上聚集一群人，参与者与主持人交流产品、服务或组织，从定性的角度了解消费者的态度和行为。

online marketing 在线营销 企业通过网络营销产品、服务或者建立顾客关系的行为。

online marketing research 在线营销调研 通过网络调查和在线焦点小组访谈来进行原始数据搜集。

online social networks 在线社交网络 通过博客、社交网站或者虚拟世界建立的在线网络平台，人们在平台中共享信息和想法。

opinion leader 意见领袖 对照组中因为拥有特殊的技能、学识、性格或者其他特征从而能够影响其他人的人。

optional-product pricing 可选产品定价 为主产品的附属产品制定价格。

order-routine specification 订货程序说明 商业购买过程中的一个阶段，在此阶段，买方与选定的供应商一起编写最终订单，列出技术规格、所需数量、预期交货时间、退货政策和保证。

outside sales force (field sales force) 外勤销售人员 外出拜访顾客的销售人员。

P

packaging 包装 为产品设计和生产容器或包装材料的活动。

partner relationship management 伙伴关系管理 和企业其他部门或企业外部的合作伙伴一起紧密合作，共同为消费者创造更大的价值。

percentage-of-sales method 销售百分比法 以当前或预期销售量或单位销售价格的一定百分比来确定促销预算的方法。

perception 感知 个人选择、组织和解释其所获得的信息，从而对这个世界构造出有意义的图像的过程。

performance review 绩效评价 商业购买过程中的一个阶段,在此阶段,买方评估供应商的表现,并决定继续、修改或放弃该合作。

personal communication channels 人员传播渠道 两个或更多的人之间直接相互传播的渠道,包括面对面以及通过电话和电子邮件的交流。

personal selling 人员销售 由企业的营销人员做产品展示,以达到销售或建立顾客关系的目的。

personality 个性 一个人所特有的心理特征,使其与所处环境发生相对一致和持续的反应。

pleasing products 取悦型产品 能给予顾客高度的、即时性的满足感,但长期来看可能会损害顾客利益的产品。

political environment 政治环境 由社会中影响和制约各种组织和个人活动的法律、政府机构和压力群体构成。

portfolio analysis 业务组合分析 管理部门识别和评估企业各种商业活动的一种工具。

positioning 市场定位 企业根据竞争者的现有产品在市场上所处的位置,考虑顾客对该类产品的某些特征或属性的重视程度,为本企业产品塑造与众不同的形象,并将这种形象生动地传递给顾客,从而使该企业产品在市场上占据一个适当的位置。

positioning statement 定位陈述 一份总结公司或品牌定位的声明,定位陈述应该遵循以下形式:对(目标市场或需求)而言,我们(品牌)是(定位概念),即(独特之处)。

post-purchase behavior 购后行为 消费者购买过程的一个阶段,即消费者依据其购买后对产品的满意或不满意的程度而进一步做出的行为。

preapproach 销售准备 销售过程的一个步骤,即营销人员在拜访顾客前应尽可能多地了解预期顾客。

presentation 介绍与说明 销售过程的一个步骤,即营销人员向顾客讲述产品的"故事",强调产品提供给顾客的利益。

price 价格 对产品或服务收取的费用,即消费者为获得或使用产品或服务而交换的价值的总和。

price elasticity 价格弹性 用来衡量需求对价格变化的敏感程度。

primary data 原始数据 为特定目的而收集的信息。

private brand (store brand) 私有品牌(商店品牌) 由产品或服务的经销商创建和拥有品牌。

problem recognition 问题识别 商业购买过程的第一个阶段,在这个阶段,企业中有人认识到某个问题或需求可以通过获得一种特定的产品或服务得到满足。

product 产品 可提供给市场以引起注意、获得、使用或消费的任何可能满足某种需要或需求的东西。

product adaptation 产品适应 在国外市场中为适应当地情况或需求而对产品进行改进。

product bundle pricing 产品捆绑定价 一种将产品组合起来并降价出售的定价方法。

product concept 产品概念 认为消费者会喜欢具有最优质量、性能和特性的产品,因此组织应该致力于不断改进产品。

product development 产品开发 通过向现有的细分市场提供改进的产品或新产品来促进企业发展的战略。

product invention 产品发明 一种为市场创造新的产品和服务的战略。

product life cycle (PLC) 产品生命周期 产品在其整个生命周期内的销售和获利的变化过程,包括5个不同的阶段:产品开发期、导入期、成长期、成熟期和衰退期。

product line 产品线 由于功能相似而紧密联系的一组产品,销售给相同的顾客群,通过相同类型的销售点进行营销,或者产品在给定的价格范围内。

product line pricing 产品线定价 为一个产品线中的不同产品制定价格等级,主要依据产品的成本差异、顾客对不同属性的重视程度和竞争者的价格。

product mix 产品组合 由一个销售者提供的所有产品线和产品项目的集合。

product/market expansion grid 产品市场扩展方格图 一种通过市场渗透、市场开发、产品开发和多元化来识别企业成长机会的业务计划工具。

product's life cycle stage 产品生命周期阶段 是产品的市场寿命中的各阶段,即一种新产品从开始进入市场到被市场淘汰的整个过程分为的若干阶段。

product position 产品定位 消费者在一些重要属性上对某一特定产品的定义,这些重要属性是特定产品在消费者心目中相对于竞争产品的地位。

product quality 产品质量 产品或服务的一种特性，它能满足顾客的需求。

product sales force structure 产品销售队伍结构 指根据产品线来划分营销人员的方式。

product specification 产品规格 商业购买过程的一个阶段，在此阶段，采购组织决定并指定所需项目的最佳技术产品特征。

product/market expansion grid 产品／市场拓展方格图 一种通过市场渗透、市场开发、产品开发或多元化来识别企业增长机会的投资组合计划工具。

production concept 生产观念 认为消费者更偏爱那些随处可得、价格低廉的产品的观念。

promotion mix（marketing communication mix） 促销组合（营销传播组合） 由广告、人员销售、销售促进和公共关系等组成，企业以此达到广告和市场营销的目的。

promotional pricing 促销定价 以低于价目单上的价格，有时甚至低于成本的价格出售产品的暂时性定价方法，目的是刺激短期销售。

prospecting 寻找潜在顾客 销售过程中推销员识别合格的潜在顾客的阶段。

psychographic segmentation 心理因素细分 根据社会阶层、生活方式、个性特征将社会划分为不同的消费群体。

psychological pricing 心理定价 这种定价方法不仅考虑经济利益，而且考虑定价的心理影响，而在过去，价格被认为仅仅是产品信息的反映。

public 公众 对组织实现其目标的能力有实际或潜在影响的任何群体。

pull strategy 拉式战略 一种促销战略，主要手段是大量的广告支出和针对消费者的促销活动。如果战略成功，消费者会向零售商增加购买，从而拉动零售商向批发商以及批发商向制造商的订货量。

purchase decision 购买决策 购买者关于购买哪个品牌的决策。

push strategy 推式战略 一种促销战略，主要手段是充分利用销售网络和针对中间商的促销活动。制造商向批发商、批发商向零售商促销，从而推动零售商向顾客促销。

R

reference prices 参考价格 购买者头脑中关于特定产品的参考价格。

retailer 零售商 销售额主要来源于零售的企业。

retailing 零售 为最终消费者（消费用于个人而非商业目的）提供产品或服务的所有活动。

return on advertising investment 广告投资回报率 衡量广告效果的常用指标——等于广告净收益与广告总投资的比率。

return on marketing investment（marketing ROI） 营销投资回报率 衡量营销效果的常用指标——等于营销净利润与营销总投资的比率。

S

sales force management 销售队伍管理 对销售活动进行分析、计划、执行和控制，包括建立和设计销售队伍的战略、招募、挑选、培训、督导、激励和评估销售人员。

sales quota 销售定额 规定了每个销售人员应该销售企业的哪些产品以及最低的销售数额。

sales promotion 销售促进 通过短期的刺激来提高产品或服务的购买和销售。

salesperson 销售人员 代表企业从事以下活动的个体：寻找潜在顾客、与顾客沟通、为顾客提供服务以及收集市场信息。

salutary products 有益产品 吸引力不强但长期而言对消费者有益的产品。

sample 样本 在营销研究中，从抽样整体中选择的代表整体的部分对象。

secondary data 二手数据 出于其他目的收集的信息，这些信息是已经存在的。

segmented pricing 分段定价 为产品或服务制定两个或两个以上的价格，并且价格差异并非来源于成本差异。

selective distribution 选择性分销 选择数量不多的中间商来分销企业产品。

selling concept 推销观念 该观念认为消费者不会购买足够多的产品，除非企业进行大规模销售和促销。

selling process 销售过程 销售人员在销售过程中遵循的7个主要步骤：寻找潜在顾客并确定其资格、准备工作、接触顾客、演示与说明、处理异议、达成交易、跟进与维持。

sense-of-mission marketing　**使命感营销**　一种先进的营销观念，要求企业从更广泛的社会角度来定义其使命，而不是狭隘地从产品出发。

services　**服务**　指具有无形性的特征却可以给人带来某种利益或满足感的可有偿转让的一种或一系列活动。

service inseparability　**服务的不可分性**　服务的主要特性之一，即服务的生产和消费是同时的，并且不能与服务提供者（不管是人还是机器）分离。

service intangibility　**服务的无形性**　服务的主要特性之一，即服务在被提供之前是无法被看到、尝到、摸到、听到或者闻到的。

service perishability　**服务的易逝性**　服务的主要特性之一，即服务无法被储存以备在将来销售。

service variability　**服务的易变性**　服务的质量取决于提供服务的人员、时间、地点和方式。

service-profit chain　**服务–利润链**　将服务企业的利润与员工和顾客满意度相连的链条。

share of customer　**顾客占有率**　企业的产品在顾客所购该类型的产品中所占的份额。

shopping center　**购物中心**　将一群零售商作为一个整体来规划、发展和管理。

shopping product　**选购型产品**　在挑选和购买过程中，消费者通过比较质量、价格和样式来决定购买的消费品。

social class　**社会阶层**　相对持久、稳定的社会群体，相同阶层的人具有相似的价值观、兴趣和行为。

societal marketing　**社会营销**　企业在营销中应当综合考虑消费者的需要、企业的需要以及消费者和社会的长期利益。

societal marketing concept　**社会营销观念**　企业应该明确目标市场的需要、欲望和利益，通过一种至少不损害顾客和社会福利的方式，比竞争对手更好地满足顾客。

spam　**垃圾邮件**　没被预订的、不受欢迎的商业电子信息。

specialty product　**特制型产品**　具有独有的特征或品牌识别的消费品和服务，部分顾客会为了购买这些产品付出专门的努力。

specialty store　**专卖店**　经营狭窄但深度分类的产品线的零售店。

standardized global marketing　**标准化的全球营销**　生产者在全球范围内运用几乎一模一样的市场营销战略和市场营销组合。

straight product extension　**直接产品延伸**　对产品不做任何改动，直接在国外市场销售。

straight rebuy　**直接重购**　购买者例行的、不做任何改动地重复购买产品。

strategic group　**战略集团**　行业中具有相同或相似战略的企业。

strategic planning　**战略规划**　在企业目标、能力和变化的营销机会之间建立与保持战略协调性的过程，包括定义清晰的企业使命、建立支持性的目标、设计合理的业务组合和协调部门战略。

style　**风格**　一种基本而独特的表达方式。

subculture　**亚文化**　由于相似的生活经验和经历而具有相似的价值观体系的群体。

supermarket　**超级市场**　销量大、价格低、边际利润低、场地大、自购型的商店，通常经营食品、家用类产品。

superstore　**超级商店**　更大型的超级市场，除了提供日常的食品和非食品类产品，还提供诸如衣物干洗、邮寄、照片冲洗、餐饮、汽车护理、宠物护理等服务。

supplier development　**供应商发展**　系统地打造供应商网络，以确保产品生产或再销售所必需的产品或原材料供应。

supplier search　**供应商搜寻**　商业购买过程的一个阶段，在此阶段，企业的目的是找到最好的供应商。

supplier selection　**供应商选择**　商业购买过程的一个阶段，在这个阶段，企业评估并选择一个或多个供应商。

supply chain management　**供应链管理**　管理从上游到下游的原料、最终产品以及供应商、企业、零售商和最终顾客之间的相关信息。

survey research　**调查法**　收集原始数据的一种方法，主要询问调查对象关于其知识、态度、偏好和购买行为的信息。

sustainable marketing　**可持续营销**　在满足顾客和企业现有需求的同时考虑子孙后代满足自我需求的能力，关注社会和环境发展的营销理念。

SWOT analysis　SWOT分析　对企业的强势、弱势、机会和威胁的全面分析。

system selling　系统销售　由一个销售商提供关于问题的一整套解决方案，从而避免在复杂情况下购买决策的不一致性。

T

target costing　目标成本定价　当定价于理想的销售价格时，目标成本确保这种定价具有可行性。

target market　目标市场　企业决定为之服务的、具有相同需求或特征的顾客群体。

team-based new-product development　基于团队的新产品开发　企业部门之间紧密合作开发新产品，这样可以减少新产品开发过程中的重复工作，提高工作效率。

team selling　团队销售　联合来自销售、营销、工程、金融、技术支持等多个部门的人员甚至高层管理者，为大型的、要求复杂的顾客提供服务。

technological environment　技术环境　影响新技术、新产品和市场机会创造的所有因素。

telemarketing　电话营销　通过电话直接向顾客销售产品。

territorial sales force structure　区域销售队伍结构　在这种组织结构下，销售人员被指定在一个专门的地理区域销售企业的所有产品。

test marketing　市场试验　它是许多新产品在开发过程中达到商品化以前都需要经过的一个阶段，在此阶段，产品和营销计划被引入更加真实的市场环境中进行检验。

third-party logistics (3PL) provider　第三方物流提供商　一种独立的物流提供商，帮助企业将产品送至市场。

total costs　总成本　一定产量水平下固定成本与可变成本的和。

trade promotion tools　交易推广工具　用来劝说经销商宣传品牌、提供货架、开展促销以及把产品推向消费者的一种促销工具。

U

undifferentiated (mass) marketing　无差异（大众）营销　一种市场覆盖战略，采用这种战略的企业决定通过一种产品来覆盖整个市场，不考虑细分市场之间的差异。

uniform-delivered pricing　统一运输定价　采用这种战略的企业向所有顾客收取相同的价格加上运输费用，而不管顾客的地理位置。

unsought product　非渴求产品　消费者不知道或者知道但不曾想过购买的产品。

users　使用者　最终使用产品或服务的人。

V

value analysis　价值分析　一种降低成本的方法，该方法对产生成本的各个部分进行详细分析，以确定其是否可以重新设计、标准化或者由其他更低廉的生产方式代替，从而降低成本。

value chain　价值链　进行价值创造活动以设计、生产、营销、配送和支持企业产品的一系列相关部门。

value delivery network　价值传递网络　该网络由企业、供应商、分销商、最终消费者构成，各方之间紧密合作以提高整个网络的绩效。

value proposition　价值主张　一个品牌的完全定位——基于差异化和定位的利益矩阵。

value-added pricing　价值附加定价　基于企业提供的有特色的产品或服务制定较高的价格。

variable costs　可变成本　在不同的生产水平下有不同的成本。

variety-seeking buying behavior　寻求多样性的购买行为　在介入度很低但品牌之间存在重大差异的情况下，消费者的购买行为。

vertical marketing system（VMS）垂直营销系统　生产者、批发商和零售商作为一个整体来运营的分销渠道结构。某个渠道成员控制其他成员或与它们签订合约，或有足够的权力使其他成员乐于合作。

viral marketing　病毒式营销　口碑营销的网络版本——网站、视频、电子邮件营销或其他营销活动，这些活动具有很强的传播性，消费者都想把它们传递给朋友。

W

wants　欲望　由文化和个体特征所形成的人类特定的需要。

warehouse club　仓储俱乐部　折扣零售商以极低的价格销售数量有限的品牌产品、电器、服装和其他产品给付年费的会员。

whole-channel view 整体渠道视角 设计国际渠道，兼顾全球供应链和营销渠道，打造有效的全球价值传递网络。

wholesalers 批发商 主要从事批发业务的企业。

wholesaling 批发 涉及销售货物和服务给那些将其用于分销或商业用途的企业业务。

word-of-mouth influence 口碑影响 目标购买者和邻居、朋友、家庭成员及社团之间关于某个产品的个人交流。

Z

zone pricing 区域定价 一种地理定价策略，企业把市场划分为两个或更多的区域，在同一个区域的所有消费者支付同样的价格。地理位置越远的区域，价格越高。

参 考 文 献

Chapter 1

1. "Online Shopping Boom in China," www.china.org.cn, 9 January 2010; "Taobao Registered Users Reaches 370 Million," www.marbridgeconsulting.com, 6 January 2011; Christina Larson (2014), "The Secret of Taobao's Success," www.bloomberg.com, 18 February, 2014; "Why Taobao Succeeds in China unlike eBay?" www.saos.biz, 20 July 2013; Ashton Lee (2014), "How did Alibaba Capture 80% of Chinese E-commerce?" www.forbes.com, 8 May 2014; "China's Alibaba Breaks Singles Day Record as Sales Surge," http://www.bbc.com/news/business-34773940, 11 November, 2015; and Adam Minter, "Who Lost China? Amazon," 10 September 2015, https://www.bloomberg.com.
2. The American Marketing Association offers the following definition: "Marketing is an organizational function and a set of processes for creating, communicating, and delivering value to customers and for managing customer relationships in ways that benefit the organization and its stakeholders." Accessed December 2006 at www.marketingpower.com/mg-dictionary-view1862.php?.
3. *China Trend Watch 2006*, ACNielsen.
4. See Theodore Levitt's classic article, "Marketing Myopia," *Harvard Business Review*, July–August 1960, pp. 45–56. For more recent discussions, see Yves Doz, Jose Santos, and Peter J. Williamson, "Marketing Myopia Re-Visited: Why Every Company Needs to Learn from the World," *Ivey Business Journal*, January–February 2004, p. 1; Lon Zimmerman, "Product Positioning Maps Secure Future," *Marketing News*, 15 October 2005, p. 47.
5. Mark Kleinman, "Great Haul of China's Burgers," *The West Australian*, 25 November 2006, p. 91.
6. www.hul.co.in; Gaurav Choudhury, "Let's do 'Good' Business," *Hindustan Times*, 14 October 2007.
7. "Toyota Uses Social Networking to Market Hybrids," www.environmentalleader.com.
8. "iCrossing Launches Mobile Site for Toyota Motor Sales USA," www.news.icrossing.com, 14 July 2009.
9. Paul A. Eisenstein, "Strategic Vision Puts Toyota, Honda on Top," 10 October 2005, accessed at www.thecarconnection.com; Silvio Schindler, "Hybrids and Customers," *Automotive Design & Production*, June 2006, pp. 20–22.
10. Weng Kin Kwan, "It's Bye Bye at Department Stores in Japan," *The Straits Times*, 9 May 2009, p. C10.
11. Jacquie Bowser, "Honda Launches Online Customer Panel through HS&P," *Brand Republic*, 4 December 2009.
12. Information about the Harley Owners Group accessed at www.hog.com, September 2006. For more on loyalty programs, see Joseph C. Nunes and Xavier Dreze, "Your Loyalty Program Is Betraying You," *Harvard Business Review*, April 2006, pp. 124–131.
13. "Brands Looking to Bond with Consumers for Life," *The Press Trust of India Limited*, 4 June 2006.
14. Frank Washkuch, "Pepsi Abandons SuperBowl in Favour of CRM," www.dmnews.com, accessed 10 January 2010.
15. Andrew Walmsley, "The Year of Consumer Empowerment," *Marketing*, 20 December 2006, p. 9; and "Who's in Control?" *Advertising Age*, 28 January 2008, p. C9.
16. Philip Kotler and Kevin Lane Keller, *Marketing Management*, 14th ed. (Upper Saddle River, NJ: Prentice Hall, 2011).
17. Mark Kleinman, "Great Haul of China's Burgers," *The West Australian*, 25 November 2006, p. 91; "McDonald's, Sinopec Sign 20-year Drive-thru Deal," www.reuters.com, accessed 19 January 2007.
18. For more discussion of customer delight and loyalty, see Barry Berman, "How to Delight Your Customers," *California Management Review*, Fall 2005, pp. 129–151; Clara Agustin and Jagdip Singh, "Curvilinear Effects of Consumer Loyalty Determinants in Relational Exchanges," *Journal of Marketing Research*, February 2005, pp. 96–108; Ben McConnell and Jackie Huba, "Learning to Leverage the Lunatic Fringe," *Point*, July–August 2006, pp. 14–15; and Fred Reichheld, *The Ultimate Question: Driving Good Profits and True Growth* (Boston: Harvard Business School Publishing, 2006).
19. See Roland T. Rust, Valerie A. Zeithaml, and Katherine A. Lemon, *Driving Customer Equity* (New York: Free Press, 2000); Robert C. Blattberg, Gary Getz, Jacquelyn S. Thomas, *Customer Equity* (Boston, MA: Harvard Business School Press, 2001); Rust, Lemon, and Zeithaml, "Return on Marketing: Using Customer Equity to Focus Marketing Strategy," *Journal of Marketing*, January 2004, pp. 109–127; James D. Lenskold, "Customer-Centered Marketing ROI," *Marketing Management*, January/February 2004, pp. 26–32; Rust, Zeithaml, and Lemon, "Customer-Centered Brand Management," *Harvard Business Review*, September 2004, p. 110; Don Peppers and Martha Rogers, "Hail to the Customer," *Sales & Marketing Management*, October 2005, pp. 49–51; and Allison Enright, "Serve Them Right," *Marketing News*, 1 May 2006, pp. 21–22.
20. Werner Reinartz and V. Kumar, "The Mismanagement of Customer Loyalty," *Harvard Business Review*, July 2002, pp. 86–94. For more on customer equity management, see Sunil Gupta, Donald R. Lehman, and Jennifer Ames Stuart, "Valuing Customers," *Journal of Marketing Research*, February 2004, pp. 7–18; Michael D. Johnson and Fred Selnes, "Customer Portfolio Management: Toward a Dynamic Theory of Exchange Relationships," *Journal of Marketing*, April 2004, pp. 1–17; Sunil Gupta and Donald R. Lehman, *Managing Customers as Investments* (Philadelphia: Wharton School Publishing, 2005); and Roland T. Rust, Katherine N. Lemon, and Das Narayandas, *Customer Equity Management* (Upper Saddle River, NJ: Prentice Hall, 2005).
21. www.channeltimes.com; "Case Study: Online Marketing Samsung Note PCs," www.quasar.co.in.

Chapter 2

1. Miles Dodd, "QB House: 10 Minutes, Just Cut," in Hellmut Schutte, Swee Hoon Ang, Siew Meng Leong, and Chin Tiong Tan, *Marketing Management: An Asian Casebook,*

1. Prentice Hall, 2004, pp. 115–130; "Barbers at the Gate," *The Economist,* 2 November 2006; Lilya, "QB House in HK: 10-minute, No-frills Haircut," *Subtle Shocks from Hong Kong,* 8 September 2005, accessed on subtleshocks.blogspot.com on 30 July 2007; Materials from www.qbhouse.com, accessed on 17 April 2015; Jim Hawe, "A New Style," *The Wall Street Journal,* 22 September 2003, www.wsj.com; Blue Ocean Strategy, QB House, www.blueoceanstrategy.com; and Toshio Matsubara, "Cover Story: At Your Service, Just a Trim…" Public Relations Office, Government of Japan, www.gov-online.go.jp.
2. For a more detailed discussion of corporate- and business-level strategic planning as they apply to marketing, see Philip Kotler and Kevin Lane Keller, *Marketing Management,* 14th ed. (Upper Saddle River, N.J.: Prentice Hall, 2011), Chapter 2.
3. Nike and eBay mission statements from www.nike.com/nikebiz/nikebiz.jhtml?page=4 and http://pages.ebay.com/aboutebay/thecompany/companyoverview.html, respectively, accessed November 2006.
4. The following discussion is based in part on information found at www.bcg.com/this_is_BCG/mission/growth_share_matrix.html, December 2006. For more on strategic planning, see Anthony Lavia, "Strategic Planning in Times of Turmoil," *Business Communications Review,* March 2004, pp. 56–60; Rita Gunther McGrath and Ian C. MacMillan, "Market Busting," *Harvard Business Review,* March 2005, pp. 80–89; and Lloyd C. Harris and Emmanuel Ogbonna, "Initiating Strategic Planning," *Journal of Business Research,* January 2006, pp. 100–111.
5. H. Igor Ansoff, "Strategies for Diversification," *Harvard Business Review,* September–October 1957, pp. 113–124. Quotes and information in the Starbucks examples and in the growth discussion that follows are from Monica Soto Ouchi, "Starbucks Ratchets Up Growth Forecast," *Knight Ridder Tribune News,* 15 October 2004, p. 1; Patricia Sellers, "Starbucks: The Next Generation," *Fortune,* 4 April 2005, p. 30; Leon Lazaroff, "Starbucks Brews Up Successful Formula for Growth," *Chicago Tribune,* 18 December 2005; Kim Wright Wiley, "Taste of Success," *Sell-ing Power,* April 2006, pp. 51–54; Bruce Horovitz, "Starbucks Nation," *USA Today,* 19 May 2006, accessed at www.usatoday.com/money/industries/food/2006-05-18-starbucks-usat_x.htm; and the company fact sheet, annual report, and other information accessed at www.starbucks.com, May 2011.
6. T. L. Stanley, "Starbucks and Vine Changes the Rules," *Advertising Age,* 3 April 2006, pp. 3–4.
7. Michael E. Porter, *Competitive Advantage: Creating and Sustaining Superior Performance* (New York: Free Press, 1985); and Michel E. Porter, "What Is Strategy?" *Harvard Business Review,* November–December 1996, pp. 61–78. Also see Kim B. Clark, et al., *Harvard Business School on Managing the Value Chain* (Boston: Harvard Business School Press, 2000); "Buyer Value and the Value Chain," *Business Owner,* September–October 2003, p. 1; and "The Value Chain," accessed at www.quickmba.com/strategy/value-chain, December 2006.
8. Rebecca Ellinor, "Crowd Pleaser," *Supply Management,* 13 December 2007, pp. 26–29; information from www.loreal.com/_en_/_ww/html/suppliers/index.aspx, accessed August 2010.
9. Jack Trout, "Branding Can't Exist without Positioning," *Advertising Age,* 14 March 2005, p. 28.
10. The four Ps classification was first suggested by E. Jerome McCarthy, *Basic Marketing: A Managerial Approach* (Homewood, IL: Irwin, 1960). For the 4Cs, other proposed classifications, and more discussion, see Robert Lauterborn, "New Marketing Litany: 4P's Passé; C-Words Take Over," *Advertising Age,* 1 October 1990, p. 26; Don E. Schultz, "New Definition of Marketing Reinforces Idea of Integration," *Marketing News,* 15 January 2005, p. 8; Philip Kotler, "Alphabet Soup," *Marketing Management,* March–April 2006, p. 51.
11. Rohit Deshpande and John U. Farley, "Tigers and Dragons: Profiling High-Performance Asian Firms," *MSI Report No. 01-101,* 2001.
12. For details, see Kotler and Keller, *Marketing Management.* Also see Neil A. Morgan, Bruce H. Clark, and Rich Gooner, "Marketing Productivity, Marketing Audits, and Systems for Marketing Performance Assessment: Integrating Multiple Perspectives," *Journal of Marketing,* May 2002, pp. 363–375.
13. Matthew Creamer, "Shops Push Affinity, Referrals Over Sales," *Advertising Age,* 20 June 2005, p. S4.
14. Frank Washkuch, "Pepsi Abandons Super Bowl in Favor of CRM," www.dmnews.com, 4 January 2010.
15. For more discussion, see Michael Karuss, "Marketing Dashboards Drive Better Decisions," *Marketing News,* 1 October 2005, p. 7; Richard Karpinski, "Making the Most of a Marketing Dashboard," *BtoB,* 13 March 2006, p. 18; Bruce H. Clark, Andrew V. Abela, and Tim Ambler, "Behind the Wheel," *Marketing Management,* May–June 2006, pp. 19–23.
16. For a full discussion of this model and details on customer-centered measures of return on marketing investment, see Roland T. Rust, Katherine N. Lemon, and Valarie A. Zeithaml, "Return on Marketing: Using Customer Equity to Focus Marketing Strategy," *Journal of Marketing,* January 2004, pp. 109–127; Roland T. Rust, Katherine N. Lemon, and Das Narayandas, *Customer Equity Management* (Upper Saddle River, NJ: Prentice Hall, 2005); Allison Enright, "Serve Them Right," *Marketing News,* 1 May 2006, pp. 21–22.
17. Deborah L. Vence, "Return on Investment," *Marketing News,* 15 October 2005, pp. 13–14.

Chapter 3

1. Rachel O'Brien, "Dark is Beautiful Movement Takes on Unfair India," *Mail and Guardian Online,* 26 October 2013; Digbijay Mishra and Sayantani Kar, "Emami Refreshes Power Brand," *Business Standard,* 1 July 2013; Priyanka Mehra, "HUL Rides Sachin Fever, Paints Wankhede Fair (& Lovely)," www.exchangeformedia.com, 14 November 2013; and Devansh Sharma, "The Promise of Fair Skin Tone—Is the Fairness Industry Ready for a Revamp?" *Pitch,* 30 April 2014.
2. See Sarah Lorge, "The Coke Advantage," *Sales & Marketing Management,* December 1998, p. 17; Chad Terhune, "Coke Wins a 10-Year Contract From Subway, Ousting PepsiCo," *Wall Street Journal,* 28 November 2003, p. B.3; "The Best in Foodservice Just Get Better," *Beverage Industry,* September 2004, pp. 15–16.
3. World POPClock, U.S. Census Bureau, accessed online at www.census.gov, July 2006. This Web site provides continuously updated projections of the U.S. and world populations.

4. See Clay Chandler, "Little Emperors," *Fortune*, 4 October 2004, pp. 138–150; "China's 'Little Emperors,'" *Financial Times*, 5 May 2007, p. 1; "Me Generation Finally Focuses on US," *Chinadaily.com.cn*, 27 August 2008, accessed at www.chinadaily.com.cn/china/2008-08/27/content_6972930.htm; Melinda Varley, "China: Chasing the Dragon," *Brand Strategy*, 6 October 2008, p. 26; Clifford Coonan, "New Rules to Enforce Chain's One-Child Policy," *Irish Times*, 14 January 2009, p. 12; David Pilling, "Reflections of Life in China's Fast Lane," *Financial Times*, 19 April 2010, p. 10.
5. Adapted from information in Janet Adamy, "Different Brew: Eyeing a Billion Tea Drinkers, Starbucks Pours It On in China," *Wall Street Journal*, 29 November 2006, p. A1; Justine Lau, "Coffee, the New Tea?" *Financial Times*, 2 July 2010, p. 6.
6. "Cashing in on an Ageing Population," *TODAY*, 15 October 2009, p. B3.
7. "China's Golden Oldies," *The Economist*, 26 February 2005, p. 374.
8. Scott Schroder and Warren Zeller, "Get to Know Gen X and Its Segments," *Multichannel News*, 21 March 2005, p. 55.
9. Quotes from "Mixed Success: One Who Targeted Gen X and Succeeded—Sort Of," *Journal of Financial Planning*, February 2004, p. 15; and Paul Greenberg, "Move Over, Baby Boomers; Gen Xers Want Far More Collaboration with Companies, Both As Consumers and Employees," *CIO*, 1 March 2006, p. 1.
10. "Internet Usage Patterns of Singapore's Adolescent Youth," www.comm215.wetpaint.com; "India: Internet Landscape," accessed at www.omm215.wetpaint.com; Cathy Davidson, "Digital Youth East Asia: Shin Mizukoshi," accessed at www.hastac.org.
11. "Urban Boom: Next Year, City Dwellers Will Outnumber Rural Folk for First Time," *The Straits Times*, 28 June 2007, p. 21.
12. *China Trend Watch 2006* ACNielsen.
13. Arun Sudhaman, "'Pink Dollar' a Tempting Lure for Marketers," *Media Asia*, 13 February 2004; Sylvia Tan, "Singapore Gay Networking Group to Launch Pink Month Campaign," www.fridae.com, 30 March 2009.
14. Gavin Rabinowitz, "Carmaker in India Unveils $2,500 Car," *USA Today*, 10 January 2008.
15. "How Levi Strauss Rekindled the Allure of Brand America," *World Trade*, March 2005, p. 28; Levi Strauss Press Releases, accessed at www.levistrauss.com, 27 May 2006; Levi's Web site at www.levis.com, July 2006.
16. "Cheap is Chic in Japan," *The Straits Times*, 26 September 2009, p. E15.
17. "Economic Gloom, Bento Boom," *The Straits Times*, 6 June 2009, p. C14.
18. "Japan Cosmetic Firms Bank on High-end Products," *Business Times*, 29 December 2009, p. 15.
19. "Corporate Governance and Climate Change: Consumer and Technology Companies," Ceres, 2008.
20. Marc L. Songini, "Procter & Gamble: Wal-Mart RFID Effort Effective," www.computerworld.com, 26 February 2007.
21. "Web Users in China Welcome Knockoff Sites," *TODAY*, 29 January 2010, p. 18.
22. Sonia Ramachandran, "Really, Scratch and Don't Win," *New Sunday Times*, 28 December 2008, p. 10.
23. "Chinese Catch the Christmas Spirit," *The Straits Times*, 25 December 2009, p. A12.
24. Tee Jong Lee, "Keeping Up with the Kims, Korean Style," *The Sunday Times*, 10 September 2006, p. 24.
25. Robert Lawrence Kuhn, "In China, Pride is the Driver," *BusinessWeek*, 4 January 2010.
26. See Philip Kotler, *Kotler on Marketing* (New York: Free Press, 1999), p. 3; and Kotler, *Marketing Insights from A to Z* (Hoboken, NJ: John Wiley & Sons, 2003), pp. 23–24.

Chapter 4

1. Quotes and other information from Christina Saunders and Liza Martindale, "Tide Celebrates the Diverse, Individual Style of Americans in New Advertising Campaign," P&G press release, 20 January 2010, http://multivu.prnewswire.com/mnr/tide/42056/; Elaine Wong, "Marketer of the Year: Team Tide," *Adweek*, 14 September 2009, p. 20; "Case Study: Tide Knows Fabrics Best," *ARF Ogilvy Awards*, 2007, accessed at http://thearf.org; Stuart Elliot, "A Campaign Linking Clean Clothes with Stylish Living," *New York Times*, 8 January 2010, p. B3; "P&G: Our Purpose, Values, and Principles," www.pg.com/company/who_we_are/ppv.jhtml, accessed November 2010; "Procter & Gamble's Tide in China," www.pearsoned-asia.com, accessed 29 April 2011; and Jeffrey O. Valisno, "P&G Bullish on Detergents, Personal Care," www.abs-cbnnews.com, 22 March 2010.
2. Unless otherwise noted, quotes in this section are from the excellent discussion of customer insights found in Mohanbir Sawhney, "Insights into Customer Insights," www.redmond.nl/hro/upload/Insights_into_Customer_Insights.pdf, accessed April 2009. The Apple iPod example is also adapted from this article. Also see "Corporate News: Demands for Macs, iPhones Fuels Apple," *Wall Street Journal Asia*, 27 January 2010, p. 22.
3. Alan Mitchell, "Consumer Data Gathering Has Changed from Top to Bottom," *Marketing*, 12 August 2009, pp. 26–27.
4. Carey Toane, "Listening: The New Metric," *Strategy*, September 2009, p. 45.
5. Jennifer Brown, "Pizza Hut Delivers Hot Results Using Data Warehousing," *Computing Canada*, 17 October 2003, p. 24; and "Pizza Hut, Inc.," *Hoover's Company Records*, 15 May 2006, p. 89521.
6. Sheila Shayon, "MasterCard Harnesses the Power of Social with Innovative Conversation Suite," *brandchannel*, 7 May 2013, www.brandchannel.com/home/post/2013/05/07/MasterCard-Conversation-Suite-050713.aspx; Giselle Abramovich, "Inside Mastercard's Social Command Center," *Digiday*, 9 May 2013, http://digiday.com/brands/inside-mastercards-social-command-center/; and "MasterCard Conversation Suite Video," http://newsroom.mastercard.com/videos/mastercard-conversation-suite-video/, accessed September 2014.
7. Fred Vogelstein and Peter Lewis, "Search and Destroy," *Fortune*, 2 May 2005.
8. James Curtis, "Behind Enemy Lines," *Marketing*, 21 May, 2001, pp. 28–29. Also see Brian Caufield, "Know Your Enemy," *Business* 2.0, June 2004, p. 89; Michael Fielding, "Damage Control: Firms Must Plan for Counterintelligence," *Marketing News*, 15 September 2004, pp. 19–20; and Bill DeGenaro, "A Case for Business Counterintelligence," *Competitive Intelligence Magazine*, September–October 2005, pp. 5+.

9. For more on research firms that supply marketing information, see Jack Honomichl, "Honomichl 50," special section, *Marketing News,* 15 June 2006, pp. H1–H67. Other information from www.infores.com; www.smrb.com; www.nielsen.com; http://www.yankelovich.com/products/monitor.aspx, September 2006.
10. Spencer E. Ante, "The Science of Desire," *BusinessWeek,* 5 June 2006, p. 100.
11. Elaine Ann, "Cultural Differences Affecting Ethnographic Research Methods in China," www.kaizor.com.
12. David Kiley, "Shoot the Focus Group," *BusinessWeek,* p. 120.
13. Ibid, p. 120.
14. See "Online Panel," www.zoomerang.com/online-panel/, accessed June 2010.
15. Adapted from Jeremy Nedelka, "Adidas Relies on Insiders for Insight," *1to1 Media,* 9 November 2009, www.1to1media.com/view.aspx?DocID_31963&m_n.
16. For more on Internet privacy, see James R. Hagerty and Dennis K. Berman, "Caught in the Net: New Battleground over Web Privacy," *Wall Street Journal,* 27 August 2004, p. A1; Alan R. Peslak, "Internet Privacy Policies," *Information Resources Management Journal,* January–March 2005, pp. 29+; and Larry Dobrow, "Privacy Issues Loom for Marketers," *Advertising Age,* 13 March 2006, p. S6.
17. Jessica Tsai, "Are You Smarter Than a Neuromarketer?" *Customer Relationship Management,* January 2010, pp. 19–20.
18. This and the other neuromarketing examples are adapted from Laurie Burkitt, "Neuromarketing: Companies Use Neuroscience for Consumer Insights," *Forbes,* 16 November 2009, accessed at www.forbes.com/forbes/2009/1116/marketing-hyundai-neurofocus-brainwaves-battle-for-the-brain.html.
19. Michael Krauss, "At Many Firms, Technology Obscures CRM," *Marketing News,* 18 March 2002, p. 5. Also see Darrell K. Rigby and Dianne Ledingham, "CRM Done Right," *Harvard Business Review,* November 2004, p. 129; Barton Goldenberg, "Let's Keep to the High Road," *CRM Magazine,* March 2005, p. 22; Sean Collins, Firish Nair, and Jeffrey Schumacher, "Reaching the Next Level of Performance," *Customer Relationship Management,* May 2006, p. 48.
20. See "Electronic Commerce in Hong Kong Reference Case: TAL Apparel Ltd," accessed at www.info.gov.hkdigital21/eng/commerce/refcase/tal.html.
21. Caroline Lancelot Miltgen, "Online Consumer Privacy Concerns and Willingness to Provide Personal Data on the Internet," *International Journal of Networking and Virtual Organizations,* 6, August 2009, pp. 574–603.
22. Cynthia Crossen, "Studies Galore Support Products and Positions, but Are They Reliable?" *Wall Street Journal,* 14 November 1991, pp. A1, A9. Also see Allan J. Kimmel, "Deception in Marketing Research and Practice: An Introduction," *Psychology and Marketing,* July 2001, pp. 657–661; and Alvin C. Burns and Ronald F. Bush, *Marketing Research* (Upper Saddle River, NJ: Prentice Hall, 2005), pp. 63–75.

Chapter 5

1. Swee Hoon Ang, "Hey Kitty Kitty," in *Marketing Management: An Asian Casebook,* Hellmut Schutte, Swee Hoon Ang, Siew Meng Leong, and Chin Tiong Tan, eds., Singapore: Prentice Hall, 2004, pp. 105-114; Swee Hoon Ang, "McDonald's Hello Kitty Promotion," in *Marketing Management: An Asian Casebook,* Hellmut Schutte, Swee Hoon Ang, Siew Meng Leong, and Chin Tiong Tan, eds., Singapore: Prentice Hall, 2004, pp. 257–263;"Hello Kitty," www.wikipedia.com, November 2007.
2. GDP figures from *The World Fact Book,* 28 April 2011, accessed at www.cia.gov/cia/publications/factbook/geos/us.html. This Web site provides continuously updated projections of the U.S. and world populations.
3. "New Shades of White," *Financial Express,* 12 May 2006.
4. "Why the Japanese are Blog-Wild," *The Straits Times,* 15 December 2007, p. 7.
5. Tony Fannin, "Marketing Integration Trumps Online Only," www.bebranded.wordpress.com, 14 December 2009.
6. Varada Bhat, "MySpace Talks of Plans for the Indian Market," *Business Line,* 16 March 2009, p. 2.
7. Kevin Downey, "What Children Teach Their Parents," *Broadcasting & Cable,* 13 March 2006, p. 26.
8. Chi Yin Sim and Susan Long, "Spoilt, Selfish and Suicidal," *The Straits Times,* 1 March 2008, p. S7.
9. Alice Dragoon, "How to Do Customer Segmentation Right," *CIO,* 1 October 2005 p. 1.
10. "China's Rich Go for Local Designer Labels," *The Straits Times,* 14 April 2011, p. A21.
11. "China's Consumers on a Shopping Spree," www.chinaeconomicreview.com, October 2008.
12. Jeff Smith and Jean Wylie (2004), "China's Youth Define 'Cool'," *The China Business Review,* July–August 2004, pp. 30–34.
13. Jennifer Aaker, "Dimensions of Measuring Brand Personality," *Journal of Marketing Research,* August 1997, pp. 347–356. Also see Aaker, "The Malleable Self: The Role of Self Expression in Persuasion," *Journal of Marketing Research,* May 1999, pp. 45–57; Audrey Azoulay and Jean-Noel Kapferer, "Do Brand Personality Scales Really Measure Brand Personality?" *Journal of Brand Management,* November 2003, p. 143.
14. Catherine Saint Louis, "Women Go Gaga For a Doll-eyed Look," www.chinadaily.com.cn, 22 August 2010.
15. See Abraham. H. Maslow, "A Theory of Human Motivation," *Psychological Review,* 50 (1943), pp. 370–396. Also see Maslow, *Motivation and Personality,* 3rd ed. (New York: HarperCollins Publishers, 1987); Barbara Marx Hubbard, "Seeking Our Future Potentials," *The Futurist,* May 1998, pp. 29–32.
16. Charles Pappas, "Ad Nauseam," *Advertising Age,* 10 July 2000, pp. 16–18. See also Mark Ritson, "Marketers Need to Find a Way to Control the Contagion of Clutter," *Marketing,* 6 March 2003, p. 16; David H. Freedman, "The Future of Advertising Is Here," *Inc.,* August 2005, pp. 70–78.
17. Jonathan Cheng, "Unilever Goes Hollywood," *The Wall Street Journal,* May 2009.
18. Weng Kin Kwan, "Curbing Food Waste: It's Not in the Bag," *The Straits Times,* 6 June 2009, p. C15.
19. "Fad Marketing's Balancing Act," *BusinessWeek,* 6 August 2007.
20. For a deeper discussion of the buyer decision process, see Philip Kotler and Kevin Lane Keller, *Marketing Management,* 14th ed. (Upper Saddle River, NJ: 2011).

21. See Leon Festinger, *A Theory of Cognitive Dissonance* (Stanford, CA: Stanford University Press, 1957); Schiffman and Kanuk, *Consumer Behavior*, pp. 219–220; Patti Williams and Jennifer L. Aaker, "Can Mixed Emotions Peacefully Coexist?" *Journal of Consumer Research*, March 2002, pp. 636–649; Adam Ferrier, "Young Are Not Marketing Savvy; They're Suckers," *B&T Weekly*, 22 October 2004, p. 13; "Cognitive Dissonance and the Stability of Service Quality Perceptions," *The Journal of Services Marketing*, 2004, p. 433+.
22. The following discussion draws from the work of Everett M. Rogers. See his *Diffusion of Innovations*, 5th ed. (New York: Free Press, 2003). Also see Eric Waarts, Yvonne M. van Everdingen, and Jos van Hillegersberg, "The Dynamics of Factors Affecting the Adoption of Innovations," *The Journal of Product Innovation Management*, November 2002, pp. 412–423; Chaun-Fong Shih and Alladi Venkatesh, "Beyond Adoption: Development and Application of a Use-Diffusion Model," *Journal of Marketing*, January 2004, pp. 59–72; and Richard R. Nelson, Alexander Peterhansl, and Bhaven Sampat, "Why and How Innovations Get Adopted: A Tale of Four Models," *Industrial and Corporate Change*, October 2004, pp. 679–699.
23. Nick Bunkley, "Hyundai, Using a Safety Net, Wins Market Share," *New York Times*, 5 February 2009; Chris Woodyard and Bruce Horvitz, "GM, Ford Are Latest Offering Help to Those Hit by Job Loss," *USA Today*, 1 April 2009; and "Hyundai Assurance Enhanced for 2010," *PR Newswire*, 29 December 2009.
24. Sangeeta Gupta, "Tomorrow Is a New Consumer! Who is the Future Asian Consumer?" March 2006, www.in.nielsen.com.

Chapter 6

1. Peter Sanders, "Boeing Overhauls Commercial Planes Unit," *The Wall Street Journal*, 28 January 2010, http://online.wsj.com; "Upwards and Onwards; Maiden Flights for Boeing and Airbus," *Economist*, 19 December 2009, p. 117; Peter Sanders, "Long Overdue, Boeing Dreamliner Taxis toward Its First Flight," *The Wall Street Journal*, 7 December 2009, p. B1; John Loughmiller, "Boeing's Dreamliner Struggles: Surprise or Predictable," *Design News*, August 2009, p. 44; "All Nippon Airways Orders 10 Boeing Jets," 21 December 2009, www.komonews.com/news/boeing/79848202.html; Peter Sanders, "Boeing Dreamliner to Fly in 2009," *The Wall Street Journal*, 28 August 2009, p. B3; Mariko Sanchanta, "Executive Salvages Relationships," *Wall Street Journal Asia*, 21 December 2009, p. 12; "Boeing Company News," *The New York Times*, 12 February 2010, http://topics.nytimes.com/topics/reference/timestopics/index.html; and "Boeing in Brief," 25 January, 2010, www.boeing.com; "Boeing Unveils First Dreamliner for Delivery to ANA", 7 August 2011, *The Straits Times*, accessed at http://www.straitstimes.com/BreakingNews/TechandScience/Story/STIStory_699617.html.
2. "Vietnam: Building Partnerships and Suppliers," accessed online at www.unilever.com, February 2004.
3. See Theresa Ooi, "Amazing Key to IKEA Success," *Australian*, 22 September 2008; Kerry Capell, "How the Swedish Retailer Became a Global Cult Brand," *BusinessWeek*, 14 November 2005, p. 103; IKEA, *Hoover's Company Records*, 1 April 2010, p. 42925; information from www.ikea.com, accessed September 2010.
4. For more discussion of business markets and business buyer behavior, see Das Narayandas, "Building Loyalty in Business Markets," *Harvard Business Review*, September 2005, pp. 131–139; and James C. Anderson, James A. Narus, and Wouter van Rossum, "Customer Value Propositions in Business Markets," *Harvard Business Review*, March 2006, pp. 91–99.
5. Patrick J. Robinson, Charles W. Faris, and Yoram Wind, *Industrial Buying Behavior and Creative Marketing* (Boston: Allyn & Bacon, 1967). Also see James C. Anderson and James A. Narus, *Business Market Management*, 2nd ed. (Upper Saddle River, NJ: 2004), chapter 3; Philip Kotler and Kevin Lane Keller, *Marketing Management*, 14th ed. (Upper Saddle River, NJ: Prentice Hall, 2011), chapter 7.
6. Example adapted from information found in "Nikon Focuses on Supply Chain Innovation—and Makes New Product Distribution a Snap," UPS case study, www.upsscs.com/solutions/case_studies/cs_nikon.pdf, accessed November 2010.
7. See Frederick E. Webster Jr. and Yoram Wind, *Organizational Buying Behavior* (Upper Saddle River, NJ: Prentice Hall, 1972), pp. 78–80. Also see James C. Anderson and James A. Narus, *Business Market Management: Understanding, Creating and Delivering Value* (Upper Saddle River, NJ: Prentice Hall, 2004), chapter 3.
8. For more discussion, see Stefan Wuyts and Inge Geyskens, "The Formation of Buyer-Seller Relationships: Detailed Contract Drafting and Close Partner Selection," *Harvard Business Review*, October 2005, pp. 103–117; Robert McGarvey, "The Buyer's Emotional Side," *Selling Power*, April 2006, pp. 35–36.
9. See Frederick E. Webster, Jr., and Yoram Wind, *Organizational Buying Behavior*, pp. 33–37.
10. Robinson, Faris, and Wind, *Industrial Buying Behavior*, p. 14.
11. Bruce Einhorn, "How China's Alibaba is Surviving and Thriving," *BusinessWeek Online Extra*, 9 April 2009.
12. H.J. Heinz Company Annual Report 2006, p. 20; accessed at http://heinz.com/2006annualreport/2006 HeinzAR.pdf.

Chapter 7

1. www.charleskeith.com; J. Tan, "The World At Their Feet," www.forbes.com, 1 May 2009; "Singaporean Shoe Entrepreneur Charles Wong shares how ICE has made His Shoes Hot Buys," http://inside.capitaland.com, August 2009; "In Conversation: Charles & Keith CEO Charles Wong," *Luxury Insider*, www.luxury-insider.com, 30 July 2014; "Why the Louis Vuitton Group Invested in Charles & Keith," www.philstar.com, 28 August 2013; "In Conversation: Charles & Keith CEO Charles Wong," www.luxury-insider.com, 30 July 2014; "Full Control Ensures Shoemaker Never Misses a Step," www.iesingapore.gov.sg, accessed on 22 January 2015; L. Sheah, "Get the Shoe on the Road," *The Straits Times*, 16 February 2011; "A New Growth Brand for Japan's Onward Holdings: Charles & Keith," www.businessoffasion.com, 15 May 2013.
2. For these and other examples, see Darell K. Rigby and Vijay Vishwanath, "Localization: The Revolution in Consumer Markets," *Harvard Business Review*, April 2006, pp. 82–92.
3. "Unilever Greater China CFO James Bruce on Avoiding One-Size-Fits-All Strategies," www.chinaeconomicreview.com, September, 2008.

4. "Scrambling to Bring Crest to the Masses in China," *BusinessWeek*, 25 June 2007.
5. Mirriam Goh, http://www.miriammerrygoround.com/2015/07/enchanteur-love-promise-of-everlasting.html, 27 July 2015.
6. Kian Seong Lee, "Men Splurging on Skincare Products," *Starbizweek*, 27 December 2008, p. 26.
7. See Fara Warner, "Nike Changes Strategy on Women's Apparel," *New York Times*, 16 May 2005, accessed at www.nytimes.com; and Thomas J. Ryan, "Just Do It for Women," *SGB*, March 2006, pp. 25–26.
8. Rupali Karekar, "Time Out on India's Ladies Special," *The Sunday Times*, 27 September 2009, p. 22.
9. Alan Ohnsman and Seonjin Cha, "Restyling Hyundai for the Luxury Market," *BusinessWeek*, 28 December 2009.
10. See Maureen Wallenfang, "Appleton, Wis.-Area Dealers See Increase in Moped Sales," *Knight Ridder Tribune Business News*, 15 August 2004, p. 1; Louise Lee, "Love Those Boomers," *BusinessWeek*, 24 October 2005, pp. 94–100; and Honda's Web site at www.powersports.honda.com/scooters/, September 2006.
11. "Malaysian Tech Advances Reaching 50%," *AC Nielsen Insights Asia Pacific*, August 2001, p. 2.
12. Shawn Donnan, "Indofood Wants to Say It with Noodles," *Financial Times*, 14 February 2003, p. 27.
13. P.T. Data Consult, "Oligopoly in Toothpaste Market," *Indonesian Commercial Newsletter*, 24 September 2002.
14. "Unilever Greater China CFO James Bruce on Avoiding One-Size-Fits-All Strategies," www.chinaeconomicreview.com, September 2008.
15. See Arundhati Parmar, "Global Youth United," *Marketing News*, 28 October 2002, pp. 1, 49; " 'Impossible Is Nothing' Adidas Launches New Global Brand Advertising Campaign," accessed at www.adidas.com, 5 February 2004; "Teen Spirit," *Global Cosmetic Industry*, March 2004, p. 23; Johnnie L. Roberts, "World Tour," *Newsweek*, 6 June 2005, pp. 34–36; and the MTV Worldwide Web site, www.mtv.com/mtvinternational.
16. Patrick Williamson, "Natural Lawson – Cornered?" www.brandchannel.com, 26 November 2007.
17. See Michael Porter, *Competitive Advantage* (New York: Free Press, 1985), pp. 4–8, 234–236. For more recent discussions, see Stanley Slater and Eric Olson, "A Fresh Look at Industry and Market Analysis," *Business Horizons*, January–February 2002, p. 15–22; Kenneth Sawka and Bill Fiora, "The Four Analytical Techniques Every Analyst Must Know: 2. Porter's Five Forces Analysis," *Competitive Intelligence Magazine*, May–June 2003, p. 57; Philip Kotler and Kevin Lane Keller, *Marketing Management*, 12th ed. (Upper Saddle River, NJ: Prentice Hall, 2006), pp. 342–343.
18. For a good discussion of mass customization and relationship building, see Don Peppers and Martha Rogers, *Managing Customer Relationships: A Strategic Framework* (Hoboken, NJ: John Wiley & Sons, 2004), chapter 10.
19. Jack Trout, "Branding Can't Exist without Positioning," *Advertising Age*, 14 March 2005, p. 28.
20. "How China Got Disney to Share Keys to Magic Kingdom," *The Straits Times*, 18 June 2016, D10; "Can You Say 'Hakuna Matata' in Mandarin?" *The Straits Times*, 20 June 2016, p. D8; "Disneyland: The Next Act," *Inside Asia*, CNBC, 17 June 2016.
21. Adapted from a positioning map prepared by students Brian May, Josh Payne, Meredith Schakel, and Bryana Sterns, University of North Carolina, April 2003. SUV sales data furnished by WardsAuto.com, June 2006. Price data from www.edmunds.com, June 2006.
22. See Bobby J. Calder and Steven J. Reagan, "Brand Design," in Dawn Iacobucci, ed. *Kellogg on Marketing* (New York: John Wiley & Sons, 2001) p. 61. The Mountain Dew example is from Alice M. Tybout and Brian Sternthal, "Brand Positioning," in Iacobucci, ed., *Kellogg on Marketing*, p. 54.

Chapter 8

1. Based on information found in Tom Foster, "The GoPro Army," Inc., 26 January 2012, www.inc.com/magazine/201202/the-goproarmy.html; Ryan Mac, "The Mad Billionaire behind GoPro: The World's Hottest Camera Company," Forbes, 3 March 2013, www.forbes.com/sites/ryanmac/2013/03/04/the-mad-billionaire-behindgopro-the-worlds-hottest-camera-company/; Lauren Hockenson, "How GoPro Created a Billion Dollar Empire," *Mashable*, 5 March 2013, http://mashable.com/2013/03/05/gopro-camera/; Therese Poletti, "GoPro's Financials: A Profitable Surprise," *Marketing Watch*, 19 May 2014, www.marketwatch.com/story/gopros-financials-aprofitable-surprise-2014-05-19; and www.GoPro.com and http://gopro.com/about-us/, accessed September 2014.
2. R. K. Krishna Kumar, "Effective Marketing Must Begin with Customer Engagement," *Marketing News*, 15 April 2009, p. 15.
3. Lo, KY 2005, 'Hong Kong-Shanghai Rivalry goes Creative', *International Herald Tribune*, 20 January p. 3.
4. Accessed online at www.social-marketing.org/aboutus.html, October 2006.
5. Quotes and definitions from Philip Kotler, *Kotler on Marketing* (New York: Free Press, 1999), p. 17; www.asq.org, October 2006.
6. See Roland T. Rust, Christine Moorman, and Peter R. Dickson, "Getting Return on Quality: Revenue Expansion, Cost Reduction, or Both?" *Journal of Marketing*, October 2002, pp. 7–24; Roland T. Rust, Katherine N. Lemon, and Valarie A. Zeithaml, "Return on Marketing: Using Customer Equity to Focus Marketing Strategy," *Journal of Marketing*, January 2004, p. 109.
7. Elizabeth Woyke, "Samsung, LG Design Face-off," www.forbes.com, 24 March 2009; Priyanka Joshi, "Selling Aesthetics Too," *Business Standard*, 26 May 2006, p. 17.
8. Andy Goldsmith, "Coke vs. Pepsi: The Taste They Don't Want You to Know About," *The 60-Second Marketer*, www.60secondmarketer.com/60SecondArticles/Branding/cokevs.pepsitast.html, accessed May 2009.
9. Pallavi Gogoi, "The Serious Cachet of Secret Brands: Label-free Retailers Muji and American Apparel are Proof that Success Doesn't Necessarily Depend on Spending Big to Build a Name," *BusinessWeek Online*, 11 August 2005.
10. "Polishing China's Tarnished Image," *TODAY*, 2 December 2009, p. 32.
11. Jessie Scanion, "The Shape of A New Coke," *BusinessWeek*, 8 September 2008, p. 72.
12. Ariel Schwartz, "Coca-Cola Japan Sells Easy-Crush Water Bottles to Save Plastic, but Is It Greenwashing?" www.fastcompany.com, 9 June 2009.
13. Example adapted from Michelle Higgins, "Pop-Up Sales Clerks: Web Sites Try the Hard Sell," *Wall Street Journal*, 15 April 2004, p. D.1. See also Dawn Chmielewski, "Software

That Makes Tech Support Smarter," *Knight Ridder Tribune Business News,* 25 December 2005, p. 1.
14. http://www.eversoft.sg/product-range/organic-facial-cleanser/, accessed 23 August 2016.
15. Information about Colgate's product lines accessed at www.colgate.com/app/Colgate/US/Corp/Products.cvsp, August 2006.
16. See "McAtlas Shrugged," *Foreign Policy,* May–June 2001, pp. 26–37; Philip Kotler and Kevin Lane Keller, *Marketing Management,* 14th ed. (Upper Saddle River, NJ: Prentice Hall, 2011).
17. "The 100 Top Brands," *BusinessWeek,* 7 August 2006, pp. 60–66. For another ranking, see Normandy Madden, "Hold the Phone," *Advertising Age,* 10 April 2006, pp. 4, 64.
18. Larry Selden and Yoko S. Selden, "Profitable Customer: Key to Great Brands," *Point,* July–August 2006, pp. 7–9. Also see Roland Rust, Katherine Lemon, and Valarie Zeithaml, "Return on Marketing: Using Customer Equity to Focus Marketing Strategy," *Journal of Marketing,* January 2004, p. 109; Connie S. Olasz, "Marketing's Role in a Relationship Age," *Baylor Business Review,* Spring 2006, pp. 2–7.
19. See Scott Davis, *Brand Asset Management,* 2nd ed. (San Francisco: Jossey-Bass, 2002). For more on brand positioning, see Philip Kotler and Kevin Lane Keller, *Marketing Management,* 14th ed. (Upper Saddle River, NJ: Prentice Hall, 2011), chapter 10.
20. Adapted from information found in Geoff Colvin, "Selling P&G," *Fortune,* 17 September 2007, pp. 163–169; "For P&G, Success Lies in More Than Merely a Dryer Diaper," *Advertising Age,* 15 October 2007, p. 20; Jack Neff, "Stengel Discusses Transition at P&G," *Advertising Age,* 21 July 2008, p. 17; www.jimstengel.com, accessed June 2010.
21. "For Global Hyatt Corp., success in the Middle Kingdom means peddling luxury to a rapidly emerging moneyed class," *Crain's Chicago Business,* Vol. 29 No. 26, 26 June 2006, p. 20.
22. "Omnicom and China's Tsinghua University join hands on naming project," *PR Newswire,* 6 April 2006, accessed on 13 July 2006, www.global.factiva.com.
23. "Victory brew: Starbucks wins copyright battle in China," *The Straits Times,* 3 January 2006, p. 6.
24. Moinak Mitra, "Yum, the Restaurants International," *The Economic Times,* 20 November 2008.
25. Sandra Leong, "Win-Win Housebrands," *The Sunday Times,* 27 August 2006, p. L6.
26. Based on information from Kate McArthur, "Cannibalization a Risk as Diet Coke Brand Tally Grows to Seven," *Advertising Age,* 28 March 2005, pp. 3, 123; "Coca-Cola Zero Pops into Stores Today," *Atlanta Business Chronicle,* 13 June 2005, accessed at http://atlanta.bizjournals.com/atlanta/stories/2005/06/13/daily7.html; www2.coca-cola.com, July 2006.
27. For more on the use of line and brand extensions and consumer attitudes toward them, see Franziska Volckner and Henrik Sattler, "Drivers of Brand Extension Success," *Journal of Marketing,* April 2006, pp. 18–34; Chris Pullig, Carolyn J. Simmons, and Richard G. Netemeyer, "Brand Dilution: When Do New Brands Hurt Existing Brands?" *Journal of Marketing,* April 2006, pp. 52–66.
28. "L'Oréal China VP Emma Walmsley on Price and Consumer Perception," www.chinaeconomicreview.com, July 2008.
29. Stephen Cole, "Value of the Brand," *CA Magazine,* May 2005, pp. 39–40.
30. See Kevin Lane Keller, "The Brand Report Card," *Harvard Business Review,* January 2000, pp. 147–157; Keller, *Strategic Brand Management,* pp. 766–767; David A. Aaker, "Even Brands Need Spring Cleaning," *Brandweek,* 8 March 2004, pp. 36–40.
31. Patrick Williamson, "SoftBank—Moshi Moshi," www.brandchannel.com, 30 April 2007.
32. See James L. Heskett, W. Earl Sasser Jr., and Leonard A. Schlesinger, *The Service Profit Chain: How Leading Companies Link Profit and Growth to Loyalty, Satisfaction, and Value* (New York: Free Press, 1997); Heskett, Sasser, and Schlesinger, *The Value Profit Chain: Treat Employees Like Customers and Customers Like Employees* (New York: Free Press, 2003); "Recovering from Service Failure," *Strategic Direction,* June 2006, pp. 37–40.

Chapter 9

1. Material from www.breadtalk.com; Wei Han Wong, "Singaporean Brands Aim for Global Market, But their Hearts Remain Close to Home," *TODAY,* 9 August 2014, p. 21.
2. Based on material from Peter Lewis, "A Perpetual Crisis Machine," *Fortune,* 19 September 2005, pp. 58–67.
3. Based on quotes and information from Robert D. Hof, "The Power of Us," *BusinessWeek,* 20 June 2005, pp. 74–82. See also Robert Weisman, "Firms Turn R&D on Its Head, Looking Outside for Ideas," *Boston Globe,* 14 May 2006, p. E1.
4. Example from www.Frogdesign.com, accessed July 2006.
5. Kevin O'Donnell, "Where Do the Best Ideas Come From? The Unlikeliest Sources," *Advertising Age,* 14 July 2008, p. 15.
6. See George S. Day, "Is It Real? Can We Win? Is It Worth Doing?" *Harvard Business Review,* December 2007, pp. 110–120.
7. www.teslamotors.com, April 2008; and Alan Pierce, "Seeing Beyond Gasoline Powered Vehicles," *Tech Directions,* April 2008, pp. 10-11.
8. Examples adapted from those found in Carol Matlack, "The Vuitton Machine," *BusinessWeek,* 22 March 2004, pp. 98–102; and Brendan Koerner, "For Every Sport, A Super Sock," *New York Times,* 27 March 2005, p. 3.2.
9. Dan Sewell, "Procter & Gamble to Test Web Sales," *Associated Press,* 15 January, 2010.
10. Robert Berner, "How P&G Pampers New Thinking," *BusinessWeek,* 14 April 2008, pp. 73–74; "How P&G Plans to Clean Up," *BusinessWeek,* 13 April 2009, pp. 44–45; "Procter & Gamble Company," www.wikinvest.com/stock/Procter_&_Gamble_Company_(PG), accessed April 2010.
11. See Philip Kotler, *Kotler on Marketing* (New York, NY: The Free Press, 1999), pp. 43–44; Judy Lamont, "Idea Management: Everyone's an Innovator," KM World, November/December 2004, pp. 14–16; J. Roland Ortt, "Innovation Management: Different Approaches to Cope with the Same Trends," *Management,* 2006, pp. 296–318.
12. Manjeet Kripalani, "Tata Taps a Vast R&D Shop: Its Own," www.businessweek.com, 9 April 2009.
13. This definition is based on one found in Bryan Lilly and Tammy R. Nelson, "Fads: Segmenting the Fad-Buyer Market," *Journal of Consumer Marketing,* vol. 20, no. 3, 2003, pp. 252–265.
14. See "Scooter Fad Fades, as Warehouses Fill and Profits Fall," *Wall Street Journal,* 14 June 2001, p. B4; Katya Kazakina, "Toy Story: Yo-Yos Make a Big Splash," *Wall Street Journal,* 11 April 2003, p. W-10; Robert Johnson, "A Fad's Father

Seeks a Sequel," *New York Times*, 30 May 2004, p. 3.2; Tom McGhee, "Spotting Trends, Eschewing Fads," *Denver Post*, 29 May 2006.

15. For a more comprehensive discussion of marketing strategies over the course of the product life cycle, see Philip Kotler and Kevin Lane Keller, *Marketing Management*, 14th ed. (Upper Saddle River, NJ: Prentice Hall, 2011).

16. Harry McCracken, "Amazon's Kindle Gets Ready to Battle Apple's iPad," www.pcworld.com, 4 February 2010.

17. "Profit Margins Shrink as Automakers Charge into India," www.businessweek.com, 11 January 2010.

18. Matthew Boyle, "The Ketchup King Prospers," *BusinessWeek*, 8 September 2008, p. 28.

19. Example based on information provided by Nestle Japan Ltd., May 2008; with additional information from Laurel Wentz, "Kit Kat Wins Cannes Media Grand Prix for Edible Postcard," *Advertising Age*, 23 June 2009, http://adage.com/cannes09/article?article_id_137520; http://en.wikipedia.org/wiki/Kit_Kat; the Japanese Wikipedia discussion of Kit Kat at http://ja.wikipedia.org, accessed November 2010.

Chapter 10

1. The Daiso's mission, www.daisoglobal.com; Kuchikomi, "The Evolution Of 100-Yen Shops and How They've Changed People's Lives," *Japan Today*, 21 February 2015; Sunny Mewati, "How does Daiso sell all its products at the same price (usually a very low one) under one roof?" www.quora.com, 7 October 2014; Connie Tan, "Dollar stores find fans in Asian penny pinchers" www.cnbc.com, 26 August 2015; Daiso, "Price Change Effective April 1 2015," http://mydaiso.com.au/price-change, 1 April 2015.

2. Example adapted from Anupam Mukerji, "Monsoon Marketing," *Fast Company*, April 2007, p. 22. Also see www.stagumbrellas.com, accessed September 2010.

3. Here accumulated production is drawn on a semilog scale so that equal distances represent the same percentage increase in output.

4. The arithmetic of markups and margins is discussed in Appendix 2, "Marketing by the Numbers."

5. See Robert J. Dolan, "Pricing: A Value-Based Approach," *Harvard Business School Publishing*, 9-500-071, 3 November 2003.

6. "Carrefour Fights Back with Prices, Promotions and PL," www.foodinternational.net, accessed on 25 March 2009.

7. "Japan Catches the Thrift Bug," *TODAY*, 22 September 2009, p. B5.

Chapter 11

1. Jharna Mazmudar, "FMCG Brands Cut Prices as Input Costs Decline," *Financial Chronicle*, 22 January 2015.

2. For comprehensive discussions of pricing strategies, see Thomas T. Nagle, John E. Hogan, and Joseph Zale, *The Strategy and Tactics of Pricing*, 5th ed. (Upper Saddle River, NJ: Prentice Hall, 2010).

3. Roger Chen, "Price Wars," *The China Business Review*, September–October 2003, pp. 42–46.

4. Adapted from information found in Mei Fong, "IKEA Hits Home in China: The Swedish Design Giant, Unlike other Retailers, Slashes Prices for the Chinese," *Wall Street Journal*, 3 March 2006, p. B1; and "IKEA to Open Three Stores in China in 2008," *Sinocast China Business Daily News*, 31 August 2007, p. 1.

5. "Lower cost Samsung GALAXY unveiled in Kenya," www.biztechafrica.com, 23 May 2012.

6. "Pay for Towels at this Hotel," *The Straits Times*, 1 June 2011, p. C10.

7. See Nagle and Holden, *The Strategy and Tactics of Pricing*, pp. 244–247; Stefan Stremersch and Gerard J. Tellis, "Strategic Bundling of Products and Prices: A New Synthesis for Marketing," *Journal of Marketing Research*, January 2002, pp. 55–72; Chris Janiszewski and Marcus Cunha, Jr., "The Influence of Price Discount Framing on the Evaluation of a Product Bundle," *Journal of Marketing Research*, March 2004, pp. 534–546; and "Save a Bundle, Comcast Says," *Tacoma News Tribune*, 25 July 2006.

8. For more discussion, see Manoj Thomas and Vicki Morvitz, "Penny Wise and Pound Foolish: The Double-Digit Effect in Price Cognition," *Journal of Consumer Research*, June 2005, pp. 54–64; and Heyong Min Kim and Luke Kachersky, "Dimensions of Price Salience: A Conceptual Framework for Perceptions of Multi-Dimensional Prices," *Journal of Product and Brand Management*, 2006, vol. 15, no. 2, pp. 139–147.

9. For discussions of these issues, see Dhruv Grewal and Larry D. Compeau, "Pricing and Public Policy: A Research Agenda and Overview of Special Issue," *Journal of Public Policy and Marketing*, Spring 1999, pp. 3–10; and Michael V. Marn, Eric V. Roegner, and Craig C. Zawada, *The Price Advantage* (Hoboken, NJ: John Wiley & Sons, 2004), Appendix 2.

Chapter 12

1. Arthur Sim, "The Emperor's Quality Clothes," *Business Times*, 20 June 2009; Daniel Edmundson, "UNIQLO's Six-Phase In-store Store Strategy," www.psfk.com; "UNIQLO's Brand Differentiation Dilemma," www.labbrand.com, 24 April 2011; Hayley Peterson, "How UNIQLO—The Japanese Clothing Giant that May Buy J. Crew—is Taking Over the World," www.businessinsider.com, March 2014; "Why UNIQLO Parent Fast Retailing would want J. Crew," http://blogs.marketwatch.com, 3 March 2014; Monami Yui and Daryl Loo, "Fast Retailing Beats Estimates with UNIQLO Sales Jumping," www.bloomberg.com, 8 January 2015; "Fast Retailing," www.forbes.com, May 2014; Materials from www.uniqlo.com and www.fastretailing.com.

2. Andrew Yeh, "McDonald's Seeks Heavy Traffic Fast-Food Expansion," *Financial Times*, 21 June 2006, p. 12.

3. "Online Shopping Boom in China," *The Straits Times*, 18 December 2009, p. C2.

4. Olga Kharif and Brian Womack, "Google Shifts into Online Retailing," www.businessweek.com, 6 January 2010.

5. Warren J. Keegan and Mark C. Green, *Global Marketing* (Englewood Cliffs, N.J.: Prentice Hall, 2009).

6. Quotes and information from Normandy Madden, "Two Chinas," *Advertising Age*, 16 August 2004, pp. 1, 22; Dana James, "Dark Clouds Should Part for International Marketers," *Marketing News*, 7 January 2002, pp. 9, 13; Russell Flannery, "Red Tape," *Forbes*, 3 March 2003, pp. 97–100; Russell Flannery, "China: The Slow Boat," *Forbes*, 12 April 2004, p. 76.

7. Nanette Byrnes, "Avon Calls. China Opens the Door," *BusinessWeek Online,* 28 February 2006, p. 19.
8. Steven Burke, "Samsung Launches Revamped Partner Program," *CRN,* 12 February 2007, accessed at www.crn.com; and "Program Details: Samsung Electronics America, IT Division," *VAR Business 2007 Partner Programs Guide,* accessed at www.crncom, July 2007.
9. "Adding a Day to Dell," *Traffic World,* 21 February 2005, p1; William Hoffman, "Dell Ramps Up RFID," *Traffic World,* 18 April 2005, p. 1; William Hofman, "Dell Beats the Clock," *Traffic World,* 24 October 2005, p. 1.
10. See "RFID: From Potential to Reality," *Frozen Food Age,* April 2005, p. 40; Jack Neff, "P&G Products to Wear Wire," *Advertising Age,* 15 December 2004, pp. 1, 32; Tom Van Riper, "Retailers Eye RFID Technology to Make Shopping Easier," *Knight Ridder Tribune Business News,* 23 May 2005, p. 1; John S. McClenahen, "Wal-Mart's Big Gamble," *Industry Week,* April 2005, pp. 42–46; Mark Roberti, "Using RFID at Item Level," *Chain Store Age,* July 2006, pp. 56–57; "RFID Technology in Marketing," www.knol.google.com/k/rfid-technology-in-marketing#, accessed on 15 May 2011; "RFID Gives In-Store Marketing the Personal Touch," *RFID News,* 21 August 2008; "Coca-Cola Marketing event Tracked Facebook Users Via RFID," www.allfacebook.com/coca-cola-marketing-2010-08, 24 August 2010.
11. European Intelligence Unit, *China Hand.*
12. Ann Bednarz, "Internet EDI: Blending Old and New," *Network World,* 23 February 2004, pp. 29–31; Laurie Sullivan, "Hey, Wal-Mart, A New Case of Pampers Is on the Way," *InformationWeek,* 23 January 2006, p. 28.
13. John Paul Quinn, "3PLs Hit Their Stride," *Logistics Management/Supply Chain Management Review,* July 2006, pp. 3T–8T.

Chapter 13

1. See "Carrefour – 2010 Sales," 10 January 2011, accessed September 2011 at http://www.carrefour.com/cdc/finance/sales-and-results/our-sales/2010-sales-folder/2010-full-year-sales.html; "Why is Losing Ground in China, Wal-Mart," 23 June 2011, *Stock Market Today,* accessed at http://www.stockmarkettoday.cc/why-is-losing-ground-in-china-wal-mart.html.
2. See "Monthly and Annual Retail Trade," U.S. Census Bureau, www.census.gov/retail/, accessed March 2014; Jack Neff, "P&G Pushes Design in Brand-Building Strategy," 12 April 2010, http://adage.com/print?article_id=143211; and Gil Press, "What Do CMOs Want? On Big Data, Better Focus, and Moments of Truth," *Forbes,* 25 November 2013, www.forbes.com/sites/gilpress/2013/11/25/what-do-cmos-want-on-big-data-betterfocus- and-moments-of-truths/.
3. For more on digital aspects of shopper marketing, see Christopher Heine, ""Marketing to the Omnichannel Shopper," *Adweek,* 3 June 2013, pp. S1–S2; John Balla, "Customer Love—It's All about the Connection," loyalty360, 14 February 2014, http://loyalty360.org/ loyalty-today/article/customer-love-its-all-about-the-connection; www.shoppermarketingmag.com/home/, accessed June 2014; and "ZMOT," *Google Digital Services,* www.zeromomentoftruth.com/, accessed September 2014.
4. "Convenience Store Industry Sales Hit New Highs in 2005," 5 April 2006, accessed at www.nacsonline.com/.
5. Adapted from Elizabeth Esfahani, "7-Eleven Gets Sophisticated," *Business 2.0,* January–February 2005, pp. 93–100. Also see Tatiana Serafin, "Smokes and Sandwiches," *Forbes,* 13 February 2006, p. 120.
6. Patricia Callahan and Ann Zimmerman, "Price War in Aisle 3—Wal-Mart Tops Grocery List with Supercenter Format," *Wall Street Journal,* 27 May 2003, p. B-1; Mike Troy, "What Setback? Supercenters Proliferate," *DSN Retailing Today,* 17 May 2004, p. 1; Elliot Zwiebach, "Wal-Mart's Next Weapon," *Supermarket News,* 7 March 2005, p. 14; Lucia Moses, "Supermarkets' Share Seen Fading," *Supermarket News,* 6 February 2006, p. 8; Wal-Mart 2006 Annual Report, accessed at www.walmartstores.com.
7. Company and franchising information from "2013 Franchise Times Top 200 Franchise Systems," *Franchise Times,* October 2013, www.franchisetimes.com/pdf/Top-200-2013.pdf, www.score.org/resources/should-i-buy-franchise; and www.aboutmcdonalds.com/ mcd and www.subway.com/subwayroot/About_Us/default.aspx, accessed September 2014.
8. Adapted from "At Home in the Apple Store: A Welcoming Temple to a Devout Member of the Cult," *Saint Paul Pioneer Press,* 19 June 2006.
9. See "The Fortune 500," *Fortune,* 17 April 2006, p. F1.
10. "60% of U.S. Retail Sales Will Involve the Web by 2017," *Internet Retailer,* 30 October 2013, www.internetretailer.com/2013/10/30/60-us-retail-sales-will-involve-web-2017; and U.S. Census Bureau News, "Quarterly Retail E-Commerce Sales, 4rd Quarter 2013," 18 February 2014, www.census.gov/retail/mrts/www/data/pdf/ec_current.pdf.
11. See Lucia Moses, "Data Points: Mobile Shopping," *Adweek,* 20 May 2013, pp. 20–21; and "Retail Social Media Top 10," RetailCustomerExperience.com, 10 January 2013, www.retailcustomerexperience.com/blog/9655/Retail-Social-Media-Top-10-Infographic.
12. Ann Zimmerman, "Can Retailers Halt 'Showrooming'?" *Wall Street Journal,* 11 April 2012, p. B1; "Data Points: Spending It," *Adweek,* 16 April 2012, pp. 24–25; and "Consumers Visit Retailers, Then Go Online for Cheaper Sources," *Adweek,* 14 March 2013; and "60% of U.S. Retail Sales Will Involve the Web by 2017," *Internet Retailer,* 30 October 2013, www.internetretailer.com/2013/10/30/60-us-retail-sales-will-involve-web-2017.
13. "Top 500 Guide," *Internet Retailer,* accessed June 2014; and "Store-Based Retailers Take the Early Lead among Top 500 Retailers in Online Sales Growth," *Internet Retailer,* 18 February 2014, www.internetretailer.com/2014/02/18/store-based-retailers-take-earlylead-among-top-500.
14. "Latest Counts of Wal-Mart", accessed at www.walmartchina.com/news/stat.htm; Carrefour China, accessed at http://www.carrefour.com.cn/; see Dexter Roberts, Wendy Zellner, and Carol Matlack, "Let the Retail Wars Begin," *BusinessWeek,* 17 January 2005, pp. 44–45; "Carrefour: At the Intersection of Global," *DSN Retailing Today,* 18 September 2000, p. 16; "Top 250 Global Retailers," *Stores,* January 2006, accessed at www.nxtbook.com/nxtbooks/nrfe/stores0106-globalretail/index.php.; information from www.walmartstores.com and www.carrefour.com, accessed October 2006.
15. See Jordan Cooke, "McDonald's Eco-Friendly Seal," *McClatchy-Tribune Business News,* January 13, 2010; "The Golden Arches Go Green: McDonald's First LEED Certified Restaurant," 11 December 2008, accessed at www.greenbeanchicago.com; "McDonald's Green Prototype Uses

25 Percent Less Energy," *Environmental Leader*, 8 April 2009, accessed at www.environmentalleader.com; D. Gail Fleenor, "Green Light," *Stores*, October 2009, p. 52.
16. See Alan Wolf, "Chains Embrace Eco Strategies," *Twice*, 30 March 2009, p. 1; information from www.staples.com and www.bestbuy.com, accessed November 2010.
17. Peter Berlinski, "Green Keeps Growing." Also see Kee-hung Lai, T.C.E. Cheng, and Ailie K.Y. Tang, "Green Retailing: Factors for Success," *California Management Review*, Winter 2010, pp. 6+.

Chapter 14

1. Jason Wincuinas, "Inside Lenovo's Partnership with YouTube Star Ryan Higa," Campaign Asia-Pacific, 24 February 2015; Corrine Bagish, "How Lenovo Expanded its Offerings and Global Presence—and Modernized its Image to Match," www.mashable.com, 10 November 2015; and "Social Media Stars A Top Priority For Brands Targeting Today's Digital Consumer," StreetInsider.com, 31 August 2015.
2. The first four of these definitions are adapted from Peter D. Bennett, *The AMA Dictionary of Marketing Terms*, 2nd ed. (New York: McGraw-Hill, 1995). Other definitions can be found at www.marketingpower.com/live/mg-dictionary.php?, August 2006.
3. See Don E. Schultz and Philip J. Kitchen, *Communication Globally: An Integrated Marketing Approach* (New York: McGraw-Hill, 2000); Don E. Schultz and Heidi Schultz, *IMC: The Next Generation* (New York: McGraw-Hill, 2004).
4. Jonah Bloom, "The Truth Is: Consumers Trust Fellow Buyers Before Marketers," *Advertising Age*, 13 February 2006, p. 25; "Global Advertising: Consumers Trust Real Friends and Virtual Strangers the Most," *Nielsen Wire*, 7 July 2009.
5. For more on setting promotion budgets, see W. Ronald Lane, Karen Whitehill King, and J. Thomas Russell, *Kleppner's Advertising Procedure*, 16th ed. (Upper Saddle River, NJ: Prentice Hall, 2005), chapter 6.
6. Dianna Dilworth, "Sun Chips Promotes Compostable Chip Bag with Pre-Earth Day Campaign," *DMNews*, 31 March 2010, accessed at www.dmnews.com/sunchips-promotes-compostable-chip-bagwith-pre-earth-day-campaign/article/167069/.
7. For more on the legal aspects of promotion, see Lane, King, and Russell, *Kleppner's Advertising Procedure*, chapter 25; William L. Cron and Thomas E. DeCarlo, *Dalrymple's Sales Management*, 9th ed. (New York: Wiley, 2006), chapter 10.

Chapter 15

1. Based on information found in Karen Robinson-Jacobs, "Soda Sales Fall for Eight Straight Years, Posting Biggest Drop Since 2009," Biz Beat Blog, 25 March 2013, http://bizbeatblog.dallasnews.com/2013/03/soda-sales-fall-for-eighth-straight-year-see-biggestdrop-since-2009.html/; Natalie Zmuda, "Pepsi Tackles Identity Crisis after Fielding Biggest Consumer-Research Push in Decades," *Advertising Age*, 7 May 2012, pp. 1, 14; Natalie Zmuda, "Pepsi Debuts First Global Campaign," *Advertising Age*, 30 April 2012, http://adage.com/article/print/234379; Ravi Balakrishnan, "Is the 'Right Here Right Now' Campaign a Game Changer for Pepsi?" *The Economic Times (Online)*, 6 February 2012, http://articles.economictimes.indiatimes.com/2013-02-06/news/36949962_1_homi-battiwallapepsico-india-surjo-dutt; Natalie Zmuda, "Pepsi Puts the Public in Super Bowl Spot," Advertising Age, 7 January 2013, p. 10; and "Best Global Brands 2013," *Interbrand*, www.interbrand.com/best-globalbrands/2013/Pepsi, accessed February 2014.
2. "Take the Bing It On Challenge," 6 September 2012, www.bing.com/blogs/site_blogs/b/search/archive/2012/09/06/challengeannounce.aspx; www.bingiton.com, accessed June 2014; Alex Kantrowitz, "Microsoft's Google Bashing Is Having an Impact," *Advertising Age*, 14 October 2013, p. 24; and www.scroggled.com/Home, accessed September 2014.
3. For more on advertising budgets, see W. Ronald Lane, Karen Whitehill King, and J. Thomas Russell, Kleppner's Advertising Procedure, 16th ed. (Upper Saddle River, NJ: Prentice Hall, 2005), chapter 6.
4. Stuart Elliot, "New Rules of Engagement," *New York Times*, 21 March 2006, p. C7; Abbey Klaassen, "New Wins Early Battle in Viewer-Engagement War," *Advertising Age*, 20 March 2006, p. 10.
5. *Newsweek* and *BusinessWeek* cost and circulation data online at http://mediakit.businessweek.com and www.newsweekmediakit.com, accessed October 2010.
6. Kate Maddox, "Optimism, Accountability, Social Media Top Trends," *BtoB*, 18 January 2010, p. 1.
7. Stuart Elliot, "How Effective Is This Ad, in Real Numbers? Beats Me," *New York Times*, 20 July 2005, p. C8.
8. Elliot, "How Effective Is This Ad, in Real Numbers? Beats Me," p. C8. Also see, Dan Lippe, "Media Scorecard: How ROI Adds Up," *Advertising Age*, 20 June 2005, p. S6; Pat LaPointe, "For Better ROI, Think Sailing, Not Driving," *Brandweek*, 30 January 2006, pp. 17–18.
9. Information on advertising agency revenues from "Agency Report 2010," *Advertising Age*, April 26, 2010, pp. 22+.
10. See Alexandra Jardine and Laurel Wentz, "It's a Fat World After All," *Advertising Age*, 7 March 2005, p. 3; George E. Belch and Michael A. Belch, *Advertising and Promotion*, (New York: McGraw-Hill/Irwin, 2004), pp. 666–668; Jonathan Cheng, "China Demands Concrete Proof of Ads," *Wall Street Journal*, 8 July 2005, p. B1; Cris Prystay, "India's Brewers Cleverly Dodge Alcohol-Ad Ban," *Wall Street Journal*, 15 June 2005, p. B1; Dean Visser, "China Puts New Restrictions on Cell Phone, E-Mail Advertising," *Marketing News*, 15 March 2006, p. 23.
11. Adapted from Scott Cutlip, Allen Center, and Glen Broom, *Effective Public Relations*, 9th ed. (Upper Saddle River, NJ: Prentice Hall, 2006), chapter 1.
12. Chi-ying Siu, "Thirty Six Tactics of Marketing", *Beijing: Machinery Industry Publishers*, 2007, pp. 44-45, accessed online at www.swellfun.com.
13. Al Ries and Laura Ries, "First Do Some Publicity," *Advertising Age*, 8 February 1999, p. 42. Also see Al Ries and Laura Ries, *The Fall of Advertising and the Rise of PR* (New York: HarberBusiness, 2002). For points and counterpoints and discussions of the role of public relations, see O. Burtch Drake, "'Fall' of Advertising? I Differ," *Advertising Age*, 13 January 2003, p. 23; Robert E. Brown, "Book Review: The Fall of Advertising & the Rise of PR," *Public Relations Review*, March 2003, pp. 91-93; Mark Cheshire, "Roundtable Discussion–Making & Moving the Message," The Daily Record, 30 January 2004, p. 1; David Robinson. "Public Relations Comes of Age," *Business Horizons*, May–June 2006, pp. 247+.

Chapter 16

1. "Tupperware Boom in Indonesia," *The Straits Times,* 2 March 2015, p. C10; "Tupperware's Sweet Spot Shifts to Indonesia," *The Business Times,* 2 March 2015, p. 19; Yanqin Lin, "Empowering Women by Keeping Things Fresh," *TODAY,* 19 April 2014, p. 8.
2. "Selling Power 500," accessed at www.sellingpower.com/sp500/index.asp, October 2006; for more on this and other methods for determining sales force size, see William L. Cron and Thomas E. DeCarlo, *Sales Management,* 9th ed. (New York: John Wiley & Sons, 2006), pp. 84–85.
3. Roy Chitwood, "Making the Most Out of Each Outside Sales Call," 4 February 2005, accessed at http://seattle.bizjournals.com/seattle/stories/2005/02/07/smallb3.html; "The Cost of the Average Sales Call Today is More Than $400," *Business Wire,* 28 February 2006.
4. Quotes and other information in this section on super salespeople are from Geoffrey Brewer, "Mind Reading: What Drives Top Salespeople to Greatness?" *Sales & Marketing Management,* May 1994, pp. 82–88; Andy Cohen, "The Traits of Great Sales Forces," *Sales & Marketing Management,* October 2000, pp. 67–72; Julia Chang, "Born to Sell?" *Sales & Marketing Management,* July 2003, pp. 34–38; Henry Canaday, "Recruiting the Right Stuff," *Selling Power,* April 2004, pp. 94–96. Also see Tom Andel, "How to Cultivate Sales Talent," *Official Board Markets,* 23 April 2005, pp. 14–16; Kevin McDonald, "Therapist, Social Worker or Consultant?" *CRN,* December 2005–January 2006, p. 24.
5. See *Dartnell's 30th Sales Force Compensation Survey,* Dartnell Corporation, August 1999; Galea "2006 Compensation Survey," *Sales & Marketing Management,* May 2006, pp. 30–35.
6. For extensive discussions of sales force automation, see the May 2005 issue of *Industrial Marketing Management,* which is devoted to the subject.
7. For more on return on sales investment, see Tim Lukes and Jennifer Stanley, "Bringing Science to Sales," *Marketing Management,* September–October 2004, pp. 36–41.
8. See "The Digital Evolution in B2B Marketing," Marketing Leaderships Council, 2 December 2012, p. 3; Scott Gillum, "The Disappearing Sales Process," *Forbes,* 7 January 2013, www.forbes.com/sites/gyro/2013/01/07/the-disappearing-sales-process/; and Alice Myerhoff, "How Selling Has Gone Social in the Last 15 Years," Salesforce Blog, 13 March 2014, http://blogs.salesforce.com/Company/2014/03/social-selling-15-years-gp.html.
9. See "Barbara Giamanco and Kent Gregoire, "Tweet Me, Friend Me, Make Me Buy," *Harvard Business Review,* July–August 2012, pp. 88–94; and John Bottom, "Research: Are B2B Buyers Using Social Media?" Slideshare, 10 September 2013, www.slideshare.net/basebot/b2b-buyer-behaviour.
10. See "GE's Social Story," www.salesforcemarketingcloud.com/resources/videos/ges-social-story/, accessed June 2014; David Moth, "How General Electric Uses Facebook, Twitter, Pinterest and Google+," Velocify, May 2013, https://econsultancy.com/blog/62684-how-general-electric-uses-facebook-twitter-pinterest-and-google; and "GE Social Media," www.ge.com/news/social, accessed September 2014.
11. "For B-to-B, Engagement, Retention Are Key," *Marketing News,* 15 April 2009, p. 9; and Nancy Peretsman, "Stop Talking and Start Listening," *Fortune,* 9 November 2009, p. 24.
12. Kantar Retail, Making Connections: Trade Promotion Integration across the Marketing Landscape (Wilton, CT: Kantar Retail, July 2012), p. 5.
13. *2005 Trade Promotion Spending & Merchandising Industry Study* (Cannondale Associates, Wilton, CT, May 2006), p. 13.

Chapter 17

1. Ji-yoon Lee, "Gmarket Aims to Lead Mobile Shopping Business," *The Korea Herald,* 20 August 2013; "Rakuten and Qoo10 At a Glance," *The Straits Times,* 17 January 2014; "Countries Moving to Target S. Korea's Direct Purchase Market in Borderless Consumption Era," *Maeil Business,* 4 January 2015; and "Chief Executive in Waiting Foresees a New Day for eBay," *Korea Joong Ang Daily,* 20 April 2015.
2. "Fujitsu Customers—Case Studies," accessed online at http://crm.fujitsu.com/en/case_study/japan_net.htmol.
3. William Auckerman, "Japan's Lawson Eyes Web Sales," www.internetnews.com, 13 July 1999.
4. Alice Z. Cuneo, "Scramble for Content Drives Mobile," *Advertising Age,* 24 October 2005, p. S6; "Where Are Those Mobile Ads?" *International Herald Tribune,* 4 May 2008; CTIA: The Wireless Association, June 2008, accessed at www.ctia.org.
5. Adapted from information found in Normandy Madden, "Cellphones Spawn New 'Fast' Promotions in Japan," *Advertising Age,* 7 November 2005, p. 14.
6. Shin Hyon-Hee, "Korea's Major Retailers Gear Up for Online Shopping Boom," *The Korea Herald,* 14 January 2011.
7. Ginger Conlon, "Outlook 2014: Marketing Spending to Rise," *Direct Marketing News,* 10 January 2014, www.dmnews.com/outlook-2014-marketing-spending-to-rise/article/328925.
8. See "IAC Internet Advertising Competition: Best Rich Media Online Ad," www.iacaward.org/iac/winners_detail.asp?yr=all&award_level=best&medium=Rich%20media%20Online%20Ad; and "Gatorade— Prime Rich Media Takeover," www.iacaward.org/iac/winner.asp? eid=10379, both accessed July 2014.
9. Ginger Conlon, "Outlook 2014: Marketing Spending to Rise"; and Google annual reports, http://investor.google.com/proxy.html, accessed September 2014.
10. "Social Media Is the Hot New Thing, but Email Is Still the King," *Advertising Age,* 30 September 2013, p. 18.
11. See Nora Aufreiter et al., "Why Marketers Keep Sending You Emails," January 2014, www.mckinsey.com/Insights/Marketing_Sales/Why_marketers_should_keep_sending_you_emails; Niti Shah, "18 Email Marketing Stats That'll Make You Better at Your Job," *HubSpot,* 5 December 2013, http://blog.hubspot.com/marketing/email-marketing-stats-list; and Amy Gesenhues, "Report: Marketing Emails Opened on Mobile Devices Jumped 61% to 65% in Q4 2013," 23 January 2014, http://marketingland.com/report-65-of-marketing- emails-were-opened-on-mobile-devicesin- q4-2013-71387.
12. Larry Bennett, "Worldwide Spam Rate Falls 2.5 Percent but New Tactics Emerge," *ZDNet,* 23 January 2014, www.zdnet.com/worldwide-spam-rate-falls-2-5-percent-but-new-tacticsemerge-7000025517/.
13. For these and other examples, see "Samsung, Wieden & Kennedy Rule Ad Age's 2013 Viral Video Awards," *Advertising Age,* 16 April 2013, http://adage.com/article/240900/; and Alexander Coolidge, "P&G Aims for Moms' Heart with

14. Laura Heller, "'Ship My Pants': Kmart's Unexpected Viral Hit," *Forbes*, 15 April 2013, www.forbes.com/sites/lauraheller/2013/04/15/shipmy-pants-kmarts-unexpected-viral-hit/; Ron Dicker, "Kmart Makes Merry Mischief Again with 'Ship My Pants,' Dickens Style," *Huffington Post*, 13 December 2013, www.huffingtonpost.com/2013/12/13/kmart-ship-my-pants-dickens-christmas-carol_n_4440133.html; and www.youtube.com/watch?v=I03UmJbK0lA, accessed September 2014.
15. "Evian: Masters of Online Video," *The Guardian*, www.theguardian.com/media-network/ebuzzing-partner-zone/evian-online-videoadvertising- baby-me, accessed June 2014; and Emma Bazilian, "Ad of the Day: Evian Spins a Familiar Web with a Dancing Baby Spider-Man," *Adweek*, 3 April 2014, www.adweek.com/news/ advertising-branding/ad-day-evian-spins-familiar-web-dancingbaby-spider-man-156755.
16. Adapted from information found in Brian Morrissey, "Brands Tap into Web Elite for Advertorial 2.0: Well-Connected Bloggers Are Creating Content on Behalf of Sponsors Thirsty for Buzz," *Adweek*, 12 January 2009, p. 9. Also see Elizabeth A. Sullivan, "Blog Savvy," *Marketing News*, 15 November 2009, p. 8; Michael Bush, "All Marketers Use Online Influencers to Boost Branding Efforts," *Advertising Age*, 21 December 2009, accessed at http://adage.com/digital/article?article_id_141147.
17. See Michael Bush, "Starbucks Gets Web 2.0 Religion, But Can It Convert Nonbelievers?" *Advertising Age*, 24 March 2008, p. 1; and B. L. Bachman, "Starbucks Social Media Monitoring & Community Help It Survive Brand Attack," *WhatNextBlog.com*, 3 June 2009, accessed at www.whatsnextblog.com/archives/2009/06/starbucks_social_media_community_helps_it_survive_brand_attack.asp.
18. http://newsroom.fb.com/company-info; www.youtube.com/yt/press/statistics.html; and www.statisticbrain.com/twitter-statistics/, accessed September 2014.
19. For these and other examples, see www.kaboodle.com, www.farmersonly.com, www.birdpost.com, and www.cafemom.com, all accessed September 2014.
20. See http://nikeinc.com/news/nike-coach-feature-motivates-runners-with-customized-training-plans and www.nikeplus.com, accessed June 2013.
21. Karl Greenberg, "Volvo Uses Twitter Chat for Digital Focus Groups," *Marketing Daily*, 29 May 2013, www.mediapost.com/publications/ article/201309/#axzz2UsMXTPXB.
22. Based on information found at Tim Nudd, "Online Test Just Wants to Make You Happy," *Adweek*, 18 March 2013, www.adweek.com/adfreak/oreo-wraps-cookie-vs-creme-campaign-dozens-goofyvideos-148017; and Lisa Lacy, "Oreo to Fans: Cookie or Crème?" *ClickZ*, 7 February 2013, www.clickz.com/clickz/news/2241725/ oreo-to-fans-cookie-or-creme.
23. See http://pinterest.com/wholefoods/, accessed September 2014.
24. Example and quotes from "Meme Watch: Lay's 'Do Us a Flavor' Crowdsourcing Hilariously Backfires," *Uproxx*, 5 February 2014, http://uproxx.com/gammasquad/2014/02/best-of-lays-do-us-aflavor-parodies/?showall=true; Michael Bourne, "Sailing of 14 Social Cs," *Mullen Advertising*, 13 February, 2012, www.mullen.com/sailing-the-14-social-cs/; and Jenna Mullins, "The Submissions for New Lay's Chip Flavors Are Getting Out of Control (but We Love It)," *EOnline*, 6 February 2014, www.eonline.com/news/508137/thesubmissions-for-new-lays-chip-flavors-are-getting-out-of-controlbut-we-love-it.
25. Melissa Allison, "Re-Creating the Coffee Klatch Online," *Raleigh News & Observer*, 6 May 2013, p. 1D; Todd Wassermann, MAshable, December 13, 2013, http://mashable.com; and www.facebook.com/Starbucks and https://twitter.com/Starbucks, accessed September 2014.
26. See Don Oldenburg, "Hook, Line and Sinker: Personalized Phishing Scams Use Customers' Names to Attract Attention," *Washington Post*, 2 April 2006, p. F05; "How Not to Get Caught by a Phishing Scam," accessed at www.ftc.gov/bcp/online/pubs/alerts/phishingalrt.htm, June 2006.
27. Rob McCann, "Concerns over Online Threats This Holiday Season," *ClickZ Stats*, 24 November 2004, accessed at www.clickz.com. Also see Ann E. Schlosser, Tiffany Barnett White, and Susan M. Lloyd, "Converting Web Site Visitors into Buyers: How Web Site Investment Increases Consumer Trusting Beliefs and Online Purchase Intentions," *Journal of Marketing*, April 2006, pp. 133–148.
28. See "A Quarter of Internet Users Aged 8–12 Say They Have Under-Age Social Networking Profiles," Ofcom, 26 March 2010, www.ofcom.org.uk/media/news/2010/03/nr_ 20100326a.

Chapter 18

1. Extracts, quotes, and other information from or adapted from Alex Taylor III, "Hyundai Smokes the Competition," *Fortune*, 18 January 2010, pp. 63–71; Jean Halliday, "Marketer of the Year: Hyundai," *Advertising Age*, 9 November 2009, pp. 1, 11–12; Todd Wasserman, "Why Hyundai's Dead Serious about Its SB Ads," *Adweek*, 2 February 2010, accessed at www.adweek.com; "Hyundai Marketer Ewanick Goes Face to Face with the Customer," *Automotive News*, 26 October 2009, p. 16; Janet Stilson, "Passing Lane," *Brandweek*, 6 April 2009, p. A7; "Hyundai Launches FIFA 'Loyalty' Campaign," *MediaPostNews*, 10 June 2010, accessed at http://tinyurl.com/2c636kr; "Hyundai Hits 500,000 Sales in U.S. for First Time Ever," www.autoblog.com, 14 December 2010; "Hyundai Announces December 2010 Sales Figures," www.hyundai-blog.com, 5 January 2011; materials from www.hyundainews.com.
2. Paula Berinstein, "Wikipedia and Britannica: The Kid's All Right (And So's the Old Man)," *Searcher*, March 2006, pp. 16–27; "Encyclopaedia Britannica, Inc.," *Hoover's Company's Records*, 1 May 2008, p. 40871; http://corporate.britannica.com, accessed on October 2008.
3. Johanna Bennett, "Turn Around, Bright Eyes," *Barron's*, 16 May 2005, p. 48.
4. Adapted from information found in "Blue Ocean Strategy: Making the Competition Irrelevant," accessed at www.blueoceanstrategy.com/resources/press.php, June 2008; W. Chan Kim and Renée Mauborgne, *Blue Ocean Strategy* (Boston: Harvard Business School Press, 2005).
5. See Philip Kotler and Kevin Lane Keller, *Marketing Management*, 12th ed. (Upper Saddle River, NJ: Prentice Hall, 2006), pp. 13–14; Sam Hill and Glenn Rifkin, *Radical Marketing* (New York: HarperBusiness, 1999); Gerry Khermouch, "Keeping the Froth on Sam Adams,"

BusinessWeek, 1 September 2003, p. 54; information accessed at www.bostonbeer.com, September 2006.

6. Michael E. Porter, *Competitive Strategy: Techniques for Analyzing Industries and Competitors* (New York: Free Press, 1980), chapter 2; Porter, "What Is Strategy?" *Harvard Business Review*, November–December 1996, pp. 61–78. Also see Richard Allen and others, "A Comparison of Competitive Strategies in Japan and the United States," *S.A.M. Advanced Management Journal*, Winter 2006, pp. 24–36.

7. See Michael Treacy and Fred Wiersema, "Customer Intimacy and Other Value Disciplines," *Harvard Business Review*, January–February 1993, pp. 84–93; Michael Treacy and Mike Wiersema, *The Discipline of Market Leaders: Choose Your Customers, Narrow Your Focus, Dominate Your Market* (Perseus Press, 1997); Fred Wiersema, *Customer Intimacy: Pick Your Partners, Shape Your Culture, Win Together* (Knowledge Exchange, 1998); Wiersema, *Double-Digit Growth: How Great Companies Achieve It—No Matter What* (Portfolio, 2003).

8. For more discussion, see Philip Kotler and Kevin Lane Keller, *Marketing Management*, 14th ed., chapter 11.

9. "Hacker Strike Exposes Sony's Lack of New Ideas," *The Straits Times*, 30 May 2011, p. A14.

10. "Apple Sues Samsung for "Copying" its Line" *The Straits Times*, 20 April 2011, p. A26; "Samsung Strikes Back at Apple," *The Straits Times*, 23 April 2011, p. C5.

11. "Kia and Hyundai: No Longer Copycats," *The Sunday Times*, 11 April 2010, p. 38.

Chapter 19

1. Paula M. Miller, "IKEA with Chinese Characteristics," *China Business Review,* 1 July 2004; Kerry Campell, "IKEA's New Plan for Japan," *BusinessWeek Online,* 27 April 2006; Valerie Chu, Alka Girdhar, and Rajal Sood, "Couching Tiger Tames the Dragon," *Business Today,* 21 July 2013; Anna Ringstrom, "IKEA Turns the Global Local for Asia Push," *Reuters,* 6 March 2013; Pan Kwan Yuk, "IKEA in China: Turning Gawkers into Consumers," *Financial Times,* 4 April 2013; Jens Hansegaard, "IKEA Taking China by Storm," *Wall Street Journal,* 26 March 2012; and Linda Vikström, "Ikea Learns Japanese Dance "Little Frogs"," *Affärsvärlden,* 19 June 2007.

2. John Consoli, "Broadcast, Cable Ad Clutter Continues to Rise," *MediaWeek,* 4 May 2006, accessed at www.mediaweek.com.

3. Ronald Grover, "The Sound of Many Hands Zapping," *BusinessWeek,* 22 May 2006, p. 38; David Ki9ley, "Learning to Love the Dreader TiVo," *BusinessWeek,* 17 April 2006, p. 88; Randall Stross, "Someone Has to Pay. But Who? And How?" *New York Times,* 7 May 2006, p. 3.3.

4. Adapted from information found in "Multi-Taskers," *Journal of Marketing Management,* May-June 2004, p. 6; "Kids Today: Media Multitaskers," 9 March 2005, accessed at www.cbsnews.com/stories/2005/03/09/tech/main678999.shtml; Claudia Wallis, "The Multitasking Generation," *Time,* 27 March 2006, accessed at www.time.com.

5. See Alexandra Jardine and Laurel Wentz, "It's a Fat World After All," *Advertising Age,* 7 March 2005, p. 3; George E. Belch and Michael A. Belch, *Advertising and Promotion,* (New York: McGraw-Hill/Irwin, 2004), pp. 666–668; Jonathan Cheng, "China Demands Concrete Proof of Ads," *Wall Street Journal,* 8 July 2005, p. B1; Cris Prystay, "India's Brewers Cleverly Dodge Alcohol-Ad Ban," *Wall Street Journal,* 15 June 2005, p. B1; Dean Visser, "China Puts New Restrictions on Cell Phone, E-Mail Advertising," *Marketing News,* 15 March 2006, p. 23.

6. Adapted from Scott Cutlip, Allen Center, and Glen Broom, *Effective Public Relations,* 9th ed. (Upper Saddle River, NJ: Prentice Hall, 2006), chapter 1.

7. Chi-ying Siu, "Thirty Six Tactics of Marketing," *Beijing: Machinery Industry Publishers,* 2007, pp. 44-45, accessed Online at www.swellfun.com.

8. http://factsanddetails.com/china/cat11/sub75/item1033.html, accessed 23 August 2015.

9. Lisa Amin, "Burger King Ad Outrages Hindus," 7 July 2009, http://abc7news.com/archive/6904129/.

10. Tarun Khanna, Krishna G. Palepu, and Jayant Sinha, "Strategies That Fit Emerging Markets," Harvard Business Review, June 2005.

11. Pete Engardio, "Smart Globalization," *Bloomberg,* http://www.bloomberg.com/news/articles/2001-08-26/smart-globalization, 27 August 2001.

12. Paulo Prada and Bruce Orwall, "Disney's New French Theme Park Serves Wine—and Better Sausage," *The Wall Street Journal,* 12 March 2002.

13. Matthew J. Belvedere, "Coca-Cola CEO: We're getting our momentum back," http://www.cnbc.com/, 14 April 2014.

14. Philip P. Kotler, Principles of Marketing, p. 674, New Jersey: Prentice Hall.

15. Rebecca Davis, "Rights Groups Warn KFC Over First Tibet Opening," *Yahoo! News, 9* March 2016.

16. Adam Jones, "The Balance between Global and Local," *Financial Times,* http://www.ft.com/cms/s/1/d54c886e-f463-11d8-9911-00000e2511c8.html?ft_site=falcon&desktop=true, 22 August 2004.

17. The figure and the discussion in this section are adapted from Philip Kotler, Gary Armstrong, *Principles of Marketing,* 12th ed. India: Pearson Education Publishing, 2008, Chapter 19.

18. Mohamad Md. Yusoff, *Advertising Appeals: A Cross-Cultural Perspective;* Eric Elindar, "International Advertiser must Devise Universal Ads, Dump Separarte National Ones, Swedish Adman Avers," Advertising Age, 27 November 1961, p. 91.

19. Karen E. Klein, "Naming Products Is No Game," *Bloomberg,* http://www.bloomberg.com/news/articles/2004-04-08/naming-products-is-no-game, 9n April 2004.

Chapter 20

1. Pete Engardio, "The Last Rajah," *BusinessWeek*, 13 August 2007; Eric Ellis, "Tata Steels Itself for Change,' *Fortune*, 21 April 2002; and "Tata Group," www.wikipedia.com, accessed in June 2011; www.biz.yahoo.com, accessed in June 2011.

2. The figure and the discussion in this section are adapted from Philip Kotler, Gary Armstrong, Veronica Wong, and John Saunders, *Principles of Marketing: European Edition*, 5th ed. London: Pearson Publishing, 2009, Chapter 2.

3. McDonald's financial information and other facts from www.mcdonalds.com/corp/invest.html and www.mcdonalds.com/corp/about/factsheets.html.

4. Theodore Levitt, "The Morality (?) of Advertising," *Harvard Business Review*, July–August 1970, pp. 84–92.
5. For more discussion, see Jeremiah Mcwilliams, "Big-Box Retailer Takes Issue with Small Documentary," *Knight Ridder Tribune Business News*, 15 November 2005, p. 1; Nicole Kauffman, "Movie Paints a Dark Picture of Wal-Mart's Impact on Communities," *Knight Ridder Tribune Business News*, 19 January 2006, p. 1; John Reid Blackwell, "Documentarian Defends Wal-Mart," *Knight Ridder Tribune Business News*, 12 May 2006, p. 1.
6. "Credit Card Promotes Green Living in S. Korea," *The Straits Times*, 12 January 2011, p. A17.
7. Based on information from Alan S. Brown, "The Many Shades of Green," *Mechanical Engineering*, January 2009, accessed at http://memagazine.asme.org/Articles/2009/January/Many_Shades_Green.cfm.
8. Melissa Ho, "Panasonic Aims to be Eco-Product Leader," *The Straits Times*, 28 May 2011, p. B17.
9. See "2010 Global 100 List," www.global100.org/annual-reviews/2010-global-100-list.html?sort_company; and www.unileverusa.com/sustainability/environment/, accessed September 2010.
10. See Austin Carr, "Nike: The No. 1 Most Innovative Company of 2013," *Fast Company*, March 2013, www.fastcompany.com/most-innovative-companies/2013/nike; and Haydn Shaughnessy, "The World's Most Innovative Companies, A New View," *Forbes*, 13 January 2014, www.forbes.com/sites/haydnshaughnessy/2014/01/13/anew-way-of-looking-at-the-worlds-most-innovative-companies/.
11. Materials from www.campaignforrealbeauty.com.
12. Adapted from material found in Jeff Heilman, "Rules of Engagement," *The Magazine of Branded Engagement*, Winter 2009, pp. 7–8.
13. John F. McGee and P. Tanganath Nayak, "Leaders' Perspectives on Business Ethics," *Prizm*, Arthur D. Little, Inc., Cambridge, MA, first quarter 1994, pp. 71–72. Also see Adrian Henriques, "Good Decision—Bad Business?" *International Journal of Management & Decision Making*, 2005, p. 273; and Marylyn Carrigan, Svetla Marinova, Isabelle Szmigin, "Ethics and International Marketing: Research Background and Challenges," *International Marketing Review*, 2005, pp. 481–494.

Appendix B

1. This is derived by rearranging the following equation and solving for price: Percentage markup = (price − cost ÷ price.
2. Again, using the basic profit equation, we set profit equal to ROI× I: ROI × I = (P × Q) − TFC − (Q × UVC). Solving for Q gives Q = (TFC + (ROI × I)) × (P − UVC).
3. U.S. Census Bureau, available at http://www.census.gov/prod/1/pop/p25-1129.pdf accessed 26 October, 2009.
4. "Broadband Internet to Reach 77 Percent of Households by 2012," available at www.tmcnet.com/voip/ip-communications/articles/35393-gartner-broadband-internet-reach-77-percent-households-2012.htm, accessed 25 August, 2008.
5. See Roger J. Best, *Market-Based Management*, 4th ed. (Upper Saddle River, NJ: Prentice Hall, 2005).
6. Total contribution can also be determined from the unit contribution and unit volume: Total contribution = unit contribution × unit sales. Total units sold in were 297,619 units, which can be determined by dividing total sales by price per unit ($100 million × $336). Total contribution = $70 contribution per unit × 297,619 units = $20,833,330 (difference due to rounding).
7. Recall that the contribution margin of 21 percent was based on variable costs representing 79 percent of sales. Therefore, if we do not know price, we can set it equal to $1.00. If price equals $1.00, 79 cents represents variable costs and 21 cents represents unit contribution. If price is decreased by 10 percent, the new price is $0.90. However, variable costs do not change just because price decreased, so the unit contribution and contribution margin decrease as follows:

	Old	New (reduced 10%)
Price	$1.00	$0.90
− Unit variable cost	$0.79	$0.79
= Unit contribution	$0.21	$0.11
Contribution margin	$0.21/$1.00 = 0.21 or 21%	$0.11/$0.90 = 0.12 or 12%

推荐阅读

书号	课程名称	版别	定价
978-7-111-61959-8	服务营销管理：聚焦服务价值	本版	55.00
978-7-111-60721-2	消费者行为学 第4版	本版	49.00
978-7-111-59631-8	客户关系管理：理念、技术与策略（第3版）	本版	49.00
978-7-111-58622-7	广告策划：实务与案例（第3版）	本版	45.00
978-7-111-58304-2	新媒体营销	本版	55.00
978-7-111-57977-9	品牌管理	本版	45.00
978-7-111-56140-8	创业营销	本版	45.00
978-7-111-55575-9	网络营销 第2版	本版	45.00
978-7-111-54889-8	市场调查与预测	本版	39.00
978-7-111-54818-8	销售管理	本版	39.00
978-7-111-54277-3	市场营销管理：需求的创造与传递（第4版）	本版	40.00
978-7-111-54220-9	营销策划：方法、技巧与文案 第3版	本版	45.00
978-7-111-53271-2	服务营销学 第2版	本版	39.00
978-7-111-50576-1	国际市场营销学 第3版	本版	39.00
978-7-111-50550-1	消费者行为学：基于消费者洞察的营销策略	本版	39.00
978-7-111-49899-5	市场营销：超越竞争，为顾客创造价值 第2版	本版	39.00
978-7-111-44080-2	网络营销：理论、策略与实战	本版	30.00